天龍寺文書の研究

原田正俊 編

思文閣出版

夢窓疎石自賛頂相(天龍寺蔵・重要文化財)

夢窓疎石料金襴九条袈裟(天龍寺蔵)

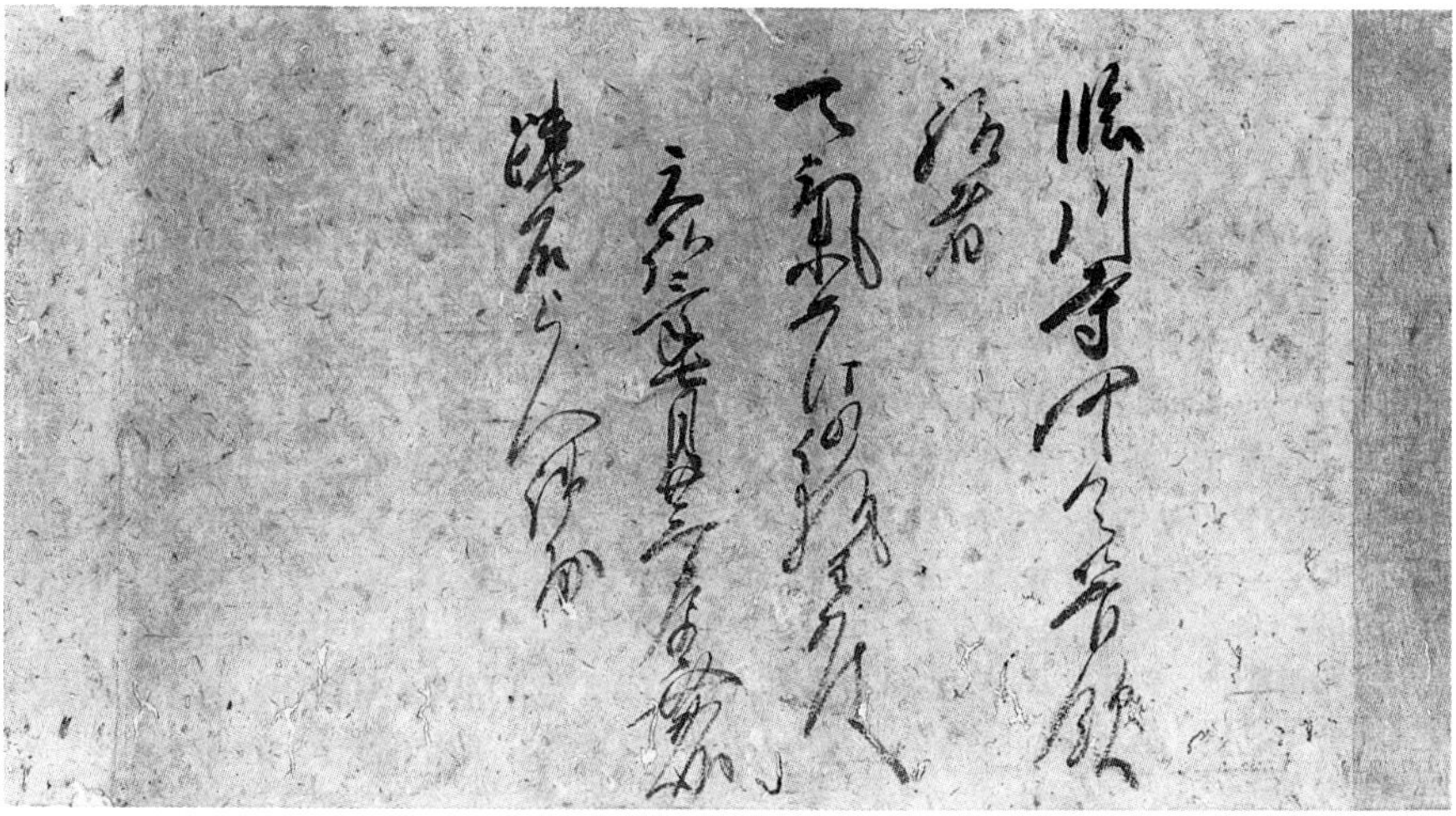

後醍醐天皇綸旨(天龍寺蔵)

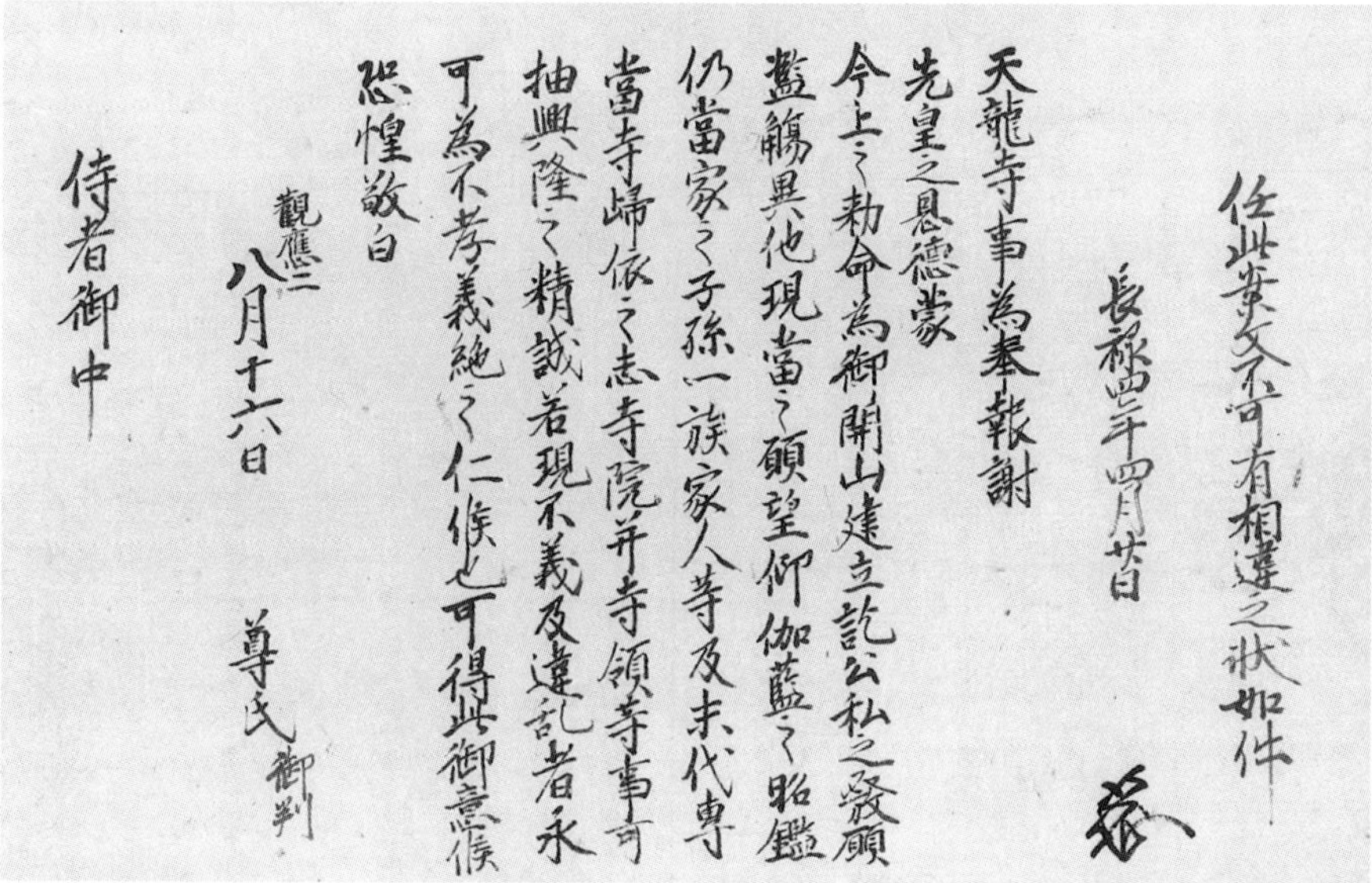

任此宣文不可有相違之状如件
長禄四年四月廿日
天龍寺事為奉報謝
先皇之恩徳蒙
今上之勅命為御開山建立訖公私之發願
濫觴異他現當之願望御伽藍之昭鑑
仍當家之子孫一族家人等及末代専
當寺歸依之志寺院并寺領等事可
抽興隆之精誠若現不義及違乱者永
可為不孝義絶之仁候也可得此御意候
恐惶敬白
觀應二
八月十六日　尊氏　御判
侍者御中

足利尊氏御内書案(同上)

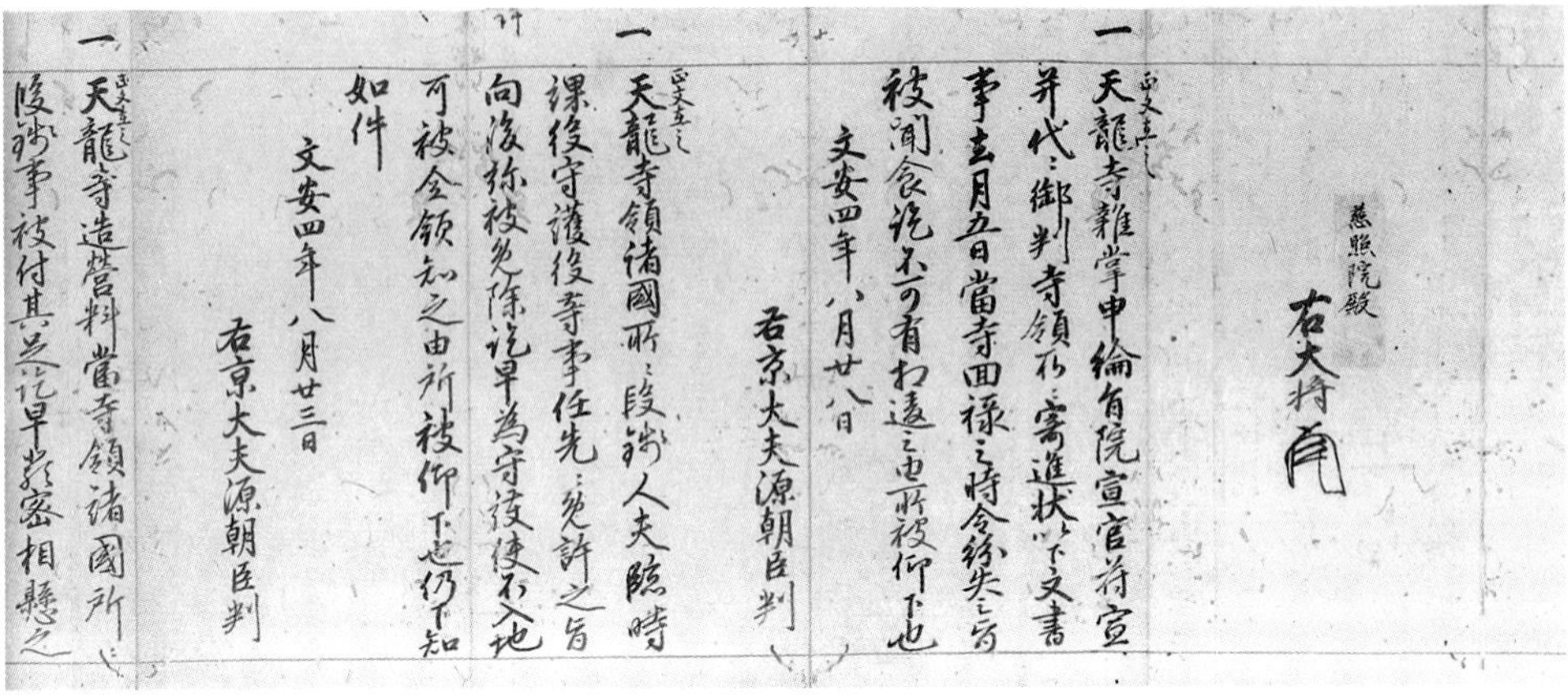

天龍寺重書目録甲(天龍寺蔵)

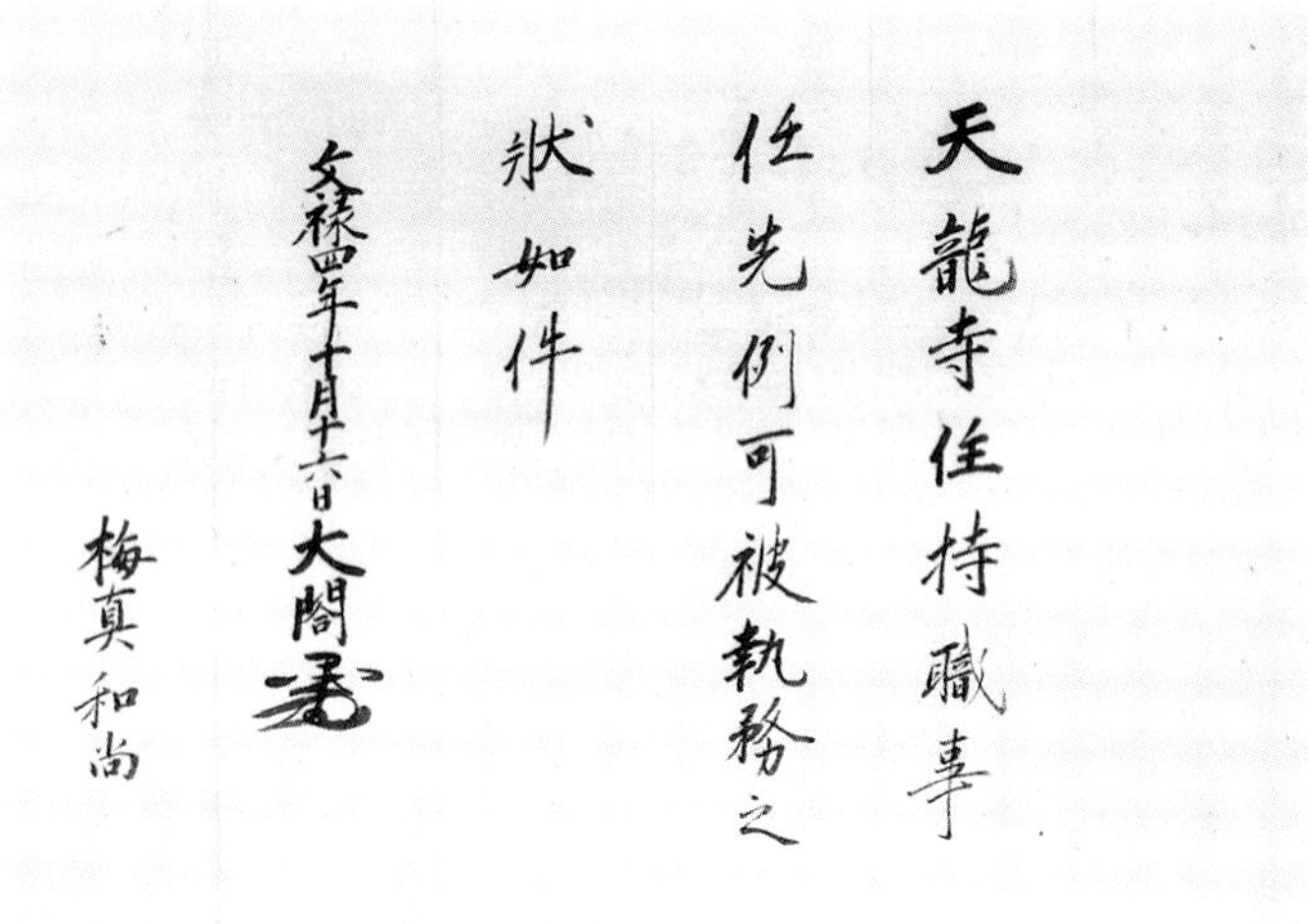

天龍寺住持職事
任先例可被執務之
状如件
文禄四年十月十六日　大閤（花押）
梅真和尚

豊臣秀吉公帖(同上)

緒　言

京都嵯峨にある天龍寺は京都五山の第一位に列し、正式には霊亀山天龍資聖禅寺という。現在は臨済宗天龍寺派の大本山であり、世界遺産としても知られ多くの人々が訪れる地である。

天龍寺は足利尊氏・直義によって暦応二年（一三三九）、後醍醐天皇の冥福を祈るとともに仏法弘通のための寺として発願され、開山には公家武家の尊崇を集めた夢窓疎石が迎えられた。南北朝時代以降の嵯峨には、夢窓を開山とする臨川寺、天龍寺、足利義満によって創建され夢窓の弟子春屋妙葩を開山とする宝幢寺（現在の鹿王院）といった大禅刹が建ち並び、夢窓派をはじめとした禅僧たちの寺庵が多数甍を並べた。嵯峨には酒屋をはじめ商工業者も集まり住み都市的発展を遂げ、天龍寺はその中心に位置した。

天龍寺には中世から近代の古文書が多数所蔵され、これまでも研究者によって部分的に利用はされているものの、その全容を明らかにして活字化することが待ち望まれていた。本書では鎌倉時代から慶長五年（一六〇〇）までの中世文書を中心に収録し、あわせて研究編を付した。天龍寺文書には臨川寺文書・宝篋院文書など複数の系統の文書も含まれておりこれらをあわせて掲載している。

また、国文学研究資料館・兵庫県尼崎市教育委員会・東京大学文学部・尊経閣文庫など寺外に伝来した臨川寺・天龍寺・天龍寺諸塔頭文書の集成をはかり、塔頭である慈済院・妙智院所蔵の古文書も収録した。

これら天龍寺関係の古文書は、仏教史・寺院史の重要史料であるばかりでなく、多数の朝廷・幕府発給の文書、荘園関係文書を含み、政治史・社会経済史研究に必須の文書群である。先に刊行した『鹿王院文書の研究』（思文閣出版、二〇〇〇年）とあわせて活用していただくと天龍寺を中心とした禅宗寺院文書の全体像を把握することができる。

天龍寺文書の解読と研究は十名足らずのメンバーで細々と続けてきた研究会の成果であり、釈文・傍註など不十分な点も多々あろうかと思うが、本書を活用していただき御教示・御批正いただければ幸いである。

調査・公開にあたっては、天龍寺派宗務総長栂承昭師をはじめ本山内局の方々にはたいへんお世話になり、本書刊行については管長佐々木容道老師にも御快諾いただき心より御礼申し上げたい。

出版にあたっては、思文閣出版原宏一氏には種々御高配をいただき、那須木綿子氏には校正・編集で御尽力いただいた。特に記して感謝の意を表したい。

二〇一一年一月一八日

原　田　正　俊

目次

凡　例

一、本書の構成は、第一部を文書編として天龍寺文書・関連諸塔頭文書を収め、第二部を研究編とした。巻末に重書案文の骨子目録・文書目録等を付した。

一、文書編には京都市右京区嵯峨天龍寺芒ノ馬場町、天龍寺本坊に現存する古文書（天龍寺文書・臨川寺文書・宝篋院文書）を中心に寺外に伝来した国文学研究資料館所蔵臨川寺文書（一部天龍寺文書を含む）・兵庫県尼崎市教育委員会所蔵天龍寺関係文書（臨川寺三会院文書）・鹿王院所蔵臨川寺重書案文御教書をあわせて年代順で収録した。正確には天龍寺関係文書である。天龍寺に伝来した文書群が天龍寺・臨川寺・宝篋院の複数系統の文書を含むためこうした構成をとった。

一、系統や形態が異なる文書が混在するため、文書名の下に（　）で所蔵者・重書案などの別を示した。例えば、（宝篋院重書）や、鹿王院所蔵臨川寺重書案文は（臨川寺重書案文・鹿）としている。詳しくは研究編「天龍寺文書の構成と内容」参照。

一、あわせて関連諸塔頭文書を収録した。詳しくは寿寧院文書（東京大学文学部所蔵）・寿寧院文書（兵庫県尼崎市教育委員会所蔵）・真乗院文書（尊経閣文庫所蔵）・慈済院文書（慈済院蔵）・妙智院文書（妙智院蔵）であり、所蔵者別に年代順で掲載した。

一、文書は慶長五年（一六〇〇）までの中世文書を中心に収録した。

一、天龍寺・臨川寺文書には重書案文が複数含まれ、これに多数の文書が収められている。重書案の形態を示すため骨子目録を付した。

一、巻末の文書目録では京都府教育委員会編『天龍寺古文書目録』の整理番号と照合できるよう数字を示した。

一、宿紙・折紙など文書の形態については文書名下の（　）に記した。

一、無年号文書については、年代を推定できるものは該当する位置に収めて按文で解説した。時代のみを推定できるものは各時代の有年号文書のあとに収めた。発給者の没年が判明しているものはそこに配列した。なお、収録文書との関係から適当と考えられる位置に収めたものもある。

一、時代区分は便宜上、次の通りとした。

鎌倉・南北朝　文治元年（一一八五）～明徳二年（一三九一）
室　町　明徳三年（一三九二）～明応元年（一四九二）
戦　国　明応二年（一四九三）～永禄一〇年（一五六七）
織　豊　永禄一一年（一五六八）～慶長五年（一六〇〇）

一、正文と案文が存在する場合は正文のみを掲載した。正文と案文の所在は巻末の文書目録に表記した。

一、原文には適宜、読点・並列点を加えた。

一、異体字、俗字は原則として常用漢字、正字に改め、変体仮名も原則として現行の仮名に改めた。

一、文書の前・後欠は、該当箇所に（前欠）（後欠）をもって示した。

一、判読不能の文字は☒、虫損等により欠けている文字は□または［　］、墨抹された文字は▨をもって示した。

一、人名、仮名文書中の語句、原文に国郡名のない地名・寺社名、無年号文書の推定年代等は（　）をもって傍註を付した。尚、地名・寺社名の傍註は、洛中と嵯峨については省略し、山城国内においては郡名のみとした。

一、端裏書・ウハ書・紙背・異筆・朱筆等は、該当する部分を「　」で示した上、（　）をもって傍註を付した。なお、「　」内の文字について、さらに異筆・朱筆等の区別が必要な場合は、該当する部分を『　』で示した上、同様に傍註を付した。

一、虫損部、墨抹部のうち本来の文字を推定し得るものは（　）をもって傍註を付した。また、原文に誤記、脱漏があると思われる部分には（　）をもって傍註を付し、あるいは傍註（ママ）を付した。

一、合点については、その形態に応じて、ヿ・ヽを付した。

一、見せ消ちについては、文字の左側にミミを付し、右側に書き改めた文字を記した。

一、必要に応じて按文を付し、文頭に○を付して本文と区別した。

第一部　文書編

天龍寺文書（天龍寺文書・臨川寺文書・宝篋院文書）

――鎌倉・南北朝――

一　後嵯峨上皇院宣（宝篋院重書）

備中国草壁庄(小田郡)預所□(職カ)事、任高橋宮(尊守法親王)御譲状、可□相伝領掌
者
院宣如件、仍執達如件、
(異筆)「文応二季」
二月十二日　　参議(吉田経俊)（花押）
中納言阿闍梨御房

○花押の紙背に「経俊卿」とあり。
○尊守法親王は土御門天皇の皇子、無品、天台座主、高橋宮と号す（『本朝皇胤紹運録』）。
○寛喜三年四月二五日「後堀河天皇宣旨」（『鎌倉遺文』四一三一号文書）と関連。

二　二品禅閣下文案（三会院重書案）

(異筆)「同前」(校正了)
二品禅閣(足利貞氏カ)
御判
下　鹿嶋五郎左衛門尉(宗実)
可令早領知額田郡(三河国)沙汰人余三太郎跡給田畠事
右以人、所宛行也、早可令知行之状、所仰如件、
嘉元々年十一月廿一日

○足利貞氏は三品、一品を贈位されており（『師守記』貞治四年五月八日条）、これを二品と誤ったか。

三　山城国在庁官人時久注進状案（天龍寺重書目録乙）

山城国差図写之、
一建保五年山城国郡々境事、
乙訓郡北九条、南山崎、西山頂馬トトメ、東桂川、
葛野郡北大悲山、南九条、西山頂、東西朱雀、
右、既国験注進如件、依大枝山堺相論記之、
延慶三年二月日　　在庁時久在判

○『鹿王院文書の研究』四九一号文書に同文あり。但し年月日・署名部分なし。

四　鹿島宗実譲状案（三会院重書案）

(異筆)「同前」(校正了)

二品禅閤(足利貞氏カ)
御判

任彼状、可令領掌之状如件、

正和二年七月十八日

(異筆)「同前」(校正了)

譲与額田郡(三河国)内さた人与三太郎跡給田畠事

女子ほそ河の弥八殿(和氏)女房仁かの御下文をあいそゑ(添)て、ゆつり(譲)たてまつる所也、安堵の御くたしふミ(下文)を申給て、せん例ニまかせて可令知行、もしい(違)乱さまたけをいたさんともから(輩)にをいてハ、ふけうの子たるへき上ハ、為上裁濫訴之仁、跡をめしあけられ、彼状をその分譲状として可宛給之状如件、

正和元年七月十二日　　左衛門尉宗実(鹿島)在判

五　尼浄心所領譲状案（三会院重書案）

(異筆)「同前」(校正了)

みの(美濃国)、くにかふち(神渕)の郷内くりハら(栗原)(武儀郡)の村まこあねこにゆつ(譲)りあたふる(与)ところ(所)也、たゝし観聡房一期のほとハちきや(知行)うすへき状如件、

元応元年十一月八日　　浄心在判

安芸守成藤(二階堂)
在裏判

六　加賀国大野庄示野村一王丸名重書案

(端書)「大野庄示野村一王丸名重書案応永廿五年正月廿六日」

(加賀国石川郡)一大野庄示野村一王丸名重書案

しめの(示野)、いよ(伊予)の御つほね(局)の御下知状

しめの、むらのしゆこの事、りせうか申むね(旨)きこしめし(聞召)ひらかれ候て、もんしよ(文書)をこれにめしおか(召置)れ候ぬ、はんとう(番頭)百しやう(姓)ら、りせうかかた(方)へ拾弐石のよね(米)を、さた(沙汰)しわたし(渡)候へきよし、おほせ(仰)にて候、

以上、

元亨弐年十一月十一日　(朱筆)「判」　ひせん判

かゝのくに(加賀国)大のゝしやう(大野庄)の内、しめのゝむらの半分かた一わう(王)丸ミやう(名)の事、

右かのミやうにおいてハことうゐんもん《ママ》入道ニあておこ《宛行》
なうところなり、よつて《仍》
（後欠）
○本文書の他四〇八・四一一・四一三・四一四・四三五～四三八号の大野庄関係文書をまとめている。

七　忠房親王令旨（宝篋院重書）

中西姫公の御遺領□□しからハ当寺に御きし《カ》□□、
候へきよし申さためられ候□□、そのうち近江国奥嶋《蒲生郡》□
寺家こうりう《興隆》ならひに代□《々》御ほたい《菩提》れうそく《料足》として、当
時よりさりつかハされ候うゐハ、御管領候へきよし、
弾正《邦省》親王御気色候なり、あなかしく、
元亨三年八月三日　宮内大輔（花押）
善入寺方丈
○忠房親王は順徳天皇の曾孫。文保三年二月一八日無品親王宣下。弾正尹。母は二条良実女。

八　六波羅御教書（宝篋院重書）

近江国奥嶋《蒲生郡》□《庄カ》雑掌顕宣申、当庄下司式部四郎義信、公文
家長、惣追捕使、田所等、号御家人抑留年貢由事、重訴
状・具書如此、今月廿日以前可参決旨、可被相触也、仍
執達如件、
正中二年七月二日　左近将監《常葉範貞》（花押）
前越後守《金沢貞将》（花押）
小串五郎兵衛尉殿
「永《奥裏貼紙》亨二年七月八日」

九　加賀国大野庄領家方田数注文

「《端書異筆》大野庄《石川郡》『三三六』《朱筆》『寺領目録壱通』《異筆》
足立《厳阿》三郎左衛門入道所進　正中二九廿四」
藤江村
惣田数三十丁四段廿五代
除陸丁三反廿代仏神田以下
定田弐拾四町壱段五代
米三百八十一石二升《斗》
畠八段四十五代
大豆二石六斗六升七合
銭拾陸貫六百廿九文

綿拾九両二分三参（累カ、以下同）
﹁黒田村
惣田数卅九丁三反
除四丁三反卅五代
定田参拾四丁九段十五代
（擦消）□□　□　□□□□
米五百十七石八斗八合
畠弐丁二段三十五代
大豆六石八斗壱升
銭二十三貫六十文
﹁赤土村但至当村内宮腰者、両方可被折中也、
惣田数参拾弐丁壱段五代
除十七丁
定田十五丁壱段五代
米二百廿石三斗五升四合
畠廿四丁壱反四十五代
大豆七十二石九斗六升
銭三十九貫七十九文
綿四両一分三朱六参（銖、以下同）

﹁吉藤新保
惣田数十四丁七反五代
除壱丁八反
定田十二丁九反五代
米百七十三石八斗二升
銭六貫四百文
﹁野老塚新保
惣田数二十二丁三反卅五代
除弐丁二反十代
定田弐拾丁十五代
米百五十四石五斗四升
秋近新保
惣田数三丁五反
除壱反
定田三丁四反
米二十四石四斗
畠四反
大豆一石二斗
銭七百九十二文

寸二郎新保
　惣田数四丁壱反四十五代
　　除一丁一反四十代
　定田三丁五代
　　米三十石一斗
　銭三百文
井田名
　田数壱丁七反十五代
　　米十三石七斗
以上
　惣田数百四十八丁三反二十○五代
　（擦消）□□除三十三丁五代
　定田百十五丁三反十代二丁三反三十代増分
　　分米千五百十五石七斗四升二合
　畠廿七丁七反廿五代十九丁一反三十代増分
　　分大豆八十三石六斗三升七合五十七石八斗九升七合増　代廿八貫九百四十文
　銭八十三貫七百文
　綿廿三両三分三朱九参一両五朱三参増分
○紙継目に裏花押あり。足立厳阿のものか。

一〇　加賀国大野庄地頭方田数注文

（端書異筆）「足立三郎（厳阿）左衛門入道所進　正中二九廿四」
西条村
　惣田数弐拾肆丁九段卅代
　　除七丁十五代仏神田以下
　定田十七丁九段十五代
　　米二百八十三石六斗九升六合
　銭拾弐貫五百六十八文
　綿八両一分三朱（銖、以下同）九参（累カ、以下同）
無量寺村
　惣田数参拾二丁四十五代
　　除三丁七反廿代
　定田廿八丁三段廿五代
　米四百三十三石六斗四合
　畠弐段廿代
　　大豆七斗二升
　銭廿一貫八百九十三文
黒田村新保

惣田数十六丁卅五代
除八反卅代
定田拾五丁弐反五代
米二百六石七斗四升
赤土新保
惣田数拾丁五反三十代
除二丁八反卅代
定田七丁七反
米六十八石九斗
畠二丁九反卅五代
大豆八石九斗壱升
銭百八十文
西安原村
惣田数拾五丁五反十代
除二丁二反廿五代
定田十三丁二反卅五代
米二百十一石壱斗四升八合
畠三反
大豆九斗

銭九貫二百十五文
綿六両四朱四参
今江新保
惣田数十六丁七反十五代
除二丁三反卅代
定田十四丁三反三十○五代
米○百三十石七斗八升
銭十七貫七十二文
観音堂村
惣田数十三丁九反廿代
除一丁七反十代
定田十二丁二反十代
米百九十石六斗四升八合
畠五丁三十五代
大豆十五石二斗壱升
銭五十三貫三百七十五文
綿八両二朱三参
東安原新保
惣田数四丁五反五代

除六反
定田三丁九反五代
米五十〇四石九斗四升
銭二百二十文
以上
物田数百三十四丁三反四十代
除二十一丁四反五代
□□（擦消）
定田百十二丁九反三十代
分米千五百八十石四斗一升六合六十四石六斗七升四合増　代四十貫四百廿一文
畠八丁五段四十五代
分大豆二十五石七斗四升
銭百十三貫九百三文
綿廿二両二分四朱六参
惣都合増分三十八貫六百八十四文増歟
此外赤土村内宮腰半分可被分付候

○紙継目に裏花押あり。前号文書と同様。

一一　大宰帥世良親王遺命記案

（端裏書）「遺命記案」
（朱筆）「帥親王御遺言源大納言親房卿被記之案」
大宰帥世良親王御遺命云
西郊河端別業改成禅院、寄附所領等、令止住僧徒、可為
閑居道行地之由発願、去五月比本元（元翁）上人参彼所之次令約
諾畢、此病痾已無憑、於今者力不及事也、且以此趣可
申入　禁裏、日来所存被聞食者、定無参差之儀歟、兼
又母儀（西園寺実俊女）一期之間、件領等内一所可計進也、又両所姫宮共
在襁褓中、成長之時者、必可奉入釈門、是又日来所案也、
此外事随宜可令計沙汰者、
元徳二年九月十七日　大納言源（北畠親房）判
此条々去十三日夜被仰置之、偏期御平減不能記置、不図
大漸之間、為後日所染筆也、且今朝右大弁季房（万里小路）朝臣為
勅使被尋御遺跡事、大概以此趣申
禁裏畢、

一二　世良親王遺領置文案

帥（世良）親王被仰置条々被聞食畢、御領等当時不可及給主沙汰、
御一廻之間不可違、御在世之時於内外課役分者一向可宛

用御追善御仏事料足、男女緇素之羽翼、如日来不可有相違、各成安堵之思、可候御遺跡之由可仰之、御母儀(西園寺実俊女)分事、於当年者当知行輩不可有相違云々、御日数以後遂可有其沙汰、両御所事、於土御門殿者御儀以下御遺跡男女可候之、河端殿一向僧侶令止住、可執行御追善御仏事、始終可為僧堂間事、被仰談禅林寺長老(元翁本元)遂可被治定、

○本文書は元徳二年九月一八日から一〇月二五日までの間に出されたか。前号文書との関連によりここにおく。

一三　後醍醐天皇綸旨案

(端裏書)「初綸旨案　二通」

故帥親王(世良)河端御旧跡所被擬僧院也、可被住侍者

天気如此、仍執達如件、

元徳二年十月廿五日　右少将(二条良忠)判

本元(元翁)上人禅室

一四　後醍醐天皇綸旨案

故帥親王(世良)御遺領讃岐国二宮庄(三野郡)・常陸国佐都庄(久慈郡)・加賀国富永御厨(石川郡)等全管領、可被専彼御追善由

天気所候也、仍執達如件、

元徳二年十月廿五日　右少将(二条良忠)判

本元(元翁)上人禅室

一五　後醍醐天皇書状案

(端裏書)「御文案」

帥宮(世良親王)遺領の御文書ともまいらせ候、御くわんれい(管領)さふらひて、あとのことゝもよく〳〵御さた候へく候、十ヶ所はしゝうは(始終)寺につき候んする程に当時より綸旨をたひて候、御興行ニつきて、したいに寺のことゝもさた候ハんすれは当時の知行ともハよもさうヰ(相違)候はし、よろつ寺ニもおほせあはせられ候へく候、

元徳二年三月廿三日　御判(後醍醐天皇)

一六　後醍醐天皇綸旨案

(端裏書)「内親王綸旨案」

帥親王(世良)御遺領和泉国若松庄(大鳥郡)以下有御管領、御遺跡輩慇懃可有御扶持之由、天気候也、以此旨可令申入内親王(懽子内親王)給、

仍執達如件、

元徳三年三月廿七日　　式部少輔判

謹上　民部少輔殿

逐申候、

臨川寺領十ヶ所内領主職、当知行所々於当時者、不可有相違之間、如此所被申也、寺家興行并御追善以下相談元翁（本元）上人、殊可有其沙汰之由、同被仰下候也、可令得御意給、

一七　大宰帥世良親王遺領臨川寺領等目録注進状案

故大宰帥（世良）親王家御遺跡臨川寺領等目録

一丹波国葛野庄（氷上郡）　当御治世自去年十月之比、御押妨、被付給主女房南御方云々、此所者、領家地頭中分地也、領家故親王家、御年貢二百余也、本家宝荘厳院、地頭荻野五郎入道云々、

一和泉国塩穴庄（大鳥郡）　当御治世御押妨同前、給主四条宰相隆蔭（油小路）卿云々、領家故親王家、年貢六十、加雑物百計地也、本家春日社領、地頭二宮右衛門次郎入道云々、

一同国若松庄（大鳥郡）　内大臣僧正道祐依競望申、去元徳三年二月十四日、不慮被下　綸旨之由、承及之間、已仏陀施入之地、非分御綺之段、歎申之処、同廿五日被成綸旨於寺家了、而悪党楠兵衛尉（正成）押妨当所之由、依風聞之説、称彼跡、当国守護御代官自去年八（カ）月之比、令収納年貢以下之条、不便之次第也、守護御代官于今当知行、当所領家故親王家、年貢三百石計、領家一円地也、本家仁和寺勝功徳院、

一伊勢国富津御厨（桑名郡）　年貢十貫計之地也、領主醍醐寺覚相院律師定超、本家故親王家、地頭名字不審、

一美濃国南宮社（不破郡）　当所者、故宮御加冠之時、二条（兼基）前殿依被奉行申之忠、可有殿一期御管領之由被申了、自前殿給人不知之、領家故親王家、本家南宮社、地頭請所、

年貢二百貫、地頭宇津宮云々、

一讃岐国二宮庄（三野郡）　自去年動乱之時節、地頭近藤孫三郎国弘以下之輩、年貢等悉押妨之、又自御治世度々被下院宣給主一条（公有）宰相中将云々、領家故親王家、領家地頭中分地也、領家方年貢二百石計之地也、本家仁和寺法金剛院、

一常陸国佐都庄（久慈郡）　当所者、本家領家故親王家、年貢二百石計之地也、但地頭等十余年之間押妨年貢、於和泉守者、所務無違乱、自余之地頭等名字不審、

同西岡田郷（久慈郡）　本家領家故親王家、年貢卅貫計云々、近年地頭押妨年貢、地頭名字不審、

東岡田郷（久慈郡）　本家領家故親王家、年貢百計地也、十余年地頭押妨年貢、地頭名字不審、

一近江国栗津・（滋賀郡・栗太郡）橋本御厨　本家内侍所、領家故親王家、去年十月之比、自御治世被下院宣給主女房中納言佐云々、地頭名字不審、年貢五十計之地也、

以上天王寺入道大納言基嗣卿（松殿）遺領、入道大納言譲進青蓮院宮尊助親王、宮被譲進　後嵯峨院、々被進大宮院（藤原姞子）、女院被進昭慶門院（憙子内親王）、女院被進故宮地也、

一美濃国高田勅旨（土岐郡）　本家領家故親王家、自御治世被下院宣給主、名字不審、当時地頭請所五十貫、其外所務之地廿貫計云々、地頭土岐伯耆（頼貞）入道幷一族云々、

一阿波国富吉庄（板東郡）　領家故親王家、十七代御相伝異他之地也、而故永嘉門院（瑞子女王）以本家之号、自元亨之比御押妨、崇明門院（禖子内親王）于今御管領、未達愁訴、年貢八百余之地也、地頭等名字不審、

一加賀国富永御厨（石川郡）　本家領家故親王家、地頭請所之地也、年貢三百六十貫、但自正中之比、地頭押妨、地頭足立幷諏方（訪）等云々、

以上、大宮女院御遺領、昭慶門院御相伝、同被進故宮、

一紀伊国富安庄（日高郡）　本家歓喜寿院、領家故親王家、当所者、十余年地頭押妨、年貢二百計之

地也、地頭陰陽師豊前々司云々、
一相模国成田庄（足柄下郡）　領家故親王家、地頭押妨、年貢百計之
地也、地頭名字不審、本家新日吉領、
以上領主等寄進　昭慶門院、同被譲進之、
一近江国朝妻庄（坂田郡）　領家故親王家、当所者、本領主以年
十二条郷　貢内、百余石、寄進之、但自去年々
貢一向無沙汰、地頭無之、本家法勝
寺領、々主室町三位雅春卿、以年貢
内寄附申故宮、
一大和国波多庄（高市郡）　領家故親王家、以本家之号、自去年、
春宮（康仁親王）御押妨、年貢五十計之地也、地
頭無之、
一備後国垣田庄　領家故親王家、以本家之号、自去年
式部卿宮（邦世親王）御押妨、年貢四十計之地也、
地頭名字不審、
以上亀山院御遺領、被進　昭慶門院、女院又被進故宮、
右、所々年貢所済幷地頭等名字大概如斯、故親王家御管
領之時、面々給主各別之間、地下文書不召置、本所御年
貢目録分限也、然間、庄務之文書不能注進者也、凡御領
等、或本家違乱、或地頭押妨之間、近年一向有名無実之
処、今度又被下院宣、被付給主之間、寺領等転変、御遺
跡牢籠、不便之次第也、所詮、任故親王御素意、御寄附
之趣、欲蒙御成敗、委細載御事書、先度備進畢、仍粗注
進如件、

正慶元年六月　日

一八　後醍醐天皇書状案

宸翰案文　元弘三年六月十七日到来、
御入洛之後、被下関東、
天下一統之最初、王法仏法再昌之時節、旁相看之志深、
必々可令参洛給也、
（元弘三年）六月十日
礼紙
端照同可参之由、可被伝仰、猶々必今月下旬令京著之様、
可被上洛者也、
□本宸翰在甲州恵林寺、

一九　後醍醐天皇綸旨（宿紙）

臨川寺可令管領給者
天気如此、仍執達如件、
　元弘三年七月廿三日　　左少弁（中御門宣明）（花押）
疎石（夢窓）上人御房

二〇　後醍醐天皇綸旨（宿紙）

和泉国塩穴庄（大鳥郡）・伊勢国富津御厨（桑名郡）・常陸国佐都庄（久慈郡）・同国
東岡田郷・同国西岡田郷・加賀国富永御厨（石川郡）
右所々、為臨川寺領、可令管領給者、
天気如此、仍執達如件、
　元弘三年七月廿三日　　左少弁（中御門宣明）（花押）
疎石（夢窓）上人御房
　追申、
　塩穴庄行親法師、当知行不可有相違之由、同其沙
　汰候也、

○現状では本文と追而書は分かれて成巻されているが、内容・筆跡から本文書の追而書と考えられる。なお「臨川寺重書案勅裁」の案文では、本文書の前に追而書を収載している。

二一　後醍醐天皇綸旨（宿紙）

常陸国東岡田郷（久慈郡）地頭職詫間式部大夫跡、所被付臨川寺也、可令知行
給者、
天気如此、仍執達如件、
　元弘三年八月七日　　右兵衛督（葉室長光）（花押）
夢窓（疎石）上人御房

二二　北畠親房書状

「（端裏書）北畠入道源大納言家書状　（異筆）『元弘三年』」
芹河殿敷地先年賜　綸旨、令管領候、当寺近々可有其便
候歟、可寄附申候也、且以事次可有御　奏聞候、定無相
違候哉、恐惶敬白、
　　十月七日　　宗玄（北畠親房）
臨川寺方丈（夢窓疎石）

二三　後醍醐天皇綸旨（宿紙）

大井村（葛野郡）所被付当寺也、可被致管領者、
天気如此、仍執達如件、

元弘三年十月廿八日
　　　　　　左中弁（中御門宣明）（花押）
臨川寺長老

二四　後醍醐天皇綸旨（宿紙）

加賀国富永（石川郡）御厨事、領家地頭令中分下地、可令知行給之
由、
天気所候也、仍執達如件、
　十一月十日（元弘三年カ）　　　右兵衛督長光（葉室）
疎石（夢窓）上人御房

○建武新政期に葉室長光が右兵衛督であったのは、元弘三年
五月一七日から建武元年三月二三日であるので本文書は
元弘三年と考えられる。

二五　後醍醐天皇綸旨（宿紙）

大井河殺生禁断事、法輪橋（葛野郡）上下六町内、▨（固）守先皇旧制、
宜止漁人濫行者、
天気如件、悉之、謹状、
　四月廿四日（建武元年カ）　　　左中将宗兼（中御門）
夢宗（窓）（夢窓疎石）上人禅庵

○「臨川寺重書案勅裁」の案文では建武元年とする。

二六　後醍醐天皇綸旨（宿紙）

臨川寺北道蘊（二階堂貞藤）屋地所被寄附当寺也、可管領給者、
天気如此、仍執達如件、
　建武二年正月廿五日　　　左中将（中院具光）（花押）
夢窓（疎石）和尚方丈

二七　後醍醐天皇綸旨（宿紙）

甲斐国牧庄（山梨郡）号高橋庄東方道蘊（二階堂貞藤）、跡、除恵林寺領、所被寄附臨川寺
也、為常陸国佐都庄（久慈郡）并西岡田領家職・同東岡田地頭領家
替、可令管領者、
天気如此、仍執達如件、
　建武二年正月廿五日　　　左中将（中院具光）（花押）
夢窓（疎石）和尚方丈

二八　後醍醐天皇置文案（臨川寺重書案勅裁）

同（校正了）
応令夢窓（疎石）国師為霊亀山臨川禅寺開山事

右当寺者
亀山法皇仙居、都督大王(世良親王)遺跡也、昭慶門院(憙子内親王)伝領之附属大
王、々々薨逝之後、以遺命為蘭若、仍加寺領寄附国師、
令擬弘法利生之地、専致国家泰平之精祈、兼施大王追福
之廻向矣、抑此霊場者、帝都之西境也、有便于聴禅那霊
知之法語、離宮之東隣也、相応于普賢発心之行業、宜恢
弘臨済禅師(義玄)之宗風、令禀承臨川禅寺之法流、以門葉相続、
至龍華三会而已、

「建武弐年十月十一日

二九　足利尊氏御内書

美濃国大榑庄(安八郡)・播磨国多可庄(賀茂郡)者、去月廿五日楠木判官正
成於湊河(摂津国八部郡)令討取可被恩賞宛歟、爰新田義貞已下凶徒等逃
籠山門(延暦寺)構城墎、可差遣討手由(カ)、所被成
院宣也、奉畏此旨可令参達給候、尊氏恐惶謹言、

建武三年六月卅日　　左兵衛督尊氏（花押）

三〇　足利尊氏御判御教書

臨川寺領加賀国大野庄(石川郡)領家職事、寄事於動乱、軍勢等致
濫妨云々、早鎮狼籍(藉)、可全寺家所務、若有違犯之輩者、為
処重科、可注進交名之状如件、

建武三年八月二日　（花押）(足利尊氏)

富樫介(高家)殿

○『鹿王院文書の研究』三〇号文書に本文書の案文あり。

三一　足利尊氏寄進状

加賀国大野庄(石川郡)地頭職四条中納言隆資跡事、為甲斐国牧庄(山梨郡)替、
所寄附臨川寺状如件、

建武三年八月卅日　源朝臣(足利尊氏)（花押）

夢窓国師(疎石)

○『鹿王院文書の研究』三一号文書に本文書の案文あり。

三二　光厳上皇院宣案（臨川寺重書案勅裁）

同(校正了)

「大井郷(葛野郡)事、大勝院帯元弘三年七月廿二日綸旨当知行之由
就令申、雖被下安堵院宣、当寺管領之旨被申上者、被究
是非之間、可令領掌給之由、
院宣所候也、仍執達如件、

（建武三）九月十一日　　隆蔭（油小路）

臨川寺長老上人御房

三三　油小路隆蔭書状

大井郷（葛野郡）事申入之処、臨川寺管領事、曽不被知食候ツ、大勝院当知行所々申安堵之間、混其内候条、殊被驚思食候、仍即被下　院宣於臨川寺候、当知行之有無幷大勝院相伝之是非急被糺明、可治定候、先速可召上使者之由、被仰大勝院候了、凡臨川寺当知行之安堵未申候歟、此次可被下　院宣候哉之由、其沙汰候、可為何様候哉、恐々謹言、

（建武三年）九月十一日　　隆蔭（油小路）

（切封）

追申

急可召立使者之由、即被仰大勝院候了、可被存知給、

三四　足利尊氏御判御教書

臨川寺領加賀国大野庄（石川郡）、可停止国司・守護使入部幷白山金釼宮神人等乱入狼籍（藉）之状如件、

建武三年九月十八日

源朝臣（足利尊氏）（花押）

○『鹿王院文書の研究』三三号文書に本文書の案文あり。

三五　日野資名奉書

夢窓国師（疎石）号事、奏聞之処、不可有相違由、被仰下候也、謹言、

（建武三年）九月廿一日　　理寂（日野資名）

伊豆守殿

○光厳上皇が、夢窓疎石の国師号を安堵したもの。夢窓疎石への国師号授与は建武二年一〇月一一日付「後醍醐天皇置文案」（本書二八号文書）にて、臨川寺を夢窓疎石に与えた際、国師号が使われていることから、これより先、建武政権により行われていたことがわかる。

三六　光厳上皇院宣

（端裏書）「霊亀山臨川寺　二枚」

霊亀山臨川寺

右当寺者、臨川之勝概也、臨済之正派、斯通（道）西郊之霊場也、西祖（達磨）宗風可振、宜為諸山之随一、奉祈　聖朝之安全

者、
院宣如此、仍執達如件、
建武三年九月廿七日　参議資明(柳原)
謹上　夢窓(疎石)国師禅室
追申
当寺門葉相承事、任去年十月　宸翰(後醍醐天皇)之旨、不可有相
違之由、同所被仰下也、
(貼紙)「等持院殿様御書」(足利尊氏)
○本文と追而書は別々に成巻されており、京都府教育委員会
編『天龍寺古文書目録』では前号文書の礼紙とするが、
『大日本史料』六編之三、七六〇頁では、本文書の一部と
する。筆跡から本文書の一部と見なされる。
○「去年十月　宸翰」は本書一八号文書。

三七　光厳上皇院宣

(端裏書)「大野庄勅裁☒☒」
加賀国大野庄(石川郡)領家職・山城国大井郷(葛野郡)内檀林寺領分、幷則
重開発田畠等、為臨川寺領可令領知給者、
院宣如此、仍執達如件、
建武三年九月廿七日　参議(柳原資明)(花押)
謹上　夢窓(疎石)国師禅室

三八　光厳上皇院宣

(端裏書)「遮那院闕所管領二通内三紙」
臨川寺領大井郷(葛野郡)内闕所遮那院幷屋地事、寺家管領不可有
相違者、依
院宣執達如件、
建武三年十月廿九日　参議(柳原資明)(花押)
謹上　夢窓(疎石)国師禅室

三九　光厳上皇院宣(宝篋院文書)

(前欠)
□□国(備中カ)□(小田郡)(草壁カ)
周防国多仁庄(熊毛郡)内麻合郷
右、庄々御管領不可有相違者、
院宣如此、以此旨可令洩申入道弾正親王(忠房親王)給、仍執達如件、
建武三年十一月六日　参議□
謹上　四位少納言殿

○本書八八号文書によれば、近江国奥嶋庄・越前国志比庄・備中国草壁庄東西・周防国多仁庄内麻合郷は中西姫君の遺領。

四〇　足利尊氏御内書

当寺幷寺領安堵院宣加一見候畢、恐惶謹言、

「建武三」（貼紙）十一月廿三日　尊氏（足利）（花押）

臨川寺方丈

○『鹿王院文書の研究』第三四号文書に本文書の案文あり。

四一　足利尊氏御内書案（臨川寺重書案文・鹿）

同（校正畢）

加賀国大野庄（石川郡）内藤江・松村両村事、依御辞退被寄進正脈庵造営料所候、於所残者一円為当寺領可有御管領候也、恐惶謹言、

建武四　四月廿八日　尊氏（足利）御判

臨川寺方丈

四二　光厳上皇院宣

臨川寺近辺散在地事、任領主等沽券幷避状、寺家管領不可有相違之由、

院御気色所候也、仍執達如件、

暦応二年四月廿五日　按察使（勧修寺経顕）（花押）

夢窓（疎石）上人御房

追申

領主等沽券・避状案、封裏被返下候也、

○追而書は本書三七号文書に続けて成巻されているが、内容・筆跡から本文書のものと考えられる。

四三　光厳上皇院宣案（天龍寺重書目録甲）

一亀山殿事、為被資後醍醐院御菩提、以仙居改仏閣、早為開山被致管領、殊令専仏法之弘通、可奉祈先院之証果者、

院宣如此、仍執達如件、

暦応二年十月五日　按察使経顕（勧修寺）奉

謹上　夢窓（疎石）国師方丈

○『鹿王院文書の研究』三七号文書「天龍寺造営記」に収む。

四四　忠房親王令旨（宝篋院文書）

近江国奥嶋(蒲生郡)庄下司重行本職不可有相違之由、可被下知之
旨、入道弾正親王(忠房親王)御気色所候、仍執達如件、
　暦応二年十二月卅日　　前加賀守（花押）
千若殿

四五　細川和氏寄進状案（三会院重書案）

(異筆)(校正了)「同前」
奉寄
　嵯峨臨川寺三会院
　河内国橘嶋(渋川郡)庄内光国名事
右奉為(異筆)「結」弥勒菩薩縁、所奉寄進之状、如件、
　暦応三年四月十七日　　阿波守源(細川)和氏在判

四六　足利尊氏下文案（三会院重書案）

(異筆)(校正了)「同前」
御判(足利尊氏)

下　諏方大進房円忠
可令早領知近江国三宅(野洲郡)郷内十二里幷赤野井村付鳥羽中村田在家(野洲郡)地
頭職事、
右為奉行事切之賞所宛行也、守先例可致沙汰之状如件、
　暦応三年八月十二日

四七　室町幕府執事高師直施行状案（三会院重書案）

(異筆)(校正了)「同前」
諏方大進房円忠申、近江国三宅(野洲郡)郷内十二里幷赤野井村付鳥羽中村田在家地頭職事、任御下文不日可被沙汰付之状、依仰
執達如件、
　暦応三年八月十二日　　武蔵守(高師直)在判
　佐々木佐渡大夫判官(高氏)殿

四八　佐々木秀綱請文案（三会院重書案）

(異筆)(校正了)「同前」
銘曰佐々木佐渡大夫判官(高氏)請文暦応三　九　五
諏方円忠申近江国三宅(野洲郡)郷内十二里幷赤野井村事、任御下
文・御施行之旨、以重家沙汰付候了、仍渡状幷請取案謹

進覧之候、以此旨可有御披露候、恐惶謹言、

暦応三年九月三日　　左衛門少尉(佐々木)秀綱請文 裏判

四九　室町幕府執事高師直奉書

(端裏書)「施行　大野御年貢一通送案」

臨川寺領加賀国大野(石川郡)庄年貢事、着岸若狭国云々、任寺家雑掌申請旨、毎度○仰小浜(遠敷郡)津問居検納之、加警固可令運送京都之由、可被下知守護代之状、依仰執達如件、

暦応三年九月十一日　　武蔵守(高師直)（花押）

(斯波氏頼)尾張左近大夫将監殿

○『鹿王院文書の研究』三八号文書に本文書の案文あり。

五〇　室町幕府執事高師直奉書

(端裏書)「武州施行　大野年貢運送事」

臨川寺領加賀国大野(石川郡)庄年貢事、着岸敦賀(若狭国敦賀郡)・小浜津(同国遠敷郡)者、無違乱之様、可被致沙汰之状、依仰執達如件、

暦応四年二月廿六日　　武蔵守(高師直)（花押）

(斯波高経)右馬頭殿

○『鹿王院文書の研究』三九号文書に本文書の案文あり。

五一　光厳上皇院宣案（三会院重書案）

(異筆)(校正了)「同前」

伊勢国富津御厨(桑名郡)

相模国成田庄(足柄下郡)

近江国粟津(滋賀・栗太郡)・橋本御厨

美濃国高田勅旨(土岐郡)

常陸国佐都庄(久慈郡)東岡田 西岡田

備後国垣田庄

右庄々如元可有御管領之由　院御気色所候也、以此旨可令申入室町准后(宣政門院懽子)給、仍執達如件、

暦応四年九月廿三日　　督(柳原)日野資明在判

蔵人右衛門佐殿

五二　世良親王遺領内安堵所々注文案（三会院重書案）

(異筆)(校正了)「同前」

故帥親王(世良)御遺領内建武三漏准后(宣政門院懽子)御安堵所々事

一近江国粟津（滋賀郡）・橋本（同国粟太郡）御厨事　依為天王寺大納言入道（松殿基嗣）遺領内師親王御代被経再往之御沙汰被進　綸旨了、
一伊勢国富津（桑名郡）御厨
　以上自天王寺大納言入道至准后七代御相伝
　天王寺大納言入道―青蓮院二品親王（尊助法親王）
　後嵯峨院―大宮院（藤原姞子）―昭慶門院（憙子内親王）
　師親王―准后
一美濃国高田（土岐郡）勅旨
一相模国成田（足柄下郡）庄
　以上大宮女院四代御相伝
　大宮院―昭慶門院
　師親王―准后
一大和国波多（高市郡）庄
　自亀山院四代御相伝
　亀山院―昭慶門院
　師親王―准后

右大概註進如件、
「同前」（異筆）（校正了）
此外常陸国佐都庄（久慈郡）幷東岡田（常陸国久慈郡）・西岡田
開山御自筆也、（夢窓疎石）
後西（醍醐）上皇御時被付臨川寺、今者為闕所間、准后御寄
進天龍寺多宝院、
此外正平南方御合体時分　綸旨数通在之、
○前号文書との関連によりここにおく。

五三　足利直義下知状案（三会院重書案）

「同前」（異筆）（校正了）
諏方円忠申近江国赤野井（野洲郡）村事
右村者、円忠為奉行事切賞、去年（暦応三）八月十二日拝領畢、
而恵藤太郎職成已下輩致自由押領之由、就訴申仰佐々木
佐渡大夫判官入道道誉等、度々被沙汰付以降当知行無相
違之処中間略之、所詮於下地者、厳密可沙汰付円忠之旨、
重仰先使、至性空・勝恵等者、為非職仁之上者、召上其
身須処流刑中間略之、次成乗房同宿賢聖、幷三宅左衛門太
郎・欲賀四郎等事、如同註進状者、不叙用使節云々、召

上彼輩紀明之後、可有左右之状下知如件、

暦応四年十月廿一日

左兵衛督(足利直義)源朝臣御判

○「八月十二日拝領」は本書四六号文書。

五四　室町幕府執事高師直奉書案（天龍寺重書目録甲）

一天龍寺領阿波国那賀山庄(那東・那西郡)地頭職山手事、山河之在所混乱之間、先可令停止之由、去年雖被仰御使、往年所務各別云々、所詮於河手者、任厳制堅可令停止之、至山手者、任先例宜為領主進退也、可存其旨之状、依仰執達如件、

暦応四年十一月十三日　武蔵守(高師直)在判

細川刑部大輔(頼春)殿

○『鹿王院文書の研究』四〇号文書に同文あり。

五五　室町准后尊融寄進状案（三会院重書案）

(異筆)「校正了」

寄進　臨川寺三会院所々事

近江国粟津(滋賀・栗太郡)・橋本御厨

美濃国高田(土岐郡)勅旨田

備後国垣田庄

右所々者、都督(世良)親王の御領内也、相伝にまかせて管領あるへきよし　院宣をなされ畢、しかるをかの親王の御菩提をとふらひ申さんために、三会院ニ永代寄進了、向後他のさまたけあるへからさる者也、

暦応四年十二月十八日　尊｜融(宣政門院懽子)御判

○世良親王の遺領については本書一七号文書参照。本領は、暦応四年九月二三日、室町准后尊融に安堵され、改めて三会院に寄進された（本書五一号文書参照）。

五六　光厳上皇院宣案（三会院重書案）

(異筆)(校正了)「同前」

近江国粟津(滋賀・栗太郡)・橋本御厨・美濃国高田(土岐郡)勅旨田・備後国垣田庄等、被寄附臨川寺三会院之由被聞食之旨　院御気色所候也、以此旨可令申入室町准后(懽子・尊融)給、執達如件、

暦応五年三月十二日　同前(柳原・日野資明)督在判

蔵人右衛門佐殿

五七　室町幕府禅律方頭人大高重成奉書案（三会院重書案）

臨川寺三会院領備後国垣田庄領家職事、（異筆）「雑掌」解状如此、
今年三月十二日所被下　院宣也、早守先例可致沙汰、若
有殊子細者、召進代官可明申之旨、相触当時之領主、急
速可取進請文之状、依仰執達如件

康永元年七月十日　大高伊与権守
散位（重成）在判

細川刑部大輔（頼春）殿

五八　光厳上皇院宣案（三会院重書案）

（異筆）（校正了）「同前」
近江国（滋賀郡）栗津御厨事、院御領之由雖有其沙汰、帥（世良）親王遺
領之条証文分明之上者、為臨川寺三会院領可令全知行給
之由、
院御気色所候也、仍執達如件、

康永元年十一月廿日　（高階）高雅仲
大蔵卿在判

（疎石）夢窓国師禅室

五九　光厳上皇院宣案（三会院重書案）

（異筆）（校正了）「同前」
近江国（栗太郡）橋本御厨事、章（中原）兼不叙用
院宣云々、太不可然、早停止其綺、為臨川寺三会院領、可
令全知行給之由、
院御気色所候也、仍執達如件、

康永元年十一月廿日　（高雅仲）同前
大蔵卿（高階雅仲）在判

（疎石）夢窓国師禅室

六〇　足利直義書状案（三会院重書案）

（異筆）（校正了）「同前」
河内国（渋川郡）橘嶋庄内光国名事、任前阿波守和氏（細川）今者死去長男左近
大夫将監元氏（細川）申請旨、為臨川寺三会院（異筆）「領」可有御沙汰候、恐
惶謹言、

康永二年三月廿一日　三条殿
左兵衛督（足利直義）御判

（夢窓疎石）天龍寺方丈

六一　細川元氏寄進状案（三会院重書案）

（異筆）（校正了）「同前」

奉寄
嵯峨臨川寺三会院
河内国橘嶋庄（渋川郡）之内光国名事、
右亡父前阿波守和氏（細川）令寄進之処、依有当庄中絶事、重所
奉寄進之状如件、
康永二年三月廿三日　左近将監源朝臣元氏（細川）在判

六二　鹿島宗実後家れうみやう譲状案（三会院重書案）

「同前」（異筆）（校正了）
ゆつり（譲）わたす（渡）、みかわ（三河）のくに（国）ぬかた（額田）のこほり（郡）のさた（沙汰）人よ
三太郎かあと（跡）のきうてん（給田畠）はたの事、
みきのところハ、によし（女子）たいらのうちあんと（安堵）の御
くたしふみ（下文）を給ハりてとしひさ（年久）しくちきやう（知行）さうい（相違）なし、
しかるに、にわかにたかい（他界）のあいた（間）、ゆつりしやう（譲状）にお
よはすといへとも、かねて申おきしむね（旨）にまかせて、
ちやくによ（嫡女）あま（尼）恵かん（鑑）にゆつり（譲）わたす（渡）ところくたん（件）の
ことし（如）、
かうゑい（康永）二ねん（年）五月十日
むねさね（宗実）のこけ（後家）れうみやう在判

六三　足立三郎左衛門入道厳阿書状案

遷代御代官足立三郎左衛門入道厳阿方へ自大野庄（加賀国石川郡）堺様被尋遣書状返事
倉月庄（河北・石川郡）与大野庄河海堺之間事、川者限青崎橋、海者限青
塚、自大野庄進退候条、知行之時無相違候、此間之事委
細旨令申御使候了、恐々謹言、
「康永二年」（異筆）
十一月廿六日　沙弥厳阿在判
謹上　大野庄政所殿御返報
○『金沢市史』では足立三郎左衛門入道厳阿を（遠氏カ）と
している。

六四　足利直義下知状案（三会院重書案）

「同前」（異筆）（校正了）
臨川寺三会院雑掌行心申美濃国高田郷（土岐郡）内河井村年貢以
下事、
右当郷者、都督親王（世良親王）御遺領内参ケ所御寄附随一也、彼村
地頭源氏伯耆入道存孝女（土岐頼貞）対捍年貢無謂之由、就訴申之、被下　院
宣幷武家施行、有其沙汰之処、今年六月五日両方和平、

如地頭代僧祐賢・同母尼浄因等連署状者、就　院宣、当
寺雑掌被訴申之間、至康永二年分、被成武家御下知之間、
遂結解可令究済也、至向後者、為断相論之煩、限永代、
所避進当村下地四名御那々名・源三郎入道名・馬四郎名・刑部入道名幷浮免田参町弐
段小・畠壱町弐段小坪付在別也、至子々孫々、永不可有違乱
煩、且件名付山野幷土民住宅、悉可為本所御管領、不可
有地頭違乱、又預所在庄之間、草木採用・牛馬出入、不
可有其妨、検断以下事、子細同前、公家・武家公事、伊
勢太神宮役夫工米以下課役、為地頭方沙汰可経入也、為
一円不輸之地、本所可有知行、若違犯者、被訴申公方、
可折中惣村之下地也、地頭源氏幼稚之間、母尼存孝後家所加
判也云々、如寺家雑掌行心以下僧衆連署状者、旨趣同前・
此上不及異儀、任彼状、相互無違乱、可致其沙汰之状、
下知如件、

康永三年十一月十九日
(足利直義)
左兵衛督源朝臣御判

相残五ケ村御下知、地頭等各別之間、尚々雖被成
別紙、旨趣同前之間、略之、

六五　尼理春譲状案(三会院重書案)

(異筆)(校正了)
「同前」

ゆつりわたす所りやうの事
右みの(美濃)、国むけ(武儀)の庄かふち(武儀郡)のかう(神渕郷)の内くり(栗)原のむら(村)ハ、
理春かうハ(祖母)浄心禅尼ちうたい(重代)さうてん(相伝)ちきやう(知行)さうゐ(相違)ひ
なき地也、しかるを去元応元年十一月八日理春ニ
ゑいたい(永代)ゆつり(譲)たひて、又いまにちきやう(知行)たのさまたけ
なく候を、むすめ理仁にゑいたい(永代)をかきりて、ゆつり状
をかきあたへ候、ゆめ〳〵いらん(違乱)わつらひをなすへきも
のさらになし、よて後ためにゆつり状如件、

康永三年十二月二日　　理春在判
　　二階堂安芸守
　　成藤同
(二階堂時綱)同三河入道
　　行譚同

○二階堂成藤は室町幕府一番引付、時綱は四番引付、理春は血族か。
○浄心譲状案は本書五号文書。

六六　二階堂成藤書状案(三会院重書案)

（異筆）「同前」（校正了）
故あま（浄心）御せんよりのくり（栗）原（武儀郡）のむら（村）の御ゆつりしやう（譲状）ハ、
こかねたうとの（故二階堂兼藤カ）にあつけおかれて、盗人のために紛失候
し事ハ、愚身同宿にて存知の事にて候間、後証のために
あんもん（案文）ニ判形を加てまいらせ候、これを理仁御房への
御ゆつり状ニそへて、あんと（安堵）の御下文を申給ハらせ給へ
く候、あなかしこ／＼、
貞和元年十二月十二日　なり（成）藤（二階堂）在判
理春御房
まいる
○二階堂兼藤は貞藤（道蘊）子、建武元年一二月二八日処刑。

六七　天龍寺領信濃国四宮庄土貢注文案（天龍寺重書目録甲）

一天龍寺領信濃国四宮庄（更級郡）北条円明跡、
土貢銭除領家年貢庄主得分参分一寺用分支配事、
合
佰弐拾貫文　普明閣御布施毎月拾貫文定、
閏月分拾貫臨時可加之、
捌拾貫文　円忠（諏訪）没後年忌御布施、
人別佰文幷月忌添物等定、
佰貫文　雲居庵
開山（夢窓疎石）御仏事料
此外余剰分参分弐本寺分、参分壱雲居分、可為常住受用、
右注文如件、
貞和二年六月日　法眼円忠（諏訪）判
（異筆）「委細旨趣見于本寄進歟、於乃貢支配者、永代可守此
状者也、
貞和弐年六月十八日
開山夢窓（疎石）御判」

六八　天龍寺領信濃国四宮庄田在家目録案（天龍寺重書目録甲）

註進　天龍寺領信濃国四宮庄（更級郡）北条円明跡、田在家目録貞
宗・々氏等跡分別事、
合
定田四拾壱町玖段小元亨（亨）配分定、
在家参拾伍宇同定、

除田拾参町四段小　在家拾宇、
弐町　長谷寺免田、
壱町弐段　鎮守神田、
弐段小　三林薬師田、
弐町　神三郎盛宗跡在家弐宇同已上各別安堵、
壱町　一女尼性円在家壱宇、子細同前、
壱町　二女分号横田女子、同前、
陸町　宗真養女神氏跡松犬丸分在先朝勅裁等、武家奉書守護、
已上、建武二年已前各別相伝分、
残田弐拾捌町伍段、
在家弐拾伍宇、
分年貢、
除参分壱　庄主御免分、
佰貫文　領家年貢仁和寺御室
残銭
参佰貫文　寺用、
余銭参分弐天龍寺、参分壱雲居庵、
右注文如件、

貞和二年六月日　円忠(諏訪)判
「此御文章者、裏書御筆跡也、」(頭書)
「此両紙目録一見了、仍為後証所加判也、(異筆)
貞和弐年六月日　夢窓(疎石)御判」

六九　尼惣好寄進状案（三会院重書案）

「同前」(異筆)(校正了)
臨川寺三会院弥勒仏奉寄進
ふしわら(伏原)(葛野郡)の田地の事
合参段者
此田上ハ臨川寺領にて候、毎年の御年貢沙汰人すくニ沙汰しつけて候、地主得分ニかんす(干水)い損を申候ハす、本年せんしのこいれ三田(段)の分ニ壱斛沙汰しつけて候、さま(左馬寮)料方へ段別百文つゝ地主の方より沙汰しつけて候、御心得のためニさまれう方よりの請取御通付進之候、
右三段の田ハ惣好相伝の地也、年貢毎年壱斛の分を手付(継)文書をあいそへ(相副)て、限永代為生々値遇弥勒仏所奉寄進実也、更他不可有違乱者也、依状如件、

貞和二年八月十七日　　　惣好判

七〇　足利直義下知状案

臨川寺領加賀国大野庄(石川郡)雑掌行盛与同国倉月庄(河北・石川郡)地頭摂
津右近蔵人能直代円行相論堺事
右両方申状枝葉雖多、所詮両庄東西堺者、限鳥越山之条
互無論、北海者両庄以北也、然而倉月庄北堺者、限浜山
之間、不覃塩海迄、青塚為大野庄内、前地頭得宗(北条)代円心(長崎)等
管領訖、次湖海者限青崎橋下之条子細同前、而倉月庄
土氏(民)等、越往古境於海・湖両方致殺生之由、雑掌訴申処、
塩海者可為陸地迫之条通例也、湖海者近岡(石川郡)之北鳥越山之
通也、仮令海・湖一巡、境敢不入組、且得宗地頭代違乱
之時、如祖父導準(摂津親鑒)遣代官諫書状者、長崎新左衛門尉高資
円心徳(得)替已後約人、代官之従人確論、依驚存執遣(進カ)主人書状之由所見
也、尤為証跡之由、円行雖陳之、如状者不着牓示、旨趣
不分明之上、改得宗知行境之条無実証、還為寺家得理之
准的歟、然而於可糺(猶カ)決之旨、仰守護人之処、如寺家所進
弘安・正和実検目録者、大野庄四至限北倉月庄浜青塚也
云云、如同進得宗代官円心遣足立十郎俸(捧)七月十二日不記年号書
状者、彼両庄境事、自往古歴然也、庄家古老之仁定令存
知歟、建仁之比伊勢神人下向志旦細(網)戸於切多留事無其隠、
次浜事平左衛門入道知行之時、被究御沙汰、令限青塚内
外海、知行于今無相違之上者、可得其意云々、已上取詮句彼状
等者皆古人筆跡、円行無異論、寺家所申令符合訖、山海
境入交之条常習也、就此等証状歎是非之処、如能直今年
七月三日請文者、臨川寺雑掌申両庄堺事申状者、塩海者
限青塚、湖海者限青崎橋下云云、此両条不可申子細云云、
此上不及異儀、且准西国堺可仰　聖断哉否、聊雖有其沙
汰、云寺家云能直、両庄共以一円進止、無各別領家之間、
不及子細、然則且任得宗知行之先例、且守両方承諾之絵
図、塩海者限青塚、湖海者(限脱カ)青崎橋下、為大野庄内、永可
令停止甲乙人等漁狩之状、下知如件、
　貞和二年閏九月十九日
　尊氏(ママ)左兵衛督(足利直義)源朝臣御判

○『金沢市史』資料編一、三〇二号文書では、平左衛門入道
　を在国代官の足立厳阿カとする。

七一　加賀国大野庄雑掌目安状案

目安
臨川寺領加賀国大野庄(石川郡)与同国倉月庄(河北・石川郡)相論塩海幷湖等堺
事
副進
一通得宗領之時在国代官足立三郎(遠氏カ)左衛門入道厳阿自筆
状今者故人
右為得宗領知行以来、塩海者青塚之、湖者限青崎橋下、
為大野庄内、于今知行無相違、次彼両所堺事、摂津刑部
大輔(親鑒)入道導準為倉月庄領主之時、依彼在国代官豣(奸)訴、
度々於関東雖致其沙汰、終不被付倉月庄、将又摂津掃部
頭親秀存日之間、任往古例曽以不申子細也、爰為臨川寺
領後者、固殺生禁断畢、然則任往代之道理、預御裁許而
尽未来際、且停止大罪業、且成就大善根者、天下安全御
祈禱何事如之哉、仍目安之状如件、

○前号文書との関連によりここにおく。
○副進の足立厳阿自筆状は、本書六三号文書。

七二　室町幕府執事高師直奉書

(端裏書)「武州施行大野年貢運送事」
臨川寺雑掌申、加賀国大野庄(石川郡)年貢運送事、於近江国湖上
称兵士米、致違乱云々、甚無謂、早可被停止之状、依仰
執達如件、
貞和三年三月十五日　武蔵守(高師直)（花押）
佐々木大夫判官(六角氏頼)殿

○『鹿王院文書の研究』五九号文書に本文書の案文あり。

七三　忠房親王譲状(宝篋院重書)

譲与
備中国有漢保(賀夜郡)
紀伊国東広庄(在田郡)地頭職
右、所々相副代々証文、所譲与周護房也、早為三宝施入
之地、可被相訪過去之亡魂状如件、
貞和三年五月廿八日　(忠房親王)（花押）

七四　尼理春寄進状案(三会院重書案)

(異筆)「同前」(校正了)
きしんす(寄進)
みの、(美濃国)くにかふちのかう(神渕郷・武儀郡)のうちくりはらのむら(栗原村)の事

右、所りやう（領）ハ、うハ（祖母）浄心ちうたい（重代）さうてん（相伝）の地也、しかるを理春かうハゆつりとして、去元応元年十一月八日ゑいたい（永代）ゆつりうる（く脱カ）所也、仍浄心ならひに理春かほたい（菩提）をとふらひ候ハんために、りんせん（臨川）寺三ゑゐん（会院）へきしん申候所也、但理春かむすめ理仁一こ（期）の程は三ゑいんよりかたのことく御ふちあるへく候、仍きしん（寄進）状如件、

貞和三年十月廿五日　　理春在判

七五　臨川寺領山城国大井郷界畔絵図裏書

（端裏貼紙）「弐千六百九十号

葛野郡嵯峨

天龍寺蔵

開山国師（夢窓疎石）真判絵図」

臨川寺領大井郷（山城国葛野郡）界畊（畔）絵図

当寺管領之分与天龍寺及他人管領之地相雑故、恐有諍論而難決、仍以絵図所定置也、

貞和三年仲冬　　開山夢窓（疎石）（花押）

○絵図は『日本荘園絵図聚影』二一、近畿一を参照。

七六　中西御息所御教書（宝篋院重書）

近江国奥嶋庄（蒲生郡）任元亨御素意、所被避遣也、早為寺領有御管領可被専御菩提之由、中西御息所仰所候也、仍執達如件、

貞和四年三月廿四日　　前加賀守（花押）

善入寺方丈

○文中の「元亨御素意」は本書七号文書。

○「中西御息所」は、忠房親王と同じ奉者を用いており、忠房親王の妃か。

七七　崇光天皇宣旨伝達状（宿紙）

献上

宣旨

臨川禅寺住持沙門契愚（柳渓）申請、以当寺領山城国葛野郡内大井郷・加賀国大野庄（石川郡）・近江国粟津（滋賀郡）幷橋本御厨（栗太郡）・美濃国高田勅旨田（土岐郡）・河内国橘嶋庄内光国名（渋川郡）・美作国讃耳（甘）北庄（英多郡）六分一、伊勢太神宮役夫工米、御契（禊）大嘗会以下勅役・院役幷都鄙寺社所役、及国中段米・関

米・恒例臨時公役免除事副本解、
仰、依請、
右宣旨、早可令下知給之状如件、
（貞和五年）四月十五日　　権右中弁藤（坊城）俊冬奉
進上　源（中院通冬）大納言殿

○坊城俊冬は貞和四年一二月三〇日に権右中弁、翌年六月一九日に右中弁、よって本文書は貞和五年の発給。

七八　太政官符

太政官符山城国司
応停止伊勢太神宮役夫工米・御禊大嘗会以下勅役・院役幷都鄙寺社所役、及国中段米・関米・恒例臨時公役等、永為臨川禅寺領、当国葛野郡内大井郷事
右得彼寺住持沙門契愚（柳渓）去年十二月日奏状偁、謹啓案内、去建武年中後醍醐上皇賜宸翰詔曰、当寺者亀山法皇仙居、都督大王（世良親王）遺跡也、昭慶門院（憙子内親王）伝領之、附属大王、大王命為蘭若、仍加寺領寄附国師（夢窓疎石）、令擬弘法利生之地、専致国家泰平精祈矣、抑此霊場者帝都之西境也、有便于聴禅那霊知之法語、離宮之東隣也、相応于修普賢発心之行業、宜恢弘臨済禅師（義玄）之宗風、令稟承臨川禅寺之法流、以門葉相続、至龍華三会者、既為勅願寺奉祈我聖朝、於是有数箇之菜地、転一寺之食輪、欲賜諸役勅免之官符、而備将来不易之規鑑、望請洪慈、枉聴懇欵、然則一百許輩之緇徒、常祝請無彊之聖祚、尽未来際之歴数、長挙揚教外之宗門者、
正二位行権大納言源朝臣通冬（中院）宣、奉　勅依請者、国宜承知、依宣行之、符到奉行、
正四位下行左中弁平朝臣（親明）（花押）　修理東大寺大仏長官
従四位下行左大史小槻宿禰（壬生匡遠）（花押）
貞和五年四月廿八日

○紙継目に方印四顆あり

七九　太政官符案（臨川寺重書案勅裁）

同（校正了）
大（太）政官符山城国司
応停止伊勢太神宮役夫工米・御禊大嘗会以下勅役・院役幷都鄙寺社所役、及国中段米・関米・恒例臨時公役等、永為臨川禅寺領、当国葛野郡内大井郷事

右得彼寺住持沙門契愚（柳渓）去年十二月日奏状偁、謹啓案内、
去建武年中後醍醐上皇賜宸翰詔曰、当寺者亀山法皇仙居、
都督大王（世良親王）遺跡也、昭慶門院（憙子内親王）伝領之、附属大王、大王薨逝
之後以遺命為蘭若、仍加寺領寄附国師（夢窓疎石）、令擬弘法利生之
地、専致国家泰平精祈矣、抑此霊場者帝都之西境也、有
便于聴禅那霊知之法語、離宮東隣也、相応于修普賢発心
之行業、宜恢弘臨済禅師（義玄）之宗風、令稟承臨川禅寺之法流、
以門葉相続、至龍華三会者、既為勅願寺奉祈我聖朝、於
是有数箇之菜地、転一寺之食輪、欲賜諸役勅免之官符、
而備将来不易之規鑑、望請洪慈、枉聴懇款、然則一百許
輩之緇徒、常祝請無彊之聖祚、尽未来際之歴数、長挙揚
教外之宗門者、正二位行権大納言源朝臣通冬（中院）宣、奉　勅
依
請者、国宜承知、依宣行之、符到奉行、
正四位下行左中弁平朝臣（親明）判
貞和五年四月廿八日

○前号文書の案文であるが、正文には「大王薨逝之後以遺命」という文がないため、この案文も収録する。

八〇　太政官符

（端裏書）「太政官符加賀国司壱通」
太政官符加賀国司
応停止伊勢太神宮役夫工米・御禊・大嘗会以下勅役・
院役并都鄙寺社所役、及国中段米・関米・恒例臨時公
役等、永為臨川禅寺領、当国大野庄（石川郡）事
右得彼寺住持沙門契愚（柳渓）去季十二月日奏状偁、謹啓案内、
去建武年中後醍醐上皇賜宸翰詔曰、当寺者亀山法皇仙居、
都督大王（世良親王）遺跡也、昭慶門院（憙子内親王）伝領之、附属大王、大王命為
蘭若、仍加寺領寄附国師（夢窓疎石）、令擬弘法利生之地、専致国家
泰平精祈矣、抑此霊場者帝都之西境也、有便于聴禅那霊
知之法語、離宮之東隣也、相応于修普賢発心之行業、宜
恢弘臨済禅師（義玄）之宗風、令稟承臨川禅寺之法流、以門葉相
続、至龍華三会者、既為勅願寺奉祈我聖朝、於是有数箇
之菜地、転一寺之食輪、欲賜諸役勅免之官符、而備将来
不易之規鑑、望請洪慈、枉聴懇款、然則一百許輩之緇徒、
常祝請無彊之聖祚、尽未来際之歴数、長挙楊（揚）教外之宗門
者、正二位行権大納言源朝臣通冬（中院）宣、奉　勅依請者、国

宣承知、依宣行之、符到奉行、
正四位下行左中弁平朝臣（親明）（花押） 修理東大寺大仏長官
従四位下行左大史小槻宿禰（壬生匡遠）（花押）
貞和五年四月廿八日
○紙面に「太政官印」四顆を捺す。

八一 太政官符案（三会院重書案）

（異筆）「同前」（校正了）
太政官符近江国司
応停止伊勢太神宮役夫工米・御禊大嘗会以下勅役・院役并都鄙寺社所役、及国中段米・関米・恒例臨時公役等、永為臨川禅寺塔頭領、当国粟津（滋賀・栗太郡）・橋本両御厨事、
右得彼寺住持沙門契愚（柳渓）去年十二月日奏状偁、謹啓案内、去建武年中後醍醐上皇賜宸翰詔曰、当寺者亀山法皇仙居、都督大王（世良親王）遺跡也、昭慶門院（憙子内親王）伝領之、附属大王、大王薨逝之後以遺命為蘭若、仍加寺領寄附国師（夢窓疎石）、令擬弘法利生之地、専致国家泰平精祈矣、抑此霊場者帝都之西境也、有便于聴禅那霊知之法語、離宮之東隣也、相応于修普賢発心之行業、宜恢弘臨済禅師之宗風、令稟承臨川禅寺之法流、以門葉相続、至龍華三会者、既為勅願寺奉祈我聖朝、於是有数箇之菜地転一寺（之脱カ）食輪、欲賜諸役勅免之官符、而備将来不易之規鑑、望請洪慈、枉聴懇欵、然則一百許輩之緇徒、常祝請無彊之聖祚、尽未来際之暦（歴）数、長挙揚教外之宗門者、正二位行権大納言源朝臣通冬（中院）宣、奉 勅依請者、国宜承知、依宣行之、符到奉行、
正四位下行左中弁平朝臣（親明） 修理東大寺大仏長官従四位下行左大史小槻宿禰（壬生匡遠）
貞和五年四月廿八日

八二 太政官符案（三会院重書案）

（異筆）「同前」（校正了）
太政官符美濃国司
応停止伊勢太神宮役夫工米・御禊大嘗会以下勅役・院役并都鄙寺社所役、及国中段米・関米・恒例臨時公役等、永為臨川禅寺塔頭領、当国高田（土岐郡）勅旨田事、
右得彼寺住持沙門契愚（柳渓）去年十二月日奏状偁、謹啓案内、去建武年中後醍醐上皇賜宸翰詔曰、当寺者亀山法皇仙居、都督大王（世良親王）遺跡也、昭慶門院（憙子内親王）伝領之、附属大王、大王薨逝

之後以遺命為蘭若、仍加寺領寄附国師（夢窓疎石）、令擬弘法利生之
地、専致国家泰平精祈矣、抑此霊場者帝都之西境也、有
便于聴禅那霊知之法語、離宮之東隣也、相応于修普賢発
心之行業、宜恢弘臨済禅師（義玄）之宗風、令稟承臨川禅寺之法
流、以門葉相続、至龍華三会者、既為勅願寺奉○祈我聖朝、
於是有数箇之菜地転一寺之食輪、欲賜諸役勅免之官符、
而備将来不易之規鑑、望請洪慈、枉聴懇欵、然則一百許
輩之緇徒、常祝請無彊之聖祚、尽未来際之歴数、長挙揚
教外之宗門者、正二位行権大納言源朝臣通冬（中院）宣、奉　勅
依請者、国宜承知、依宣行之、符到奉行、
正四位下行左中弁平朝臣（親明）　修理東大寺大仏長官従四位下
行左大史小槻宿禰（壬生匡遠）
貞和五年四月廿八日

八三　太政官符案（三会院重書案）

（異筆）「同前」（校正了）
太政官符美作国司
応停止伊勢太神宮役夫工米・御禊大嘗会以下勅役・院
役幷都鄙寺社所役、及国中段米・関米・恒例臨時公役
等、永為臨川禅寺塔頭領、当国讃耳（甘）（英多郡）北庄陸分壱事、
右得彼寺住持沙門契愚（柳渓）去年十二月日奏状偁、謹啓案内、
去建武年中後醍醐上皇賜宸翰詔曰、当寺者亀山法皇仙居、
都督大王（世良親王）遺跡也、昭慶門院（憙子内親王）伝領之、附属大王、大王薨逝
之後以遺命為蘭若、仍加寺領寄附国師（夢窓疎石）、令擬弘法利生之
地、専致国家泰平精祈矣、抑此霊場者帝都之西境也、有
便于聴禅那霊知之法語、離宮之東隣也、相応于修普賢発
心之行業、宜恢弘臨済禅師（義玄）之宗風、令稟承臨川禅寺之法
流、以門葉相続、至龍華三会者、既為勅願寺奉祈我聖朝、
於是有数箇之菜地転一寺之食輪、欲賜諸役勅免之官符、
而備将来不易之規鑑、望請洪慈、枉聴懇欵、然則一百許
輩之緇徒、常祝請無彊之聖祚、尽未来際之歴数、長挙揚
教外之宗門者、正二位行権大納言源朝臣通冬（中院）宣、奉　勅
依請者、国宜承知、依宣行之、符到奉行、
正四位下行左中弁平朝臣（親明）　修理東大寺大仏長官従四位下
行左大史小槻宿禰（壬生匡遠）
貞和五年四月廿八日

八四　太政官符案（三会院重書案）

「同前」(異筆)(校正了)
太政官符河内国司
応停止伊勢太神宮役夫工米・御禊大嘗会以下勅役・院役并都鄙寺社所役、及国中段米・関米・恒例臨時公役等、永為臨川禅寺塔頭領、当国橘嶋(渋川郡)庄内光国名事、
右得彼寺住持沙門契愚(柳渓)去年十二月日奏状偁、謹啓案内、去建武年中後醍醐上皇賜宸翰詔曰、当寺者亀山法皇仙居、都督大皇(王)(世良親王)遺跡也、昭慶門院(憙子内親王)伝領之、附属大王、大王薨逝之後以遺命為蘭若、仍加寺領寄附国師(夢窓疎石)、令擬弘法利生之地、専致国家泰平精祈矣、抑此霊場者帝都之西境也、有便于聴禅那霊知之法語、離宮之東隣也、相応于修普賢発心之行業、宜恢弘臨済禅師(義玄)之宗風、令稟承臨川禅寺之法流、以門流相続、至龍華三会者、既為勅願寺奉祈我聖朝、於是有数箇之菜地、転一寺之食輪、欲賜諸役勅免之官符、而備将来不易之規鑑、望請洪慈、枉聴懇欵、然則一百許輩之緇徒、常祝請無彊之聖祚、尽未来際之歴数、長挙揚教外之宗門者、正二位権大納言源朝臣通冬(中院)宣、奉　勅依請者、国宜承知、依宣行之、符到奉行、
正二(四)位行下左中弁平朝臣(親明)　修理東大寺大仏長官従四位下
行左大史小槻宿禰(壬生匡遠)
貞和五年四月廿八日

八五　尼恵鑑寄進状案（三会院重書案）

「同前」(異筆)(校正了)
りんせんし(臨川寺)三ゑゐん(会院)にきしん(寄進)申、ミかハ(三河)のくに(国)ぬかたこ(額田)ほり(郡)さた(沙汰)人よ三太らう(郎)のあと、御くたしふミ(下文)、たひく(安堵)のあんと、ゆつりしやう(譲状)ともに、ひくに(比丘尼)れうミやうの御房、おなしくせんかうせんに(禅尼)のほたい(菩提)のためにきしんしやう(寄進状)くたん(件)のことし(如)、
ちやうわ(貞和)五ねん(年)六月廿七日　ゑかん(恵鑑)在判

八六　治部卿某奉書（宝篋院重書）

嵯峨善入寺領備中国有漢保(賀夜郡)、暦応四年以来年貢事、雑掌顕重訴状副具書如此、任先例可被致其沙汰之状、依仰執達如件、
貞和五年八月五日　治部卿（花押）
秋庭小三郎殿

八七　本光院寄進状案（三会院重書案）

（異筆）「同前」（校正了）

たちま（但馬）の国太田（出石郡）庄内さかもと（坂本）の村事
臨川寺三会院へきしん（寄進）申候也、ゑい（永）代よきやうに御さた
候へく候、このよしを御ひろうあるへく候、あなかしく

　貞和五年九月廿四日　本光院殿御判

天りう（龍）寺東堂侍者御中

八八　中西御息所御教書（宝篋院重書）

中西姫君御遺領近江国奥嶋（蒲生郡）庄・越前国志比（吉田郡）庄・備中国
草壁（小田郡）庄東西・周防国多仁（熊毛郡）庄内麻合郷・嵯峨中西幷善入寺高
橋茶園・同田畠・春木原（葛野郡）以下事、御寄進状先日被進候畢、
不可有相違由、中西御息所可申旨候、仍執達如件、

　貞和五年十二月十八日　侍従（花押）

善入寺方丈

○中西御息所は忠房親王室か。
○奥嶋庄についての「御寄進状」は本書七六号文書。

八九　足利尊氏寄進状案（三会院重書案）

（異筆）「同前」（校正了）

寄進
　臨川寺三会院
　但馬国太田（出石郡）庄内坂本村事
右任当庄地頭源氏寄附状、可為当庵領之状如件、

　観応元年十月廿五日

　正二位源（足利尊氏）朝臣御判

九〇　室町幕府執事高師直施行状案（三会院重書案）

（異筆）「同前」（校正了）

但馬国太田（出石郡）庄内坂本村事、任御寄進状之旨、可被沙汰付
臨川寺三会院雑掌之状、依仰執達如件、

　観応元年十月廿五日　武蔵守（高師直）在判

今河（頼貞）駿河前司殿

九一　清兼・氏女寄進状案（三会院重書案）

（異筆）「同前」（校正了）

奉寄進　私領山城国上桂上野（葛野郡）庄下司職内田地事

尾花里三坪一反大、氏女分

合田地五段内　郡里十三坪二反六十歩、同人分

櫃原里五坪半、下司清兼分

同里十七坪大、同

此田地本所当米弐斛九斗三升三合并藁五束糠五斗段別百姓沙汰

月木用途百文者名主沙汰

名主得分六斛六斗、庄斗定

右件田地者開発重代相伝私領也、而為二親追善所奉寄附臨川寺三会院也、更不可有他妨者也、於彼田地者可有一円不輸御管領、於本所年貢者可被致其沙汰、於名主得分者尽未来為奉寺用寄進之状如件、

観応元年十一月七日　清兼判

氏女同

九二　但馬国守護今川頼貞遵行状案（三会院重書案）

「同前」（異筆）（校正了）

但馬国太田庄（出石郡）内坂本村事、去月廿五日御寄進状・同日施行如此、案文遣之、早任被仰下之旨、沙汰付下地於臨川寺三会院雑掌、以起請之詞、可被註申之状如件、

観応元年十一月十四日　今河駿州（頼貞）在判

勝田孫三郎殿

野呂三郎殿

○寄進状は本書八九号文書、施行状は本書九〇号文書。

九三　但馬国守護使請文案（三会院重書案）

「同前」（異筆）（校正了）

但馬国太田庄（出石郡）内坂本村事、任御寄進状幷御施行之旨、沙汰付下地於臨川寺三会院雑掌候了、此条偽申候者、八幡大菩薩御罰於可罷蒙候、以此旨、可有御披露候、恐惶謹言、

観応元年十一月十四日

藤原貞信在判

平貞景同前

此外、正平御合体之時、綸旨在之、

九四　足利直義寄進状案（三会院重書案）

「同前」(異筆)(校正了)

奉寄　臨川寺三会院

但馬国太田庄《出石郡》内秦守事

右、為亡息如意王追善料所、々寄附之状如件、

観応二年卯月八日

錦小路殿《足利直義》
恵源御判

九五　尼性戒寄進状案（天龍寺重書目録甲）

一きしん《寄進》申てんりうし《天龍寺》、ならひにうんこあん《雲居庵》に、とをたうみのくに《遠江国》むらくしのしやう《村櫛庄・敷智郡》のちとうしき《地頭職》の事、

右かの地ハ、さいとうゑちせんのかみ《斎藤越前守》としやす《利泰》はいりやう《拝領》の地也、この所をよせて、てら《寺》をたて候ハんと申候程ニ、はしめたる寺なとハ、あとのちから《力》にかなうましく候うゑ、御てし《弟子》にても候へはと、おもひまいらせ候て、この御てら《寺》へきしん《寄進》申候、ゑいたひ《永代》としやす《利泰》かほたい《菩提》をとふらひて給へく候、所む《務》のやうと《用途》くふん《区分》のあしわけハ、へちニしるしてまいらせ候、いつの世までもかわらぬやうに、御はからひあるへく候、よつてきしん《寄進》状如件、

くわんをう《観応》二年五月十九日　尼性戒今ハ如吉在判

開山《夢窓疎石》御判在之、

九六　尼性戒寄進状案（天龍寺重書目録甲）

一寄進

天龍寺

遠江国村櫛庄《敷智郡》跡斎藤越前守利泰　土貢支配事

参分弐　寺家御分内

佰貫文　雲居庵寺用

開山《夢窓疎石》御仏事料足

佰貫文　利泰追善分

年忌・月忌可有御支配候、

此外余残分、悉可為本寺之用、

参分壱　庄主分利泰跡子孫可相伝之、若年貢無沙汰之時者、被下上使、可有直納、其時者惣庄拾分壱乃貢於為庄主之沙汰、可弁済之、

右当庄者、為報開山国師《夢窓疎石》恩徳、任利泰之素意、所令寄附寺領也、於乃貢者守此状、永可致其沙汰之状如件、

観応二年五月十九日　尼性戒在判

「（異筆）たしかのために、しひつ（自筆）をそゑてまいらせ候、件寺領
事、本願之旨趣見彼状等、任其契約既被成公文之上者、
後代住持幷守塔之門人、敢不可令遺失之状如件、

観応二年七月廿日

開山夢窓（疎石）　在御判」

九七　足利義詮御内書案（三会院重書案）

「（異筆）同前」（校正了）
但馬国太田庄（出石郡）内秦守村事、為臨川寺三会院領、御知行不
可有相違候、恐惶謹敬白、

観応二年八月十五日　（足利）義｜詮　御判

天龍寺方丈侍司

九八　足利尊氏御内書案

「（異筆）任此案文、不可有相違之状如件、

長禄四年四月廿日　（足利義政）（花押）」

天龍寺事、為奉報謝
先皇（後醍醐天皇）之恩徳、蒙
今上（光明）之勅命、為御開山建立訖、公私之発願、濫觴異他、
現当之願望仰伽藍之昭（照）鑑、仍当家之子孫・一族・家人等
及末代、専当寺帰依之志、寺院幷寺領等事、可抽興隆之
精誠、若現不義及違乱者、永可為不孝義絶之仁候也、可
得此御意候、恐惶敬白、

観応二
八月十六日　（足利）尊氏　御判

侍者御中

○軸装、箱書には「天龍寺建立案文極書」とあり。
○「天龍寺重書目録甲」に案文所収。案文の端書として次の
文が書かれる。
「開山国師（夢窓疎石）御自筆
此御書是観応二年九月二日自江州戦場、所下給御自筆置文也、」

九九　足利義詮御判御教書案（三会院重書案）

「（異筆）同前」（校正了）
臨川寺三会院領但馬国太田庄（出石郡）内坂本・秦守両村事、停止
従人以下輩妨、任去年十月廿五日・今年四月八日寄附状
等、可被全寺用之状如件、

観応二年八月十七日　（足利義詮）宝篋院殿　御判

今川駿河前司（頼貞）殿

一〇〇　足利義詮御判御教書

(端裏書)「☒☒☒」
細河伊与(予)守(元氏、後に清氏)代性空申、駿河国田尻郷(益津郡)南村河原一色地頭職
事、大草弥三郎以下悪党人等濫妨云々、不日退彼輩、沙
汰付下地於元氏代、可執進請取状、更不可有緩怠之状如
件、
(足利義詮)(花押)
観応二年九月八日
今河五郎(範国)入道殿

一〇一　夢窓疎石置文案(天龍寺重書目録甲)

一観応二年九月五日、自江州為諏方大進坊(円忠)御使、丹波国
瓦屋庄(桑田郡)永代御寄進寺畢、彼百年御後者、宜以此南庄料
足、年忌御時打嚫、亦可用之後代御位牌、可奉限両所
之由、雖載前段此御寄進状等、並是坊門殿(義詮)被成下之上
者、如是之御一族若為寺家被作資縁、其御位牌亦不可
除者歟、
九月十五日(観応二年カ)　夢(夢窓疎石)ー御印判

一〇二　夢窓疎石書状案(天龍寺重書目録甲)

御書之趣謹以拝見仕候畢、丹波国瓦屋南庄(桑田郡)・遠江国村櫛庄(敷智郡)
地頭職両通御寄進状下給候畢、寺門之大慶只斯事候、老
病事不食習候程ニ、只同体候由可令申入給候、恐惶謹言、
九月廿二日(観応二年カ)　疎(夢窓疎石)ー御判

○『鹿王院文書の研究』六一号文書に同文あり。

一〇三　大高重成寄進状案(三会院重書案)

(異筆)(校正了)「同前」
奉寄
臨川寺三会院
尾張国御器所(愛智郡)保地頭職事
右彼地者、重成(大高)拝領之条、先皇勅裁幷将軍家御下文分
明也(案文、在別)、且為報開山　国師(夢窓疎石)恩徳、且為祈公私願望、所
令寄進当寺開山御入定所也、子々孫々不可有違乱妨之状如件、
観応二年十月六日
正五位下行伊与(予)守高階重成(大高)在判

一〇四　足利直義寄進状

寄進
佐那武両社（加賀国石川郡）
加賀国倉部橘三跡事
右為天下泰平祈禱、所附寄状如件、
観応二年十月廿日
沙弥（足利直義）（花押）

一〇五　諏訪円忠寄進状案（三会院重書案）

（異筆）（校正了）
「同前」
奉寄
臨川寺三会院
近江国野洲郡内赤野井村幷三宅十二里事
右彼地者、為円忠（諏訪）所領之条補任裁判公験分明也、仍当知
行無相違而、且為報開山（夢窓疎石）国師之恩徳、且為祈円忠之現
当之願望、所寄進当院也、但庄主所務之次第、仏神人給
已下、除田分限見別紙目録、任天龍寺領信濃国四宮庄（更級郡）寄
進状在　国師教書之傍例、可有其沙汰候、後代々院主及諸門人、
永代不可有依違之儀、仍寄進状如件、
観応二年十月晦日　法眼円忠（諏訪）在判

一〇六　三会院院主無極志玄等連署裏書案（三会院重書案）

（異筆）（校正了）
「同前」
裏書云
彼地事、施主寄附之旨趣、具見彼状、若違此意趣者、寺
家知行衆可相違者也、天龍寺領四宮庄（信濃国更級郡）北条事、国師（夢窓疎石）御裏
書分明也、任彼例、向後院主可有其沙汰者歟、
観応二年十月晦日
院主志玄（無極）御判
証明　雲居妙葩（春屋）在判
臨川紹栄（枯木）同前

○本文書は前号文書の裏書である。

一〇七　足利尊氏寄進状案（三会院重書案）

（異筆）（校正了）
「同前」
寄進　臨川寺三会院

近江国赤野井村(野洲郡)三宅十二里事

右任諏方円忠寄附之旨、為当寺領可被致沙汰之状如件、

観応二年十一月三日

正二位源朝臣(足利尊氏)御判

一〇八　足利尊氏御内書案（三会院重書案）

「同前」(異筆)(校正了)

近江国赤野井村(野洲郡)幷三宅十二里事、任諏方円忠寄進状さうゐあるへからす候、恐々敬白、

観応二年十一月三日

尊ー(足利)氏御判

臨川寺三会院長老(無極志玄)

一〇九　足利義詮御内書案（三会院重書案）

「同前」(異筆)(校正了)

近江国赤野井村(野洲郡)幷三宅十二里事、任円忠(諏訪)寄進状、為国師(夢窓疎石)御仏事料足、可為臨川寺三会院領之由、将軍家安堵御書等一見候畢、可存其旨候、恐々敬白、

観応二
十一月廿八日

義ー(足利)詮御判

無極(志玄)和尚

一一〇　足利尊氏御判御教書案

等持寺院両所事、依　開山国師(夢窓疎石)辞譲、可為天龍末寺之由、彼在世之時契諾畢、今更不可有相違、至末代専門徒一味之興隆(カ)、致三品禅閤(足利貞氏)・二品禅尼(上杉清子・上杉頼重女)及先亡後滅之追福也、於住持職者、就本寺幷国師門徒吹挙、任先例可為檀門之勧請之状如件、

十二月十三日

尊氏(足利)御判

夢窓国師門徒御中

○文中の文言により夢窓疎石没直後の文書か。夢窓疎石は観応二年九月三〇日示寂によりここにおく。

一一一　夢窓疎石加賀国大野庄相論土代

大野庄近年地頭分者、近年山内禅尼(北条貞時室)知行之○領家職者昭慶門院(憙子内親王)御知□(行カ)、其地大原来迎院管領、康空上人(示導)於関東有訴訟、如来迎院申者、富永御厨惣有十五ヶ村、○於領家職者▨▨大原大納言三位殿、一円御知行、而彼三位殿、以惣庄奉譲大宮女(姑子)

院、其内分四ヶ村黒田・無量寿・藤江・松村、被寄進来迎院、而○〔近年〕領家方年貢○〔一向〕対捍云々、関東評定云、大宮女院御時、正和年中地頭領家相論之時、於関東有其沙汰、任建治年中○〔之法例〕為地頭請所、領家年貢三百五十貫可弁済之○〔仍両方被出和与状畢〕云々、今守此式三百五十貫令弁済之上者、全非地頭対捍、所詮来迎院若可為領家之一円者、三百五十貫内を可被配分者也、於其段者、地頭方不可相綺云々、仍康空上人訴訟被棄置畢、今者来迎院管領為別人、又訴訟云地頭為請所、以三百五十貫被定者、大宮女院御知行分、惣庄事也、其内四ヶ村者、来迎院別相伝申也、何可混正和年中和与状哉云々、臨川寺方問答云、正和々与状既云、○〔任〕健治所定法例云々、全非大宮女院御時正和中ニ始被定員数、所詮健治指蹤(証)之状乎被出帯可有、其沙汰云々、領家職

*以下裏文書

臨川寺領加賀国大野庄□□□□(中状カ)○事

如▨〔大〕原来迎院申者、当庄内四ヶ村黒田 無量華院(ママ) 藤江 松村者○〔大原大納言三位殿奉譲〕大宮女院御時御寄附也、而地頭于時得宗(北条)方給主等違乱之由訴申之間、於関東被経御沙汰訖、爰以惣庄為請所、三百五十貫文致沙汰来候条、和与状分明也、而如雑掌申者、当庄十六ヶ村也、除四ヶ村之外、以十二村和与訖、然者可被付彼四ヶ村之旨、就申之、雖被尋下、支証無之、仍御原(大カ)雑掌申状已被棄捐訖、其上如彼状者、守建治状可為請所之旨被載之上者、亘一庄有其沙汰之条勿論也、大宮女院御行事之正和年中者建治御沙汰之次第(カ)、経数十ヶ年、後年可申子細哉、随而如自大宮院被遣昭慶門院御譲状尓一庄一円之条分明也、不被召出建治状云々、難有被(カ)致(カ)御沙汰者也、

(別紙異筆)「此書者開山(夢窓疎石)和尚之草也、所詮来迎院者、延慶已来不知行也、延慶以来不知行之地、不可有沙汰事、勅法治定之間、被棄損来迎院之訴訟畢、住持周沢(龍湫)記之、
」

○年未詳により夢窓疎石の没年、観応二年におく。
○本文書は現在軸装されていることから裏文書は直に見ることはできない。裏文書は全体が墨線で抹消されている。
○箱書「開山国師墨跡　龍湫和尚奥書　(貼紙)「六拾八号」壱幅」。

一一二　後村上天皇綸旨(宿紙)

臨川寺境内・寺領等、軍勢甲乙人不可致乱入狼藉、若有

違犯之輩者、可被処罪科者、
天気如此、仍執達如件、
正平六年十二月七日　左中将（中院具忠カ）（花押）

一一三　足利尊氏寄進状案（三会院重書案）

「同前」（異筆）（校正了）
寄進　臨川寺三会院
尾張国御器所（愛智郡）保地頭職事
右任大高伊予権守重成申請之旨、所寄進之状如件、
正平七年二月九日
正二位源朝臣（足利尊氏）御判

○大高重成寄進状は本書一〇三号文書。

一一四　後村上天皇綸旨（宿紙）

「寺領之綸旨」（貼紙）
当知行寺領等管領不可有相違者、
天気如此、仍執達如件、
正平七年二月十五日　勘解由次官（平時経）（花押）奉
臨川寺方丈

一一五　後村上天皇綸旨（宿紙）

加賀国大野庄（石川郡）領家職、知行不可有相違者、
天気如此、仍執達如件、
正平七年二月十六日　勘解由次官（平時経）（花押）
臨川寺方丈

一一六　後村上天皇綸旨（宿紙）

甲斐国牧庄（山梨郡）号高橋庄、東方道蘊（二階堂貞藤）（蘊）跡、除恵林寺領、為当知行之地内加賀国
大野庄（石川郡）地頭職替、可被管領者、
天気如此、仍執達如件、
正平七年二月十六日　勘解由次官（平時経）（花押）奉
臨川寺方丈

一一七　後村上天皇口宣案（宿紙）

上卿高倉大納言
正平七年二月十六日　宣旨
臨川禅寺
宜為　勅願寺
蔵人勘解由次官平時経奉

一一八　足利尊氏御内書案（三会院重書案）

（異筆）（校正了）
「同前」
〽近江国赤野井村（野洲郡）幷三宅十二里（野洲郡）事、任諏方円忠寄進状、為
夢窓国師（疎石）御追善料足、可為臨川寺三会院之由、去年十一
月三日以自筆状成安堵候了、わさとも当御代可有御寄進
事に候、さら〱不可有相違候、いそき〱可有御遵行
候也、凡寺社領事、人いかに申候とも御もちゐ候ハて、
けむ（厳）密御沙汰あるへく候、ことさら国師御ゆい（遺）跡の事な
ととかくと、こほりあるましく候、可得御心候、あなか
しこ〱、

観応三
六月廿七日　（足利）尊｜氏御判
坊門殿（足利義詮）

○「去年十一月三日状」は本書一〇七号文書。

一一九　足利尊氏御判御教書案（三会院重書案）

（異筆）（校正了）
「同前」
〽臨川寺幷三会院寺領等事、文書等披見之上、不及子細、
且国々所領等、停止軍勢甲乙人違乱、可全寺用、若致其
妨者、可処罪科、凡当寺者国師（夢窓疎石）在洛之始草創之、濫觴異
他之上、三会院者滅後入定之御在所、信仰甚深者也、仍
状如件、

観応三年六月廿七日　等持院殿（足利尊氏）御判
無極（志玄）和尚禅室

一二〇　渋川直頼寄進状案（三会院重書案）

（異筆）（校正了）
「同前」
〽寄附
嵯峨臨川寺三会院
右、以遠江国吉美庄（敷智郡）内々山郷、為訪亡魂之菩提、所奉寄
之状如件、

観応三年七月五日
散位源（渋川）朝臣直頼在判

一二一　足利尊氏御内書案（天龍寺重書目録甲）

一天龍寺領等事、不可有改動之子細、載度々状畢、始終
不可有相違、就中丹波国瓦屋庄（桑田郡）南北事、或為本寺僧食、

或為当家追福、有殊別願寄進畢、仍開山国師(夢窓疎石)御病席懸
勲置文又明鏡也、御在世一諾更不可依違、縦本主等訴
訟為理運者、任准拠之傍例、宜被充行其替、於彼地者、
至尽未来際、不可有相違候、得其御意、可被仰寺家候、
謹言、
観応三　七月十四日　　尊(足利)|(氏)御判
坊門殿(足利義詮)

一二二　足利義詮御判御教書案(三会院重書案)

「同前」(異筆)(校正了)
臨川寺三会院雑掌申近江国粟津御厨内膳所中庄(滋賀郡)事、訴状
遣之、馬場今里右衛門三郎幷大井孫三郎押妨云々、早莅
彼所来月十日以前可打渡下地、於雑掌若有違犯之事者、
任事書旨可致沙汰之状如件、
観応三年七月廿四日　　宝篋院殿(足利義詮)御判
佐々木千手殿(六角義信)

一二三　足利義詮寄進状案(三会院重書案)

「同前」(異筆)(校正了)
寄附
臨川寺三会院
参河国額田郡沙汰人余三太郎跡給田畠事
右任尼恵鑑細川阿波守和氏女子申請、所寄附之状如件、
観応三年七月廿九日
左近権中将源朝臣(足利義詮)御判

一二四　足利尊氏寄進状案(三会院重書案)

「同前」(異筆)(校正了)
寄進　臨川寺三会院
遠江国吉美庄(敷智郡)内々山郷事
右、任中務大輔直頼(渋川)今年七月五日寄進状旨、寺領不可有
相違之状如件、
観応三年九月十五日
正二位源朝臣(足利尊氏)御判

一二五　足利義詮御判御教書案

京都称明寺号延年寺敷地一所幷八条油小路田地壱町余付屋地等事、止祥

如首座管領所返付本主行兼跡也、早任師檀契諾之由緒、
可為臨川寺末寺之状如件、

宝篋院殿（足利義詮）
観応三年九月廿五日　左中将（足利義詮）御判

当寺長老

一二六　足利義詮御判御教書案（天龍寺重書目録乙）

一天龍寺領丹波国弓削庄（桑田郡）年貢料木以下事、背度々　勅裁
幷施行等、号出雲社上分、立置新関於宿野河、当国眼
代取率分、致違乱云々、甚無謂、早且令糺返抑留料材、
且可令停止向後関務之状如件、

文和元年十月十二日　宝篋院殿（足利義詮）御判

当国守護（仁木頼章）

○『鹿王院文書の研究』六五号文書に同文あり。

一二七　足利義詮御判御教書案（三会院重書案）

「同前」（異筆）（校正了）
美濃国武義庄（武儀郡）神渕郷内栗原村事、任尼理春寄進状、為臨川寺三会院領、当知行不可有相違之状如件、

文和元年十二月十二日　左中将（足利義詮）御判

無極和尚（志玄）

○「尼理春寄進状」は本書七四号文書。

一二八　足利義詮御判御教書案（三会院重書案）

「同前」（異筆）（校正了）
近江国赤野井村（野洲郡）・三宅十二里事、任去年十一月三日御寄
進状、可致沙汰付臨川寺三会院雑掌状如件、

文和元年十二月廿七日　宝篋院殿（足利義詮）御判

佐々木千手殿（六角義信）

○文中の「去年十一月三日御寄進状」は本書一〇七号文書。

一二九　一条良基書状案（三会院重書案）

「同前」（異筆）（校正了）
栗津・橋本御厨事（近江国滋賀郡・栗太郡）、内々承候之間、別令申沙汰候、綸
旨献之候、且国師（夢窓疎石）高恩難報候之間如此事、雖向後不可存

等閑候也、近日以焼香之次旁可参啓候、敬白、

文和二
三月五日　　二条殿(良基)　関白御判

一三〇　山内定詮請文案（三会院重書案）

(異筆)(校正了)「同前」

臨川寺三会院領近江国(野洲郡)赤野井村・三宅十二里事、御教書謹下給候訖、任被仰下之旨、沙汰付下地於雑掌昌休、請取状進上之候、此条偽申候者、可蒙　八幡御罰候、以此旨可有御披露候、恐惶謹言、

文和二年五月十五日　　右衛門尉定詮(山内)請文裏判

一三一　大方広円覚修多羅了義経巻下奥書（折本）

(木版)「比丘尼如愍因平四回勧化、鏤功成於四弘誓願、至望伏願所生考妣窮劫冤親、速脱昏衢之塵、早列平等之会、乃至法界含識同円種智、暦応辛巳(四年)臘誌、」

(墨書)「以夢窓国師(疎石)之御点　写了、

文和二年癸巳仲秋上澣五日、於天龍寺老宿寮写此経畢、

清要拝写」

一三二　室町幕府禅律方頭人大高重成奉書案（三会院重書案）

(異筆)(校正了)「同前」

臨川寺三会院雑掌行心申美濃国(武儀郡)神渕郷内栗原村事、訴状具書如此、不日莅彼所、退智見又五郎濫妨、沙汰付下地於行心、執進請取、載起請之詞、可被註申、且寺領異于他、更不可有緩怠之状、依仰執達如件、

文和二年九月二日　　散位(大高重成)在判

土岐右馬権頭(頼康)殿

○文書名・署判者については、「三河国額田郡沙汰人余三太郎跡給田畠文書目録」（本書重書案文の骨子目録臨川寺三会院重書案四七）に「禅律方奉書」とあり、本書一三五号文書に署判「散位」さらに傍注として「大高伊予権守」とあることによる。

一三三　摂津国木工庄勅旨郷公文職補任状（宝篋院重書）

(花押)

補任善入寺領摂津国(島上郡)木工庄内勅旨郷公文職事

藤原良重

右以人所被宛行也、早任先例、可被致其沙汰、且庄家宜
承知、敢莫違失者、依仰補任之状如件、

文和二年十一月十五日　　権少僧都（花押）

一三四　常本寄進状案（三会院重書案）

（異筆）（校正了）
「同前」

寄進　臨川寺三会院

山城国宇治郡南山階小野郷内唯里三坪内田陸段又壱段

大号山口已上坪付四至堺七反大見本券事

右田者亡母比丘尼理仁、去元徳二年相副本券等買得之知
行無相違地也、而常本去観応二年三月廿一日譲得之、当知行又無相
違者也、仍以後譲与之状旨、為訪彼菩提、永代所令寄進
三会院○也、任本券之旨可有御知行之状如件、

文和二年十二月廿三日　　常本判

○宇治郡条里に里名「唯里」はなし。咋田里・咋田西里はあり、小野郷内とみられる場所に比定されている。

一三五　室町幕府禅律方頭人大高重成奉書案（三会院重書案）

（異筆）（校正了）
「同前」

臨川寺三会院雑掌行心申、三河国額田郡沙汰人余三太郎
跡給田畠事、重訴状副具書如此、子細見状、早稲熊刑部左
衛門尉相共莅彼所、停止鵜山十郎、同又太郎等濫妨、沙
汰付下地於行心、可被全向後所務之状、依仰執達如件、

文和二年十二月廿四日　　大高伊予権守（重成）散位在判

粟生四郎左衛門尉殿

稲熊刑部左衛門尉殿

一三六　足利尊氏御判御教書

嵯峨臨川寺事

後醍醐院　勅願、夢窓（疎石）国師寂場也、禅宗再興之聖跡、君
臣帰依之霊地、信仰異他、仍雖為門徒寺、任東福寺之先
例、所准十刹之列也、宜為散在諸山之最頂、弥専開山行
道之宗風之状如件、

文和二年十二月廿六日　　（足利）尊氏（花押）

門徒御中

○『鹿王院文書の研究』六八号文書に本文書の案文あり。

一三七　尊融・尊頴連署寄進状案（三会院重書案）

「同前」（異筆）（校正了）
｜阿波国富吉庄（板東郡）東村幷北敷地・南敷地、於此三ケ村者、為
国師（夢窓疎石）幷尊｜（融）追善料所、寄附三会院者也、此所々本家役、
可有沙汰保安寺、仍寄進状如件、
文和三年正月十三日　（宣政門院）尊｜（融）御判
尊頴同前
三会院塔主

○保安寺は仁和寺内。
○尊融については本書五二・五五号参照。後醍醐天皇の息女であり光厳後宮の宣政門院は、元徳三年に准三宮、暦応三年に仁和寺河窪殿で出家。尊融は、室町准后（本書五五号）で、河窪殿（本書一四七号）でもあることから、宣政門院のこと。

一三八　尊融・尊頴連署所領寄進状案（臨川寺重書案文・鹿）

｜阿波国富吉庄（板東郡）為尊融追善料所、寄附臨川寺処也、此庄内東村幷北敷地・南敷地、此於三ケ村者、寄進三会院者也、
此所出家役可有沙汰保安寺、仍寄進之状如件、
｜文和三年正月十三日　（宣政門院）尊融｜御判
尊頴｜御判
臨川寺長老

一三九　根本説一切有部毘奈耶雑事巻第四十奥書（折本）

大覚寺寓住比丘実忍書
一校畢

「（木版）発願文
願書蔵経功徳力、世々生々聞正法、頓悟無上菩提心、
登仏果位酬聖徳、後醍醐院証真常、老妣二親成正覚、元弘以後戦亡魂、一切怨親悉超度、四生六道達沾恩、天下太平民楽業、
文和三年甲午歳正月廿三日
征夷大将軍正二位源朝臣『尊氏』（自筆）（足利）謹誌」

○福州東禅寺版大蔵経の一巻を書写したもの。

一四〇　足利義詮御判御教書

（端裏書）「□院殿」

嵯峨臨川寺事、
後醍醐院　勅願、開山国師（夢窓疎石）寂場、禅宗再興之聖跡、君臣帰依之梵宇、信仰異他也、仍雖為徒弟院、任東福寺之先例、可准十刹列之由、被仰門徒了、存其旨可被執務之状如件、

文和三年正月廿六日　　左中将（足利義詮）（花押）

当寺長老

○『鹿王院文書の研究』七〇号文書に本文書の案文あり。
○文和二年一二月二六日付で足利尊氏が同内容の御判御教書を「門徒御中」に発給（本書一三六号文書）。

一四一　細川清氏寄進状案（三会院重書案）

（異筆）（校正了）「同前」

奉寄　臨川寺三会院
　近江国石田郷（野洲郡）上方半分事
右亡父前阿波守和氏（細川）、以河内国橘嶋庄（渋川郡）内光国名為当院弥勒菩薩結縁奉寄進処、近年不知行之間、為彼替任和氏素意所令寄進之状如件、

文和三年二月六日　　前伊与守源朝臣清氏（細川）在判

一四二　足利尊氏寄進状案（三会院重書案）

（異筆）（校正了）「同前」

寄進　臨川寺三会院
　近江国石田郷（野洲郡）上方半分
　地頭職事
右任細川伊与守清氏申請、為河内国橘嶋庄（渋川郡）内光国名之替、守先例可被致沙汰之状如件、

文和三年二月六日　　正二位源朝臣（足利尊氏）御判

一四三　室町幕府執事仁木頼章施行状案（三会院重書案）

（異筆）（校正了）「同前」

⌈近江国石田郷(野洲郡)上方半分地頭職事、早守御寄進状之旨、可
被沙汰付下地於臨川寺三会院雑掌之状依仰執達如件、
文和三年二月六日　　左京大夫(仁木頼章)在判
佐々木千手殿(六角義信)

一四四　足利義詮御内書

(端裏書)「　　」
当寺(臨川寺)文書等一見了、誠開山国師(夢窓疎石)遺跡之亀鑑也、猥不可有
出納哉、於校正案者、為後証加讃岐守頼春(細川)封判返進之候、
細々沙汰之時、以彼状可被擬正文候、恐々敬白、
二月十日　　義詮(足利)（花押）
臨川寺長老

○『鹿王院文書の研究』七一号に本文書の案文あり。案文には付年号「文和三」が記載されるが、細川頼春は正平七年（一三五二）閏二月二〇日に没。

一四五　足利義詮御内書案（天龍寺重書目録甲）

一当庵文書等一見了、誠開山国師(夢窓疎石)遺跡之亀鑑也、猥不可
有出納哉、於校正案者、為後証加讃岐守頼春(細川)封判、返
進之候、細々沙汰之時、以彼状可被擬正文候、恐々敬白、
二月十日　　義詮(足利)御判
雲居庵主禅師(春屋妙葩)

○前号文書との関連によりここにおく。
○『鹿王院文書の研究』七二号文書に同文あり。

一四六　後光厳天皇綸旨案（三会院重書案）

(異筆)「同前」(校正了)
⌈近江国粟津(滋賀郡)・橋本御厨(栗太郡)事、為臨川寺三会院領、如元知行
不可有相違者、
天気如此、仍執達如件、
文和三年三月五日　　同前 大蔵卿(高雅仲)(高階雅仲)在判
無極上人禅室(志玄)

一四七　細川頼之書状案（三会院重書案）

(異筆)「同前」(校正了)
⌈三月廿日御札、四月八日到来、謹拝見仕候了、抑阿波
富吉庄(板東郡)事、自河窪殿(尊融)御寄進状案文賜候了、彼所事
国師(夢窓疎石)御追善之由承候之間、殊畏入候、仍則渡進候、定自

寂監寺方可被申註進候歟、将又於向後者、連々蒙仰候者
畏存候、自是可申入候、恐惶謹言、
文和三
五月十八日　　　右馬助頼之（細川）在判

○「河窪殿御寄進状案」は、本書一三七号文書。別に臨川寺長老宛の文書（本書一三八号文書）もあり。

一四八　葉室長光寄進状案（三会院重書案）

（異筆）（校正了）
「同前」
寄進
茶園壱所　在（葛野郡）葉室山御霊前　東西六丈 南北拾三丈
右臨川寺三会院、永所寄進之状如件、
文和三年十二月廿一日　　　権大納言長光（葉室）判

一四九　足利尊氏禁制

（足利尊氏）（花押）
禁制
臨川寺付敷地山林
右軍勢甲乙人、不可致乱入狼藉、且不可宿住、若違犯（有脱カ）（輩
者（脱カ））、為処罪科、可令注進交名之状如件、
文和四年二月　日

○文和四年二月、南北両軍京都で戦う。三月北朝方勝利、尊氏・義詮入京。

一五〇　足利義詮禁制

（端裏書）
「宝篋院殿」
（足利義詮）（花押）
禁制
臨川寺付敷地山林
右軍勢甲乙人等、不可致乱入狼藉、且不可宿住、若有違
犯輩者、可処罪科之状如件、
文和四年二月　日

一五一　阿波国守護細川頼之遵行状案（三会院重書案）

（異筆）（校正了）
「同前」
阿波国富吉庄（板東郡）領家職事、可被沙汰付臨川寺三会院雑掌於
当庄之状如件、
文和五年二月七日　　　右馬助（細川頼之）（頭カ）在判

新開遠江守殿

○細川頼之は文和四年六月二四日に右馬頭に任。

一五二　後光厳天皇綸旨（宿紙）

当寺領加賀国大野庄（石川郡）内黒田・無量寺両村知行不可有相違
之由、
天気所候也、仍執達如件、
延文元年七月廿六日　　左中将（油小路隆家）（花押）
臨川寺長老上人御房

一五三　後光厳天皇綸旨（宿紙）

臨川寺雑掌申加賀国大野庄（石川郡）段米并升米、白山金剱宮（石川郡）神人
等譴責事、善均（平山）上人状副申状具書如此、子細見状候歟、可尋沙
汰之由、可被仰武家之旨、
天気所候也、仍言上如件、
（延文元年）八月十六日　　左権中将隆家（油小路）奉
進上　西園寺大納言（実俊）殿

一五四　西園寺実俊御教書

（端裏書）「西園寺大納言御消息 加賀国大野庄段米以下事 延文元［　］（八十八カ）」
加賀国大野庄（石川郡）段米并升米白山金剱宮神人等譴責事、
隆家（油小路）朝臣奉書副具書如此、子細見状候歟、仍執達如件、
（延文元年）八月十八日　　権大納言実俊（西園寺）
謹上　鎌倉宰相中将（足利義詮）殿

○前号文書を受けて発給された文書である。

一五五　室町幕府執事仁木頼章奉書案（臨川寺重書案文・鹿）

同（校正畢）
臨川寺雑掌申加賀国大野庄（石川郡）段米升米等事、白山金剱宮（石川郡）神
人等譴責云々、所被下綸旨也、申状副具書如此、子細載状、
於当庄者先立被停止方々畢、不日退彼妨、載起請之詞、
可被申請文之状、依仰執達如件、
延文元年八月廿八日　　左京大夫（仁木頼章）判
富樫介（氏春）殿

一五六　足利義詮御判御教書

（端裏書）
「宝篋院殿」

臨川寺領等勅役□（寺）社国衙庁役等御免事、任貞和五年四月廿八日
官符、不可有相違之状如件、

延文元年十月十二日　　左中将（足利義詮）（花押）

当寺長老

○『鹿王院文書の研究』八一号に本文書の案文あり。同案文により「寺」の字を補う。

一五七　室町幕府引付頭人佐々木道誉奉書案（臨川寺重書案文・鹿）

同（校正畢）

臨川寺領等課役事、勅免官符分明之処、称借物連々被
省宛料足於寺辺敷地之酒屋土蔵之間、土民已所及牢籠也、
縦雖為平均之課役、三朝国師（夢窓疎石）之遺跡、一代経歴御信仰異
他、蒙御免可全御願之由、雑掌所申非無其謂歟、所詮○於
向後者以別儀可被免除也、可有御下知之状、依仰執達如
件、

延文元年十二月廿七日　　沙弥（佐々木道誉）在判

当寺長老

一五八　後光厳天皇綸旨（宿紙）

臨川寺申寺領年貢運送諸関幷兵士米以下煩停止事、申状
副具書如此、子細見状歟、可為何様哉之由、可被仰武家之
旨、
天気所候也、仍言上如件、

（延文二年カ）
六月七日　　左権中将（油小路）隆家奉

進上　西園寺大納言殿（実俊）

○西園寺実俊は文和二年一二月二九日から貞治三年三月一四日まで大納言。油小路隆家は延文三年八月一二日から参議。したがって本文書は文和三年～延文三年のもの。次号文書との関連により、ここにおく。

一五九　後光厳天皇綸旨案（臨川寺重書案勅裁）

同（校正了）

当寺領年貢運送諸関幷兵士米以下事、任貞和官符、可停
止其煩之由、可令下知給之旨、
天気所候也、仍執達如件、

延文二
十月三日　　左中将（油小路）隆家

臨川寺長老（平山善均カ）上人御房

○貞和官符は貞和五年四月二八日太政官符（本書七八～八四号文書）をさす。

一六〇　足利義詮御判御教書案

（臨川寺重書案文・鹿）

同（校正畢）

当寺領年貢運送事、任貞和官符被免除之由、今月三日綸旨謹拝見候了、可存其旨之状如件、

延文二年十月九日　　左中将（足利義詮）御判

臨川寺長老

一六一　足利尊氏御判御教書案

（端裏書）「大将軍（足利尊氏）御教書」

於臨川寺末寺称明寺、被致国家安全祈禱之由承了、可存其旨之状如件、

正月十一日　　尊氏（足利）御判

周怙（先覚）蔵主まいる

○足利尊氏の没年（延文三年四月三〇日）によりここにおく。

○端裏書は切り取り表に貼り付けたもの。

○本書一六一・一二五・二九六号文書は続紙（二紙）に書写する。

○本書一二五・一六一・二九六・三三一・四二七・四九四・五〇三号文書は称明寺関係文書。二九六号以下の文書では証明寺と記す。

一六二　足利義詮御判御教書案（天龍寺重書目録甲）

一尾張国海東庄（海東・中島郡）庶子等跡事、為天龍寺造営所令寄進也、仰大勧進春屋（妙葩）和尚、任先例、可被致沙汰之状如件、

延文三年正月十六日　　左中将（足利義詮）御判

当寺長老（龍山徳見）

一六三　後光厳天皇綸旨（宿紙）

（封紙ウハ書）「等持寺長老　左中弁時光」

天龍寺造営事、為大勧進職殊令致仏法之紹隆、可被専師跡之再興者、依天気執達如件、

（延文三年カ）正月十六日　　左中弁（日野）時光

等持寺長老（春屋妙葩）

○発給者の日野時光は、文和四年一二月八日に左中弁に補せられ、延文三年八月一二日に公卿に列せられるとともに、同日右大弁へ転ず。本文書は延文元年から同三年までの間に発給。
○天龍寺は延文三年一月四日に炎上しているため、本文書は同年に発給されたものか。

一六四　後光厳天皇綸旨（宿紙）

（封紙ウハ書）
「雲居庵塔主　左中将隆家」

天龍寺造営大勧進可令存知給者、
天気如此、仍執達如件、
（延文三年カ）
正月十八日　（油小路）左中将隆家
（春屋妙葩）
雲居庵塔主

○天龍寺は延文三年正月四日に炎上しているため、本文書は同年に発給されたものか。

一六五　室町幕府執事仁木頼章奉書案（天龍寺重書目録甲）

一尾張国海東庄（海東・中島郡）庶子等跡事、任今月十六日御寄進旨、沙汰天龍寺雑掌、可被全所務之状、依仰執達如件、
延文三年正月廿日　（仁木頼章）左京大夫在判
（頼康）
土岐大膳大夫殿

一六六　祐信寄進状案（三会院重書案）

（異筆）（校正了）
「同前」
洛中敷地分
寄進　臨川寺三会院
京都敷地幷田畠等事
一所　武者小路町敷地　四至見本券
一所　九条田壱段号刑部卿田　四至見本券
一所　五条櫛笥畠　四至見本券
右敷地等者、舎弟常本房相伝知行無相違地也、而常本房去四月五日他界之間、舎兄祐信雖令管領、可令寄進三会院之由、常本房遺言之間、任彼遺命、所令寄進也、任本知行旨、可有御管領候、且者為常本房幷母儀理仁大姉菩提候、年忌等可有御訪候、仍寄進状如件、
延文三年七月廿八日　祐信判

○本書一三四号文書と関連。

一六七　足利義詮御判御教書案（三会院重書案）

（異筆）「同前」（校正了）

臨川寺三会院領尾張国御器所保（愛智郡）地頭職事、如観応二年号正平七年大高伊与（予）権守重成寄進状安堵等者、為一円之由、所見也、然而、避与一方於子息右馬助重政（大高）申成御下文畢、至一方愛智御器所南方山田御器所別給等者、可為寺家分領云々、此上不及子細、任両方承諾之旨、可被致沙汰之状如件、

延文五年十二月十七日　　左中将（足利義詮）御判

当院々主

一六八　足利義詮寄進状

（端裏書）「御判西郷」

寄進

臨川寺

若狭国耳西郷（三方郡）半分地頭職長井掃部助跡事

右、為当寺造営所寄進也、守先例可致沙汰之状如件、

康安元年十一月十日

参議左近衛中将源朝臣（足利義詮）（花押）

○『鹿王院文書の研究』九二号に本文書の案文あり。

一六九　室町幕府引付頭人今川範国奉書

（端裏書）「西郷御教書［　］」

若狭国耳西郷（三方郡）半分地頭職長井掃部助跡事、任今月十日御寄進状、可被沙汰付下地於臨川寺雑掌状、依仰執達如件、

康安元年十一月十四日　　沙弥（今川範国）（花押）

左衛門佐入道殿（石橋和義）

○『鹿王院文書の研究』九三号に本文書の案文あり。

一七〇　吉岡禅棟・国富長俊連署請文

（端裏書）「若狭国守護内禅棟長俊渡状　　康安二　二　三　利」

若狭国耳西郷（三方郡）半分地頭職長井掃部助跡事、任被仰下之旨、打渡臨川寺雑掌候了、仍請取状謹進上之候、以此旨可有御披露候、恐惶謹言、

康安二年二月廿八日

沙弥長俊（国富）（裏花押）

沙弥禅棟（吉岡）（裏花押）

進上　御奉行所

一七一　若狭国守護石橋和義請文

（端裏書）「全棟引文　康安二　三　二」

若狭国耳西郷（三方郡）半分地頭職跡長井掃部助事、仰使節国富中務入道長俊・吉岡九郎入道禅棟等、沙汰付下地於臨川寺雑掌候畢、仍渡状如此候、以此旨可有御披露候、恐惶謹言、

康安二年三月二日　（貼紙）「守護石橋殿」沙弥心勝（石橋和義）（花押）

進上　御奉行所

一七二　足利義詮御判御教書案（天龍寺重書目録甲）

一若狭国佐分郷（大飯郡）内岡泰名道永跡、打越分、但除地頭職事、為摂津国杭瀬庄（河辺郡）之替、可為雲居庵領之状如件、

康安弐年六月一日　左中将（足利義詮）御判

臨川寺長老（春屋妙葩）

○臨川寺長老は『智覚普明国師行業実録』（『大正新脩大蔵経』第八〇巻）による。

一七三　上杉道昌寄進状案（天龍寺重書目録乙）

一越後国頸城郡五十公郷内保倉保北方事、奉寄進之候、永代可有御知行候、恐惶敬白、

貞治元年六月廿七日　道昌（上杉憲顕）在判

天龍寺方丈侍者御中

一七四　左少弁万里小路嗣房奉書（宿紙）

大井郷（葛野郡）事、聖護院宮御消息副具書重申状（懐）如此、子細見于状候歟、此事雖度々被仰不被遂本解上者、以案文可有沙汰、可令存知給之由、被仰下候也、仍執達如件、

九月六日（貞治元年）　左少弁（万里小路）嗣房

臨川寺長老上人御房

○万里小路嗣房は延文六年三月二七日に右少弁、康安二年に左少弁に転じ、貞治二年四月二四日に右中弁となる（『弁官補任』）。よって本文書はここにおく。

一七五　佐々木道誉・法眼某連署下知状案（臨川寺重書案文・鹿

（校正畢）同

臨川寺領新御寄進地若狭国耳西郷（三方郡）年貢事

右江州湖上津々浦々無諸関之煩、可令勘過之状、依仰下
知如件、
貞治元年十月廿三日　　法眼判
（佐々木）道誉　沙弥判

一七六　足利義詮御内書案（天龍寺重書目録甲）

一天龍寺付雲居庵領等官符宣事、於武家安堵之地者、本
寺直奏不可有子細候哉、恐々敬白、
（貞治二）三月十二日　　（足利）義詮御判
（蒙山智明）当寺長老

○『鹿王院文書の研究』一〇七号文書に同文あり。

一七七　足利義詮御内書案（臨川寺重書案文・鹿）

（校正畢）同
臨川寺付三会院領等官符宣事、於武家安堵之地者、本寺直
奏不可有子細候哉、恐々敬白、
貞治二年三月十二日　　（足利）義詮御判
当寺長老

一七八　理休寄進状案（三会院重書案）

（異筆）（校正了）「同前」
きしん中京のきたこうちむろまち（北小路室町）の地壱所の事、
右てつきもんしよ（手継文書）ハ、十八つう（通）一まき、十二つう一まき、
八つう一まき、貞和二年のうりけん（売券）二つう、をなしき四
年のうりけん一つう、ならひに地のさしつ（差図）一まいあいそ
へて、りんせんし（臨川寺）の三会院へ、国師（夢窓疎石）の十三年御佛事の
御助成乃ために、なかくきしん申候、御ちきやう（知行）あるへ
く候、くハしき事ハ、うりけんともに見へて候へハ、御
心へあるへく候、仍きしん状如件、
貞治二年九月廿九日　　理休判

一七九　官宣旨案（天龍寺重書目録甲）

一左弁官下遠江国
応任傍例、免除伊勢太神宮役夫工米・御禊太嘗会以
下勅役幷都鄙寺社所役、及国中段米・関米・恒例臨
時大小公役等、永為天龍資聖禅寺領、当国村櫛庄地（敷智郡）
頭職事、

右、得彼寺雑掌去月日奏状称、於当寺領者、就前住志玄(無極)長老奏状、勅免都鄙大小課役之条、去貞和五年七月六日、被下官符訖、爰於彼両所之寺領者、観応年中寄附之間、未蒙　勅免、仍就非分所課、毎度及対論之条、非無其煩、然者早抂垂　天慈、被成下官符宣、弥奉祝聖祚之安全者、権中納言藤原朝臣俊冬(坊城)宣、奉勅依請者、国宜承知、依宣行之、

貞治三年五月十五日　　大史小槻宿禰(壬生匡遠)判

権右中弁藤原朝臣(中御門宣方)判

一八〇　光厳上皇寄進状案(天龍寺重書目録甲)

光厳院甲一

一竊以達磨一宗、只在修禅定、々々若不修、教外之宗掃地而尽矣、由此曽発小願、将平生一鉢資縁播磨国的部(神西郡)南条滅後永寄附　天龍寺、用充専好坐禅者粥飯、僧衆宜随収納多少、切莫違我願為幸、

貞治三年六月十五日　　御判(光厳上皇)

天龍寺長老(春屋妙葩)

一八一　後光厳天皇綸旨案(天龍寺重書目録甲)

一播磨国的部(神西郡)南条郷、光厳院殿永代御寄附当寺僧堂粥飯料所之由、被聞食之旨、

天気所候也、仍執達如件、

貞治三年六月廿九日　　右弁(脱アリカ)御判

天龍寺長老上人御坊(春屋妙葩)

一八二　崇光上皇院宣案(天龍寺重書目録甲)

的部院宣　僧堂　勧修寺

一播磨国的部(神西郡)南条郷事、光厳院殿御寄附天龍寺僧堂粥飯料所由、被聞食了、雖為立錐之要脚、被表如玉之叡願、殊専百丈軌範、須開五葉光華者、院宣如此、仍執達如件、

貞治三年六月廿九日　　判

春屋(妙葩)上人御坊

一八三　室町幕府御教書案(天龍寺重書目録甲)

一造天龍寺領尾張国海東庄(海東・中島郡)庶子等跡事、土岐下野入道(頼高)浄皎、多年押領之間、為打渡寺家、所差下両使雅楽左近入道々観(三須忠清)・飯尾左近入道円耀也、早副遣祖泉都管、可令致厳密沙汰給

之状、依仰執達如件、

貞治三年十月十日　　治部大輔（斯波義将）在判

当寺長老（春屋妙葩）

一八四　足利義詮御判御教書案（臨川寺重書案文・鹿）

（校正畢）
同

「臨川寺領賀州大野庄（石川郡）事、被止大嘗会役夫工米以下諸御公事之条、貞和官符先立施行畢、而白山衆徒等称造営課充其役云々、事実者太不可然、不日可停止其責状如件、

「貞治三年十月廿二日　　「御判（足利義詮）

富樫竹童殿

一八五　崇光上皇院宣案（天龍寺重書目録甲）

播磨国的部南条（神西郡）半分、所被付光厳院殿御塔頭料所也、可令存知給者、

院御気（色）也如此、仍上啓如件、

貞治三年十一月六日　　判

謹上　天龍寺長老（春屋妙葩）上人御坊

一八六　室町幕府引付頭人吉良満貞奉書案（宝篋院重書）

（端書）「此正文者守護方仁留之」

岩蔵宮宰相中将（源彦良カ）家雑掌円春申淡路国委文庄（三原郡）村々事、重訴状如此、先度被仰候処、不遵行云々、何様事哉、早止船越一族并高倉少将等妨、沙汰雑掌可被注申子細、更不可有緩怠之状、依仰執達如件

貞治三年十一月十三日　　左兵衛佐（吉良満貞）在判

細川兵部少輔（氏春）殿

○本書三一一号文書では「先度被仰之処、不事行云々」と、被官人の押妨排除・雑掌への沙汰付を命ず。

一八七　三須忠清・飯尾円耀連署打渡状案（天龍寺重書目録甲）

一尾張国海東郡内伍百貫下地事、任土岐下野入道（頼高）浄皎所進之注文、打渡彼地於庄主天龍寺泉（祖泉）都管候畢、仍渡状如件、

貞治三年十二月廿三日　　沙弥道観（三須忠清）在判

沙弥円耀（飯尾）同前

一八八　官宣旨案（三会院重書案）

（異筆）（校正了）
「同前」

左弁官下遠江国
応任貞和例、免除伊勢太神宮役夫工米・御禊大嘗会以下勅役・院役并都鄙寺社所役及国中段米・関米・恒例臨時大小公役等、永為臨川禅寺三会院領、当国吉美庄（敷智郡）内山郷地頭職事、
右得彼院雑掌今月日奏状偁、於当院領者、就当寺前住契（柳渓）愚長老奏状、去貞和五年四月廿八日被成官符訖、勅願異于他子細明鏡也、其後寄付地等未成之間、非分課役等其煩繁多也、然早任先度勅免之旨、被成官符、弥奉祝聖祚之安全者、権中納言藤原朝臣時光（日野）宣、奉　勅依請者、国宜承知、依宣行之、
貞治四年二月廿二日　大史小槻宿禰（壬生匡遠）在判
右中弁藤原朝臣（万里小路嗣房）在判

一八九　官宣旨案（三会院重書案）

（異筆）（校正了）
「同前」

左弁官下近江国
応任貞和例、免除伊勢太神宮役夫工米・御禊大嘗会以下勅役・院役并都鄙寺社所役、及国中段米・関米・恒例臨時大小公役等、永為臨川禅寺三会院領、当国石田郷上方半分、赤野井村（野洲郡）并三宅十二里地頭職事、
右得彼院雑掌今月日奏状偁、於当院領者、就当寺前住契（柳渓）愚長老奏状、去貞和五年四月廿八日被成官符訖、勅願異于他子細明鏡也、其後寄付地等未成之間、非分課役等其煩繁多也、然早任先度勅免之旨、被成○官符、弥奉祝聖祚之安全者、権中納言藤原朝臣時光（日野）宣、奉　勅依請者、国宜承知、依宣行之、
貞治四年二月廿二日　大史小槻宿禰（壬生匡遠）在判
右中弁藤原朝臣（万里小路嗣房）在判

一九〇　官宣旨案（三会院重書案）

（異筆）（校正了）
「同前」

左弁官下美濃国
応任貞和例、免除伊勢太神宮役夫工米・御禊大嘗会以下勅役・院役并都鄙寺社所役、及国中段米・関米・恒

例臨時大小公役等、永為臨川禅寺三会院領、当国
神淵郷（武儀郡）内栗原村地頭職事、
右得彼院雑掌今月日奏状偁、於当院領者、○（就）当寺前住契（柳渓）
愚長老奏状、去貞和五年四月廿八日被成官符訖、勅願異
于他子細明鏡也、其後寄付地等未成之間、非分課役等其
煩繁多也、然早任先度勅免之旨、被成官符、弥奉祝聖祚
之安全者、権中納言藤原朝臣時光（日野）宣、奉　勅依請者、国
宜承知、依宣行之、
貞治四年二月廿二日　　大史小槻宿禰（壬生匡遠）在判
右中弁藤原朝臣（万里小路嗣房）在判

一九一　官宣旨案（三会院重書案）

（異筆）（校正了）
「同前」
左弁官下丹波国
応任貞和例、免除伊勢国太神宮役夫工米・御禊大嘗会
以下勅役・院役并都鄙寺社所役、及国中段米・関米・
恒例臨時大小公役等、永為臨川禅寺三会院領、当国志
村郷地頭職事、
右得彼寺（院）雑掌今月日奏状偁、於当院領者、就当寺前住契（柳渓）
愚長老奏状、去貞和五年四月廿八日被成官符訖、勅願異
于他、子細明鏡也、其後寄附地等未成之間、非分課役等
其煩繁多也、然早任先度勅免之旨、被成官符、弥奉祝聖
祚之安全者、権中納言藤原朝臣時光（日野）宣、奉　勅依請者、
国宜承知、依宣行之、
貞治四年二月廿二日　　大史小槻宿禰（壬生匡遠）在判
右中弁藤原朝臣（万里小路嗣房）在判

一九二　官宣旨案（三会院重書案）

（異筆）（校正了）
「同前」
左弁官下参河国
応任貞和例、免除伊勢太神宮役夫工米・御禊大嘗会以
下勅役・院役并都鄙寺社所役、及国中段米・関米・恒
例臨時大小公役等、永為臨川禅寺三会院領、当国額田
郡内字余三太郎跡田畠地頭職事、
右得彼院雑掌今月日奏状偁、於当院領者、就当寺前住
契（柳渓）愚長老奏状、去貞和五年四月廿八日被成官符訖、勅願
異于他、子細明鏡也、其後寄附地等未成之間、非分課役
等其煩繁多也、然早任先度勅免之旨、被成官符者、弥奉

祝聖祚之安全者、権中納言藤原朝臣時光（日野）宣、奉　勅依請
者、国宣承知、依宣行之、
貞治四年二月廿二日　　大史小槻宿禰（壬生匡遠）在判
右中弁藤原朝臣（万里小路嗣房）在判

一九三　官宣旨案（三会院重書案）

（異筆）（校正了）「同前」
左弁官下但馬国
応任貞和例、免除伊勢太神宮役夫工米・御禊大嘗会以
下勅役・院役幷都鄙寺社所役、及国中段米・関米・恒
例臨時大小公役等、永為臨川禅寺三会院領、当国
太田庄（出石郡）内秦守村・坂本村地頭職事、
右得彼院雑掌今月日奏状偁、於当院領者、就当寺前住
契愚（柳渓）長老奏状、去貞和五年四月廿八日被成官符訖、勅願
異于他、子細明鏡也、其後寄附地等未成之間、非分課役
等其煩繁多也、然早任先度勅免之旨、被成官符者、弥奉
祝聖祚之安全者、権中納言藤原朝臣時光（日野）宣、奉　勅依請
者、国宣承知、依宣行之、
貞治四年二月廿二日　　大史小槻宿禰（壬生匡遠）在判
右中弁藤原朝臣（万里小路嗣房）在判

一九四　官宣旨案（三会院重書案）

（異筆）（校正了）「同前」
左弁官下阿波国
応任貞和例、免除伊勢太神宮役夫工米・御禊大嘗会以
下勅役・院役幷都鄙寺社所役、及国中段米・関米・恒
例臨時大小公役等、永為臨川禅寺三会院領、当国
富吉庄（坂東郡）内東村・北敷地村・南敷地村地頭職事、
右得彼院雑掌今月日奏状偁、於当院領者、就当寺前住
契愚（柳渓）長老奏状、去貞和四（五）年四月廿八日被成官符訖、勅願
異于他、子細明鏡也、其後寄附地等未成之間、非分課役
等其煩繁多也、然早任先度勅免之旨、被成官符、弥奉祝
聖祚之安全者、権中納言藤原朝臣時光（日野）宣、奉　勅依請者、
国宣承知、依宣行之、
貞治四年二月廿二日　　大史小槻宿禰（壬生匡遠）在判
右中弁藤原朝臣（万里小路嗣房）在判

一九五　官宣旨案（三会院重書案）

「同前」（異筆）（校正了）
左弁官下臨川禅寺三会院
応任貞和例、免除伊勢太神宮役夫工米・御禊・大嘗会
以下勅役・院役幷都鄙寺社所役、及国中段米・関米・
恒例臨時大小公役等、永為当院領、参河国額田郡内字
余三太郎跡田畠、遠江国吉美庄（敷智郡）内山郷、近江国
石田郷（野洲郡カ）上方半分、赤野井村（野洲郡）幷三宅十二里（野洲郡）、美濃国
神淵郷（武儀郡）内栗原村、丹波国志村郷、但馬国太田庄（出石郡）内秦守
村・坂本村、阿波国富吉庄（坂東郡）内東村・北敷地村・南敷地
村等地頭職事、
右得彼院雑掌今月日奏状偁、於当院領者、就当寺前住
契愚（柳渓）長老奏状、去貞和五年四月廿八日被成官符訖、勅願
異于他、子細明鏡也、其後寄附地等未成之間、非分課役
等其煩繁多也、然早任先度勅免之旨、被成官符、弥奉祝
聖祚之安全者、権中納言藤原朝臣時光（日野）宣、奉　勅依請者、
同下知彼国国既畢、院宜承知、依宣行之、
　貞治四年二月廿二日　　大史小槻宿禰（壬生匡遠）在判
右中弁藤原朝臣（万里小路嗣房）判

一九六　官宣旨

「耳西郷重書」（端裏書）
左弁官下若狭国
応任貞和例、免除伊勢太神宮役夫工米・御禊大嘗会以
下勅役・院役幷都鄙寺社所役、及国中段米・関米・
恒例臨時公役等、永為臨川禅寺領、当国耳西郷（三方郡）地頭
職半分事
右得彼寺雑掌今月日奏状偁、謹考案内、於当寺領者、就
前住契愚（柳渓）長老去貞和三年十二月日奏状、被成官符宣訖、
其後新寄附地等未蒙勅免之間、就宛催非分之所役、毎度
及対論問答之条、其煩繁多也、然早枉垂天慈、因准先例、
被成下官符、弥仰有道之徳化、奉祝聖祚之無彊者、権中
納言平朝臣親顕宣、奉　勅依請者、国宜承知、依宣行之、
　貞治四年三月廿六日　　大史小槻宿禰（壬生匡遠）（花押）
右中弁藤原朝臣（万里小路嗣房）（花押）

一九七　官宣旨

左弁官下阿波国

応任貞和例、免除伊勢太神宮役夫工米・御禊大嘗会以下勅役・院役并都鄙寺社所役及国中段米・関米・恒例臨時公役等、永為臨川禅寺領当国富吉庄（板東郡）地頭職事、

右得彼寺雑掌今月日奏状偁、謹考案内、於当寺領者、就前住契愚（柳渓）長老去貞和三年十二月日奏状、被成官符宣訖、其後新寄付地等、未蒙勅免之間、就宛催非分之所役、毎度及対論問答之条、其煩繁多也、然早枉垂天慈、因准先例、被成下官符、弥仰有道之徳化、奉祝聖祚之無疆者、権中納言平朝臣親顕宣、奉　勅依請者、国宜承知、依宣行之、

貞治四季三月廿六日　　　大史小槻宿禰（壬生匡遠）（花押）

右中弁藤原朝臣（万里小路嗣房）（花押）

一九八　官宣旨

左弁官下臨川禅寺

応任貞和例、免除伊勢太神宮役夫工米、御禊大嘗会以下勅役・院役并都鄙寺社所役、及国中段米・関米・恒例臨時公役等、永為当寺領、若狭国耳西郷（三方郡）半分、阿波国富吉庄（坂東郡）等地頭職事、

右得彼寺雑掌今月日奏状偁、謹考案内、於当寺領者、就前住契愚（柳渓）長老去貞和三季十二月奏状、被成官符宣訖、其後新寄付地等、未蒙勅免之間、就宛催非分之所役、毎度及対論問答之条、其煩繁多也、然早枉垂天慈、因准先例、被成下官符、弥仰有道之徳化、奉祝聖祚之無疆者、権中納言平朝臣親顕宣、奉　勅依請者、同下知彼国国既畢、寺宜承知、依宣行之、

貞治四年三月廿六日　　　大史小槻宿禰（壬生匡遠）（花押）

右中弁藤原朝臣（万里小路嗣房）（花押）

一九九　足利義詮御判御教書案（天龍寺重書目録乙）

一天龍寺雑掌申丹波国弓削庄（桑田郡）年貢并材木及山国杣用木当寺造営分等事、当国眼代於宿野河・野々村・大谷・保津以下所々、或称率分河手、或号関賃抑留之間、先々有其沙汰、令停止之処、尚以違犯云々、不日欲加厳誡之刻、国司忠光卿（柳原）可止向後違乱之旨、被執進目代宗覚請文之上、不及子細歟、但率分以下皆以新関之随一也、向後固可令停廃処々煩、若尚有違犯之輩者、為処罪科、可註進所領并領主名字之状如件、

貞治四年四月廿九日　　(足利義詮)宝篋院　御判

山名(時氏)左京大夫殿

二〇〇　足利義詮御判御教書案(天龍寺重書目録甲)

中御所(足利義詮)

一播磨国的部南条(神西郡)但後日割分半分、可為光厳院殿御塔頭料所由、被成院宣云々事、御寄附貴寺僧堂坐禅僧粥飯之条、光厳院殿宸筆御書幷去年六月廿九日綸旨同日院宣等一見了、不可有相違之状如件、

貞治四年七月廿六日　　(附箋)「宝篋院殿様」(足利義詮)従二位在判

天龍寺長老(春屋妙葩)

二〇一　足利義詮御判御教書案(天龍寺重書目録甲)

中御所(足利義詮)

一播磨国的部南条(神西郡)半分事、為光厳院殿御塔頭料所御寄進之条、去年十一月六日院宣一見了、不可有相違之状如件、

貞治四年七月廿六日　　従二位(足利義詮)御判

天龍寺長老(春屋妙葩)

二〇二　松寿丸寄進状案(三会院重書案)

(異筆)「同前」(校正了)

寄進　京都屋地事

合

一所　錦小路室町西、錦小路北頬、口東西伍丈東依、奥南北八丈、口東西参町、西ヨリ中他人地アリ奥南北八丈、手継証文等別紙在之、

一所　錦小路室町四条坊門南西頬也、口南北四丈一尺、奥東西拾四丈、手継証文等別紙在之、

一所　錦小路町室町間北頬小袖座、口東西参丈五尺五寸、奥八丈、

一所　四条室町南西頬口南北捌丈伍尺奥東西弐拾参丈

手継証文等別紙在之、

此外散在田地等在之、委細見于目六、

右屋地等、任行済庵主遺命、所奉寄進臨川寺三会院也、至未来際、不可有違変状如件、

貞治四年八月九日　　松寿丸判

二〇三　右中弁万里小路嗣房奉書(宿紙)

大井郷(葛野郡)事、聖護院宮(覚誉法親王)御消息副進申状具書如此、子細見御状候歟、

度々被仰下之処、未被返遂本解（懐）、何様事候哉、此上者以
一方可有沙汰之由、被仰下候也、仍執達如件、

七月五日　右中弁（万里小路）嗣房

臨川寺長老上人御房

○万里小路嗣房は貞治二年四月二〇日に右中弁から蔵人に転じ、貞治五年四月一九日に左中弁となることから、本文書は、貞治二～四年と推定される。奉者の官位の下限によりここにおく。

○本書二〇四、二〇八号文書と関連する。

二〇四　大蔵卿東坊城長綱奉書（宿紙）

修学院（愛宕郡）領大井郷（葛野郡）間事、聖護院宮（覚誉法親王）御消息副申状具書如此、子細見
状候歟、如何様事哉之由、所被仰下候也、仍執達如件、

八月廿日　大蔵卿（東坊城）長綱

臨川寺長老

○年代推定は前号文書と同様。奉者の官位の下限によりここにおく。

○本書二〇三、二〇八号文書と関連する。

二〇五　右中弁万里小路嗣房奉書（宿紙）

大井郷（葛野郡）事、聖護院宮（覚誉法親王）御消息副重申状具書如此、子細見状候歟、
急可被申左右之由、被仰下候也、仍執達如件、

九月廿五日　右中弁（万里小路）嗣房

臨川寺長老上人御房

○年代推定は本書二〇三号文書と同様。奉者の官位の下限によりここにおく。

○大井郷の修学院・聖護院宮方との一件は本書一七四・二〇五～二〇七号文書。

二〇六　右中弁万里小路嗣房奉書（宿紙）

大井郷（葛野郡）事、聖護院宮（覚誉法親王）御消息副重申状具書如此、子細見于状候歟、
以案文可有沙汰之由、度々雖被仰、未被申左右之上者、
任申請旨可有沙汰之由、重被仰下候也、仍執達如件、

十月一日　右中弁（万里小路）嗣房

臨川寺長老上人御房

○年代推定は二〇三号文書と同様。奉者の官位の下限によりここにおく。

二〇七　右中弁万里小路嗣房奉書（宿紙）

大井郷(葛野郡)事、聖護院宮(覚誉法親王)御消息副重申状具書如此、子細見于状候歟、任申請之旨、以案文可有沙汰之由、度々雖被仰、不被申左右之上者、以一方可沙汰、不可有後訴由、被仰下候也、仍執達如件、

十月四日　　右中弁(万里小路)嗣房

臨川寺長老上人御房

○年代推定は二〇三号文書と同様。奉者の官位の下限によりここにおく。

二〇八　大蔵卿東坊城長綱奉書（宿紙）

修学院(愛宕郡)領大井郷(葛野郡)間事、聖護院宮(覚誉法親王)御消息副進申状具書如此、子細見状候歟、応可被申左右之由所被仰下也、仍執達如件、

十月四日　　大蔵卿(東坊城)長綱

臨川寺長老

○東坊城長綱は、貞治二年正月二八日に大蔵卿を去り、同年一一月二八日に還任。奉者の官位の下限により本文書をここにおく。本書二〇三・二〇四号文書と関連することを考えれば、本文書は貞治三〜四年のものか。

二〇九　春屋妙葩置文案（天龍寺重書目録乙）

一御寄附状等謹令拝納候畢、

抑被仰下条々、後代塔主可申置候也、就其六人部庄(丹波国天田郡)等年貢内毎年弐万疋、御為周勝(古幢)御房御資縁、無懈怠可令沙汰候、若至于後代、万之一有不法之儀者、被触仰門徒中、可被改易塔主職候也、若又不慮之儀出来、下地等転変之時者、不可有其陰之間、依時宜、可被尋聞食候由、可有御披露候、仍為後証粗言上如件、

貞治五年丙午仲夏十八日　　妙葩(春屋)御判

○『鹿王院文書の研究』一三三号文書に同文あり。

二一〇　後光厳天皇綸旨案（臨川寺重書案勅裁）

同(校正了)

臨川寺領加賀国大野庄(石川郡)年貢運送事、申状副具書如此、可止其煩之由、可有御下知山門之旨、

天気所候也、以此旨可令申入座主宮(尊道法親王)給、仍執達如件、

貞治五
八月十一日　　左京大夫(安居院行知)

謹上　大納言法印御房

二一一　足利義詮御判御教書案（臨川寺重書案文・鹿）

臨川寺領加賀国（石川郡）大野庄公米運上事、押置坂本中堂関（近江国滋賀郡）云々、太招其咎歟、不日可令勘過、若尚及異議者、可有殊沙汰之状如件、

貞治五年九月五日　　御判（足利義詮）

山門中堂関所

二一二　室町幕府両使連署打渡状（宝篋院重書）

観林寺領摂津国（島上郡）木工庄四ヶ村本郷・安満 津江・勅旨事、所沙汰付寺家雑掌之状如件、

貞治五年九月十日

左衛門尉（松田貞秀）（花押）

右衛門尉（安威）（花押）

二一三　後光厳天皇綸旨（宿紙）

（封紙ウハ書）「進上　鎌倉前大納言殿右大弁嗣房奉」

天龍寺造営事、任暦応・延文例、可令造進給之由、天気所候也、仍言上如件、

（貞治六年）四月廿一日　　右大弁嗣房（万里小路）奉

進上　鎌倉前大納言殿（足利義詮）

○万里小路嗣房は貞治六年四月一三日に右大弁、応安三年八月一四日に左大弁（『弁官補任』）。

○天龍寺は貞治六年三月二九日に炎上しており、同年に発給されたものと考えられる。二一三〜二一五号文書は便宜上成巻順におく。

二一四　後光厳天皇綸旨（宿紙）

霊亀山天龍寺仏殿再造諸国勧進事、衆之所請被聞食訖、早伝万方益求良木、最可謂神妙矣者、天気如斯、仍執達如件、

四月廿日　　右少弁（花押）

当寺住持禅屈（窟）（清谿通徹）

○前号文書と関連するか。

○天龍寺は貞治六年三月二九日に炎上しており、同年に発給されたものと考えられる。

二一五　後光厳天皇綸旨（宿紙）

（封紙ウハ書）「春屋上人御房右大弁嗣房」

天龍寺造営事、為大勧進職、早令致土木之成功、可被専
寺院之再昌者、
天気如此、仍執達如件、

（貞治六年）四月廿一日　（万里小路）右大弁嗣房

（妙葩）春屋上人御房

○万里小路嗣房については本書二一三号文書参照。

二一六　足利義詮御判御教書案（臨川寺重書案文・鹿）

臨川寺領加賀国（石川郡）大野庄年貢運送事、諸関不可有其煩之由、
勅免処、於及違乱之間、重就勅裁去年九月施行之処、当
年又押置造講堂関所云々、太無謂、不日可令勘過、若及
異儀者、可有殊沙汰之状如件、

貞治六年八月廿一日　御判（足利義詮）

山門造講堂関所

二一七　春屋妙葩等請文案（天龍寺重書目録乙）

一丹波国（天田郡）六人部庄事、前鎌倉将軍家式部卿宮（久明親王）御孫子五辻
親王家御発（法）体以後、被号祥益庵主（蔵カ）自雖有御譲与、安位若宮御入寺之間、
被相副調度御文書等、所有御寄進于金剛院也、爰　長
老（妙葩）春屋和尚被申談於武家、被寄附于天龍寺訖、然者替地事
万一令参差者、毎年以弐百貫文料足、可令備進、更不
可有懈怠之儀、将又自余御領公券等、相交一紙中之上
者、自然御沙汰之時者、寺家可出帯、若背此旨、有違
変之儀者、当寺住持幷知事等、可被訴　公方之状如件、

貞治六年十月三日　庄主祖承在判

修造都官昌能在判

都官周暘在判

春屋和尚住持在判

○『鹿王院文書の研究』一四三号文書に同文あり。

二一八　室町幕府御教書案（天龍寺重書目録乙）

一越後国頸城郡五十公郷内保倉保北方事、任上椙民部大
輔入道道昌（憲顕）寄進状、可令管領給之状、依仰執達如件、

応安元年三月廿六日　（細川頼之）右馬頭在判

（此山妙在カ）天龍寺長老

二一九　昌能寄進状案（三会院重書案）

（異筆）（校正了）
「同前」

寄進　臨川寺三会院

（葛野郡）
嵯峨松陰茶園幷田畠四至在別紙事

右在所者昌能帯大覚寺宮令旨、知行無相違地也、而為度十方一切無縁含識毎月晦日諷経之次為大悲咒一遍之料所、永代所奉寄也、尽未来際不可有退転之状如件、

応安元年九月晦日　　昌能判

二二〇　俊覚寄進状案（三会院重書案）

（異筆）（校正了）
「同前」

奉寄進　臨川寺三会院

山城国乙訓郡下久世村内田地壱町九段・畠地五段坪付在別紙事

右田畠者俊覚相伝之私領也、然間為後生菩提所奉寄進也、更不可有他妨、仍寄進之状如件、

応安弐年六月五日　　俊覚判

二二一　中穏寄進状案（三会院重書案）

（異筆）（校正了）
「同前」

奉寄附　私領田地事

合弐段者

在山城国紀伊郡内角神田里廿六坪内二反南縄本

右田地者中穏相伝之私領也、然則相副本券等、永代所奉寄附臨川寺之三会院実也、更不可有他妨候、仍為後代状如件、

応安二年十月一日　　中穏判

二二二　室町幕府引付頭人某奉書案

（天龍寺重書目録甲）

一天龍寺雑掌申若狭国岡安名（大飯郡）道永跡事、当国眼代寄事於左右、及乱弄（カ）之由、度々被仰了、所詮於岡安名有限正税者、寺家致其弁処号打越分年貢違乱、忽不休云々、如御寄進状者、殊打越之旨所見也、争国衙可競望哉、太以髣髴歟、不日退彼夫者等可致全当寺之所務状、依仰執達如件、

康(応)安弐年十一月十日　　沙弥判

一色(範光)修理権大夫入道殿

○一色範光は貞治五年一〇月から嘉慶二年正月（没）まで若狭国守護。筆写時に誤るか。

二二三　立阿寄進状案（三会院重書案）

(異筆)「同前」(校正了)

寄進　臨川寺三会院

天龍寺御領山城国(乙訓郡)物集女庄内有末・別当両名々主得分事、

右所者立阿相伝知行無相違、於御年貢以下御公事物等、天龍寺仁致沙汰、至所残得分物註文別紙在之者、相副調度文書、為現当所願成就、奉寄進三会院者也、不可有他妨、仍寄進之状如件、

応安二年己酉十二月十三日　　立阿判

二二四　了源寄進状案（三会院重書案）

(異筆)「同前」(校正了)

寄進　山城国乙訓郡下久世庄内利弘名田畠事

合田畠壱町半者、坪付註文在別紙、

右田畠者了源買得相伝無相違地也、而依有所願、嵯峨臨川寺三会院永代所令寄進也、至子々孫々更不可有相違者也、向後若申違乱煩子孫出来候者、為不孝人、永了源跡不可知行之上者、可申行罪斜(科)候、仍為後日、証文寄進之状如件、

応安三年二月十三日　　了源判

二二五　法印某奉書写（三会院重書近世写）

当寺敷地輩行者下部数年清涼寺鎮守祭礼之外、自余課役永御免所也、如此子細被仰寺家候、可有御存知之由、御気色所也、恐々謹言、

応安三年五月廿日　　法印在判

善入寺方丈

二二六　比丘尼しんゐい売券案（三会院重書案）

(異筆)「同前」(校正了)

うりわた(売　渡)すはたけ壱所の事

合弐たんはん(段　半)おいた(生田)のむら(村)のうち
さかい(堺)ほんけん(本券)にあり

右くたんのはたけハ、しんゑいさうてん《相伝》のはたけ也、しかるをよう〳〵あるによんて、ちきせん五貫文にゑいたいをかきりて、代々のほんせうもん《本証文》五つうをあいそへて、三ゑいん《会院》へうりわたし申候所しち《実》なり、このうゑハたのさまたけあるへからす候、よつてうりけん《売券》のしやう《状》くたんのことし《如件》、

おうあん《応安》三年かのえいぬ十二月廿一日

ひくにしんゑい

二二七　室町幕府執事細川頼之下知状

《端裏書》「□《比カ》江榎木重書」

寄進　臨川寺

近江国比江郷《野洲郡》地頭職事

右、為当寺領守先例、可令領掌之状、依仰下知如件、

応安四年閏三月十二日

武蔵守源朝臣《細川頼之》（花押）

○『鹿王院文書の研究』一五一号文書に本文書の案文あり。

二二八　室町幕府執事細川頼之施行状

臨川寺領近江国比江郷《野洲郡》地頭職事、任去閏三月十二日寄進状、可被打渡尓寺家雑掌之状、依仰執達如件、

応安四年四月十九日

武蔵守《細川頼之》（花押）

佐々木四郎兵衛尉殿《京極高詮》

○前号文書を受けて出されたもの。

二二九　上乗院宮乗朝法親王令旨（宝篋院重書）

遍照寺領生田村《葛野郡》春木原福弥名田五段畠小事、大日姫宮御文書等、任相伝之旨永代可令管給、有限本家御年貢・恒例臨時之御公事等、無懈怠任先規可令致其沙汰之由、上乗院宮《乗朝法親王》御消息所候也、恐々謹言、

応安四年四月廿日　法印（花押）奉

善入寺方丈

○乗朝法親王は恒明親王（亀山天皇の皇子）の子。応永一四年七月三日薨。上乗院宮は仁和寺。

二三〇　後光厳上皇院宣案（三会院重書案）

《異筆》「同前」《校正了》

西京宇多院田永代所被寄附臨川寺三会院也、可令存知給

者、
院宣如此、仍執達如件、
応安四年六月九日　権中納言（柳原忠光）
佐首座禅室

二三一　室町幕府執事細川頼之奉書

臨川寺雑掌申近江国比江郷（野洲郡）公文職事、為寺家進止之地之処、称闕所付給人、依年貢譴責、土民等悉令逃散云々、為事実者太不可然、早停止彼濫責、可被全寺家所務之状、依仰執達如件、
応安四年十二月六日　相模守（細川頼之）（花押）
佐々木四郎兵衛（尉脱カ）殿（京極高詮）

二三二　室町幕府執事細川頼之奉書

臨川寺領近江国比江郷（野洲郡）公文桐原入道、自寺家被追出之処、相語近隣悪党等乱入当郷、譴責年貢及種々狼藉云々、早追出彼輩、且為処其咎、注進与同交名人等、可被全寺家所務之状、依仰執達如件、
応安四年十二月廿五日　相模守（細川頼之）（花押）
佐々木四郎兵衛尉殿（京極高詮）

二三三　室町幕府執事細川頼之奉書

臨川寺領近江国比江郷（野洲郡）公文職事、為寺家一円知行之地処、称公文桐原入道跡、貴志弾正忠致濫妨之由、依雑掌訴、先度止彼妨、可被全寺家所務之旨、被仰之処、立還召所、百姓等責取年貢云々、太招罪科歟、早追出彼輩、全寺家所務、可被申左右之状、依仰執達如件、
応安五年五月廿九日　相模守（細川頼之）（花押）
佐々木四郎兵衛尉殿（京極高詮）

二三四　室町幕府執事細川頼之奉書案（臨川寺重書案文・鹿）

「同」（校正了）
臨川寺領加賀国大野庄（石川郡）湊着岸岸商舟事、依懸宛公事課役、往来舟更不出入云々、云土民歎、云商売煩、固所被停止也、而猶不叙用先度御教書恣及濫責条、太招其咎歟、不日可止其責旨載請文可被申左右、若無承引者可有後悔之状、依仰執達如件、

応安五年六月二日　　武蔵守(細川頼之)判
富樫介(昌家)殿

二三五　室町幕府執事細川頼之奉書案（三会院重書案）

(異筆)「同前」(校正了)
臨川寺三会院領西京宇多院田事、任去年六月九日御寄附
院宣寺家永代可被領掌之状、依仰執達如件、
応安五年九月六日　　武蔵守(細川頼之)判
当寺長老(不遷法序カ)

○本書二三〇号文書の施行。

二三六　周皆田地寄進状案（三会院重書案）

寄進　三会院
広隆寺領内椎野一本松田之事
合弐段者四至見根本之本券等 下作職彦四郎入道
右件田地者、周皆相伝無相違地也、雖然為菩提、所奉寄
進三会院状如件、
応安五年十月十日　　周皆(模堂)判

二三七　昌保寄進状案（三会院重書案）

(異筆)「同前」(校正了)
寄進　三会院
(葛野郡)桂東庄昌保之名田加地子米事
合肆斛壱斗者桂拾合 三会院器物五斛七斗四升可在之、
右加地子米者、為末代桂東庄下司能正請文分明也、毎年
不闕可致其沙汰、若有未進懈怠義者、収公而惣名主職自
三会院可被他人仰付候、若復如請文、致其沙汰者、於末
代此能正代官職不可被改易者也、仍為後日亀鏡、寄進之
状如件、
応安五年十月十四日　　昌保判

二三八　後光厳上皇院宣

当寺領加賀国大野庄(石川郡)・若狭国耳西郷(三方郡)半分土貢米事、止其
煩、可勘過之旨、被仰若狭国東口御服所関候、可令存知
給之由、
新院(後光厳上皇)御気色所候也、仍執達如件、
(応安六年)後十月十日　　権中納言忠光(柳原)

臨川寺長老上人御房

二三九　室町幕府執事細川頼之奉書

臨川寺領加賀国大野庄（石川郡）・若狭国耳西郷（三方郡）半分年貢事、止東口関所之煩、可勘過之由、院宣之趣令披露了、早可被全寺用之状、依仰執達如件、

応安六年閏十月十一日　武蔵守（細川頼之）（花押）

当寺長老

○前号文書の施行。

二四〇　藤原家明寄進状案（天龍寺重書目録甲）

一奉寄進　天龍寺

加賀国横江庄（石川郡）地頭職事

右当庄者、自文永中書王（宗尊親王）被譲下、曾祖父深恵（家賢）以降、至家代々相伝、当知行無相違地也、而任御遺戒為奉訪後嵯峨院幷彼中書御菩提於、所奉寄附当寺也、永代不可有相違、仍為亀鑑後証寄進之状如件、

応安七年六月一日　前左京権大夫家明（藤原）在判

二四一　忠房親王令旨案（宝篋院重書）

嵯峨野春木原（葛野郡）外田事、庁重陳状副具書、如此子細見状候歟、任道理早可有計（カ）御成敗由、入道弾正宮（忠房親王）御消息所候也、良平謹言、

六月廿七日　良平

謹上　別当殿

○紙背中央に花押あり。

○邦省親王の没年（応安八年九月一七日）によりここにおく。

二四二　理梵寄進状案（三会院重書案）

（異筆）「同前」（校正了）

奉寄進　京都敷地事

在所七条烏丸自七条南烏丸南西西頬
但丈数委細見本券之

右於屋地者、大江氏女今者比丘尼理梵重代相伝私領也、而為後生菩提、相副手継証文等、永代所奉寄進三会院実也、更不可有他妨者也、仍奉寄進之状如件、

永和二年七月十一日　比丘尼理梵判

二四三　真珠寄進状案（三会院重書案）

「同前」(異筆)(校正了)
寄進　臨川寺三会院屋地架事、
　合
　一所錦小路東洞院面東頬半間、口弐丈六尺
　　奥十五丈地子等委細見于本文書、
　一所四条町土屋刀架自東二番毎月百四十文潤(閏)月分可在之、
右志者、且奉為開山国師(夢窓疎石)報恩、且為自身入牌、相副彼
屋地架子本文書等、永代所奉寄進三会院之状如件、
　永和二年丙辰七月晦日　小師真珠判

二四四　五辻宮祥益所領譲状案（天龍寺重書目録乙）

一　丹波国六人部(天田郡)庄事、雖譲与周勝(古幢)御房、為故兵部卿親王(煕明親王)
御菩提、天龍寺寄附畢、仍毎年弐百貫文可有沙汰由、
春屋(妙葩)和尚請文如此候、雖然周勝御房世去候上者、彼御
請文并周勝御房状相副、譲与所幸宮(久世)如件、
　永和三年八月十五日　沙門祥益在判

○『鹿王院文書の研究』一六四号文書に同文あり。

二四五　妙智寄進状案（三会院重書案）

「同前」(異筆)(校正了)
きしん(寄進)申やましろ(山城)の国かとの(葛野郡)、こおり大井のかうたか(郷高)
たのみなミ(田南)西のくほ
合にたん、手つきせうもん(継証文)うりけん(売券)、別紙ニあり
右の田ハ妙智一この、ち(期後)、いはい(位牌)のれうしよ(科所)のために、
ゑいたいきしん(永代寄進)申ところなり、仍為後証状如件、
　永和三年九月十一日　武州原嶋惣持住持比丘尼妙智判
臨川寺三会院主禅師

二四六　足利義満寄進状案（天龍寺重書目録甲）

一寄進　天龍寺
　加賀国横江庄(石川郡)地頭職事、
右、応安年中施之上、重所令寄附者也、早守先例、可
有沙汰之状如件、
　永和四年七月二日　権大納言源朝臣(足利義満)御判

二四七　浄善寄進状案（三会院重書案）

「同前」(異筆)(校正了)
奉寄進　野田小渕(葛野郡)事

合文書有別紙

右、奉為彼処者、親父佐竹弥六義氏戒名了義禅心、永
三会院寄進者也、依状如件、

康暦元年三月七日　　沙弥浄善在判

三会院侍者御中

二四八　足利義満御判御教書

参河国細谷（渥美郡）郷事、所付当寺造営料所也、早可被致沙汰之
状如件、

康暦元年四月十四日　　右大将（足利義満）（花押）

臨川寺長老

二四九　室町幕府執事細川頼之奉書案（臨川寺重書案文・鹿）

（校正了）
「同」

臨川寺領加賀国大野（石川郡）庄米運上舟事、放入守護使依停止往
来着岸等を不及運送云々、為事実者太不可然、所詮為守護
不入之地上、不日止其煩、可被勘過寺米舟之状、依仰執
達如件、

康暦元年閏四月八日　　武蔵守（細川頼之）判

富樫（昌家）介殿

二五〇　足利義満御判御教書案（天龍寺重書目録甲）

一天龍寺領加賀国横江（石川郡）庄地頭職事

右、可令為寺領之条、去年永和四七月二日重成下寄進状
訖、仍文永中書王（宗尊親王）追善等致其沙汰者也、入置彼位牌於多宝院、而
動号本誓院之余流、或相伝員外之族、或不儀放埒之輩、
雖及奸訴、既就寄附寺家当知行上者、向後永所止彼訴
者也、寺領不可有相違之状如件、

康暦元年七月廿三日　　右近衛大将源朝臣（足利義満）御判

二五一　室町幕府御教書案（臨川寺重書案文・鹿）

（校正了）
「同」

臨川寺領加賀国大野（石川郡）庄事、寺家庄主状如此子細見状、遣
使者於庄内被充催臨時役米銭之間、土民等難安堵云々、
事実者太不可然、不日致尋沙汰、於寺米等者如元可被返
遣之状、依仰執達如件、

康暦元年七月廿八日　　左衛門佐（斯波義将）判

(昌家)
富樫介殿

二五二　室町幕府御教書案（臨川寺重書案文・鹿）

「同」(校正了)

臨川寺雑掌申於加賀国大野庄(石川郡)家人等追捕狼藉事、重申状副注文如此、先度被仰之処、不事行云々、早於所責取之米銭者任注文之旨、来月十五日以前糺返寺家可執進請取之状、至狼藉人者、為向後加炳誡可被申左右、若猶不承引者可有殊沙汰之状、依仰執達如件、

康暦元年九月廿一日　　左衛門佐(斯波義将)判

(富樫昌家)
富樫介殿

二五三　室町幕府御教書案（臨川寺重書案文・鹿）

「同」(校正了)

臨川寺領年貢運送事、若狭国小浜津(遠敷郡)馬足課役勅免　綸旨如此、早無其煩可被勘過之状、依仰執達如件、

康暦元年十二月五日　　左衛門佐(斯波義将)判

山名虎石殿

二五四　室町幕府御教書案（臨川寺重書案文・鹿）

「同」(校正了)

臨川寺領年貢運送事、
綸旨如此、於若狭国小浜津(遠敷郡)称馬足役及違乱云々、太不可然、早可被停止彼妨之状、依仰執達如件、

康暦元年十二月廿七日　　左衛門佐(斯波義将)判

山名左京大夫入道(時氏)跡

二五五　昌詰寄進状案（三会院重書案）

「同前」(異筆)(校正了)

奉寄進　臨川寺三会院

山城国葛野郡内萱坊屋敷田畠并荒野山林事

合参段者四至堺見代々証文

右屋敷田畠荒野山林等者、為相伝之私領之間、為比丘尼理空大姉後菩提、相副譲状以下并　勅裁・代々証文、永代所奉寄進也、更不可有他妨、仍寄進之状如件、

康暦弐年参月晦日　　昌詰判

○比丘尼理空は西園寺公賢女・同実俊室か。

二五六　室町幕府御教書

（端書）「御教書土蔵・酒屋免状」
臨川寺領内土蔵・酒屋各拾ヶ所注文在之課役事、任官符度々施行、
向後所有免除也、早可被存知之状、依仰執達如件、
康暦二年五月十二日　（斯波義将）左衛門佐（花押）
当寺長老

○『鹿王院文書の研究』一九二号文書に本文書の案文あり。

二五七　理誠寄進状案（三会院重書案）

（異筆）（校正了）「同前」
寄進　臨川寺三会院京師屋地事、
合壱所者在樋口町自樋口北西頬口弐丈　奥拾参丈
右屋地者理誠相伝之所也、然而奉報先師開山国師（夢窓疎石）法恩、
幷為証祖母菩提、相副手継証文、所令寄附也、為相続私
領上者、不可有他妨、為後証亀鏡、寄進状如件、
康暦二年庚申六月七日　比丘尼理誠判

二五八　室町幕府御教書案（三会院重書案）

（貼紙）「棟別免除御教書」
（異筆）（校正了）「同前」
臨川寺三会院領諸国註文在之、役夫工米以下恒例臨時課
役・段銭・棟別・守護役等事、任官符・御教書旨、固
所被止催促也、以此趣可被下知庄主之状、依仰執達如
件、
康暦二年六月八日　（斯波義将）左衛門佐判
当院主

二五九　室町幕府御教書書案（臨川寺重書案文・鹿）

（校正了）「同」
臨川寺領諸国注文在之役夫工米以下恒例臨時課役段銭棟別等
事、任官符御教書之旨、固所被止催促也、以此趣可被下
知庄主之状、依仰執達如件、
康暦二年六月八日　（斯波義将）左衛門佐判
当寺長老

二六〇　室町幕府御教書案（臨川寺重書案文・鹿）

（校正了）「同」

「臨川寺々米等、自江州運上之処、彼問丸称有私論、寄事
於左右、留置大津（滋賀郡）・松本等云々、太招罪科、不日可被過之、
至問等者、為糺明可被召上其身之状、依仰執達如件、
「康暦二年十一月廿一日　左衛門佐（斯波義将）判」
佐々木亀寿殿（六角満高）

二六一　室町幕府御教書

臨川寺領江州比江郷（野洲郡）公文桐原入道相語近隣悪党等、介入
当所、追出百姓等致種々狼藉云々、不日追出彼輩、至与
力人等者、為処罪科、可被注進交名之状、依仰執達如件、
康暦二年十二月廿七日　左衛門佐（斯波義将）（花押）
佐々木亀寿殿（六角満高）

○本書二三三号文書と関連。

二六二　足利義満寄進状案（天龍寺重書目録甲）

一寄進　天龍寺
備中国成羽庄（川上郡）三村信濃守跡事、
右、為備後国三谷（安那郡）之替所奉寄也、可令為寺領之状如件、
永徳元年四月七日
右大将源朝臣（足利義満）御判

○『鹿王院文書の研究』二〇九号文書に同文あり。

二六三　室町幕府管領斯波義将施行状案（天龍寺重書目録甲）

備中国成羽庄（川上郡）三村信濃守跡事、任
御寄進状之旨、可被沙汰付天龍寺雑掌之状、依仰執達如
件、
永徳元年四月廿三日　左衛門佐（斯波義将）在判
石堂（塔）右馬頭（頼房）入道殿

二六四　備中国川上郡守護石塔頼房遵行状案（天龍寺重書目録甲）

備中国成羽庄（川上郡）三村信濃守跡事、御施行如此、案文遣之、早任
被仰下之旨、可被沙汰付天龍寺雑掌之状如件、
永徳元年四月廿五日　沙弥（石塔頼房）在判
上野兵部大輔入道殿

二六五　細川正氏寄進状

（端裏書）「駿州田尻郷」

寄進　臨川禅寺

駿河国（益津郡）田尻郷南村河原一色地頭職事

右田尻郷南村河原一色地頭職者、任康暦元年九月十二日
御下文幷同十月十三日御教書之旨、所令還補也、而且為
亡父相模守（細川）清氏追善、且為普賢菩薩結縁、限永代所奉寄
進臨川禅寺也、仍寄進之状如件、

永徳元年五月六日

阿波守（細川）正氏（花押）

進上　臨川寺衣鉢侍者禅師

二六六　上野兵部大輔入道打渡状案（天龍寺重書目録甲）

天龍寺領備中国成羽庄（川上郡）三村信濃守跡事、任去四月七日御寄進
幷同月廿三日同廿五日御施行等之旨、沙汰付下地於寺家雑
掌候訖、仍渡状如件、

永徳元年五月廿七日

沙弥（上野兵部大輔入道）在判

二六七　室町幕府御教書書案（臨川寺重書案文・鹿）

案

天竜・臨川両寺雑掌申若狭国耳西郷（三方郡）内新田新開等事、為
地頭進止寺領之条、所務先例也、而当所領家新開号為本
田下地背先規致違乱煩云々、太無謂、所詮彼所々雖本田
地任旧例可為地頭分歟、早止彼妨可被全雑掌之知行之状、
依仰執達如件、

永徳元年六月十五日

左衛門佐（斯波義将）判

一色修理大夫入道（範光）殿

二六八　足利義満御判御教書

（端裏書）「駿河田尻郷」

駿河国（益津郡）田尻郷南村河原一色地頭職事

右、為参河国（渥美郡）細谷郷替、任細河阿波守正氏今年永徳元年
五月六日寄進状之旨、寺家永代可致沙汰之状如件、

永徳元年七月二日

右近衛右（ママ）大将源朝臣（足利義満）（花押）

○『鹿王院文書の研究』二一二号に本文書の案文あり。
○本書二六五号文書に関連。

二六九　室町幕府御教書案（臨川寺重書案文・鹿）

臨川寺領加賀国大野庄(石川郡)年貢運送事、諸関不可有其煩之由、代々被下
勅免綸旨之処、当年於湖上船木関(近江国高島郡)所留置云々、太不可然、不日相触此趣関務可被勘過之状、依仰執達如件、

永徳二年二月廿一日　左衛門佐(斯波義将)判

佐々木四郎(六角満高)殿

二七〇　後円融天皇綸旨案（三会院重書案）

(異筆)「同前」(校正了)

臨川寺三会院領山城国散在田畠幷洛中敷地等、知行不可有相違者、
天気如此、仍執達如件、

永徳二年二月廿二日　左少弁(平知輔)在判

周敦(大義)上人禅室

二七一　室町幕府御教書案（臨川寺重書案文・鹿）

同

臨川寺領加賀国大野庄(石川郡)年貢運送事、諸関不可有其煩之由、被下　勅免綸旨之処、於当年江州湖上舟木浜(高島郡)関所山門六社造営方関務留置云々、太不可然、不日致警固沙汰、毎度可勘過之状、依仰執達如件、

永徳二年四月廿七日　左衛門佐(斯波義将)判

佐々木四郎(六角満高)殿

二七二　室町幕府御教書案（臨川寺重書案文・鹿）

臨川寺領加賀国大野庄(石川郡)年貢米弐千百石所運送也、船木関(近江国高島郡)無煩可被勘過之状、依仰執達如件、

永徳二年六月廿一日　左衛門佐(斯波義将)判

山門使節中

二七三　室町幕府御教書（三会院重書案）

(貼紙)「准正文之御教書」

臨川寺三会院領代々御寄進状幷安堵御教書等事、於正文者、被渡寺庫之間、細々難出現、向後者沙汰之度、以彼正校案文准正文、可被出対之状、依仰執達如件、

永徳二年七月十一日　左衛門佐(斯波義将)（花押）

当院々（三会院）主

○紙背に継目花押。諏訪康朝・依田時朝・門真周清の花押あり。
○歴代将軍は各代毎に校正案文全体に安堵を加えている。
○本文書は三会院重書案（折本装）の冒頭文書。

二七四　室町幕府管領斯波義将施行状案（三会院重書案）

臨川寺三会院領山城国散在田畠幷洛中敷地等事、任去年二月廿二日安堵　勅裁、寺領不可有相違之状、依仰執達如件、

永徳三年正月廿日　左衛門佐（斯波義将）判

当寺長老

二七五　室町幕府御教書

臨川寺雑掌申近江国比江郷（野洲郡）事、申状如此、一円進止之処、前公文桐原入道応住、掠上裁、打入当所及違乱云々、好招罪科候、且為寺家恩補職之条請文分明也、随而応安以来度々施行了、不日追出応住以下与力人等可被全（カ）雑掌庄務、更不可有緩怠之状、依仰執達如件、

永徳三年五月七日　左衛門佐（斯波義将）（花押）

佐々木（六角満高）四郎殿

○「云々」及「好」は擦り消しの上に文字を訂正している。

二七六　番匠木屋定条々（木札）

定　番匠木屋条々　（花押）（春屋妙葩）

一朝夕出入事、奉行僧堅可点検、或令違仰、或不待期於随意輩者、報大工可停止寺家出入矣、

一同童部事、号木切取用木之条、非無其費、縦雖為無用木五寸以上者、不可取之、但雖為五寸内為用木者不可許之、

右此条々有違犯之輩者可処其過、将又奉行僧並行堂力者等於令見隠者随聞出、可為同罪也、仍所定置之状、如件、

永徳四年正月十一日

○木札裏に釘穴あり。

二七七　室町幕府御教書案（天龍寺重書目録甲）

一天龍寺領日向国々富庄事（宮崎・児湯・那珂郡）
可沙汰付寺家雑掌之由、所被仰守護人大友式部丞（親世）也、
早令同心合力、厳密有遵行者、可為殊別忠之状、依仰
執達如件、
至徳元年四月廿八日　左衛門佐（斯波義将）判
嶋津上総介（島津伊久）殿

二七八　室町幕府御教書案（天龍寺重書目録甲）

一天龍寺領日向国々富庄事（宮崎・児湯・那珂郡）
可沙汰付寺家雑掌之由、所被仰守護人大友式部丞（親世）也、
早令同心合力、厳密有遵行者、可為殊別忠之状、依仰
執達如件、
至徳元年四月廿八日　左衛門佐（斯波義将）判
嶋津越後入道（島津氏久・齢岳）殿

二七九　室町幕府御教書案（天龍寺重書目録甲）

一天龍寺領日向国々富庄事（宮崎・児湯・那珂郡）
可沙汰付寺家雑掌之由、所被仰守護人大友式部丞（親世）也、
早令同心合力、厳密有遵行者、可為殊別忠之状、依仰
執達如件、
至徳元年四月廿八日　左衛門佐（斯波義将）判
嶋津又三郎（元久）殿

二八〇　室町幕府御教書

臨川寺領近江国比江郷（野洲郡）前公文応住号桐原五郎左衛門入道事、為
寺家進止之職人、背寺命所犯至極之間、去応安以来度々
被成御教書、追出郷内之処、結句去月廿二日夜打入当郷
名主太郎左衛門尉住屋、致放火狼藉由庄主註進之間、所
有其沙汰也、所詮於応住者不日召進之、至与力人等者為
処同罪可○被注申名字之状、依仰執達如件、
至徳元年五月十九日　左衛門佐（斯波義将）（花押）
佐々木四郎（六角満高）殿

二八一　室町幕府御教書案（臨川寺重書案文・鹿）

「臨川寺領加賀国大野庄（石川郡）年貢運送事、任貞和官符幷延文
綸旨・御教書等之旨、無相違可被勘過也、若及異儀者可
有殊沙汰之状、依仰執達如件、
「至徳元年九月廿日　左衛門佐（斯波義将）判」

山門諸関所

二八二　足利義満御内書案（天龍寺重書目録甲）

一天龍寺付雲居庵領事、異他之子細不能左右候、仍成進下知状候、為不易之亀鏡、可被全万代之僧宝候也、恐惶敬白、

　　至徳二
　　二月廿二日　　　　室町殿（足利義満）
　　　　　　　　　　　　御判
普明国師（春屋妙葩）

○『鹿王院文書の研究』二六一号文書に同文あり。

二八三　足利義満御判御教書案

「任此案文不可有相違之状如件、（外題安堵）
　　長禄四年四月廿日　（足利義政）（花押）」

天龍寺付雲居庵諸国寺領事、
　目録一通副下之、
右当寺者、祖考（足利尊氏・義詮）両代之懇府、国家永平之伽藍也、尋其経始由来既久、開山国師（夢窓疎石）依瑞草之霊地、励土木之大功、総是心宗流伝之弘願群生済度之本基、別又祈四海安全之福祚、致当家運数之精誠者也、依之於当寺寄付之地者、成万代不易之法、尽未来際曾無改動之儀、成置鳳亀之証跡、所断緇素競望也、宜施行天下令存其旨之状如件、

　至徳二年二月廿二日
左大臣源朝臣（足利義満）　御判

○軸装、箱書に「天龍寺寺領　目録副書　天龍常住」とあり。

二八四　室町幕府御教書案（臨川寺重書案文・鹿）

（校正了）
「同」
臨川寺領加賀国大野庄（石川郡）年貢運送事、任貞和管（官）符幷延文綸旨・御教書等之旨、無煩可令勘過、若及異儀者、可有殊沙汰之状、依仰執達如件、
　至徳二年三月二日　　　　左衛門佐（斯波義将）判
　山門七ヶ所関務衆徒中

二八五　室町幕府御教書案（臨川寺重書案文・鹿）

（校正了）
「同」
臨川寺領加賀国大野庄（石川郡）年貢運送事、任貞和官符幷延文綸旨・御教書等之旨、船木関（近江国高島郡）無煩可令勘過之状、依仰執

達如件、

「至徳二年三月二日　左衛門佐（斯波義将）判」

山門使節中

二八六　室町幕府御教書案（天龍寺重書目録甲）

一天龍寺付雲居庵諸国寺領課役事

任官符之旨、所免除也、次守護不入事、先々停止上者、
不及子細、彼是可令存知之状、依仰執達如件、

至徳二年五月七日　「勘解由小路」（貼紙）
左衛門佐（斯波義将）

当寺長老

○『鹿王院文書の研究』一二六五号文書に同文あり。

二八七　足利義満御判御教書

臨川寺領寺辺敷地事、為後醍醐院勅施入、開山国師（夢窓疎石）以来
寺家知行之処、近年甲乙人等恣沽却之条、太不可然、早
可被全管領之状如件、

至徳二年八月廿五日　（花押）（足利義満）

当寺長老

○軸装、本書二八七・四一六号文書は同箱に入る。
○『鹿王院文書の研究』一二六九号文書に本文書の案文あり。

二八八　足利義満御判御教書案（天龍寺重書目録甲）

一寄進　天龍寺

周防国玖珂（玖珂郡）庄祖生郷地頭方内土貢弐百石事

右、為沐浴料所、任大内左京権大夫義弘朝臣申請、可
令当寺領之状如件、

至徳三年四月十一日

左大臣源（足利義満）朝臣御判

二八九　大内義弘寄進状案（天龍寺重書目録甲）

奉寄進　天龍寺

周防国玖珂（玖珂郡）庄祖生郷地頭方内土貢弐百石事

右、為宝篋院殿（足利義詮）御代新恩内、当知行無相違地也、而為当
寺六斎沐浴料所、奉寄進也、既申成御判之間、尽未来際
不可有相違、若遺跡相続子孫等、背此旨成違乱者、被申
行罪科、可被召放分領等、仍永代為全寺務、所令申沙汰
之状如件、

至徳三年四月十七日
左京権大夫多々良義弘（大内）朝臣判

二九〇　足利義満御判御教書案（天龍寺重書目録甲）

一当御代（足利義満）播磨国南条（神西郡）半分事、為光厳院殿御塔頭料所御寄進之条、
貞治四年七月廿六日御下知状炳焉也、不可有相違之状
如件、
至徳四年七月廿九日　左大臣（足利義満）御判
金剛院住持

○「貞治四年七月廿六日御下知状」は本書二〇〇号文書。

二九一　足利義満所領寄進状案（臨川寺重書案文・鹿）

（校正了）「同」
寄進　臨川寺
近江国坂田郡榎木庄内加納佐々木山内源三跡事
右為同国比叡（野洲郡）郷之替、所寄附之状如件、
嘉慶元年十二月五日
左大臣源朝臣（足利義満）御判

二九二　室町幕府管領斯波義将施行状案（臨川寺重書案文・鹿）

（校正了）「同」
近江国榎木（坂田郡）庄地頭職事、任御寄進状、可被沙汰付臨川寺
雑掌之状、依仰執達如件、
嘉慶二年八月卅日　左衛門佐（斯波義将）判
佐々木大夫判官殿

二九三　春屋妙葩法衣墨書銘

仏光国師（無学祖元）直綴幷襖也、後人造之法衣、始収之瑞泉院（相模国鎌倉郡）、
天竜住持　妙葩（春屋）敬記
（貼紙）「『巧芸部』　百廿七号
（朱筆）三肩内　」

○春屋妙葩の没年（嘉慶二年一〇月二日）によりここにおく。

二九四　室町幕府御教書案（臨川寺重書案文・鹿）

案
天龍・臨川両寺雑掌申若狭国耳西郷（三方郡）検断事、於当寺領者

物而被停止守護使入部之所、放入使者、召捕数輩百姓等
及狼籍(藉)之間、地下荒廃何様事哉、所詮於召捕輩者、不日
可被返渡寺家、至検断事者、云已庄主罪過之篇、云百姓
過分之至、寺家沙汰無相違歟、猶以可有沙汰者、可為公
方糺明也、若不承引者可有殊沙汰之状、依仰執達如件、
　康応元年二月廿八日　　左衛門佐(斯波義将)判
一色左京大夫(詮範カ)殿

二九五　室町幕府御教書案（臨川寺重書案文・鹿）

校正畢
臨川寺雑掌申若狭国耳西郷(三方郡)地頭職事、任官符宣為不入地
之処、依被搦取百姓等不及耕作条、太不可然、早返遣土
民於寺家庄主、於検断者追可有其沙汰之上者、向後可被
止使者之入部之状、依仰執達如件、
　康応元年二月廿八日　　左衛門佐(斯波義将)判
一色左京大夫(詮範カ)殿

二九六　足利義満御判御教書案

東山証明寺領八条油小路田地壱町余等目録在別紙事、早任本
主等寄進、当寺領掌不可有相違之状、如件、
　康応二年二月七日
　従一位源朝臣(足利義満)御判

二九七　室町幕府御教書案（天龍寺重書目録甲）

天龍寺領備中国成羽庄(川上郡)三村信濃守跡事、号本主、及違乱云々、
太不可然、早止彼妨、可被沙汰付寺家雑掌之状、依仰執
達如件、
　明徳元年九月十二日　　佐(左)衛門佐(斯波義将)在判
武蔵入道(細川頼之)殿　「諸国段銭」(付箋)

二九八　前対馬守某書状

御札喜拝見仕了、抑御領大野庄(加賀国石川郡)殺生禁断之事、有様等閑
候き、如此不様候間、弥向後可致厳密之沙汰也、其子細、
定自御代官方被申候哉、恐惶敬白
　三月一日　　前対馬守綱(カ)家（花押）
進上　臨川寺侍者御中御報

二九九　某天皇女房奉書

（端裏書）「□□上下宮事□□」
上下の宮の事、大かく（覚）寺の宮の御返事、かやう申され候、
あむともや（カ）かてたひ御申候ふ（ら脱カ）よし申され候へハ、返々め
てたくおほしめされ候よし、申候へく候、かしく

○軸装、箱書「後醍醐宸翰（貼紙）『四拾壱号』　天龍常住」。
箱裏貼紙「後醍醐天皇上下の宮　妙智院瑞源東堂再住後寄
附」。

三〇〇　某書状

和尚袈裟賜了、殊以為悦候、相伝候様可注賜候、今日御
渡状存候、宮稽古事被仰合候也、

○後欠カ。箱書「後醍醐天皇御宸翰法衣（貼紙）『四拾四号』
（貼紙）『葛野郡嵯峨天龍寺蔵』」。

室　町

三〇一　室町幕府御教書案（天龍寺重書目録甲）

一天龍寺雑掌申備中国成羽庄（川上郡）事、申状具事（書カ）如此、三村信
濃守致押妨云々、太不可然、早任御寄進等之旨、可被
沙汰付下地於寺家雑掌之状、依仰執達如件、
明徳三年六月七日　右京大夫（細川頼元）
渋河（渋川満頼）左近大夫将監殿

三〇二　備中国守護渋川満頼遵行状案（天龍寺重書目録甲）

一天龍寺雑掌申備中国成羽庄（川上郡）事、今月七日御教書如此、
案文遣之、早退三村信濃守押妨、可沙汰付下地於寺家
雑掌状如件、
壬申明徳三年六月廿日　（渋川）満頼在判
吉見（氏康）弾正少弼殿

三〇三　備中国守護代吉見氏康遵行状案（天龍寺重書目録甲）

一天龍寺雑掌申備中国成羽庄（川上郡）之事、去月七日御教書并廿
日御施行如此、案文遣之、三村信濃守楯籠善養寺、致
彼寺領違乱云々、為事実者、不可然、所詮莅彼所相尋
有無子細、沙汰付下地於寺家雑掌、請取、可進執之状
如件、

明徳三年七月廿八日　散位(吉見氏康)在判

志地法眼御房

高木勘解由左衛門入道殿

三〇四　沙弥石浦請文案(天龍寺重書目録甲)

大和御方奉行高橋入道殿寺家まいる御返事

一如仰雖未不懸御目候、蒙仰候、畏入候、抑成羽(川上郡)庄之事、本主下地共ニ去申候、次屋敷等あけさすへき之由、庄主御意候旨、其沙汰致下候、猶々相尋候て、可致沙汰候、又五明拝領仕候、畏入候之由、以此旨可有御披露候、恐惶謹言、

七月廿八日　沙弥石浦

進上侍者御中

○前号文書との関連によりここにおく。

三〇五　左衛門尉成行書状案(天龍寺重書目録甲)

一如仰雖未申承候、預御芳信候、恐存候、抑就成羽(川上郡)庄事、委細示賜候、聽以此旨披露仕候処、厳密本主、堅可被申付之由候也、委細事者庄主禅師申入候、定可有御注進候歟、諸事期後信候、恐々謹言、

七月廿八日　左衛門尉成行判

○前号文書との関連によりここにおく。

三〇六　備中国守護代吉見氏康注進状案(天龍寺重書目録甲)

守護代吉見(氏康)殿御注進状案文

一天龍寺領備中国成羽(川上郡)庄事、任御教書幷御施行之旨、莅彼所、欲致其沙汰候之処ニ、三村信濃守致下地者、不致違乱候、於在庄者、申異儀不令退散候、此段可為何様候哉、以此旨、可有御披露候、恐惶謹言、

明徳三年七月廿九日　散位(吉見)氏康判

進上御奉行所

三〇七　幸宮久世所領譲状案(天龍寺重書目録乙)

一丹波国六人部(天田郡)庄事、自五辻宮(祥益)譲給候、仍年貢内毎年弐百貫文自天龍寺可有沙汰候、為面々菩提彼譲状悉相副、所令譲与宗璨(下宮)御房如件、

明徳三年八月廿八日　　久世（幸宮）在判

三〇八　室町幕府御教書案（天龍寺重書目録甲）

一天龍寺雑掌申、備中国成羽庄（川上郡）、本主三村信濃入道余類令居住当庄、動成其煩云々、太無謂、早可被止其妨、若不承引者、為処罪科、可被注申状、依仰執達如件、

明徳四年十月七日　　左衛門佐（斯波義将）判

細河兵部大輔（細川満之）殿

三〇九　足利義満御判御教書

（足利義満）（花押）

臨川寺領加賀国大野庄（石川郡）事、可停止守護使入部幷白山金釼（石川郡）宮神人等乱入狼籍（藉）之状如件、

明徳五季三月廿二日

○本書八〇号により、諸役免除。本書一五三号、本書一五五号により、金剣宮神人の濫妨を停止。

三一〇　玉円田地売券（宝篋院重書）

（端裏書）「奥嶋公文（職カ）□売券」

売渡　私領田地事

合一所　江州蒲生郡奥嶋公文職

右件所職者自賢承律師手玉円所譲得也、然而依有要用代銭参拾五貫、相副紛失状幷譲状案文令沽却之処也、但譲状者房舎坊領已下一紙仁在之故留置之者也、若千万号本主、捧本証文之仁有之者、被出各連署之上者、任紛失状之面可被処厳科者也、仍為後日売券状如件、

明徳五年甲戌三月廿三日　　玉円（花押）

（異筆）「善入寺御寺売申入候」

法印厳成（花押）

法印有歓（花押）

法印実厳（花押）

権律師崇印（花押）

権律師有快（花押）

三一一　室町幕府御教書（宝篋院重書）

（貼紙）「勘解由小路殿」

嵯峨善入寺雑掌申淡路国委文庄（三原郡）事、重申状・具書如此、先度被仰之処、不事行云々、太不可然、不日止被官人押

妨、沙汰付下地於雑掌、可被執進請取、更不可有緩怠之
状、依仰執達如件、
応永元年八月廿五日　左衛門佐（斯波義将）（花押）
細河淡路守殿（満春）

三一二　今川了俊書状

田尻南村（駿河国益津郡）正税御教書到来了、則可致沙汰候、更不可有等
閑候、上洛事近々間、最前令参可申入候、於地下事者、
堅可申付候、他郡之間成敗雖難儀候、御教書上者無是非
候、此石川事狼籍（藉）以外候由、承及候間、不可然候、契約
仁候、上総介（今川泰範）在京候、内々堅可被仰付候哉、就是非追出
之事可致沙汰候、恐々敬白、
（応永二年）四月三日　（今川）了俊（花押）
臨川寺侍者
御返事

○今川了俊（貞世）の駿河半国守護は応永二年から五年まで。『大日本史料』第七編之二によると、今川了俊は応永二年八月に九州探題から召還されている。年代と上総介の比定は『静岡県史』資料編六中世二、一一八五号による。今川泰範は応永二年から六年まで駿河半国守護。

三一三　室町幕府御教書案（天龍寺重書目録甲）

一天龍寺雑掌申、日向国々富庄（宮崎・児湯・那珂郡）事
不日退押領人、沙汰付雑掌、可被執進請取状、依仰執
達如件、
応永二年五月七日　左衛門佐（斯波義将）判
今河伊与入道殿（今川貞世・了俊）

三一四　室町幕府御教書案（臨川寺重書案文・鹿）

同前（校正了）
臨川寺雑掌申若狭国耳西郷（三方郡）半分付日向浦・同国一二宮修理
料段銭事、諸公事・臨時課役免除之条、官符宣分明之上
者、可停止催促之旨、可被相触社家之由所被仰下也、仍
執達如件、
応永三年二月十日　沙弥（斯波義将）判
一色左京大夫（詮範）入道殿

三一五　近江国守護六角満高遵行状（宝篋院重書）

（貼紙）「六角殿」

善入寺領近江国奥嶋（蒲生郡）諸公事間事、被成当庄不入之御教書上者、就公私所令停止其煩也、然而被官人等寄事於左右、不可致綺、若於背此旨之輩者、可有殊沙汰者也、仍状如件、

応永六年二月十八日　　前備中守（六角満高）（花押）

当寺長老

三一六　足利義満御判御教書案（天龍寺重書目録甲）

一天龍寺領付雲居庵領所々目録在別紙役夫工米等諸公事・段銭以下臨時役・守護役事、任官符宣、永所免除也、早為守護使不入之地、可被全領知之（状脱カ）如件、

応永六年七月廿八日　　鹿苑院殿（足利義満）御判

○『鹿王院文書の研究』三一二号文書に同文あり。

三一七　鳥居小路為長寄進状（宝篋院重書）

（貼紙）「鳥居小路殿」

寄進申

近江国上田庄（蒲生郡）事

右、公文給并新得名北里得分（蒲生郡）・正覚庵長（老脱カ）所寄進申之状如件、

応永六年九月廿八日　　為長（鳥居小路）（花押）

正覚庵方丈

○『近江蒲生郡志』巻一の一七八号文書に「善入寺末寺近江国浅小井内正覚庵」とあり。

三一八　近江国守護六角満高書下（折紙）（宝篋院重書）

善入寺領蒲生郡（近江国）奥嶋半済事、所停止給人之綺也、早可令全寺家一円之所務給之状如件、

応永七年二月十九日

備中守（六角満高）（花押）

当寺方丈

三一九　足利義満御判御教書

若狭国耳西郷（三方郡）半分地頭職長井掃部助跡事、所返付臨川寺也、早如元領掌不可有相違之状如件、

応永七年六月廿五日

入道准三宮前太政大臣（足利義満）（花押）

三二〇　室町幕府管領畠山基国施行状

臨川寺雑掌申若狭国耳西郷（三方郡）長井掃部助跡事、早任安堵、可被
沙汰付寺家雑掌之由、所被仰下也、仍執達如件、
応永七年八月廿一日　沙弥（畠山基国）（花押）
一色左京大夫入道殿（詮範）

○『鹿王院文書の研究』三一六号に本文書の案文あり。

三二一　若狭国守護一色詮範遵行状

若狭国耳西郷（三方郡）半分地頭職事、任去六月廿五日安堵并今月
廿一日御施行之旨、可被沙汰付下地於臨川寺雑掌之状如
件、
応永七年八月廿二日　（一色詮範）（花押）
小笠原蔵人大夫殿（長春）

○小笠原長春は若狭国守護代か。

三二二　室町幕府御教書案（臨川寺重書案文・鹿）

同（校正了）
「臨川寺雑掌申若狭国耳西郷（三方郡）地頭職事、為守護使不入地之
処、号人夫伝馬催促、津田入道乱入当郷、搦取百姓等致
狼籍（藉）云々、尤招罪科歟、不日止使者入部、可被全寺家所
務之由、所被仰下也、仍執達如件、
「応永八年八月廿四日　沙弥（畠山基国）判」
一色左京大夫入道殿（詮範）

三二三　室町幕府御教書（宝篋院重書）

近江国蒲生郡奥嶋内円山事、目賀田次郎光遠無理押領之
由就訴申雖被施行、捧支証等所支申、有其謂之間、所被
付光遠也、而於円山外寺領等者、不可混乱旨、被仰光遠
畢、早可有存知［　　］（之由カ）、所被仰下也、仍執達如件、
応永八年十月八日　沙弥（畠山基国）（花押）
善入寺

三二四　足利義満御判御教書

臨川寺領加賀国大野庄（石川郡）諸公事・臨時課役・段銭・守護役
等事、所免許也、早為守護使不入之地、可令領知之状如
件、
応永九年二月廿三日　（足利義満）（花押）

当寺（梵晃カ）長老

○『鹿王院文書の研究』三二二号に本文書の案文あり。

三二五　近江国守護京極高光遵行状（宝篋院重書）

善入寺雑掌与目賀田次郎光遠相論近江国奥嶋（蒲生郡）円山事、今
月十六日御教書案文遣之土橋太郎左衛門入道相共、莅彼在所、
致尋紀明、以起請之詞、可有注進之状如件、
応永九年四月廿八日　民部少輔（京極高光）（花押）
高宮三川入道殿

三二六　室町幕府御教書

臨川寺領若狭国耳西郷（三方郡）用水事、興道寺（若狭国三方郡）雑掌背先規違乱之
条、無謂之間、守護代（小笠原長春カ）加下知訖、早可被存知之由所被仰
下也、仍執達如件、
応永十年四月十日　沙弥（畠山基国）（花押）
当寺長老

○『鹿王院文書の研究』三二六号文書に本文書の案文あり。

三二七　室町幕府管領畠山基国施行状案（臨川寺重書案文・鹿）

同（校正了）
臨川寺領加賀国大野庄（石川郡）諸公事・臨時課役・段銭・守護役
等事、早任去年二月廿三日御判之旨、為守護使不入之地、
可被全寺家所務之由、所被仰下也、仍執達如件、
応永十年五月二日　沙弥（畠山基国）在御判
修理大夫入道殿（斯波義種）

三二八　室町幕府御教書案（臨川寺重書案文・鹿）

臨川寺領重書等事、依容易難出庫蔵、勒数通之鳳文、備
一巻之亀鏡、向後以此校正案、可被准正文之由所被仰下
也、仍執達如件、
応永十一年七月二日　沙弥（畠山基国）（花押影）
当寺長老

三二九　室町幕府御教書

臨川寺領加賀国大野庄（石川郡）年貢運送事、先度被仰之処、不承
引云々、太無謂、向後毎度無煩可被勘過、若猶及異儀者、

可有殊沙汰之由所被仰下也、仍執達如件、

応永十一年九月廿六日　沙弥(畠山基国)（花押）

山門七ヶ所(近江国滋賀郡)関務衆徒中

三三〇　備中国守護細川頼重奉行人連署奉書（宝篋院重書）

善入寺領備中国草壁(小田郡)東西半済事、所被返付彼雑掌也、依仰、執達如件、

応永十二年十二月廿日

心戒（花押）

晶阿（花押）

永可（花押）

○草壁庄東西は、本書一号文書により高橋宮（尊守法親王）から中納言阿闍梨への譲与を安堵。本書八八号文書により草壁庄東西ほかの中西姫君遺領が善入寺に寄進される。本書三三一号文書により草壁庄東西領家職半済を亡父満之（同一二年一二月五日没）菩提のため善入寺に去渡される。

三三一　備中国守護細川頼重半済分去状（宝篋院重書）

(貼紙)「細川兵部少輔(頼重)殿」

善入寺領備中国草壁(小田郡)東西領家職事、右彼所一旦国代官方雖為半済儀、為故陽中春公(細川満之)禅定門菩提、永代一円所去渡也、仍状如件、

応永十四年十一月十三日　頼重（花押）

善入寺長老

○細川満之は応永一二年一二月五日没。頼重の父。

三三二　足利義持御判御教書案

東山証明寺領八条油(小)少寺田地壱町余等目録在別紙事、早任去康応二年二月七日安堵、当寺領掌之状如件、

応永十五年八月廿五日

右大将源朝臣(足利義持)御判

○本書三三二号文書・四二七号文書は一紙に写書す。

三三三　室町幕府御教書案（天龍寺重書目録甲）

天龍寺雑掌申、周防国玖珂(玖珂郡)庄祖生郷地頭方内土貢弐百石事、早任義弘(大内)寄進状、可被沙汰渡彼雑掌之由、所被仰下也、仍執達如件、

応永十五年九月廿二日　　沙弥(斯波義教)判

大内(盛見)周防入道殿

三三四　足利義持御判御教書

臨川寺幷三会院領諸国所々目録在別紙諸公事・臨時課役・段銭・守護役等事、所免除也、早為守護使不入之地、可被全領知之状如件、

応永十五年十月五日　　(足利義持)(花押)

長老

三三五　室町幕府管領斯波義教施行状

(端裏書)「五通□殿」

臨川寺雑掌申加賀国大野庄(石川郡)付得蔵地頭・領家分諸公事・臨時課役・段銭幷舟留検断等事、当所依為厳重旧領、役夫工米以下課役、先々被免許畢、而近年寄綺於左右、及譴責之間、去応永九年可為守護使不入地之旨、被成御判、遵行之処、立帰動号舟留検断、使者入部未休云々、甚不可然、所詮重被成御判之上者、向後堅可被停止之由、所被仰下也、仍執達如件、

応永十五年十月十日　　沙弥(斯波義教)(花押)

左衛門佐(斯波満種)入道殿

○文中の応永九年御判は本書三二四号。

三三六　加賀国守護斯波満種遵行状

(端裏書)「修理大夫殿」

臨川寺雑掌申加賀国大野庄(石川郡)付得蔵村地頭・領家分事、諸公事・臨時課役幷段銭・舟留等但於大野庄得蔵村地頭・領家分年貢舟出津之儀〔不可〕有相違、次役夫工米以下課役可免除云々、次守護使不入之事、条々任被仰出之旨、可致其沙汰之状如件、

応永十五年十一月廿日　　(斯波満種)(花押)

二宮(氏泰)信濃入道殿

○二宮信濃入道は守護代か。実名「氏泰」は、『金沢市史』による。

三三七　足利義持御判御教書

臨川寺領寺辺大井村(葛野郡)号薄馬場事、所返付寺家也、如元領掌不可有相違之状如件、

応永十六年九月六日

内大臣源朝臣（足利義持）（花押）

三三八　下宮宗璨所領譲状案（天龍寺重書目録乙）

一丹波国（天田郡）六人部庄事、自幸宮（久世）譲給候、仍自天龍寺可有沙汰候、為面々菩提、彼証状等悉相副、所寄附南禅寺正眼院、仍為後証之状如件、

応永十七年二月廿五日　宗璨（下宮）在判

○『鹿王院文書の研究』三三七号文書に同文あり。

三三九　丹波国六人部庄本主次第案（天龍寺重書目録乙）

一（丹波国天田郡）六人部本主次第

前鎌倉将軍家式部卿宮（久明親王）孫子

五辻親王家、自号祥益庵（蔵カ）主、御子周勝侍者（古幢）死去後、御譲文書等、五辻親王御方ェ被返進、其後御子　幸宮御名久世御方ニ御譲、其後舎弟下宮御名宗璨御房ニ御譲、自其御方南禅寺正眼院ニ御寄進也、

応永十七年六月廿七日

○『鹿王院文書の研究』三三八号文書に同文あり。

三四〇　足利義持御判御教書

臨川寺領加賀国大野庄（石川郡）・若狭国耳西郷（三方郡）等所々目録在別紙役夫工米事、任去貞和五年四月十五日　勅裁幷官符宣、所免除也、可被存知之状如件、

応永十七年九月十日　（足利義持）（花押）

当寺長老

○文中の勅裁幷官符は本書七七・八〇号。貞和五年段階で耳西郷は臨川寺領となっておらず、康安元年に臨川寺領となる。

三四一　足利義持御判御教書

（端裏書）（勝定カ）「□□」

臨川寺領加賀国大野庄（石川郡）白山段米事、所免除也、早任先例、可停止神人等乱入狼籍（藉）之状如件、

応永十七年十二月廿六日

内大臣源朝臣（足利義持）（花押）

三四二　室町幕府管領畠山満家施行状

臨川寺雑掌申、加賀国大野(石川郡)庄白山段米事、任先例可止催
促之旨、可被相触之由、所被仰下也、仍執達如件、
応永十七年十二月廿六日　沙弥(畠山満家)（花押）
左衛門佐(斯波満種)入道殿

○本書三四一号文書を施行したもの。

三四三　加賀国守護斯波満種遵行状

臨川寺領加賀国大野(石川郡)庄白山段米事、去年十二月廿六日任
御判・同日御施行之旨、可令停止催促之由、可相触之状
如件、
応永十八年二月十七日　（花押）(斯波満種)
二宮信濃(氏泰)入道殿

三四四　備中国守護細川頼重寄進状（宝篋院重書）

(貼紙)「細川兵部少輔(頼重)殿」
善入寺領備中国草壁(小田郡)庄西方安主職永平名事、
右、彼所者、為永代寺領上、別而所奉寄進也、寺家永代
知行不可有相違者也、仍為後証、寄進之状如件、
応永十八年辛卯二月廿七日　頼重(細川)（花押）
善入寺住持

三四五　加賀国守護斯波満種遵行状

(端裏書)「左衛門佐殿奉書自公方被仰出進上之、」
臨川寺領加賀国大野(石川郡)庄事、為守護不入地之処、被管(官)人等
寄事於左右、責取料足云々注文遣之、太不可然、至料足者返弁
之、於向後者固可停止乱入之旨、可令相触之状如件、
応永十九年五月三(ママ)日　（花押）(斯波満種)
二宮信濃(氏泰)入道殿

○『金沢市史』では日付を一三日の誤記かとする。

三四六　足利義持下知状

臨川寺領加賀国大野(石川郡)庄課役・検断等幷庄内輩可停止守
護被官事
右、当庄依厳重寺領異于他、為守護使不入之地、役夫工
米以下諸役先々免除之条、官符宣幷御判等明鏡也、而
近年猥守護家人寄綺於検断、致追捕狼籍(藉)、剰責取巨多米
銭云々、庄家荒廃之基、其煩絶常篇者乎、凡当寺領違乱
之輩可分附所帯於寺家之由、其沙汰者畢、況如此狼籍(藉)不

可誡、於責取米銭者、任注文可返弁之、至狼籍（藉）人者、可処所当罪科之旨、所仰守護人也、所詮検断以下事、向後為寺家之計、止守護使入部、可全所務之状下知如件、

応永十九年五月四日

内大臣源朝臣（足利義持）（花押）

三四七　室町幕府管領細川満元施行状

（端裏書）「官（管）領施行細川右京兆（満元）」

臨川寺雑掌申加賀国大野庄（石川郡）課役・検断等并庄内輩可停止守護被官事、早任去四日御下知、於所責取米銭者返弁之、至狼籍（藉）人者、可被処所当罪科、所詮当庄検断以下、向後為寺家之進止、々使者之入部、可被全所務之由所被仰下也、仍執達如件、

応永十九年五月十二日　沙弥（細川満元）（花押）

左衛門佐入道殿（斯波満種）

三四八　足利義持御判御教書

臨川寺事、可為十刹第二之状如件、

応永廿三年七月四日　（足利義持）（花押）

住持

○軸装、箱書に「臨川寺十刹之書」とあり、臨川寺はもと准十刹（『扶桑五山記』）。

三四九　備中国守護細川頼重遵行状（宝篋院重書）

嵯峨善入寺領備中国草壁東西（小田郡）・同国有漢保（賀夜郡）役夫工米以下諸公事・臨時課役等事、任去年九月廿日免除　御判之旨、不可有相違之状如件、

応永廿四年潤（閏）五月廿四日　兵部大輔（細川頼重）（花押）

当寺長老

三五〇　摂津国守護細川満元書下（宝篋院重書）

（貼紙）「応永廿五年十月廿七日判形

細川殿満元法名道観号岩栖院殿

善入寺領摂津国　」

善入寺領摂津国木工庄（島上郡）内田畠壱町参段事、停止方々違乱、可被全寺家所務之状如件、

応永廿五年十月廿七日　沙弥（細川満元）（花押）

住持

三五一　室町幕府御教書案（天龍寺重書目録甲）

一御教書
天龍寺雑掌申遠江国村櫛庄（敷智郡）地頭職半済和田東方幷庄内
闕所分等事、訴状具書如此、早退押領人、一円可被沙
汰付寺家雑掌之由、所被仰下也、仍執達如件、
応永廿六年五月廿一日　沙弥（細川満元）判
左兵衛佐（斯波義淳）殿

三五二　室町幕府御教書案（天龍寺重書目録乙）

一天龍寺領加賀国横江庄（石川郡）地頭職、白山社造営段別米・人
夫役等事、被免除畢、早可停止催促之旨、可被相触由、
所被仰下也、仍執達如件、
応永廿六年六月二日　沙弥（細川満元）判
富樫介（富樫満春）殿

○『鹿王院文書の研究』三六五号文書に同文あり。

三五三　室町幕府奉行人奉書案（天龍寺重書目録乙）

一天龍寺領備中国成羽庄（川上郡）長講堂段銭事、一向御免候、可
被止国催促候由也、仍執達如件、
応永廿六
七月廿八日　清泉（清）秀定判
横坂入道殿

○『鹿王院文書の研究』三六六号文書に同文あり。

三五四　備中国守護細川頼重奉行人奉書案（天龍寺重書目録乙）

一天龍寺領備中国成羽庄（川上郡）長講堂段銭事、為　公方御免候
由、被仰出候上者、可被止国催促由候也、仍執達如件、
応永廿六
七月廿九日　孝子判
高橋駿河入道殿
庄甲斐入道殿

○『鹿王院文書の研究』三六七号文書に同文あり。

三五五　遠江国守護斯波義淳遵行状案（天龍寺重書目録甲）

同遵行
天龍寺領遠江国村櫛庄(敷智郡)地頭職半済事、任被仰出之旨、可
沙汰付寺家雑掌之状如件、
応永廿六年九月三日　(斯波義淳)判
甲斐美濃入道(祐徳)殿

三五六　室町幕府御教書案（天龍寺重書目録乙）

一天龍寺雑掌申信濃国四宮庄(更級郡)内北条渡残事、訴状具書如
此、先度施行候処、村上中務少輔・屋代左馬助支申
云々、太不可然、早退彼輩、沙汰付下地於雑掌、可執
進請取之由、所被仰下也、仍執達如件、
応永廿六年九月六日　沙弥(細川満元)判
細河刑部少輔(持有)殿
○『鹿王院文書の研究』三六九号文書に同文あり。

三五七　斎藤基喜書状案（天龍寺重書目録乙）

雖未申通候、以公事次令啓候、於向後者細々可申承候、
御同心候者本望候、抑天龍寺○領日向国々富庄(宮崎・児湯・那珂郡)事、依為遠
国近年無沙汰候、任先例被返付寺家雑掌候者可然候、殊
彼庄内鹿野田郷事、近年被押領候条無勿躰候、如元厳密
被返渡候者、目出度候、寺家奉行事候間、如此執申候、
随御返事可伺申候、恐々謹言、
応永廿六
九月八日　(斎藤)基喜判
伊東大和守(祐立)殿
○『鹿王院文書の研究』三七〇号文書に同文あり。

三五八　遠江国守護代甲斐祐徳遵行状案（天龍寺重書目録甲）

同渡状
天龍寺領遠江国村櫛庄(敷智郡)地頭職半済和田東方并庄内闕所分
等事、任先度御遵行之旨、一円可沙汰付寺家雑掌之由候
也、仍執達如件、
応永廿六年九月廿七日　甲斐祐徳
沙弥判
堀江三郎左衛門入道(道賢)殿

三五九　堀江道賢打渡状案（天龍寺重書目録甲）

同渡状

村櫛（敷智郡）庄内和田之東方幷庄内闕所分、無残所一円去月廿七
日任奉書旨、所渡申之状如件、

応永廿六
十月七日　　　　　　　　　　　　　堀江
　　　　　　　　　　　　　　　　　道賢判
天龍寺
上使禅師

三六〇　加賀国守護富樫満春遵行状案（天龍寺重書目録乙）

一同遵行
天龍寺領加賀国横江庄（石川郡）地頭職、白山社造営段別米・人
夫役等事、任去応永廿六年六月二日御教書之旨、可停
止催促由、可被相触社家雑掌之状如件、
応永廿七年二月十五日　　　富樫介満春判
山川筑後守殿

○『鹿王院文書の研究』三八〇号文書に同文あり。

三六一　足利義持下知状　　　　一一二

臨川寺付三会院領諸国所々段銭以下諸公事幷守護役等
事
右、条々、先度被免除之処、近年守護人等、或相懸人夫
已下臨時課役、非分料足等令譴責之、或召仕寺領名主沙
汰人等、令自専所職名田等、因茲常住之闕乏非一事、且
背仏意、且軽成敗之条、積悪之至、甚其咎惟重、向後弥
於諸寺領令免許諸役之上者、永代停止使者入部、一切不
可守護綺之、若猶背此旨致非法者、就寺家之注進、可有
殊沙汰者也、然早為守護不入之地、可全寺用之状、下知
如件、

応永廿七年四月十七日
従一位源朝臣（足利義持）（花押）

三六二　足利義持下知状案（天龍寺重書目録甲）

一天龍寺付雲居庵領諸国所々段銭以下諸公事幷守護役等事
右條々、先度被免除之処、近年守護人等、或相懸人夫
已下臨時課役・非分料足等令譴責之、或召仕寺領名主
沙汰人等、令自専所職名田等、因茲常住之闕乏非一事、
且背仏意、且軽成敗之条、積悪之至甚咎惟重、向後弥
於諸寺領、令免許諸役之上者、永代停止使者入部一切
不可守護綺之、若猶背此旨致非法者、就寺家注進可有

殊沙汰者也、然早為守護不入之地、可全寺用之状、下
知如件、

応永廿七年四月十七日

従一位源朝臣(足利義持)御判

三六三　室町幕府管領細川満元施行状

(端裏書)「岩栖院殿」

臨川寺領加賀国大野庄(石川郡)付得蔵(石川郡)段銭以下諸公事幷臨時課
役・守護役事、早任去十七日御下知之旨、一切停止其綺、
可被全雑掌所務由、所被仰下也、仍執達如件、

応永廿七年四月十九日　沙弥(細川満元)(花押)

富樫介殿(富樫満春)

○「去十七日御下知」は、本書三六一号応永二七年四月一七日足利義持御判御教書のことか。富樫満春は加賀国守護。

三六四　室町幕府管領細川満元施行状案

(端書)「天龍寺領物集女庄御下知案文」

天龍寺領山城国物集女庄(乙訓郡)・長井庄(乙訓郡)・若狭国耳西郷(三方郡)・岡安名(大飯郡)
段銭以下諸公事幷臨時課役・守護役等事、早任去十七日
御下知之旨、一切停止其綺、可被全寺家雑掌所務由、所
被仰下也、仍執達如件、

応永廿七年四月十九日　沙弥(細川満元)判

一色左京大夫(義範)殿

○『鹿王院文書の研究』三八七号に同文書あり。

三六五　室町幕府管領細川満元施行状案　(天龍寺重書目録乙)

一天龍寺領阿波国那賀山庄(那東・那西郡)段銭以下諸公事幷臨時課役・
守護役等事、早任去十七日御下知之旨、一切停止其綺、
可被全寺家雑掌所務之由、所被仰下也、執達如件、

応永廿七年四月十九日　沙弥(細川満元)判

細河讃岐入道(満久)殿

○『鹿王院文書の研究』三八五号文書に同文あり。

三六六　室町幕府管領細川満元施行状案　(天龍寺重書目録乙)

一天龍寺領備後国岩成庄(深津郡)段銭以下諸公事幷臨時課役・守
護役等事、早任去十七日御下知之旨、一切停止其綺、

可被全寺家雑掌所務之由、所被仰下也、仍執達如件、

応永廿七年四月十九日　沙弥(細川満元)判

山名(時熙)右衛門督入道殿

○『鹿王院文書の研究』三八六号文書に同文あり。

三六七　丹波国守護細川満元遵行状案　（天龍寺重書目録乙）

一天龍寺領丹波国六人部(天田郡)九ケ村幷豊富庄(天田郡)・弓削庄(桑田郡)上下村・瓦屋南北庄(桑田郡)段銭以下諸公事臨時課役・守護役等事、早任去十七日御下知之旨、一切停止其綺、可全寺家雑掌所務之状如件、

応永廿七年四月十九日　(細川満元)判

香西(常連)豊前入道殿

○『鹿王院文書の研究』三八八号文書に同文あり。

三六八　室町幕府管領細川満元施行状案　（天龍寺重書目録乙）

一天龍寺領遠江国村櫛庄(敷智郡)・尾張国下飯田郷(山田郡)・海東賀守郷(海東郡)段銭以下諸公事幷臨時課役・守護役等事、一切停止其綺、可被全寺家雑掌所務之由、所被仰下也、仍執達如件、

応永廿七年四月十九日　沙弥(細川満元)判

左兵衛佐殿(斯波義淳)

○『鹿王院文書の研究』三八九号文書に同文あり。

三六九　讃岐国守護細川満元遵行状案　（天龍寺重書目録乙）

一天龍寺領讃岐国原(三木郡)幷柞原(那珂郡)段銭以下諸公事・臨時課役・守護役等事、早任去十七日御下知之旨、一切停止其綺、可全寺家雑掌所務之状如件、

応永廿七年四月十九日　(細川満元)判

香河下野守殿

○『鹿王院文書の研究』三九〇号文書に同文あり。

三七〇　室町幕府管領細川満元施行状案　（天龍寺重書目録乙）

一天龍寺領播磨国的部南条郷(神西郡)・志染保(三木郡)・福井庄(揖東郡)段銭以下諸公事幷臨時課役・守護役等事、早任去十七日御下知之旨、一切停止其綺、可被全寺家雑掌所務之由、所被

仰下也、仍執達如件、

応永廿七年四月十九日　沙弥(細川満元)判

赤松(義則)大膳大夫入道殿

○『鹿王院文書の研究』三九一号文書に同文あり。

三七一　讃岐国守護細川満元遵行状案　（天龍寺重書目録乙）

一天龍寺領讃岐国原(三木郡)并柞原(那珂郡)段銭以下諸公事・臨時課役・守護役等事、早任去十七日御下知之旨、一切停止其綺、可全寺家雑掌所務之状如件、

応永廿七年四月十九日　(細川満元)判

安富安芸入道殿

○『鹿王院文書の研究』三九二号文書に同文あり。

三七二　室町幕府管領細川満元施行状案　（天龍寺重書目録乙）

一天龍寺領越後国保倉保(頸城郡)并富川保(頸城郡)段銭以下諸公事・臨時課役・守護役等事、早任去十七日御下知之旨、一切停止其綺、可被全寺家所務由、所被仰下也、仍執達如件、

応永廿七年四月十九日　沙弥(細川満元)判

上杉(房方)民部大輔入道殿

○『鹿王院文書の研究』三九四号文書に同文あり。

三七三　室町幕府管領細川満元施行状案　（天龍寺重書目録乙）

一天龍寺領備中国成羽庄(川上郡)段銭以下諸公事并臨時課役・守護役等事、早任去十七日御下知之旨、一切停止其綺、可全寺家雑掌所務之由、所被仰下也、仍執達如件、

応永廿七年四月十九日　沙弥(細川満元)判

細河治部(頼重)少輔殿

○『鹿王院文書の研究』三九六号文書に同文あり。

三七四　室町幕府管領細川満元施行状案　（天龍寺重書目録乙）

一天龍寺領相模国成田庄(足柄下郡)・武蔵国下里郷(比企郡)段銭以下諸公事并臨時課役・守護役等事、早任去十七日御判之旨、一切停止其綺、可全寺家雑掌所務旨、可被下知之由、所被仰下也、仍執達如件、

応永廿七年四月十九日　　　沙弥判(細川満元)
上杉四郎(憲実)殿

○『鹿王院文書の研究』三九三号文書に同文あり。

三七五　室町幕府管領細川満元施行状案（天龍寺重書目録乙）

一天龍寺領加賀国横江庄(石川郡)段銭以下諸公事幷臨時課役・守護役等事、早任去十七日御下知之旨、一切停止其綺、可被全寺家雑掌所務之由、所被仰下也、仍執達如件、

応永廿七年四月十九日　　　沙弥判(細川満元)
富樫介(富樫満春)殿

○『鹿王院文書の研究』三九五号文書に同文あり。

三七六　室町幕府管領細川満元施行状案（天龍寺重書目録乙）

一天龍寺領阿波国那賀山庄(那東・那西郡)段銭以下諸公事幷臨時課役・守護役等事、早任去十七日御下知之旨、一切停止其綺、可被全寺家雑掌所務之由、所被仰下也、仍執達如件、

応永廿七年四月十九日　　　官(管)領右京大夫(細川満元)殿
沙弥判

細河讃岐(満久)入道殿

如此御施行十余通寺領悉在之、文庫置之、

○『鹿王院文書の研究』三八五号文書に同文あり。

三七七　阿波国守護細川満久遵行状案（天龍寺重書目録乙）

天龍寺領阿波国那賀山庄(那東・那西郡)段銭以下諸公事幷臨時課役・守護役等事、早任去月十七日御下知・同十九日御教書等案文遣之旨、向後停止催促、可全寺家雑掌所務之状如件、

応永廿七年五月七日　　　讃州遵行(細川満久)判

武田近江守殿　如此遵行廿余通寺領悉被書下也、文庫在之、

三七八　丹波国六人部庄沙汰人名主百姓等起請文案（天龍寺重書目録乙）

一天龍寺領丹波国六人部庄(天田郡)九ヶ村沙汰人名主百姓等、条々請文之事、

一新庄本庄和合仕、任先例勤公事、向後就山林等、不可異儀申事、

一損亡之年、作毛損田正路ニ可懸御目候、同於苅田之跡、
任雅意不可損亡申事、
一御領中不作河成之於開作田地者、雖為小分懸御目備年
貢可申事、
一田畠雖為小半掠之不可隠田申事、
一庄内井堤等修理造営之時、雑用分懸寺社人給下地公田
同通可致沙汰事、
一於権門方致奉公、令違背寺家、訴訟付沙汰不可申事、
右此条々捴庄請文仕上者、任先規年貢・御公事等、無
不法懈怠可勤仕候、若雖為一事背此旨、於軽寺命輩者、
為寺家御沙汰、堅可被行罪科候、尚以存偽現不儀者、
敬白　起請文事
右件条々偽申者、
日本国中大小神祇、殊者天龍寺土地神大伽藍、開山国師(夢窓疎石)
御領中諸寺諸社之御罰各忽可罷蒙者也、自今以後為仰
寺家申、仍起請文之状如件、
応永廿七年五月十二日　公文代播磨判
宮村寺田判　塩津右衛門判
同所中山大進判　河合三船大夫判
多保田中五郎三郎判　同所尾衛門判
大内立垣判　生野小馬田兵衛判
大内堀判　草山田中左近判
生野三俣西判　同所宮内判
同所池田判　和市道金判
河合僧正俊判　和市井山大夫判
高津吉良判　宮村番匠入道判
同所山副判　大内小林入道判
同所竹内判
河端
五月十二日於奉行所及請文、請文懸上之御目者也、

○『鹿王院文書の研究』三九七号文書に同文あり。

三七九　賀茂定棟日時勘文案(天龍寺重書目録乙)

外門立柱之大工祝五貫文同馬一疋、自雲居庵馬一疋
応永廿七年正月廿六日丙寅、時寅二点

択申、可被立天龍寺法界門日時、
七月四日辛未、時卯
応永廿七年五月廿六日　陰陽助賀茂朝臣定棟

三八〇　周幸書状案（天龍寺重書目録乙）

貴寺外門事伺申候、南之家被退候歟、大路平直之者可然
候由、被仰出候、先地ヲ可被平候、来月十日比宝幢寺へ
可有御成候、其時可有御覧候、吉日ハ昨日於御所被召
定棟（賀茂）被定候、持此使令進候、恐々謹言、
（応永二十七年）五月廿七日　　周幸判
侍衣禅師

三八一　室町幕府御教書案（天龍寺重書目録乙）

一天龍寺雑掌申信濃国四宮北条（更級郡）事、度々雖被仰不事行
云々、甚不可然、所詮不日退押領人、沙汰居雑掌於下
地、可執進請取之由、所被仰下也、仍執達如件、
応永廿七年八月十五日　　沙弥（細川満元）判
細河刑部少輔（持有）殿

○『鹿王院文書の研究』三九八号文書に同文あり。

三八二　室町幕府奉行人奉書案（天龍寺重書目録乙）

一為天龍寺々家自然所用之時、為被召仕小舎人雑色間、
一両人可被定置候、其分可被申付之由、被仰下候、
恐々謹言、
応永廿七年
八月十五日　　飯尾賀州
清藤
氏家蔵人殿　依之雑色与三四郎入道 九郎三郎 二人
始而定之、仍住持・寺管充状出也、
但雖有根本、依不定仁躰、如此令申沙汰者也、

○『鹿王院文書の研究』三九九号文書に同文あり。

三八三　室町幕府御教書案（天龍寺重書目録甲）

一天龍寺領付雲居庵領諸国所々目録在別紙役夫工米事、任官符宣并
御判御教書、所被免除也、可有存知之由、所被仰下也、
仍執達如件、
応永廿七年九月廿四日　　畠山殿道端（満家）
沙弥判
当寺長老

○署判の「沙弥」の注記は畠山殿道端とあるが、この時期の
管領は細川満元（道観）である。

三八四　室町幕府御教書案（天龍寺重書目録乙）

一日吉社并天龍寺領近江国健部庄（神崎郡）地下人等年貢対捍事、
早令糺明之、任法可致其沙汰、若就近隣隠置彼等所在

之者、相懸領主為有殊沙汰可注申之由、所被仰下也、
仍執達如件、

応永廿七年十一月廿四日　沙弥（細川満元）判

乗蓮坊阿闍梨御房

○『鹿王院文書の研究』四〇〇号文書に同文あり。

三八五　室町幕府奉行人飯尾清藤書状案（天龍寺重書目録乙）

一（近江国神崎郡）健部地下所務以下事、向後可為社家引懸候、若不法儀
候者、任請文之旨、堅可有御沙汰之由、可被進御状段、
先日被仰出候、其外以面々令申了、早々御状可有、自
寺家切々被申候、恐々謹言、

九月十六日　飯尾加州 清藤判

乗蓮坊 御坊中

○健部庄の関連によりここにおく。

○『鹿王院文書の研究』四八四号文書に同文あり。

三八六　具宗書状案（天龍寺重書目録乙）

一（近江国神崎郡）健部庄内天龍寺方所務以下事、日吉方可為同前之由、
百姓等既成起請文連署之上者、向後事不可有御不審候、
以此趣寺家へ可被仰遣候、恐々謹言、

九月十八日　具宗判

飯尾加賀守（清藤）殿

○健部庄の関連によりここにおく。

○『鹿王院文書の研究』四八五号文書に同文あり。

三八七　近江国健部庄保司方百姓等起請文案（天龍寺重書目録乙）

一（近江国神崎郡）健部起請文 応永廿八年五月十日
至心合掌稽首和南、三世十方尽虚空遍法界諸仏如来応
正等覚者諸大菩薩摩訶薩埵・諸大明王忿怒聖衆・一切
声聞辟支仏衆・梵王・帝釈・四大天王・十二大天・護
世八天日月五星二十八宿・大黒鬼神大将・堅牢地神太
弁才天・吉祥・大聖・歓喜天散脂（カ）大将二十八部鬼神
将・一切護法天王天衆諸善神王、更復稽首当山講堂大
日如来・弥勒慈尊・大悲観音・梵釈四王護法聖衆、根
本中堂薬師如来・日光・月光・遍照菩薩・大聖文殊・
毘沙門天王・十二神将・海会聖衆、転法輪堂釈迦如来、

普賢・文殊・六天聖衆、東西塔楞厳院中諸房三宝聖衆、
山王三聖王子眷属、山内所有護法聖衆、更復驚覚八
幡・賀茂・松尾・稲荷・平野・大原野・春日・住吉等
諸大明神・祇園・天満天神・五畿七道権実諸神、七廟
聖霊、先帝聖霊、代代世世諸御霊等、更復帰命震旦国
中南岳・天台・章安・妙楽諸大師等、善無畏・金剛
智・不空・行思・恵果・法全等三蔵阿闍梨、我山最初
伝教大師（最澄）、慈覚（円仁）顕密伝灯諸師等、三業一心恭敬白言、
健部庄保司方百姓等起請文条々、
一毎年任雅意押損亡不可申事、
一塩冶代新給等事、可預御糺明事、
一新井料并募々任先例、可預御糺明事、
一段銭等事、任先例可随仰事、
一毎年於御年貢涯分致沙汰不可未進仕候、千万少未進候
者、可預御催促事、
一於検断等者、任先例雖被御沙汰、為地下不可支申候、
仍私検断仕候者、同百姓之家なんと発向仕候事、不可
有之事、
一於戸開之衆会者令停止、任往古例、上下庄ゟ卅六人可
致集会云々、此外日吉方条目毎事可為同前事、
右此条々雖為一事不可背申候、千万偽申事候者、下庄
百姓等上件奉勧請仏神三宝、特者奉崇当庄日吉十禅師
権現御罰罷蒙、於今生者成白癩黒癩、於来生者無間底
堕罪可仕候、仍起請文之状如件、

山本郷内
孫太郎　孫七　孫四郎　衛門太郎　衛門五郎
又太郎　三郎二郎　彦五郎　形（刑）部太郎　六郎
兵衛太郎　又三郎　又太郎
以上

三俣郷内
左近三郎　五郎三郎　道妙　又二郎　藤内二郎
左衛門三郎　法道　左近二郎　道仏　左近太郎
兵衛太郎
已上

木流郷内
衛門　七郎　源五郎　彦二郎　五郎二郎
左近九郎　彦太郎　兵衛太郎　七郎二郎　浄妙
以上

息村郷内

若太郎　兵衛太郎　孫太郎　彦二郎　右近三郎
右近四郎　左近　衛門太郎　衛門太郎　又二郎
彦太郎
以上
埜村郷内
兵衛二郎　孫二郎　六郎　左近太郎　又三郎
衛門四郎　彦九郎　左近二郎　源五　藤三
六郎太郎　小二郎　六郎　馬五郎　正法
実恵　弥九郎　左近二郎　衛門二郎　孫太郎
以上

○『鹿王院文書の研究』四八九号文書に同文あり。但し前欠。

三八八　和慶書状（宝篋院重書）

態令啓候、
抑宝泉寺之事、庄主御下向之時、寺家之趣子細承候、畏存候、ともかくも可然之様ニ御成敗候者可為恐悦候、とても寺家御末寺之事にて候間、好様ニ可預御披露候、子細事ハ庄主方より定可被申候歟、尤令参上可申候へ共、いまの時分ニ候間、乍存之由、以此旨、上方へ可有御披露候、毎時期候、恐惶敬白、

（異筆）「応永廿八年」
六月晦日　和慶（花押）
進上　主事禅師

○宝泉寺は『鹿王院文書の研究』五七九号文書に「清光院雑掌申西賀茂宝幢院末寺北山宝泉寺敷地四条室町烏丸、南北参拾九丈、東西弐拾九丈事」とあり。同書五八〇・五八一・五八三・五八四号文書も関連。

三八九　室町幕府奉行人・神宮頭人連署奉書案（天龍寺重書目録乙）

一天龍寺領丹波国（天田郡）豊富庄内宮仮殿段銭事、号有小笠原幷三谷知行下地、致催促云々、彼等知行分者加徴米計也、（於カ）□下地者一円寺家進止之上者、向後可被停止其責之由、所被仰下也、仍執達如件、

応永廿八年八月廿七日
飯尾四郎左衛門（為貞カ）　左衛門尉判
問住（注）所　刑部少輔判

○『鹿王院文書の研究』四〇五号文書に同文あり。

三九〇　室町幕府御教書案（天龍寺重書目録乙）

一天龍寺雑掌与八徳山（播磨国神西郡）八葉寺雑掌相論播磨国菖蒲谷山事、於畑畠栗林在家者、八葉寺当知行之、至柴木者、天龍寺領百姓採用之旨、小河備中入道（玄助）起請文・注進状分明上者、可全天龍寺雑掌領知之由、所被仰下也、仍執達如件、

応永廿九年三月二日　官（管）領畠山殿　沙弥（満家）判

赤松大膳大夫入道（義則・性松）殿

○『鹿王院文書の研究』四〇八号文書に同文あり。

三九一　室町幕府御教書案（天龍寺重書目録乙）

一播磨国八徳山（神西郡）号八葉寺雑掌与天龍寺雑掌相論同国菖蒲谷山事、於畑畠栗林在家者、八葉寺当知行之、至柴木者、天龍寺領百姓採用之旨、小河備中入道（玄助）起請文・注進状分明之上者、自今以後者、共以水魚思、可全各々知行由、所被仰下也、仍執達如件、

応永廿九年三月二日　沙弥（畠山満家）判

赤松大膳大夫入道（義則・性松）殿　此正文八徳へ被成下者也、

三九二　播磨国守護赤松義則遵行状案（天龍寺重書目録乙）

一天龍寺雑掌与八徳山（播磨国神西郡）八葉寺雑掌相論播磨国菖蒲谷山事、於畑畠栗林在家者、八葉寺当知行之、至柴木者、天龍寺領百姓採用由事、去二日御教書如此、早任被仰下之旨、可被相触之状如件、

応永廿九年三月廿二日　赤松殿　沙弥（義則）判

小河備中入道（玄助）殿

三九三　足利義持御判御教書

天龍寺領丹波国六人部（天田郡）・瓦屋（桑田郡）両庄・豊富庄（天田郡）等内名主職事、早為一円不輸之地、可令寺家進止之状如件、

応永廿九年八月十日

従一位源朝臣（足利義持）（花押）

三九四　室町幕府奉行人連署奉書案（天龍寺重書目録乙）

一播磨国志染保(三木郡)大村一族跡事、自　天龍寺就被申、以別
儀可沙汰渡之旨、所被仰出也、早可被沙汰付下地於寺
家雑掌之由候、仍執達如件、

応永廿九年十月九日　　　左衛門尉判
　　　　　　　　　　　　対馬守(松田貞清)判

小河備中入道(玄助)殿

○『鹿王院文書の研究』四〇九号文書に同文あり。

三九五　室町幕府御教書案（天龍寺重書目録乙）

一天龍寺領播磨国志染保(三木郡)内大村一族等跡所職事、任当知
行之旨、可被全寺家雑掌所務之由、所被仰下也、仍執
達如件、

応永廿九年十月廿六日　　　沙弥(畠山満家)判

赤松大膳大夫入道(義則)殿

○『鹿王院文書の研究』四一〇号文書に同文あり。

三九六　播磨国守護赤松義則奉行人連署奉書案（天龍寺重書目録乙）

一志染保(播磨国三木郡)内大村一族等跡事、可沙汰付天龍寺雑掌由、被
仰下候、此分地下へ可被相触由候、恐々謹言、

十月廿七日(応永二九年)　　　貞顕判
　　　　　　　　　　　　小河玄助判

石野次郎左衛門尉殿

○『鹿王院文書の研究』四一一号文書に同文あり。

三九七　播磨国守護赤松義則奉行人連署打渡状案（天龍寺重書目録乙）

一志染保(播磨国三木郡)大村一族等跡之事、任去九日施行之旨、所沙汰
付下地天龍寺雑掌也、仍渡状如件、

応永廿(廿九)年十月廿七日　　　左衛門尉判
　　　　　　　　　　　　小河(玄助)沙弥判

当庄々主禅師

○『鹿王院文書の研究』三五〇号文書に同文あり。
○前号文書との関係により応永二九年とする。

三九八　足利義持御判御教書

臨川寺領役夫工米事、為内外宮分弐佰貫文、三会院領参
拾貫文、廿一箇年一度可致其沙汰之上者、一切所令停止
催促也、可被存知之状如件、

応永廿九年潤（閏）十月十七日　（足利義持）（花押）

住持

三九九　足利義持御判御教書案（天龍寺重書目録甲）

一天龍寺領役夫工米事、為内外宮分参佰貫文、雲居庵領佰貫文、廿一ヶ年一度可致其沙汰上者、所停催促也、可被存知之状如件、

応永廿九年閏十月十七日　（足利義持）御判

住持

四〇〇　足利義持御別御教書案（天龍寺重書目録甲）

一嵯峨中諸寺庵領役夫工米事、内外宮分陸百貫文、廿一ヶ年一度、可致其沙汰上者、一切所停止催促也、可令存知之状如件、

応永廿九年十一月二日　（足利義持）御判

此正文天龍寺文庫置之、同案文両奉行封裏、嵯峨中寺庵遣之、

四〇一　成善書状案（天龍寺重書目録乙）

一（応永卅年）五月廿五日当寺御成之時、（阿波国那東・那西郡）那賀山流木事、於杉材木国方押領難堪之由、伺申候処、寺家一円如元可為進退之由、被仰出候間、其旨国方へ依申遣、守護奉書如此、去九日依洪水阿波国那賀山流木之事、天龍寺木口印木者、任先規悉直歳方へ可被渡申候、不可有無沙汰之由候也、恐々謹言、

五月廿六日　成善判

東条入道殿

四〇二　天龍寺領阿波国那賀山庄雑掌申状案（天龍寺重書目録甲）

目安
天龍寺御領（那東・那西郡）那賀山雑掌申

欲令早被止山河半分并切流等桂林寺与守護方押領於寺家一円知行状、

右当庄、相国寺借知行之時、彩副寺為代官、桂林寺初而為興行、自那賀山出材木、号山河半分土貢定之山中用木、令略出之、木口即切置三文字、号彼寺之割、于今被押領、殊而今度洪水出材木等、守護方相共被註之、結句于致根本之木口印木被押領之段、無謂次第也、当庄之事者、加様之材木切流所務候於、如今者寺家御公平及失墜者也、

既那賀山被御帰覆上者、彼被停止競望、自今已後山河并
切流杉檜等悉可為寺家一円被成御下知、欲令全永代知行
状如件、

応永三十年六月　日

四〇三　室町幕府奉行人下知状案（天龍寺重書目録乙）

定　山城国大枝（乙訓郡）山兵士米関条々

一米并大豆・小豆以下雑穀人別壱文駄別五文事、
一銭傭人別五文駄別拾文事、
一紙・紺布・塗物以下人別壱文駄別五文事、
一絹糸・綿人別拾文駄別弐拾文事、
一木炭人別壱文駄別弐文事
一魚鳥以下人別壱文駄別参文事、
右条々堅所被定置也、守此旨可致沙汰、若雖為一事令
違犯、成往覆之煩、云関務云沙汰人共、以可被処罪科
之由、所被仰下也、仍下知如件、

応永三十年八月廿八日　加賀守（飯尾為行）判

○『鹿王院文書の研究』四一三号文書に同文あり。

四〇四　越後国守護上杉房朝奉行人遵行状案（天龍寺重書目録乙）

天龍寺出官
御返事

当国保倉保（越後国頸城郡）天龍寺領分事、可沙汰付寺家雑掌由、被仰出
候、下地於早速可被相渡由候也、恐々謹言、

応永卅年
九月五日　蔵人丞重実判
沙弥祐功判

長尾上野入道（邦景）殿

四〇五　為行請文案（天龍寺重書目録乙）

一保倉保（越後国頸城郡）事、上意之通、堅問答仕、守護遵行執進候、目
出度存候、条々無等閑候、期面候、恐々謹言、

九月六日　為行判

天龍寺出官
御返事

○前号文書との関連によりここにおく。

四〇六　室町幕府御教書（宝篋院重書）

善入寺領近江国奥嶋庄（蒲生郡）山門東法華堂上米事、寺領以来於
地下毎年肆拾斛分沙汰渡処、寄事於左右、及違乱云々、甚

不可然、早任先例、可有其沙汰之旨、厳密可相触当堂年
預之由、所被仰下也、仍執達如件、
応永卅一年六月廿一日　沙弥(畠山満家)（花押）
山門使節中

四〇七　山門使節連署書状(宝篋院重書)

就根本法花堂領江州奥嶋(蒲生郡)事、先日承候之趣、相尋山上候
之処、事書幷年預挙状如此候、可得御意候、恐々謹言、
卯月二日　円運（花押）
盛覚（花押）
(円明坊)兼宗（花押）
(善住坊)最慶（花押）
(月輪院)慶覚（花押）
(杉生坊)暹春（花押）
(金輪院)弁澄（花押）
善入寺

○山門法華堂関係によりここにおく。
○下坂守『中世寺院社会の研究』によれば、弁澄は、応永一一年から史料に見える。永享七年没。連署状への署名は、応永二八年から三二年まで。暹春は、応永元年から応永三四年まで史料にでる。

四〇八　加賀国大野庄示野村内一王丸名名主職売券

(端書)「一王丸売拳(券)」
永代売渡大野庄(加賀国石川郡)示野村内一王丸名々主職事、
合壱名者坪付別紙在之、
右名者重代相伝于今無相違地也、雖然依有要用代銭佰捌
拾伍貫文仁来自丙午歳(応永三十三年)代々証文等不残一通相副、永代売
渡処也、但彼名所役御年貢・御公事等、任先例可被勤仕
者也、此外於子々孫々違乱煩(致)至輩者、為公方御沙汰可行
罪科者也、仍為後日売券之状如件、
応永卅一年甲辰十二月廿三日
売主　大野庄宮腰住人　俊慶(最勝房)（花押）

○本書四三五号永享七年一〇月一一日の文書より買主は龍蔵坊恵源か。

四〇九　足利義持御判御教書案(天龍寺重書目録甲)

正校了
一天龍寺造営料材木事、諸国河海上幷陸地関々、可被全

運送之状如件、
応永卅二年八月廿八日
菩薩戒弟子(足利義持)
当寺長老

四一〇　三会院盛元梵鼎書状

御状委細令拝見候、随而一王丸名(加賀国石川郡示野村)本文書事、承候、当院(三会院)文
庫内一両日点検仕候へ共、更々不見出候、常住(臨川寺)文庫も尋
候へ共、不見候、先案文下進候、尚も相尋候て出来者、
庄主(祥越)下向之時可進候、此名事、宮腰(大野庄)中之人買者、可被請
返候、若他郷之人売(ママ)得者、不可然之由、知事達申候、可
有御心得候、兼又白布一端拝領不知所謝候、委細事ハ、
此使御僧可被申候、諸事期後信之時候、恐々敬白、
三月廿二日(応永三十三年)　梵鼎(盛元)（花押）
円楽寺(大野庄)方丈(雲韶中鏻)
(異筆)「応永参拾三年」
(礼紙切封)「―――」
(礼紙端裏)「応永三十三年　円楽寺」

四一一　三会院盛元梵鼎等連署紛失状

(端書・異筆)「一王丸紛失状」
臨川寺領賀州(石川郡)大野庄内示野村一王丸名重書粉(紛)失状之事
但、重書十三通案文足渓西堂封裏
留置円楽寺間、為後証本主方へ渡之、
右彼名者、円楽寺(俊慶)限十ヶ年買得之間、重書十三通三会院
大岳和尚(周崇)御住之時、円楽寺住持足渓西堂被領(預カ)申候処ニ期
限已満上者、本主依請返、重書悉可返渡処ニ、両所文庫
之内不尋出云々、若此重書自何方、号本主、有持来之輩
者、為公方御沙汰、可被所(処)盗賊罪科者也、仍而評定之議
如斯、
応永三十三年六月二日　都寺妙常（花押）
住山　中珊(月渓)（花押）
院主　梵鼎(盛元)（花押）

四一二　昌集書状

(異筆)
示野村(加賀国石川郡)内一王丸名重書之事、愚身罷上候時、委細蒙仰候
間、常住(臨川寺)・塔頭(三会院)文庫之内尋候へ共、更々不見候間、兎角
令延引、所存外被存候処ニ、重而御使上洛候間、尚々尋

候へ共、無候間、案文給候様に申沙汰在之、粉（紛）失状下進
候、長老（月渓中珊）・院主（盛元梵鼎）・都寺（妙常）之御判ニて候、若重書等出来事も
候ハヽ、雖為何時候、下可進候、兼又御使者之僧上洛之
時、今路越ニて、止立ニ逢候とて、御書なんとも被取候て、
不至（到）来候へ共、以外蒙仰候事候間、随分申沙汰仕候て、
下進候、乍去為証明之中、統監寺被来候間、心安此御僧
ニ渡令進候、将又院主様無指事候間、同事申とて候、都
寺も如此被申候、後便之時、彼方へも如此次第御心得候
て、可被仰上候、以前捧愚状候、定参着候哉、悉事難尽
帋上候、恐惶敬白、

（応永三十三年）六月七日　　昌集（花押）

進上円楽寺（大野庄）（雲韶中鏘）侍衣禅師

（異筆）「応永卅三年丙午六月廿日　最勝房（俊慶）給了、」

四一三　加賀国円楽寺雲韶中鏘等連署請文

加賀国（石川郡）大野庄内示野村一王丸名之事、足渓西堂円楽寺住
持時、限十ヶ年自当住買得候、其重書拾参通、嵯峨之三
会院文庫ニ被預置申事実正也、十ヶ年之後、相尋候処ニ、
臨川寺三会院文庫之内ニ不見出候、依然三会院主（盛元梵鼎）并長老（月渓中珊）・
寺官（妙常）等加判形而紛失状到来候、即本主方へ渡申候、以此
状所宛行一王丸名重書之代也、可為永代之証文亀鑑者也、
後日、若有持此重書而、号本主輩、為公方可被所（処）盗賊罪
科者也、仍為後証悉達（執）如件、

応永三十三年丙午六月十三日

沙汰人久重（花押）

庄主祥越（花押）

円楽寺住持中鏘（雲韶）（花押）

四一四　加賀国大野庄示野村一王丸名名主職俊慶請文

（端書・異筆）「一王丸重書事」

大野庄（加賀国石川郡）示野村一王丸名重書之事
右彼之名田者、先年限年紀而、相副重書、於円楽寺而令
沽却之処仁、年紀已満之間、以本銭而請返畢、但重書并
売券等、依令粉（紛）失不返給之、然間為後証三会院之御書申
下渡進上者、本券等雖令何所散在、可被処盗人之御沙汰
者也、仍亀鏡状如件、

応永卅三年丙午六月廿日

最勝房
本名主俊慶（花押）

四一五　山城国嵯峨諸寺応永鈞命絵図裏書

此絵図嵯峨中諸寺院也、奉
鈞命写焉、
応永丙午（三十三年）九月日
臨川住持比丘「月渓」（白文角印）（中冊）

（紙背・異筆）
「依為臨川寺重宝下司井上方江（カ）領掌
文明八丙申十二月日　霊疇（花押）」

○絵図は『日本荘園絵図聚影』二、近畿一を参照。
○読みは本書文書目録四一五—二号応永鈞命絵図写の裏書写により補う。

四一六　足利義持御判御教書

臨川寺領大井郷（葛野郡）敷地事、早任開山国師（夢窓疎石）差図幷去至徳二年八月廿五日御判之旨、寺家可被全領知之状如件、
応永卅四年六月十五日
菩薩戒弟子（足利義持）（花押）

四一七　室町幕府御教書案（天龍寺重書目録乙）

一天龍寺領近江国健部（神崎郡）下庄保司方事、御寄進以来寺家知行無相違候処、健部社神官等致違乱、結句相語山門公人入部地下、令追放庄主云々、甚不可然、向後於寺家知行分者、停止方々競望、全所務様可被下知之由、所被仰下也、仍執達如件、
正長元年九月廿三日　沙弥（畠山満家）判
乗蓮坊

四一八　伏見宮貞成親王書状案（天龍寺重書目録乙）

一弓削庄（丹波国桑田郡）事、自是致競望候由、其沙汰候哉、驚入候、所詮百姓等雖申子細候、更不許容候上者、非望申儀候、彼百姓等無尽申成候歟、驚入候、委細事以面謁如令申候、得其意寺家御披露候者、為悦候也、謹言、
正長元
九月廿六日　伏見院（貞成親王）御自筆
御判
乾楞西堂禅師

四一九　伏見宮貞成親王書状案（天龍寺重書目録乙）

一就弓削庄（丹波国桑田郡）事、愚身此御所様へ申次候て、彼地下人令容許候由、及御沙汰候歟、驚入候、諸神照覧候へ、更不申沙汰候、此趣可得御意候、恐々敬白、

正長元
九月廿六日　伏見院畏き方状（貞成親王）
判

剛叟

四二〇　足利義教御判御教書

（端裏書）
「御判　敷地并総案（安）堵」

臨川寺領諸国所々并敷地等目録在別紙事、早任当知行之旨、寺家領掌不可有相違之状如件、

正長二年八月卅日

右近衛大将源朝臣（足利義教）（花押）

四二一　足利義教御判御教書案（天龍寺重書目録甲）

一天龍寺付雲居庵領諸国所々段銭以下諸公事并守護役等事、度々被成御判、為免除地之処、守護人動相懸人夫已下課役、剰令自専名主沙汰人之所職名田云々、積悪至也、早任去応永廿七年四月十七日下知状之旨、為守護不入地上者、向後弥停止使者入部、可被全寺家領知之状如件、

永享二年三月八日

右近衛大将源朝臣（足利義教）　御判

四二二　足利義教御判御教書

（端裏書）
「御判　耳西郷」

臨川寺領若狭国耳西郷（三方郡）半分地頭職事、於治部越前守宗秀所給去正長元年九月廿三日下知状者、所召返也、如元寺家可被全領知之状如件、

永享二年八月廿八日

右近衛大将源朝臣（足利義教）（花押）

四二三　室町幕府管領斯波義淳施行状

臨川寺領若狭国耳西郷（三方郡）半分地頭職事、早任去月廿八日還補御判、退治部越前守宗秀代、可被沙汰付寺家雑掌之由、所被仰下也、仍執達如件、

永享二年九月二日　左兵衛佐（斯波義淳）（花押）

一色修理大夫（義貫）殿

四二四　若狭国守護一色義貫遵行状

（端書・異筆）
「一色殿遵行」

臨川寺領若狭国耳西郷（三方郡）半分地頭職事、任御判幷御施行等之旨、可被渡付寺家雑掌之状如件、

永享二年九月五日　（一色義貫）（花押）

三方山城入道殿

四二五　摂津国守護細川持之書下（宝篋院重書）

（貼紙）（細川持之）
「弘源寺殿」

善入寺領摂津国木工庄（島上郡）諸公事免除事、任先例、可止催促状如件、

永享二年潤（閏）十一月廿六日

右京大夫（細川持之）（花押）

住持

四二六　足利義教寄進状

寄附　臨川寺

伊勢国梅戸御厨（員弁郡）事

右為近江国坂田郡榎木庄内加納之替、所令寄進当寺之状如件、

永享三年十月八日

右近衛大将源朝臣（足利義教）（花押）

四二七　足利義教御判御教書案

東山証明寺領八条油小路田地壱町余等目録在別紙事、早任度々御判幷当知行之旨、寺家領掌不可有相違之状如件、

永享四年七月十九日　（足利義教）御判

住持

四二八　夢窓門中定書案（天龍寺重書目録乙）

一天龍寺付雲居庵被管（官）行力等屋敷事

右雖為臨川寺領、有限地子之外、可被停止諸公事者也、至検断等者、依罪科臨川寺・天龍寺相共以評議可被行之、仍門中評定之儀如斯、

応永廿八年十一月　日

一貴寺之行力居臨川寺敷地之輩、地子外於諸役可被免候由、被仰出候、恐惶敬白、

応永卅三
十月八日　　等持寺
俊列（星岩）判

天龍寺
侍衣禅師

右所被定置之正文近年紛失之間、以門中評議、重書之三会・雲居両院文庫収之、両寺相共永代可守此法者也、

永享四年七月廿六日　　臨川

三会妙孫（季英）在判　　多宝梵令在判
慈済景垠在判　　金剛周荘在判
雲居梵梁（惟方）在判　　天龍妙川（東溟）在判
鹿苑周勝（古幢）在判　　正禅俊玄（極先）在判
洪恩梵師（仲安）在判

四二九　足利義教公帖

（封紙ウハ書）（貼紙）
「『普広院殿』
澄昕首座　　内大臣（花押）」

真如寺住持職事、任先例、可被執務之状如件、

永享四年八月七日　　内大臣（足利義教）（花押）

澄昕（東岳）首座

○東岳澄昕（澄泰）は空谷明応の法弟。本書四四四・四六六・四六七号文書参照。

四三〇　足利義教下知状

（端裏書）
「御判諸役免除」

臨川寺付三会院領諸国所々諸公事幷段銭・守護役以下事

右条々、被免許之旨以前被成下知之処、近年動於寺領内或号検断、或称公役、成其煩云々、好招罪科歟、早任先条、令停止守護使入部之上者、向後若至違背之族者、可有殊沙汰者也、任当知行、弥寺家可全所務之状、下知如件、

永享六年四月十六日

左大臣源朝臣（足利義教）（花押）

四三一　足利義教御判御教書

臨川寺領加賀国大野庄（石川郡）諸公事・臨時課役・段銭・守護役以下事、被免許之段、度々被成御判幷下知之処、近年或号検断、或称借物、致其煩云々、堅所停止也、向後弥為守護使不入之地、寺家可全領知之状如件、

永享六年四月十六日

左大臣源朝臣（足利義教）（花押）

四三二　室町幕府管領細川持之施行状

臨川寺領加賀国大野(石川郡)庄段銭・臨時課役以下諸公事、為免除地之処、動有其煩云々、不可然、早任去月十六日御判旨、可被停止使者入部之由、所被仰下也、仍執達如件、

永享六年五月十二日　右京大夫(細川持之)（花押）

富樫刑部大輔(教家)殿

○「去月十六日御判」は前号文書。富樫教家は加賀国守護。

四三三　摂津国守護細川持之遵行状（宝篋院重書）

(貼紙)「細川持之
弘源寺殿」

嵯峨善入寺領摂津国木工(島上郡)庄事、早任去五月廿八日御判之旨、臨時課役・段銭・人夫以下諸公事令免除之上者、向後可停止使者入部之状如件、

永享七年七月廿五日　(細川持之)（花押）

長塩備前入道(宗永)殿

四三四　室町幕府管領細川持之施行状（宝篋院重書）

(端裏書)「□善入被成下御免状　永享七年」

(貼紙)「同前」

嵯峨善入寺領備中国草壁(小田郡)東西・有漢(賀夜郡)保事、早任去五月廿八日御判之旨、臨時課役・段銭・人夫以下諸公事免除之上者、向後可被停止使者入部之由、所被仰下也、仍執達如件、

永享七年七月廿五日　右京大夫(細川持之)（花押）

細河治部少輔(氏久)殿

○細川氏久は備中国守護。

四三五　加賀国大野庄宗野村一王丸名名主職売券

永代売渡大野(加賀国石川郡)庄宗野村内一王丸名主職事

合壱名者　坪付別帋在之、

右名者恵源当知行無相違地也、但得分陸斛、斗者船斗定、雖然依有要用、代銭陸拾貫文仁証文不残一通相副候て、永代売渡申処実也、仍彼名之所役・御年貢・御公事等、任先例可被勤仕也、若又第(弟)子・親類違乱煩申て出来ハ、為公方沙汰、堅可行罪科者也、仍為後日売券状如件、

永享柒年乙卯十月十一日　龍蔵坊恵源（花押）

売渡主宮腰住人

四三六　加賀国大野庄示野村一王丸名名主職預主常願請文

秘計申大野庄（加賀国石川郡）示野村一王丸名主職事

合壱名者

右彼名田に違乱煩出来候とても、口入申候上ハ、相懸申へく候、代銭之事ハ本文書ニ在之、本より此下地□（之カ）事ハ愚身之預申へく候事にて候間、公方之御年貢・御公事等ハ、如先例可致其沙汰候、又名主之御徳分ハ毎年名主斗定六石宛、無懈怠可致其沙汰候、若未進難渋仕候ハヽ、堅可有御成敗候、於此上てハ一粒にても候へ、不可有其煩候、仍為後日証文之状如件、

永享七年乙卯十月十三日

預主示野村住人常願（略押）

四三七　茂重加賀国大野庄示野村一王丸名寄進状

（端書・異筆）「寄進状一王丸」

奉寄進

加賀国臨川寺御領大野庄（石川郡）示野村之内一王丸名□（幷）赤土村之内中九郎名之散畠等之事、

合弐名者但為心休禅門追薦也、年忌五月四日安牌地蔵殿

右件之名者、得分毎年二名之分、船斗之定拾斛、重書幷作人之請文等相添寄進申処也、仍為後証寄進状如件、

永享九年五月七日

彦左衛門
茂重□（花押）

寄進　加賀国大野湊住

四三八　加賀国大野庄心休禅門寄進状注文

（端書）「大野心休寄進状註文」

大野庄心休禅門寄進状之註文

示埜村（加賀国石川郡）一王丸名分

一寄進状一通

一重書六通

一書状二通

以上拾肆（ママ）通

赤土村中九郎名分

一重書七通

以上

永享九年五月日　都寺

四三九　室町幕府奉行人連署過書（宝篋院重書）

善入寺領周防国麻合(熊毛郡)庄年貢米百五拾斛運送之海河上諸関渡、任例無其煩可勘過之由所被仰下也、仍下知如件、

永享十一年二月十三日

加賀守三善朝臣(飯尾為行)（花押）
大和守三善朝臣(飯尾貞連)（花押）

四四〇　備中国守護細川氏久書下（宝篋院重書）

(貼紙)「細川治部少輔殿(氏久)」

善入寺領備中国草壁(小田郡)庄内西方永平名案主職之事、任寺家当知行之旨、領掌不可有相違之状如件、

嘉吉元年四月十九日　治部少輔(細川氏久)（花押）

○後欠か（宛所欠か）。料紙の奥を切断している。

四四一　室町幕府管領細川持之書状（宝篋院重書）

(貼紙)「弘源寺殿 細川持之公」

嵯峨善入寺領備中国草壁(小田郡)庄領家方内永平名案主職等事、寺家当知行之処、清水左近蔵人入道、号本主乱入之由、自寺家被歎申候、事実候者、太不可然候、早退彼押妨人、可被沙汰付寺家代官候、恐々謹言、

(貼紙)「嘉吉元」

後九月十二日　持之(細川)（花押）

治部少輔殿(細川氏久)

○細川氏久は備中国守護。

四四二　室町幕府下知状

臨川寺領諸国所々(目録在別紙)諸公事・段銭・臨時課役・人夫・守護役等事、被免除訖、早為守護使不入之地、可令全領知之由、所被仰下也、仍下知如件、

嘉吉二年十一月十九日

沙弥(畠山持国)（花押）

四四三　室町幕府下知状

天龍寺領諸国所々(目録在別紙)段銭・人夫・臨時課役・守護役以下事、早任度々御判之旨、被免除訖、為守護使不入地、

可被全領知之由、所被仰下也、仍下知如件、

嘉吉二年十二月廿六日　沙弥（畠山持国）（花押）

四四四　室町幕府公帖

相国寺住持職事、任先例、可令執務給之由、所被仰下也、
仍執達如件、

嘉吉三年十二月廿一日　沙弥（畠山持国）（花押）

澄泰西堂（東岳）

○本文書は本書四六六号文書と同封。

四四五　室町幕府奉行人連署奉書案（天龍寺重書目録甲）

一天龍寺領付雲居庵領諸国所々造内裏料段銭事、為京済分弐
百貫文可致沙汰之旨、被申上者、不可有子細之由、所
被仰下也、仍執達如件、

文安元年閏六月廿四日　飯尾賀州（為行）沙弥判

飯尾肥州（為種）沙弥判

当寺都聞禅師

○『鹿王院文書の研究』四四〇号文書に同文あり。

四四六　室町幕府御教書

臨川寺領加賀国大野庄（石川郡）白山段米事、早任度々御判以下証
文、可停止催促之旨、可被相触之由、所被仰下也、仍執
達如件、

文安二年九月廿二日　右京大夫（細川勝元）（花押）

富樫介殿（富樫泰高）

○富樫泰高は加賀国守護。

四四七　室町幕府管領細川勝元下知状

天龍寺領諸国所々段銭・人夫・臨時課役・守護役等事、
任先々免許之旨、向後弥被免除訖、早為守護使不入地、
可被全領知之由、所被仰下也、仍下知如件、

文安四年八月廿三日

右京大夫源朝臣（細川勝元）（花押）

四四八　室町幕府御教書案（天龍寺重書目録甲）

正文在之、
一天龍寺造営料当寺領諸国所々段銭事、被付其足訖、早
厳密相懸之、可被遂営作功之由、所被仰下也、仍執達

如件、

文安四年八月廿三日　右京大夫（細川勝元）判

当寺都聞

四四九　室町幕府管領細川勝元下知状

天龍寺雑掌申綸旨・院宣・官符宣幷代々御判・寺領所々寄進状以下文書事、去月五日当寺回禄之時、令紛失之旨被聞食訖、不可有相違之由、所被仰下也、仍下知如件、

文安四年八月廿八日

右京大夫源朝臣（細川勝元）（花押）

○『鹿王院文書の研究』四四二号文書は後欠部分を本文書で補っている。

四五〇　室町幕府御教書案（天龍寺重書目録甲）

正文在之、

一天龍寺幷雲居庵雑掌申若狭国佐分郷（大飯郡）岡安名事、訴状具書如此、於本名者雖残置之、至自余者号打越分押領之、甚不可然、所詮当寺領者為不易地、代々御下知異于他之間、縦雖為非分儀、争率（卒）尓被勘落乎、況康安年中御寄附已来当知行無相違上者、不日止其妨、如元可被沙汰付下地於寺家雑掌之由、所被仰下地（也）、仍執達如件、

文安四年十二月廿一日　右京大夫（細川勝元）

武田治部少輔（信賢）殿

四五一　室町幕府管領細川勝元施行状

天龍寺領播磨国的部（神西郡）南条郷・志染（美嚢郡）保・福井（揖東郡）庄幷備後国岩成（深津郡）庄段銭・人夫・臨時課役・守護役等事、悉被免除畢、早任去八月廿三日下知状之旨、可被停止守護使入部之由、所被仰下也、仍執達如件、

文安四年十二月廿四日　右京大夫（細川勝元）（花押）

山名右衛門督入道（持豊・宗全）殿

○山名持豊は播磨国守護・備後国守護。

四五二　室町幕府管領細川勝元施行状（天龍寺重書目録乙）

正文在之、

一天龍寺領尾張国海東（海東郡）賀守郷・下飯田（山田郡）郷幷遠江国村櫛（敷智郡）庄段銭・人夫・臨時課役・守護役等事、悉被免除畢、早任去八月廿三日下知状之旨、可被停止守護使入部之由、所被仰下也、仍執達如件、

文安四年十二月廿四日　　右京大夫（細川勝元）判
千代徳（斯波義健）殿

四五三　室町幕府管領細川勝元施行状案（天龍寺重書目録乙）

正文在之、
一天龍寺幷雲居庵領越後国富川保（頸城郡）・保倉保（頸城郡）西広嶋段銭・人夫・臨時課役・守護役等事、悉被免除畢、早任去八月廿三日下知状之旨、可被停止守護使入部之由、所被仰下也、仍執達如件、

文安四年十二月廿四日　　右京大夫（細川勝元）判
上杉民部大輔（房朝）殿

四五四　讃岐国守護細川勝元遵行状案（天龍寺重書目録乙）

正文在之、
一天龍寺幷雲居庵領讃岐国原郷（三木郡）二宮段銭・人夫・臨時課役等事、悉被免除訖、早任去八月廿三日下知状之旨、可停止使者入部之状如件、

文安四年十二月廿四日　　右京大夫殿（細川勝元）　判
安富筑後入道殿

四五五　丹波国守護細川勝元遵行状案（天龍寺重書目録乙）

正文在之、
一天龍寺幷雲居庵領丹波国弓削庄（桑田郡）上下村・瓦屋南北庄（桑田郡）・六人部庄（天田郡）宮村・生野村・高津村・豊富庄（天田郡）・吾雀（何鹿郡）等段銭・人夫・臨時課役事、悉被免除畢、早任去八月廿三日下知状之旨、可停止使者入部之状如件、

文安四年十二月廿四日　　右京大夫殿（細川勝元）　判
内藤弾正（之貞）殿

四五六　讃岐国守護細川勝元遵行状案（天龍寺重書目録乙）

正文在之、
一天龍寺領讃岐国柞原郷（那珂郡）段銭・人夫・臨時課役等事、悉被免除畢、早任去八月廿三日下知状之旨、可停止使者入部之状如件、

文安四年十二月廿四日　　右京大夫殿（細川勝元）　判
香川上野入道殿

四五七　室町幕府管領細川勝元施行状案（天龍寺重書目録乙）

一（正文在之、）天龍寺領阿波国吉井（那西郡）・平嶋（那東郡）・那賀山（那東郡・那西郡）等段銭・人夫・臨時課役・守護役事、悉被免除畢、早任去八月廿三日下知状之旨、可被停止守護使入部之由、所被仰下也、仍執達如件、

文安四年十二月廿四日　右京大夫（細川勝元）判

細河讃岐守（持常）殿

四五八　室町幕府管領細川勝元施行状案（天龍寺重書目録乙）

一（正文在之、）天龍寺領信濃国四宮（更級郡）・青沼村（埴科郡）段銭・人夫・臨時課役・守護役等事、被免除畢、早任去八月廿三日下知状之旨、可被停止守護使入部之由、所被仰下也、仍執達如件、

文安四年十二月廿四日　右京大夫（細川勝元）判

小笠原大膳大夫（持長）殿

四五九　室町幕府管領細川勝元施行状案（天龍寺重書目録乙）

一（正文在之、）天龍寺領若狭国耳西郷（三方郡）幷岡安名（大飯郡）段銭・人夫・臨時課役・守護役等事、悉被免除畢、早任去八月廿三日下知状之旨、可被停止守護使入部由、所被仰下也、仍執達如件、

文安四年十二月廿四日　右京大夫（細川勝元）判

武田大膳大夫（信賢）殿

四六〇　室町幕府管領細川勝元施行状案（天龍寺重書目録乙）

一（正文在之、）天龍寺領加賀国横江庄（石川郡）段銭・人夫・臨時課役・守護役等事、悉被免除畢、早任去八月廿三日下知状之旨、可被停止守護使入部之由、所被仰下也、仍執達如件、

文安四年十二月廿四日　右京大夫（細川勝元）判

富樫次郎（成春）殿

四六一　室町幕府管領細川勝元施行状案（天龍寺重書目録乙）

一（正文在之、）天龍寺領備中国成羽庄（川上郡）段銭・人夫・臨時課役・守護役等事、悉被免除畢、早任去八月廿三日下知状之旨、可被停止守護使入部之由、所被仰下也、仍執達如件、

文安四年十二月廿四日　右京大夫（細川勝元）判

細川上総介（氏久）殿

四六二　丹波国守護代内藤之貞遵行状案（天龍寺重書目録甲）

正文在之、
一天龍寺領幷雲居庵領丹波国所々段銭・人夫・臨時課役等事、任去文安肆年十二月廿四日御判旨、可停止使者入部由、可存知状如件、

文安五
五月十四日　　　　之貞（内藤）判

産田兵庫入道殿
広戸勘解由左衛門尉殿
堀孫次郎殿

四六三　室町幕府御教書案（天龍寺重書目録甲）

正文在之、
一天龍寺雑掌申、造営材木船舟数在之事、先々以過書、運送無相違之処、近年関務等寄事於左右、動令難渋云々、太不可然、所詮於向後者、海河上津々浦々諸関毎度無其煩可勘過之、若猶及違乱者、為処罪科云在所云交名共、以可被注申之由、所被仰下也、仍執達如件、

文安五年六月十九日　　　　右京大夫（細川勝元）判

当寺長老

四六四　室町幕府御教書

臨川寺領加賀国大野庄（石川郡）段銭・臨時課役以下諸公事、為免除地之処、動有其煩云々、不可然、早任度々御判之旨、向後弥可被停止使者入部之由、所被仰下也、仍執達如件、

文安五年八月廿八日　　右京大夫（細川勝元）（花押）

富樫次郎（成春）殿

○富樫成春は加賀北半国守護。

四六五　加賀国守護富樫成春奉行人連署奉書（折紙）

臨川寺領加州大野庄（石川郡）内諸公事以下事、任去年八月廿八日御教書之旨、可被停止使者入部由候也、仍状如件、

文安六
三月廿二日　　　　光朝（花押）
　　　　　　　　　遵任（花押）

本折越前守殿

○去年八月廿八日御教書は本書四六四号文書。
○本折越前守は加賀国守護代（『金沢市史』資料編1）。

四六六　室町幕府公帖

（封紙ウハ書）「東岳和尚　沙弥徳本」

天龍寺住持職事、任先例、可令執務給之由、所被仰下也、仍執達如件、

宝徳二年七月廿八日　沙弥（畠山持国）（花押）

東岳和尚（澄泰）

四六七　室町幕府公帖

（封紙ウハ書）「東岳和尚　右京大夫勝元」

南禅寺住持職事、早任先例、可令執務給之由、所被仰下也、仍執達如件、

享徳四季八月四日　右京大夫（細川勝元）（花押）

東岳和尚（澄泰）

四六八　足利義政御判御教書

臨川寺付三会院領諸国所々諸公事幷段銭・守護役検断等事

右条々被免除之旨、御判・下知状明白也、然近年相懸人夫以下臨時諸役、剰号要脚・段銭・借物・検断、依致譴責、所々土貢為有名無実之間、不能加小破之修理、不得補常住之闕乏云々、甚以不可然、所詮於向後者、堅令停止守護使入部之上者、全所務可専寺院之興隆、若猶有違犯之輩者、可有異沙汰之状如件、

康正二年十月九日

右近衛大将源朝臣（足利義政）（花押）

四六九　足利義政御判御教書

臨川寺領加賀国（石川郡）大野庄段銭已下臨時課役・守護役・検断等事、先々免許之段証文炳焉也、爰近年或称陣夫・野伏・守護所人足、駆催名主百姓、或号検断致非分沙汰之間、連年失墜不可勝計云々、殊以庄内之輩為守護被官事、去応永十九年被成御判、雖被禁制之、猥依令許容不応寺命者乎、所詮於自今以後者、条々堅被停止訖、早為守護使不入之地、寺家可全領知之状如件、

康正二年十月九日

右近衛大将源朝臣（足利義政）（花押）

○本文書を受けて出された管領施行状・守護代遵行状は本

書四七一・四七三号文書。文言中の応永一九年御判は本書三四六号文書。

○本書文書目録四六九―二号には年欠、本文同文で宛先「山門七箇所関務衆徒中」とある。

四七〇　室町幕府管領細川勝元施行状

臨川寺領諸国所々諸公事幷段銭・守護役・検断等事、被免除訖、早任去年十月九日御判之旨、為守護使不入之地、寺家可被全所務之由、所被仰下也、仍執達如件、

康正三年三月六日　右京大夫（細川勝元）（花押）

当寺長老

○本書四六八号文書をうけてのもの。

四七一　室町幕府管領細川勝元施行状

臨川寺領加賀国大野庄（石川郡）付得蔵地頭領家分諸公事幷段銭・守護役・検断等事、被免除訖、早任去年十月九日御判之旨、向後停止守護使入部、可被全寺家所務之由、所被仰下也、仍執達如件、

康正三年三月六日　右京大夫（細川勝元）（花押）

本折道祖若殿

○前号文書に同日付同内容の臨川寺領全体に関する細川勝元施行状あり。

○本折道祖若は守護富樫成春の守護代。

四七二　若狭国守護武田信賢遵行状

臨川寺領三方郡耳西郷事、任去冬御成敗之旨、臨時課役於向後者、可令停止候也、仍執達如件、

康正三年三月廿七日　信賢（武田）（花押）

熊谷美濃守（信直）殿

○武田信賢は若狭国守護。

四七三　加賀国守護代代官吉田長吉遵行状

臨川寺領加賀国大野庄（石川郡）付得蔵地頭領家分諸公事等之事、被免除訖、早任去月六日御施行之旨、向後可被存知由候也、仍状如件、

康正三
四月三日　代吉田長吉

岩室帯刀亮（カ）殿

○去月六日御施行は本書四七一号文書。

○文書折裏に花押あり。『金沢市史』では、吉田長吉は本折道祖若の代務者で、花押は本折道祖若のものとしている。

四七四　室町幕府奉行人連署奉書（宝篋院重書）

善入寺雑掌申近江国奥嶋（蒲生郡）事、早退目賀田弥次郎押妨、可被沙汰付寺家雑掌之由、所被仰下也、仍執達如件、

康正三年八月十八日　右衛門尉（斎藤種基）（花押）

前信濃守（諏訪忠郷）（花押）

佐々木亀寿丸殿（六角高頼）

四七五　足利義政御判御教書

三会院領山城国伏原田地七段（葛野郡）・美作国讃甘庄（吉野郡）地頭職六分一幷洛中四条東洞院与高倉間北頬屋地文数在捴目録等事、所返付也、早如元寺家可領知之状如件、

長禄二年三月十日

（貼紙）（足利義政）「慈照院殿御判捴御安堵」

右近衛大将源朝臣（足利義政）（花押）

四七六　室町幕府管領細川勝元施行状

三会院領洛中四条東洞院与高倉之間北頬屋地文数在捴目録事、早任御判之旨、可被沙汰付寺家雑掌之由、所被仰下也、仍執達如件、

長禄二年三月十日　右京大夫（細川勝元）（花押）

佐々木大膳大夫殿（京極持清）

四七七　室町幕府管領細川勝元施行状（宝篋院重書）

（端裏書）「木工庄事□公事」

（貼紙）「細川持之（ママ）弘源寺殿」

嵯峨善入寺領摂津国木工庄（島上郡）事、早任御判之旨、可沙汰付寺家雑掌之状如件、

長禄弐年三月十二日　（細川勝元）（花押）

長塩備前入道殿

四七八　足利義政御判御教書

天龍寺領備中国成羽庄（川上郡）幷加賀国横江庄（石川郡）・近江国健部庄（神崎郡）保司方・丹波国六人部庄（天田郡）内四ヶ村大聖寺分・若狭国岡安名（大飯郡）・

同打越分等事、所返付也、早如元寺家可令領掌之状如件、
長禄二年三月十五日
(貼紙)「慈照院様」
右近衛大将源朝臣(足利義政)（花押）

四七九　足利義政寄進状

(端裏書)「御判」
寄附　臨川寺
近江国鯰江庄(愛智郡)所職名田畠・同国押立保(愛智郡)内所々并散在
本知行分鯰江筑後守高真跡　事
右為伊勢国梅戸(員弁郡)・大井田(員弁郡)之替、所奉寄当寺之状如件、
長禄二年四月七日
右近衛大将源朝臣(足利義政)（花押）
(貼紙)「臨川寺領江州鯰江跡横溝郷事」

四八〇　室町幕府管領細川勝元施行状

近江国鯰江庄(愛智郡)所職名田畠・同国押立保(愛智郡)内所々并散在本知行分鯰江筑後守高真跡事、早任去七日御寄附状旨、可被沙汰付臨川寺雑掌之由、所被仰下也、仍執達如件、
長禄二年四月廿六日
右京大夫(細川勝元)（花押）
佐々木亀寿丸(六角高頼)殿

○「去七日御寄附状」は前号文書。

四八一　近江国守護遵行状案

(端裏書)「遵行案文宮内大輔殿(六角政勝カ)　鯰江跡」
近江国鯰江庄(愛智郡)所職名田畠、同国押立保(愛智郡)内所々并散在本知行分鯰江筑後守高真跡事、早任去月廿六日御施行之旨、可被沙汰付臨川寺雑掌之状如件、
長禄弐年五月十日　　宮内大輔(六角政勝カ)判
目賀田筑後入道(浄慶)殿

○『近江愛智郡誌』によれば目賀田筑後入道浄慶は愛知郡守護代。宮内大輔の比定は京都府教育委員会『天龍寺古文書目録』による。但し『近江愛智郡誌』には山内政綱と比定。

四八二　目賀田浄慶打渡状案

(端裏書)「打渡案　伊庭(ママ)浄慶　鯰江跡」
愛智郡内鯰江筑後守高真跡事、早任御施行并御遵行旨、可被沙汰付臨川寺雑掌由状如件、

長禄弐
五月十六日　浄慶（目賀田）在判
栗田民部丞殿
国領掃部助殿
田中孫左衛門入道殿

四八三　室町幕府御教書（天龍寺重書目録乙）

天龍寺文書紛失事、先度被成御教書訖、向後者以此両巻甲乙之案文、准正文可被備万代亀鏡之由、所被仰下也、仍執達如件、

長禄二年七月廿日　右京大夫（細川勝元）（花押）

○『鹿王院文書の研究』四四八号文書に同文あり。

四八四　足利義政御判御教書

天龍寺（付雲居庵）領諸国所々段銭・臨時課役・諸公事幷守護役等事、為先々免除地処、守護人動相懸人夫以下課役、剰令自専名主沙汰人之所職名田云々、積悪至也、早任度々御判以下証文之旨、為守護使不入之地、向後弥停止使者入部、寺家可被全領知之状如件、

長禄二年十月廿三日
内大臣兼右近衛大将源朝臣（足利義政）（花押）

四八五　室町幕府奉行人連署奉書

臨川寺雑掌申近江国押立保（愛智郡）黒柄郷田畠・同国神崎郡柿御薗中郷惣追捕使職・同林田屋敷田畠林等幷法華院分散在田畠以下事、為鯰江筑後守高真跡、御寄附之処、方々及違乱云々、太無謂、早退押妨之族、可被沙汰付寺家雑掌之由、所被仰下也、仍執達如件、

長禄三年四月十九日　加賀守（飯尾之清）（花押）
肥前守（飯尾之種）（花押）
佐々木四郎殿（六角政堯）

四八六　室町幕府奉行人連署奉書

当寺領近江国押立保（愛智郡）黒柄郷内田畠・同国神崎郡柿御薗中郷惣追捕使職・同林田屋敷田畠林等幷法華院分散在田畠以下事、為鯰江筑後守高真跡、長禄弐年四月七日御寄附之処、方々及違乱云々、太無謂、既高真知行之段分明上者、早於本役者、厳密致其沙汰、至下地者、如元寺家可

被全領知之由、所被仰下也、仍執達如件、

長禄三年四月十九日　加賀守（飯尾之清）（花押）

肥前守（飯尾之種）（花押）

臨川寺都寺禅師

○「長禄弐年四月七日御寄附」は本書四七九号文書。

四八七　足利義政御判御教書

（端裏書）「御判」

臨川寺領近江国鯰江庄（愛智郡）所職名田畠・同国押立保（愛智郡）内所々散在本知行分鯰江筑後守高真跡段銭・臨時課役・人夫以下守護役等事、所令免除也、早為守護使不入之地、可全領知之状如件、

長禄三年七月六日

内大臣兼右近衛大将源朝臣（足利義政）（花押）

四八八　室町幕府管領細川勝元施行状

臨川寺領近江国鯰江庄（愛智郡）所職名田畠・同国押立保（愛智郡）内所々散在本知行分鯰江筑後守高真跡段銭・臨時課役・人夫以下并守護役等事、被免除訖、早任今月六日御判之旨、可被停止使者入部之由、所被仰下也、仍執達如件、

長禄三年七月廿八日　右京大夫（細川勝元）（花押）

佐々木四郎殿（六角政堯）

○「今月六日御判」は前号文書。

四八九　室町幕府奉行人連署奉書（宝篋院重書）

近江国奥嶋庄（蒲生郡）内庶山麓水田畠芦場等事、去年御成敗之処、猶以徳雲寺及違乱云々、甚不可然、所詮於彼訴訟者、向後被寄置訖、早任当知行之旨、可被全寺家所務之由、所被仰下也、仍執達如件、

長禄三年十月二日　大和守（飯尾元連）（花押）

下野守（布施貞基）（花押）

善入寺雑掌

四九〇　足利義政御判御教書

天龍寺付雲居庵諸国寺領等事

目録一通在之、

右当寺者、曩祖代々懇府、国家永平之伽藍、異于他霊地也、爰観応二年八月十六日御書并至徳二年二月廿二日御

判等、去文安四年七月五日当寺回禄之時令紛失云々、然為後証以案文加筆訖、早守旧規、為万代不易之地、尽未来際無改動之儀、令停止緇素競望、愈寺家全領知、可専国家安全懇祈之状如件、

長禄四年四月廿日

内大臣兼右近衛大将源朝臣（足利義政）（花押）

四九一　室町幕府管領細川勝元施行状（宝篋院重書）

（貼紙）
「細川右京大夫持之
弘源寺殿　」

嵯峨善入寺領摂津国（島上郡）木工庄役夫工米幷臨時課役・段銭・人夫以下諸公事、被免除訖、早任去七月四日御判之旨、可停止使者之入部之状如件、

長禄四年九月廿六日　（細川勝元）（花押）

長塩備前入道殿

四九二　備中国守護細川勝久遵行状（宝篋院重書）

嵯峨善入寺領備中国草壁東西（小田郡）・有漢保（賀夜郡）役夫工米幷臨時課役・段銭・人夫・諸公事以下事、任去年九月廿六日御施行之旨、可停止使者入部之状如件、

寛正二年三月十八日　兵部大輔（細川勝久）（花押）

庄甲斐守殿（資次カ）
石川源三殿（経郷カ）

○本書五五六号文書参照。

四九三　室町幕府奉行人連署奉書写

当寺門前人工以下諸役事、先々免除之処、近年為大覚寺門跡恣相懸之云々、太不可然、向後可停止催促之旨、被成奉書訖、宜被存知之由、所被仰下也、仍而執達如件、

寛正三年四月廿三日　大和守（飯尾元連）
下野守（布施貞基）

善入寺雑掌

○『鹿王院文書の研究』四五三号文書に同文あり。

四九四　足利義政御判御教書案

東山証明寺領八条油小路田地壱町余等目録在別紙事、早任度々御判幷当知行之旨、寺家領掌不可有相違之状如件、

寛正五年二月廿五日　（足利義政）御判

住持

○本文書と本書五〇三号文書は一紙に写書す。

四九五　室町幕府管領畠山政長施行状

臨川寺領加賀国大野庄（石川郡）付得蔵地頭領家分諸公事幷段銭・守護役・検断等事、被免除訖、早任去康正二年十月九日御判之旨、向後停止守護入部、可被全寺家、所被仰下也、仍執達如件、

寛正五年十二月廿五日　（畠山政長）尾張守（花押）

赤松次郎（政則）法師殿

○赤松政則は長禄二年八月二〇日に加賀半国・備前・伊勢を幕府から宛がわれる。

○「去康正二年十月九日御判」は本書四六九号文書。

四九六　室町幕府奉行人連署奉書（宝篋院重書）

宝篋院元善入寺領摂津国木工庄（島上郡）事、寺家当知行云々、然早全領知可被専御祈禱之由、所被仰下也、仍執達如件、

文明六年六月廿五日　（飯尾元連）大和守（花押）

（飯尾為信）加賀守（花押）

当寺雑掌

○本書五五九号文書には「観林寺本名善入寺」とある。善入寺から観林寺さらに宝篋院と改称か。

四九七　室町幕府奉行人連署奉書

（封紙ウハ書）『文明六年大野庄（石川郡）還付立紙御奉書』

（異筆）「臨川寺雑掌　丹後守秀興」

加賀国大野・宮腰（石川郡）事、被返付訖、早如元寺家可被全領知之由、所被仰下也、仍執達如件、

文明六年十一月七日　（飯尾貞有）美濃守（花押）

（松田秀興）丹後守（花押）

臨川寺雑掌

四九八　足利義政御判御教書

天龍寺幷雲居庵領諸国所々目録在別紙事、所返付也、如元可被全領知之状如件、

文明九年十二月廿一日

（足利義政）准三宮（花押）

四九九　足利義政御判御教書

臨川寺領諸国所々目録在別紙事、所返付也、早如元寺家可全領
知状如件、

文明九年十二月廿八日

准三宮（足利義政）（花押）

五〇〇　室町幕府奉行人連署奉書案（臨川寺重書案御教書）

臨川寺領阿波国富吉庄（板東郡）事、早任奉書旨、如元可被沙汰付
当寺雑掌之由、被仰出也、仍執達如件、

文明九
十二月廿八日　貞有（飯尾）在判
貞秀（清）在判

守護代

五〇一　室町幕府奉行人連署奉書

加賀国大野庄（石川郡）・若狭国耳西郷（三方郡）・近江国鯰江（愛智郡）・阿波国富吉（板東郡）・
山城国散在・同屋地等事、被返付訖、如元可被全寺家領
知之由、所被仰下也、仍執達如件、

文明九年十二月廿九日　美濃守（飯尾貞有）（花押）
和泉守（清貞秀）（花押）

臨川寺雑掌

五〇二　室町幕府奉行人連署奉書案（臨川寺重書案御教書）

臨川寺雑掌申近江国鯰江庄（愛智郡）所々散在高真跡（鯰江筑後守）事、早任去年十
二月廿八日還補御判之旨、如元可被沙汰付雑掌由、被仰
出候也、仍執達如件、

文明十
三月卅日　貞有（飯尾）在判
貞秀（清）在判

守護（六角高頼）

五〇三　足利義政御判御教書案

東山証明寺領諸国所々幷洛中洛外屋地散在田畠・同末寺
等目録在別紙事、如元寺家領知不可有相違之状如件、

文明十年四月十四日

准三宮（足利義政）　御判

五〇四　室町幕府奉行人連署奉書

（封紙ウハ書）「臨川寺雑掌　美濃守貞有」
（封紙墨書）「文明九年　捻案（安）堵御奉書」
（端書）「加州不入　文明十年」
臨川寺領加賀国大野庄（石川郡）段銭・人夫并臨時課役・守護役等
諸公事、任例被免除訖、早為守護使不入之地、可被全領
知之由、所被仰下也、仍執達如件、
文明十年六月五日
美濃守（飯尾貞有）（花押）
丹後守（松田秀興）（花押）
当寺雑掌

○封紙は、本書五〇一号文書の封紙の可能性あり。
○本紙と封紙の端書は同筆か。

五〇五　三会院定条々

鹿苑梵桂（維馨）（花押）
定
入寺下物之事
一行者七員　各弐佰文法衣・杖・払・帖・鉢・蓋・各壱員、挑燈弐員
一力者五員　各弐佰文加装飾借賃
一兄部　参佰文
此外聴叫御分新命随意可弁之、
右条□（々カ）有寺家本復者、可為旧式、仍評議如斯、
文明十二年八月　日　維那　等苑（花押）
三会院中香（花押）

○裏打紙の裏花押と本文書の裏花押あり。

五〇六　足利義政御判御教書

天龍寺付雲居庵領諸国所々段銭・諸公事并守護役等事、帯
代々御判、為免除地之処、守護人動相懸人夫以下課役、
剰令自専名主沙汰人之所職・名田等云々、背度々成敗之
条、積悪至也、早任去応永廿七年四月十七日・同永享弐
年三月八日御判之旨、一切停止使者入部、向後弥可全寺
家領知之状如件、
文明十三年六月卅日
准三宮源朝臣（足利義政）（花押）

○応永二七年四月一七日御判は本書三六一号文書足利義持下知状があるが、これは臨川寺三会院領の分であり、雲居

庵分についてではない。
○永享二年三月八日御判は本書四二一号文書。

五〇七　細川政元奉行人飯尾常連奉書案　（臨川寺重書案御教書）

臨川寺領阿波国富吉庄(板東郡)事、如元被還補寺家訖、早可被沙汰彼雑掌之由也、仍執達如件、

文明十三
十一月卅日　　常連(飯尾)在判

赤沢信濃守殿

五〇八　萱坊百姓申状（折紙）

(折り返し端裏書)「萱坊　百姓出状」
三会院領御年貢ハ一りうにても候へ、先しやむ(社務)の御方へハはかり申事ハさら〱なく候、此分御心へあるへく候、御百姓中上候、

文明十四
八月廿五日　　（筆軸印）

五〇九　室町幕府奉行人連署奉書（折紙）

三会院雑掌申山城国萱房(葛野郡)(坊カ)屋敷事、違乱云々、太不可然、不日可被止其妨、若又有子細者、令出帯可被明申之由候也、仍執達如件、

文明十四
十月十九日　　常通(清貞秀)（花押）
元連(飯尾)（花押）

松尾杜務

○本書五一五号文書に「当社（松尾杜）領法輪寺下萱坊屋敷田三段山林畠等事」とあり。

五一〇　室町幕府奉行人連署奉書

当院諸塔頭幷嵯峨中寺院跡事、今度一乱中猥作田畠、放飼牛馬云々、甚不可然、所詮向後堅被停止之訖、若猶背御成敗、有不能承引之族者、為被処罪科、可被註申交名候由所被仰下也、仍執達如件、

文明十四年十二月三日　　沙弥(清貞秀)（花押）
上野介(斎藤豊基)（花押）

三会院雑掌

○同内容の文書で天龍寺雑掌宛の連署奉書が革嶋家文書中

にあり（『室町幕府文書集成　奉行人奉書篇』一三〇四）。

五一一　室町幕府奉行人連署奉書案（折紙）

三会院雑掌申山城国御稲田二反年貢事、難渋云々、太不可然、不日令究済之、速可被執進請取寺家之由（候脱）也、仍執達如件、

文明十五
四月十八日　常通（清貞秀）判
豊基（斎藤）判

石原与四郎殿

五一二　室町幕府奉行人連署奉書案（折紙）

三会院雑掌申山城国萱坊屋敷并田地山林事、違乱云々、太不可然、不日止其妨、寺家可被全領知、若又有子細者、可被明申（由脱）候也、仍執達如件、

文明十五
四月十八日　常通（清貞秀）判
豊基（斎藤）判

松尾前社務

（奥裏書）「萱坊屋敷奉書之案四月十八日」

五一三　室町幕府奉行人連署奉書案（折紙）

三会院雑掌申当院領山城国御塔田弐段事、混乱松田丹後守（秀興）沽却之地、被押領云々、太不可然之旨、先度被成奉書訖、所詮、速令究済年貢、可被執進寺家請取之由、被仰出候也、仍執達如件、

文明十五
十二月十三日　貞通（諏訪）判
元定（清）判

石原与四郎殿

五一四　請観世音菩薩消伏毒害陀羅尼呪経奥書（折本）

臨川寺梵音閣捨入之、
文明十六年甲辰仲夏初八日

○東晋竺難提訳本を書写したもの。

五一五　松尾社権禰宜相賀屋敷田等寄進状

当社領内法輪寺下萱坊屋敷田三段山林畠等事、三会院御

知行子細尋申候処ニ、自寺家懇ニ承候間、如寄進状渡申候、於已後不可有違乱申者候、万一申族候共、不可有承引候、仍重而寄進状如件、

文明十六年甲辰五月廿四日　松尾社権禰宜　相賀（花押）

三会院主事まいる

五一六　天龍寺領土貢注文案

（端裏書）「天龍寺領土貢注文」

（足利義政）（花押）
（足利義満）御判　（朱筆・異筆）「此注文一様四通余三通在本寺・相国寺・雲居庵」

天龍寺領土貢注文

合

一（丹波国天田郡）六人部庄宮村方三ケ村分

京進米弐佰拾壱斛伍斗肆升柒合

延伍拾弐斛玖斗伍合　一斗別二升五合宛

幷弐佰陸拾肆斛肆斗伍升弐合　寺升定

庄納米佰柒拾柒斛捌斗肆升

代佰柒拾柒貫捌佰肆拾文

公事銭佰柒拾壱貫佰伍拾伍文

一同庄高津方三ケ村分

京進米佰捌拾弐斛柒斗陸升六合

延肆拾伍斛陸斗玖升　同上

幷弐佰弐拾捌斛肆斗伍升六合　同上

庄納米佰伍拾柒斛玖斗柒升八合

代佰伍拾柒貫玖佰柒拾八文

公事銭佰参拾参貫陸佰拾二文加行枝名年貢銭

（貼紙）「丹波国」

一（丹波国桑田郡）瓦屋南庄

寺納米参佰参拾斛肆斗伍升三合

延陸拾陸斛玖升　一斗別二升宛

幷肆佰壱斛伍斗壱升六合加領家米定寺升定

公事銭捌拾肆貫肆佰陸拾二文加大麦・大豆代

一（丹波国桑田郡）同北庄

寺納米肆佰肆拾斛玖斗参升七合

延捌拾捌斛壱斗捌升七合　同上

幷伍佰弐拾玖斛壱斗弐升四合　同上

（貼紙）「丹波国」

公事銭伍拾伍貫伍佰伍拾文
一弓削庄上村（丹波国桑田郡）
寺納米玖拾柒斛捌升玖合加延幷智伊村分同上
銭弐佰弐拾参貫伍佰玖文役榑官米三尋木代 公事銭 色々
一同下村　（貼紙）「同前」
寺納米佰陸拾玖斛伍斗捌升三合加延幷棚野分定同上
銭弐佰貫玖佰陸拾弐文役榑官米三尋木代 公事銭 色々
（貼紙）「山城国」
一物集女庄（山城国乙訓郡）
寺納米参佰肆拾壱斛伍斗柒升玖合加延定
銭弐拾貫文
一豊富庄（丹波国天田郡）
寺納米玖拾玖斛伍斗捌升二合加延米・大豆
銭柒拾玖貫陸佰文
一長井（山城国乙訓郡）（貼紙）「永□」
寺納米拾捌斛玖斗参升加延定
（貼紙）「播磨国」
一的部南条郷（播磨国神西郡）半分　（貼紙）「当知行、雖然近年代官堀方無沙汰」
米代弐佰玖拾伍貫陸佰伍拾文和市不同

公事銭捌拾陸貫捌佰捌拾八文
幷銭参佰捌拾弐貫伍佰参拾八文
（貼紙）「加賀国」
一横江庄（加賀国石川郡）
米伍佰陸拾柒斛柒斗弐升　智伊著分
代伍佰陸拾柒貫柒佰弐拾文
公事銭佰弐拾弐貫玖佰捌拾文
（貼紙）「阿波国」
一那賀山庄（阿波国那東・那西郡）
銭参佰玖拾貫参佰陸拾八文米・麦・大豆 公事銭・榑代色々
一同平嶋（阿波国那東郡）
銭佰柒拾壱貫肆佰捌拾文　同上
一健部下庄保司方（近江国神崎郡）
銭参佰弐拾壱貫佰参拾文米代 公事銭色々
一村櫛庄（遠江国敷智郡）
銭参佰弐貫伍佰肆拾六文　同上
一耳西郷（若狭国三方郡）
米佰捌拾参斛陸斗参升四合　智伊著分
代佰捌拾参貫陸佰参拾四文

公事銭参拾捌貫佰文
一岡安名（若狭国大飯郡） 半分
米柒拾肆斛陸斗参升参合　智伊著分
代柒拾肆貫陸佰参拾三文
銭佰陸拾伍貫参佰弐拾四文公事銭色々
（貼紙）「備中国」
一成羽庄（備中国川上郡）
銭参佰拾貫陸佰陸拾三文
一岩成上村（備後国深津郡）
銭弐佰肆拾貫参佰拾柒文
一志染保（播磨国三木郡）
銭佰陸拾伍貫弐佰陸拾八文
一下飯田郷（尾張国山田郡）
銭佰貫文
一海東（尾張国海東・中島郡）
銭伍拾参貫文
一下里郷（武蔵国比企郡）
銭捌拾貫文
一成田庄（相模国足柄下郡）
銭伍拾肆貫文加金子分
一大豆貝村
銭柒拾伍貫弐佰弐拾文
一富川庄（越後国頸城郡）
銭柒拾伍貫文
一青沼村（信濃国埴科郡）
銭参拾捌貫捌佰文
一柞原庄（讃岐国那珂郡）幷原郷（讃岐国三木郡）
銭伍拾貫文
一福井庄（播磨国揖東郡）
銭肆拾柒貫玖佰捌文
一鹿野田郷（日向国児湯郡）
銭捌拾貫文
（貼紙）「永正十六年己卯歳マテ知行」
已上寺納米弐仟肆佰弐斛参斗参升弐合
已上銭伍仟柒佰弐拾壱貫伍佰肆拾文
幷米銭捌仟佰弐拾参貫捌佰柒拾弐文除庄主得分以下定
此外佰捌拾貫文　弓削上下村勘料銭但五ケ年一度在之、
諸方公用銭仟佰弐拾貫文　毎年沙汰之、

右就当知行分、所記如斯、
至徳四年丁卯閏五月廿一日

納所昌賛判納所景補判
維那希通判
都寺昌和判
都聞道栄判
首座道渭判
耆旧光宜判
周而判
中諧判
周枢判
西堂可卍判
倫崇判
観造判
住持海寿（椿庭）判

（異筆1）「天龍寺領土貢注文一巻事、所被置等持寺文庫也、将来
不可有紛失之状、依仰執達如件、
至徳四年六月十三日
左衛門佐（斯波義将）判」

（異筆2）「右注文在本寺者、応仁之乱令紛失訖、一本留在等持寺、
以之所写者、如件、
文明十七年乙巳二月九日

出官正桂（花押）
納所殊全（花押）
維那等樟（花押）
都寺殊肖（花押）
都聞
首座梵寧（一初）（花押）
耆旧
西堂周瑞（祥中カ）（花押）
多宝院梵密（竺心）（花押）
臨川寺周三（玄要）（花押）
等持寺景照（高先）（花押）
雲居庵等階（賁瑞）（花押）
三会院周鏡（月翁）（花押）
金剛院智岳（松嶺）（花押）
住持周薫（舜沢）（花押）
鹿苑院瑞智（惟明）（花押）」

（異筆3）「天龍寺領土貢注文一巻事、紛失之間、令書写之云々、任先例、被載　御判訖、末代可為本文之由、所被仰下也、仍執達如件、

文明十七年三月廿日　（畠山政長）左衛門督（花押）

（舜沢周薫）当寺長老

」

○各紙継目裏花押各二顆あり。

五一七　遮那院領引付

（端書・別筆）「遮那院領引付文明十八年丙午」

遮那院（葛野郡）　山本分年貢銭

納

壱段　七百文　兵衛三郎
壱段　四百文　同人
壱段　四百文　同人
壱段　七百文　三郎五郎
壱段　四百文　同人
壱段　四百文山之弁才天　同
壱段　七百文同引物　山巡給
壱段　四百文　三郎五郎
壱段　参百文　同
壱段　弐百文　同
壱段　四百文　同
弐佰文遮那院内畠半分夏　衛門四郎
壱貫六百文山本　半分夏、本八参貫文　衛門太郎
弐佰文　新開分畠半夏　同人

已上七（別筆）「四百」貫文内壱貫百文引者也、但近年、

文明十八年丙午三月晦日

五一八　臨川寺三会院領洛中屋地目録

（端裏書）「臨川寺三会院領屋地目録」

臨川寺三会院領洛中屋地注文

高辻西洞院　口二丈　奥十丈
高辻町　口南北六丈二尺　奥東西十丈
高辻高倉　口八丈余　奥廿丈余　畠
錦小路西洞院　口東西四丈四尺　奥南北十四丈
錦小路室町　口東西五丈　奥南北八丈
四条房門南西頬　南北四丈一尺　西十四丈

四条室町（南西頬）　口南北八丈五尺　奥東西廿三丈
四条東洞院　口二丈一尺　北頬中程
四条東洞院　口二丈八尺八寸　奥九丈
五条堀河　口東西十三丈五尺　奥南北十四丈　畠
七条烏丸　口南北五丈四尺五寸　奥東西廿五丈六尺　畠
五条櫛笥畠　口南北十三丈五尺　奥東西廿丈四尺五寸
下北小路室町　口南北十丈　畠
綾小路万里小路　東頬南角口南北八丈　奥東西十丈　畠
四条房（ママ）門東洞院　口二丈八尺八寸　奥九丈　畠

已上

此所々事、可被止催促之由候也、仍執達如件、

文明十八
七月二日　（飯尾為修）永承（花押）
（清）元定（花押）

斎藤中務丞殿

○継目裏花押あり。

五一九　室町幕府奉行人連署奉書写（三会院重書近世写）

内裏御築地料嵯峨宝篋院分地口事、為免除地上者、可被止催促之由被仰出候也、仍執達如件、

文明十八
七月六日　（飯尾為修）永承判
（清）元定判

五二〇　霊亀山臨川禅寺造営奉加帳（折本）

（表紙題簽）「霊亀山臨川禅寺造営奉加□（帳）」

（一折目オ）准三宮（足利義政）（花押）

（一折目ウ）征夷大将軍（足利義尚）（花押）

（四折目オ）九郎（細川政元）（花押）

（五折目ウ）沙弥（花押）

（七折目オ）「伊勢守貞宗印」（貼紙・朱筆）
伊勢守（伊勢貞宗）（花押）

（七折目ウ）左衛門少尉（花押）

○表紙金箔にて日輪をあらわし、金切箔、金銀砂子散、本紙金界をひき、金切箔、金銀砂子散。

○細川政元の右京大夫任官が文明一八年七月であることからここにおく。

五二一　室町幕府奉行人連署奉書

（端裏書）「鯰江跡還　奉書長享元九月廿六日」

近江国愛智郡鯰江（高真）跡所々事、当知行之処、守護押領云々、既被加退治之上者、早如元可被全領知之由、所被仰下也、仍執達如件、

長享元年九月廿六日　前加賀守（飯尾清房）（花押）
丹後守（松田長秀）（花押）

臨川寺雑掌

五二二　室町幕府奉行人連署奉書（宝篋院重書）

当院領近江国奥嶋（蒲生郡）幷末寺勝禅庵（蒲生郡）・正覚庵（蒲生郡）等事、当知行之処、守護（六角高頼）押領云々、既被加退治之上者、如元寺家可被全領知之由、所被仰下也、仍執達如件、

長享元年十月廿日　前加賀守（飯尾清房）（花押）
丹後守（松田長秀）（花押）

宝篋院雑掌

○「退治」は将軍義尚による六角高頼追討をさす。長享元年九月一二日義尚の幕府軍坂本に出陣、九月二四日高頼、甲賀に敗退、一〇月四日義尚、高頼を追撃、一〇月二七日義尚、下鈎の真宝館に陣を移した。

五二三　室町幕府奉行人連署奉書

近江国押立保（愛智郡）内横溝郷事、就由緒被返付二階堂山城守政行朝臣之間、為替地、尾張国上門真庄（葉栗郡）佐々木大膳大夫高頼（六角）跡被寄進訖、早任先例可被致其沙汰之由、所被仰下也、仍執達如件、

長享元年十月廿二日　信濃守（諏訪貞通）（花押）
肥前守（飯尾為脩）（花押）

臨川寺雑掌

○関連事項が『蔭凉軒日録』同年一一月二一日条・閏一一月三日条などにあり。

五二四　室町幕府奉行人連署奉書（宝篋院重書）

宝篋院末寺近江国坂田郡箕浦正宗寺同寺領等事、当知行之処、守護（六角高頼）押領云々、既被加退治之上者、早如元可被全寺家領知之由、所被仰下也、仍執達如件、

長享元年十一月廿六日　前加賀守（飯尾清房）（花押）
丹後守（松田長秀）（花押）

当院雑掌

五二五　室町幕府奉行人連署奉書（宝篋院重書）

宝篋院末寺近江国（蒲生郡）佐々木本郷内野田葆光寺同寺領等事、当知行処、守護（六角高頼）押領云々、既被加退治之上者、早如元可被全寺家領知之由、所被仰下也、仍執達如件、

長享元年十一月廿六日

前加賀守（飯尾清房）（花押）

丹後守（松田長秀）（花押）

当院雑掌

○葆光寺は善入寺開山の默庵周諭を開山とする（義堂周信『空華集』一七、『大日本史料』六―三七　応安六年六月一七日条）。

五二六　室町幕府奉行人連署奉書（折紙）

臨川寺領江州鯰江（高真）跡除（愛智郡）押立保内横溝郷事、当知行云々、早年貢諸公事物以下、如先々厳密可致其沙汰之由、被仰出候也、仍執達如件、

長享元

十二月廿日　清房（飯尾）（花押）

長秀（松田）（花押）

当所名主沙汰人中

五二七　室町幕府奉行人連署奉書

（端裏書）「鯰江跡還附　除押立保横渠郷事」

臨川寺領近江国鯰江（高真）跡除（愛智郡）押立保内横溝郷事、当知行之処、佐々木前大膳大夫高頼（六角）押領云々、既被加退治之上者、早如元可被全領知之由、所被仰下也、仍執達如件、

長享元年十二月廿日

前加賀守（飯尾清房）（花押）

丹後守（松田長秀）（花押）

当寺雑掌

五二八　近江国鯰江跡重書目録案

（端裏書）（高真）「鯰江跡重書目録」

江州鯰江跡重書目録

御判　弐通

御奉書　弐通

施行　弐通

御奉書　弐通

遵行　弐通

以上十通

五月　日　臨川寺

飯尾加賀方(清房カ)へ渡たし置、

○前号文書との関連によりここにおく。

○「御判」二通は本書四七九・四八七号文書、「施行」二通は本書四八〇・四八八文書、「遵行」二通は本書四八一・四八二号文書を指すと考えられる。

○鯰江高真跡文書の年代は長禄二・三年と長享・延徳年間の二時期あるが、長享元年六角征伐に関連する文書か。長享元年閏一一月の『蔭凉軒日録』に近江鯰江跡に関する記事あり。

五二九　寺領目録断簡

(端裏書)「文明十四〻九年丁未」

(前欠)

一八貫文　深草地子(紀伊郡)　今、[　　]

一壱貫八百文　油小路地子今ハ壱貫弐百文　同[　　]

一七十貫文　嵯峨中敷地々子

一五貫文　宇治衣比須嶋年貢(宇治郡)　自釣月庵納之、

已上

一弐千七百斛　大野庄年貢(加賀国石川郡)　近代ハ二千二百斛之勘定、乱後ハ千六百斛分百姓益無謂、

一廿余斛藁二百九十三丸半　大藤年貢　四町二反半五斗俵

一田地四段　野墻幷一本松年貢　一斛六斗代

一米弐佰斛余幷弐拾貫余　若州耳西郷年貢(三方郡)　文明十年還補

一百七十斛余　江州鮎枝年貢

文明十四年正月還補　阿州富吉庄(板東郡)　三会・寺家両所江納之、庄主ハ自寺補、

已上

屋地子引付　丁未歳誌之

壱貫弐百文内二百文了徳　二百文庵　二百文衛門　二百文弥二郎　二百文智音　二百文頭　造道分

五百文内二百文六郎二郎　百文東梁　二百文衛門　三統院分

百七十文　済北院分

五百文内二百文年々未進　吉祥庵分

六百六十文内二百文年々未進　西門前

五百文　寿光庵分

壱貫六百廿文　中野地子

柒百九十一文此外炭頭　檀林寺分

壱(ママ)　錦

以上柒貫百五拾

柒貫四百廿五文内　遮那院分自丙午歳維那寮へ納(カ)子細者遮那院

弐拾肆斛柒斗　（葛野郡）大藤
参斛八斗
陸斛六斗　一本松・野垣年貢
拾斛　内田九段年貢下司給分

○紙継目に花押二顆あり。

五三〇　近江国守護結城尚隆遵行状（宝篋院重書）

宝篋院領近江国蒲生郡奥嶋幷末寺勝禅庵・正覚庵・佐々木本郷葆光寺・同寺領・坂田郡簑浦正宗寺・同寺領等事、任去拾月・十一月奉書旨、可沙汰付彼院代之状如件、

長享弐年五月廿三日　（結城尚隆）（花押）

（直賢）小寺加賀守殿

○一〇月奉書は本書五二二号文書を、一一月奉書は本書五二四・五二五号文書をさす。

五三一　小寺直賢打渡状（宝篋院重書）

宝篋院領近江国蒲生郡奥嶋幷末寺勝禅庵・正覚庵・佐々木本郷葆光寺・同寺領、坂田郡箕浦正宗寺・同寺領等之事、去五月廿三日之任遵行之旨、所打渡申之状如件、

長享弐年六月廿一日　（小寺）直賢（花押）

当御住持

○前号文書を受けての打渡状。

五三二　霊亀山臨川禅寺所々什物（折本）

（表紙貼紙）「臨川禅寺所（後筆）『々什物』」

霊亀山臨川禅寺所々什物

仏殿

普賢木像一軀　三牌
花瓶一対土物　香炉一ヶ同
高燭台一対　灯篭一ヶ赤（朱）漆
卓一脚白木　仏餉鉢一具同方盆黒
誕生仏一軀銅像在方丈 等恂蔵主寄附　曇華堂一基
青磁鉢一ヶ浴仏用之、在方丈 付柄杓、（失却）梵（竺心）密置、　椅子一脚有畳（異筆）「幷履脱」
楞厳会回向二掛　長連床二脚有畳
曲鑰子一ヶ在行堂方　板戸十二枚大小　明障子二枚（異筆）「内一枚破了、」
冥資　鐘一口　磬台一ヶ　拝席一枚
神牌四ヶ大小仏餉御器三入　□盆一ヶ黒

韋駄天像一軀　同仏餉御器三入黒森監寺寄進
同方盆一ヶ　香炉一ヶ土物（異筆）「木灯台二ヶ小」
密付　（朱印）
祖師牌三ヶ　香炉一ヶ土物（異筆）「木灯台一ヶ小」
仏餉御器三入（カ）午破了、　同方盆一ヶ
客殿
普賢画像一幅　（高峰顕日）仏国頂相一幅（夢窓疎石）開山国師賛（異筆）「失却」
請観音経十巻内二巻有之、摺本二巻梵密置之、　三具足一錺古銅
卓二脚内一脚小白木　灯篭二ヶ
理趣分一巻梵密置之、　暖席十弐畳
遣戸弐間　明障子弐枚（異筆）「失却」
三所本尊牌一ヶ　旦那寿牌一ヶ
諸霊牌（異筆）「三」二ヶ　金剛経拾巻（異筆）「此内一巻失却竹岩代、一巻失却一初御代、内失却九巻」
（異筆）「金剛経十巻延徳二年松嶺（智岳）和尚寄進」
篩月軒
開山頂相一幅（周求）無等筆　（夢窓疎石）開山墨跡一対普賢十願文永育首座寄附
折卓一脚（異筆）「小破」　三具足一錺古銅亀鶴（異筆）「文明十六年新増」
仏餉鉢一具同方盆在行堂方　暖席八畳
遣戸弐間　明障子弐枚（異筆）「破了」

腰障子三間一間在縁、内一間破了二間延徳四年正月新増、　襖障子弐間
罐子壱ヶ　弘治参年七月安室新□（カ）　（朱印）
書院（異筆）「眠床」　重書案文一巻下巻本文割裏書置之、
此内一巻延徳三年十月新増
開山録二冊（笁心）梵密置之、　重書案三巻青表紙（異筆）「付箱奉加帳御判物入之、」
重書箱一ヶ赤漆入日記在之、付鎖子　嵯峨指図二枚内一枚景哲蔵主寄進文明十二霜月
遮那院指図一枚寄進同上　（朱印）　弁香二片大
香合一ヶ大　葉茶壺弐ヶ（異筆）「尾州　失却」
茶器壱ヶ　炭斗一ヶ付火箸一双
炉縁一ヶ并子四片　茶水桶一ヶ付柄杓　滴器一ヶ土（異筆）「失脚」
ヿ茅簾五枚東北面（異筆）「皆失却」　明障子二枚東北内一枚書記（異筆）「寮在之、明応八年三月失却」
鎖子一ヶ眠床用之、（異筆）「失却」　板戸四枚東北并眠床
暖席九畳内半一畳（異筆）「破了」　襖障子一間
火燵一ヶ付蓋　棚板二枚（異筆）「書院眠床」
洗足盥一ヶ　剃髪盆一ヶ并面桶一ヶ
ヿ本校割一帖重書案文一巻此裏書写置、　履棚一脚（異筆）「破了」　油筒一ヶ（異筆）「失却」
ヿ（異筆）「短檠続台各一ヶ」天衣鉢侍者寮　ヿ（異筆）「一間卓一脚」諸庄園勘定状目録在之、　（異筆）「炭鋸一ヶ」
諸庄園奉書案二帖　常住米銭納下帳目録在之、

暖席四畳　明障子一枚
遣戸一間　ヽ（異筆）「棚板一枚」
地綱維寮
ヽ（異筆）「蚊帳三帖内一帖行堂（異筆）「寿鎮不出之間、重買之」　一帖番衆　一帖鐘撞常本不出之、」
回向袋二掛　ヽ磬一口入桶　（異筆）「小門鎖鑰一ヶ」
鈴一ヶ　ヽ僧籍一冊
疏箱一ヶ付疏本　回向冊子一冊
小打敷一枚織物疏銘用之、　小盆一ヶ朱□（擦消）疏銘用之、
暖席四畳　明障子一枚
遣戸一間　（朱印）茶罐一ヶ茶湯用之、等苑蔵主寄附
玄（異筆）「書記寮」
ヽ暖席弐畳　ヽ明障子一枚
板戸一枚
黄（異筆）「蔵主」
暖席弐畳　明障子一枚
板戸二枚　棚板一枚
宇（異筆）「監寺」
暖席三畳　明障子一枚
板戸一間

宙（異筆）「侍香」
暖席三畳　板戸一間
洪（異筆）「免僧寮」
暖席三畳　明障子一枚
板戸二枚　棚板一枚
法喜場
槌一ヶ幷槌子槌巾　（異筆）「雲」打板一掛
玳瑁台弐ヶ方丈部入之、　朱盆一枚
天目弐ヶ内尾州　方丈　一ヶ金覆輪　茶器一ヶ
茶盌三ヶ内一ヶ下　（朱印）茶磨弐ヶ
罐子一ヶ幷弦蓋　風炉一ヶ付火箸　火鋤〻丈〻方
炉縁一ヶ　茶水桶一ヶ
暖席十壱畳　菓子台三枚内一枚失却、一初代
腰障子一間〻（異筆）「二」（異筆）「明障子二枚」　鉢盂台七枚大小幷生飯劄
ヽ水桶一ヶ大幷水嚢柄杓　剃髪盆一ヶ幷面桶
剃巾弐帳　手巾一帳（異筆）「后架」手水桶一ヶ（異筆）「同」
滴器一ヶ　ヽ板弐間造作（異筆）「板戸二枚」
洗足盥一ヶ　剃刀（異筆）「一双」在行堂方

庫裡　(異筆)「炉縁一ヶ東寮」　火筋一双同上「三尋棚《木》二枚同上」
朱椀一具怡雲字　折敷大小二十枚怡雲字朱
堤子弐ヶ大小　折敷十枚大小付箱(異筆)「皆朱」(異筆)「見分大一枚小四枚五枚失却」
椀壱具近江并箱(異筆)「見分廿ヶ五膳分」　木皿三十ヶ見分十三ヶ
釜二口内大一ヶ延徳三年十二月新増 一ヶ歯釜　鍋児四ヶ大小内一ヶ失却、(異筆)「竹岩代」
麺甑五重(異筆)「子」　桶甑子一ヶ　雷盆二ヶ一ヶ破了、
飯盆二ヶ大小(異筆)「三」　足桶一ヶ
持桶弐ヶ大小(異筆)「三」　大桶三ヶ久喜(カ)香物用之、(異筆)「水桶」
盛相二ヶ　切盤三ヶ(異筆)「二」
菜刀二ヶ　膳棚一脚
箕一ヶ(異筆)「味噌器一ヶ」(朱印)　笊篱一ヶ(異筆)「大根下一ヶ」
縛鉢弐ヶ　木提子一ヶ　曲鉢六ヶ見分三ヶ
醤嚢一ヶ破了　銭唐櫃一ヶ付鎖子(異筆)「納所方」
板打敷。十枚大 弐 破了。 延徳三年十二月新増　舂臼一ヶ付杵 延徳三年十二月新増
帳箱一合ヶ 白木小 ゝ 納所方　面桶一ヶ　破了、
洗足盥一ヶ (異筆)「下」　明障子五枚内三枚東寮分(異筆)「三」
暖席八畳半(異筆)「東寮分」　梯二脚内(異筆)「内一脚破了。。。。、一脚方丈、延徳三年二月新増、」

腰障子　二間(異筆)「内一間法喜場 一分」　板戸十七枚(異筆)「内九枚寮分、加土戸 又脇之戸一枚」
鐵輪一ヶ　柄菜桶二ヶ
(異筆)「曲鑰一ヶ倉用之、納所方」
修造方「斗一ヶ同上 升一ヶ大薮(カ)名」(朱印)　(異筆)「升大小三ヶ、納所方典座方」油筒付合一ヶ
長刀一枝　釘唐櫃一ヶ并釘箱五ヶ（帳箱）
釘抜弐ヶ　鐵槌二ヶ(異筆)「二」　一ヶ失却、益都寺代
鎌子二ヶ「二」(異筆)　破了、　那刀二ヶ(異筆)「二」　一ヶ失却、益都寺代
鋤五挺金子五ヶ　鍬壱挺(異筆)「破了」
駒钁子一ヶ　鞍掛一脚(異筆)「破了。。 延徳三年二月新増」
鎚覆子弐ヶ　尺杖二ヶ内一ヶ丈尺
水秤一ヶ

西溷

登溷偈一枚　手巾二帳
手水桶弐ヶ付柄杓　触桶三ヶ
大水桶一ヶ付柄杓　(朱印)　手桶一ヶ破了
木履三足　灯炉一ヶ
触落牌一ヶ　香木一双

西后架

手巾一帳　手水桶一ヶ付柄杓

右具在前、
文明十六季甲辰七月　日　　住山梵密(竺心)志（朱印）
新添
開山墨跡一軸(夢窓疎石)梵音閣偈頌　　本寺家訓一帖
唐本普賢経一巻竺心和尚寄進　　写本普賢経十巻（朱印）
右具在前、
文明十七年乙巳五月　日　　住山周三(玄要)誌焉（朱印）
新添
篩月額　　一枚
指図箱　　一筒
天目伊勢　　五ケ
右具在前、
文明十九年丁未七月　日　　住□(山)英珍(蘊秀)誌焉（朱印）
新添
開山年譜　　一冊
垂示家訓　　二幅

茶器小　　一箇皆朱
右具在前、
長享三年己酉五月　日　　住山梵寧(一初)誌焉（朱印）
新添
硯　　一面付筆墨
天目台玳瑁　　弐箇但破却物在之、
右具于前、
延徳二年庚戌三月　日　　住山寿貞(竹岩)誌焉（朱印）

○墨界あり。紙継目に梵密の朱印七顆、周三の朱印一顆、寿貞の朱印一顆あり。又別に本文中追記部に朱文方印一顆あり。

五三三　宝篋院領周防国麻合郷代官職請文　（宝篋院重書）

嵯峨宝篋院領周防国麻合郷(熊毛郡)代官職事、自当年延徳弐年庚戌歳、至甲寅歳、五ケ年所預申実也、仍請状之事、
一百貫文京着内、五拾貫文者冬十一月中、五拾貫文者

春三月中、寺納可申事、
一大豆五石、京着三月中寺納可申事、
一弓十張、京着三月中寺納可申事、
一鑵子大小弐口、京着三月中寺納可申事、
一参拾貫文敷銭利弁無之、毎年六貫文充、以寺納之内、
可引給事、
一柒貫捌百文、諸役者勘定銭、五ケ年之内三度可進事、
一勘定之時、郷中高入目、五ケ年之内三度可仕事、
右此一書条々、雖為少分、相違之儀不可有之候、殊
為請地上者、御年貢以下、不謂旱水損、可令京着者也、
若不法緩怠之儀在之者、雖為年期未満、可有御改易、
其時一言之子細不可申者也、仍請状如件、

延徳弐年六月九日　競秀軒 秀文（花押）

宝篋院
納所禅師

五三四　室町幕府奉行人連署奉書案（折紙）

三会院雑掌申当院領九条勅旨田四段事、被押置云々、可
有糺明之上者、早々可被明申由也、仍執達如件、

延徳二
五月十二日　（飯尾）清房判
（松田）数秀判

御室御門跡雑掌

五三五　室町幕府奉行人連署奉書案（折紙）

三会院雑掌申当院領九条勅旨田四段事、先度被相触候処、
無音、太不可然、不日可被申明之由候也、仍執達如件、

延徳二
五月十九日　（飯尾）清房
（松田）数秀

御室御門跡雑掌

五三六　室町幕府奉行人連署奉書案（折紙）

（端裏書）
「三度目」
三会院雑掌申当院領九条勅旨田四段事、度々被仰之処、
無音之条、太不可然、所詮来月十日以前無出対者、可為
違背之上者、直可被裁許之由也、仍執達如件、

延徳二
五月廿六日　（飯尾）清房
（松田）数秀

御室御門跡雑掌

五三七　室町幕府奉行人連署奉書（折紙）（宝篋院重書）

宝篋院末寺江州（蒲生郡）佐々木本郷内葆光寺領麻生四分壱加野名田畠山林等事、早任安堵奉書旨、年貢諸公事以下、如先々、厳密可致其沙汰之由、所被仰出也、仍執達如件、

延徳三
九月十六日　宗勝（飯尾元連）（花押）
長秀（松田）（花押）

当所名主沙汰人中

○安堵奉書は本書五二五号文書か。

五三八　室町幕府奉行人連署奉書（折紙）（宝篋院重書）

宝篋院領江州蒲生郡奥嶋郷幷末寺勝禅庵・正覚庵等事、任安堵奉書之旨、年貢諸公事等、如先々、厳蜜（密）可致其沙汰之由、所被仰出也、仍執達如件、

延徳三
九月十六日　宗勝（飯尾元連）（花押）
長秀（松田）（花押）

当所名主沙汰人中

○正覚庵は金田村内浅小井にかつてあり（『室町幕府文書集成　奉行人奉書篇』上、一六三、永享三年一一月七日「室町幕府奉行人連署奉書」）、佐々木加賀守高数と相論のことが見える。『近江蒲生郡誌』巻一、四三三頁によれば、現在無量山正覚院（浄土宗鎮西派）がその由緒を継ぐとされる。

五三九　室町幕府奉行人連署奉書（宝篋院重書）

宝篋院領近江国蒲生郡奥嶋郷幷末寺勝禅庵・正覚庵・同国佐々木本郷内野田葆光寺・同寺領・坂田郡箕浦正宗寺・同寺領等事、当知行云々、早退違乱之族、弥可被全領知之由、所被仰下也、仍執達如件、

延徳三年九月十六日　沙弥（飯尾元連）（花押）
前丹後守（松田長秀）（花押）

当院雑掌

五四〇　室町幕府奉行人連署奉書（折紙）（宝篋院重書）

宝篋院領江州蒲生郡奥嶋郷幷末寺勝禅庵・正覚庵・同国
（蒲生郡）佐々木本郷内野田葆光寺・同寺領等事、任安堵奉書旨、
可被沙汰居当院雑掌由、被仰出候也、仍執達如件、

延徳三
九月十六日　　宗勝（飯尾元連）（花押）
　　　　　　　長秀（松田）（花押）

安富筑後守（元家）

五四一　室町幕府奉行人連署奉書

臨川寺領近江国神崎郡鯰江筑後守高真跡但於横溝郷（愛智郡押立保）者糺明之間除之屋敷・
山林・名田畠所々散在等事、当知行云々、弥可被全領知
之由、所被仰下也、仍執達如件、

延徳三年九月十七日　　加賀前司（飯尾清房）（花押）
　　　　　　　　　　　散　位（飯尾元行）（花押）

当寺雑掌

五四二　室町幕府奉行人連署奉書（折紙）

臨川寺雑掌申近江国神崎郡鯰江筑後守高真跡但於横溝郷（愛智郡押立保）者糺明之間除之屋
藪・山林・名田畠所々散在等事、任当知行之旨、被成奉
書訖、早可被沙汰付寺家雑掌之由被仰出候也、仍執達如
件、

延徳三
九月十七日　　清房（飯尾）（花押）
　　　　　　　元行（飯尾）（花押）

安富筑後守殿（元家）

五四三　室町幕府奉行人連署奉書（折紙）

（端書）「鯰江跡延徳三九月十七日」
臨川寺領近江国神崎郡鯰江筑後守高真跡但於横溝郷（愛智郡押立保）者糺明之間除之屋敷・
山林・名田畠所々散在等事、任当知行之旨、被成奉書訖、
早年貢諸公事物等、如先々、厳密可沙汰渡彼雑掌由候也、
仍執達如件、

延徳三
九月十七日　　清房（飯尾）（花押）
　　　　　　　元行（飯尾）（花押）

当所名主沙汰人中

五四四　近江国守護代安富元家遵行状（折紙）

（宝篋院重書）
宝篋院領江州蒲生郡奥嶋郷幷末寺勝禅庵・正覚庵・同国

佐々木本郷内野田葆光寺・同寺領等事、任去十六日御下知之旨、可被沙汰居当院雑掌候也、仍状如件、

延徳三
九月十八日　元家(安富)（花押）

高木新三郎(直吉)殿

五四五　高木直吉遵行状（折紙）（宝篋院重書）

宝篋院領江州蒲生郡奥嶋郷幷末寺勝禅庵・正覚庵・同国佐々木本郷内野田葆光寺・同寺領等事、任去十六日御下知之旨幷御遵行如此、早々可被相触之状如件、

延徳三
九月十八日　直吉(高木)（花押）

池上善左衛門尉殿

五四六　近江国守護細川政元奉行人奉書（折紙）（宝篋院重書）

宝篋院領江州蒲生郡奥嶋庄内広山麓水田畠・芦場等事、先年徳雲寺違乱之条、度々被糺決、任当院理運、被成奉書数通在之、然之上者、向後徳雲寺、雖企訴詔(ママ)、不可有御許詔(ママ)者也、早先々任公方御下知之旨、年貢諸公事物已下厳密可其沙汰当院代之由候也、仍執達如件、

延徳三
十一月廿日　家兼(飯尾)（花押）

当所名主百姓等中

五四七　近江国守護細川政元奉行人奉書（折紙）（宝篋院重書）

宝篋院領江州蒲生郡奥嶋庄内広山麓水田畠・芦場等事、先年徳雲寺違乱之条、度々被糺決、当院任理運、被成奉書数通在之、然之上者、向後徳雲寺、雖企訴詔(ママ)、不被許容、任先々公方御下知之旨、可被沙汰付当院雑掌之由候也、仍執達如件、

延徳三
十一月廿日　家兼(飯尾)（花押）

安富筑後守(元家)殿

五四八　近江国守護細川政元奉行人奉書（折紙）（宝篋院重書）

当院領江州蒲生郡奥嶋庄内広山麓水田畠・芦場等事、先年徳雲寺違乱之条、度々被糺決、当院任理運、被成奉書

数通在之、然之上者、徳雲寺向後雖企訴詔（ママ）、任先々公方
御下知旨、可被全領知之由候也、仍執達如件、
延徳三
十一月廿日　（飯尾）家兼（花押）
宝篋院

五四九　臨川寺重書目録

（端裏書）「臨川寺重書目録」

臨川寺重書目録

薄墨　廿六通　（加賀国石川郡）大野庄勅裁　四通
綸旨正文　七通（枚）　世良親王遺命記案　六通
宸翰案（夢窓疎石）開山御筆　弐通　寺領目録加州　壱巻
太政官符山城国司　壱通　太政官符加賀国　壱通
左弁官臨川寺阿波国　弐通　（葛野郡）大井郷図開山裏書正文在三会院　壱帖
雑著　廿八通

賀州分

参拾三通内御判物拾壱通　三河分　壱通御判物
若州分拾三通内御判三通　江州分　拾六通内二通御判
駿州分四通内御判二通　雑著廿四通内御判十八通総安堵
文明十戊戌年五月廿六日　梵富在判

総安堵御判一通文明九年十二月廿八日　同安堵目録奉書立紙一通
大野庄還附御奉書文明六年　大野庄守護不入奉書文明十年六月五日
奉書弐通内（尾張国葉栗郡）上門真、長享元年（近江国愛智郡）鯰江　諸役免除奉書一通明応五年
鯰江跡奉書三通内寺家・守護・名主中延徳三年九月十七日
遮那院領土貢註文二枚
（宇治郡）宇治衣比須嶋土貢目録一巻并末寺釣月庵渡状在之、
加州宝寿院支証案文五通
東山証明寺証状二通末寺之事
大野庄諸公事免除案文九通等持院殿（足利尊氏）以来分
同庄内西川掘名々買券註文　文亀元年
御即位段銭免除之奉書案　文明元十月七日
大野庄勘定状三巻文明十年・十一年・十二年潤監寺知行分
二巻　永監寺　正合返合一巻　伯蔵主代　三巻内一巻上使代　能都寺
一巻　上使裔監寺　一巻　森都寺
（加賀国石川郡）得蔵村一巻文正元年分　大野庄一巻返合富都寺代
已上十　巻（ママ）　大野庄所々荒不作目録　一巻　（異筆）「文明十八年記焉、明応八年己未興行之、案文一本在政所、庄主殊全都寺ニ渡之、」
（葛野郡）大藤名十三巻至延徳二年分　同古帳一冊

銭帳　十四冊至延徳三年分　　米帳十四冊同上
日単帳九冊典座方在之　　地子引付一冊納所方在之、
延徳三年辛亥十一月　日　　志之、（花押）（耕雲善伊）
（奥裏書）「浄林寄進状　　一通永正三丙寅十一月五日」
○紙継目に耕雲善伊の裏花押あり。
○文中に延徳三年以降の年号が散見され、この部分は後世の加筆か。

五五〇　室町幕府奉行人連署奉書（折紙）　（宝篋院重書）

宝篋院雑掌申江州奥嶋庄（蒲生郡）内広山麓水田畠・芦場等事、就徳雲寺違乱、為糺明之、及三ヶ度被成召文之処、無音之上者、無理所致歟、所詮以違背之篇、被成奉書訖、早退彼妨、可被全当院雑掌所務由、被仰出候也、仍執達如件、

延徳三
十二月廿七日　　元行（飯尾）（花押）
数秀（松田）（花押）

安富筑後守殿（元家）

五五一　室町幕府奉行人連署奉書（折紙）　（宝篋院重書）

宝篋院雑掌申江州奥嶋庄（蒲生郡）内広山麓水田畠・芦場等事、就徳雲寺違乱、為糺明之、及三ケ度被成召文之処、無音之上者、無理所致歟、所詮以違背之篇、被成奉書訖、早退彼妨、年貢諸公事物已下、如先々厳蜜（密）可沙汰渡当院雑掌之之由、所被仰出也、仍執達如件、

延徳三
十二月廿七日　　元行（飯尾）（花押）
数秀（松田）（花押）

当所名主沙汰人中

○徳雲寺が奥嶋内円山にあり、天龍寺三秀院末（『蔭凉軒日録』長禄二年八月四日条）。

五五二　室町幕府奉行人連署奉書（折紙）　（宝篋院重書）

宝篋院雑掌申江州奥嶋庄（蒲生郡）内広山麓水田畠・芦場等事、就違乱、為糺明之、及三ヶ度被成召文之処、無音之上者、無理所致歟、所詮以違背之篇、被成奉書訖、向後弥可被止押妨之由、被仰出候也、仍執達如件、

延徳三
十二月廿七日　　　　　元行（飯尾）（花押）
　　　　　　　　　　　数秀（松田）（花押）

徳雲寺

五五三　室町幕府奉行人連署奉書（宝篋院重書）

宝篋院領近江国奥嶋庄（蒲生郡）内広山麓水田畠・芦場等事、就徳
雲寺違乱、為糺明、及三ヶ度被成召文之処、無音上者、
無理所致歟、所詮以違背之篇、被裁許訖、向後退彼競望、
弥可被全領知之由、所被仰下也、仍執達如件、

延徳三年十二月廿七日　　散　位（飯尾元行）（花押）
　　　　　　　　　　　　対馬前司（松田数秀）（花押）

当院雑掌

五五四　備中国守護細川勝久奉行人連署奉書（宝篋院重書）（折紙）

宝篋院領備中国草壁庄（小田郡）幷有漢保（賀夜郡）等事、早任去文明九年十
二月廿四日御奉書之旨、可被沙汰付当院雑掌之由候也、
仍執達如件、

延徳四
六月一日　　　　　光賀（花押）
　　　　　　　　　直朝（花押）

石川源左衛門尉（久式カ）殿
庄甲斐守（資友カ）殿

五五五　備中国守護細川勝久奉行人連署奉書（宝篋院重書）（折紙）

備中国水田庄（英賀郡）内興法寺住持職幷寺領等事、被預進訖、早
任先例、可有御領知之由候也、仍執達如件、

延徳四
六月三日　　　　　光賀（花押）
　　　　　　　　　直朝（花押）

泰甫（恵通）和尚
御雑掌

○泰甫恵通は宝篋院住持。

五五六　備中国守護細川勝久奉行人連署奉書（宝篋院重書）（折紙）

（貼紙）
「延徳四年備中興法寺住職寺領事」
備中国水田庄（英賀郡）内興法寺住持職幷寺領等事、早任奉書之旨、
可被沙汰付泰甫（恵通）和尚雑掌之由候也、仍執達如件、

延徳四
六月三日　　光賀（花押）
直朝（花押）

石川源左衛門尉（久式カ）殿
庄甲斐守（資友カ）殿

○石川源左衛門尉（東半国）、庄資友（西半国）は守護代。

五五七　室町幕府奉行人連署奉書（宝篋院重書）

当院領近江国蒲生郡奥嶋幷末寺葆光寺・正覚庵・勝禅庵領等所々散在当所務事、雖被成御料所、被免許訖、早如元可被全領知之由、所被仰下也、仍執達如件、

明応元年十一月十九日　前対馬守（松田数秀）（花押）
前信濃守（諏訪貞通）（花押）

宝篋院雑掌

五五八　室町幕府奉行人連署奉書（折紙）（宝篋院重書）

宝篋院末寺近江国蒲生郡内葆光寺・正覚庵・勝禅庵領所々散在当所務事、雖被成御料所、被免許訖、年貢以下如元可致其沙汰之由被仰出候也、仍執達如件、

明応元
十一月十九日　数秀（松田）（花押）
貞通（諏訪）（花押）

所々名主沙汰人中

五五九　彦良書状（宝篋院重書）

丹後国大内郷（加佐郡）、為観林寺（葛野郡）本名善入寺造営料足、自当年十ヶ年、先可有御管領候、委細之旨、以別紙令申候也、恐々謹言、

三月六日　彦良（花押）

観林寺方丈

五六〇　明王院雄範書状

（礼紙ウワ書）（切封）
「―　―　明王院
天龍寺
金剛院　御役者中　雄範」

南条之郷（播磨国神西郡）灯明料之儀付而、使者差下申候処ニ、御知行ニ付而申誤之段、曲事候、被尽僧免候者、可為祝着候、此由御披露所仰候、恐々謹言、

卯月八日　雄範（花押）

天龍寺

金剛院　御役者中

○南条郷は播磨国的部南条郷。当郷は貞治三年六月一五日光厳上皇寺領寄進状案（本書一八〇号文書）によって天龍寺へ粥飯料として寄進された。その後半分が光厳院塔頭料所として金剛院に寄進された（本書一八五号崇光上皇院宣案）。

五六一　香西常建書状案（天龍寺重書目録乙）

一天龍寺領弓削庄(丹波国桑田郡)長講堂領段銭事、相国寺領・天龍寺領一向免除候事候、雖長講堂領、不可配符入候由、別而以状申下候し処ニ、彼寺領ニ配符を入候し条、只身ニ失面目候ハんするたくミにて候か、御分今中を可違定て候、乍去今ハ思案時分にて候、彼両人を国をはらい候ハんする、此方より可申付候、急々さ右(左)を可被申候、猶々天龍寺領・相国寺領、公方より御免除候由申処ニ如此候、無念此事にて候、恐々謹言、

八月三日　香西常建判

本庄次郎左衛門尉殿

○『鹿王院文書の研究』四八三号文書に同文あり。

五六二　赤松則貞書状

御札委細拝見申候、仍潤躰円貴下給候、以誠祝着至候、次福井庄(播磨国揖東郡)左方一分御公用事承候、当年事者、干損付而一向不応所務候之間、不及沙汰候、就中、雖左道之至候、百疋進入候、巨細尚恵藤隼人佐可申入候、恐惶謹言、

十二月六日　(赤松)則貞（花押）

天龍寺
納所禅師御返報

五六三　某書状（宝篋院重書）

雖未申付候、以書次令啓候、已前内々自水無瀬殿被申談候、当坊領備中国大井庄(賀陽郡)内本役事、云窮困、云旧借、旁以迷惑之間、契約申度候、然者相国寺へ自此方も可申遣之候、此間も就返弁之儀、自銭主方直ニ可催促之由申付候了、円(カ)常早々入眼之様憑存候、恐々不宣、

臘月十三日　（花押）

宝篋院几前

五六四　天龍寺所領目録案（天龍寺重書目録甲）

一天龍寺領目録
日向国国富庄(宮崎・児湯・那珂郡)
備後国岩成庄(深津郡)上村
同国長井庄(乙訓郡)
同国瓦屋庄(桑田郡)南北
同国豊富庄(天田郡)
尾張国海東庶子跡(海東・中島郡)
播磨国志深保(三木郡)
同国的部南条郷(神西郡)
同国岡安名(大飯郡)
同国青沼村(埴科郡)
常陸国佐都庄(佐都西郡・佐都東郡)付東岡田・西岡田
同国柞原郷(那珂郡)
同国富川保(頸城郡)
但馬国東河庄(朝来郡)
加賀国横江庄(石川郡)
武蔵国下里郷(比企郡)
周防国玖珂庄(玖珂郡)祖生郷地頭方
阿波国那賀山庄(那東・那西郡)
山城国物集女庄(乙訓郡)
丹波国弓削庄(桑田郡)
同国六人部庄(天田郡)
遠江国村櫛庄(敷智郡)
同国下飯田郷(山田郡)
同国福井庄(揖東郡)
若狭国耳西郷(三方郡)
信濃国四宮庄(更級郡)
相模国成田庄(足柄下郡)付金子村
讃岐国原郷(三木郡)
越後国保倉保(頸城郡)
能登国能登嶋(鹿島郡)東方
近江国健部下庄(神崎郡)
伊勢国富都(津)御厨(桑名郡)
備中国成羽庄(川上郡)

○『鹿王院文書の研究』四八八号文書に同文あり。

------ 戦国 ------

五六五　臨川寺規式

鹿苑院周鏡(月翁)（花押）

定　臨川寺規式

一諸荘園幷月中勘定時、当寺前住分、為評定衆、可被致証明之事、
一再住、以十二ヶ月、可為期之事、
一諸荘園勘定者、如古法、不可過三月中之事、
右条々衆評如斯、

明応三甲寅七月廿八日　維那禅向（花押）
雲居庵等誠(顕室)（花押）　前住梵伝（花押）
三会院等階(賁瑞)（花押）　前住善伊(耕雲)（花押）
天龍寺　当住寿□(貞)(竹岩)（花押）

五六六　臨川寺壁書

□□定
□□(定智カ)力者明応弐年癸丑十一月、富吉庄(阿波国板東郡)江為年貢催促□(差)下処、

於国年貢請取、正月末罷上、寺納□□柒百文押取、雖度々催促、于今不寺納間、令出院□、当年又徳連力者差下、年貢到来内、旧冬定智力者為借用分、弐貫弐百捌拾文本利共於国被引取、即借書被上了、言語道断次第也、此外寺辺定使之時、過分未進在之、所詮於彼定智力者、長被逐□(出カ)院、不可被免許、衆評之旨壁書如件、

明応参年

七月晦日　　　　侍真等樟（花押）

本寺寿貞(竹岩)（花押）　前住梵伝（花押）　納所祥健（花押）

院主等階(蒖瑞)（花押）　多宝善伊(耕雲)（花押）　□

雲居等誠(顕室)（花押）　聖祝（花押）

五六七　臨川寺領加賀国大野庄年貢算用状

(貼紙)「明応四年算用状」

(端裏書)(朱筆)「正合　大野庄御年貢明応四乙卯算用状」

住山集康(太寧)（花押）

三会等誠(顕室)（花押）

(朱筆)「殊全都寺知行分」

註進(朱合点、以下同)

臨川寺御領加州大野庄(石川郡)明応四乙卯御年貢算用状之事

合

一米方

一本数米弐仟柒佰参拾参斛玖斗参升五合二勺

但加安枝名(黒田村)御得分米佰三角(斛、以下同)九斗一升四勺并国正名(無量寺村)得分米五拾角参斗一升定、

除

参佰参拾柒角一斗五升三合九勺二才　例除分五拾九ヶ条、先勘定状委細在之、

玖斗柒升八合　示野村守近名河頽分也、去応安元年下地検地之処、河頽無子細間、貞治六年勘定時、於寺家令披露、被免除畢、一段分米四斗四升延定、

拾五角陸斗柒升五合　今新保稗嶋田水損并不作一町九段分米、委細応永三年勘定

状在之、
壱斛弐斗五升四合　示野村古川跡二段十代、自請
加、去応永五年洪水時、皆水
損間除之、
壱角玖斗四升四合　同村藤七名散田一段、河頽之
由歎申間、沙汰人相共検知処、
河頽分明間除之、八斗代延定、
五斗五升　野老塚新保内廿五代、五斗代
之米弐斗五升延定、委細沙汰
人注進在之、任先勘、
壱角参斗弐升　無量寺村国正散田内一段、六
斗代分米延定、子細同前、
参角壱斗五升三合三　今江村散田一町二段内、一段
勺　者六斗五升代、以上延定、雖
為玖角四斗六升、此下地無用
水之由、於寺家歎申間、三分
一、自応永元年被免許畢、
拾肆五勺斗八升二合　五ケ村新井方江、自応永八年
角参　始而御免、但延定、

肆角五斗柒升六合　西条散佃三段、六斗代延定、
依無用水、此間令不作畢、其
段番頭・百姓等、以起請文令
言上之間、除之、
弐斛肆斗参升壱合　同村散佃二段、六斗代延定、
依無用水、此間不作畢、子細
同前、
拾弐角参斗弐升　赤土村辻王丸名内円楽寺、河
堀時損分田七段、八斗代延定、
但無用水間(カ)、六段者畠成畢、
一段者被堀破間、下地失(カ)□(畢カ)
肆角五斗六升六合　観音堂村散佃二段卅代、八斗
代単定、円楽寺新河付寄、河
頽現形(カ)間除之、仍御百姓等捧
起請文、自応水十九年御免□(畢カ)
已上、肆百斛参斗壱升参合七勺三才
定残弐千参百参拾参角陸斗弐升壱合四勺七才
一請加
肆拾玖角五合八勺　例請加分十七ヶ条、分米雖為

六拾五角四斗六升三合、応安四年水損十六角四斗五升八合一勺二才令減之、

参斛五斗弐升
西安原村散田四段四十代、分米壱角六斗単延定、応安元年取出之、

五角玖斗九升一合四勺一才
黒田村河端新田六段五代十八歩内、七斗代四段十代十八歩、六斗代一段十代、五斗代廿五代、分米四角八升五合内、損□(米カ)壱角三斗六升一合六勺三才・得分二角七斗二升三合三勺一才延定、自応永三年新田分米、

参角参斗
野老塚中京浜新開一町、三斗代、半損分也、此段去応安二年二月廿七日於寺家被定、令打開之五ケ年者年貢米被免許畢、仍去応永七年始而自宝所庵沙汰之、

肆斛陸斗八升六合
同中京浜新開七段五代分、自明徳四年始而取出、三斗定、

佰五拾斛
自先年増米、此外五拾角、依無本米、不納(カ)減之、

已上、弐百拾陸角五斗参合二勺一才

定米弐仟五百五拾斛壱斗弐升四合六勺八才

一尚請加

陸斗四升
示野村古川新田廿代、八斗代延定、嘉慶元年始而取出之、

壱角参斗弐升
無量寺村古川新田、去応永五年始而取出、

壱斛
船入年貢、此間者依水損雖有御免、打開之間、自永享七年納之者也、

壱角九斗弐升
同所新田一段并出来散田六段苅、自永享六年始而納之、単延定、

肆斛弐斗
観音堂村内三郎次郎散田御得

肆角弐斗

以上、拾参斛弐斗八升

幷弐仟五百陸拾参角四斗四合六勺八才

除

拾壱角柒斗参升五合

八勺

陸角陸斗参升九合九

勺七才

壱角五斗五升四合

五角参斗七升二合五

分、自永享八年始而納之、
赤土村仲九郎散畠御得分、舟
斗定四角、次示野村一王丸名
御得分六角三斗者、依河成、
去嘉吉二年御免許、

赤土村・無量寺村・西安原村
之散田、不作・河成・砂成分、
以起請文注進之間免許之、
円楽寺分野老塚村友包四分
三・同宇禰田散田三段卅代、
依不作御免、但此散田内有検
知、此分延定、二角四斗者沙
汰□（之カ）、
野老塚村友包四分一御年貢米、
依砂御免許、
赤土村左藤六散田三段廿代年

勺

拾五角五斗六升六合

五勺

参斛

陸角捌斗柒升

肆角参斗弐升

玖斗四升五合

玖角捌斗六合

貢米、□（依カ）砂成、作人以起請文
歎申間、永享十一年免許、
西安原散田七段十代年貢米、
□□（妙覚カ）入道去永享十一年罷上、
砂成由訴訟申間、自寺家御免
折紙下給間、除之、
子細同前、
寸次郎村則清名三分二、依砂
成不作之由、以起請文堅歎申
間、此□（由）披露申処、任誓言、
自永享十二年御免、
西安原村烏帽子形散田、子細
同前、自永享十二年御免許、
赤土村法師丸名、就五ケ村用
水□□（百姓カ）歎申間、半分嘉吉三年
御免之処、重歎申間、一円自
文□（安カ）元年御免許、
野老塚村散田宝厳院分、連々
砂成悉失畢、然間地主歎申処、

庄主・沙汰人検知、捧起請文
可有注進之由被仰下間、則以
検知、番頭・作人相共捧罰文
畢、以文安元年御免、
弐拾玖角七斗七升五　佐那武社頭敷地御免之間、享
合　徳元年除、
拾角捌斗　示野村一王丸河頽由、作人連々
歎申間、自享徳元年御免許、
陸角肆斗参升九合　西安原村三郎九、
已上、佰拾弐角捌斗弐升三合七勺七才
残弐仟肆百五拾角五斗捌升玖勺一才
一請加
参斛　金丸名御得分、但依自三会院
御沽却不納、
除
弐百五拾陸角弐斗四　砂川成、雖年来不作仕、少分
升六合　之程御堪忍之儀、御年貢入
立申処、自康正二年五月二日
至壬（閏）九月長雨、度々之洪水ニ
失墜下地多増之間、可預御免
之由歎申者也、次左藤六散田
事、砂川成内江入之間、別而
無請加者□（也）、
定残弐仟佰玖拾四角参斗参升四合九勺一才
国下行
伍百玖拾肆角参斗三　自一乱、地下人号荒不作、不
升四合九勺一才　致沙汰、自寺家追而以上使可
有御糺明也、
尚残仟陸百斛
同下行
玖斛四斗五升　観音堂村内一成得陣名、□□（依無カ）用
水畠成、
弐角六斗五升　同村構成、
弐斛六斗五升　太郎田村守包申近年不作分、
肆百参拾七角四斗七合　村々当不作、侘事申分、
壱角捌升　大橋爪道成、
已上、肆百五拾参角弐斗参升四合
残仟百肆拾陸角柒斗六升六合内、

（朱筆、以下同）「残千六百角内、」
参百九拾弐角参斗一升　当損雖四分一申定、依水損以外之儀増之、注文在之、
「仟弐百七斛六斗九升」
残柒佰五拾四斛四斗伍升六合
一請加
弐拾壱角参斗五升一合　得蔵分、
已上
（朱筆）「仟弐百弐拾九角四升一合」
并柒佰七拾五斛八斗七合
下行
百陸角九斗弐升夏、　寺納割符三ケ分、加夫賃、
肆拾四角五斗伍升夏、　同拾参貫文分也、於国上使年
徳監寺渡之、
柒拾捌角四斗壱升　同寺納割符三ケ分、
七角壱斗弐升　総都寺御書下参貫文分、
参斗自十一月九日至十二月八日、　了正力者在庄米、
拾参角六升　国方年始礼、五貫五百文分也、
捌角九斗壱升　若松殿（本泉寺蓮悟・同寺勝如）江御訪料、参貫文分也、
四拾参角七斗三升七合　定下行、毎年定、

参十捌角九斗六升六合　河北用水普請入目、毎年不同、
肆斛参斗四升六合　豊田庄（石川郡）新水代、壱□□（貫四）百六十
文分也、
此外、五百卅二文者、自二ケ村遣之、
参斛　下行給、
壱角五斗　八月十五日御神事入目、
壱角壱斗七合　神主本堂替地由、毎年申引之、
弐斗七升五合　横江庄（石川郡）井料米計上、近年違乱、
伍斛　国入目、平木方引之、
玖拾弐角六斗六升　就可有越中国敵出張物忩、国
中所々并庄内ニ構堀、壁入目
等、為斛別打出之、十人衆組・
六ケ組分也、
此外、廿一貫文、六ケ組内、以侘事不出之、廿貫文、米泉組一円、以侘事不出之、
参角参斗　国方披（被）官景山方取分、□
引夕（残、以下同ジ）間次之、此分ニて究由候
也、
拾弐角二斗八升一合　得蔵内最勝坊分、楞厳寺江出
之、

弐百四拾八角五斗二合内、去年過上方本、（分脱カ）
五十一角七斗一升六合内、道願過上、無利平ニ申定、
弐拾参角五斗四升四合　以当年貢内返弁之、
夕廿八角一斗七升二合　来秋以此分、道願へ可有返弁
者也、「聊無返弁、」（朱筆、以下同）
残百九拾捌角五斗二合　去年過上方本分、
百五拾捌角八斗　同利米、八把利分、
以上、参百五拾七角参斗二合、返弁之、
玖角九斗六升　保後村番頭二郎衛門□井料、
不弁、
壱角参斗内、得蔵内申事、
荘厳坊　横山　二郎左衛門
白浄庵　永善寺
百四拾斛　庄主給、
伍拾斛　沙汰人給、
参斛六斗　出納、雖相論、号給分、□（正カ）覚
引□（之カ）、
拾四角弐斗八升内　村々申事、
三角　五郎衛門方、七角　衛門九郎、八斗　道通孫太郎
相論、一角六斗　保後衛門二郎、一角八斗八升　末ニ□半
内申、

已上、「玖百六拾五角四斗六升一合」
「打除分、玖拾九角九斗六升七合、追而可有糺明之、」
過上、「已上、仟六拾五角四斗二升八合」
「尚除分、四百五拾参角二斗三升四合是ハ仟六百斛之別分也、」
「幷」
「定過上弐百八拾九斛六斗二升一合辰歳返弁、」
一大豆「四角弐斗六升七合近年不納也、」
一銭方
本数銭柒佰参拾貫六百廿一文　但加安枝名御得分銭六貫四百八文幷国正名御得分銭弐貫百六十四文定之、
除
柒拾捌貫百拾四文　例除七拾九ヶ条、先勘定状委細在之、
壱貫五百文　示野村守近名河頽畠二段・同村四郎丸名河頽畠三反、以上河頽畠五段地子銭也、一段別三百文充、任先勘定状也、

ヽ陸百文　赤土村散畠五段廿代、依為白地作人上表之間、加損二段免許、先勘在之、

ヽ参百文　示野村清次郎名散畠河頽一段地子銭、

ヽ百弐十文　宇禰田村散畠一段、為白地間、作人上表畢、仍廿代以加損本作人如元下畢、

ヽ壱貫五百四十五文　示野村二郎太郎名畠河頽四段十代十八歩并正作苧畠河頽十五代、以上五段五代十八歩銭也、但為河頽、近年地子銭令未進間、去応安四年二月庄主・沙汰人相共検知処、河頽段分明間、除之、

ヽ弐百文　示野村古川跡新田、去応安年洪水皆水損、日仕定役也、委細米段在之、

ヽ百参十五文　宮腰塩町在家三郎次郎、去応安五年洪水河頽分地子銭也、

ヽ弐百参文　同在家西袋宗次郎跡尼公同年死去畢、後家跡空地分地子銭也、

ヽ弐貫参百文　示野村王丸（一脱カ）五郎名、依多年河頽、作人上表間、去応安六年庄主上使時有沙汰検知、雖然于今延引間、頽残畠令荒野上者、沙汰人相共下地令検知、任現形令免許、

ヽ参拾参文　宮腰在家橋爪新三郎入道家半間河頽之分地子銭、自応永七年免許畢、

ヽ陸拾文　示野村正作苧畠、河頽間免除之、

ヽ四百五十文　示野村光弘名内、河頽成間、至徳□□（二年カ）四月三日為河防寺家申□免許、

ヽ五拾壱文　無量寺村国正名内一段、六斗

代分定役、委細米段在之、

陸佰文
示野村次郎太郎名河頽畠二段、依歎申、自至徳三年免許、

参百五十三文
赤土村宮畠桑代河頽段、依歎申、明□(徳)元年免許之、

四貫参百九十三文
五ケ村新井方江自応□□(永八年カ)被免許之間、依寺家之免許、

肆貫六十六文
赤土村辻王丸名内、円楽寺河関時ニ畠於河堀切分一町地子銭三貫文、一段別三百文充、此□(分カ)田七段損分、日仕定役、一貫六十文、一段別百五十一文充、

陸貫文
観音堂村散畠・円楽寺畠、於河堀切分二町也、一段別三百文充、

拾貫文
大野・宮腰在家地子銭、山頽・浜成損免分也、応永十五年・六年御□□(免許也カ)、

弐貫百八十六文
楞厳寺古屋敷、依砂頽、自応□□(永廿カ)三年御免許也、

参百九十五交
観音堂村散畠二段廿代、円楽寺新河失畢、被田日仕定役、自応永十九年免許、

已上、佰拾参貫六百廿一文

残定陸百拾柒貫文

一請加

捌拾貫玖百六拾弐文
前々請加、委細先勘定在之、卅□□(ケ条カ)分也、但貞治六年結解状□(者カ)雖為卅三ケ条、四貫五百文者今新保并湊前□□(湖上カ)嶋葎地子、依今河成不弁、此内打開間米請加令(ママ)畢、七百文同新保葎草地子銭、子細同前、五百文者宮腰家売買闕物、毎年不同、治定請加不入之、以上三ケ条、五貫七百文令減者也、

陸百拾文
自応安元年取出西安原村

弐貫六百八十文

散□(田カ)四段、日仕定役也、□(委カ)細
□(米段請加在之カ)
同年取出村々新畠一町四段
□□□(四十代カ)之内、損畠地子一貫七
百六十文、得畠□□(地子カ)二貫六百
八文弁之、観音堂村□□(畠五カ)段、
示野村畠四段廿代也、新畠等
者、自□□□(河成出カ)米也、

壱貫六百十文

赤土村新畠、自応永三年取出
一町廿代分地子三貫百八十文、
得畠一貫六百十文、一段別三
百文充定、

佰文

同村新畠十五代地子銭也、康
暦元年取出之、子細同前、

弐百文

宇禰田村新畠、自応永四年打
開一段分地子三百文内、損畠
二百文、得畠二百文也、

六百九十文

黒田村新畠、自応安四年打開、
四段卅代分地子一貫三百八十
文内、損畠□□(六百カ)九十文、反別
三百文充、

五百文

自応安六年新畠、赤土村河原
畠五段分地子一貫五百文内、
損畠一貫文、得畠五百文、畠
段別三百文、

五百七十文

湊宿崎畠、雖為往古、近年令
荒野、自応安六年少々打開分
地子銭也、

佰五拾文

同所畠、去自康暦元年取出、
地子銭也、

百五十文

同所浜於打開、自応安七年屋
造分地子銭也、上総房開之、

参百文

観音堂村新畠、永和元□(年カ)開之
二段内、損畠一段・得畠一段
分地子銭也、但反別三百文充、

百五十五文

宮腰西袋在家地子銭也、但令
為空地、自永和四年楞厳寺敷
地成也、

五百文　横江倉敷地々子銭、
壱貫七百卅文　先沙汰人二人跡屋敷地子銭、
自至徳三年始而納之、
参百文　先沙汰人屋敷打開、明徳元年
始而納、
壱貫五百文　西条村散田荒五段、畠開之間、
毎年段別大豆五斗雖定置、依
為不然（熟）、作人上表間、任先規
田成地子銭、段別三百文充、
壱貫捌百文　赤土村辻王丸名内六段畠成地
子銭也、段別三百文充、此畠
者円楽寺河関損田下地也、
已上、玖拾肆貫伍百廿八文
都合柒佰拾壱貫五百弐拾捌文
一尚請加
参拾貫文　嶋田上下年貢銭、
肆貫文　大野湊畠後年貢銭、
壱貫文　同所、此間者雖為古川打開之
間、自永享六年始而納之、
五貫文　宇禰田後公方嶋年貢銭、
参貫文　今新保畠地子、但真元之小嶋哉、
五貫文　古川地子銭、但此間者依水損、
雖為三貫文、自永享六年二貫
文増納、
弐貫文　西安原内清包名散田之内得分、
但此間者新屋方雖為所持下地、
於寺家依為不忠仁勘落之、自
永享七年令寺納也、依水損六
百（文脱カ）、
以上、五拾貫文
惣都合柒百六拾壱貫五百廿捌文
除
壱貫七百六文　赤土村・無量寺村・西安原散
田不作分、日仕定役也、
壱貫九十二文　円楽寺分五百四十三文、友包
四分三五百五十文者、宇禰田
散田三段卅代、日仕定役也、
委細米段在之、

一、弐貫拾九文　宮腰白浄庵古屋敷砂山成間、
彼庵円楽寺地之内引之、仍古
屋敷地子御免、

一、柒佰捌文　野老塚村友包四分一年貢銭、
子細米段在之、

一、陸拾五貫六文　依年々砂成、屋敷地子依為不
足、沙汰人以起請文歎申間、
以御評定、自永享年中御免、

一、伍百弐拾文　赤土村左藤六散田、日仕定役、
子細米段在之、自永享十一年
免許、

一、壱貫佰文　西安原村散田七段十代、日仕
定役、米段在之、自永享十一
年免許、寸次郎名、自同十二
年始而御免、子細米段在之、

一、参佰五文　寸次郎五郎名、自永享十二年
始而、子細同前、

一、六百捌十六文　同村則清名三分二、子細米段
在之、

一、陸百拾文　西安原村烏帽子形散田御免、
子細同前、

一、七貫百卅五文　宮腰屋地子、依成砂山、沙汰
人以注進状歎申間、為評定之
儀、自嘉吉元年免之、

一、六貫六百五十八文　赤土村法師丸名年貢銭、就五
ヶ村用水、百姓歎申間、自文
安元年一円御免、

一、壱貫七百弐十文　宝厳院屋敷地子、自文安五年
御免、

一、壱貫九百卅八文　佐那武社頭御免敷地・田地、
日仕定役、

一、七百六十壱文　示野村一王丸河頽五段、日仕
定役、

一、肆貫文　赤土村辻王丸名内、河頽由
連々歎申間、自康正元年御免、

一、四百五十六文　西安原三郎丸内、依砂成御免、
委細米段在之、

已上、玖拾六貫四百卅五文

残陸百六拾五貫九拾文
除
肆拾捌貫六百拾七文　砂河成、子細米段在之、
彼砂成・河頽不分明間、不及御免之也、然間年貢銭堅可有
催促者也、評定儀如此、今度以上使可被尋者也、
残定陸百拾六貫四百七拾三文
一請加
拾五貫柒拾文　本堂畠地子銭
已上、陸百参拾壱貫五百四十六文
除
弐百五拾六貫弐百六　自一乱荒、地下人号不作不致
十五文　沙汰、自寺家以上使可有糺明
也、
柒拾七貫捌百文　当荒、村々歎申分、
玖百拾弐文　観音堂村一成得陣畠、
肆佰参文　同村構成、
玖百文　今江村構成、
五百捌十文　赤土村番頭給、
壱貫捌百文内、　宮腰地子銭内、御免分、
弐百文　下行兵衛、四百文　永阿弥、
弐百文　彦左衛門、参百文　横山政所屋敷替地、
四百文　番匠、参百文　古田跡浜成、
伍貫陸百文　宮腰地子銭内、浜成、
参貫伍百五十文　本堂畠地子銭内、川崩、
参百文　同所畠内、番匠給、
捌百文　同所畠内、下行兵衛立用、
陸貫五百文　大野地子銭内、浜成、
壱貫五百文　同節季銭内、侘事分、
壱貫文　刀禰・定使屋敷免、
弐貫文　西条又四郎左衛門、近年浜成
由歎申也、
弐拾貫文　嶋田喜見坊分、依洪水塩入皆
損、
五貫文　同小二郎五郎分、同前、
参貫文　小嶋彦二郎分、同前、
弐貫五百文　公方嶋半分、同前、
弐貫五百文　同半分、依浜成、自明応元年
重書補任相承、寺家へ上申也、
百四拾壱貫九百六十　当損并加大野・宮腰・本堂加
五文　損共、

以上、（朱筆、以下同）「百四拾五貫四十六文此外打除分参百八十九貫八百卅四文、追而可有糺明也、」
残「九十六貫六百五十七文」
一請加
参貫五百文　前々地下未進内、且納、
已上、「百貫百五十七文」
所済
壱貫五百文　了正力者衣料、御書下在、
陸百文　同人上路銭、
壱貫百文内、　帯之代、
八百文　道願へ御書、　三百文　正覚へ、
壱貫四百文　豊田郷代、毎年定、
四百九十一文　（石川郡）桜田郷代、同、
九貫五百文「未」　川北用水、石浦へ渡、
柒拾参貫文内、　去年過上本利返弁、
四十五貫六百廿文　本銭廿七貫三百八十文　十二ケ月分利五文子、
壱貫文　各瀬町公事入目、藤江村へ遺之、
壱貫八百文　御服内、沙汰人毎年取之、
弐貫五十文　出納雑相論、正覚引之、
四貫弐百十八文　村々申事、注文在之、
弐拾貫文　庄主給、
拾弐貫文　沙汰人屋敷分、
拾貫文　本米納、
已上、「百卅貫五百九十一文此外打除分八貫六十八文、追而可有糺明之、」
過上「参拾八貫五百文内、
拾貫文、　点心料立用之、」
「定過上弐拾八貫五百文、辰歳返弁、」
右、収算用之状如件、
明応四年十二月　日　庄主殊全（花押）
「同五年七月十五日勘定訖、慶勝（花押）」
監寺
納所祥健（花押）
維那禅向（花押）

○紙継目表に慶勝の朱花押、裏に殊全の花押あり。料紙に墨書罫線あり。

五六八　室町幕府奉行人連署奉書案

臨川寺領諸国所々・同門前境内以下禁裏御普請幷段銭・棟別・地口・町夫検断等事、帯度々証文、先々為免除地之上者、向後弥停止使者之入部、寺家領掌不可有相違之由、所被仰下也、仍執達如件、

明応五年閏二月廿一日

加賀前司（飯尾清房）判在　飯尾加賀守也

信濃前司（諏訪貞通カ）判在　諏方（訪）信濃守也

当寺雑掌

五六九　臨川寺仏殿幷衣鉢閣造営納下帳（竪帳）

（表紙）（異筆）「『一』

明応五年丙辰

臨川寺仏殿幷衣鉢閣造営納下帳

六月日始之」

（第一丁オ）

＼（朱合点、以下同）臨川寺仏殿幷衣鉢閣造営納下帳　明応五年丙辰六月日始之、

納

＼弐拾五貫四百六十四文　自常住納之、

以上

同下行

＼六百文　（加賀国石川郡）大野へ為勧進力者下路銭

＼壱貫弐百文　同庄へ帯・扇子下入目

＼捌貫六百文　榑代二千支

（第一丁ウ）

＼弐貫七百文　白板八千四百枚

＼六百八文　大鋸引

＼壱貫四百文　釘色々

＼壱貫百文　大角五本

＼五百五十文　三尋木

＼百六拾五文　榑曳　一日半分

＼参貫四百文　番匠作料卅四員

＼百七十三文　同酒直

＼四百十二文　米代三斗九合百文別七升五合

（第二丁オ）

＼弐百廿文　雑事

弐百文　祝酒　三度分
肆拾文　銭取酒直
以上弐拾壱貫三百七十四文
明応五年六月日

一　衣鉢閣天井入目
弐百文　自若州官銭上夫賃
捌百四十文　大鋸板六間
（第二丁ウ）
参百卅文　杉五三寸六支
参百五十文　三尋木十六支
五百文　釘色々
壱貫六百文　番匠作料
捌十文　同硯水
百四十五文　祝酒度々分
弐十四文　懸金一間分
九文　錺子坪
四文　糊
（第三丁オ）
以上肆貫八十七文

廾弐拾五貫四百六拾四文
明応五年丙辰七月十二日　納所祥健（花押）
（朱筆）「同五年十月十一日勘定了　周弥（花押）」
三会院等誠（顕室）（花押）　維那禅向（花押）
住持中賢（竹隠）（花押）　都寺祥弥（花押）
（第三丁ウ）
明応七年戊午歳分
納　正月分
拾貫文　常住ヨリ請取之、
同下行
一　仏殿南面上葺入目事
七佰文　檜木五本　押木用之、
（第四丁オ）
参百文　三尋木
肆貫参百文　榑代千支
弐十文　淀へ下力者路銭
壱貫五百卅五文　白板四荷

弐百廿文　大鋸引
九佰五十文　釘
壱貫七百文　番匠作料
捌十五文　同酒直
五十文　竹釘
（第四丁ウ）
五十五文　手代酒直
佰文　大工祝
以上拾貫弐十四文
明応七年正月廿六日　納所祥健
（朱筆）「明応九年六月九日勘定訖、殊直（カ）（花押）」
（第五丁オ）
明応九年庚申歳分
納方
五月
弐拾九貫弐百四十三文　常住ヨリ請取之、
同下行
一　本坊西広縁并後架造作入目事
肆貫三佰文　榑千文

壱貫三佰十六文　釘色々
（第五丁ウ）
壱貫五佰六十文　三尋木五組
五佰文　杉大角五本
参佰六十文　同三間木二本
弐佰八十文　栗中角七本
佰拾文　杉料物　一本
弐佰四十文　檜木中角二本
佰五十文　杉中角　三本
佰八十文　杉五三寸　三本
佰六十五文　大鋸板一間半
（第六丁オ）
弐貫七百文　番匠作料廿七員
佰卅五文　同酒直
佰文　番匠祝
参佰卅文　大鋸引三員
廿四文　懸金　二具
弐佰卅三文　番匠中食廿七員一斗六升二合
佰卅八文　同雑事

弐佰卅六文　手代酒直
佰卅五文　同中食雑事
（第六丁ウ）
参十弐文　榑曳幷大鋸曳中食雑事
以上拾参貫二佰四十五文
一　廊下造作分
壱貫弐百文　杉大角　十二本
壱貫捌十文　杉三間木　六本
七佰七十文　杉料物　七本
六拾文　杉五三寸　一本
壱貫二百六十文　三尋木　四組二文
（第七丁オ）
佰十文　檜中角　一本
弐貫佰五十文　榑　五百支
壱貫二佰文　葺板　六荷
弐佰七十五文　大鋸曳　二員半
五十五文　榑曳
弐佰文　竹代
七佰六十六文　釘色々

七拾文　葺師賃
弐貫六百文　番匠作料　廿六員
（第七丁ウ）
佰卅三文　同酒直
弐佰文　番匠祝
弐佰廿三文　番匠中食　一斗五升六合
佰卅三文　同雑事
拾六文　榑曳中食雑事
弐佰五十六文　手代酒直廿五員
佰六十六文　同中食雑事
以上拾弐貫九佰五十一文
（第八丁オ）
一　庫裡造作入目
弐佰文　三尋木
肆佰五十文　釘色々
佰文　大鋸史「板」々々三間「一間」（朱筆）
参佰文　大鋸史　三間
卅文　同酒直
七佰文　番匠作料　七員

参拾五文　同酒直
（第八丁ウ）
佰文　藁代
五十文　縄代
七拾文　番匠中食　七貝　五升四合　加臨時
四十五文　同雑事
廿文　大鋸曳中食　四貝　一升四合四勺
十二文　同雑事
卅二文　大工祝酒
五佰十五文　手代酒直　五十貝（朱筆）「釜塗普請給」
三佰七十二文　同中食雑事　米八二斗三升五合也、
（第九丁オ）
以上参貫四十三文
（朱筆）「幷弐拾九貫二百四十三文」
明応九年庚申五月　日　納所祥健（花押）
（朱筆）「同年六月九日勘定訖　殊直（カ）（花押）」
三会智岳（松嶺）（花押）　蔵主
維那禅向（花押）
住山集康（太寧）（花押）　都寺福珎（花押）

○第一丁オの上部に朱文方印（兎図）一顆、下部に朱文方印「しんまちミつ井け」一顆あり。

五七〇　室町幕府奉行人連署奉書（折紙）

天龍寺付雲居庵領城州物集女庄（乙訓郡）・長井庄（乙訓郡）幷諸散在等事、為守護不入地、寺家当知行之処、有違乱族云々、事実者太不可然、早年貢諸公事以下、如先々可致其沙汰由被仰出候也、仍執達如件、
明応六
十二月十九日　長秀（松田）（花押）
元行（飯尾）（花押）
当所名主沙汰人等中

五七一　臨川寺山門再興造営帳（竪帳）

（表紙）（異筆）『二上』
臨川寺山門再興造営之帳
明応七戊午季
正月十一日始焉」
（第一丁オ）
臨川寺山門再興造営方奉加銭之帳

納

弐拾貫文内（朱合点、以下同）　十貫文　明応七二月
　　　　　　　　　　　　　　十貫文　明応九四月　常住

拾貫文　　　住持中賢（竹隠）（花押）

六拾五貫文「文亀元三月大帳見了」（朱筆）　常住

六貫五佰文「一疋一貫三百文宛」（朱筆）　絹代五疋分　若松殿（本泉寺蓮悟）蓮谷殿（松岡寺蓮綱）引物

（第一丁ウ）

壱貫文　　　蔵主弐貫官銭

弐貫五佰文　文亀二癸亥十二月返弁　借納　華徳院江入（花押）

五貫文「酉四月大帳、借納」（朱筆）　自常住

以上「佰拾貫文」（朱筆）

（第二丁オ）

伍貫文　　大野庄（加賀国石川郡）庄主殊全都寺（花押）

以上

幷「佰拾五貫文」（朱筆）

（第二丁ウ）

同下行

拾九貫弐佰文　柱六本　参貫二百文宛　井上方

九貫六百文「内六百文ハ木作入目」（朱筆）　柱三本　参貫二百文宛　天龍寺

参貫文　　柱一本　　同所

参貫文　　柱一本

　　　　　柱一本　天龍寺寄進

　　　　　縁座木　同

弐貫文　　天龍寺江礼

以上「参拾六貫八百文」（朱筆）

（第三丁オ）

弐百六十文　大鋸板　二間

弐佰文　三尋木　六支

壱貫文　冠木　二間半　壱本

捌佰文　杉七八寸　四本

捌佰文　杉七八寸　四本

参佰文　杉大角　三本

佰文　杉五三寸　二本

佰文　栗五三寸　一本

弐佰文　三尋木　十支

（第三丁ウ）

参貫五佰文　松冠木三間木弐本

六佰文　三尋木　二組

参佰文　松五三寸　六本

壱貫弐佰文　三尋木　四組
九佰六十文　栗二間柱　廿四本
壱貫六百五十文　冠木　一本　三間木
佰文　杉料物　一本
佰九十文　檜木七八寸　一本
肆佰廿文　三間木　三本
（第四丁オ）
弐貫八百五十文　松冠木　三間半
壱貫七佰文　松冠木　二間木　二本
壱貫六佰文　杉七八寸　八本
壱貫文　冠木　一本　二間半
壱貫七佰文　冠木　二本　二間木
弐貫捌佰五十文　松冠木　三本
壱貫伍佰文　檜木冠木　一本　無送状
壱貫伍佰文　冠木　ケヤキ　無送状
壱貫文　松冠木　一本　無送状
（第四丁ウ）
以上（朱筆）「弐拾扒貫参百八十九文」
弐佰文　釘　五連
弐佰文　同　カスカイ
弐佰文　同　二連
佰文　同　四連
弐佰文　同　三連
拾捌文　同　五寸
以上（朱筆）「九百十八文」
弐貫文「二月三日」　事始祝　大工方へ出之、
（第五丁オ）
弐拾五貫六百五十六文（朱筆）「一人別百五文宛」　番匠作料二百四十四員自三月三日至于四月十八日分也、
弐貫九佰七十六文（朱筆）「百十文宛」　杣人作料廿七員
壱貫四百卅三文（朱筆）「同」　大鋸引　十三員
参百卅文　番匠臨時酒直切符在之、加杣人、
佰文　藁筵　切符在之、
佰文（朱筆）「撰日吉礼」　（賀茂カ）在道　同
佰文　愛宕参　同
佰五文　事始日　上方鹿苑院へ御出草鞋、
佰文　雲脚　切符在之、

（第五丁ウ）
佰六十一文　日養（朱筆）「三人柱立之時」
五佰文　車力（朱筆）「度々分」
以上（朱筆）「参拾参貫五百六十七文」
参貫文　立柱祝　大工方へ出之、
肆佰文　布（朱筆）「三端」　同
佰文　（朱筆）「疋」馬賃　同
弐佰文　両鍛冶祝
佰文　大鋸引祝
佰文　杣人祝
（第六丁オ）
以上（朱筆）「参貫九百文」
佰五文　立柱日　上方鹿苑院へ御出、力者草鞋
五佰十六文　同　扇子幷檀紙、鹿苑院へ、
弐貫八十四文　普請方酒直　切符在之、
五貫三佰卅文　米代四角（斛）五斗三升二合八勺　貫別八斗五升宛、
壱角四斗六升四合　番匠、一斗六升二合　杣人、
四升六合八勺　大鋸引、壱角五斗一合二勺　普請衆、
三斗二升八合　祈禱、一角二升　立柱斎米、
壱貫弐佰廿文（朱筆）「中食一人別五文宛」　番匠方雑事
九《八》拾□《一》文（朱筆）「一人三文宛」　杣人雑事
卅九文（朱筆）「同」　大鋸引雑事
（第六丁ウ）
肆佰九十弐文　普請衆雑事
五佰拾四文　祈禱斎入目　注文在之、
壱貫五百廿七文　立柱諷経斎入目　注文在之、
以上（朱筆）「拾壱貫九百卅四文」
幷（朱筆）「佰拾五貫五百十四文」
過下（朱筆）「五佰拾四文」
文亀元年卯月十八日　納所祥健（花押）
（第七丁オ）
（朱筆）「同卯月廿七日勘定訖、周善（花押）」
大勧進　維那禅向（花押）
三会智岳（松嶺）（花押）　都寺福珎（花押）
住山周禧（祝江）（花押）
（第七丁ウ）
納方　五月分
弐拾五貫文　自常住
参拾貫文　六月同

捌貫六佰卅一文　閏六月同
拾貫文　大野惣庄奉加銭
拾貫文　庄主奉加（朱筆）「殊全都寺」
壱貫文　官銭自花徳院請取之、
（第八丁オ）
以上（朱筆）「捌拾四貫六百卅一文」
同下行
壱貫文　冠木　一本　二間半
弐貫五佰五十文　冠木　三本　二間木
肆貫弐佰文　冠木　三本　二間半大輪用之、
捌佰五十文　冠木　一本　二間木
捌佰五十文　冠木　一本　二間木
壱貫弐佰五十文　松五三寸　廿五本
弐貫四佰文　三尋木　八組
（第八丁ウ）
肆佰五十文　五三寸　九本
壱貫七佰文　冠木　二本　二間木
参佰文　三尋木　一組
六佰五十文　杉五三寸　十三本

壱貫弐佰文　三尋木　四組
弐貫佰文　三尋木　七組
肆貫弐百五十文　冠木　五本　二間木
弐貫八佰文　冠木　二本二間半大輪用之、
弐貫七佰文　冠木　一本三間木自京
（第九丁オ）
壱貫文　三尋木　三組　定忍より
参佰九十文　大鋸板　三間
壱貫五佰文　小冠木　三本　一間半保津ヨリ
参佰廿文　檜三間木　一本
肆佰文　松四間木（朱筆）「三」　四本
拾貫四佰卅文　下榑　二千三百卅三支
佰文　三尋木　五支
肆貫五佰文　白板　廿二荷半（朱筆）「一荷別二百文宛」
壱貫六百五十文　竹　（朱筆）「襲用」
（第九丁ウ）
以上（朱筆）「肆拾九貫五百四十二文」
五貫九佰十五文　釘色々　送状在之
佰廿五文　竹釘　（朱筆）「六升代」

拾八貫四佰五十五文　大工作料佰八十四員半分
九佰四十七文　同酒直
壱貫三佰七十八文　同中食米壱角（斛）一斗四合八升和市
九佰四十七文　同雑事
九佰九十文　杣人賃　九員
六十五文　同中食米　五升四合

（第一〇丁オ）

廿七文　同雑事
捌佰八十文　大鋸引賃　八員
卅六文　同中食米　二升八合八勺
廿四文　同雑事
弐佰四十文内廿文酒直　榑曳賃　二員
弐佰八十六文　葺師賃　四員分也
弐貫四佰四十一文　色々切符在之、酒直幷臨時也、
壱貫参佰七十文　手代中食米壱角（斛）九升八合八勺八升和市、
参佰九十一文　同雑事

（第一〇丁ウ）

参拾文　縄代、屋ね用之、
五佰十五（四）文　前過下引之、

以上「（朱筆）参拾五貫扒十九文」
幷「（朱筆）捌拾四貫六百卅一文
都合「（朱筆）弐佰貫百四拾五文」
文亀元年辛酉閏六月晦日　納所祥健（花押）
「（朱筆）同年七月五日勘定訖、　周善（花押）」
維那禅向（花押）

（第一一丁オ）

大勧進　都寺福珎（花押）
三会（松嶺）智岳（花押）
住山（祝江）周禧（花押）

（第一一丁ウ）

一　韋駄天堂建立納下帳
納　二月分
五拾貫五佰七十四文　常住
参貫文　大野庄主（殊全）全都寺奉加
以上「（朱筆）伍拾参貫五百七十四文」
同下行
佰文　日取祝
壱貫文　事始祝　大工

（第一二丁オ）
佰文　同鍛冶祝
参佰文　江州へ納所下向、大勧進へ造営案内上下路銭、
壱貫佰文内佰文樽代出之、　立柱祝　大工
弐佰文　同鍛冶祝
佰文　同時上方鹿苑院へ御出草鞋、
肆貫五佰文　面柱　弐本
参貫文　円柱　六本
弐貫百文　杉料物　廿一本
五貫四十文　三尋木　十四組
（第一二丁ウ）
五佰文　杉大角　五本
壱貫文　杉七八寸　五本
捌佰五十文　杉五三寸　十七本
捌佰文　八寸方　二本
弐貫八百文　冠木　三本
壱貫佰廿文　杉三間木　八本
参貫七佰十五文　葺板（朱筆）「一荷別百七十文宛　檜（カ）板二百枚宛、」十八荷
捌佰文　竹（朱筆）「襲」押用之、

肆貫佰十九文　釘色々　送状在之、
（第一三丁オ）
肆佰五十六文　金物　カスカイ
弐貫六佰文　大鋸板　廿間一間別百卅文
参佰文　竹　小壁用之、
佰弐十文　大鋸板　一間　指図
五十文　竹釘　檜付
五十文　藁筵
拾壱貫文　番匠作料　百十員
伍佰六十五文　同酒直
伍百五十文　杣人　五員
（第一三丁ウ）
肆佰文　番匠臨時酒直　度々
六佰四十六文　手代酒直　度々　切符在之、
肆佰五十文　祈禱粥入目　注文在之、
七拾文　葺師（朱筆）「一人」
五拾文　雲脚
佰文　藁（朱筆）「壁用」
肆佰四十文　壁塗　四員

佰文　同祝　切符在之、
捌佰五十文　番匠中食百十員分六斗六升
（第一四丁オ）
五佰六十五文　同雑事
参十一文　壁塗中食四員分弐升
弐十文　同雑事
参十八文　杣人中食五員分三升
拾五文　同雑事
六佰七文　力者中食四斗七升四合切符在之、
佰八十一文　同雑事
五十文　雲脚　切符在之、
以上「（朱筆）伍拾参貫五百七十四文」
（第一四丁ウ）
文亀弐年壬戌六月晦日　納所祥健（花押）
「（朱筆）同弐年七月八日勘定訖、周善（花押）」
大勧進　維那禅向（花押）
三会（顕室）等誠（花押）　都寺福祢（花押）
住山（祝江）周禧（花押）
（第一五丁オ）

一　山門方　常住
納
拾九貫八佰十弐文
以上
同下行
弐貫佰文　檜七八寸　四本
壱貫四佰七十文　檜大角　七本
壱貫文　檜料物　四本
（第一五丁ウ）
参佰文　檜六寸方「（朱筆）一本」
九佰文　三尋木　三組
弐貫文　板「（朱筆）戸三間分」十四枚
五佰卅五文　金カリ　送状之、
五佰五十文　釘色々
九佰文「（異筆）内百文祝」　金物
弐佰文　壁竹
弐佰文　稾
六十文　細縄
（第一六丁オ）

丶六貫二百文　番匠作料　六十二員
丶参佰十九文　同酒直
丶肆佰文　同臨時酒直　切符在之、
丶肆佰七十六文　同中食　三斗七升二合
丶参佰十九文　同雑事　六十二員
丶六佰六十文　壁塗賃　六員
丶参十七文　同中食　三升代
丶参十文　同雑事
丶肆佰四十一文　力者中食　三斗四升五合　切符在之、
（第一六丁ウ）
丶佰卅六文　同雑事
丶参佰八十三文　同酒直　切符在之、
丶佰四十文　川原者　二員
丶参十五文　菰籬築地用之、（朱筆）「五丁」
丶以上（朱筆）「拾九貫扒百拾弐文」
文亀弐年壬戌六月晦日　納所祥健（花押）
（朱筆）「同弐年七月八日勘定訖、　周善（花押）」
維那禅向（花押）
（第一七丁オ）

大勧進　都寺福珎（花押）
三会等誠（顕室）（花押）
住山周禧（祝江）（花押）
（第一七丁ウ　墨付なし）
（第一八丁オ）
山門脇扉造営入目
納
丶拾貫文　大野庄奉加
丶壱貫文　平木方奉加
丶弐貫五百五十六文　自常住請取之、
丶以上拾参貫五佰五十六文
同下行
丶弐貫佰廿三文　檜七寸方　四本
（第一八丁ウ）
捌佰文　檜六寸方　二本
丶五佰四十三文　檜料物　二本
丶弐佰三十文　檜大角　一本
丶壱貫六佰文　金物　二百
丶五佰拾二文　大釘　卅二ケ

弐佰八十五文
佰文
五貫三佰文
弐佰七十一文
（第一九丁オ）
佰十文
六佰卅六文
弐佰七十一文
捌拾七文
五十文
弐拾四文
六文
五十一文
七文
（第一九丁ウ）
佰卅二文
弐佰文
佰文
佰文

二連釘
鉸
番匠作料　五十三員
同酒直

大鋸曳　一員
番匠食米　三斗一升八合　五升和市
同雑事
番匠臨時中食　四升三合二勺　十二員
同雑事
大鋸曳　中食米　二員分
同雑事
手代力者食米　七員　二升五合四勺
同雑事

番匠臨時酒直
同扉祝
鍛冶祝
力者へ祝

以上拾参貫五佰五十六文
永正元年七月七日　納所祥健（花押）
「同《朱筆》月十一日勘定訖、全得（花押）」
維那禅向（花押）

（第二〇丁オ）
三会集康《太寧》（花押）　首座中倫（花押）
住山等安《心翁》（花押）
大勧進中賢《竹隠》（花押）

○第一丁オの上に朱文方印（兎図）一顆、下部に朱文方印「しんまちミつ井け」一顆あり。

五七二　臨川寺条々

鹿苑周麟《景徐》（花押）

定　臨川寺

一常住下行方、毎年応土貢、可下行之、縦雖欠旧規、以借物不可補之事、
一寺家再興之間、可専造営、若有余剰者、住持・衆僧之粥飯可用之事、
一雖為寺家大用、借銭之議《ママ》者、太以不可然、若号小利有

借銭者、為寺官利足分可弁之、大帳ニ不可載之事、
一以大藤并野垣一本松之年貢、住持・寺官・衆僧之粥飯并行力相節等可用之、若年中退転之月者、各可為自堪忍、至行力者、以常住方年貢納所之内、買続可下行之事、
一毎月勘定并評議之時者、前住衆之中、縦雖為東堂、於在嵯峨衆者、各請之、可証明事、
一於寺領賀州(石川郡)大野庄、雖為寺家大用、借銭之儀、不可叶者也、若名主百姓前借銭之輩在之者、一段可被処罪科事、
一大野庄々主職事、於向後者以評議、寺功輩撰器用之仁、可被任之事、

右条々、堅可被護之、仍衆議如斯、

明応七戊午年六月　日　　維那等璵(魯雲)（花押）
三会院英弥(濫秀)（花押）　　都寺祥弥（花押）
雲居庵智岳(松嶺)（花押）　　住山中賢(竹隠)（花押）
天龍寺

五七三　舜怡書状

先日者預芳問候、恐悦無極候、仍貝食籠一送給候、一段祝着秘蔵至候、随而雖左道千万候、綿三把・絹三疋進之候、誠表祝言斗候、何様重而従是可令申候也、恐々謹言、

(明応九年カ)九月廿五日　　舜怡（花押）
臨川寺御返報

○舜怡は本泉寺蓮悟か。

五七四　加賀国大野庄政所殊全書状

(包紙ウハ書)
「　　　大野庄(石川郡)政所
臨川寺出官看寮禅師　　殊全」

態注進可令申候処、幸便条申入候、仍去夏自寺家両山へ御音信之儀、蓮谷殿(松岡寺蓮綱)へハ、当庄之内代坊主、以専光寺(加賀国石川郡)届申候、同又若松殿(本泉寺蓮悟)へハ、仏中之坊主、以西福寺届申候処、何も御悦喜之由御返事候、取分若松殿よりハ只今御返事候、綿参把・絹参疋御返事ニ相副候、何も箱ニ入候て、被封候つれ共、路次之儀も事々敷、諸関以下大儀候条、西福寺与談合仕、取出絹をハ練候、今度寺家より力者御下候ハん時、西福寺まで如此之状御下候て可然候、案文両通進之候、此西福寺と申ハ、不作共ニ付而、可然之御

意見被申候仁ニて候、如此御沙汰候て可然候、当世ハ御甘心ニ候由、か様之儀候て、又過分之所務も勝(カ)事候条、必此分可被仰下候、自是注進可申候へ共、近日可然候便宜にて候間、事付、注進申候、此趣具御披露可為肝要候事候、恐々謹言、

(明応九年カ)十月十三日　　殊全（花押）

臨川寺出官看寮禅師

○文中の「若松殿よりハ、只今御返事」は前号文書に相当。次号文書も関連。

五七五　松岡寺兼祐書状

(封紙ウハ書)「　　松岡寺
臨川寺方丈御返報　　兼祐」

度々預書状候、本望之至候、殊不寄存、茶籠一堆紅・盆一枚、堆朱送給候、毎度御懇切之儀難申尽候、誠雖軽微至極候、絹五疋箱入進入候、併祝儀斗候、諸事期後信候、恐々謹言、

(明応九年カ)十月十六日　　兼祐（花押）

臨川寺方丈御返報

五七六　臨川寺領加賀国大野庄年貢算用状

(端裏書)「(朱筆)正合　大野庄(加賀国石川郡)御年貢明応九庚申算用状」

住山周禧(祝江)（花押）

三会等誠(顕室)（花押）

(朱筆)「殊全都寺知行分」

注進(朱合点、以下同)

臨川寺御領加州大野庄明応九庚申御年貢算用状之事

合

一米方

一本数米弐仟柒佰参拾参斛玖斗参升五合二勺

但加安枝名(黒田村)御得分米佰参角五(斛、以下同)斗二升四勺幷国正名(無量寺村)得分米五拾斛参斗一升定、

除

参佰参拾柒角壱斗五升三合九勺二才　例除五拾九ケ条、先勘定状委細在之、

玖斗柒升八合　示野村守近名河頽分也、去応

安元年下地検地処、河頽無子細間、貞治六年勘定之時、於寺家令披露被免除畢、一段分米四斗四升延定、

拾五斛六斗柒升五合
今新保䕠嶋田水損并不作一町九段分米、委細応永三年勘定状ニ在之、

壱斛弐斗五升四合
示野村古川跡二段十代請加、自去応永五年洪水時、皆水損間除之、

壱角玖斗四升四合
同村藤七名散田一段、河頽由歎申間、沙汰□(人カ)相共検地処、河頽分明間除之、八斗代延定、

伍斗五升
野老塚新保内廿五代、五斗代之弐斗五升延定、委細沙汰人注進在之、任先勘、

壱斛参斗弐升
無量寺村国正散田内壱段、六斗代分米延定、子細同前、

参角壱斗五升三合三勺
今江村散田一町二段内、一段者六斗五代(升脱カ)、以上延定、雖為玖角四斗六升、此下地無用水之由、□(於カ)寺家歎申間、三分一自応永元年被免許畢、

拾肆角参斗八升二合五勺
五ケ村新井方江、自応永八年始而御免、但延定也、

肆斛五斗柒升六合
西条散佃三段、六斗代延定、依無用水、此間令不作、其段番頭・百姓等以起請文令言上間除之、

弐角四斗参升壱合
同村散佃二段、六斗代延定、依無用水、此間不作畢、子細同前、

拾弐角参斗弐升
赤土村辻王丸名内、円楽寺河堀時損分田七段、八斗代延定、但無用水間、六段者畠成畢、一段者被堀破間、下地失畢、

肆斛五斗六升六合
観音堂村散佃二段卅代、八斗代単定、円楽寺新河付頽、現

形□(間カ)除□(之カ)、仍御百姓等捧起請
文、自応永十九年御免畢、
已上、肆佰斛参斗壱升参合七勺三才
定残弐千参佰参拾参斛陸斗弐升壱合四勺七才
一請加
肆拾玖角五合捌勺　例請加分十七ケ条、分米雖為
六拾五斛四斗六升三合、応安
四年水損拾六角四斗五升八合
一勺二才令減之、
参斛五斗弐升　西安原村散田四段四十代、分
米壱角六斗単延定、応安元年
取出之、
伍角玖斗九升一合四　黒田村河端新田六段五代十八
勺一才　歩之内、七斗代四段十代十八
歩、六斗代一段十代、五斗代
廿五代、分米四角八升五合内、
損米壱斛参斗六升一合六勺三
才、得分二角七斗二升三合三
勺一才延定、自応永三年新田

分米、
参斛参斗　野老塚中京浜新開一町、三斗
代半損分也、此段去応安二年
二月廿七日於寺家被定、令打
開之五ケ年者年貢米被免許畢、
仍去応永七年始而自宝所庵沙
汰之、
肆斛陸斗八升六合　同中京浜新開七段五代分、自
明徳四年始而取出、三斗代定、
佰五拾斛　自先年増米、此分伍拾斛依無
本米不納減之、
已上、弐百拾陸斛五斗参合二勺一才
定米弐千五百五拾斛壱斗弐升四合六勺八才
一尚請加
陸斗四升　示野村古川新田廿代、捌斗代
延定、嘉慶元年始而取出之、
壱斛参斗弐升　無量寺村古川新田、去応永五
年始而取出、
壱斛　船入年貢、此間者依水損雖為

御免、打開間、自永享七年納
之者也、
壱角玖斗弐升　同所新田一段并出来散田六段、
自永享六年始而納之、単延定、
肆斛弐斗　観音堂村内三郎次郎散田御得
分、自永享八年始而納之、
肆角弐斗　赤土村仲九郎散畠御得分、舟
斗定四斛、次示野村一王丸名
御得分米六斛参斗者、依河成
去嘉吉二年御免許、
已上、拾参斛弐斗捌升
并弐千五百陸拾参斛四斗四合六勺捌才
除
拾壱斛柒斗参升五合　赤土村・無量寺村・西安原村
八勺　散田不作・河成・砂成分、以
起請文注進之間免許之、
陸角陸斗参升九合七　円楽寺分野老塚村友包四分
才　三・同宇禰田散田三段卅代、
依不作御免、但散□(田カ)内有検地、

此分延定、二角四斗者沙汰之、
壱角五斗五升四合　野老塚村友包四分一御年貢、
依砂御免許、
五斛参斗七升二合五　赤土村左藤六散田三段廿代年
勺　貢米、依砂成、作人以起請文
歎申間、永享十一年□□(免許カ)、
拾五角五斗六升六合　西安原村散田七段十代年貢米、
五勺　妙□(覚カ)入道去永享十一年罷上、
砂成由訴詔(訟)申間、自寺家御免
折紙下給条、除之、
参斛　子細同前、
陸斛捌斗柒升　寸次郎村則清名三分二、依砂
成不作之由、以起請文堅歎申
間、此由披露申処、任誓言、
自永享十二年御免、
肆角参斗弐升　西安原村烏帽子形散田、子細
同前、自永享十二年御免畢、
玖斗四升五合　赤土村法師丸名、就五ケ村用
水百姓歎申間、半分嘉吉三年

御免処、重而歎申候条、一円
自文安元年御免許、
玖斛捌斗六合　野老塚村散田宝厳院分、連々
砂成悉失畢、然間地主歎申処、
庄主・沙汰人検地、捧起請文
可有注進由被仰下間、則以検
地番頭并作人相共捧罰文畢、
仍文安元年御免許、
弐拾玖角柒斗七升五　佐那武社頭敷地御免間、享徳
合　元年除之、
拾斛捌斗　示野村一王丸河頽由、作人
連々歎申間、自享徳元年御免
許、
陸角肆斗参升九合　西安原村三郎丸
已上、佰拾弐角捌斗弐升三合七勺七才
残（請加脱カ）弐千肆百五拾角五斗捌升玖勺壱才
一　参斛　金丸名得分米、但依自三会院
沽却不納、

除
弐佰五拾陸角弐斗四　砂・川成、雖年来不作仕、少
升六合　分程者堪忍之儀、御年貢入立
申処、自康正二年五月二日
至壬（閏）九月長雨、度々洪水ニ失
墜下地多増間、可預御免之由
歎申者也、次左藤六散田事、
砂・河成内江入間、別而無請
加者也、
定残弐仟百玖拾肆角参斗参升四合九勺一才
国下行
伍百玖拾四角参斗□（三カ）　自一乱地下人号荒不作、不致
升四合九勺一才　沙汰、自寺家追而以上使可有
御糺明也、
尚残仟陸百斛
同下行
玖斛四斗五升　観音堂村内一成得陣名内、依
無用水畠成由也、
弐斛陸斗五升　同村構成之由、引之、

弐角六斗五升　太郎田村守包半、近年不作分
也、
壱斛捌升　大橋爪道成、
已上、拾伍斛捌斗参升
残仟五百捌拾四斛壱斗柒升内
陸百七拾弐角四斗　当損加、今江・吉藤・赤土村、其外依水付村々追損、
残玖百拾壱斛柒斗七升
（朱筆、以下同）「弐拾柒斛六升」
一請加
弐拾参角七斗六升　無量寺村興行、自明応八年始
之、毎年不可有損免也、
弐拾壱角参斗五升壱　得蔵分、雖不入先勘定状、自
合　殊全都寺知行時代始而取出、
明応元年始之、
已上、肆拾五斛壱斗壱升一合
并玖佰五「柒」拾「弐」陸「柒」斛捌「壱」斗捌升壱合
下行
参佰柒拾五斛「角」　寺納、加夫賃佰捌拾貫文也、
京着百五十貫文分、「斛別四百八十文宛、」
拾肆斛「代七貫文分」　寺納、以折敷也、
参斗五升　瑞満力者在庄米、
肆角参斗五升　新水代壱貫四百六拾四文、
（石川郡）豊田へ遣分、此外五百卅二文、
自二ケ村遣之、
肆拾斛柒斗参升七合　定下行、毎年定、
参拾壱斛五斗参升六　用水普請入目、毎年不同、加
合「已後可減之、」　西条村新江代、
参斛五斗　示野村川関、限当年、
参斛　号保後村井免、近年番頭引、
壱角壱斗捌升　得蔵分江代、自国中構付元也、
井溝依堀破失、始而堀之、
弐斗七升五合　（石川郡）横江井料、斗上不足由申懸之
間、送之、
壱斛壱斗　御倉付、西条番頭給之、
壱角五斗　御神事、両社江渡之、
壱角壱斗七合　神主申事、本堂替地給者也、
参斛　下行給分、

参斛陸斗　出納給分、正覚引事、
拾弐角弐斗捌升　得蔵内最勝坊分、楞厳寺へ出、
伍斛　国入目、平木方引之、
壱角柒斗四升　大野刀禰申事在之、
弐拾参角七斗六升　国方年始礼、可為如先規之由
雖被申、以侘事如此、但不例
也、
肆拾伍斛　為先代借物令催促之間、以縁
申分減如此、百手屋へ渡、
弐拾捌斛四斗参升　宇禰田村番頭大夫屋、依火事
御年貢焼失由歎申分、
五斛弐升七合　観音堂村円法散田作人弥五郎
左近跡、退転之間、限当年不
納、後年事者田地尋出条、本
役申付也、
陸拾捌角弐斗参升二　去年過上米返弁、本米也、
合
肆拾（朱筆）「三」五斛柒斗三升八合内、同利米、
拾弐斛　一倍返弁、残分ハ　六把利、

弐拾弐斛六升八合　明応六年村々未進并依無力百
姓等御侘事申分、注文在之、
治定難備御公物分也、
弐拾壱角玖斗三升　同七年未進分、子細同前、
弐拾五角弐斗五升八合　同八年未進分、子細同前、
弐拾七斛五斗（朱筆）「貫」「代拾〇二百文」　就所務直々儀、為御礼寺家御
書両御山（本泉寺・松岡寺）并郡中（石川郡）へ付、入目注
文在之、銭分也、
拾斛参斗六升八合　就同儀、庄主へ御書下給分也、
（朱筆）「代五貫文分也、」
捌斛六斗四升（朱筆）「代三貫二百文分」　石黒孫左衛門方親并洲崎十郎
左衛門入道死去弔料分、
百四拾斛　庄主給、
五拾斛　沙汰人給、
已上、（朱筆、以下同）「捌佰捌拾四斛四斗四合」
「打除分佰参「四」拾参「九」角六斗三升二合」
并千拾八角弐斗六合
過上　「千参拾四角三斗六合」
「過上六拾壱角三斗二升五合内、

四拾七角一斗八升八合者、明応七年・八年地下未進被相延之也、」
「定過上拾四角一斗三升七合」
一大豆「肆角弐斗六升七合、近年不納也、」
一銭方
本数銭柒百参拾貫六百　但加安枝名御得分銭六貫四百
八文并国正名御得分銭二貫百
廿一文　六十四文定、
除
柒拾捌貫百拾四文　例除七十九ケ条、先勘定状委
細在、
壱貫五百文　示野村守近名河頽畠二段・同
村四郎丸名河頽□(畠カ)三段、以上
河頽畠五段地子也、一段別三
百文充、任先勘定状、
陸百文　赤土村散畠五段廿代、依為白
地作人上表之間、加損二段免
許、先勘定状在之、
参百文　示野村清次郎名散畠河頽一段
地子銭、

百廿文　宇禰田村散畠一段、為白地間
作人上表畢、仍廿代以加損本
作人如元下畢、
壱貫五百四十五文　示野村次郎太郎名畠河頽四段
十代十八歩并正作苧畠河頽十
五代、以上五段五代十八歩銭
也、但為河頽近年地子銭令未
進間、去応安四年二月庄主・
沙汰人相共検知(地)処、河頽段分
明間、除之、
弐百文　示野村古川跡新田、去応安五
年洪水皆水損、日仕定役也、
委細米段在、
百参十五文　宮腰塩町在家三郎次郎、去応
安五年洪水河頽分地子銭也、
弐百三文　同在家西袋宗次郎跡尼公同年
死去畢、後家跡空地分地子銭
也、
弐貫参百文　示野村(一脱カ)王丸五郎名、依多年河

頽作人上表間、去応安六年庄
主上使時有沙汰検地、雖然于
今延引間、頽残畠令荒野上者、
沙汰人相共下地令検地、任現
形令免許之、

参拾参文
宮腰在家橋爪新三郎入道家半
間河頽分地子銭、自応永七年
免許畢、

陸拾文
示野村正作苧畠、河頽間免除
之、

四百五十文
示野村光弘名内、河頽成間、
至徳二年四月三日為河防寺家
申免許、

五拾壱文
無量寺村国正名内一段、六斗
代分定役、委細米段在之、

陸百文
示野村次郎太郎名河頽畠二段、
依歎申、自至徳三年免許、

参百五十三文
赤土村宮畠桑代、河頽之段依
歎申、明徳元年免許之、

四貫三百九十三文
五ケ村新井方江自応永八年被
免許間、依寺家之免許、

陸貫文
観音堂村散畠・円楽寺畠、於
河堀切分二町也、一段別三百
文充、

四貫六十六文
赤土村辻王丸名内、円楽寺河
関時ニ畠於河堀切分一町地子
銭三貫文、一段別三百文充、
此外田七段損分、日仕定役、
壱貫六十文、一段別百五十壱
文充、

拾貫文
大野・宮腰在家地子銭、山
頽・浜成損免分也、応永十五
年・六年御免状在之、

弐貫百八十六文
楞厳寺古屋敷、依砂頽、自応
永廿三年免、

参百九十五文
観音堂村散畠二段廿代、円楽
寺新河頽失畢、被田日仕定役、
自応永十九年免、

已上、佰拾参貫六百廿一文
残定陸百拾柒貫文
一請加
捌拾貫玖百六拾弐文　前々請加、委細先勘定在之、卅ケ条分也、但貞治六年結解状者雖為卅三ケ条、四貫五百文者今新保幷湊前湖上嶋稗之地子、依今河成不弁、此内打開間米請加令畢、七百文同新保稗草地子銭、子細同前、五百文者宮腰家売買闕物、毎年不同、治定請加不入之、以上三ケ条、五貫七百文令減者也、

陸百拾文　自応安元年取出西安原村散田四段、日仕定役也、委細米段請加在之、

弐貫六百八十文　同年取出村新畠一町四段四十代内、損畠地子一貫七百六十文・得畠地子二貫六百八文弁之、観音堂村畠五段、示野村畠肆段廿代也、新畠等者自川成出来也、

壱貫六百十文　赤土村新畠、自応永三年取出一町廿代分地子三貫百八十文、得畠壱貫六百十文、壱段別三百文充定、

佰文　同村新畠十五代地子銭也、康暦元年取出之、子細同□(前)、

弐百文　宇禰田村新畠、自応永四年打開一段分地子三百文内、損畠二百文・得畠二百文、

陸百九十文　黒田村新畠、自応安四年打開四段廿代□(分カ)地子一貫三百八十文内、損畠六百九十文、段別二百文充、

五百文　自応安六年新畠、赤土村河原畠五段地子一貫五百文内、損畠一貫文・得畠五百文、畠段

別三百文、

五百七十文　湊宿崎畠、雖為往古、近年令荒野、自応安六年少々打開分地子銭也、

百五拾文　同所畠、去康暦元年取出地子銭也、

百五十文　同所浜於打開、自応安七年屋造分地子銭也、上総房開之、

参百文　観音堂村新畠、永和元年打開二段内、損畠一段・得畠一段分地子銭、但段別三百文充、

百五拾五文　宮腰西袋在家地子銭也、但令為空地、自永和四年楞厳寺敷地成也、

五百文　横江庄倉敷地々子銭、

壱貫七百卅文　先沙汰人二人跡屋敷地子銭、至徳三年始而納之、

参百文　先沙汰人屋敷打開、明徳元年始而納、

壱貫五百文　西条村散田荒五段、畠開間、毎年段別大豆五斗雖定置、依為不然（熟）作人上表間、任先規田成地子銭、段別三百文充定也、

壱貫捌百文　赤土村辻王丸名内六段畠成地子銭也、段別三百文充、此畠者円楽寺河関損田下地也、

已上、玖拾肆貫五百廿八文

都合柒百拾壱貫伍百弐拾捌文

一尚請加

参拾貫文　嶋田上下年貢銭、

肆貫文　大野湊畠後年貢銭、

壱貫文　同所、此間者雖古川打開之間、自永享六年始而納之、

五貫文　宇禰田後公方嶋年貢銭、

参貫文　今新保畠地子、小嶋哉、

五貫文　古川地子銭、但此間者依水損、雖為三貫文、自永享六年二貫文増納之、

弐貫文　西安原内清包名散田内得分、
□□(但此カ)間新屋方雖為所持下地、
於寺家依為不忠仁勘落之、自
永享七年令寺納也、依水損
□□(不弁カ)之、

已上、五拾貫文

惣都合柒百陸拾壱貫五百弐十八文

除

壱貫七百六文　赤土村・無量寺村・西安原村
散田不作分、日仕定役也、

壱貫九拾弐文　円楽寺分五百四十参文、友包
四分三五百五十文者、宇禰田
散田三段卅代、日仕定役也、
委細米段在之、

弐貫拾九文　宮腰白浄庵古屋敷砂山成間、
彼庵円楽寺地之内引之、仍古
屋敷地子免、

柒百捌文　野老塚村友包四分一年貢銭、
子細米段在、

陸拾五貫六文　依年々砂成、屋敷地子依為不
足、以沙汰人起請文歎申間、
以御評定、自永享年中御免、

五百弐拾文　赤土村左藤六散田、日仕定役、
子細米段在之、自永享十一年
免許、

壱貫百文　西安原村散田七段十代、日仕
定役、米段在之、自永享十一
年免許、寸次郎五郎名(村脱カ、以下同)、自同
十二年始而御免、子細米段在
之、

参百五文　寸次郎五郎名、自永享十二年
始而、子細同前、

陸百八十六文　同村則清名三分二、子細米段
在之、

六百拾文　西安原村烏帽子形散田御免、
子細同前、

七貫百卅五文　宮腰屋敷地子、依砂山成、沙
汰人以注進状歎申間、為評定

儀、自嘉吉元年免之、
六貫六百五十八文　赤土村法師丸名年貢銭、就五
ケ村用水、百姓歎申間、自文
安元年一円御免、
壱貫七百廿文　宝厳院屋敷地子、自文安五年
御免、
壱貫九百卅八文　佐那武社頭御免敷地・田地、
日仕定役、
柒百陸十一文　示野村一王丸河頽五段、日仕
定役、
肆貫文　赤土村辻王丸名内、河頽由
連々歎申間、自康正元年御免
許、
四百五十六文　西安原三郎丸内、依砂成御免、
子細米段在之、
已上、玖拾陸貫四百卅五文
残陸佰六拾五貫玖拾文
除
肆拾捌貫六百拾七文　砂・河成、子細米段在之、就
而彼川成事不分明間、不及御
免也、年貢銭堅可有催促者也、
評定儀如此、今度以上使可被
尋也、
残定陸百拾六貫四百七拾参文
一請加
拾五貫柒拾文　本堂畠地子銭、年々雖不被請
加、殊全都寺知行内、自明応
元年取出之、
幷陸百参拾壱貫五百四拾六文
除
弐百五拾六貫二百六　自一乱荒、号地下人不作不致
十五文　沙汰、自寺家以上使可有糺明
也、
拾貫捌百卅七文　当荒内、雖興行不出分、
玖百拾弐文　観音堂村一成得陣名之畠成、
段別日仕定役也、
四百五十六文　同村井料、
肆百参文　同村構成之由申、

玖佰文　今江村構成之由申、
五百捌十文　赤土村番頭給、
壱貫捌百文内　宮腰地子銭内、御免分、
二百文　下行正善、　四百文　永阿ミ、
二百文　彦□(左カ)衛門、　三百文　横□□
四百文　番匠、　三百文　古田跡浜成、
五貫陸百文　宮腰地子銭内、浜成、
参貫五百五十文　本堂畠地子銭内、川崩、
参百文　同所畠内、番匠給、
壱貫文　同所畠内、下行給立用、
陸貫五百文　大野地子銭内、浜成、
壱貫四百文　節季銭内、侘事申分、
壱貫文　庄刀禰幷定使屋敷、
弐□(貫カ)文　□□□(依カ)浜成、自明応□□
□□補任、寺家へ上申也、
百捌拾貫玖百四十文　当損、加大野・宮腰・本堂・
今江・吉藤・安原・無量寺
村々増損、
弐貫五百文「限当年」(朱筆、以下同)　公方嶋半分、皆損、

拾捌貫文「同」　喜見坊嶋、当損、
五貫文「同」　小二郎五郎嶋、皆損、
参貫文　真元嶋、皆損、
已上、「弐佰拾壱貫九百四十文」
「打除分弐佰九拾壱貫五百九文」
残「幷五佰参貫四百四十八文」
「残佰弐拾八貫九十五文」
所済
弐拾貫文　寺納、
肆貫文　同夫賃、
壱貫五百文　瑞満力者衣料、
捌百文「内二百文、其後不可叶、」同人上路銭、
壱貫四百文　豊田庄江代、
四百九十一文　桜田(石川郡)江代、
玖貫五百文　川北用水、石浦江送之、
弐貫五拾文　出納給、正覚引之、
壱貫捌百文　御服方沙汰人給之、
参貫弐百文　佐那武御神事、十騎馬上装束

入目、乱後退転間、当年仕立
也、
四貫柒十七文　宇禰田村番頭家火事侘事、
拾玖貫七百六十六文　明応六年庄内未進幷無力百姓
等御侘事申分、
拾四貫五百卅文　同七年分、子細同前、
拾七貫弐百四十三文　同八年分、子細同前、
弐拾四貫百拾四文　去年過上返弁、
拾四貫四百六十文　同利五文子、十二ケ月分、
弐拾貫文　庄主給、
拾弐貫文　沙汰人給、
已上、（朱筆、以下同）「佰四拾八貫四百八十文」
「打除分弐拾弐貫四百五十文」
「幷佰七拾貫九百四十二文内、」
過上　「拾四貫五百卅文者明応七年午地下未進被
相延之也、」
「過上弐拾八貫参百拾四文内、
拾貫文　点心料立用、
参貫文　庄主捧加、

以上、過上拾五貫参百文、西（文亀元年）勘定状也、」
右、収算用之状如件、
明応九年十二月　日　　庄主殊全（花押）
「文亀元年十月三日勘定訖　周善（花押）」
納所祥健（花押）
維那禅向（花押）
監寺
都寺福珍（花押）
○紙継目表に周善、裏に殊全の朱墨花押あり。

五七七　室町幕府奉行人連署奉書案（折紙）

（端書）「御即位段銭免除奉書文亀元十月七日」
臨川寺領加賀国大野庄（石川郡）　御即位段銭事、為前々免除地之
上者、可被止催促由候也、仍執達如件、
文亀元
十月七日
（松田）頼亮在判
（松田）長秀
（飯尾）清房
（摂津）元親

布施（貞清）右衛門大夫殿

○御即位段銭は後柏原天皇の即位によるもの。後柏原天皇は明応九年一〇月二五日践祚、大永元年三月二二日即位礼。

五七八　室町幕府奉行人連署奉書写

（端裏書）「宝篋制札之写三通」

宝篋院敷地内力者家事、大覚寺門跡雑掌令闕符之云々、太無謂、所詮於科人者、為寺家致成敗、至闕所沙汰者、先規無其例之上者、向後可被停止彼競望之由、所被仰下也、仍而執達如件、

文亀元年十二月八日　（飯尾元行）大和守 判在
（松田頼亮）豊前守 判在

当院雑掌

五七九　室町幕府奉行人連署禁制写（三会院重書近世写）

禁制　嵯峨宝篋院

一甲乙人等乱入狼藉事、

一当寺敷地検断以下不可成他家綺事、

一剪取竹木事、

右条々堅被停止之訖、若有違犯之輩者、可被処厳科之由、所被仰下也、仍下知如件、

文亀元年十二月八日

（飯尾元行）大和守三善朝臣 判在
（松田頼亮）豊前守平朝臣 判在

五八〇　室町幕府奉行人連署奉書写（三会院重書近世写）

宝篋院雑掌申当院敷地内力者家事、被闕符云々、太不可然、於科人者為○寺家可被致成敗、至闕所沙汰者、寺中之儀、自先規無其綺之上者、不日止競望、彼雑物以下可被返渡候、更不可有遅怠之由、被仰出候也、仍執達如件、

文亀元
十二月八日　（飯尾）元行 判在
（松田）頼亮 同

大覚寺門跡雑掌

五八一　臨川寺典座方納下帳（竪帳）

（表紙）「文亀三年癸亥

臨川寺典座方納下帳

（第一丁オ）
正月　日始之」
臨川寺典座方納下帳　文亀参年癸亥
納（朱合点、以下同）　正月分大
参角（斛、以下同）五斗壱升七合一勺　　請米
已上
同下行
参升五合　　朔旦仏祖七分斎粥
九升一合　　僧衆十三員斎粥
参升五合　　下衆七員　同
参升五合　　二日仏祖七分斎粥
九升一合　　僧衆十三員斎粥
（第一丁ウ）
参升五合　　下衆七員　同
参升五合　　三日仏祖七分斎粥
九升六合　　僧衆十四員　斎粥　加侍衣斎
参升九合　　下衆八員　加侍衣僕
参合　六文　本尊粥　自四日至六日
参合　六文　韋駄天　同

参升六合　卅六文　僧衆粥添十二員　自四日至六日
参升五合　　（正月七日）人日仏祖七分増水斎
六升六合　　僧衆八員斎　増水十三員
参升五合　　下衆七員　同
（第二丁オ）
肆升五合　　月中洗米
壱斗三升　仏祖二分 僧衆廿四員　吉書斎米　注文在之、
参升六合　　下衆十二員
参升五合　　十五日仏祖七分斎粥
九升一合　　僧衆十三員　同
参升五合　　下衆七員　同
弐升五合　　韋駄天臨時仏餉
七升参合　七十四文　仏餉加晦日粥　廿四ケ日分
七升六合　七十七文　韋駄天　廿五ケ日分
七合　八文　（碧潭周皎）地蔵開山
（第二丁ウ）
壱斗八升　佰五十三文　（後醍醐天皇）御忌二分
壱斗八升　佰五十三文　（太寧集康）三会院主
壱斗三升九合　佰廿文　（心翁等安）上方　廿三ケ日分　修正三ケ日・七日 十五日吉書 晦日斎除之、

壱斗三升九合　佰廿文　都寺
壱斗三升九合　佰廿文　維那（禅向）
壱斗三升九合　佰廿文　侍衣
壱斗三升九合　佰廿文　免僧
壱斗三升九合　佰廿文　知客
壱斗三升九合　佰廿文　侍香
壱斗三升九合　佰廿文　納所（祥健）
（第三丁オ）
壱斗三升九合　佰廿文　直歳
捌合　四文　上方御出始雇力者中食
以上弐角八斗四升弐合
延六斗七升五合一勺内　壱斗六合七勺　上白欠米也、
幷参角五斗一升七合一勺　壱貫六百拾二文
文亀参年正月晦日　納所　祥健（花押）
納　二月分小
弐角六斗七升四合八勺　請米
以上
（第三丁ウ）
同下行
九升　九十三文　仏餉加粥
九升　九十三文　韋駄天
七合　八文　地蔵開山（碧潭周皎）
壱斗七升四合　佰七十七文　御忌二分（後醍醐天皇）
壱升五合　月中洗米
八合　四文　上方東福寺入寺御出雇力者
六合　四文　大工玄関々貫造中食
九升九合　卅三文　大廻垣師中食毎年定
壱斗七升四合　佰四十八文　三会院主（太寧集康）
（第四丁オ）
壱斗七升四合　佰四十八文　上方（心翁等安）
壱斗七升四合　佰四十八文　都寺
壱斗七升四合　佰四十八文　維那（禅向）
壱斗七升四合　佰四十八文　侍衣
壱斗七升四合　佰四十八文　免僧
壱斗七升四合　佰四十八文　知客
壱斗七升四合　佰四十八文　侍香
壱斗七升四合　佰四十八文　納所（祥健）
壱斗七升四合　佰四十八文　直歳

以上弐角二斗二升九合
（第四丁ウ）
延四斗四升五合八勺
拼弐角六斗七升四合八勺　壱貫九百拾六文
文亀参年二月晦日　納所　祥健（花押）
納　三月分小
弐角五斗三升九合二勺　請米
以上
同下行
九升　九十三文　仏餉
九升　九十三文　韋駄天
（第五丁オ）
壱斗七升四合　佰七十七文　御忌二分（後醍醐天皇）
七合　八文　地蔵開山（碧潭周皎）
壱升五合　月中洗米
壱斗七升四合　佰四十八文　二会院主（太寧集康）
壱斗七升四合　佰四十八文　上方（心翁等安）
壱斗七升四合　佰四十八文　都寺
壱斗七升四合　佰四十八文　維那（禅向）
壱斗七升四合　佰四十八文　侍衣
壱斗七升四合　佰四十八文　免僧
壱斗七升四合　佰四十八文　知客
（第五丁ウ）
壱斗七升四合　佰四十八文　侍香
壱斗七升四合　佰四十八文　納所（祥健）
壱斗七升四合　佰四十八文　直歳
以上弐角壱斗一升六合
延肆斗弐升三合二勺
拼弐角五斗参升九合二勺　壱貫八百七十弐文
文亀参年三月晦日　納所　祥健（花押）
納　四月分大
弐角六斗三升六合四勺　請米
（第六丁オ）
已上
同下行
九升四合　佰一文　仏餉

九升四合　佰一文　韋駄天
壱斗八升　佰五十三文　御忌（後醍醐天皇）二分
七合　八文　地蔵開山（碧潭周皎）
壱合　二文　仏誕生粥
弐升一合　月中洗米
壱斗八升　佰五十三文　三会院（太寧集康）
壱斗八升　佰五十三文　上方（心翁等安）
（第六丁ウ）
壱斗八升　佰五十三文　都寺
壱斗八升　佰五十三文　維那（禅向）
壱斗八升　佰五十三文　侍衣
壱斗八升　佰五十三文　免僧
壱斗八升　佰五十三文　知客
壱斗八升　佰五十三文　侍香
壱斗八升　佰五十三文　納所（祥健）
壱斗八升　佰五十三文　直歳
以上弐角壱斗九升七合
延肆斗三升九合四勺
（第七丁オ）

廾弐角八斗三升六合四勺　壱貫九百十三文
文亀参年四月晦日　納所　祥健（花押）
（朱筆）「同年五月九日勘定訖、禅向（花押）」
維那
三会集康（太寧）（花押）
都寺
住山等安（心翁）（花押）
（第七丁ウ）
納　五月分小
弐角三斗八升九合二勺　請米
已上、
同下行
九升　九十三文　仏餉　加粥
九升　九十三文　韋駄天
壱斗七升四合　佰七十七文　御忌（後醍醐天皇）二分
七合　八文　地蔵開山（碧潭周皎）
壱升八合　洗米
（第八丁オ）

参合　三文　慈源法印年忌
参合　三文　梵春庵主年忌
弐升一合　勘定斎米　切符在之、
壱升九合　八文　面馬塞造中食切符在之、
壱斗七升四合　佰四十八文　（太寧集康）三会院主
壱斗七升四合　佰四十八文　（心翁等安）上方
壱斗七升四合　佰四十八文　（禅向）維那
壱斗七升四合　佰四十八文　侍衣
壱斗七升四合　佰四十八文　免僧
壱斗七升四合　佰四十八文　知客
（第八丁ウ）
壱斗七升四合　佰四十八文　侍香
壱斗七升四合　佰四十八文　（祥健）納所
壱斗七升四合　佰四十八文　直歳
以上壱角九斗九升一合
延参斗九升八合二勺
并弐角三斗八升九合二勺　壱貫七百卅八文
文亀三年五月晦日　納所　祥健（花押）
納　六月分小

弐角三斗三升四勺　請米
（第九丁オ）
以上
同下行
九升　九十三文　仏餉　加粥
九升　九十三文　韋駄天
壱斗七升四合　佰七十七文　（後醍醐天皇）御忌二分
壱升五合　洗米
七合　八文　（碧潭周皎）地蔵開山
壱斗七升四合　佰四十八文　（太寧集康）三会院主
壱斗七升四合　佰四十八文　（心翁等安）上方
壱斗七升四合　佰四十八文　（禅向）維那
（第九丁ウ）
壱斗七升四合　佰四十八文　侍衣
壱斗七升四合　佰四十八文　免僧
壱斗七升四合　佰四十八文　知客
壱斗七升四合　佰四十八文　侍香
壱斗七升四合　佰四十八文　（祥健）納所
壱斗七升四合　佰四十八文　直歳

以上壱角九斗四升二合
延参斗八升八合四勺
幷弐角三斗三升四勺　壱貫七佰廿四文
文亀□(三)年六月晦日　納所　祥健（花押）

（第一〇丁オ）

納　七月分大
弐角六斗二升五合六勺　請米
以上、
同下行
九升三合　九十六文　仏餉　加粥
九升三合　九十六文　韋駄天
壱斗八升　佰八十三文　(後醍醐天皇)御忌二分
七合　八文　(碧潭周皎)地蔵開山
弐升一合　洗米
壱升　四文　縛桶師中食

（第一〇丁ウ）

壱斗八升　佰五十三文　(太寧集康)三会院主
壱斗八升　佰五十三文　上方
壱斗一升四合　九十五文　(中倫)首座
壱斗八升　佰五十三文　(禅向)維那
壱斗八升　佰五十三文　侍衣
壱斗八升　佰五十三文　免僧
壱斗八升　佰五十三文　知客
壱斗八升　佰五十三文　侍香
壱斗八升　佰五十三文　(祥健)納所
壱斗八升　佰五十三文　直歳

（第一一丁オ）

肆升二合　十四文　行力中食
八合　二文　河原者掃地中食
以上弐角壱斗八升八合
延肆斗三升七合六勺
幷弐角六斗弐升五合六勺　壱貫九佰二文
文亀三年七月晦日　納所　祥健（花押）
納　八月分大
弐角九斗八升五合六勺　請米
以上

（第一一丁ウ）

同下行

九升三合　九十六文　仏餉　加粥
九升三合　九十六文　韋駄天
壱斗八升　佰八十三文　（後醍醐天皇）御忌二分
壱斗二升　佰五十三文　（夢窓疎石）開山
七合　八文　（碧潭周皎）地蔵開山
壱升五合　洗米
壱斗八升　佰五十三文　（太寧集康）三会院主
壱斗八升　佰五十三文　（心翁等安）上方
壱斗八升　佰五十三文　三会侍真

（第一二丁オ）

壱斗八升　佰五十三文　（中倫）首座
壱斗八升　佰五十三文　（禅向）維那
壱斗八升　佰五十三文　侍衣
壱斗八升　佰五十三文　免僧
壱斗八升　佰五十三文　知客
壱斗八升　佰五十三文　侍香
壱斗八升　佰五十三文　（祥健）納所
壱斗八升　佰五十三文　直歳
以上弐角四斗八升八合
延肆斗九升七合六勺

（第一二丁ウ）

幷弐角九斗八升五合六勺　弐貫二百四十六文
文亀三年八月晦日　納所　祥健（花押）

納　九月分小
弐角八斗一升四合　請米
以上

同下行

捌升六合　八十八文　仏餉　加粥
捌升九合　九十一文　韋駄天
壱斗一升二合　佰四十三文　（夢窓疎石）開山　除年忌

（第一三丁オ）

参合　三文　（碧潭周皎）地蔵
弐升四合　洗米
壱斗六升八合　佰七十一文　（後醍醐天皇）御忌二分
壱斗六升八合　佰四十三文　（太寧集康）三会院主

壱斗六升八合　佰四十三文　上方（心翁等安）
壱斗六升八合　佰四十三文　三会侍真
壱斗六升八合　佰四十三文　首座（中倫）
壱斗六升八合　佰四十三文　維那（禅向）
壱斗六升八合　佰四十三文　侍衣
壱斗六升八合　佰四十三文　免僧
（第一三丁ウ）
壱斗六升八合　佰四十三文　知客
壱斗六升八合　佰四十三文　侍香
壱斗六升八合　佰四十三文　納所（祥健）
壱斗六升八合　佰四十三文　直歳
壱升五合　五文　椙原垣師中食
已上弐角三斗四升五合
延肆斗六升九合
幷弐角八斗一升四合　弐貫九十五文
文亀参年九月晦日　納所　祥健（花押）
（第一四丁オ）
納　□（十）月分大

弐角九斗八升九合二勺　請米
以上
同下行
九升四合　佰一文　仏餉　加粥四ケ度
九升四合　佰一文　韋駄天
壱斗弐升　佰五十三文　開山（夢窓疎石）
壱斗八升　佰八十三文　御忌二分（後醍醐天皇）
七合　八文　地蔵開山（碧潭周皎）
一合　二文　達磨粥
（第一四丁ウ）
壱升五合　洗米
壱斗八升　佰五十三文　三会院主（太寧集康）
壱斗八升　佰五十三文　上方（心翁等安）
壱斗八升　佰五十三文　三会侍真
壱斗八升　佰五十三文　首座（中倫）
壱斗八升　佰五十三文　維那（禅向）
壱斗八升　佰五十三文　侍衣
壱斗八升　佰五十三文　免僧
壱斗八升　佰五十三文　知客

壱斗八升　佰五十三文　侍香
（第一五丁オ）
壱斗八升　□（佰）五十三文　納所（祥健）
壱斗八升　佰五十三文　直歳
以上弐角四斗九升一合
延肆斗九升八合二勺
拝弐角九斗八升九合二勺　弐貫二百五十二文
文亀三年十月晦日　納所　祥健（花押）

納　十一月分大
参角九升一合二勺　請米
以上
（第一五丁ウ）
同下行
九升四合　佰一文　仏餉　加粥
九升四合　佰一文　韋駄天
壱斗二升　佰五十三文　開山（夢窓疎石）
壱斗八升　佰八十三文　御忌二分（後醍醐天皇）
七合　八文　地蔵開山（碧潭周皎）
壱升八合　洗米
壱斗八升　佰五十三文　三会院主（太寧集康）
壱斗八升　佰五十三文　上方（心翁等安）
壱斗八升　□（佰）五十三文　三会侍真
（第一六丁オ）
壱斗八升　佰五十三文　首座（中倫）
壱斗八升　佰五十三文　維那（禅向）
壱斗八升　佰五十三文　侍衣
壱斗八升　佰五十三文　免僧
壱斗八升　佰五十三文　知客
壱斗八升　佰五十三文　侍香
壱斗八升　佰五十三文　納所（祥健）
壱斗八升　佰五十三文　直歳
九合　三文　篩月垣師中食、切符在之、
五合　五文　棟梁中食
（第一六丁ウ）
参升六合　十二文　薪切中食、切符在之、
参升三合　十一文　廊下葺中食、切符在之、
以上弐角五斗七升六合

延五斗壱升五合二勺
𢪸参角九升一合二勺　弐貫二百八十一文
文亀三年十一月晦日　納所　祥健（花押）
（朱筆）「同年十二月十一日勘定訖」
維那（異筆）「禅向」（花押）
（第一七丁オ）
首座中倫（花押）
三会集康（太寧）（花押）
住山等安（心翁）（花押）

納　十二月分大
参角弐斗三升一合六勺　請米
以上
同下行
九升四合　佰壱文　仏餉　加粥
（第一七丁ウ）
九升四合　佰壱文　韋駄天
壱斗弐升　佰五十三文　開山（夢窓疎石）
壱斗捌升　佰八十三文　御忌（後醍醐天皇）二分

七合　八文　地蔵開山（碧潭周皎）
壱合　二文　仏成道粥
弐升四合　洗米
壱斗八升　佰五十三文　三会院主（太寧集康）
壱斗八升　佰五十三文　上方（心翁等安）
壱斗八升　佰五十三文　首座（中倫）
壱斗八升　佰五十三文　三会侍真
（第一八丁オ）
壱斗八升　佰五十三文　維那（禅向）
壱斗八升　佰五十三文　侍衣
壱斗八升　佰五十三文　免僧
壱斗八升　佰五十三文　知客
壱斗八升　佰五十三文　侍香
壱斗八升　佰五十三文　納所（祥健）
壱斗八升　佰五十三文　直歳
参升四合　勘定斎米
六合　四文　疏銘取　了恩・徳瑞
五升　廿文　米打中食　毎年定也、
（第一八丁ウ）

参合　弐文　茶曳中食
参升　十文　餅春中食
参升六合　十六文　大野（加賀国石川郡）年貢銭取時雇力者中食
壱升六合　八文　上方歳暮之礼御出雇力者
壱升八合　六文　大晦日行力中食
以上弐角六斗九升三合
延五斗三升八合六勺
幷参角弐斗三升一合六勺　弐貫三佰廿一文
文亀三年癸亥十二月晦日　納所　祥健（花押）
三会集康（太寧）（花押）　維那禅向（花押）
住山等安（心翁）（花押）　首座中倫（花押）
（第一九丁オ）

○第一丁オの上部に朱文方印（兎図）一顆、下部に朱文方印「しんまちミつ井け」一顆あり。
○次号文書と合冊。

五八二　臨川寺典座方納下帳（竪帳）

（表紙）
「　文亀肆年甲子
『永正元』（異筆）
臨川寺典座方納下帳
正月日始之　」
（第一丁オ）
臨川寺典座方納下帳　文亀四年甲子
以上
納　正月分
参角（斛、以下同）捌斗五升六合二勺　請米
同下行
参升五合（朱合点、以下同）　朔旦仏祖七分粥飯
九升六合　僧衆十四員粥飯　粥二十三員 斎二十四員
肆升　下衆八員　同
参升五合　二日仏祖七分粥飯
九升六合　□□粥飯　粥十三員 斎十四員
（第一丁ウ）
肆升　□
参升五合　三日仏祖七分粥飯
九升壱合　僧衆十三員粥飯

肆升　　下衆八員　同
参合　六文　本尊粥　自四日至于六日
参合　□文　韋駄天　同
参升六合　卅六文　僧衆粥添十二員　自四日至于六日
参升五合　（七日）人日仏祖七分増水斎
捌升壱合　僧衆増水斎　増水十三員 斎十一員
参升六合　下衆七員同　増水八員 斎七員（カ）

（第二丁オ）

肆升五合　月中洗米
壱斗肆升五合　吉書斎米　注文在之、仏祖二分 僧衆廿七員
肆升捌合　下衆十六員　三合充
参升五合　十五日仏祖七分粥飯
九升壱合　僧衆十三員粥飯
肆升　下衆八員　同
弐升五合　韋駄天臨時仏性
七升　七十一文　仏餉加晦日粥　廿三ヶ日分
七升参合　七十四文　韋駄天　廿四ヶ日
七合　［　　］　［　　］

（第二丁ウ）

壱斗七升四合　佰［　　］［　　］贈之、
壱斗壱升三合　佰四十五文　（夢窓疎石）開山　同
壱斗六升四合　佰四十二文　（太寧集康）三会院主　除吉書、月忌始、
壱斗三升四合　佰十七文　（心翁等安）上方廿二ヶ日　修正三ヶ日、人日十五日、吉書晦日斎除之、
壱斗三升四合　佰［　］文　（中倫）首座
壱斗六升四合　（佰）□四十二文　三会侍真　除吉書、晦日斎也、
壱斗三升四合　佰十七文　（禅向）維那
壱斗三升四合　佰十七文　侍衣
壱斗三升四合　佰十七文　免僧
壱斗三升四合　佰十七文　知客

（第三丁オ）

壱斗三升四合　佰十七文　侍香
壱斗三升四合　佰十七文　（祥健）納所
壱斗三升四合　佰十七文　監寺
弐升四合　十二文　上方御出始雇力者三員中食

以上参斛壱斗弐升六合

延七斗三□□□（升二勺）内　一斗五合六勺上白欠

幷参斛捌斗五升六合二勺　壱貫捌佰五十七文

文亀四年正月晦日　納所　祥健（花押）

（第三丁ウ）

弐角（斛）九斗九升六合四勺　　請米

納　　二□□（月分）

以上

同下行

九升参合　九十□□（六文）　仏餉加粥

九升参合　九十六文　韋駄天

壱斗弐升　佰五十三文　開山（夢窓疎石）　三会ェ贈之、

壱斗捌升　佰八十三文　御忌二分（後醍醐天皇）　同

七合　八文　地蔵開山（碧潭周皎）

壱升五合　　月中洗米

（第四丁オ）

参合　　鎮守遷宮洗米

五合　五文　大工中食　稲荷上葺

壱合　二文　仏涅般（槃）粥

壱斗八升　佰五十三文　三会院主（太寧集康）

壱斗八升　佰五十三文　上方

壱斗八升　佰五□□（十三文）　首座（中倫）

壱斗八升　佰五十三文　三会侍真

壱斗八升　佰五十三文　維那（禅向）

壱斗八升　佰五十三文　侍衣

壱斗□□（八升）　佰□□□□（五十三文）　□□

（第四丁ウ）

壱斗八升　佰□□□□（五十三文）　□□

壱斗八升　佰五十三文　納所（祥健）

壱斗八升　佰五十三文　監寺

壱斗八升　佰五十三文　知客

以上弐角（斛）□□□□（四斗九升）七合

延肆斗九升九合四勺

拼弐角九斗九升六合四勺　弐貫二佰五十三文

文亀四年二月晦日　　納所　祥健（花押）

（第五丁オ）

納　　三月分

弐角（斛）捌斗一升六合四勺　　請米

以上

同下行

九升　　九十六文　本尊

九丶升　九十六□（文）　韋駄天
壱丶斗一升六合　佰四十八文　（夢窓疎石）開山　三会ェ贈之、
壱丶斗七升四合　佰七十七文　（後醍醐天皇）御忌　二分　同
七丶合　八文　（碧潭周皎）地蔵開山
壱丶升九□　□　□　□
（第五丁ウ）
壱丶斗七□　佰□　□　□
壱丶斗七升四合　佰四十八文　上方
壱丶斗七升四合　佰四十八文　（中倫）首座
壱丶斗七升四合　佰四十八文　（禅向）維那
壱丶斗七升四合　佰四□□□（十八文）　侍衣
壱丶斗七升四合　佰四十八文　免僧
壱丶斗七升四合　佰四十八文　侍香
壱丶斗七升四合　佰四十八文　知客
壱丶斗七升四合　佰四十八文　（祥健）納所
壱丶斗七升四合　佰四十八文　監寺
（第六丁オ）
壱丶升六合　八文　上方鹿苑寺ェ御出雇力者就三会
借銭之儀

九丶升九合　卅三文　大廻垣師中食、切符在之、
以丶上弐角三斗四升七合
延丶肆斗六升九合四勺
幷弐□（斛）捌□（斗）□（一）升六合四勺　弐貫七十文
永正元年三月晦日　納所　祥健（花押）

納　閏三月分
□（弐）斛□　□六合　□　□
（第六丁ウ）
以上
同下行
九丶升　九十六文　本尊
九丶升　九十六文　韋駄天
壱丶斗一升六合　佰四十□　□　（夢窓疎石）開山三会ェ贈之、
壱丶斗七升四合　佰□□□□（七十七文カ）　（後醍醐天皇）御忌二分　同
七丶合　八文　（碧潭周皎）地蔵開山
壱丶斗五合　洗米
壱丶斗七升四合　佰四十八文　（太寧集康）三会院主
壱丶斗七升四合　佰四十八文　上方

（第七丁オ）

壱斗七升四合　佰四十八文　首座(中倫)

壱斗七升四合　佰四十八文　維那(禅向)

壱斗七升四合　佰四十八文　侍衣

壱斗七升四合　佰四十八文　免僧

壱斗七升四合　佰□□文(四十八)　侍香

壱斗七升四合　佰四□□□(十八文)　知客

壱斗七升四合　佰四十八文　納所(祥健)

壱斗七升四合　佰四十八文　監寺

捌合　四文　縛桶師

壱升五合□　□　□　霊松百年忌前

（第七丁ウ）

以上弐□(石二斗五升五合カ)

延肆斗五升一合

并弐角七斗六合　弐貫卅八文

永正元年□□□(閏二月)晦日　納所祥健（花押）

(朱筆)「同年卯月廿七日勘定訖、全得（花押）」

維那禅向（花押）

首座中倫（花押）

（第八丁オ）

三会集康(太寧)（花押）

住山等安(心翁)（花押）

納　四□□(月分)

六斗六升四合八勺　請米

以上

同下行

九升肆合　佰□　□(本尊カ)

（第八丁ウ）

九升肆合　佰□　□(韋駄天カ)

壱斗捌升　佰五十三文　御忌(後醍醐天皇)　二分

七合　八文　地蔵開山(碧潭周皎)

壱合　二文　仏誕生粥

弐升一合　月中洗米

壱斗弐升　佰五十□文　開山(夢窓疎石)　三会ェ贈之、

参升七合　勘定斎去月分二升五合 三合九合　上五員開山仏餉 下三人

以上五斗五升四合

延壱斗一升八勺

幷ヽ六斗六升四合八勺　　五ヽ佰廿一文

永正元年四月晦日　　納所　祥健（花押）

（第九丁オ）

納　五月分

六斗一升八勺　　　　　請米

以上

同□□（下行）

九ヽ升　　九十三文　　本尊

九ヽ升　　九十三文　　韋駄天

壱ヽ斗七升四合　佰七十七文　御忌（後醍醐天皇）二分

七ヽ合　□（八カ）文　　□（地蔵開山カ）

（第九丁ウ）

壱ヽ升八合□　□　□

壱ヽ斗一升六合　佰四十八文　開山（夢窓疎石）　三会ェ贈之、

参ヽ合　　三文　　慈源法印年忌

参ヽ合　　三文　　梵春庵主年忌

捌ヽ合　　四文　　縛桶中食

以ヽ上五斗九□（合）

延ヽ壱斗一合八勺

幷ヽ六斗一升八勺　　五ヽ佰卅八文

永正元年五月晦日　　納所　祥健（花押）

（第一〇丁オ）

納　六月分

肆ヽ斗五升一合一勺　　　　請米

以上

同下行

九ヽ升　　九十□□（三文）　本尊

九ヽ升　　九十三文　　韋駄天

壱ヽ斗七升四合　佰七十七文　御忌（後醍醐天皇）二分

七ヽ合　　八文　　地蔵開山（碧潭周皎）

壱ヽ升□　□　□　□

（第一〇丁ウ）

以上参斗□□□□（七升六合）

延七升五合二勺

幷ヽ肆斗五升一合二勺　　参ヽ佰七十七文

永正元年□（六）月晦日　　納所祥健（花押）

(朱筆)「同年□□(七月カ)十一日勘定訖、全得（花押）」
三会集康(太寧)（花押）　維那禅向（花押）
住山等安(心翁)（花押）　首座中倫（花押）

（第一一丁オ）

弐角七斗九升四合八勺　請米
納　七月分
以上
同下行
九升二合　九十四文　本尊加二度粥
九升二合　九十□□(四文)　韋駄天
壱斗八升　佰八十三文　御忌(後醍醐天皇)二分
七合　八文　地蔵開山(碧潭周皎)
壱斗弐升　佰五十三文　開山(夢窓疎石)　三会ェ贈之、
壱斗□　□□□月分小

（第一一丁ウ）

弐升一合□　□□
肆升二合　十四文　行力中食十四員分十四日、五日
八合　二文　河原者掃地中食
参升一合　勘定斎米　去月分
壱斗八升　佰五□□(十三文)　□(三)会院主(蘊秀英珍)
九升　七十□文　上方　半月分
壱斗八升　佰五十三文　首座(中倫)
壱斗八升　佰五十三文　三会侍真
壱斗八升　佰五十三文　維那(禅向)
九升　七十五文　侍衣　半月分

（第一二丁オ）

九升　七十五文　免僧　同
九升　七十五文　侍香　同
壱斗八升　佰五十三文　監寺
壱斗八升　佰五十三文　知客
壱斗八升　佰五十三文　納所(祥健)
以上、弐角三□□□□(斗二升九合)
延肆斗六升五合八勺
并弐角七斗九升四合八勺　弐貫佰文
永正元年七月晦日　納所　祥健（花押）

（第一二丁ウ）

納　八月分
壱角九斗四升五合二勺　請米

以上
同下行
九升　九十□□（三文カ）　□（本）尊
九升　九十三文　韋駄天
壱斗六升八合　佰七十一文　御忌（後醍醐天皇）二分
壱斗一升七合　佰四十八文　開山（夢窓疎石）　三会ェ贈之、
七合　八文　地蔵開山（碧潭周皎）
壱升五合　洗米
（第一三丁オ）
九升　七十五文　三会院主（蘊秀英珍）
壱斗七升四合　佰四十八文　首座（中倫）
壱斗七升四合　佰四十八文　三会侍真
壱斗七升四合　佰四十八文　維那（禅向）
壱斗七升四合　佰四十八文　監寺
壱斗七升四合　佰四□□（十八文）　□（知）客
壱斗七升四合　佰四十八文　納所（祥健）
以上、壱角六斗二升一合
延参斗二升四合二勺
幷壱角九斗□（四カ）升五合□□（二勺）□□（壱貫カ）四佰九十四文

（第一三丁ウ）
永正元年□（八）月□□（晦日）　納所　祥健（花押）
納　九月分
弐角二斗七升一合六勺　請米
以上
同下行
九升　九十三文　本尊
九升　九十三文　韋駄天
九升六合　九十六文　御忌（後醍醐天皇）二分　自一日至十六日
六升　七十五文　開山（夢窓疎石）　三会ェ贈之、十五日分
（第一四丁オ）
三合　三文　地蔵（碧潭周皎）
弐升四合　洗米
壱斗七升四合　佰四十八文　三会院主（蘊秀英珍）
七升八合　六十五文　上方　自十七日至廿九日、十三ヶ日分
壱斗七升四合　佰四□□（十八文）　首座（中倫）
壱斗七升四合　佰四□□（十八文）　□（三）会侍真
壱斗七升四合　佰四十八文　維那（禅向）

七升八合　六十五文　侍衣
七升八合　六十五文　免僧
七升八合　□□□□（六十五文）　□□（侍香）
（第一四丁ウ）
壱斗七□□□（升四合）　佰□□□□（四十八文）　□□（監寺）
壱斗七升四合　佰四十八文　知客
壱斗七升四合　佰四十八文　納所（祥健）
以上壱角八斗九升□（三）合
延参斗七□□□□（升八合六勺）
拚弐角二斗□□□□（七升一合）六勺　壱貫六百八十三文
永正元年九月晦日　納所　祥健（花押）
（朱筆）「同年十月六日勘定訖、梵正（花押）」
維那禅向（花押）
三会英珍（蘊秀）（花押）　首座中倫（花押）
住山梵丹（花押）
（第一五丁オ）
納　十□□（月分）
弐斗肆升四勺　請米　弐佰文雑事

已上
同下行
玖升肆□□　□□　□□（仏餉カ）
（第一五丁ウ）
九升肆□□　□　韋駄□（天）
七合　八文　地蔵開山（碧潭周皎）
壱升五合　洗米
壱合　弐文　達磨忌粥
六合　六文　□（御）忌（後醍醐天皇）
弐升肆合　八文　庫理（裡）前門葺中食、切符在之、
伍升弐合　勘定斎、切符在之、
已上（朱筆）「弐斗九升三合」以上（朱筆）「弐佰廿六文」
延（朱筆）「五升八合六勺」　過□（下カ）（朱筆）「廿六文」
拚（朱筆）「三斗五升一合六勺」過上（朱筆）「壱斗一升一合二勺」
（第一六丁オ）
納　十一月分大
参斗参升弐合七勺　請米　参佰文　雑事銭
已上
同下行

玖升肆合　佰[　　]　仏餉加粥
九升四合　佰[　　]　韋駄天同
陸合　六文　（後醍醐天皇）御忌
七合　八文　（碧潭周皎）地蔵開山
弐升壱合　洗米
九合[　][　][　]（縛桶中食カ）[　]

（第一六丁ウ）

（去月カ）[　　]　六文　[　　]
已上「（朱筆）弐斗二升一合」　以上「（朱筆）弐□（貫）四拾六文」
延「（朱筆）肆升六合二勺」　残「（朱筆）五拾一文」
去月過□（上）「（朱筆）□斗一升一合二勺」
并「（朱筆）参□（壱）[　　]」　過下「（朱筆）五升五合七勺」
永正元年□□（十二）月晦日　典座　寿昌（花押）
納　十二月分小
六斗　請米　五百文　雑事銭
現官　五拾文
以上「（朱筆）五佰五十一文」
已上

（第一七丁オ）

同下行
九升壱合　九拾五文　仏餉加粥
九升壱合　九十五文　韋駄天同
弐升肆合　洗米
六合　六[　]　（後醍醐天皇）御忌
七合　[　]　（地）□（碧潭周皎）蔵開山
壱合　二文　仏成道粥
陸合　四文　疏銘取了恩・徳瑞
五升　廿文　米打□□（食カ）毎年定也、
参合　[　]　[　]

（第一七丁ウ）

参升[　]　[　]　[　　]毎年定也、
壱升六合　八文　上方歳□□御礼御出時、雇
力者
参升陸合　十六文　（加賀国石川郡）大野年貢銭取時雇力者中食
壱升八合　六[　]　大晦日行力中食
已上、「（朱筆）参斗[　　]」　以上、「（朱筆）弐佰七十八文」
延「（朱筆）七升五[　　]」　残「（朱筆）弐佰七十文」
去月過上「（朱筆）五升五合七勺」

幷（朱筆）「五斗壱升五勺」
残（朱筆）「捌升九合五勺」
（第一八丁オ）
永正元年甲子十二月晦日　典座　寿昌（花押）
（朱筆）「同二年正月十一日勘定訖、梵正（花押）」
納所　祥健（花押）
三会英□（珍）（花押）
維那禅向（花押）
住山梵丹（花押）
首座中倫（花押）
（第一八丁ウ）
□□主
上方
首座（中倫）
三会侍真
維那（禅向）
侍衣
免僧
侍香
監寺
知客
（第一九丁オ）
□□（納所カ）
典座（寿昌）

○第十九丁ウ・二〇・二一丁は墨付なし。
○第二一丁ウの上部に朱文方印（兎図）一顆、下部に朱文方印「しんまちミつ井け」一顆あり。
○前号文書と合冊。

五八三　臨川寺禅向等連署文書注文（折紙）

一江州分　拾六通内二通御判
自先々紛失云々、
一雑著　廿四通内御判物十八通云々、
雖然御判支証之物四十八通在之、
一自大野庄（加賀国石川郡）勘定状已下者大帳箱入之、不可重検也、
永正元
九月十七日　維那　禅向（花押）
納所　祥健（花押）
首座　中倫（花押）

（梵丹）（花押）
（心翁等安）（花押）

五八四　室町幕府奉行人連署奉書（宝篋院重書）

上様御祈願所嵯峨寿徳院祠堂銭事、東山宝福寺令借用之、彼寺領入置、摂州（島上郡）土室庄年貢代官職契約之処違変之、剰年々無沙汰之条、去年八月本利相当間可知行彼庄之旨被成御下知畢、就今度徳政之儀、若雖有掠申之子細、任先度御成敗之旨、弥不可有相違之由、所被仰下也、仍執達如件、

永正元年十一月七日　（松田秀和）美作守（花押）
散位（花押）
（清秀秋）備中守（花押）

当院雑掌

○宝福寺は清水坂にあり。

五八五　臨川寺造営帳（竪帳）

（表紙）
「永正三年丙寅
臨川寺造営帳
二月日始之」

（第一丁オ）
臨川寺造営帳　永正三年丙寅
ヽ（朱合点、以下同）納　二月始之、
参拾貫六佰卅文　従常住請取之、
以上
同下行
一　法喜場樋
ヽ弐佰七拾文　杉三間木　壱本
ヽ佰弐拾文　杉料物　壱本
ヽ佰五拾文　大鋸板　壱間
（第一丁ウ）
ヽ九拾五文　三尋木　五支
ヽ佰文　釘色々
ヽ肆佰廿文　番匠作料四員分　加酒直
ヽ肆拾六文　同食米加手代　三升四合八勺分 大工四員手代九員
ヽ弐十三文　同雑事
ヽ以上「（朱筆）壱貫弐佰卅二文」切符在之、

一　土戸

五拾七文　三尋木　三支

（第二丁オ）

佰文　釘

参佰文　番匠作料　三員

拾五文　同酒直

漆拾壱文　中食米　五升四合 番匠三員并手代十員

拾五文　同雑事

参拾文　手代酒直　三員

以上、（朱筆）「六佰四文」　切符在之、

（第二丁ウ）

一　山門上葺

弐貫二佰五十文　葺板十五荷　一荷別佰五十文宛、

捌佰文　竹

弐佰八十六文　葺師　四員

六拾文　手代酒直

六十四文　同中食米　四升九合二勺　葺師四員 手代七員

拾九文　同雑事

以上（朱筆）「参貫四佰八十二文」　切符在之、

（第三丁オ）

一　韋駄天堂上葺

壱貫佰五十文　葺板八荷　一荷別佰五十文宛

肆佰文　竹

七十文　葺師　一員

五十文　手代酒直　五員

参十七文　同中食米二升七合六勺　葺師一員 手代五員

九文　同雑事

以上（朱筆）「壱貫七佰廿二文」　切符在之、

（第三丁ウ）

一　廊下上葺

捌佰廿八文　葺板五荷半　一荷別佰五十文

肆佰文　竹

佰文　釘

佰五文　番匠作料　一員

肆十文　縄代

肆十文　手代酒直　四員

肆十文　同中食米三升一合二勺　大工一員 手代六員

（第四丁オ）

拾〵二文　同雑事
五〵拾文　樋木五三寸
以上、（朱筆）「壱貫六佰廿文」　切符在之、
一　西浄上葺
六〵佰文　葺板四荷　一荷別佰五十文
弐〵佰文　竹
弐〵十四文　縄代
肆〵十文　手代酒直　四員
（第四丁ウ）
佰〵五文　番匠作料　一員
肆〵十文　中食米三升一合一勺　大工一員 手代四員
拾〵弐文　同雑事
七〵拾文　釘
以上（朱筆）「壱貫九十四文」　切符在之、
一　本坊面庇葺
六〵貫四佰四十七文　下榑千三佰七十支　千支別四貫七百文宛
壱〵貫佰文　押木檜六寸方三本送状在之、

（第五丁オ）
佰〵文　三尋木
五〵佰拾一文　釘色々　送状在之、
壱〵貫七佰文　番匠作料　十七員
捌〵十五文　同酒直
七〵拾文　竹釘
参〵佰卅文　大鋸曳　三員賃
佰〵参十七文　榑曳　千三百七十支分
弐〵十文　手代酒直
弐〵佰五十文　中食米一斗八升七合　大工十七員 手代廿員 其外加臨時、
（第五丁ウ）
佰〵五文　同雑事
以上、（朱筆）「拾貫捌百六十四文」
一　面築地覆　客殿前
肆〵貫七佰文　榑千支
五〵佰五拾文　押木　七寸方壱本
六〵佰文　三尋木二組
肆〵佰文　釘色々

五十文　竹釘
（第六丁オ）
壱貫二佰文　番匠作料　十二員
六十文　同酒直
佰文　榑曳　千支分
参佰卅文　大鋸曳　二員
佰卅弐文　大工臨時酒度々分
肆十文　淀（紀伊・久世郡）ェ下力者路銭　両度分
佰卅八文　中食米一斗三合二勺　大工十二員 手代□員
七十五文　同雑事
六十文　大鋸曳中食三員、手代三員
（第六丁ウ）
弐十一文　同雑事
肆十六文　榑曳中食三員、手代四員
弐十一文　同雑事
五十文　大工臨時中食三升八合四勺渡分
弐拾八文　同雑事
以上、（朱筆）「捌貫六佰十三文」　切符在之、
（第七丁オ）

一　所々屋称修理
七佰五十文　押木六寸方二本
弐佰文　釘
参佰文　番匠作料　三員
拾五文　同酒直
肆十五文　中食米三升四合　手代・大工
弐十二文　同雑事
五十文　葺板　二百枚
以上、（朱筆）「壱貫三佰八十五文」　切符在之、
（第七丁ウ）
并「参拾貫六佰卅文」

永正参年丙寅卯月日　納所承縁（花押）
（朱筆）「同年同月廿三日勘定訖、　梵正（花押）」
三会慶春（伯始）（花押）　維那禅向（花押）
住山梵丹（花押）　首座中倫（花押）
（第八丁オ）
大勧進中賢（竹隠）（花押）
前住等安（心翁）（花押）

○第一丁オの上部に朱文方印（兎図）一顆、下部に朱文方印「しんまちミつ井け」一顆あり。

五八六　室町幕府奉行人連署奉書（折紙）（宝篋院重書）

宝篋院雑掌申摂州（島上郡）木工庄事、於子細者可有御糺明之間、可懸所務於中之由、被仰出候也、仍執達如件、

永正五
八月十六日　（飯尾）貞運（花押）
（斎藤）基雄（花押）

当所名主沙汰人中

五八七　室町幕府奉行人連署奉書（折紙）（宝篋院重書）

摂津国（島上郡）木工庄事、被成還補之　御判於宝篋院訖、早年貢・諸公事物等、如先々厳密可沙汰渡当院代官之由、所被仰出也、仍執達如件、

永正五
九月八日　（飯尾）貞運（花押）
（斎藤）時基（花押）

当庄名主沙汰人中

五八八　室町幕府奉行人連署奉書（折紙）

天龍寺雲居庵領摂州（川辺郡）杭瀬庄事、被官人波多野孫四郎違乱云々、太不可然、早退彼妨、可被全寺家雑掌所務之由、被仰出候也、仍執達如件、

永正五
九月廿九日　（飯尾）貞運（花押）
（松田）長秀（花押）

（細川高国）右京兆代

五八九　細川高国書下（宝篋院重書）

宝篋院領摂州（島上郡）木工庄領家職事、任去月八日還補　御判之旨、如先規役夫工米・臨時課役・人夫・諸公事・段銭以下、令免除訖、早可被全領知之状如件、

永正五年十月十八日　（貼紙）「細川右京大夫高国」右京大夫（花押）

当院住持

五九〇　細川高国奉行人奉書（折紙）（宝篋院重書）

宝篋院領摂州（島上郡）木工庄領家職事、任去月八日　（足利義稙）公方御判御下知之旨、被成　御判之上者、如先規為守護使不入之地、領知不可有相違之間、早年貢・諸公事物等、可致沙汰当院代之由候也、仍状如件、

十《永正五》月十八日　　貞船《斎藤》（花押）

当所名主百姓中

五九一　細川高国奉行人奉書（折紙）（宝篋院重書）

宝篋院領摂州《島上郡》木工庄領家職事、任去月八日　公方《足利義稙》御判御
下知之旨、被成　御判之□□《上者カ》、如先規為守護使不入之地、
当院領掌不可有相違之由也、仍執達如件、
十《永正五》月十八日　　貞船《斎藤》（花押）

当院雑掌

五九二　足利義稙公帖

「（封紙ウハ書）等安《心翁》西堂　　権大納言《足利義稙》（花押）」
円覚寺住持職事、任先例、可被執務之状如件、
永正六年八月廿三日　　権大納言（花押）

等安西堂

五九三　室町幕府奉行人連署奉書写

洪恩院雑掌申、城州北嵯峨仙翁寺村《葛野郡》事、鹿苑院殿《足利義満》御寄進
以来知行之処、蔵春庵去文明十七年申給弁才天別当職奉
書、動混乱惣村、企濫訴之条、以実検使被遂糺明、前垣
内新開田畠山林指図有之、於惣村田畠山林等者、寺家如
元可全領知旨、被成奉書之段、宜被存知之由、被仰出候
也、仍執達如件、
九《永正六》月廿七日　　為完《飯尾》在判
時基《斎藤》在判

天龍寺雑掌

○『鹿王院文書の研究』五〇五号文書が本文書の正文。

五九四　大内義興禁制

禁制　天龍寺・臨川寺幷諸塔頭
右、当手軍勢甲乙人濫妨狼籍《藉》・竹木採用事、一向令停止
訖、若於違犯族者、可処厳科者也、仍下知如件、
永正八年八月廿五日　　左京大夫《大内義興》（花押）

○大内義興は永正五年から一五年まで山城国守護。

五九五　細川高国奉行人奉書（折紙）　（宝篋院重書）

宝篋院領摂州木工庄（島上郡）年貢事、如近年百石於当所政所可被寺納、聊不可有不法懈怠之由候也、仍執達如件、
永正八
十月二日　秀兼（飯尾）（花押）
秋庭備中守殿
太田式部丞殿

五九六　天龍寺条々

鹿苑院等貴（宗山）（花押）　蔭涼軒景岱（東雲）（花押）

定条々事
一寺領不知行在所調法次第ニ有披露可被企訴訟之事、
一住持再住之時、小斎等事、一切可有停止事、
一方丈煩費事、可為五分、住持若有兼住者、三分一有下行事、
一正月点心幷六月茶礼事、可被略之、但寺家復旧規者、是亦可被増之事、
一定首座事、陪堂一分雑事銭百文充月別有下行而寺中ニ被居住、可被専勤行事、
一維那事、寺中ニ無居住者、可被請余人事、於其切者、無住持共、可被立之、為奉行可被報育英座元（承才）、功帳者堂司行者処ニ可被置之、寮事為維那衆被申合、涯分可被加修理事、
一修造司寮居住之仁躰、一回充物集女庄（乙訓郡）上使・庄主役於相兼、免分七石有下行、催促目録可被遂勘定幷出官以下諸役悉皆可被相兼之事、為勘師分全都文当寮毎事可有存知之事、
一雲居庵寺務事、奉行一人被相定、陪堂一分可有下行之事、
一物集女庄寺納引口事、毎寺納七分ニ被相分、一分法堂、一分方丈、一分維那寮、一分修造司寮、一分人具、二分常住、諸下方如此被割分可有下行之、其下行分限足則可被付常住修造方、到納所之時者、育英座元・奉行衆一人・修造司三人共証明請取状可為三判之事、
右条々所相定如件、
永正九年壬申七月廿四日
勘師　殊全（花押）
奉行　慶勲（花押）
同　馨恩（光夫）（花押）
同　永香（梅渓）（花押）
西堂　瑞重（花押）
多宝院　等期（信元）（花押）

雲居庵
周芳（祖林）（花押）
長生軒
妙慧（光甫）（花押）
三会院
□□（擦消）
弘源寺
英弥（蘊秀）（花押）
住山慶春（伯始）（花押）

同　周整（廷秀）（花押）
同　英球（花押）
同　善肯（心印）（花押）
同　慶寅（花押）
同　中純（花押）
同　承才（育英）（花押）

五九七　足利義稙公帖

（封紙ウハ書）（貼紙）
「『慧（恵）林院殿』
承才西堂（育英）　権大納言（足利義稙）（花押）」

景徳寺住持職事、任先例、可執務之状如件、

永正十一年五月十三日　（花押）

承才首座

○本文書は本書五九八号文書と同封。

五九八　足利義稙公帖

臨川寺住持職事、任先例、可被執務之状如件、

永正十一年五月十五日　権大納言（足利義稙）（花押）

承才西堂（育英）

○本文書は本書五九七号文書と同封。

五九九　三会院法身塔舎利数覚

三会院法身塔舎利数永正十一年甲戌七月七日数之、

百粒　百粒　百粒　百粒　百粒
百粒　百粒　百粒　百粒　百粒　千
百粒　百粒　百粒　百粒　百粒
百粒　百粒　百粒　百粒　百粒　千
百粒　百粒　百粒　百粒　百粒
百粒　百粒　百粒　百粒　百粒　千
百粒　百粒　百粒　百粒　百粒
百粒　百粒　百粒　百粒　百粒　千
百粒　百粒　百粒　百粒　百粒
百粒　百粒　百粒　百粒　百粒　千
百粒　百粒　百粒　百粒　百粒
百粒　百粒　百粒　百粒　百粒　千

百粒　百粒　百粒　百粒　百粒
百粒　百粒　百粒　百粒　百粒　千
百粒　百粒　百粒　百粒　百粒
百粒　百粒　百粒　百粒　百粒　千
百粒　百粒　百粒　百粒　百粒
百粒　百粒　百粒　百粒　百粒　千
百粒　百粒　百粒　百粒　百粒
百粒　百粒　百粒　百粒　百粒　万
百粒　百粒　百粒　七十六粒

此外如微塵（カ）者不知其数者也、

塔主妙恵光甫和尚筆蹟

侍者真熹（天用）数之、

○袖の上端に朱文方印（兎図）一顆、下端に朱文方印「しんまちミつ井け」一顆あり。本書七九七号文書参照。

六〇〇　室町幕府奉行人連署奉書

（封紙ウハ書）「臨川寺雑掌　　近江守貞運」
（端裏書）「宝」

大井河下嶋事、今度松尾雑掌雖申子細、捧開山国師（夢窓疎石）差図幷応永差図　御判等証文、言上之間、猶為被究御糺明渕底、被差遣使節斎藤美濃守（基雄）飯尾下野守（之秀）被検知之、於彼嶋南限田地北端者被付寺家畢、至柴草者、両方立合可被刈用之由、所被仰下也、仍執達如件、

永正十三年七月廿八日　　近江守（飯尾貞運）（花押）
上野介（斎藤時基）

臨川寺雑掌

六〇一　臨川寺壁書

一大野庄（加賀国石川郡）寺納、近年依為少分、寺家闕乏過法之由、浄堅力者於庄内申触之処、為惣百姓中弐拾貫文引違、寺納申、殊已後不可為借銭旨、堅対惣庄届申請取上之由、就力者申、伍貫文者修正料用之、伍貫文者行力衣料下行也、拾貫文者造営方用之、後代為明其不審、以評儀所被記置之如件、

永正拾三丙子祀十二月日　　出官景寿（花押）
住持周芳（祖林）（花押）　　納所承縁（花押）
維那寿恩（安叔）（花押）
塔主等期（信元）（花押）　　首座中倫（花押）

六〇二　臨川寺造営帳（竪帳）

（表紙）（異筆）
「『二下』　永正十四年丁丑
臨川寺造営帳
　　六月晦日　」

（第一丁オ）
臨川寺造営帳
ヽ納（朱合点、以下同）二月分
ヽ拾貫文　従常住請取之、
　　以上
　ヽ同下行
本坊簸切上葺
ヽ漆佰六拾文　栂板　弐千捌百枚
（第一丁ウ）
ヽ弐佰拾文　大工作料　弐員
ヽ百伍拾文　釘　色々
ヽ五拾文　三尋木　弐枝
ヽ四拾捌文　大工食米　同雑事銭弐仁分
　已上（朱筆）「壱貫弐百廿四文」
　ヽ本坊上葺
ヽ参貫玖佰五拾文　栂板　壱万四千六百七拾五枚
ヽ朳百文　竹漆拾八本
（第二丁オ）
ヽ捌拾文　縄代
ヽ弐佰捌拾六文　葺師　四仁
ヽ伍拾文　同手代五員酒直
ヽ佰弐拾四文壱斗弐升四合　米代　葺師并手代食
ヽ参拾八文　葺師并手代雑事銭
　已上（朱筆）「五貫三百卅六文」
　ヽ西浄上葺
ヽ伍百弐拾文　栂板　千九百六拾枚
（第二丁ウ）
ヽ拾杁文　縄代
ヽ弐拾四文　手代酒直

六拾文　竹　七本
已上「（朱筆）六百廿五文」
土戸并蔵地壁廊下修理入目
佰参拾玖文　釘　色々
伍拾文　三尋木　二枝
百五十文　板五百六十枚、土戸上葺用之、
（第三丁オ）
四拾捌文　縄代
六佰参拾文　大工作料　六員
百拾文　大工并手代酒直度々
以上「（朱筆）壱貫百卅三文」
并「（朱筆）扒貫参百廿壱文」
残「（朱筆）壱貫六百七十六文」
仏殿東雨打入目
納
（第三丁ウ）
「（朱筆）壱貫六百七十六文」　現官

伍百文　梵切（功カ）監寺官銭
已上「（朱筆）弐貫百七十六文」
同下行
弐貫弐佰八拾七文　栂板　捌千四百八拾枚
参百三拾文　釘　色々
六拾四文　軒付大工酒直
捌百四拾文　大工作料
六拾文　同酒直　加手代六員
（第四丁オ）
佰参拾弐文壱斗三升二合　同食米　加手代九員分
四拾捌文　同雑事
伍拾文　三尋木　弐枝
已上「（朱筆）参貫八百廿三文」
都合「（朱筆）拾弐貫百四十四文」
過下「（朱筆）壱貫六百肆拾四文」
永正拾四年六月晦日　納所寿光（花押）
（第四丁ウ）
「（朱筆）同年七月十一日勘定訖、景寿（花押）」

塔主等期（信元）（花押）　維那寿恩（安叔）（花押）
住山周芳（祖林）（花押）　首座中倫（花押）

（第五丁オ）
納閏十月分
以上
同下行
南面築地之修理入目
玖佰五拾文　松板　四千七百五拾枚
佰五拾文　梠板六佰枚
（第五丁ウ）
五拾文　手代五人酒直
参拾弐文　縄　弐束
百文　但庫司屋祢之修理用之、　梠板　三百七十五枚
「（朱筆）去月過下壱貫六百四拾四文」
「（朱筆）過下已上弐貫九百卅弐文　切符在之、」
「（朱筆）返弁」

「（朱筆）永正拾四年十一月晦日」　納所寿光（花押）
「（朱筆）同拾四年十二月廿三勘定訖、寿奎（花押）」
（第六丁オ）
三会院等期（信元）（花押）　維那寿恩（花押）
住山梵洪（季範）（花押）　首座中倫（花押）
（第六丁ウ）
永正拾五年二月吉日
納
已上
同下行　山門上葺入目
参貫参佰八十六文　松板　一万七千六百五十枚
佰文　釘
弐佰八十六文　葺師　四人
（第七丁オ）
六十四文　手代七員　酒直
参拾文　縄代
已上　「（朱筆）参貫杁百七十弐文内

壹貫文上方御引替、壹貫文維那同前
壹貫八百七十二文納所引替、　」
永正十五年五月　日　納所寿光（花押）
（朱筆）「同年五月十五日勘定訖、景寿（花押）」
維那寿恩（安叔）（花押）
首座中倫（花押）
（第七丁ウ）
塔主等期（信元）（花押）
住山梵洪（季範）（花押）
納
已上仏殿雨打幷所々修理入目
同下行
（第八丁オ）
弐貫六拾文　板　栂板四千五佰卅枚、百文別三百枚
松木板弐千八百枚、百文別宛
五百卅枚宛
参佰廿文　三尋木廿枝
佰文　料物　壱本
伍佰五拾文　釘此外竹釘在之、

壹貫百文　大工作料
六拾四文　軒付祝大工取之、
百卅文　大工昼食　米代壱斗弐升手代加之、
六拾五文　同雑事
（第八丁ウ）
六拾四文　手代酒直三日分
已上（朱筆）「肆貫四百六十二文」
永正拾五年戊寅六月日　納所寿光（花押）
（朱筆）「同十二月廿五日勘定訖、承縁（花押）」
出官
首座中倫（花押）
維那寿恩（花押）
（第九丁オ）
住持真熹（天用）（花押）
塔主周芳（祖林）（花押）
（第九丁ウ　墨付きなし）
（第一〇丁オ）

納　十一月分

（朱筆）「拾七貫五百四拾七文　現官大帳見之」

已上

同下行　玄関上葺

壱貫四百文　梠板三荷半四千二百枚

四百六拾弐文　釘色々

伍拾文　竹釘二升

百文　軒付大工衆

（第一〇丁ウ）

参百廿文　三尋木一組送状在之、

五拾五文　五三寸　一本

九百四拾五文　大工作料九人

九拾文　同手代酒直

已上　（朱筆）「参貫四百卅一文」　切符在之、

仏殿北面上葺

四貫五百卅四文　下榑　千弐束

弐貫六百文　梠　七千八百枚、六荷半

（第一一丁オ）

七百四拾文　釘色々

百五十文　竹釘六升

百卅二文　軒付大工衆祝

六百文　檜木五三寸送状在之　四本

九拾文　三尋木　五枝

弐百卅文　杉五三寸　四本　同

弐貫八百卅五文　大工廿七人作料

百八拾文　酒直大工并加手代衆

（第一一丁ウ）

四百四拾文　大鋸引四人賃

百廿文　榑引一人賃

百六十四文　大工事始并弥二郎大工五郎左衛門中直（食カ）時

廿五文　茶代

已上　（朱筆）「拾弐貫八百五十五文」　切符在之、

御門廊下葺

弐百九拾文　梠　千枚

百廿文　葺師四人賃

（第一二丁オ）

四拾文　同手代并葺師酒直

已上　（朱筆）「肆百五十三文」　切符在之、

南築地之修理上葺

弐百八拾文　松板千四百枚
六十文　葺師三人賃
五拾四文　酒直葺師并加手代
已上(朱筆)「四百文」　切符在之、

(第一二丁ウ)

九拾文　垣師酒直九人
百卅九文　同縄代
七拾文　大鋸板間半西橋修理
百文　釘　橋用為所々
已上(朱筆)「四百五文」　切符在之、
惣都合(朱筆)「拾七貫五百四十七文」
納所
寿光(花押)

(第一三丁オ)

(朱筆)「同十二月廿五日勘定訖、承縁(花押)」
維那
寿恩(安叔)(花押)
住山真蕭(天用)(花押)
首座
塔主周芳(祖林)(花押)
中倫(花押)
前住梵洪(季範)(花押)

○第一丁ウの上部に朱文方印(兎図)一顆、下部に朱文方印「しんまちミつ井け」一顆あり。

六〇三　後見代藤五郎申状

(モト端裏書カ)「後見一行」

謹申上候、

就今度法生寺内越後屋敷事、自天徳庵納分拾ケ年間引負拾貫文余有之、堅預御催促条、既及遂電処、両御役者以御取合、且依三貫文納申被指置段、忝畏存候、殊致謀書謀判、彼方江請取出申間、条々可及難儀処、依両所御拘寺院并諸塔頭、時宜被仰調、致出仕事、誠以忝畏存候、寺家様并対御役者、聊致緩怠儀後々在之者、雖為何時、以此一行旨、堅可被処御罪科者也、

一壱本松公事銭五佰文・生田村(葛野郡)内今里名主職分参佰文・同畠地子参佰文、以上壱貫佰文事、依不有知賢(カ)一行連年掠給段令露顕条、自当年可運上申候、但畠地子分事、被立先年検使減少間、当年重而以御糺明被仰付者、可

畏存候、年々不納申分雖有過分、以先御拘被打置事、
対子々孫々御芳恩不及申上候、

一宇多院分地子近年未進五貫文余事、名主前有之間、検使相共可致堅催促、至有私引負者、遂算勘可致皆納者也、若自当年後々迄、就催促致如在、於有未進者給分等可有御立用、但名主方一段有無沙汰子細者、可申上候、

一下京屋地子分・野畠分事、被立検使可取納申候、

右条々為一致疎略緩怠者、堅可被御成敗者也、仍為後日、謹状如件、

永正十四年十二月日　　後見代藤五郎（花押）

納所免僧両御役者様　人々御中

○端裏書は切り取り表に貼り付けたもの。

六〇四　臨川寺壁書

壁書

大野庄（加賀国石川郡）勘定事、毎年以三月中為恒例、雖然近年動延引、頗違旧規、庄主怠慢也、於向後（不脱カ）可為先規、但有子細延引在之者、雖為何時、其秋住持并塔主・諸役者共、可証明焉、然勘定銭不可及異論者也、仍衆評如件、

永正拾五戊寅孟夏廿二日　　維那　寿（安叔）□（恩）

住持梵洪（季範）（花押）　　首座中倫（花押）

塔主等期（信元）（花押）　　馨恩（光夫）（花押）

前住周芳（祖林）（花押）　　瑞豊（惟新）（花押）

真壽（天用）（花押）

天龍寺等安（心翁）（花押）　　善肯（心印）（花押）

承才（育英）（花押）

六〇五　室町幕府奉行人連署奉書（折紙）

三会院雑掌申洛中屋地所々（目録在別紙）地子銭事、如先々厳密可致其沙汰由、所被仰出之状如件、

永正十五
九月廿七日　　貞運（飯尾）（花押）

秀俊（松田晴秀）（花押）

所々百性中

六〇六　室町幕府奉行人連署奉書写

（端裏貼紙）「宝篋院ハ天龍寺塔頭ニ而、上嵯峨之内ニ有之、則八幡社

西楽寺同格之証跡」
嵯峨宝篋院敷地・門前力者以下民屋事、為大覚寺門跡、背先例、動被申懸課役云々、太無謂、早任度々証文、寺家進止不可有相違之由、所被仰下也、仍執達如件、

永正十五年十二月十九日　前近江守（飯尾貞運）在判
散　位（諏訪長俊）在判

当院雑掌

○『鹿王院文書の研究』五一二号文書に同文あり。

六〇七　室町幕府奉行人連署奉書（折紙）

三会院領洛中錦少路西洞院口東西四丈四尺、奥南北拾四丈、錦少路室町口東西五丈奥南北八丈事、混南都東北院（興福寺）与北野日連歌外会所相論内、雖申子細、帯証文各別知行之上者、有限地子銭如先々可沙汰渡三会院雑掌之由、所被仰出状如件、

永正十六
六月八日　（貼紙）「飯尾近江守」
貞運（飯尾）（花押）
（貼紙）「飯尾下野守」
之秀（飯尾）（花押）
（貼紙）「斎藤美濃守」
基雄（斎藤）（花押）

当地百性（姓）中

六〇八　龍沢庵承玖請文（宝篋院重書）

宝篋院末寺丹波国氷上郡沼妙勝寺之事、対私被充行、被成補任、祝着存候、然間毎年六月十七日祖師（黙庵周諭）忌以前伍佰文充為末寺銭可致寺納、万一有不法懈怠之儀者、雖為何時可有改易、其時不可及一言之子細者也、仍請状如件、

永正十六己卯
八月十二日　龍沢庵
承玖（花押）

宝篋院侍真禅師

六〇九　臨川寺造営方納下帳（竪帳）

（表紙）
「『三』（異筆）
大永元辛巳年
臨川寺造営方納下帳
八月日始焉」

（第一丁オ）
臨川寺造営方納下帳　大永元辛巳年

納ヽ（朱合点、以下同）
弐ヽ貫文　　（加賀国石川郡）大野庄々主周乗監寺補任之菜料、
伍ヽ貫文　　同補任銭、（梵洪）季範和尚奉加、
以ヽ上七貫文之内八十文不足在之、　弐百八十文　悪銭売減
定ヽ残六貫六佰卅四文
弐ヽ貫五佰文　　自常住納之（朱筆）「去年九月請取之」
以上（朱筆）「九貫佰卅四文」
同ヽ下行
参ヽ貫六佰弐拾文　　方丈上葺松板弐万千枚拾五荷分
佰文別五佰八十枚宛、切符在之、
四ヽ佰拾参文　　同竹六十弐本佰文別十四本宛、此外常住ニ在之、切符同、
（第一丁ウ）
捌ヽ拾文　　同縄五束十六文宛、切符同、
百ヽ文　　同米代葺師手代度々分、切符同、
弐ヽ拾七文　　同雑事銭、切符同、
弐ヽ佰捌拾六文　　同葺賃四貝分、切符同、
捌ヽ拾文　　同手代八員酒直、切符同、
（朱筆）「以上四貫六佰拾五文　　方丈上葺分」
玖ヽ佰四拾文切符在之、　西浄上葺板栂板千三佰枚、佰文別
四佰五十枚宛、同長板千三佰廿枚、
百文別三佰枚宛、
弐ヽ佰拾四文　　同竹卅本百文別拾四本宛切符在之、
卅ヽ六文　　縄代弐束余、切符在之、同、
六ヽ拾文　　同屋葺力者酒直六員分、切符同、
（第二丁オ）
五ヽ拾六文　　同米代、切符在之、
拾ヽ六文　　同雑事銭、切符在之、
（朱筆）「以上壱貫三佰廿七文　西浄分」
四ヽ佰文　　松之葺板弐千佰枚山門廊下其外所々修理、切符在之、
卅ヽ文　　同縄弐束十五文充、切符在、
壱ヽ貫七佰卅文　　長廊下葺藁百七十三丸一丸之代十文充、切符在之、
佰ヽ六十四文　　同藁取車力、切符在之、
佰ヽ四十文　　同縄九束、切符在之、
佰ヽ廿文　　酒直十二員分、切符在之、同、
佰ヽ文　　同米壱斗四合四勺加延也、切符在、
廿ヽ七文　　同雑事銭
以上（朱筆）「八貫六佰五拾九文」
（第二丁ウ）

残（朱筆）「四佰七拾壱文」
同大永二年造営納下
納
拾六貫佰扒拾壱文　自常住請取、
四佰七十壱文　去年造営方残、
以上（朱筆）「拾六貫六佰五拾五文」
同下行
（朱筆）「脇門分」
五貫八佰卅文　大工作料五十三員
参貫弐佰六拾弐文　金物色々、送状在之、
壱貫伍佰拾六文　米壱角（斛）捌斗壱升九合六勺、弐斗弐升和市
六佰四十文　同雑事銭
（第三丁オ）
七佰五拾六文　鋸板五間、一間之代佰五十文充、
弐佰弐拾文　杣二員賃
弐佰弐拾文　松葺板千四百枚
弐佰文　栂葺板六百枚
壱貫参佰六拾文　酒直度々分、自去年十二月至当年二月分、
佰参拾弐文　立納時悦、各於鎮守酒直
佰文　柱立始時大工ニ下行、
九佰六拾文　榑弐佰四拾文
四拾文　同駄賃并酒直
弐拾四文　同引賃
拾六文　縄壱束
（第三丁ウ）
弐佰文　立納時大工悦
壱貫七佰七拾八文　材木、送状在之、
（朱筆）「以上拾六貫弐百六拾八文　脇門分」
佰拾文　馬防大工作料、切符在之、
伍拾文　同力者酒直十文充
六拾文　韋駄天堂修理釘、送状在之、
佰拾文　同大工作料
拾文　手代酒直
以上（朱筆）「拾七貫六佰拾四文」
過下（朱筆）「九佰五拾六文　大工作料未下」
（朱筆）「都合弐拾六貫弐佰七拾三文自大永元八月至同弐年六月晦日造営分」
大永弐年六月晦日　納所殊光（花押）

（第四丁オ）
(朱筆)「同七月六日勘定訖、　勘師寿奎（花押）」
塔主等安(心翁)（花押）
維那周旭(昕英)（花押）
住山真薫(天用)（花押）
都寺承縁（花押）

（第四丁ウ）
同大永二年造営方納下
納
五貫漆百拾七文　自常住請取之、
同下行
壱貫七百拾文客殿面雨打并後架修理　栂板四荷、四千八百枚 百文別二百八十枚充、
百四拾文　大鋸板一間
百弐拾文　三尋木
四百廿五文　釘色々、送状在之、
七拾五文　竹釘
（第五丁オ）
八百八拾文　大工作料、八員分、
百文大工并手代食用之　米代九升八合、延二升、并一斗一升八合
五拾八文　同雑事大工并手代用之、
百四文　酒直大工并手代用之、
壱貫四百八十文仏殿西雨打并祖師堂庫裡軒付等　栂板四千三百廿枚
弐百二十文　大工作料
八拾漆文　釘　所々用之、
参拾五文　縄此外自南芳院出由也、
百拾五文　力者酒直自八月廿八日至九月十一日、
百六文　米代一斗三升二合、力者中食
四拾三文　同雑事
（第五丁ウ）
壱貫文(朱筆)「旧塔頭地子銭納時、可返弁由也、」法喜場上葺入目、切符在之、
已上(朱筆)「陸貫七百拾七文」
過下(朱筆)「壱貫文　奎(寿奎)監寺引替也、」
大永弐年十一月晦日　納所代集怡（花押）
(朱筆)「同年十二月廿二日　勘定訖、承縁（花押）」
前住真薫(天用)（花押）
維那周旭(昕英)（花押）
塔主
出官寿奎（花押）
住山梵及(選才)（花押）
都寺

（第六丁オ）

大永参年造営方納下帳

納

参貫五百拾五文　自常住請取之、

同下行

弐貫七百六拾文　山門上葺　葺板拾二荷、二百卅文充、

弐百文　同縄拾束此外竹常住ヨリ出之、

弐百八拾八文　二ヶ日分同酒直力者幷雇人手代用之、

弐百拾漆文　二ヶ日分同米代、壱斗七升四合分、

肆拾四文　二ヶ日分同雑事、

（第六丁ウ）

已上（朱筆）「参貫伍百拾五文」

大永三年六月晦日　納所集怡（花押）

（朱筆）「同年八月五日勘定訖、承縁（花押）」

前住　維那周旭（昕英）（花押）

住山梵及（選才）（花押）　都寺

塔主周芳（祖林）（花押）

○本文冒頭の上部に朱文方印（兎図）一顆、下部に朱文方印「しんまちミつ井け」一顆あり。

六一〇　臨川寺壁書

壁書

一（加賀国石川郡）大野庄補任之事、甲申正月可書出之処、彼庄番頭百姓中以訴状申子細在之条先以延引候、公事落居以後雖為別人住持、為当住持可被仰付、若以衆評為上使所務、則随寺納之多少補任銭可下行之、寺官行力亦可為同前者也、仍所定状如件、

大永四甲申年正月十一日　維那周旭（昕英）（花押）

前住真燾（天用）（花押）　出官寿奎（花押）

前住梵洪（季範）（花押）

塔主周芳（祖林）（花押）　納所集怡（花押）

住山梵及（選才）（花押）　勘師承縁（花押）

六一一　臨川寺造営方納下帳（竪帳）

（表紙）「（異筆）『四』　大永五乙酉年

臨川寺造営方納下帳

九月日始焉」

（第一丁オ）

臨川寺造営方納下帳　大永五乙酉

納（朱合点、以下同）

拾壱貫佰七文　　自常住請取、

已上

同下行

方丈屋祢簸刧（切カ）幷東西軒付入目

壱貫六佰文　　梅板四千八佰枚百文別三百枚宛、

参百六拾七文　　釘色々、送状在之、

肆佰四十文　　大工作料四員分、切符在之、

五十文　　三尋木二丁、切符在之、

五十文　　竹釘弐升、切符有之、

（第一丁ウ）

四十八文　　大工食米加重子、切符在之、

廿八文　　同雑事　　同、

五十文　　大工臨時酒　　同、

廿文　　力者二員酒直、両日分

九文　　同食米

已上「（朱筆）弐貫六百七十一文」　切符在之、

同上葺分

参貫七佰卅三文　　松板二万二千四佰枚、百文別六

百枚宛、

参佰九文　　葺賃四員分

捌拾文　　手代酒直八員分

佰十五文　　縄六束、壱束代十六文宛、

（第二丁オ）

佰三十五文　　米代壱斗三升五合

三十八文　葺師倩人手代食、　同雑事

廿四文　　竹切食米、度々分、

廿七文　　同雑事銭幷酒直

已上「（朱筆）肆貫四百六十七文」　切符在之、

法喜場上葺

玖佰三十五文　　松板五千六佰枚

五十文　　酒直五員分

五十五文　倩人手代食、　米買代五升五合

廿文　　雑事銭

三十二文　　縄弐束

（第二丁ウ）

已上（朱筆）「壱貫九十五文」　切符在之、

西浄上葺

七佰文　　松板四千弐百枚、百文別六百枚宛、

三十四文　縄弐束余、壱束代十七文

四十文　　食米倩人幷手代、

四十文　　酒直

拾二文　　雑事銭

已上（朱筆）「捌百弐十九文」　切符在之、

法喜場北樋幷書院北土戸葺入目

六拾四文　栂板弐百枚土戸用之、

（第三丁オ）

佰十文　　大工作料

七十五文　大鋸板半間

佰文　　　大釘色々、送状在之、

五十文　　酒直、各用之、

弐佰文　　樋

廿五文　　米代大工幷手代中食

拾壱文　　同雑事

已上（朱筆）「六百四十一文」　切符在之、

仏殿西雨打幷南面築地蓋依大風吹破修理入目

捌佰十六文　百文別六百枚宛　松板四千九百枚

捌十五文　縄五束余、壱束代十七文

（第三丁ウ）

佰廿二文　米代、壱斗二升五合手代倩人食

三十二文　同雑事

佰四十三文　酒直

已上（朱筆）「壱貫弐百五文」　切符在之、

法喜場北縁板敷修理

佰十文　　大工作料

拾七文　　同食加雑事

六十文　　釘送状在之、

已上（朱筆）「百八十七文」　切符在之、

都合（朱筆）「拾壱貫百七文」

（第四丁オ）

大永五乙酉年壬十一月晦日　納所殊光（花押）

（朱筆）「同年十二月廿四日勘定訖、承縁（花押）」

前住　　維那周旭（昕英）（花押）

前住梵洪（季範）（花押）

塔主周芳（祖林）（花押）

住山瑞豊（惟新）（花押）

（第四丁ウ）

大永六年造営方納下帳

納

弐拾五貫五百六十四文　自常住請取、

已上

同下行

面築地覆上葺入目

参貫三百六十四文百文別六百枚宛松板二万三百枚十四荷半

弐百七十六文　倩人手代酒直、三ヶ日分

四百八十二文　縄廿八束、壱束代十七文

百九十五文　食米、壱斗九升五合

六十文　同雑事銭、

（第五丁オ）

百文　栂板三百枚

已上（朱筆）「肆貫四百九十文」　切符在之、

残（朱筆）「弐拾壱貫七十一文」

納

現管

已上

同下行

長廊下再造入目

弐貫三百十九文　柱五十本、壱本代四十五文宛、

此外柱雑木、自常住出之、

百六十文　小柱六本、壱本代十七文宛、

（第五丁ウ）

弐貫五百文　三尋木五組、壱本代廿五文宛、

壱貫百六十六文　釘色々送状在之、

壱貫文小竹色々常住ヨリ出之、五寸六寸竹百十本、百文別十一本宛、

捌百八十七文　縄五十束、壱束十七文宛、

弐貫九百五十文　小麦藁三百廿五束、百文別十一束宛、

壱貫百五十文　米藁百十五丸、百文別十一丸宛、

伍貫四十文　大工作料四十八人分、人別百五文宛、

三佰四十五文　同食三斗四升五合六勺、
加重子九十六人　百文別壱斗和市、
二佰四十文　同雑事銭
八佰九十八文　手代倩人食八斗九升八合、自五月六月廿十六日至四日度々分、
二佰四文　同雑事銭
（第六丁オ）
壱貫佰十九文　同酒直倩人手代度々分、
四佰六十四文　大工衆臨時酒直五度分、
三十二文　雲脚造作中用之、
四佰六十三文　松板二荷
三十文　三尋木取車力
已上「（朱筆）弐拾貫九百八十八文」切符在之、
「（朱筆）八貫扒十扒文」
大永六丙戌年七月十五日　納所殊光（花押）
「（朱筆）同年十二月十五日勘定訖、　承縁（花押）」
（第六丁ウ）
維那
前住
前住
塔主
住山瑞豊（惟新）（花押）
（第七丁オ）
大橋大明神内鳥居奉加銭納下帳
納
佰文　常住
佰文　上方
佰文　塔主
佰文　侍真因首座
佰文　主事怡都寺
伍十文　侍衣
佰文　納所
九十二文　縁都寺 璞首座 信監寺 玖蔵主 浄賢力者 奉加帳仁見也、
已上七佰四十四文
（第七丁ウ）
同下行
四佰拾五文　大工作料四人分、
佰文　酒直大工手代、各、

八十二文　　　　　　中食大工手代、加雑事銭、
　已上六佰文
残佰四十四文（異筆）「近所掃地各酒直」
　大永六年戌七月十五日　納所殊光（花押）
（朱筆）「同年十二月十五日勘定訖、承縁（花押）」
　住山瑞豊（惟新）（花押）

六一二　細川晴元奉行人奉書案（折紙）

当庵領丹州何鹿郡吾雀庄西方村奥方分事、任当知行旨、
弥寺務不可有相違之由候也、仍執達如件、

享禄弐
　十月十二日　　　（飯尾）元運在判（裏花押）

　雲居庵

六一三　飯尾貞運書状写（三会院重書近世写）

上書ニ宝篋院出官禅師飯尾近江守貞運ト有之、

人足免除御下知事、きと可令申沙汰候、自去年久歓楽仕、近日致出頭候、同証文事重而可備　上覧候間、御下知調進候時相別（カ）之可返進候、更不可有無沙汰候、恐々謹言、

四月九日　　　　（飯尾）貞運判

宝篋院出官禅師

○飯尾貞運が奉行人として活動した期間は文明一七～享禄三年（『室町幕府文書集成』奉行人奉書編　上）であるため、その下限におく。

六一四　野村秀成書状写（三会院重書近世写）

当院御境内人足事、従大覚寺御門跡今度就被相懸候、御申旨致披露申候処、以後者不可相懸之由、彼御門跡江被仰付目出候、御下知事者御材木儀悉調候者、後日可申出候□（也カ）、恐々謹言、

九月一日　　　　野村彦三郎
　　　　　　　　　秀成判

宝篋院出官禅師

○前号文書との関連によりここにおく。

六一五　室町幕府奉行人連署奉書写

宝幢寺・鹿王院・金剛院・洪恩院・勝智院住持職同寺領等事、号門中儀、依等河・周慶（雲岩）・周等（後仲）三僧申掠、雖有御成敗、既門徒諸老其外無同心之段、出状分明之上、殊相

違子細在之条、謀略之至、言語道断次第也、所詮於院主
職幷諸寺領寺官以下者進止之、可被抽御祈禱精誠之旨、
対周瓏(潤仲)西堂被成奉書畢、宜被存知之由、所被仰下也、仍
執達如件、

天文十年十一月廿日

前信濃守(諏訪長俊)在判
河内前司(治部貞兼)在判

門中雑掌

○『鹿王院文書の研究』五四五号が本文書の正文。

六一六　細川晴元奉行人奉書(折紙)

当寺諸塔頭領所々散在等事、号下河原殿分非分違乱条、
先度雖被成押奉書、各帯数通証文当知行無相違上者、弥
可被全寺務之由候也、仍執達如件、

天文十一
十二月十一日　元運(飯尾)(花押)

天龍寺雑掌

○『鹿王院文書の研究』五六二号に本文書の案文あり。

六一七　開山国師真前奉物子母銭帳(竪帳)

(表紙)
「天文十三年甲辰
開山国師(夢窓疎石)真前奉物子母銭帳
蜡月吉辰始之、」

(第一丁オ)

甲州運上黄金代納下帳

納

五拾六貫参百七十一文　黄金之代、大小十九枚、内ホシ一ツ、ツカ一ツ、
五貫百六十六文　所々借用之利平納之、
以上六十壱貫五佰(ママ)四拾文

(第一丁ウ)

同下行

参貫文　甲州へ能守行者被差下入目、
拾六貫文真乗院江借用、　江心西堂(承董)御引替ニ渡之、
参貫文　同用出官納所引替渡之、
五百五十文　同参貫文之利平、出官納所渡之、
六百八文　同用書院引替取之、
五百文　甲州下向用意於度々酒肴、入目納所琳監寺引替渡之、
弐貫文　金火鉢、一口、

(第二丁オ)

壱貫百文　板物壱端、播州宝幢寺下向之時、於相国寺御音信、
壱貫文　玳瑁台代、数十四ケ、
佰文　黄金口入礼、スアイ屋ニ遣之、
弐貫七百卅八文　維那寮上葺入目、切符在之、
七佰四十二文　同所壁造立入目、切符在之、
六百五十三文　法堂修理入目、切符在之、
四貫弐佰七十文　甲州へ能守行者重而罷下入目、日記在之、
弐貫五佰六十文　阿州へ就二百年忌之儀御音信、
入目小日記在之、
（第二丁ウ）
壱貫六百文　幡（播）州へ能守被差下入目、内
壱貫文者路銭
弐貫文　能守ニ遣之、
佰卅二文　二百年忌之儀、御談合之時酒肴、
百文　能守甲州ヨリ御上時酒肴、
四貫文　能守被遣、甲州へ重而罷下労、
壱貫文　同人夫労、
参貫百十六文　防州へ就二百年忌之儀御音信、
入目注文在之、

（第三丁オ）
壱貫六佰廿四文　能守於国諸下行未下ニ渡之、能
守日記在之、
以上五十六（弐）貫四佰四文
（第三丁ウ）
所々借用引付
拾六貫文　真乗院へ借用、天文十五年正月日、
以上
同利平方
四貫百六十文　真乗ヨリ本銭十六貫文利平、
自天文十三年十二月至同十四年
十二月十三ヶ月分、
四百文皆返弁、　真乗ヨリ本銭弐貫文利平、
（第四丁オ）
（自）天文十四正月至十月十ヶ月分
弐佰八十文同　丘蔵主本銭弐貫文利平、
自正月至七月分、
佰四十文同　弥三郎本銭壱貫利平、

自正月至七月分、
佰八十文同　堂本銭壱貫文利平、
自四月至十二月九ヶ月分、
以上五貫佰六十六文

（第四丁ウ）

黄金売引付

十二月日
弐拾弐貫文　小板、数十二枚之代 妙智院へ売之、
同
九貫百廿二文　大板、壱枚之代 カリ金屋へ売之、
同
参貫弐佰文　小板、二枚之代、同所、
同
弐貫文　小板、壱枚、同所、
同
弐貫弐百文　ツカ一ツ、琇首座（球叔全琇）へ売之、
同
弐貫文　小板、壱枚能守ニ売之、
四月日
拾五貫五百文　大板、二枚之代、スアイ屋口入、
同
参百五十文　星、一ツ之代、

（第五丁オ）

以上五拾六貫参佰七十一文
残九貫佰卅六文

（第五丁ウ　墨付きなし）

（第六丁オ）

納
九貫百卅六文　現官、天文十四十二月算用残也、
拾六貫文　従真乗院返弁、
壱貫弐百八十文　同利平、自正月至四月分、
弐拾八貫文　金之代、龍安寺弥首座へ売之、
参貫六百文　同代、承田捧雲・成首座へ売之、
拾四貫五百文　同代、祐玉ニ売之、
四貫三百文　同代、同人ニ売之、
四拾五貫文雪斎之奉加（太原崇孚）　同代、京兆御局（細川晴元）へ売之、三枚分、

（第六丁ウ）

伍拾貫文　九州ヨリ運上、
百廿文本銭七貫文分　弘源寺ヨリ利平返弁、
九百八十文　従寿寧院利平、
八十文　真蔵主幷能守利平、
百文　納所利平、
百文　寿真利平、
弐百文　三会院利平、
四百八十文本銭六貫文寿寧院利平、自正月至四月分也、
弐百五十文本壱貫二百五十文　兆首座利平、

（第七丁オ）
壱貫四百文　金売代、兆首座口入、
八百文本銭二貫文　兆首座利平、自天文十五六月、至十六年十二月分、
伍貫文　金代、祐玉所へ売也、但三会院へ買榑之代也、
弐貫文本銭四貫文分　(承董)江心西堂御借用利平、
拾貫参百文　従甲州運上、能守使、
(貼紙)「以上百九十参貫六百卅七文」
（第七丁ウ　墨付きなし）
（第八丁オ）
同下行
壱貫弐百五十四文　御月忌始斎料、三会院へ送之、
参百八十文　酒肴、於方丈二百年忌御談合時也、
拾壱貫三百四十二文　方丈玄関上葺入目、小日記別紙ニ在之、
弐貫弐百九十六文　方丈庫司上葺入目小日記別紙ニ在之、
四貫百八文　能守駿州へ罷下入目、
弐貫五百文　同罷上之時路銭、
弐貫五百文　同人辛労之時ニ被遣也、
伍百文　牛黄円調合、駿州・甲州所々御音信也、

（第八丁ウ）
百廿文　御教書杉原、二帖、
壱貫四百六十文　(義俊)大覚寺殿へ御礼入目、
七拾四貫文　諸五山嚫金送之、維那祥首座使僧也、
九百伍十八文　(川上郡)備中成羽検校来臨入目、常住へ引替之、
伍百文　同国へ御音信、常住へ引替也、
弐百五十文　同国へ重而御音信、備中屋罷下時御言伝也、
八拾四文　大覚寺殿へ食籠入目、樽者自方丈出之、
参百文　(道増)聖護院殿へ樽入目、
五十文　酒御談合之時也、
（第九丁オ）
伍拾文　酒肴鹿苑使僧、
百六十文　(稙家)近衛殿へ柳二荷代、肴方丈ニ在之、
弐百文　草鞋、上方就二百年忌儀、(紀伊郡)伏見へ御出、
六十文　同力者食米、
百伍十文　黄金鋳直賃、
七十伍文　御局金之代、請取時両度出京酒之代、
卅五文　従九州運上料足、請取時力者并人夫酒直

四百四十八文　盛首座ヘ一盞入目、
弐拾六貫七百七拾七文　雲居庵、卵塔上葺入目小日記在之、
(第九丁ウ)
九百五十文　榑五百支代卵塔之残也、
伍拾文　同曳賃、
八拾文　諸五山ヘ嚫金送時、使僧・力者人夫酒直、
四百伍拾文　紅帯一端、九州保寿寺ヘ御音信盛首座下向時也、
弐百文　従大徳寺、東堂衆ヘ嚫金為礼使僧来臨酒肴入目、
参百文　甲州哲書記、在庄入目能守方ヘ渡之、
伍百文　同下向時路銭被遣之、
壱貫十八文　甲州茂書記、来臨入目小日記在之、
壱貫四百文　脇門北堀入目、常住引替小日記在之、
(第一〇丁オ)
拾貫八百廿五文　世上忩劇付、所々御礼物等常住ヘ引替也、納所方ニ注文在之、
拾貫文　大鐘代ニ出之、
弐貫文　三具足、一鎊従兆首座買也、
八百文　唐瓶一対同人ヨリ買也、
伍拾文　釘并襲木、大工酒方丈小門上葺

壱貫四百六十二文　方丈礼間暖席、十二畳分
六百廿文　椀一具
伍十文　松板、間半庫司修理、
五十一文　同釘
(第丁一〇ウ)
捌貫文　雲居庵昭堂造栄(営)方ヘ渡之、
伍貫文　三会院、昭堂造栄(営)方ヘ、但金代祐玉方ヘ渡之、
四百文　杉原扇子、越州含蔵寺ヘ就二百年忌儀、連署被遣時
伍十文　御教書　一帖、
伍百文　維那寮辻地覆入目、維那兆首座ヘ渡之、
伍貫百六十四文　三会院昭堂後門造栄(営)方ヘ渡之、注文在之、
九百文　就長井庄(乙訓郡)之儀、三好方相扱入目、
弐百廿五文　引合五帖、甲州ヘ請取紙用也、
八百文　公方様(足利義晴)并京兆(細川晴元)御音信入目、但、年始御礼也、
(第一一丁オ)
七百文　畳面十枚、自兆首座買之、但、悪銭也、
百五十文　縁布
百八十文　同手間料、内二畳ハ薄縁也、
四百卅文　葺板御所後架上葺、

八十文　　釘
十六文　　酒直
壱貫伍百文拾貫参百文内也、　悪銭減
弐貫文　　現銭寿寧院へ預直内、

○第一丁オの上部に朱文方印（兎図）一顆、下部に朱文方印「しんまちミつ井け」一顆あり。

六一八　天龍寺米銭納下帳（竪帳）

（表紙）
「　天文十五年丙午
天龍寺米銭納下帳
　七月吉辰始焉」

（第一丁オ）
天龍寺米方納下帳　天文拾五丙午年
ヽ納（朱合点、以下同）
ヽ参拾六斛参斗九升六合五勺内　物集女庄（乙訓郡）且当納分、
　参斛（朱筆）「貫文別壱斗三升和市」分代弐貫参佰文、
ヽ残（朱筆）「参拾参斛三斗九升六合五勺」
ヽ延（朱筆）「参斛三斗三升九合」
ヽ并（朱筆）「参拾六斛七斗三升五合七勺」

（第一丁ウ）
ヽ五斗九升　　土川年貢（乙訓郡）
　ヽ延（朱筆）「壱斗六合二勺」
ヽ并（朱筆）「六斗九升六合二勺」
都合（朱筆）「参拾七斛四斗三升一合七勺（ママ）」

（第二丁オ）
　同下行
ヽ弐斗　　施餓鬼棚
伍斗六升弐合　御忌斎米、有切符、
ヽ壱斗　　開山（夢窓疎石）忌仏殿方下行、
ヽ九升　　開山忌掃地人夫食米、
ヽ壱斗　　年貢初納仏餉、
ヽ伍升　　達磨忌
ヽ壱斗　　冬至并臘八仏餉、

（第二丁ウ）
ヽ弐升　　後鳥羽院
ヽ壱斛八升　仏餉米
ヽ七升　　自物集女来警固衆食米、

伍升　就物集女庄公用儀、免僧納所力者在庄、
九合　南門堀之時力者衆食米、
参斗　年中六度掃地、
七斛八斗　方丈表米
（第三丁オ）
壱斛六斗五升　末下参斗五升　多宝院
弐斛弐斗　末下六斗　先維那兆首座
四斛参斗五升　末下四斗五升　維那祥蔵主
弐斛八斗　末下弐斛　納所
壱斛四斗　末下壱斛　堂相節
壱斛四斗　末下壱斛　能守
壱斛四斗　末下壱斛　寿礼
壱斛四斗　同　浄円
（第三丁ウ）
壱斛四斗　同　善徳
壱斛四斗　同　行満
五斗　下司弥左衛門
壱斛四斗　末下壱斛　納所寮火番
九斗壱升五合　鐘撞

向河原
去年過下分引之、
壱斗五合　斗上不足、
（第四丁オ）
壱斗七升五合　欠米
已上（朱筆）「参拾五斛弐斗四合一勺」
残（朱筆）「弐斛弐斗二升七合六勺」
（第四丁ウ）
同銭方納下帳　天文拾五丙午年
納
参百五拾文　現管
弐貫参佰七文　米代
五貫六佰五拾文　山手草代
已上（朱筆）「八貫三百七文」
（第五丁オ）
同下行
伍百八拾文　御忌斎料、切符有之、
佰文　年貢納始祝、
佰文　開山忌仏殿方下行、

九十文　開山忌掃地人夫酒直、
八十文　築山南方堀酒直、
七拾四文　築山前囲時酒直、
十六文　大門番任時力者衆酒、
（第五丁ウ）
佰十弐文　大門修理入目、（朱筆）「切符有之」
佰文　物集女代官今西方江樽、
十六文　大門囲藁
佰文　南門堀之時酒、
佰文　納所寮年貢納藁筵、
佰文　山崎（乙訓郡）玄蕃頭殿（細川国慶）在陣之時、札被遣送衆、
弐佰五十五文　物集女孫四郎（慶照）方江樽入目、
佰文　興禅江樽、
（第六丁オ）
八拾参文　自物集女方使於集龍院酒、
佰拾五文　摂津自牧雲拘衆酒肴、
拾六文　冬至燭代
伍佰文　鐘撞給分
四拾文　方丈桶、免僧方注文有之、

八拾文　方丈書院修理、免僧方注文有之、
卅弐文　六月懺摩燭代、
卅弐文　同当正月、
（第六丁ウ）
卅弐文　同当六月懺摩、
佰弐拾文　自物集女警固衆酒、
佰文　東山江竹（カ）進上之時奉行、
八拾文　北堀薮垣囲縄酒直、
弐佰文　巳祭礼祝
弐佰文　尺輪木祝
弐貫伍佰文　浄円給分
六十文　目銭
（第七丁オ）
已上（朱筆）「六貫百九文」
残（朱筆）「弐貫百九十五文」
天文十五丙午十二月晦日　納所等俊（花押）
単寮　維那周亀（花押）
西堂　監寺
（第七丁ウ）

西堂　周孫（龍叔）（花押）　都寺
雲居庵　承董（江心）（花押）　単寮
都聞
多宝院
住山真熹（天用）（花押）
（第八丁オ・ウ　墨付きなし）
（第九丁オ）
同米方納下帳　天文十六丁未年
納　現管
（朱筆）「弐斛弐斗二升七合六勺」
壱斛五斗　借納、於寿寧院借之、
已上「（朱筆）参斛七斗二升七合六勺」
（第九丁ウ）
下行
壱斛壱斗　修正壇供米
五升　同洗米
五升　鎮守御供米
五升　節分大豆替、
弐斛　維那正首座、
弐升　後鳥羽院
五升　仏涅槃
（第一〇丁オ）
五升　誕生
五升　結夏仏殿方
五斗五升　鐘撞飯米
已上「（朱筆）参斛九斗七升」
過下「（朱筆）弐斗四升二合四勺」
（第一〇丁ウ　墨付きなし）
（第一一丁オ）
同銭方納下帳　天文十六丁未年
納　現管
（朱筆）「弐貫百九十五文」
已上
下行
参百文　壇供餝
（第一一丁ウ）
百文　修正燭代
八拾四文　同疏紙

ヽ弐佰文　朔旦行力中祝
ヽ弐百文　倉開祝
ヽ壱貫文　公方様(足利義晴)江御礼、
ヽ参百文　玄番(蕃、以下同)頭殿江礼、侍衣御出、
ヽ八佰文　多田(摂津国川辺郡)ニ御屋形様(細川晴元)御座之時御礼、
ヽ五十文　若蔓
（第一二丁オ）
ヽ五十文　納所寮壁修理、
ヽ八十四文　公方様御誕生疏紙
ヽ廿弐文　同疏紙
ヽ卅文　嵐山(葛野郡)札木
ヽ五佰文　玄番殿江御礼、侍衣御出、
ヽ百文　典厩(細川晴賢カ)江御礼之時奏者江、
ヽ百文　結夏燭代
ヽ五佰文　仏殿灯明方、五ヶ月分、
（第一二丁ウ）
ヽ弐佰文　平井殿御女房衆江営堂礼御出、
ヽ百五十文　玄番頭殿樽支配、
ヽ五十文　帳紙代

ヽ五十文　目銭
　已上「(朱筆)肆貫八百七十文」
ヽ過下「(朱筆)弐貫六百七十二文」
（第一三丁オ）
　天文拾六丁未六月晦日　納所等俊（花押）
「(朱筆)同十七　九月十七日　勘師殊光（花押）」
　単寮　維那周亀（花押）
　西堂　監寺
　都寺
西堂　周孫(龍叔)（花押）　単寮
（第一三丁ウ）
　都聞
　雲居庵　承菫(江心)（花押）
　多宝院
住山　真燾(天用)（花押）

○第一丁オの上部に朱文方印（兎図）一顆、下部に朱文方印「しんまちミつ井け」一顆あり。

六一九　三宅国村請文（宝篋院重書）

請申、嵯峨宝篋院領摂州（島上郡）木工庄御代官職之事、自当年丁未至来辛亥年五ヶ年之間預り申、於御公用者、為請切毎年七拾石宛可進納申候、万一於無沙汰者、縦雖為年季之内可有改易者也、仍請文如件、

天文十六
正月十一日　　　三宅出羽守
　　　　　　　　　　国村（花押）

宝篋院

六二〇　雲居庵昭堂造営下行帳（竪帳）

（表紙）
「天文戊申十七年
雲居庵昭堂造営下行帳
十二月吉辰始焉」

（第一丁オ）
雲居庵昭堂造営帳
納
伍貫陸佰文　隆蔵主転位官資六百文暖席面
伍貫文　濡蔵主官資
伍貫文　悦蔵主官資
伍貫文　確蔵主官資伍緡三会造営用之、
拾貫文　純蔵主官資
伍貫文　宗継蔵主官資
（第一丁ウ）
伍貫文　（琛甫）周璘蔵主官資
壱貫文　景林長靖座元官資
壱貫文　周宝首座官資
陸貫伍百廿文　本寺常住以米大工作料下行之、
壱貫文　見于覚書記之帳面　（夢窓疎石）国師二百年忌銭自覚書記請取之、
壱貫文　同　同前弥三郎借用分
肆貫文　同　同前董西堂預之分
弐貫文　同　同利足
（第二丁オ）
弐貫文　上方弐百年忌出銭
参貫文　（江心承董）董西堂二百年忌出銭
壱貫文　寿寧院祠堂借納
已上陸拾参貫佰廿文
（第二丁ウ）
（第三丁オ）

下行

拾漆（朱、以下同）貫肆佰文　下榑壱万支代

拾貫伍百文　同伍千支代

参貫漆佰捌拾七文　同弐千○百玖拾支代 参貫五百七文分自寿寧院借用、四ヶ月利弐百八十文加之返弁、

壱貫弐佰文　亭之間北方下榑代

已上参拾弐貫捌百捌拾七文

壱貫陸佰捌拾六文　榑曳賃

（第三丁ウ）

陸貫弐佰廿二文　釘代

佰文　古釘直作料

参貫伍百文　三尋木代

壱貫陸佰伍拾文　襲木代

漆佰漆拾文　鋸曳作料

拾肆貫弐佰廿文　大工百廿九人作料百十文充、

卅文　藁筵代大工衆敷之、

卅六文　縄代

（第四丁オ）

肆佰漆拾捌文　酒直大工衆働衆度々、

陸佰拾伍文　酒醸米代壱斛弐斗参升、

伍拾肆文　豆腐大工衆肴度々、

参佰伍拾文　塩噌代

壱貫文　寿寧院祠堂銭返弁、

百文　同利足五ヶ月分

已上陸拾参貫漆佰拾肆文

（第四丁ウ）

弐斛弐斗陸升四合　普請衆食米自雲居常住出之、

壱貫捌佰廿七文　煖席面換入目

客殿十八畳、侍真寮三畳

拝席一枚

幷已上（朱筆）「陸拾伍貫伍佰肆拾壱文」

天文十七年戊申臘月吉辰　紹禧

（第五丁オ）

雲居庵承菫（江心）（花押）

侍衣

納所

維那周亀（花押）

臨川寺周孫（龍叔）（花押）

住山　真斎（天用）（花押）

（第五丁ウ～第八丁ウ　墨付きなし）

○第一丁オの上部に朱文方印（兎図）一顆、下部に朱文方印「しんまちミつ井け」一顆あり。

○第四・五丁に附箋「幷已上陸拾伍貫伍佰四十一文」をはさみこむ。

六二一　天龍寺米銭納下帳（竪帳）

（表紙）
「　天文十八己酉
天龍寺米銭納下帳
　七月吉辰始焉」

（第一丁オ）
天龍寺米方納下帳　天文十八己酉

納
ヽ（朱合点、以下同）伍拾五斛壱斗四升九合内　物集女庄（乙訓郡）且当納分
　ヽ参斛九斗九升百文別弐斗壱升充、分代壱貫九百文
　残ヽ（朱筆）「五拾壱斛一斗五升九合」
　　延ヽ（朱筆）「五斛一斗一升五合」
幷ヽ（朱筆）「五拾六斛弐斗七升（ママ）五合」

（第一丁ウ）
玖斗参升六合内壱斗八升三合去未進納之、　土川（乙訓郡）五段田年貢
　延（朱筆）「壱斗六升八合」
幷（朱筆）「壱斛一斗四合」
都合（朱筆）「伍拾七斛三斗七升九合」

（第二丁オ）
同下行
ヽ弐斗　施餓鬼棚
ヽ弐升　光厳院殿御霊供
ヽ弐升　後醍醐天王（皇）、同
ヽ弐升　後鳥羽天王（皇）、同
ヽ五斗参升四合　御忌斎米、有切符、
ヽ壱斗　年貢初納仏餉

壱斗　　　　開山（夢窓疎石）忌仏殿方

（第二丁ウ）

壱斗　　　　開山忌掃地人夫

伍升　　　　達磨忌

弐升　　　　後鳥羽院

壱斗　　　　冬至幷臘八仏餉

参斗　　　　年中六度掃地力者食米、

参斗八升　　物集女庄（乙訓郡）、就年貢催促各下向在庄米方、

壱斛八升　　仏餉米

拾四斛四斗　方丈表米六分

（第三丁オ）

弐斛　　　　多宝院

弐斛捌斗　　先維那循首座

四斛捌斗　　維那兆首座

四斛捌斗　　納所

弐斛四斗　　堂相節

弐斛四斗　　能守行者

弐斛四斗　　寿元行者

弐斛四斗　　浄円力者

（第三丁ウ）

壱斛四斗　　善徳力者

弐斛四斗　　行満力者

弐斛壱升壱合　鐘撞

弐斛四斗　　納所寮火番

壱斗　　　　向河原

壱斛　　　　鐘撞給分

弐斛　　　　納所免米

壱斛　　　　堂免米

（第四丁オ）

壱斗六升参合　斗上不足、

弐斗七升五合　欠米

已上（朱筆）「五拾四斛一斗七升三合」

（朱筆）「残参斛弐斗六升六合」

（第四丁ウ　墨付きなし）

（第五丁オ）

天龍寺銭方納下帳　　天文十八巳（己）酉

納

参貫文　七月五日氏綱（細川）幷三好（長慶）方江御礼方、　借納、侍衣御口入、

壱貫五百文　七月六　公方様(足利義輝)并京兆様(細川晴元)御在坂本(近江国滋賀郡)之時御音信、雲居(庵)并覚書記御下向、借納、於寿寧院借之、

佰五十文　嵐山(葛野郡)朽木売代、

弐貫文　維那寮上葺用之、九月五日　借納、於華徳院借之、

壱貫九百文　岡之山手(葛野郡)

佰文　松木風折売代、

（第五丁ウ）

参貫五百弐拾文　物集女(乙訓郡)山手草代、

参貫文十月十日 三好方在山崎之時為御礼　上方御越之時　借納於寿寧院借之、永禄至辛酉返弁、但僑侍者転位分

壱貫九百文　米代

已上「拾七貫七十文」(朱筆)

（第六丁オ）

同下行

参貫文　七月五日 至中嶋侍衣御下向(摂津国西成郡)　氏綱并三好方江御礼、

壱貫五百文七月六日 至坂本雲居庵覚書記御下向　公方様并京兆御在坂本之時御音信、

佰文　仏殿灯明方下行、

佰文　就物集女庄(乙訓郡)儀野間方へ礼、

佰文　年貢初納祝、力者仁下行之、

五百五十五文　御忌雑用、有切符、

弐佰文　物集女孫九郎(国光)方へ礼、

（第六丁ウ）

佰文　同孫九郎母儀方へ礼、

佰文　物集女代官又三郎方へ礼、

佰文　開山(夢窓疎石)忌燭代

拾六文　開山忌回向紙代

百弐拾文　開山忌掃地人夫

百五拾文　豆腐被遣之、　瑞光軒并今西方へ音信、

百文　年貢納莚

拾六文　達磨忌燭代

（第七丁オ）

弐佰文　物集女庄年貢催促之時各御下向在庄之入目、

四佰文　帯五筋、　備中成羽庄(川上郡)江御音信、

弐貫文　維那寮上葺

参貫文　至山崎　上方御下向之時、三好方并所々江御礼、

拾六文　冬至燭代

壱貫文　至坂本(近江国滋賀郡)覚書記御下向、　就横江庄(加賀国石川郡)之儀付御台様へ御礼、

弐佰文　物集女源太郎方へ礼
弐貫五百文　浄円給分
（第七丁ウ）
佰五十四文　目銭
伍十文　帳紙之代
弐百文　巳祭祝
已上「（朱筆）拾伍貫九百七十七文」
残「（朱筆）壱貫九十文」
天文十八己酉年十二月卅日　納所等俊（花押）
「（朱筆）同十九年十一月廿五日　勘定訖、殊光（花押）」
（第八丁オ）
単寮　維那梵祥（花押）
西堂　監寺
西堂　周孫（龍叔）（花押）　都寺
雲居庵　単寮
多宝院　都聞
住山　承董（江心）（花押）
（第八丁ウ　墨付きなし）
（第九丁オ）

同米方納下帳　天文十九庚戌
納
参斛弐斗六合　現管
同下行
壱斛壱斗　修正檀供米
五升　同洗米
（第九丁ウ）
五升　鎮守御供米
五升　節分大豆替
弐斛　維那伊首座
已上「（朱筆）参斛弐斗五升」
過下「（朱筆）四升四合」
同銭方納下帳　天文十九庚戌正月
納
（第一〇丁オ）
壱貫九拾文　現管

同下行

参佰文　壇供餝
佰文　修正燭代
弐佰文　朔旦行力中祝
弐佰文　倉開祝
弐貫文　方丈点心料

（第一〇丁ウ）

弐佰文　道心弔香奠
弐佰文　内百文奏者、百文覚書記路銭　氏綱（細川）江祈祷之御札、
参拾弐文　目銭
百文　仏殿灯明方

已上「（朱筆）参貫三百卅二文」
過下「（朱筆）弐貫百卅九文」

天文十九庚戌年正月十六日　納所等俊（花押）
「（朱筆）同年十二月廿五日　勘定訖、殊光（花押）」

（第一一丁オ）

単寮　維那梵祥（花押）
西堂　監寺
西堂　周孫（龍叔）（花押）　都寺
雲居庵　単寮
多宝院　都聞
住山　承菫（江心）（花押）

○第一丁オの上部に朱文方印（兎図）一顆、下部に朱文方印「しんまちミつ井け」一顆あり。

六二二　松永長頼請文

（封紙ウハ書）「天龍寺
出官禅師　松永甚介
長頼」

（異筆）（朱筆）「『〇』天文十八年西岡下司」

（裏書）「様」

城州西岡内御寺領長井（乙訓郡）庄事、下司職被預置拙者之条、於御公用等者、近年之以有姿可令運上候、万一不法懈怠在之者、雖為何時可有御改易候、仍請状如件、

天文拾八年
拾月廿日　松永甚介
長頼（花押）

天龍寺
出官禅師

六二三　雄智請文案

御寺領仙翁寺村（葛野郡）八幡宮西楽寺別当供僧職事、被仰付拙者
上者、抽本所寺家幷地下祈禱之精誠、可令専勤行等候、
自然相応之御用者、不可有如在候、万一背御意不儀事候
者、雖為何時彼職可有御改易候、仍而請状如斯、

天文十八年己酉十二月廿八日　兵部卿　雄智在判

洪恩院
侍者御中

○『鹿王院文書の研究』五九五号が本文書の正文。

六二四　臨川寺衆評定書

ゝ去
定

当寺借銭之事、或号造営、或号煩費、借用不可然、万一
於有寺用者、以衆評可補之、卒爾之儀、一切可被停止、
仍衆評如件、

天文十九年庚戌十一月廿七日　出官　洪舜（花押）

納所　周料（花押）
勘師　殊□（光）（花押）
三会侍真　寿保（花押）
免僧　周憲（文盛）（花押）
侍衣　梵康（安室）（花押）
維那　瑞寿（亀伯）（花押）
住山　周孫（龍叔）（花押）
（異筆）「天、、」（龍寺）
天龍寺　承董（江心）（花押）

六二五　臨川寺衆評定書案

定　臨川寺

永正十八年中、対吉田宗忠、為常住仏餉米弐拾貫文借用
之（借書有、両通）、依無返弁、山本（葛野郡）年貢銭・中野（葛野郡）地子年々被引取
之間、永可為不知行哉、太不可然、仍去天文八稔文楚（馨椿）西
堂住山之時、以評議遮那院山充行于吉田与三郎之条、職
銭拾貫文以出之、宗忠前返弁之、年々被引取両所之貢物、
令寺納者也、自今以後、為別納、山本年貢銭弐貫四百
文・中野地子壱貫四百七十八文・遮那院山地子壱貫文・

木守給七百文・禅度院坊跡新開百文、都合五貫五百七十八文、為造営方可下行之、不可有他叙用旨、先年雖被定置、壁書失却之間、重而記焉、仍衆評如件、

天文十九庚戌稔十一月廿七日

納所 周料在判

侍衣 梵康(安室)在判

前住承董(江心)在判

維那 瑞寿(亀伯)在判

住山周孫(龍叔)在判

○吉田宗忠は角倉一族か。林屋辰三郎『角倉素庵とその時代』参照。

六二六 足利義輝公帖

(封紙ウハ書)「(周瓏)潤仲和尚 (後筆)『光源院殿』(足利義輝)左中将」

南禅寺住持職事、任先例可被執務之状如件、

天文廿年四月十九日 左中将（花押）

潤仲和尚

六二七 室町幕府奉行人連署奉書案

洪恩院事、今度号退転、依有望申之族、被尋下之条、引移彼院於本寺、令専勤行之段言上之処、被聞食分訖、爰門下僧天徳庵住持職可被仰付之趣、細川右馬頭(澄賢カ)雖被執申之、既天文十年十一月廿日被遂糺明、対当軒被成奉書之上者、今更不能御許容、所詮重任御下知之旨、寺領等弥令進止、可被抽御祈禱誠精之由、所被仰下也、仍執達如件、

天文廿一年三月廿六日

散(飯尾盛就)位在判

左衛門尉(松田藤頼)在判

玉芳軒(潤仲周瓏)

○『鹿王院文書の研究』六二三号文書が本文書の正文。

○「天文十年十一月廿日被遂糺明」は本書六一五号文書に相当する。

六二八 天龍寺米銭納下帳(竪帳)

(表紙)「天文廿一季壬子

天龍寺米銭納下帳

八月吉辰始焉」

（第一丁オ）

天龍寺米方納下帳

ヽ納（朱合点、以下同）　天文廿一子年八月日

ヽ七拾参斛五斗三升四合内　物集女（乙訓郡）庄年貢

ヽ拾貳（斛、以下同）角五斗参升肆合　代成九貫八拾文 和市百文別壱斗三升八合充

ヽ拾参角参斗五升弐合　売代九貫五百卅六文 和市百文別壱斗四升充

ヽ肆斗壱升四合　従物集女納持来廿三荷早米

ヽ以上拾八貫六百十六文

米弐拾六角参斗

（第一丁ウ）

ヽ残肆拾七斛弐斗参升四合内

ヽ伍斗捌升六合　従物集女納持来支配拾柒荷欠弁

定残肆拾六角六斗四升八合

延肆角六斗六升四合

ヽ四斗肆合　土川（乙訓郡）之且納

延七升

ヽ壱角玖斗参升五合現管

（第二丁オ）

ヽ以上伍拾参角七斗壱升弐合

下行

ヽ拾肆角四斗　方丈

ヽ四角八斗　維那寮

ヽ弐角捌斗　先維那祥首座

ヽ肆角八斗　納所寮

ヽ弐角四斗　堂相節

ヽ弐角四斗　能守

（第二丁ウ）

ヽ弐角四斗　寿元

ヽ弐角四斗　浄円力者

ヽ弐角四斗　行満

ヽ弐角四斗　善祐

ヽ弐角四斗　鐘撞

ヽ弐角四斗　納所火番

ヽ弐升　後鳥羽院

ヽ伍斗柒升　御忌斎米

（第三丁オ）

壱斗　初納仏餉
壱斗　開山(夢窓疎石)忌仏餉
五升　達磨忌
五升　冬至仏餉
五升　臘八仏餉
壱角八升　年中仏餉
壱斗六升　開山忌掃地人夫食米
参斗　寺中六ケ度掃地食米
（第三丁ウ）
壱角壱斗　壇供米
五升　修正洗米
五升　鎮守神供
肆升　上方東山(愛宕郡)江御出輿丁食米
五升　節分大豆代
壱角　寿元　依造新宅扶持、
壱斗　舟差
壱斗　向河原
（第四丁オ）
弐斗五升　斗上欠米

弐斗六升　　欠米
以上伍拾壱角四斗九升
残弐角弐斗弐升二合
天文廿一子歳十二月晦日　納所云成（花押）
（第四丁ウ）
同銭方納下帳
納　　天文廿一子歳八月日
拾八貫六百拾六文　年貢米代
壱貫六百文　従諸塔頭出銭、
九百五拾文　就竹木免除儀従諸塔頭出銭、
五百文　門前御普請御免御礼出分、
壱貫九百文　岡村(葛野郡)山手
弐貫八百五拾文　散在山手且納
（第五丁オ）
参貫捌百卅三文　寺中預俵物出銭日記在之、
参貫文天文壬子四月十九日　南芳院借納　懺法鈸買彼之時、
拾参貫捌百肆拾八文　開山忌余銭

以上「四拾七貫九十七文」（異筆）

下行

百文　開山忌燭

百文　年貢蔵付祝

百文　年貢納莚

（第五丁ウ）

百文　方丈藁莚

五百六十五文　御忌斎料

貳百文　己（巳）祭祝

百六十文　開山忌掃地人夫酒直

弐百文　渡舟修理遣之、

廿文　伏見（紀伊郡）江御使善祐茶直、

四十文　伏見江御使行満於京都一宿賃、

廿文　東山（愛宕郡）江御使善祐茶直、

（第六丁オ）

百文　上方東山江御出輿丁草鞋、

百文　就年貢儀従庄使掃部度々酒飯、

七百卅四文　従物集女（乙訓郡）年貢持来夫賃食米、十七員分

肆百九十三文　同年貢持来夫賃食米十三員分

参百六十九文　従物集女年貢持来夫賃食米、十員分

四百五拾八文　脇門堀幷梯壁普請、切符在之、

参百卅二文　面堀幷城戸囲普請、切符在之、

百一文　物集女寺家御礼来酒肴、切符在之、

（第六丁ウ）

六百四十七文　物集女公用催促幷音信、切符在之、

参百文　同重而在庄之音信、切符在之、

百五十二文　物集女内衆桂逗留間音信、切符在之、

五百八十四文　筑州（三好長慶）上洛之時礼、切符在之、

参貫四百文　宇津制札礼幷音信、切符在之、

一貫四百卅二文　筑州従舟（丹カ）波帰陣之時礼、切符在之、

壱貫七百八十六文　従丹州出張衆幷陣取拘礼、切符在之、

壱貫百六文　従東山御城竹木免除之御礼、注文在之

（第七丁オ）

五百六文　両門前へ普請御免御礼、注文在之、

七百卅九文　於祇園小路筑州御礼、注文在之、

百卅文　寺家御評錠両度酒肴、切符在之、

肆貫五百文　先大帳之内借用返弁、切符在之、

七百廿八文　同利平返状見之、

貳貫五百文　浄円定使給
百文　修正満散燭
参百文　壇供上飾
（第七丁ウ）
参貫九十二文　先大帳之内引替返之、
柒貫文　大鈹、四貫文、中鈹、参貫文代、
貳百七十八文　鈹緒皮幷箱入目
捌百壱文　黒門南築地屋根葺入目
小注文在之、
壱貫百廿三文　公方様（足利義輝）上嵯峨御成御樽肴以下
入目小注文在之、
貳百七十二文　縁莚四枚入目
（第八丁オ）
百文　明障子骨一間方丈礼間
拾九文　同障子紙代
六十文　天目箱・座氈箱・湯瓶箱蓋大
工作料板在方丈、
参貫文　南芳院江返弁、
肆百八十文　同利足　自天文壬子四月十九日至同十一月、
五百四十八文　上意（足利義輝）年頭御礼四百文杉原、百
卅文扇子、十八文台代、

（第八丁ウ）
参百文　大覚寺殿（義俊）
十二文　札台代、京兆江（細川晴元）、
百文　奏者礼
百文　草鞋、力者
参貫十文　宇津江諸音信幷年頭御礼
小注文在之、
参百六十文　三好筑州（長慶）年頭礼
杉原二百廿五文　扇子廿文　台十五文
（第九丁オ）
百文　奏者与田肥後守
貳百文　松永弾正忠（久秀）
百文　奏者山田兵庫助
百文　力者草鞋
貳百廿二文　涅柈（槃）像四幅掛台入目
小注文在之、
参百五十文　高雄陣取時樽四荷肴入目以下、
（第九丁ウ）
貳貫文　点心料
卅二文　修正満散懺法燭代

五十文　大帳紙代
肆百七十四文　目銭
以上「四《朱筆》拾七貫四百八十五文」
過下「参《朱筆》百八十八文」
天文廿一子歳十二月晦日　納所云成（花押）
「弘《朱筆》治参年　七月一日　勘定訖、　殊光（花押）」
（第一〇丁オ）
単寮　維那
西堂　監寺
西堂　周瑞《雲峰》（花押）　都寺
西堂　梵康《安室カ》（花押）　単寮
雲居庵　周良《策彦》（花押）
多宝院　都聞
住山

○第一丁オの上部に朱文方印（兎図）一顆、下部に朱文方印「しんまちミつ井け」一顆あり。

六二九　三好長慶判物（折紙）

天龍寺公用物集女《乙訓郡》庄百石事、御同名兵衛大夫《物集女久勝》方与被申結条、遂糺明訖、所詮本在所幷散在分被分割、此条被相定可被執置一札之処、不及其儀、両方被存知段不事足者哉、肝要者本役米沙汰来下地被相拘之上者、為不祥《詳カ》以算用速可有御寺納候也、仍状如件、

天文廿四
五月廿六日　長慶《三好》（花押）
物集女太郎左衛門尉殿

○本文書の案文あり（本書文書目録六二九―二号）。案文には端裏に「物集女庄　三好折紙　百石請切　案文」とある。

六三〇　三好長逸書状（折紙）

「長《端裏書》逸之分　長⊕《ママ》」
「｜《切封》　｜」

御状令拝見候、仍物集女《乙訓郡》庄之内、御寺領御公用近年未進在之由、蒙仰候、就其、堅可申付之由、得其意候、対物集女兵衛大夫《久勝》、具可申聞候、将亦御樽廿疋被懸御意候、畏悦存候、旁追而可得御意候、此由可預御披露候、恐々謹言、

十月十五日　長逸《三好》（花押）

天龍寺
　役者御中
　　御返報

○前号文書との関連により、本文書は天文二四年前後に発給されたものと考えられる。

六三一　物集女久勝書状（折紙）

当御公用之事、大雨大水ニ付、惣別遅引ニ候、更非無沙汰候、涯分申付急度運上可申候、不可有疎意候、恐々謹言、

九月二日　　物集女兵衛大夫
　　　　　　　久勝（花押）

天龍寺
　御役者中
　　まいる　御報

○前々号・前号との関連によりここにおく。

六三二　開山国師二百年諱奉加帳（竪帳）

「（表紙）
（夢窓疎石）
開山国師二百年諱奉加帳」

（第一丁オ）

開山国師二佰年忌奉加帳　位次不同、出銭次第

ヽ拾貫文（朱合点、以下同）集龍院派　（真薫）天用和尚
ヽ壱貫文　（揚清）周伊首座
ヽ伍百文　梵覚書記
二百文　宗方喝食
伍百文　集龍院常住
ヽ壱貫文　雲翁座元

（第一丁ウ）

ヽ以上拾参貫弐佰文

ヽ伍貫文　三秀院派　（承薫）江心和尚
ヽ壱貫文　玉江西堂
ヽ伍百文　周陽首座
ヽ弐百文　梵清首座
ヽ伍百文　紹禧蔵主
ヽ弐百文　秀意蔵主
ヽ伍百文　三秀院常住

（第二丁オ）

ヽ壱貫文　実相庵

壱貫文　竹隠(中賢)座元
参佰文　紹春
　以上拾貫弐百文
拾貫文　寿寧院派　龍叔(周孫)西堂
伍百文　梵康(安室)首座
五百文　周憲(文盛)首座
五百文　梵祥首座
（第二丁ウ）
五百文　等俊監寺
五百文　梵真蔵主
弐百文　梵承沙弥
弐百文　寿当喝食
壱貫伍百文　寿寧院常住
五百文　南芳院常住
五百文　華徳院常住
五百文　乾秀首座
（第三丁オ）
五百文　周真首座
五百文　景春蔵主
五百文　周隆蔵主
弐百文　周昭沙弥
弐百文　周洪喝食
五百文　玄玖首座
五百文　馨純蔵主
五百文　等堅蔵主
（第三丁ウ）
五百文　宗珎蔵主
壱貫文　伯真(承詮)西堂
五百文　承本蔵主
五百文　東寅首座
五百文　寿文首座
五百文　玄勝首座
参百文　等謹監寺
五百文　寿龍蔵主
（第四丁オ）
五百文　等濡蔵主
五百文　士忠蔵主
五百文　周佶蔵主

五百文　瑞光蔵主
五百文　周善蔵主
参百文　紹盛蔵主
五百文　長春蔵主
五百文　等潤侍者
（第四丁ウ）
弐百文　寿印喝食
弐百文　慶陽喝食
弐百文　寿景喝食
参百文　瑞芳院
参貫文　慈光院
壱貫文　蕉夫座元
五百文　源寿蔵主
五百文　寿安蔵主
（第五丁オ）
五百文　正俊蔵主
弐百文　寿盛喝食
五百文　浅小井真光寺（近江国蒲生郡）
弐百文　妙悟寺
五百文　長徹蔵主　景林座元（長靖）
弐百五十文　周智蔵主
弐百文　慈訓喝食
五百文　梵由蔵主
（第五丁ウ）
五百文　等章首座
已上参拾六貫六百五拾文
壱貫文　慈済院派　太年座元
五百文　殊光都寺
五百文　洪舜都寺
五百文　澄善首座
五百文　恵玉監寺
壱貫文　瑞叔座元
（第六丁オ）
伍百文　紹筠（礼節）蔵主
壱貫五百文　慈済院常住
五百文　真浄院常住
壱貫文　蔵光庵派　友七（周賢）座元
壱貫文　保叔（瑞祐）座元

五百文　（楽甫）等信首座
五百文　承洞蔵主
五百文　梵丘蔵主
（第六丁ウ）
五百文　等幸蔵主
五百文　周心侍者
弐百文　等寅喝食
五百文　（如環）等循首座
五百文　等偉首座
弐百文　光首座
五百文　梵圭蔵主
五百文　正慶蔵主
（第七丁オ）
五百文　寿全蔵主
弐百文　等隣喝食
五百文　（柏岫）周悦蔵主
五百文　紹元書記
五百文　蔵光庵常住
参百文　承棟首座

壱貫文　梵生首座
弐貫文　（周瓏）潤仲西堂
已上拾六貫九百文
鹿王院派
（第七丁ウ）
五百文　（心叔）守厚首座
五百文　周永蔵主
五百文　周留蔵主
五百文　周慶首座
五百文　梵栄首座
五百文　等恩蔵主
五百文　恵確蔵主
参百文　等安蔵主
（第八丁オ）
弐百文　周久蔵主
五百文　（俊仲）周等首座
弐貫五百文　鹿王院常住
五百文　勝光庵
五百文　洪恩院
壱貫文　宝幢寺　金剛院
勝智院　法苑寺
已上拾壱貫文

壱貫文　霊松庵派　春谷（慶芳）座元
（第八丁ウ）
五百文　慶琛（桂谷）首座
五百文　慶全（少室）首座
五百文　慶安首座
五百文　允立（雪心）首座
五百文　寿性（如仲）首座
五百文　霊松庵常住
五百文　勝鬘院常住
已上四貫伍百文
（第九丁オ）
壱貫文　華蔵院派　天渓（周孝）座元
五百文　周兆（如玉）首座
壱貫文　全琇（球叔）首座
五百文　周佺（松伯）蔵主
五百文　云成都寺
五百文　宗寿首座
五百文　紹印蔵主
五百文　周瑄首座
（第九丁ウ）
五百文　等玄蔵主
壱貫文　華蔵院常住
五百文　性智院常住
已上七貫文
五百文　正持庵派　等宗（維正）首座
五百文　周泉蔵主
五百文　等寿蔵主
五百文　慶俊監寺
（第一〇丁オ）
五百文　周慶首座
五百文　周光蔵主
壱貫伍百文　正持庵常住
五百文　弘源寺常住
已上五貫文
壱貫文　地蔵院派　大賀座元
五百文　瑞寿（亀伯）首座
五百文　寿保首座
（第一〇丁ウ）

五百文　周康首座
五百文　寿宣監寺
五百文　周筠蔵主
五百文　周料副寺
五百文　周璘（琛甫）侍者
壱貫五百文　地蔵院常住
已上六貫文
壱貫文　宝篋院常住
（第一一丁オ）
海綺　弐端　雪渓（等蓀）和尚
弐百五十文　安叔（寿恩）座元
已上壱貫弐百五拾文
五百文　永泰院派　寿真首座
五百文　周宝首座
五百文　周陵蔵主
壱貫文　寿筠（有和）蔵主
五百文　宗継侍者
（第一一丁ウ）
壱貫伍百文　永泰院常住

五百文　周光首座
五百文　意撰首座
弐百文　寿昭喝食
五百文　周永蔵主
弐百文　本源庵
已上六貫四百文
壱貫文　吉祥庵派　用甫座元
（第一二丁オ）
五百文　周祐首座
五百文　周忠首座
五百文　周光首座
五百文　等玉監寺
壱貫文　吉祥庵
五百文　常照寺
已上四貫五百文
五百文　宝光院派　周隆首座
（第一二丁ウ）
壱貫文　周璉（大器）首座
五百文　周徳（惟馨）都寺

壱貫文　周渥(梅真)蔵主
五百文　周仁蔵主
弐百文　周吉喝食
弐百文　周渕喝食
参貫弐百文　宝光院門中
五百文　永麟蔵主
（第一三丁オ）
参百文　宗秀蔵主
五百文　全統蔵主
以上八貫四百文
五百文　宝寿院派　周瑞(雲峰)首座
五百文　周光蔵主
弐百文　周弥喝食
壱貫文　宝寿院常住
以上弐貫弐百文
（第一三丁ウ）
五百文　長福寺派　紹建蔵主
弐百文　紹竹沙弥
参百文　慈瑞首座

参百文　紹策蔵主
三百文　禅弥蔵主
弐百文　乾広首座
弐百文　等春書記
壱貫文　東岸座元
（第一四丁オ）
五貫文　長福寺常住
五百文　慶弥知客
三百文　紹欣蔵主
以上八貫八百文
五貫文　光勝院門中
五百文　平川座元
五百文　永賀蔵主
五百文　永椿蔵主
（第一四丁ウ）
以上六貫五百文
玖貫百文内　三会院
壱貫文摂州広度寺奉加、五百文円楽寺奉加、壱貫文自臨川寺被贈、
壱貫文浄聖寺奉加、此外竹之代等当院出之、
五貫文　臨川寺

五貫文　雲居庵
拾貫文　西芳寺
弐百五十文　崇恩寺
壱貫文　大光明寺
（第一五丁オ）
参貫文　大統庵
壱貫文　長慶寺
五貫六百文　加州瑞応寺（加賀国江沼郡）幷龍華院
壱貫文天源立首座取次　播州法幢寺（播磨国多可郡）
伍拾貫文　相国寺
公帖　五通　同
已上九十貫九百五十文
（第一五丁ウ）
南禅寺門中
弐貫文　上生院
参貫文　慈聖院
壱貫弐百文　龍華院
壱貫六百文　慈氏院
弐貫文　正因庵
弐百文　下生院
五百文　霊岩院
（第一六丁オ）
弐貫文　瑞雲庵
以上拾弐貫五百文
弐貫文　南禅寺常住
参貫文　建仁寺常住
参貫文　東福寺常住
参百文　物集女（乙訓郡）永正寺
参百文　雲居真前奉物　宗佐首座
（第一六丁ウ）
以上八貫六百文
壱貫文　曇華院殿
弐百文　聖尊尼首座
弐百文　聖久尼蔵主
弐百文　聖永尼蔵主
弐百文　聖春尼侍者
以上壱貫八百文
壱貫文　三会院　鹿苑院奉物

（第一七丁オ）
壱貫文　雲居庵　同
参百文引合壱束　三会院　蔭涼軒奉物
引合者相国開山（夢窓疎石）忌奉物仁寿寧院仁返弁
壱貫文　雲居庵　同
杉原十帖・扇子　三会院　大梅軒奉物
蠟燭拾挺　天文廿年雲居開山忌仁寄進　妙心寺
弐貫文　相国　樽代
弐貫文　雲英和尚　嚫金返進
弐貫文　鹿苑院　返納
（第一七丁ウ）
壱貫文　大梅軒　返納
以上十貫参百文
公帖廿通　内無払参通　公方様（足利義輝）　御寄進
弐拾貫文　佐々木霜台（六角定頼）
拾貫文　進藤山城守（賢盛）
参佰文　古津修理進
五百文　重見伊豆守
壱貫文　物集女孫九郎（国光）

（第一八丁オ）
壱貫文　同源太郎
参百文　同新
参百文　同西
已上参拾○参貫四百文
伍貫文　光勝院取次　転位官銭
参貫文　周財座元　銅銭
弐貫文　但馬之僧　掛塔（搭）
已上拾貫文
（第一八丁ウ）
拾貫文　東福公帖官資　恵秀西堂
内弐貫六百文、以引合出之、
弐拾貫文　真如・景徳官資　東岸西堂（紹昉）
米拾斛　同
拾五貫文　内五貫弐百文者涅柈（槃）像代仁渡之、　楽甫西堂（等僖）
拾貫文　臨川・景徳之官資　友七西堂（周賢）
弐貫四百文　建長公帖　九成西堂（祖菊）
此外弐貫六百文、鹿苑（春叔洪臻）・蔭涼（継之景俊）之礼出之、
（第一九丁オ）

卅九貫四佰八十文　黄金代　内九成西堂公帖銭 并転位官銭

以上九拾六貫八百八拾文

五貫文　成羽公用（備中国川上郡）

壱貫文　絹一疋之代　加州横江庄（石川郡）奉加

四佰八十文　大幢（月林道皎）忌嚫金余銭

弐貫文　開山忌銭、自覚書記、寿寧院江渡之分

弐貫六百六十文　開山忌銭、真乗院返弁

壱貫六百文　同兆首座　返弁

（第一九丁ウ）

壱貫八百六十五文 能守甲州江下路銭下行之、 同覚書記　返弁

以上拾四貫六百文　加十壱文

壱貫六百廿文 因飯蓋一枚代減之、成都寺取次（云成）　暖席面五十枚之売納、

参貫伍百廿五文　椀十二具五膳売納、

内　上四具代壱貫八百文、中四具五膳代壱貫百廿五文、下四具代六百文、各五十文充代減之、

壱貫五十文　大高旦（檀）紙七帖売納、

弐百文　三会奉物杉原売納、

九百五十文　雲居昭堂平張之木　三尋木七十九挺売納、

（第二〇丁オ）

弐貫文　能守ニ遣之、

佰卅二文　二百年忌之儀談合之時酒肴、

百文　能守甲州上洛時酒肴、

四貫文　能守甲州へ重下向労ニ被遣、

壱貫文　同人夫労

参貫百十六文　防州へ就二百年忌之儀御音信、入目註文在之、

壱貫六佰廿四文　能守於国諸下行未下ニ渡之、能守日記在之、

以上参拾六貫四百四文

（第二〇丁ウ）

拾六貫文　真乗院借用、

残九貫百参拾六文

（第二一丁オ）

納

九貫百卅六文　現管　天文十四十二月算用銭也、

拾六貫文　自真乗院返弁、

壱貫弐百八十文　同利平自正月到四月分、

弐拾八貫文　金之代　龍安寺珎首座売之、

参貫六佰文　同代　承田祥雲・成首座へ売之、

拾四貫五佰文　同代　祐玉ニ売之、

四貫三百文　同代　同人ニ売之、

（第二二一丁ウ）

四拾五貫文　雪斎（太原崇孚）奉加金三枚之代京兆（細川晴元）御局へ売之、

伍拾貫文　防州門中奉加　盛首座取次

百廿文　弘源寺利平

九百八十文　寿寧院利平　本銭七貫文分

八十文　真蔵主幷能守利平

百文　納所利平

百文　寿真利平

弐百文　三会院利平

（第二二二丁オ）

四百八十文　寿寧院利平　本銭六貫文分 自正月至四月

弐百五十文　兆首座利平　本銭壱貫二百五十文

壱貫四百文　金売代　兆首座口入

八百文　兆首座利平　本銭弐貫文分 自天文十五六月至十六年十二月

五貫文　金代祐玉所へ売之、但三会院へ買樽之代也、

弐貫文　江心（承董）西堂借用利平　本銭四貫文分、

拾貫参佰文　自甲州運上能守使、

以上佰九拾参貫六百卅七文

（第二二二丁ウ　墨付きなし）

（第二二三丁オ）

同下行

壱貫弐百五十四文　御月忌始斎料　三会院へ送之、

参百八十文　酒肴於方丈二百年忌談合之時

拾壱貫三百四十二文　方丈玄関上葺入目小日記別紙ニ在之、

弐貫弐百九十六文　方丈庫司上葺入目小日記在之、

四貫百八文　能守駿州へ差下入目、

弐貫五百文　同上路銭

弐貫五百文　同人辛労分ニ被遣、

（第二二三丁ウ）

伍百文　牛黄円調合　駿州・甲州所々音信、

百廿文　御教書杉原　二帖

壱貫四百六十文　大覚寺殿（義俊）へ御礼入目

七拾四貫文　諸五山嚫金送之、維那祥（梵祥）首座使僧、

九百五十八文　備中成羽（川上郡）検校来臨入目、常住引替、

伍百文　同国へ音信、常住引替、

弐百五十文　同国へ重音信、備中屋（カ）下時、

八拾四文　大覚寺殿へ食籠入目樽者自方丈出之、

（第二四丁オ）
参佰文　聖護院（道増）殿へ樽入目、
五十文　酒談合之時、
伍十文　酒肴鹿苑使僧
百六十文　近衛（近衛稙家）殿へ柳二荷代 肴自方丈出之、
弐百文　草鞋上方二百年忌儀ニ伏見（紀伊郡）へ御出
六十文　同力者食米
百伍十文　黄金銭直賃
七十五文　御局金之代請取時、両度出京酒之代、
（第二四丁ウ）
卅五文　自防州運上料足請取時 力者并人夫酒直、
四百四十八文　盛首座へ一盞入目、
弐拾六貫七佰七拾七文　雲居庵卯塔上葺入目小日記在之、
九百五十文　樽五百文代卯塔之残也、
伍十文　同曳賃
八十文　諸五山へ嚫金送時 使僧・力者・人夫酒直、
四百伍十文　紅帯一端 防州保寿寺（吉敷郡）へ音信 盛首座下向時
弐百文　自大徳寺 東堂衆へ嚫金為礼使僧来臨酒肴入目、
（第二五丁オ）
参百文　甲州哲書記 在庄入目能守方へ渡之、
伍百文　同下向時路銭　被遣、
壱貫十八文　甲州茂書記、来臨入目小日記在之、
壱貫四百文　脇門北堀入目、常住引替小日記在之、
拾貫八百廿五文　世上忩劇ニ付所々御礼物等常住へ引替也、納所方ニ註文在之、
拾貫文　大鐘代ニ出之、
弐貫文　三具足 一餝自兆首座買之、
八百文　唐瓶一対、同人ヨリ買之、
（第二五丁ウ）
伍十文　釘并襲木、大工酒方丈小門上葺
壱貫四百六十二文　方丈礼間暖席十二畳分、
六百廿文　椀一具
五十文　松板間半、庫司修補、
五十一文　同釘
捌貫文　雲居庵　昭堂造栄（営）方へ渡之、
五貫文　三会院 昭堂造栄（営）方へ、但金代祐玉方へ渡之、
四百文　杉原扇子 越州含蔵寺（足羽郡）へ就二百年忌儀連署被遣時、
（第二六丁オ）

五十文　御教書　一帖
伍百文　維那寮辻地覆入目維那兆首座へ渡之、
五貫百六十四文　三会院昭堂後門造栄（営）方へ渡之、注文在之、
九佰文　就長井庄（乙訓郡）之儀、三好（長慶カ）方扱入目、
弐百廿五文　引合五帖甲州へ請取紙用、
八百文　公方様（足利義輝）并京兆（細川晴元）へ御音信入目但年始御礼也、
七百文　畳面十枚　自兆首座買也　但悪銭也、
百五十文　縁布
（第二六丁ウ）
百八十文　同手間料、内二畳ハ薄縁也、
四百卅文　葺板御所後架上葺
八十文　釘
十六文　酒直
壱貫伍百文　悪銭減、但拾貫参百文内也、
弐貫文　現銭、寿寧院へ預直内、
以上百捌拾七貫五百九文
（第二七丁オ）
残六貫百廿八文内
四貫弐百六拾文、真乗院并兆首座ハ借用也、
猶残壱貫八百六拾五文、唯今出之、能守甲州下向
時路銭渡之、七月日
（第二七丁ウ～第二八丁ウは墨付なし）
（第二九丁オ）
雲居庵昭堂造営帳
納
伍貫陸佰文　隆蔵主転位官資六百文暖席面
五貫文　濡蔵主官資
伍貫文　悦蔵主官資
五貫文　確蔵主官資伍緡三会造営用之、
拾貫文　純蔵主官資
伍貫文　宗継蔵主官資
（第二九丁ウ）
伍貫文　周璘（琛甫）蔵主官資
壱貫文　景林長靖座元官資
壱貫文　周宝首座官資
陸貫伍百廿文　本寺常住以米大工作料下行之、
壱貫文　見于覚書記之帳面　国師（夢窓疎石）二百年忌銭自覚書記請取之、

壱貫文　同　　同前弥三郎借用分、
肆貫文　同　　同前董西堂（江心承董）預之分、
弐貫文　同　　同利足
（第三〇丁オ）
弐貫文　　上方二百年忌出銭
参貫文　　董西堂二百年忌出銭
壱貫文　　寿寧院祠堂借用
弐貫肆佰廿一文　　借納無利足、
　已上六拾五貫伍百四拾壱文
（第三〇丁ウ　墨付きなし）
（第三一丁オ）
　下行
拾漆貫肆佰文　　下榑壱万支代
拾貫伍百文　　同伍千支代
参貫漆佰捌拾七文　　同弐千百玖拾支代
参貫五百七文分自寿寧院借用、四ヶ月利弐百八十文加之返弁、
壱貫弐佰文　　亭之間北方下榑代
已上参拾弐貫捌佰○捌拾七文

壱貫陸佰捌拾六文　　榑曳賃
（第三一丁ウ）
陸貫弐佰廿二文　　釘代
佰文　　古釘直作料
参貫伍百文　　三尋木代
壱貫陸佰伍十文　　襲木代
漆佰漆拾文　　鋸曳作料
拾肆貫弐佰廿文　　大工百廿九人作料百十文充、
卅文　　藁筵代大工衆敷之、
卅六文　　縄代
（第三二丁オ）
肆佰漆拾捌文　　酒直大工衆働衆度々
陸佰拾伍文　　酒醸米代壱斛弐斗参升
五拾肆文　　豆腐大工衆肴度々
参佰伍拾文　　塩噌代
壱貫文　　寿寧祠堂銭返弁
百文　　同利足五ヶ月分
　已上六拾参貫七百拾四文
（第三二丁ウ）

弐斛弐斗陸升四合　普請衆食米自雲居常住出之、
壱貫捌佰廿七文　煖席面換入目、客殿十八畳、侍真寮三畳、拝席一枚

已上六拾伍貫五百四拾壱文

天文十九庚戌年九月日

（第三三丁オ～第三七丁ウ　墨付なし）

（第三八丁オ）

奉行衆

（東岩）紹昉（花押）　東奉行　殊光
（雲峰）周瑞（花押）　東奉行　云成（花押）
（安室）梵康（花押）　東奉行　洪舜（花押）

（第三八丁ウ）

（楽甫）等僖（花押）　東奉行（棟雲カ）周徳
（友七）周賢　東奉行　寿宣
（策彦）周良　東奉行　等俊
（雪渓）等蓀　東奉行　周料

（第三九丁オ）

（龍叔）周孫（花押）　西奉行　周隆

（潤仲）周瓏　西奉行　紹建
（江心）承董（花押）　（梅真）周淀
（柏岫）周悦（花押）

（第三九丁ウ）

（有和）寿筠
紹禧（花押）
周陽
等脩

（第四〇丁オ）

梵祥（花押）
（揚清）周伊（花押）
周宝
（心叔）守厚

（第四〇丁ウ）

（維正）等宗
周康（花押）
寿保
（文盛）周憲（花押）

（第四一丁オ）

寿真
周慶
梵栄
瑞寿(亀伯)（花押）
允立(雪心)（花押）
澄怡
周兆(如玉)

（第四七丁ウ　墨付なし）

（第四八丁オ）

(夢窓疎石)開山国師二百年忌以来納下帳

納

弐貫陸百文　自華徳借納　周英西堂 鹿苑・蔭凉礼
廿八貫文　但内八貫文 運賃　元楞西堂公帖銭
拾貫文　同自生首座請取之、
拾貫文　同十二月廿八日
壱貫文　同四月晦日、自禅昌請取之、
五貫文　同五月二日

（第四八丁ウ）

壱貫八百文　同段子代
五貫文　同乙卯七月十一日
弐貫文　種璉(器成)西堂公帖銭　自生首座 請取之、
四貫文　同三月二日
壱貫五百文　開山忌　策彦(周良)西堂奉加鈸代
壱貫五百文　同　以段子代請取、雲居斗帳用之、
七貫百五十六文　甲州黄金代
已上七十九貫五百五十六文

（第四九丁オ）

同下行

壱貫参百廿文　甲州周英(桀叟)西堂公帖入目
内 四百文玄忠両度朽木下路銭、参百文泰都寺路銭、廿文小高代 参百文杉原一束、参百文紅帯五筋、大覚寺殿(義俊)江音信、
弐貫六百文　同鹿苑・蔭凉礼
六十五文　甲州転位請取引合之代
拾壱貫文内 拾貫文大覚寺殿 壱貫文奏者津崎　元楞西堂公帖入目
八貫文　同廿貫文之運賃
六十二文　料足取ニ遣雑用

（第四九丁ウ）

六百四十五文　就公帖義、鹿苑江樽

六百十六文
弐貫六百文
廿文
五百廿四文
参百文
弐貫六百文
四百卅二文
（第五〇丁オ）
壱貫百九十五文
五貫二百文
拾参貫八百四十八文
弐貫文
壱貫五百文
百五十文
壱貫文
壱貫文
（第四八丁ウ）
弐百文
壱貫文

杉原一束台紅帯漸首座江遣之、
種璉（器成）西堂真如台帖鹿苑・蔭凉礼
小高檀紙五枚代
鹿苑樽肴入目
蔭凉軒
華徳院江返弁
同利足十六ケ月之利
開山忌過下分ニ渡之見于開山忌帳面
同過下分ニ渡之、
常住出之、見于成都寺納所代帳内七貫文大鈸中鈸買之、
生首座就于公帖之義使者労煩之礼
段子代雲居斗帳用之、
同縫之時絲鈴洗衣賃・食米・酒直
□雲方礼黄金失却之時
能守渡之、
慧林寺（甲斐国山梨郡）音信、商人遣之、
能守引替ニ遣之、

七百文　妙感寺（近江国甲賀郡）音信
参貫三百文　雲居二塔斗帳段子弐端代
壱貫弐百文　同裏絹二疋之代
参百文　同縫之時絲鈴洗衣賃・食米・酒直
已上六十参貫三百九十文
残十六貫百六十三文
（第五一丁オ）
拾九貫六百六文納所方江過下　見于納所帳面
内拾六貫百六十三文引之、
定過下　「（異筆）参貫四百四拾文」
弘治参丁巳年四月十二日
「（異筆）同参年七月一日　勘定訖　殊光（花押）」
維那　梵祥（花押）
（第五一丁ウ）
臨川寺（安室）梵康（花押）
西堂（雲峰）周瑞（花押）
雲居庵（策彦）周良（花押）

○本冊子は開山国師二百年諱奉加帳（天文二〇年カ）・雲居庵昭堂造営帳（天文一九年）・開山国師二百年忌以来納下帳（弘治三年）を合綴したものであり、ここにおく。
○第一丁オの上部に朱文方印（兎図）一顆、下に朱文方印

「しんまちミつ井け」一顆あり。

六三三　足利義輝公帖

（封紙ウハ書）「（文盛）周憲西堂　（足利義輝）左中将（花押）」

景徳寺住持職事、任先例、可執務之状如件、

弘治三年九月十九日　（花押）

周憲首座

六三四　足利義輝公帖

臨川寺住持職事、任先例、可被執務之状如件、

弘治三年九月廿日　（足利義輝）左中将（花押）

（文盛）周憲西堂

○本文書は前号文書と同封。

六三五　三好長慶禁制写（三会院重書近世写）

禁制　嵯峨宝篋院

一当年軍勢甲乙人乱入狼藉事

一寺家敷地検断以下為他家競望事

一剪採竹木事

右条々堅令停止訖、若於違犯之族者、速可処厳科者也、

仍下知如件、

永禄元年十一月日　（三好長慶）筑前守在判

六三六　足利義輝公帖

（封紙ウハ書）「（心叔）守厚西堂　（貼紙）『光源院殿御判』（足利義輝）左中将（花押）」

丹後国（加佐郡）雲門寺住持職事、任先例可執務之状如件、

永禄五年三月四日　（花押）

守厚首座

六三七　足利義輝公帖

臨川寺住持職事、任先例可被執務之状如件、

永禄五年三月六日　（足利義輝）左中将（花押）

（心叔）守厚西堂

○本文書は前号文書と同封。

六三八　室町幕府奉行人連署奉書写

宝幢寺・鹿王院・金剛院・洪恩院・勝智院幷諸末寺住持

職・同寺領所々散在田畠山林地子銭等事、帯去天文拾年
十一月廿日御下知、当知行之上者、弥全領知相斗寺院、
可被抽御祈禱精誠之由、所被仰下也、仍執達如件、
永禄八年十二月十二日　　沙（諏訪晴長）弥在判
右馬助（飯尾貞遥）在判
守厚（心叔）西堂雑掌

○『鹿王院文書の研究』六七一号が本文書の正文。

六三九　亀山幷寺内封疆禁制科料定

定　　天龍寺
亀山幷寺内封疆禁制科料之事
一於用鉞者参佰文可出之事
一於用鋸者弐佰文可出之事
一於用鉈者百文可出之事
一於用鎌者五拾文可出之事
一於攪木葉者拾文可出之事
一於苅草者参拾文可出之事於寺内者免之、但可啓案内也、
一寺中於放飼牛馬者、参拾文可出之事
右条々、堅定置之上者、雖為諸塔頭、人具互不可及許容、相当科料可出之、若於他所之徒者、猶以各為
一味同心可申達之者也、仍衆評如件、
永禄九丙寅年三月十六日
慶寿院
守厚（心叔）（花押）
南芳院
周憲（文盛）（花押）
臨川寺
等循（如環）（花押）
維那
周悦（柏岫）（花押）
三秀院侍真
集璉（玉嶺集璉）（花押）
寿寧院侍真
寿簹（花押）
宝寿院侍真
周棟（花押）
真乗院
周寔（梅真）（花押）
慈済院侍真
澄善（花押）
三会院主事
慶俊（花押）
集龍院
周伊（揚清）（花押）
弘源寺

雲居庵
周良（策彦）（花押）
等宗（維正）（花押）
華蔵院侍真
全琇（球叔）（花押）

六四〇　篠原長房書状

就令着津、為御音信御使僧幷杉原十帖・扇子一本被懸御意候、御懇之至祝着此事候、委曲御使僧へ申趣宜預御演説候、恐々謹言、

（永禄九年）十月十七日　　長房（篠原）（花押）

天龍寺出官
　御返報

（礼紙ウハ書）（切封）
「ー ――　篠原右京進
天龍寺出官　　長房
　御返報　」

○文中の「着津」は、篠原長房が阿波から摂津に到着したことと考えられ、ここにおく。

六四一　篠原長房書状

就御寺領物集女庄（乙訓郡）之儀、芳書令拝見候、様躰無案内之儀候条、三向（三好長逸）可申談候、有様之上不可存疎意候、仍青銅参十疋被懸御意候、本望之至候、猶追而可得貴意候、恐惶謹言、

（永禄九年カ）十一月十三日　　長房（篠原）（花押）

出官
奉行
単寮
臨川寺
雲居庵
　御報

○三好長逸は永禄九年七月入京しており、本文書はこの頃のものか。

六四二　正集書状

（封紙ウハ書）（切封）
「ー ――　正集
主事□（看）寮禅師　」

安牌地蔵殿可被納土貢常住由申上候、去年御寮中申入候、自寿徳院御寄進符物料足参拾貫文幷田地等証文七通之内、坪付弐通進候、今度社主上洛之時、料足悉運上候間令申候、御代之事ニ候間、可有御披露候、

是ハ道観坊親父為道貞追善、寄進可申被申候、此旨可有
御披露候、下地年貢之事ハ社主上使存知之事ニ候、請加ニ
可被召由申下候、定其分可有候歟、御尋候て御披露所仰
候、当都寺方へ可申候へ共、御代ニ申定、至今致催促事
行候間、大慶候、毎事可得御意候、恐々謹言、

五月十八日　　　　正集（花押）

主事看寮禅師

六四三　富松宗治書状（折紙）

（封紙ウハ書）
「天龍寺尊号不知　　　富松和泉守
　御納所　　　　　　　　宗治」
　　まいる御床下

追而申、藤一郎（堀秀成）母儀より拾疋被参候、御祈念被頼存由候、
我等判何も代ニ符（カ）付候て上申候、

態使者被差上候条、以返令啓上候、未申通候処、先年御
音信令申刻、預御懇札、殊ニ紅帯弐筋下賜候、忝存候、
其後以書状成共可申上候処、国錯乱付当郷之儀も数年半
納押領、万事不如意候之条、被対貴寺本意之外ニ被存候、
併為冥加候之条、御初尾百疋進納被申候、御本尊へ御祈
念被頼存、次ニ乍過少我等為御初尾拾疋進上申候、御祈
念奉頼存候、尚河嶋孫太夫可被申入候間、閣愚筆候、恐
惶謹言、

七月十日　　　　（富松）宗治（花押）

天龍寺尊号不知
御納所
　　まいる御床下

○富松氏は摂津国尼崎の国人か。
○本紙裏に切封あり。

六四四　堀秀成書状（折紙）

（封紙ウハ書）
「天龍寺御納所　　　堀藤一郎
　　まいる床下　　　　秀成」

態令啓候、久無音仕背本意存候、細々以書状成共可申入
候処、就当国錯乱当郷之儀も数ケ年半納被押領不如意候、
併為冥加之間雖怕（カ）儼候、百疋差上候、可然之様　御住持
へ御取成所仰候、次乍過少弐拾疋貴僧へ進候、猶委曲河
嶋孫太夫可申入候、恐々謹言、

七月十日　　　　秀成（花押）

天龍寺御納所

まいる床下

○本紙裏に切封あり。

六四五　日野下代等連署書状（折紙）

以上

今度川端村（葛野郡）井樋（カ）興行儀ニ付而、在所百性（姓）中へ申理候へとも、尚以被出御奉行可被成御馳走候、為御届如此候、恐惶謹言、

八月十九日　　長福寺役者

昌盛（花押）

久次（花押）

広橋下代

成安（カ）（花押）

日野下代

家長（花押）

天龍寺

御役者中

六四六　臨川寺条々

定　臨川寺

一嵯峨中諸塔頭退転敷地被預置本寺之旨、被成御下知畢、但雖為何時彼寺再興之時者、可被返付之事、

一縦雖塔頭無之、為其子孫隷名於天龍僧籍之仁者、彼敷地知行不可有相違之事、

一或就権勢強縁、或為他寺僧号門派、彼敷地々子雖有訴訟、既云

上意厳重、云諸老議定、於向後不可有承引之事、

右堅可被守此条理之由、衆評如斯、

（中欠）

宝寿（院）□　　□

□　　□

三秀院　□　　□

瑞豊（惟新）（花押）　□　　□

集龍院　　出官

真燾（天用）（花押）　　寿奎（花押）

多宝院　　勘師

善肯（心印）（花押）　　景寿（花押）

弘源寺　住山　　首座

等欣（花押）　梵洪（季範）（花押）　中倫（花押）

天龍寺
周芳（祖林）（花押）　天龍侍衣
梵球（温伯）（花押）

三会院
等安（心翁）（花押）　三会侍真
周整（廷秀）（花押）

雲居庵
馨恩（光夫）（花押）

長福寺
紹暉（練江）（花押）　梵及（選才）（花押）

○継紙継目に裏花押あり。

六四七　織田信長朱印状写

「（包紙ウハ書）泉水再興之節
信長公御朱印之写『西芳寺』（朱筆）」

当寺同泉水之事、再興由可然候、寺領等之儀、当知行不可有相違之状如件、

御朱印

（永禄十一年）十一月廿日　信長（織田）

嵯峨
西芳寺

○「西方寺縁起」（『続群書類従』二七輯上）では、「永禄十一年」の付年号がある。

六四八　織田家奉行人連署書状

北山等持院事、天龍寺之末寺之由被仰付候、相国寺ニハ末寺之由被申候、何可為証跡次第之由候、早々自天龍寺御裁許之証跡被持、可有御出参之由候、可得尊意候、恐惶敬白、

（永禄十二年カ）五月十四日　夕庵（武井）
爾云（花押）
村井民部丞
貞勝（花押）
明智十兵衛尉
光秀（花押）

妙智院（策彦周良）
衣鉢侍者禅師

○村井貞勝は永禄一一年一一月二四日に民部丞から民部少輔になっているが、奥野高廣『増訂織田信長文書の研究補遺・索引』では一二月に旧官を使ったものと推定している。

六四九　明智光秀・細川藤孝連署書状（折紙）

当寺之儀為拘上者、不可有異儀候、従何方違乱之族雖在
之、御許容有間敷候、恐々謹言、

明智十兵衛尉
光秀（花押）

卯月二日

細川兵部太（大）輔
藤孝（花押）

天龍寺
御役者中

○前号文書との関連によりここにおく。
○奥野高廣『増訂織田信長文書の研究　補遺・索引』では永禄一二年か天正元年と推定している。

六五〇　足利義昭公帖

（封紙ウハ書）「周養西堂（浩雲）　権大納言（足利義昭）（花押）」

三聖寺住持職事、任先例可執務之状如件、
元亀二年九月廿三日　（足利義昭）（花押）
周養首座

六五一　足利義昭公帖

真如寺住持職事、任先例可被執務之状如件、
元亀二年九月廿六日　権大納言（足利義昭）（花押）
周養西堂（浩雲）

○本文書は前号文書と同封。

六五二　天龍寺入目帳（竪帳）

（表紙）
「元亀四癸酉年
就錯乱方々調入目帳同諸下行方
四月二日始焉　」

（第一丁オ）
四月二日
銀子弐枚但自妙智院出分、玖監寺於途中為軍勢被奪取者也、　失却、
同三日
銀子弐枚但自真乗院・三秀院出分、細兵（細川藤孝）・明十兵（明智光秀）へ渡之、　拘銭之内且渡之、
同五日
壱貫五百文但自妙智院出分、赤地段子壱端之代、未定　信長（織田）へ御礼、
同五日・十一日
壱貫百弐拾文但自真乗院出分杉原四束之代　公方様（足利義昭）・内備（内藤備前守）・柴修（柴田勝家）・夕庵（武井）御礼、
同九日
銀子五枚但自弘源寺・慈済院・三秀院出分、細兵・明十兵へ渡之、　拘銭之内且渡之、
同十日
銀子参枚八文目六分内壱枚四拾壱文目六分者自雲居庵出分、壱枚者自常住出分、但以米弐斛銀替之、十文目者自慈済院出分、以上細兵・明十兵へ渡之、　拘銭之内且渡之、

（第一丁ウ）

同十一日
百拾六文但自松岩寺出分、上意へ御礼（足利義昭）　扇子同杉原台之代、

同日
百弐拾五文但自弘源寺出分、悪銭五百文之代、　公方様・内備へ之奏者、

同十二日
銀子参枚参拾参文目七分但自弘源寺・三秀院・松岩寺・慈済院出分、　勝龍寺（乙訓郡）へ渡之、
但勝龍寺へ渡之、銀子前後拾六枚、内拾弐枚者当寺拘銭、細兵・明十兵両方へ出分、四枚者宏首座人質ニ捕付而、馳走人石部善介方其外之衆遣之、拾六枚内弐枚分者米四斛渡之、

同八日
黄金参枚但為当寺拘之人質宏首座同道付而礼物　杉村新八・兼松方・山崎才三郎　両三人へ渡之、

同十日
米弐斛判升内壱斗六升自玖監寺方渡之、但真乗院内養蔵主方へ渡之、　銀子壱枚替之、

（第二丁オ）

同十四日算用之、
七百五拾七文但度々酒直・段米・駄賃以下自五日至十二日分切符有之、　玖監寺方へ算用之、

同十五日
七拾五文但自妙智院出分悪銭参百文之代　細兵へ樽代

同十九日
銀子四拾目参分但去五日当寺并鹿王院之使僧、信長へ御礼之時路次警固之礼儀、米壱斛五斗方ニ渡之、自妙智院出分也、壱貫六百八拾六文常住納之内也、内五百文分者鹿王院へ引替、　桂女方へ礼物、

同廿一日算用之、
百文但去七日、妙智院愛宕へ登山之時輿儓（ママ）、自玖監寺方出分、　力者草鞋銭

同日算用之、
五拾文但自玖監寺方出分、去十六日細兵内石寺方来之時、　酒直

同廿日
五百文但刺樽弐荷・昆布弐把・笋子弐束、威徳院・大善院へ遣之、　愛宕山へ樽肴之代、

（第二丁ウ）

同廿一日算用之、
九拾六文但去十七日・廿一日両度各参会算用之時　酒直・汁等

同十一日
米四斛判升但拘銭之内、銀子弐枚分也、自常住出分也、　勝龍寺へ渡之、

五月二日
銀子廿八文目八分内弐文目八分者度々吹候故減却、残廿六文目分黄金替之也、　黄金弐分壱朱、小朱半替之、

同日
黄金弐両壱朱借書在之、　真乗院へ引替之、

同日
黄金壱両壱分参朱借書在之、返弁之、　慈済院へ引替之、

同四日
六拾七文但以銀子壱文目六分下行之、　黄金壱枚吹賃

（第三丁オ）

同五日算用之、
八拾八文但去月十日・十二日、勝龍寺へ渡之、銀子之内弐文目壱分減少之足分也、　勝龍寺へ渡之、

同日算用之、
八拾文但去月十二日、勝龍寺へ渡之、八木之欠米之足分也、　同所へ渡之、

同日算用之、
百拾弐文但去月廿八日、各参会酒・汁并妙心寺衆来時酒・飯以下　酒直・飯・汁等

同日
黄金壱分朱半　銀子拾壱文目弐分五釐替之、

同六日
黄金参枚六両内弐枚六両者去二日ニ返弁之、　愛宕山浄光坊三位方へ返弁之、
内参枚本金、六両者利分、但弐枚四両者浄光坊へ返弁之、
壱枚弐両者三位方へ返弁之、内壱枚者吉田与三方へ渡之、

（第三丁ウ）

同日
銀子参拾九文目　吉田与三方へ渡之、

但愛宕へ返弁黄金参枚六両之内、両月壱分弐朱不足、
同吉田与三方へ渡之、黄金壱枚色悪付而弐分減却、
合参分弐朱不足分、副渡之者也、愛宕へ返弁方始末皆済也、
七月五日算用之、
弐百文但四月十二日、於革嶋（葛野郡）銀子参枚余渡之時不足分也、　勝龍寺へ渡之、
同日算用之、
五拾文　度々帳紙之代

○本書七四四号文書が挟み込まれている。
○表紙上部に朱文方印（兎図）一顆、下部朱文方印「しんまちミつ井け」一顆がある。

六五三　柴田勝家書状（折紙）

当寺陣執・放火以下之儀、不可有之、諸手へも申理之条、不可有異儀候、（織田）信長堅被申付候、可御心易候、為其如此候、恐々謹言、

（元亀）元四
卯月五日　　柴田修理亮
勝家（花押）
天龍寺惣寺中
床下

○元亀四年四月の上京焼き討ちに関連するもの。

六五四　足利義昭公帖

（封紙ウハ書）「（済藤）周宏西堂　（足利義昭）権大納言（花押）」
景徳寺住持職事、任先例可執務之状如件、
元亀四年四月廿八日　権大納言（花押）
周宏首座

六五五　足利義昭公帖

臨川寺住持職事、任先例可被執務之状如件、
元亀四年五月三日　（足利義昭）権大納言（花押）
（済藤）周宏西堂

○本文書は前号文書と同封。

六五六　山城国山田沙汰人駿河守家祐等連署請文

御寺領之内（葛野郡）嵐山之木柴、今度従当所刈取儀、言語道断曲事題目候、則可被加御成敗之処、種々依御詫言申、御宥免各忝存候、於向後万一雖為一人、御寺山へ立入、木柴草等於刈取者、不及御案内、可有御成敗候、其時従当所不可及一言子細者也、仍状如件、

天正参乙亥
卯月廿日　（葛野郡）山田沙〻（汰）人駿河守
家祐（花押）

同　三河守
　　家賢（カ）（花押）
同　但馬守
　　満氏（花押）
天龍寺
　御役者中

○『鹿王院文書の研究』七四五号文書に本文書の案文あり。

六五七　織田信長朱印状（折紙）

（包紙一ゥ八書）
「摂津国中島
秀吉（ママ）公御朱印
（貼紙）
『天龍寺塔頭
　禅昌院』」

（包紙二ゥ八書）
「禅昌院
　御しゆゐん　正文」

摂津国中嶋（西成郡）内当院領事、去年三月迄任当知行之旨、進止
不可有相違、早速至旧地可帰寺之状如件、
天正参
　十一月十日　（織田信長）（朱印）
　　禅昌院

○本書六五七・六七四・七〇五号文書は同一包紙に入る。

六五八　法座銭壁書案

（端裏書）
「在重書箱
　法座銭壁書之写本書策彦（周良）和尚自筆妙智院ニアリ」

壁書

一夷中衆於当寺被相勤秉払仁有之者、法座銭弐拾緡、遷
寮以前可被出焉事、但以米子可有勘渡也、
一新掛搭若熟人並之儀、有懇望、則拾伍緡可出之、但其
以後有秉払之企者、雖為熟人於法座銭者拾伍緡可出之
事、
　右官銭造営方仁可用焉、不可有他叙用者也、仍衆
評如斯、
天正五稔丁丑林鐘日
　堂司　周佐（為霖カ）判
　西堂　周伊（揚清）判
　西堂　守厚（心叔）判
　雲居庵　周良（策彦）判
　西堂　周憲（文盛）

六五九　維那寮壁書

（端裏書）「維那寮壁書」

定綱維寮法式之事

一床暦・僧籍・勤旧簿容易不可借渡之、雖為何塔頭有借用則当官可被持参之事

一掛塔（搭）転位之僧、至当官寮行者引至、則当座可記之、雖為一刻不可怠慢之、縦雖位次相紛失臘次、叨不可書入之、勿論不可用他筆之事

一掛搭転位之輩、請取状叨不可出之、至于功者、或常住、或悦衆、任功帳員数、其官資雖為受用之、於判紙者当官可被書出之、同為証明雲居塔主幷在寺参暇諸大西堂可有加判焉、自然於為一両判者、不可咸正意之事付官銭幷度月

橋銭・新戒銭等、当座可被出之、若於遅延者不可題名於籍之事

右議定如件、

天正五丁丑稔九月十日　　堂司　梵最（要初）（花押）

西堂　周伊（揚清）（花押）　　等佐（為霖）（花押）

西堂　守厚（心叔）（花押）　　周悦（柏岫）（花押）

西堂　周憲（文盛）（花押）　　等源（同山カ）（花押）

雲居塔主　西堂　等循（如環）（花押）　　周棟（花押）

周良（策彦）（花押）　　景正（花押）

六六〇　織田信長朱印状

（包紙ウハ書）「太閤様（豊臣秀吉）天正五年接（摂）州瓦林（武庫郡）所々散在　壱通　等持院」
天正十三年惣目録　壱通

（端裏貼紙一）『（貼紙）天正五年十二月一日』　（同貼紙二）「等持院什物」

太閤秀吉公御判（信長）」

等持院領摂州瓦林（武庫郡）・野間（川辺郡）・友行（武庫郡）名所々散在事、帯数通判形・証文之上者、直務不可有相違、然者近年拘置之積分、早速可院納、次臨時課役等不可有之状如件、

天正五年十二月一日　（織田信長）（朱印）

当院雑掌

○本書六六〇・七〇六・七三三・七三七・七五四号文書は同袋。

六六一　松永久秀書状（折紙）

（端裏切封）「｜　｜」
尊札拝見仕候、仍西岡内長井庄（乙訓郡）之儀蒙仰候、此間も被相糺半候、三友院殿（細川高国）御時御公用等上申儀ニ候哉、左様之段無之由其沙汰候、在様之儀可被申付候、於我等不存疎略候、恐惶敬白、

十一月八日　久秀（松永）（花押）

天龍寺
まいる尊報

○松永久秀の没年（天正五年一〇月一〇日）によりここにおく。

六六二　足利義昭公帖

（封紙ウハ書）「済蔭和尚（周宏）　権大納言（足利義昭）（花押）」
南禅寺住持職事、任先例可被執務之状如件、

天正六年二月十七日　権大納言（花押）

済蔭和尚

六六三　策彦周良等連署重書注文

綸旨　四道（通カ）
鹿苑殿（足利義満）御判物　弐（壱）通
勝定院殿（足利義持）御判物　壱通
官符宣　壱通
恵林殿（足利義植）御代御下知　壱通附案文

右

天正六年寅六月日　誌焉
周憲（文盛）（花押）
周良（策彦）（花押）

六六四　天龍寺月評輪次事書

天龍月評輪次事鬮次第

八月	南芳院	○宝寿院
九月	鹿王院	妙智院
十月	松岩寺	宝篋院
十一月	慈済院	霊松庵
十二月	真乗院	三秀院
天正八正月	○弘源寺	寿寧院

右為両塔頭与一月中可被勤之旨、衆評如斯、

天正七己卯夷則念七（七月二十七日）

○本文全体抹消あり。

六六五　織田信長朱印状案

天龍寺領物集女（乙訓郡）所々散在諸公事等之事、帯証文之上者、如先規為直務一職、従当年可全領知幷臨時課役所令免除之状如件、

天正八年庚辰八月日　　御朱印（織田信長）

当寺雑掌

六六六　天龍寺某書状案

天りう（龍）寺の事、こたいこ（後醍醐）のてんわう（天皇）の御ために、ちよく（勅）ちやう（定）にて御こんりう（建立）なされ候、然ハ、にしのおか（西岡）もすめのしやう（物集女庄）（乙訓郡）、御きしん（寄進）いらい（以来）、たうちきやう（当知行）さうい（相違）なく候、然共、きんねん（近年）少分おさめ候間、寺家たいてん（退転）におよひ（及）、めいわく（迷惑）仕候、此きさミ（刻）しん（新）御きしん（寄進）とおほしめされ、当所務よりせんき（先規）のことく（如）ちきむ（直務）として、一しき（職）の御朱印おなし（成）くたされ（下）まいらせ候、かたしけなく（忝）可存候、此むね（旨）可然やうに御ひろう（披露）頼たてまつり存候、以上、

○前号文書との関連によりここにおく。

六六七　前田玄以書状案（折紙）

（包紙ウハ書）「天正十一年　玄以（前田）法印折紙之写」

鹿王院同諸末寺龍花院領等事、被帯　御朱印当知行無紛上者、如在来可被全領知、幷彼領中至仙翁寺村（葛野郡）等竹木人夫以下臨時課役等、村井（貞勝）如申付之時免除不可有相違候、恐々謹言、

天正拾壱十一月十八日　　玄以（前田）判

慶寿院（為霖周佐）床下

○『鹿王院文書の研究』七八一号が本文書の正文。

六六八　足利義昭公帖

（封紙ウハ書）「文盛（周憲）和尚　権大納言（足利義昭）（花押）」

天龍寺住持職事、任先例可被執務之状如件、

天正十二年三月廿五日　　権大納言（花押）

文盛和尚

六六九　前田玄以書状（折紙）

（封紙ウハ書）
「天龍寺　　（前田玄以）徳善院
　役者中　」

当寺門前境内人足諸役幷相懸竹木等事、如先々相除之訖、次当寺領同山林以下如有来、全御寺務不可有相違候、恐々謹言、

天正十二
十二月十三日　　民部卿法印
（前田）玄以（花押）

天龍寺
役者中

○『鹿王院文書の研究』七八四号に本文書の案文あり。
○封紙は「徳善院」とあることから別の時期に出された書状の封紙とみられる。

六七〇　足利義昭公帖

（封紙ウハ書）
「周湜（梅真）西堂　　（足利義昭）権大納言（花押）」

景徳寺住持職事、任先例可執務之状如件、

天正十三年五月廿四日　　権大納言（花押）

周湜首座

六七一　足利義昭公帖

臨川寺住持職事、任先例可被執務之状如件、

天正十三年五月廿四日　　（足利義昭）権大納言（花押）

（梅真）周湜西堂

○本文書は前号文書と同封。

六七二　足利義昭公帖

（封紙ウハ書）
「済蔭（周宏）和尚　　（足利義昭）権大納言（花押）」

天龍寺住持職事、任先例、可被執務之状如件、

天正十三年五月廿四日　　権大納言（花押）

済蔭和尚

六七三　足利義昭公帖

（封紙ウハ書）
「令彰（三章）西堂　　（足利義昭）権大納言（花押）」

円覚寺住持職事、任先例可被執務之状如件、

天正十三年五月廿四日　　権大納言（花押）

令彰西堂

六七四　豊臣秀吉朱印状（折紙）

（包紙一ウハ書）
「　　目録壱通
太閤（豊臣秀吉）御朱印三通内　境内御朱印壱通
（異筆）『天龍寺』　千七百廿斛壱通」

（包紙二ウハ書）
「（異筆）『天龍寺』　目録壱通
太閤御朱印三通内　境内御朱印壱通
千七百廿斛壱通」

（包紙三ウハ書）
「天龍寺御朱印
（貼紙）『大閤秀吉公御朱印
本紙　　』」

領知方就散在今度改之、於四箇所千七百弐拾石、相添目録、令寄附之訖、末代不可有相違、而勤行等無懈怠、堂舎修理以下可被専之、若有無沙汰者可悔還候也、仍状如件、

天正十三
十一月廿一日　（朱印）（豊臣秀吉）

天龍寺

○本書六五七・六七四・七〇五号文書は同一包紙に入る。
○『鹿王院文書の研究』七八九号文書に本文書の案文あり。

○「改」めた各塔頭の散在指出を以下六七五～七〇四まで掲げる。

六七五　天龍寺常住指出

天龍寺常住指出之分
西岡之分
三拾八石八斗五升　（乙訓郡）物集女庄公用米
五石　（乙訓郡）土川ニ在之、
弐石　（葛野郡）岡之山手
九斗　（葛野郡）千世原之山手
七斗　（葛野郡）谷之山手
壱石六斗　散在之山手
壱石六斗八升　定使給
寺辺在之分
五斗　（葛野郡）法界門地子年中分
壱石弐斗三升　（葛野郡）上嵯峨地子年中分
三石四斗六升　納所得監寺分
六石八斗四升　行者衆寿真
五石四斗弐升　能守

拾石六斗七升　寿元
三石五斗　力者衆与三左衛門
弐石六斗　与介
弐石弐斗　弥三郎
壱石弐斗　太郎衛門
四斗　堂屋敷
已上八拾八石七斗五升

○前号文書との関連によりここにおく。以下七〇四まで同じ。

六七六　臨川寺領指出

天龍寺内臨川寺領指出之事
拾壱石九斗三升二合年中　門前ニ在之、
拾石六斗八升六合　(葛野郡)下嵯峨内ニ在之、
三石六斗四升五合　(葛野郡)高田内ニ在之、
五石九斗七升七合　(葛野郡)八百小溝内在之、
三石四斗弐升　(葛野郡)郡内ニ在之、
九石七斗弐升四合　(葛野郡)川端内ニ在之、
以上四拾五石三斗八升四合

右

六七七　三会院領指出

天龍寺内三会院領指出之事
四拾九石九斗三升四合(マヽ)内　所々散在分
九石九升　(葛野郡)河端内ニ在之、
三石八斗三升　(葛野郡)東梅津内ニ在之、
弐石九斗七升九合　(葛野郡)西梅津内ニ在之、
壱石一升　(葛野郡)高田内ニ在之、
壱石五斗八升　(葛野郡)池浦内ニ在之、
拾石壱斗三升四合　(葛野郡)大将軍内ニ在之、
弐斗　(葛野郡)塩小路内ニ在之、
壱石壱斗　(紀伊郡)東福寺門前ニ在之、
弐石弐斗三升　西岡(葛野郡)上桂内在之、
壱石者　(紀伊郡)九条内ニ在之、
七斗五升　(葛野郡)上嵯峨内ニ在之、
弐石壱斗　(葛野郡カ)山田萱坊分
五石壱斗六升　室町錦小路西方
弐石弐斗三升四合　同横町北方

壱石六斗　四条室町西方
弐石　高辻町尻東方
七斗九升四合　五条西洞院南
壱斗四升　西洞院西方
弐石　（紀伊郡）鳥羽内ニ在之、
右

六七八　南芳院領指出

天龍寺内南芳院指出之事
四石九斗四合　（葛野郡）下嵯峨内ニ在之、
卅六石三斗　（葛野郡）上嵯峨内ニ在之、
四斗七升　（葛野郡）川端内ニ在之、
六斗　（葛野郡）木辻内ニ在之、
壱石八斗壱升但地子　下京十四屋町ニ在之、
三石五斗　（乙訓郡）西岡かミ（上）上野内ニ在之、
以上四拾七石五斗八升四合
右

六七九　西芳寺領指出

天龍寺
西芳寺領所々散在指出
四斗八升　（葛野郡）上山田村
六斗六升　（葛野郡）谷ノ村
拾九石七斗九升四合　（葛野郡）下山田村
四拾壱石四斗弐升五合　（葛野郡）上桂村
参斛参斗九升　（葛野郡）みさゝき村（御陵）
参石八斗　（葛野郡）千代原
弐石壱斗七升　（葛野郡）下桂村
弐斗六升弐合　（乙訓郡）井ノ内村
四斗七升　（乙訓郡）土川村
参斗　（乙訓郡）うゑ野村
壱角（斛、以下同）七斗壱升　（葛野郡）西くさう（九条）
六角九斗七升弐合但地子　下京散在
廿石　（島下郡）津の国安威庄
（合八拾六斛〔マ〕壱斗四升〔マ〕八合）

六八〇　松岩寺領指出

天龍寺之内松岩寺領指出之事

六拾四石壱斗七升弐合也、
七石六斗壱升　（葛野郡）太秦代之分
壱石参斗　（葛野郡）梅津代之分
拾弐石参斗　（葛野郡）西七条之分
壱石四升　さか（嵯峨）（葛野郡）下河端之分
壱石五斗　（葛野郡）作路之分
拾参石七斗弐升弐合　（愛宕郡）上賀茂之分
弐拾六石七斗　一条福長町屋地子両季之分

六八一　妙智院領指出

天龍寺之内　妙智院領指出之事
御朱印下地
拾壱石弐斗壱升年中地子 野畠　（葛野郡）下嵯峨
壱角（斛、以下同）五斗　年中地子　（葛野郡）下嵯峨山本
弐角七斗　（葛野郡）河端
参角壱斗　（葛野郡）生田村
参角四斗五升　（葛野郡）高田村
参角八斗　（葛野郡）西梅津
参角壱斗　（葛野郡）安養寺
参拾壱角九斗五合　（葛野郡）西院
壱角五斗　（葛野郡）壬生
壱角六斗七升年中屋地子 南頬家三間　下京あや（綾）の小路
壱角年中地子 釈迦堂の後　（葛野郡）上嵯峨
参角参斗　西岡（葛野郡）谷
参拾角　西岡（乙訓郡）下久世
合百（マヽ）四角弐斗参升五合

六八二　三秀院領指出

御朱印下地
天龍寺内三秀院指出之事
（相楽郡）賀茂庄之内
四角（斛、以下同）　弥三郎
五斗参升　孫太郎
壱角弐斗弐升　次郎左衛門
弐角四斗　与五郎
壱角壱斗七升　柳ノ与三左衛門
壱角弐斗　衛門三郎
八斗　三郎次郎

六斗　新次郎
合拾壱角九斗弐升
（葛野郡）（生）
川端ヲイ田
六斗六升　福田与三郎
六斗六升　同与八郎
六斗六升　同孫三郎
壱角　宝寿院
六斗　三秀与三郎
合参石五斗八升
（葛野郡）
ヲイ田村之内
（生）
参斗四升四合　木村与兵衛
弐斗弐升五合　浄永
弐斗弐升五合　道勧
合七斗九升四合
（葛野郡）
太秦之内
弐石壱斗　初満院
壱角弐斗八升　浄久
壱角弐斗八升　源四郎
壱角参斗弐升五合　道円
合五角九斗八升五合

摂津
壱角六斗　太郎三郎
（葛野郡）
池ノウラ
弐斗七升　与兵衛
弐斗七升　宝篋院
壱斗八升　三郎左衛門
合七斗弐升
惣已上
両季
拾角壱斗八升　（葛野郡）下嵯峨之内
地子分
上京南船橋西方家数十六間之地子
両季
五角七斗四升四合　此内参斗　野畠有之、
同
六斗六升六合　船橋辻子之町家四間之地子
同
拾弐石五斗四升　（須磨）すまの町北方壱町
同
拾参石四斗九升四合　北いのくま（猪熊）東かハ（側）西かハ壱町
同
参石五斗八升四合　いさ（伊佐）の町之内家六間地子
同
壱石六斗五升　慈徳寺野畠分
合参角六斗七升八合（マヽ）
下京五条坊門
両季
参石弐斗壱升　家数十一間
同
六斗五升　四条かわ（革）のたな（棚）いゑ（家）二間

同　壱斗六升　四条かうやく（膏薬）の辻子家二間

同　四斗八升六合　あや（綾）の小路家二間之地子

同　参斗　四条あおや　善　野畠

同　弐斗　上京せんさうくち（清蔵口）　野畠

両季　壱石八斗七升弐合　上京南いのくま（猪熊）口　野畠

同　参石七斗弐升四合　下京二条岩神　野畠

同　四斗四升　（葛野郡）下嵯峨

同　三斗六升　下ほうかいもん（法界門）東馬ほり

惣高八拾三角八斗五升九合

○紙継目に三秀院主玉嶺集璉の裏花押あり。

六八三　弘源寺領指出

天龍寺内弘源寺領指出之事

都合四拾三石九斗五升一合内　所々散之分

四石八斗六升六合　（葛野郡）上嵯峨之内ニ在之、

四石四升　（葛野郡）下嵯峨内ニ在之、

三斗六升五合　（葛野郡）さか野之内ニ在之、

九石六斗八升　（乙訓郡）西岡塚原内ニ在之、

廿五石　（島上郡）摂州上郡よすミ（五百住）免田分

右

六八四　寿寧院領指出

天龍寺之内寿寧院領指出

卅石壱升六合　（葛野郡）嵯峨野殿之内在之、

五石参斗五升　（葛野郡）郡庄之内在之、

五斗　（葛野郡）法金剛村之内在之、

弐斗四升　（葛野郡）高田村之内在之、

五斗　（葛野郡）大将軍村之内在之、

壱石五斗六合　下京地子年中

壱石五斗九升　西岡（葛野郡）山田村之内在之、

弐石壱斗八合　同（乙訓郡）かミ上野郷在之、

八石弐斗三升　同（葛野郡）上野庄之内在之、

合五拾石四升

同寮舎福源庵分

弐石五斗　（葛野郡）郡庄之内在之、

以上

六八五　宝寿院領指出

天龍寺之内宝寿院領指出之事

五石者　河端郷（葛野郡）之内ニ在之、

壱石者　西梅津郷（葛野郡）之内ニ在之、

弐拾八石四斗七合　西岡朝原（葛野郡）之内ニ在之、

七斗三升弐合　同下桂（葛野郡）之内ニ在之、

　并参拾五石壱斗参升九合

　右

六八六　宝篋院領指出

天龍寺之内宝篋院領指出

拾石弐斗九合　年貢米　嵯峨池浦庄内（葛野郡）

年中ニ七斗六升　畠地子　同処

七斗九升　年貢米　嵯峨八間村野殿之内（葛野郡）

年中ニ六石七斗五升屋地子畠地子　嵯峨散在

年中ニ四斗　畠地子　おい（生）田村之内（葛野郡）

　合拾八石九斗九合

六八七　招慶院領指出

天龍寺之内招慶院領指出之事

七石七斗七升　年貢米　太秦之内（葛野郡）

壱石壱斗　山手　出井（葛野郡）トキワ（常盤）之内

弐石八斗八升九合　年貢米　東梅津之内（葛野郡）

壱石三斗五升　同　おいた（生田）田之内（葛野郡）

六斗四升弐合此内大豆壱斗九升二合　池浦之内（葛野郡）

八斗五升　年貢米　高田之内（葛野郡）

弐石五斗八合　屋地年中分　四条油小路石井筒町

四石七斗壱升四合　屋地年中分　上京今町

四石四斗八升　西岡谷之内（葛野郡）

拾石七斗七升弐合　地子年中分　嵯峨散在（葛野郡）

　合参拾七石七升五合

　右

六八八　天源院領指出

天龍寺之内天源院領指出之事

壱石七斗五升七合　此内大豆壱斗六升 小麦壱斗六升　太秦之内（葛野郡）

弐斗四升　大豆　久保之内（葛野郡）

弐斗弐升　嵯峨散在（葛野郡）

拾八石五斗壱升四合　屋地子年中分　下京散在
四石四斗七升八合　野地年中分　上京散在
合廿五石弐斗九合
右　招慶院・天源院両寺之分
合六拾弐石弐斗八升四合

六八九　宝厳院領指出

天龍寺塔頭永泰院之内宝厳院領指出之事
壱石五斗三升　（葛野郡）太秦寺之内
九斗　（葛野郡）山之内
四斗五升六合　（葛野郡）龍安寺之内
壱石弐斗一升八合　（葛野郡）池上之内
六斗　（綾）あやの小路とおりミふ（壬生）
四斗六升四合　五条野畠
六斗六升　（葛野郡）大将軍
九斗〃〃　〃〃〃うち野
七石一斗九升七合　七野社
一石六斗五升　上下（葛野郡）さか之内
九斗　（愛宕郡）市原　野之内
（愛宕郡）野中

一石二斗　（葛野郡）北野之内
七石三斗一升　西岡（葛野郡）山田之内
五石八斗九升　（相楽郡）賀茂村之内
三石二斗四升　下京屋地子
并参拾三石壱（ママ）斗壱升五合

六九〇　禅昌院領指出

天龍寺塔頭禅昌院領指出之事
参石四斗弐升　四条坊門
七斗一升二合　大宮之内
三斗八升　同所
四斗四升四合　御霊口
七斗　一条
弐石七升八合　上京北屋地子
右
并七石七斗参升四合

六九一　西禅寺領指出

天龍寺之内　西禅寺領指出之事

四石弐升
右　下嵯峨（葛野郡）内在之、

六九二　永泰院領指出

天龍寺之内永泰院分
五石三斗二升六合　上さか（葛野郡）（嵯峨）之内ニ在之、
以上

六九三　華徳院領指出

天龍寺之内花（華）徳院指出
九石八斗七升者　八間（葛野郡）ノ内ノトノ（野殿）ニ在之、
七斗五升者　山本（葛野郡）ニ在之、
参石弐斗四升五合者　罧原（葛野郡）ニ在之、
弐石六斗者　石坪（葛野郡）ニ在之、
参石参升五合者　おいた（生田）代ニ在之、
参石四斗者　むまほり（葛野郡）（馬堀）ニ在之、
六斗者　河はた（端）の内ニ在之、
弐斗者　こミそ（葛野郡）（小溝）（葛野郡）ニ在之、
九斗者　三条くら（倉）ニ在之、
四斗者　三秀ゐん（院）東ニ在之、
参石七斗者　大わふ寺ニ在之、
壱石参斗五升者　門前（葛野郡）の内ニ在之、
参斗五升者　ろくわふゐん（鹿王院）ノ北ニ在之、
壱斗五升者　上さか（葛野郡）（嵯峨）に在之、
壱石参斗者　上かつら（葛野郡）（桂）ニ在之、
以上参拾壱石八斗五升

六九四　地蔵院領指出

天龍寺内地蔵院領指出之事
拾八石壱斗　谷村（葛野郡）
五石六斗　上桂村（葛野郡）
十八石六斗二升　下桂村（葛野郡）
参石七斗　宇治井村
弐石　河嶋村（葛野郡）
拾壱石　築山村（乙訓郡）
壱石六斗　西院村（葛野郡）

参斗五升　（葛野郡）徳大寺
八石七斗　（葛野郡）唐橋村
十七石弐斗　（紀伊郡）塔森村
弐石　（紀伊郡）上鳥羽村
四斗八升　四条観音堂辻子
卅参石　津国（摂津国島下郡）音羽村・銭原村
拾弐石　同（摂津国島下郡）安威村
弐石五斗　同
五石　同（摂津国島下郡）銭原村
参石　同（摂津国能勢郡）木代村
卅弐石壱斗　西岡谷（葛野郡）之内
四石八斗壱升　同上桂（葛野郡）庄之内
弐石　同下桂（葛野郡）之内
参石六斗　小川同地子銭
四斗　御霊辻子之内
弐斗　五条之内
弐石　末木辻子
五石斗々　（葛野郡）西京之内

都合百九拾石八斗九升（ママ）

○紙継目に裏花押あり。

六九五　維北軒領指出

天龍寺内維北軒領指出之事

都合弐拾弐石三斗四升六合内　所々散々ニ在之、

六石壱斗九升者　年中ニ　（葛野郡）河端内在之、

七石壱斗七升者　同　天龍寺門前ニ在之、

壱石三斗九升二合者同　下嵯峨内山本（葛野郡）ニ在之、

四斗者　（葛野郡）高田内ニ在之、

五斗壱升者　（葛野郡）上嵯峨ニ在之、

壱石六斗弐升四合者　（葛野郡）（裏）池浦内ニ在之、

壱石七斗者　（葛野郡）生田内ニ在之、

壱石七斗六升者　西岡谷内（葛野郡）ニ在之、

壱石六斗者　同物集女（乙訓郡）内塚原ニ在之、

右

六九六　栖林軒領指出

天龍寺之内栖林軒指出分

壱石五斗弐升者　罧原(葛野郡)ニ在之、
八斗参升者　石坪(葛野郡)ニ在之、
五斗八升者　同所ニ在之、
八斗者　高田(葛野郡)代之内在之、
九斗者　おい(生)田(葛野郡)代ニ在之、
七斗八升者　同所ツカノ前ニ在之、
参斗四升者　同所ニ在之、
壱石壱斗八升者　八間(葛野郡)ノ口ニ在之、
五斗参升者　河(葛野郡)はた(端)ニ在之、
六斗四升者　むまほり(馬堀)ニ在之、
壱石五斗参升者　門前三条くら(倉)ニ在之、
参斗五升者　同所ニ在之、
五斗五升者　同所ニ在之、
九斗五升五合者　門前内在之、
参斗五升弐合者　同所ニ在之、
合拾壱石八斗参升七合

六九七　梅陽軒領指出

天龍寺内梅陽軒領指出之事

都合六石六斗九升内　所々散々ニ在之、
五石九斗九升者　河端(葛野郡)内ニ在之、
七斗者　生田(葛野郡)内ニ在之、
右

六九八　瑞応軒領指出

天龍寺内瑞応軒指出之事
四石五斗弐升　河端(葛野郡)郷ニ在之、
四斗五升　西梅津(葛野郡)在之、
参斛弐斗五升　高田(葛野郡)村在之、
四斗七升　生田(葛野郡)村在之、
四斗　生田村地子年中
八斗五升　賀茂小山(愛宕郡)郷在之、
壱斛弐斗八升　北野内一本松　上京畠地子年中
壱斛九斗六升　三条室町からく風呂之丁西之頬　下京屋地子年中
合拾弐斛五斗六升(ママ)

六九九　崇恩寺領指出

天龍寺内崇恩寺領指出之事

都合拾六石四斗六升（マヽ）八合内　所々散々ニ在之、
拾三石弐升者　西岡物集女（乙訓郡）内ニ在之、
八斗八升者　同塚原（乙訓郡）内ニ在之、
壱石六升八合者　同沓掛（乙訓郡）内ニ在之、
右

七〇〇　宝泉庵領指出

天龍寺之内宝泉庵領指出之事
九石四斗（マヽ）六升壱合也　此内
四石弐斗　高田（葛野郡）・河端（葛野郡）両郷之内ニ在之、
参石壱斗六升壱合　仙翁寺村（葛野郡）ニ在之、
弐石　下賀茂（愛宕郡）ニ在之、
右

七〇一　陽春軒領指出

天龍寺之内陽春軒分指出之事
四斗　池上郷（葛野郡）
参石六斗参升八合　山内郷（葛野郡）
九斗八升　鳴瀧郷（葛野郡）
（異筆）「一斗三升八合　木辻（葛野郡）」
弐石壱斗九合　西京郷（葛野郡）
四石六斗壱升六合　高田郷（葛野郡）
壱石四斗八升八合　梅津郷（葛野郡）
十参石　生田郷（葛野郡）
壱石　安芸垣（葛野郡）
九斗五升　嵯峨郷（葛野郡）
壱石四升三合 八斗四升三合　伏原郷（葛野郡）
九斗五升二合　石が壺（葛野郡）
九斗五升二合　ごたう（五島）（葛野郡）
壱斗五升二合大豆　太秦寺郷（葛野郡）
四石　京代
六石八升
参十五石弐斗八升　梵晃（智雲）（花押）
六石弐斗壱升八合

七〇二　慈済院幷彭首座領指出

天龍寺之内慈済院分幷彭首座（菊齢周彭）領　御朱印あり、
五角（斛）（以下同）八斗五升　西京（葛野郡）ニあり、

拾弐角弐斗弐升九合　京ニあり、
拾五角七斗　西岡(葛野郡・乙訓郡)ニあり、
五拾四角四斗九升二合　さか(嵯峨)所々(葛野郡)ニあり、
廿九角弐斗九升　伏見(紀伊郡)ニあり、
四拾壱角九斗七升　竹田(紀伊郡)ニあり、
八角弐斗　中島(紀伊郡)ニあり、
弐角八斗八升　上三栖(紀伊郡)ニあり、
五拾角壱斗　芹川(紀伊郡)ニあり、
弐角壱斗四升七合　大将軍(葛野郡)ニあり、
　右弐百廿弐角八斗五升九合(ママ)
　　同養清軒分
五角四斗者　さか(嵯峨)所々(葛野郡)あり、
右
　　同喜春軒分
九角壱斗九升　さか(嵯峨)河端(葛野郡)ニあり、
八角八斗四升四合　高田(葛野郡)之内ニあり、
弐角四斗弐升六合　うつまさ(太秦)(葛野郡)之内ニあり、
　右弐拾角四斗六升
惣合弐百四拾八角七斗一升九合(ママ)

七〇三　鹿王院領指出

　天龍寺之内鹿王院領指出之事
四石五斗者　梅小路(葛野郡)
八斗弐升五合　塩小路(葛野郡)
拾参石五斗三升五合　西七条(葛野郡)
七石壱斗三升九合　西梅津(葛野郡)
六石弐斗壱升七合　太秦(葛野郡)
弐斗八升三合　中院(葛野郡)
六斗三升壱合　往生院(葛野郡)
弐拾七石八斗九升者　仙翁寺(葛野郡)
弐石四斗者　天龍寺門前
拾石五升四合　南大門
弐石弐斗者　伏見(紀伊郡)
六斗三升弐合　西大門
壱斗者　二尊院門前(葛野郡)
壱石九斗者　八間(葛野郡)
三斗者　嵯峨野檀
六石　朱雀(葛野郡)

壱石三斗八升九合　京代
四石五升六合　下京屋地子
九石四斗八升　同所屋地子
五斗六升弐合　同所
壱石七斗五升四合　同所屋地子
弐石弐斗者　同所屋地子
壱石二斗者　（乙訓郡）久世
参石者　谷神岡之内
　幷百□□（五石）弐斗四升七合
右　御朱印下地

○紙継目に裏花押か。

七〇四　慶寿院領指出

天龍寺之内慶寿院領指出之事
六石四斗九合　（葛野郡）高田村
五石六斗四升四合　（葛野郡）生田村
四拾石六斗九升六合　（葛野郡）川端村
四斗六升三合　（葛野郡）池浦
壱石壱升　（愛宕郡）賀茂

六石壱斗四升　下京野畠
弐石五斗壱升八合　上京屋地子
弐石六斗六升八合　同所野畠
六斗六升弐合　同所野畠
壱石者　（愛宕郡）田中
　幷六十七石弐斗壱升
（異筆）「惣合百七拾九斛（ママ）四斗五升七合」
右　御朱印下地

七〇五　豊臣秀吉朱印状

（封紙ウハ書）「目録
（貼紙）『大閤秀吉公御朱印
本紙』」

山城国当寺領目録
一千百石　（葛野郡）嵯峨
一三百弐拾四石　西岡樋爪（乙訓郡）
一弐百三拾六石　同馬場村（乙訓郡）
一六拾石　（葛野郡）北山村
合千七百弐拾石

天正十三年十一月廿一日
（朱印）（豊臣秀吉）

天龍寺

○本書六五七・六七四・七〇五号文書は同一包紙に入る。
○本書六七四号で「改」めた散在が四ヶ所にまとめられたことがわかる。
○『鹿王院文書の研究』七九一号文書に本文書の案文あり。

七〇六　豊臣秀吉朱印状

（袋ウハ書）「明治七甲戌十月廿五日政府ヨリ改メニ付、
合袋（豊臣）太閤秀吉公朱印　五通
等持院　　　　　　　　　　　　」
（端裏貼紙一）「天正十三年十一月廿一日」
（端裏貼紙二）「太閤秀吉公御判」

当院領目録
一百石　　等持院門前（葛野郡）
一百八拾石　西京（葛野郡）
合弐百八拾石
天正拾三年十一月廿一日
（朱印）（豊臣秀吉）

等持院

○本書六六〇号文書と同一袋に入る。

七〇七　豊臣秀吉朱印状（折紙）

（包紙ウハ書）「豊国太閤様御朱印
（豊臣秀吉）当院中興三斎（細川忠興）始頂戴
（貼紙）『天龍寺末寺
宝厳院』」

城州田中内（愛宕郡）参拾壱石事、令寄附之訖、全可寺納候也、
天正十三
十一月廿一日　（朱印）（豊臣秀吉）
宝厳院

七〇八　大野光元書状（折紙）

当寺御門前幷諸塔頭旧跡之事、任　御朱印之旨、検地相除申之上者、尚以如先々御寺納専要候、恐惶謹言、
天正十三年
十二月十四日　大野与左衛門尉
光元（花押）
天龍寺
御役者中

○大野光元は検地奉行。『鹿王院文書の研究』七九三号文書参照。

七〇九　前田玄以書下（折紙）

就当寺并諸塔頭修造之儀、大工棟梁職、同諸職人等御棄破之上者、自今以後彼諸職可為寺家進止之状如件、

天正十四
二月十九日　(前田)民部卿法印
玄以（花押）

天龍寺并諸塔頭
役者中

七一〇　天龍寺衆評定書

以衆評相堅之事

諸塔頭領、任当知行之員数、為鬮取有地分之処、西岡ニ有之寺院衆、川西・川東領打混可有鬮取之企不能分別候条、大衆令一味同心、川西・川東領別各ニ相決候様ニ可申達候、仍議定如件、

天正十四丙戌年林鐘十七日

位次不同

天龍維那
梵最(要初)（花押）
喜春軒
承喜(悦叔)（花押）
寿寧院
寿宥（花押）

三秀院
(玉嶺集璉)集□(璉)（花押）
慈済院
周彭(菊齢)（花押）
雲居庵侍真
梵覚(心源)（花押）
陽春軒
梵晁(智雲)（花押）
真乗院
周湜(梅真)（花押）
瑞応軒
寿璜（花押）
禅昌院
寿筠(有和)（花押）
宝泉庵
周珎(玉峯)（花押）
妙智院
令彰(三章)（花押）
鹿王院
等佐(為霖)（花押）
蔵光庵
等循(如環)（花押）
招慶院
紹貞(竹裔)（花押）
松岩寺
周伊(揚清)（花押）
延慶々院(軒)
周弘(済叔)（花押）
南芳院
周憲(文盛)（花押）
華徳院
梵集（花押）

七一一　天龍寺衆評定書

(端裏書・朱筆)「天正十四夷則十一(ママ)日　庄園方差定并下司職之事　諸塔頭連判状」

以衆評相定条書

一常住幷諸塔頭領地分算用之事、自然於相違者、重而為三人可被仕直、其時各不可有異儀者也、

一常住幷諸塔頭領鬮取田畠斗代不足之院領江、自田畠斗代取余之院、任上中下之田畠、不足員数、為百姓弁可被納之、上田不足者斗代取余之院、上田内為鬮取被相定、百姓弁仁可被引渡之、中田・下田可為同前、上畠不足者斗代取余之院、上畠内為鬮取被相定、百姓弁仁可被引渡之、中畠・下畠可為同前者也、

一自内野御屋敷至丹州亀山（桑田郡）、大道被成御付之時、田畠減少有之者、替地之事為惣衆中可有御訴詔（訟）、雖為無田畠之減少衆、御訴詔（訟）之造作以下川東惣寺領斛別仁可有配当也、替地被仰付間敷之旨相決時者、任田畠減損之員数、田畠無減損川東惣寺領斛別仁田畠減損之分令配当之、可被補足田畠減損之寺領者也、

一生田（葛野郡）代下司之事、攸（所）被充行福田与三郎・木村与兵衛尉也、給米者壱人前壱斛五斗充、生田代水下田地常住幷諸塔頭領斗別仁令配当之、両下司仁可有扶持、内堤修理用水見廻以下、若於令無沙汰者、雖為何時、可令改易下司職者也、

一罧原（葛野郡）代下司之事、攸（所）被宛行福田与三郎也、給米壱斛五斗者、罧原代水下之田地常住幷諸塔頭領斗別仁令配当之、可有扶持也、堤用水之見廻以下、於無沙汰者、雖為何時、可令改易下司職者也、仍衆評如件、

天正十四
　夷則二十一日

地蔵院
　龍済軒
　宗璒（花押）
延慶軒
　周弘（済叔）（花押）
陽春軒
　梵晃（智雲）（花押）
瑞応軒
　寿璜（花押）
宝泉庵
　周珎（玉峯）（花押）
鹿王院
　等佐（為霖）（花押）
慈済院
　周彭（菊齢）（花押）
宝篋院
　梵最（要初）（花押）
天源院

常住納所
　梵得（花押）
臨川寺納所
　守慶（花押）
三会院主事
　慶俊（花押）
雲居庵侍真
　梵覚（心源）（花押）
西芳寺侍真
　周慶（花押）
梅陽軒
喜春軒
　承喜（悦叔）（花押）
華徳院
　梵集（花押）
養清軒

紹受（花押）　　珠（殊）菊（花押）
招慶院
紹貞（竹裔）（花押）　　法恩寺看坊
宗祐（花押）
弘源寺侍真
等玖（花押）　　栖林軒
周瑛（花押）
三秀院
集璡（玉嶺集璡）（花押）　　維北軒
慶俊（花押）
真乗院
周湜（梅真）（花押）　　西禅寺侍真代
周元（幹嶺カ）（花押）
禅昌院
寿筠（有和）（花押）　　永泰院侍真
寿温（賢英）（花押）
妙智院
令彰（三章）（花押）　　宝寿院
周延（大年）（花押）
蔵光庵
等循（如環）（花押）　　寿寧院
寿宥（花押）
松岩寺
周伊（揚清）（花押）
南芳院
周憲（文盛）（花押）

○紙背紙継目に周憲・周伊・他一名の花押あり。

七一二　河原定勝書下（折紙）

以上

今度所々藪之儀可相改之旨就被仰出ニ、寺々等不残任御諚之旨候、然者当寺内之儀者往古以来御免除之通御理候之条、御上落（洛）之刻致言上候、其付五山之儀者余寺ニ相替事候条、寺内等可加用捨之旨、重而御意候条、任其旨帳面相除申候、寺内諸院修（カ）理以下ニ可被召遣者也、

天正十四
十二月廿一日　　河原長右衛門尉
定勝（花押）

天龍寺
御役者中

○河原定勝についての研究は、宇野日出生「秀吉馬廻役、河原長右衛門定勝について」（『戦国史研究』第二五号、一九九三年）。秀吉馬廻で、御土居建設など土木工事に手腕、鹿苑日録には「竹木奉行」とある。

七一三　河原定勝書状（折紙）

以上

天龍寺境内塔頭敷地廻其外被相抱藪之事、従先々御免除之所、如有来不可有相違之旨、任　御諚之旨、運上竹相除候、恐々謹言、

天正十四
十二月廿三日　　河原長右衛門尉
定勝（花押）

鹿王院
慈斉（済）院
宝寿院
三秀院
寿寧院
華徳院
宝篋院
招慶院
栖林軒
各侍者御中

七一四　河原定勝書状（折紙）

以上
当寺門前幷山本（葛野郡）・毘沙門堂（葛野郡）・同小溝村（葛野郡）人足之事、自前々
無役之由承届候条、彼在所之儀令免許候、惣別五山之儀
者万御免許之儀候条、任先例之旨候、恐々謹言、
河原長右衛門尉
定勝（花押）
二月十三日
天龍寺
御役者中

○前号文書との関連によりここにおく。
○河原定勝は山林検地奉行。『鹿王院文書の研究』八〇六号文書参照。

七一五　豊臣秀吉公帖

（封紙ウハ書）
「等循（如環）西堂　関白（豊臣秀吉）（花押）」
建長寺住持職事、任先例可被執務之状如件、
天正十五年八月十五日　関白（花押）
等循西堂

七一六　雲居庵領畠割方定書

雲居庵領畠参段弐畝分米参斛弐斗作人行田左衛門尉方也、
然間此内六斗法堂燈明方江渡申候、相残而弐斛六斗当庵
分也、子細者指出之時灯明田当庵之内江可入置旨、寿元
行者令申候間如此候、又田地参畝分米参斗九升山本之与
三郎作人也、是又当庵力者浄恵私分指出之内入置候間、
此田地渡申候也、右為後証令記録所被定置如件、
天正拾五丁亥十月吉辰
侍真（心源）梵覚（花押）
西堂（梅真）周湜（花押）
維那　周笈（花押）

西堂（三章）令彰（花押）　　奉行（菊齢）周彭（花押）
塔主（如環）等循（花押）　　単寮（為霖）周佐

七一七　天龍寺幷諸塔頭領所々散在山指出案

（袋表書）
「諸塔頭建物幷坪数
　取調絵図入
明治元戊辰猟月従京都府一山中除地坪数執奏寺領可書
出被　仰出ニ付、此書ヲ以取調ニ相成、急々公用ニ立重
宝書也、」

（袋裏書）
「　　　　（朱筆）『読合済』」

（貼紙・朱筆）
『八拾七』
同郡松尾社中与当寺与藪伐採出入、於京都町御奉行所御
裁許之上、享保三戊年六月当寺江被御渡置候御裁許書、
　御本紙　壱通
⌐（朱合点）右写　壱冊
　　城州葛野郡下嵯峨
　　　天龍寺」

（端裏貼紙）
「第拾号証」
（端裏書）
「（前田玄以）民部卿法印御房御奉行中
山指出　（正広）山口殿御奉行中　　天龍寺
　（定勝）河原殿御奉行中
　如右別紙書之遣候、」

天龍寺幷諸塔頭領所々散在山指出之事
　（葛野郡）嵯峨村上下

亀山　天龍寺封彊
嵐山　同境致
壱所　法輪寺之南
壱所　小倉山之内
壱所　（葛野郡）仙翁寺村内八幡山
壱所　同村之内熊栖山
四拾壱ケ所　山手年中ニ参斛六斗八升八合納之、右之外柴九束年中ニ納之、　同村之内
弐ケ所　山手年中ニ参斗八升納之、　（葛野郡）蝮谷之内
壱　所　山手年中ニ壱斛納之、　遮那院之上
弐ケ所　山手年中ニ弐斛五升納之、　畑村之内
四ケ所　西芳寺庭之上封彊　地蔵院封彊　（葛野郡）谷村之内・

壱　所　崇恩寺封疆　(乙訓郡)物集女村之内
七ケ所　山手年中ニ五斛九斗九升納之、同村領之内
　幷山手銭拾参斛壱斗八合
拾壱ケ所寺辺封疆直之抱分
右指出之面、従前々当知行無紛候、若相違之儀有者、
重而可被成御糺明者也、
　天正拾五丁亥年十二月朔日　天龍寺納所
　　梵得判
(前田玄以)民部卿法印御房
　御奉行中

○『鹿王院文書の研究』八〇六号文書が本文書の正文。次号文書の河原定勝宛と同文。
○袋裏書のうち「同郡松尾社」以下本文抹消。

七一八　天龍寺幷諸塔頭領所々散在山指出案

(端裏書)「天龍寺幷諸塔頭山封疆之控」
天龍寺幷諸塔頭所々散在山指出之事
　(葛野郡)嵯峨村上下
亀山　天龍寺封疆
(嵐)□山　同境致
壱所　法輪寺之南
壱所　(葛野郡)小倉山之内
壱所　(葛野郡)仙翁寺村之内八幡山
壱所　同村之内熊栖山
四拾壱ケ所　山手年中仁参斛六斗八升八合納之、同村之内
　右之外柴九束年中ニ納之、
弐ケ所　山手年中ニ参斗八升納之、(葛野郡)蝮谷之内
壱　所　山手年中仁壱角(斛)納之、遮那院之上
弐ケ所　山手年中ニ弐斛五升納之、畑村之内
四ケ所　西芳寺庭之上封疆、地蔵院封疆、(葛野郡)谷村之内
壱　所　崇恩寺封疆、(乙訓郡)物集女村之内
七ケ所　山手年中ニ五斛九斗九升納之、同村領之内
　幷山手銭拾参斛壱斗八合
拾壱ケ所寺辺封疆直之拘分
右指出面、従前々当知行無紛候、若相違之儀有之者、
重而可被成御糺明者也、
　天正拾五丁亥年十二月朔日　天龍寺納所
　　梵得判
(定勝)河原殿
　御奉行中

○前号文書の前田玄以宛と同文。

七一九　天龍寺役者為霖等佐等連署状案

覚

一宝篋院敷地差図之面除之、従今図子上至竹明神角屋地子分者、大覚寺殿へ可有御進退、至野畠地子年貢者天龍寺へ可致知行之事、

一限二尊院而南者一職仁天龍寺江可致御知行、従彼院北者限竹明神通而二尊院江可有進退、右之員数程替地、従彼院天龍寺江可被相渡之、此外従愛宕道西者不残天龍寺へ可致領知之事、

一従宝篋院被対大覚寺殿之儀者、可為如先々有来之事、

十二月六日

（為霖）等佐判
（菊齢）周彭判
（梅真）周湜判

大覚寺御門跡
雑掌中

○等佐は天正一三年一〇月七日付『鹿王院文書の研究』七八八号文書に天龍寺の「維那等佐」として署判。等佐は周佐（天正五年一二月三日付の同書七五五号文書に鹿王院の「侍真」として署名）→等佐→玄佐（鹿王院歴代、慶長五年七月二八日没）と改名している。天正一七年には玄佐となっており本文書の下限を示すため、ここにおく。

七二〇　大覚寺坊官連署覚

（端裏書）「　　　」

覚

一大覚寺殿門跡領之内宝篋院敷地雖差図之分、従今図子上至竹明神、何も屋地子分者当　御門跡様へ可有御進退、田畠地子年貢者天龍寺へ可有御知行事、

一限二尊院而南者一職江天龍寺江可有御知行、北者従彼院限竹明神通、東者限彼院門前之道、二尊院へ可有御進退、右之替地員数程、従彼院天龍寺へ可被相渡之、此外従愛宕道西者不残天龍寺へ可有御知行事、

一従宝篋院被対　大覚寺御門跡之義者、可為如先々有来事、

十二月六日

河窪兵庫助
政（花押）
中沢右近大夫
勝久（花押）

勢多備前守
章相（花押）

天龍寺雑掌中

○前号文書との関連によりここにおく。

七二一　大覚寺坊官連署書状（折紙）

屋地子員数程為替地、以野殿代可進之候、水帳於相渡者、
此書物可被成返進候、恐惶謹言、

十二月六日　河兵
政（花押）
中右
勝久（花押）
勢備
章相（花押）

天龍寺雑掌中

○前号文書との関連によりここにおく。

七二二　西芳寺領指出

西芳寺領無御検地指出之事
壱石四斗壱升五合者、当寺門前力者居屋敷分也、
右当知行少も無紛候、此旨於相違者、可有御成敗候也、

天正十七
八月五日　☒☒（鍺澄カ）（花押）

天龍寺
御役者中

○三行目後に朱書があるが表具時に流れたのか読めず。

七二三　弘源寺領指出

弘源寺領無御検地処指出之事
弐斛六斗壱升者　弘源寺旧屋敷　当寺　又左衛門尉
右当知行少も無紛候、於此旨相違者可有御成敗候也、

天正十七
八月五日　等洋（大叔）（花押）

天龍寺
御役者中

七二四　宝寿院領指出

宝寿院領無御検地処指出之事
四斗六升者　同院　屋敷内　当院力者　四郎左衛門尉
右当知行少も無紛候、於此旨相違者、可有御成敗候也、

天正拾七
八月五日　周延（大年）（花押）

天龍寺
御役者中

七二五　宝上院領指出

宝上院領無御検地処指出之事
壱石者　宝上院屋敷之内　当院力者彦三郎
右当知行少も無紛候、於此旨相違者、可有御成敗候者也、
天正十七
八月五日　春巌（花押）
天龍寺
御役者中

七二六　招慶院領指出

招慶院領無御検地処指出之事
参斛　招慶院屋敷内　百性　吉田与七 同与次
右当知行少も無紛候、於此旨相違者、可有御成敗候也、
為其状如件、
天正拾七
八月五日　紹貞（竹裔）（花押）
天龍寺
御役者中
○二行目朱書あるも表具時に流れるか読めず。

七二七　慈済院領指出

慈済院領無御検地処指出之事
壱斛九斗六升九合 南北旧跡之内 力者屋敷方分畠地子分
天正十七八月五日　周彭（菊齢）（花押）
天龍寺御役者中

七二八　鹿王院領指出

鹿王院領無御検地分指出之事
弐斛五斗弐升八合　当院門内力者・大工 其外居屋敷分
壱斛参斗　勝智院旧跡
惣合参斛八斗弐升八合
天正拾七丑八月五日　玄佐（為霖）（花押）
天龍寺役者中
○『鹿王院文書の研究』八〇八号に本文書の案文あり。

七二九　豊臣秀吉公帖

（封紙ウハ書）「周佐西堂（為霖玄佐）　関白（豊臣秀吉）（花押）」
景徳寺住持職事、任先例可執務之状如件、
天正十七年八月十三日　関白（花押）

周佐首座

七三〇　豊臣秀吉公帖

臨川寺住持職事、任先例可被執務之状如件、

天正十七年八月廿一日　関白（豊臣秀吉）（花押）

周佐西堂（為霖玄佐）

○前号文書と同封。

○為霖周（玄）佐が臨川寺住持職に任命されたことは『鹿苑院公文帳』にあり。

七三一　豊臣秀吉公帖

（包紙ウハ書）
「寿筠西堂（有和）　関白（豊臣秀吉）」

建長寺住持職事、任先例可被執務之状如件、

天正十七年八月廿四日　関白（花押）

寿筠西堂

○包紙に「大日本」の文字あり。

○有和寿筠が建長寺住持職に任命されたことは『鹿苑院公文帳』にあり。

七三二　豊臣秀吉朱印状（折紙）

（包紙ウハ書）
「天龍寺境内之御朱印
（貼紙）
『太閤秀吉（豊臣）公御朱印本紙』」

当寺門前境内地子人足等、永令免許之訖、幷山林事、如先々不可有相違者也、

天正十七
十二月朔日（豊臣秀吉）（朱印）

天龍寺

○『鹿王院文書の研究』八一三号文書に本文書の案文あり。

七三三　豊臣秀吉朱印状（折紙）

（包紙ウハ書）
「天正十七年
文禄四年　横折
太閤様御朱印（豊臣秀吉）　境内二通」

当院門前境内地子以下事、令免除之訖、永不可有相違候也、

天正十七
十二月朔日（豊臣秀吉）（朱印）

等持院

○端下部に「天正十七十二月朔日」「太閤秀吉公御判」と書かれた貼紙あり。

七三四　天龍寺衆評定書

於当寺門前本国寺上人(日禎)一宇被立之段、不謂之間、大衆令一味同心、被得公儀可申達付、相堅条々、

一大衆一等ニ訴訟之時、或号他行、或号急用、又者作病等之族、不可有之事、

一彼一宇、縦雖被号在家、不可有許容事、

一此一儀始末令相談之時、可就多分事、付、用脚者常住物ヲ以可調之、雖然現物無之条、常住・祠堂方之借主其外常住物有之衆江、無用捨、従当奉行被乞之、猶以於無沙汰者、可有公儀催促、若急用時者先可有他借者也、右之条々、点モ相背於表裏別心者、可蒙当寺開山国師(夢窓疎石)御罰者也、仍衆評如件、

天正拾八年
十月廿三日

臨川寺　玄佐(為霖)（花押）
真乗院　玄湜(梅真)（花押）
天龍維那　周笈（花押）
松岩寺　周孝(純甫)（花押）
南芳院　周任(伊仲)（花押）
華徳院　梵集（花押）
宝寿院　周延(大年)（花押）
妙智院　令彰(三章)（花押）
蔵光庵　等桂(芳園)（花押）
龍済軒　宗鐙（花押）
陽春軒　梵晃(智雲)（花押）
宝篋院　梵最(要初)（花押）
寿寧院　寿宥（花押）
慈済院　周彭(菊齢)（花押）
天源院　紹貞(竹裔)（花押）
延慶軒　周弘(済叔)（花押）
三秀院　集璉(玉嶺集璉)

○日禎（永禄四年～元和三年）は広橋国光の子。本国寺一六世（天正六年～慶長五年）。退寺後は常寂光寺に隠棲。

七三五　豊臣秀吉公帖

(封紙ウハ書)「周彭西堂(菊齢)　関白(豊臣秀吉)（朱印）」

景徳寺住持職事、任先例可執務之状如件、

天正十九年三月廿六日　関白（花押）

周彭首座

七三六　豊臣秀吉公帖

臨川寺住持職事、任先例可被執務之状如件、

天正十九年三月廿九日　関白秀吉（豊臣）（花押）

周彭西堂（菊齢）

○前号文書と同封。

七三七　豊臣秀吉朱印状

（包紙ウハ書）「太閤様御朱印（豊臣秀吉）　等持院」

（端裏貼紙一）「天正十九年九月十三日」

（端裏貼紙二）「太閤秀吉公御判」　（端裏貼紙三）「等持院什物」

寺領方所々目録之事

一拾壱石六斗　京廻土居内滅分田畠之替　（葛野郡）西院内

一百七拾四石九斗三升　本知残分　（葛野郡）西京内

一百石　同　（葛野郡）等持院門前

都合弐百八十六石五斗三升

右全可院納者也、

天正十九年九月十三日（朱印）（豊臣秀吉）

等持院

七三八　天龍寺壁書

壁書

一当寺奉行之事、四人組之内一人充毎日在方丈、三人者公儀其外諸役等、従二月二日至八月二日可勉之事、

一常住領之外、諸塔頭・寮舎・行力領分、斛別清銭五銭充、毎年二月二日・八月二日、至方丈当奉行衆江渡之可取請取、但勘定日者可為二月二日・五月二日・八月二日・十一月二日、参暇并奉行被相勤衆江相触可有勘定事、

一右之出銭者可有受用、公儀之諸式・在方丈奉行一回之内江為飯費并油炭茶之代弐斛壱斗可渡之、於当国内者路料飯費以下不可有下行、至当国外者為飯費、上者一日四拾文充、下者三拾弐文充可有下行、此外路料者随其時可有勘定、遠国下向之時者、以衆評可相究、若出銭下行仁不足之時者、可為追打事、

一出銭式日以後過五日者、為罰金一倍可出之事、付追打出銭相触以後過五日者、罰金可為一倍事、

一参暇役者公儀之御礼ニ節為輪番一人充可勉之、但輪番参暇或公儀、或他行、難去儀有之時者、在寺之参暇雖非番可補之、此外公儀至寺家大抵者参暇中江可相尋事、

一常住領内検免相之時者、奉行之内三人可有在庄、納之時者、一人可有在庄、至納下勘定者可為右之式日、但未進書ヲ相究、次之奉行江可相渡、北山(葛野郡)・嵯峨(葛野郡)村領分納下勘定可為同前事、

一官物幷度(渡)月橋銭、逐一当奉行請取納帳仁結之、妙智院江可預置事、

一参暇諸家江礼儀之時者、行者一人輪番仁相定可召連事、

一常住・臨川両寺之力者用所有之時者可罷出、為飯費等一器充其日仁可下行、若力者於不罷出者、所司代江可相尋事、

奉行之次第

一番 慈済院 宝篋院 南芳院 華徳院 陽春軒〻院

二番 慶寿院 招慶院 維北軒 蔵光庵 栖林軒

三番 真乗院 三秀院 松岩寺 地蔵院 永明院

四番 陽春院 宝寿院 養清軒 寿寧院 喜春軒

五番 西芳寺 瑞応院 宝泉庵 蒼玉院

右之条々以衆評相定上、及兎角輩於有之者、為当奉行所司代江相尋可随其旨者也、仍議定如件、

天正廿壬辰年正月十九日

維那 周笈(花押)

招慶院 紹貞(竹斎)(花押)

永明院代 等春(花押)

宝泉庵 周珎(玉峯)(花押)

蒼玉院代 善栄(花押)

等琦(西斎)(花押)

松岩寺 周孝(純甫)(花押)

地蔵院 周弘(済叔)(花押)

南芳院 周任(伊仲)(花押)

三秀院 集璡(玉嶺集璡)(花押)

西芳寺代 梵精(花押)

慈済院 玄彭(菊齢)(花押)

喜春軒 承喜(悦叔)(花押)

慶寿院 玄佐(為霖)(花押)

宝寿院 周延(大年)(花押)

真乗院 玄滉(梅真)(花押)

華徳院 梵集(花押)

妙智院 令彰(三章)(花押)

蔵光庵 等桂(芳園)(花押)

禅昌院
　寿筠（有和）（花押）
養清軒
　殊菊（花押）
陽春軒院
　梵晁（智雲）（花押）
瑞応院
　永忠（花押）
宝篋院
　梵最（要初）（花押）
栖林軒
　周瑛（花押）
維北軒
　慶俊（花押）
寿寧院
　寿宥（花押）

（後欠）

○維那周笈の継目裏花押あり。文書末尾に継目裏花押四顆あり。但し現状では以下に貼り継がれていた料紙を欠く。

七三九　木下吉隆書状（折紙）

尚以私迄忝候、已上、
上様（豊臣秀吉）御帷二此内生絹一御進上之通遂披露候処、遠路御懇志一段御感悦儀候、委細兌長老（西笑承兌）被成御聞候、誠御仕合と存候事候、随而我等へ帷一被懸御意候、遠来忝存候、帰朝時分御礼可申述候、恐惶謹言、

（天正二十年）五月十五日　　木下半介
　　　　　　　　　　　　　吉隆（花押）
天龍寺
　雑掌

○西笑承兌が名護屋に赴くのが天正二〇年のため、本文書は天正二〇年のもの。

七四〇　八幡神楽山山手銭覚

（端裏貼紙）「天正年中鹿王院領山手銭納帳之内、八幡神楽料山之分抜書、角倉甚平先祖請山仙之谷山之証跡」

八幡神楽山々手銭

仙之谷一之瀬	山壱所	弐拾文	元玉
仙谷	同	七拾四文	等元
同	同	弐拾弐文	妙清
同	同	百弐文	西坊
同	同	拾六文	新左衛門
熊栖	同	九拾文	与四良
同	同	九拾文	梅千代

仙谷
同　　百弐拾七文　　吉田与七
　幷五百四拾壱文
　右分八幡為修理料寄附之訖、

○端裏書の文言からここにおく。

七四一　豊臣秀次朱印状

　就学問之儀、五山江被仰出条々

一於相国寺鹿苑院・東福寺南昌院、月次聯句幷詩会可有之事、

一会席料、一会仁可為五石宛、但於連衆重者、随其、可被仰付事、

一於相嗜学問仁躰者、不依老若・貴賤、被加相当助成、其上出世官銭之造作以下無之可被仰付事、

一不学之僧侶出之、以出世之官銭、可下行于会席料、幷相嗜学問僧之扶助不足之所者、可被仰付、於向後官銭事、為会席料、永代被召上間敷事、

一自今以後、雖為居住于寺領少分之寺、於達学問仁者、不学之衆寺領過分有之寺仁引替可被仰付事、

右年来、就学問由（油）断、既及廃絶旨、被聞召、条々被仰出畢、其嗜可為肝要者也、

　文禄元年十二月日（朱印）（豊臣秀次）

　　天龍寺

七四二　前田玄以書状（折紙）

年来諸五山衆学問御由（油）断ニ付、従　関白（豊臣秀次）様被仰出様子有之条、於当寺中詩聯句其外学問方被相嗜仁躰被書立、当役者早々可有持参候、時分柄候之間今日中ニ相待申候、恐々謹言、

（文禄元年）
十二月廿八日　　民部卿法印
　　　　　　　　玄以（前田）（花押）

　天龍寺

○前号文書との関連によりここにおく。

七四三　勝智院旧跡指図

（端裏書）
「面書絵図之寺地ヨリ東大道迄馬場筋也、
東ニ而参間四面直支配也、但松木有之、
　勝智院旧跡指図　文禄弐癸巳稔十一月誌之、　玄佐（為霖）（花押）」

（指図——三四九頁参照）

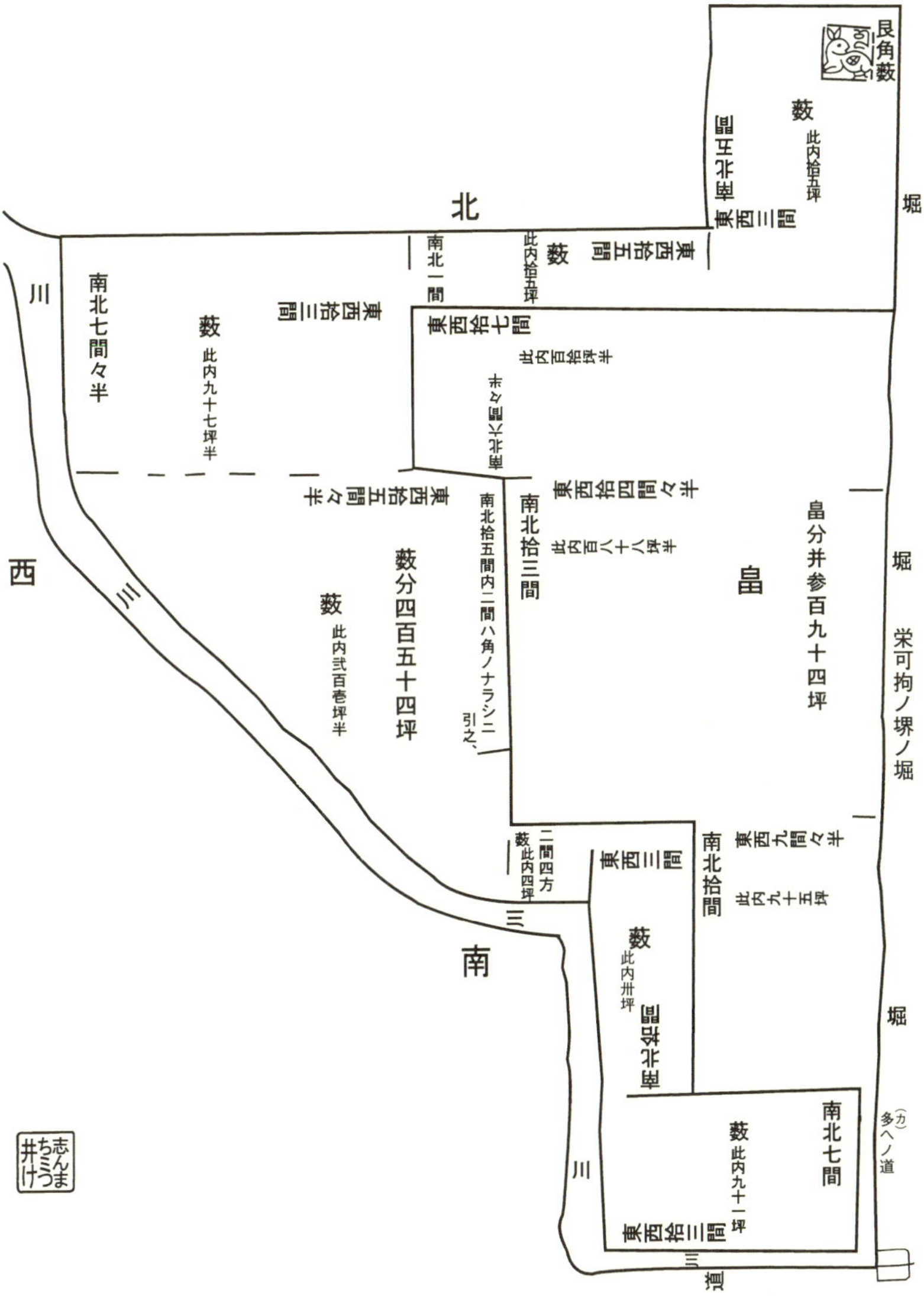
艮角藪
藪
此内拾五坪
東西三間
北
東西拾五間
南北一間
藪
川
南北七間々半
東西拾三間
藪
此内九十七坪半
東西拾七間
此内百拾坪半
東西拾五間々半
南北拾五間内二間ハ角ノナラシニ引之、
南北拾三間
東西拾四間々半
此内百八十八坪半
藪分四百五十四坪
藪
此内弐百壱坪半
畠
畠分并参百九十四坪
堀
堀
栄可拘ノ堺ノ堀
西
三
二間四方
藪此内四坪
東西三間
南北拾三間
東西九間々半
此内九十五坪
三
南
藪
此内廿坪
堀
南北七間
藪
此内九十一坪
東西拾三間
多（カ）ヘノ道
三
三
道
志んまちミつ井け

七四四　能守屋敷覚

文禄二癸巳年寿元納帳之内当年迄百九十三年

一地子米壱斗両季之分也、大工吉兵衛出也、是ハ寿珍可参也、九月廿二日元章(周郁)和尚へ仏餉ヲ可参也、
同壱斗能守ニ渡、親人分テ被渡也、然共仏餉モ近年不参也、此方へ取返可申者也、今ニ吉兵衛出也、
能守屋敷、寿真進退之内、能常屋敷也、能守ハ寺家へ出時、一代ト云約束也、屋敷南方ヤフノ中ニ小ホリアリ、近年南へカキカキシ出ス者也、曲事也、兎角彼屋敷此方之存知内也、何時も取放可申者也、能守一期之事ハ名代可入候也、以後ハ此方次第ニ可申付者也、

○本書六五二号文書に挟まる。

七四五　豊臣秀次公帖

(封紙ウハ書)「周銛(秀峰)西堂　関白(豊臣秀次)(朱印)」

景徳寺住持職事、任先例可執務之状如件、

文禄三年七月五日　関白(花押)

周銛首座

七四六　豊臣秀次公帖

臨川寺住持職事、任先例可令執務之状如件、

文禄三年七月十五日　関白(豊臣秀次)(花押)

周銛(秀峰)西堂

○本文書は前号文書と同封。

七四七　天龍寺奉行次第

奉行之次第

一番真乗院　華徳院　南芳院　喜春軒　栖林軒
二番陽春院　宝寿院　松岩寺　寿寧院　宝泉庵
三番鹿王院　招慶院　維北軒　蒼玉院　永明院
四番慈済院　宝篋院　西芳寺　崇恩寺　養清軒
五番　地蔵院　三秀院　瑞応院　蔵光庵

文禄参甲午年八月二日

七四八　天龍寺役者連署請文案

天正拾六年仁被仰付候松苗三万本之儀、居置申候、右三万本之内弐万本生長仕候、何時にても御意次第上可申候、

以上、
　文禄三年
　十月四日　　天龍寺役者
　　　　　　　　　一
　　　　　　　　　一
（前田玄以）民部法印様
　御奉行
（奥書）（同筆）「松苗之儀付而、（松田政行）松勝右衛門尉殿へ案」
○この松は大仏廻りへの植樹のために栽培。
○松田政行（一五五四～一六〇六）は前田玄以の被官。

七四九　豊臣秀次公帖

（封紙ウハ書）「（梅真）周寔西堂　（豊臣秀次）関白（朱印）」
建長寺住持職事、任先例、可令執務之状如件、
　文禄四年三月朔日　　関白（花押）
　　　　周寔西堂

七五〇　造路六衛門等連署嵐山山手米請文

為（葛野郡）嵐山々手、毎年六月十日以前ニ壱斛七斗伍升、十月廿日以前ニ壱石七斗伍升、両季合参斛伍斗充、一粒モ未進不仕可被御寺納候、但山之儀者、何時も御寺家次第可被召上候、仍而請状如件、
文禄四乙未年
　四月十六日
（葛野郡）作路
同　六衛門（略押）
同　与三衛門（略押）
同　与四郎（略押）
同　与七郎（略押）
同　八兵へ（略押）
大工　与介（印）
同　吉兵へ（略押）
作路　彦次郎（略押）
同　与左衛門（印）
同　与左衛門（印）
同　大郎左衛門（略押）
同　惣兵へ（略押）
同　三郎次郎（略押）
同　藤左衛門（略押）
同　与三左衛門（略押）
（葛野郡）立石
同　与三（花押）
同　市左衛門（略押）
同　喜介（略押）
同　弥介（略押）
同　三郎次郎（略押）
同　孫衛門（略押）
同　甚衛門（略押）
同　孫兵へ（略押）
同　孫四郎（略押）
同　三郎左衛門（略押）
同　長門（略押）
同　又左衛門（花押）
同　勘左衛門（花押）
同　新四郎（花押）
同　孫三郎（略押）

同 新衛門（略押）
同 与兵へ（略押）
同 源兵へ（花押）
同 孫八郎（略押）
同 万五郎（花押）
同 大郎衛門（花押）

七五一　嵐山法度条々

（葛野郡）嵐山法度之条々
一木之根少堀（掘）申間敷之事
一薄之儀、茅ニ成申迄刈申間敷候、其上柴芽草等少致沽却間敷之事
一茅之儀者、従御寺家御刈被成次第ニ得御意刈可申之事
一他郷之者雖為縁者、壱員モ入申間敷候事
一山之義被仰下候者、卅六人御座候、此外別人入申間敷、尚以無油断見廻盗候者見かくしニ候ハ可為同罪候、右之条数少も於偽申者、任法度之旨、三石三斗之科料可被成御取候、内半分者見付候者ニ可被下候、仍而状如件、
文禄四乙未年
四月十六日

（葛野郡）作路
六衛門（略押）
与左衛門（略押）
与四郎（略押）
与七郎（略押）
八兵へ（略押）
与介（印）
吉兵へ（略押）
彦次郎（略押）
与左衛門
与左衛門（印）
大郎左衛門（略押）
惣兵へ（略押）
三郎次郎（略押）
藤左衛門（略押）
与三左衛門（略押）
与三衛門（略押）
新衛門（略押）
与兵へ（略押）

（葛野郡）立石
与三（花押）
市左衛門（略押）
喜介（略押）
弥介（略押）
三郎次郎
孫衛門（略押）
甚衛門（略押）
孫兵へ（略押）
孫四郎（略押）
三郎左衛門（略押）
長門（略押）
又左衛門（花押）
勘左衛門（花押）
新四郎（花押）
孫三郎
万五郎
太郎衛門（略押）

源兵へ（花押）
孫八郎（略押）

七五二　前田玄以書下（折紙）

（封紙ウハ書）
「臨川寺
三会院」

亀渓院
寿寧院
花（華）蔵庵
三統院
慶寿院
大雄寺
龍光院
右寺院前之馬場掃除幷橋以下之儀、住持在之寺者不及申、雖為空地、為拘之衆可被申付候、同馬場南北ニ有之竹木垣等之事、為右寺院被申付可被相守、然者臨川寺三会院修理用ニ可被仕候、此子細者諸寺院零落ニ付、往古之道相紛条、任夢窓（疎石）国師指図旨、改如此者也、
民部卿法印
文禄四年
五月十四日　玄以（前田）（花押）
臨川寺
三会院

七五三　吉田栄可・清正連署譲状案

（包紙ウハ書）
「遣本国寺写　常寂寺（葛野郡）」
充行小倉山（葛野郡）之事
合壱所者但南北者溝をかきり、ミねにハさかいを立、下者田地かきり也、
右件山者、弘源寺宗西堂（維正等宗）より父与左衛門尉（吉田光治）仁永代被充行、当知行無相違者也、本文以下栄可ニ在之、但山下仁薮田畠在之者、先年之御検地仁於下地ニ罷成付而、弘源寺当院主へ申理、山之分年中五斗之地子ニ相定、重而充状被直無異儀者也、然共御所望ニ付而さかいを相立、永御上人様へ致進上候、向後我々子孫之者、聊申分不可有之候、至本役者、五斗之内ヲ弐斗五升毎年弘源寺へ可有寺納候、重而公儀者為其方何様にも御才覚尤候、仍永代放券状如件、
吉田入道
栄可判
文禄四乙未九月廿九日

与次
清正判

本国寺
御上人様(日禎)参

○紙背に丸印（印文「日寿」）あり。
○与左衛門尉は吉田栄可の父光治。号浄林（『寛永諸家系図伝』一五、『寛政重修諸家譜』巻四二九）。
○日禎僧正は天正六年から文禄五年まで本国寺住持（『本国寺文書』『本国寺年譜』）。

七五四　豊臣秀吉朱印状（折紙）

為丹波国何鹿郡法音寺村替地、同郡とつ(マヽ)(戸津)川村(船井郡)内卅五石六斗七升、はふ(埴生)村(船井郡)之内四石三斗三升、合四拾石事、遣之訖、全可有寺納候也、

文禄四
十月二日（朱印）(豊臣秀吉)

等持院

○端下部に「文禄四年十月二日」「太閤秀吉公御判」と書かれた貼紙あり。
○本書七三三号文書と同封。

七五五　豊臣秀吉公帖

(封紙ウハ書)「梅真(玄湜)和尚　大閤(豊臣秀吉)（朱印）」

天龍寺住持職事、任先例、可被執務之状如件、

文禄四年十月十六日　大閤（花押）

梅真和尚

七五六　弘源寺等洋本役請文案

進候弘源寺山之事

北者限谷川を、但上ハさかいめを立候也、南ハ道をかきり、ミねニハ道あり、下ハ田地かきり、永代本国寺日禎上人へ進申候、我等一類其外天龍寺衆少も違乱被申方あらハ、我等罷出さはき可申候、此外ニ付而、少も無役、以後公儀六ケ敷事御座候者、其方ゟ御才覚可有候、但此山ニ五升ツ、為本役出申候、此方ゟ請取出可申也、仍後日状如件、

文禄丙申五年
正月十一日　弘源寺(大叔)等洋判

(日禎)本国寺殿参

うつし

七五七　天龍寺衆僧起請文

（前欠）

右之条々於相違者、可背
梵天・帝釈・四大天王・歴代之諸祖、殊開山国師（夢窓疎石）之明鑑
者也、仍起請文衆儀如件、
　文禄五丙申年五月八日

陽春院
　梵晃（智雲）（花押）
慈済院
　元彭（菊齢）（花押）
鹿王院
　玄佐（為霖）（花押）
妙智院
　令彰（三章）（花押）
真乗院
　玄湜（梅真）（花押）

維那
　梵最（要初）（花押）
　承由
　寿伯（花押）
　周求
　善栄（花押）
三会納所
　寿精（花押）
　等沢（花押）
　慶恩（花押）
　慶隆（花押）
　周孝（純甫）（花押）
　周任（伊仲）（花押）

　承喜（悦叔）（花押）
　等琦（西斎）（花押）
　殊菊（花押）
　周延（大年）（花押）
　周笈（花押）
臨川納所
　梵得（花押）
　周貞（花押）
　等玖（花押）
　周玲（花押）
　周喜（花押）

七五八　天龍寺役者慶隆定書案

今度広沢堤切ニ付而、湯裏幷普請等相堅条々
一諸式入目者堤下田地ヨリ可出之事
一従湯下給人〇出奉行可馳走之事
一従湯下給人田地指出可出之事
　右諸式之入目遂算用、任湯下田地員数、支配当座
　ニ可出之者也、仍相堅状如件、
文禄五年　　次第不同

五月十三日　　天龍寺役者
慶隆在判

七五九　前田玄以書下（折紙）

当寺境内幷諸塔頭門前百姓、今度地震家損崩候とて、他郷へ罷退事可為曲事、次失人等之義、如御法度落跡尋捜、急度可加成敗者也、

文禄五年
八月三日　　玄以（前田）（花押）

天龍寺境内
　諸塔頭門前
　　中

○文禄五年閏七月一三日の近畿地方大地震（慶長の大地震）に伴い、門前百姓の他郷への移転などを禁じたもの。

○『鹿王院文書の研究』八七二号文書に本文書の案文あり。

七六〇　前田玄以書下（折紙）

天龍寺境内之大工
　与介
　吉兵衛
　二右衛門

右参人之儀、当寺地震ニ破損之条、可被召遣候也、

（文禄五年カ）
八月十一日　　徳善院
　　玄以（前田）（花押）

天龍寺
役者中

○『鹿王院文書の研究』八七三号文書に本文書の案文あり。

七六一　前田玄以書下（折紙）

天龍寺法堂材木大小弐百五十本、従丹州出候条、可成其意候也、

（文禄五年カ）
八月十三日　　玄以（前田）（花押）

丹州
　河並中

○文禄五年閏七月一三日の慶長大地震の復興関連史料とみて、ここにおく。

七六二　尾池定安書状（折紙）

以上

嵯峨天龍寺法堂材木大小弐百五十本、丹州山中ゟ被出候間、其御心得有へく候、尚追而可申入候、恐々謹言、

尾池清左衛門尉

定（花押）

八月十四日（文禄五年カ）

畑平太殿

御宿所

○前号文書との関連でここにおく。

○尾池の花押は文禄三年以降のもの。

○畑平太は丹波の人で、前田玄以の家臣か。玄以は文禄四年から丹波亀山城主。慶長大地震で法輪寺は大破（『義演准后日記』）しており、その再興のためと考えられる丹波からの材木の運搬について前田玄以は畑平太宛に指示している（法輪寺文書）。

七六三　前田玄以書下（折紙）

（包紙ウハ書）「徳善院殿（前田玄以）嵐山制札之折紙壱通」

所々山林竹木不可伐採之旨、御法度之上、此嵐山へ人夫等入込柴以下刈取者有之者、急度可成敗候、可被得其意候也、

民部卿法印

五月十日　玄以（前田）（花押）

天龍寺

役者中

○前田玄以が民部卿法印と号するのは慶長元年五月までのためここにおく。

七六四　前田玄以書下（折紙）

広沢池為田地之用水之処、切堤落水儀曲事候、若猶猥堤を損さす者有之者、為在所中召捕可上候、可加成敗候也、

民部卿法印

五月十日　玄以（前田）（花押）

池裏（葛野郡）

川端（葛野郡）

○前田玄以が民部卿法印と号するのは慶長元年五月までのためここにおく。

七六五　豊臣秀吉朱印状案

態被仰遣候、唐之火打袋幷御たけさやたうす（竹鞘刀子）一段見事成を如何程も所望仕可相越候、御意ニ入候分を可被成御留候、無由（油）断急度可相尋候、猶宗福可申候也、

十二月廿日御朱印（豊臣秀吉）

民部法印(前田玄以)

○前田玄以が民部卿法印と号するのは慶長元年五月までのためここにおく。

七六六　前田玄以書下（折紙）

当寺領之内樋爪(乙訓郡)・馬場村(乙訓郡)立田過分に在之段、沙汰之限候、各彼郷ヘ被打越、早々刈取候様ニ可被申付候、立毛在之所ハ寺領被召放、其上何れも可為曲事之旨候、上様(豊臣秀吉)明日淀迄(紀伊・久世郡)被成御上候、然者在々ヘ御小人を見せニ可被遣ニ候、早々刈候様、被申付尤候、不可有由(油)断也、

民部卿法印
玄以(前田)（花押）

十二月廿一日

天龍寺
侍者中

○前田玄以が民部卿法印と号するのは慶長元年五月までのためここにおく。

○樋爪村は天正一三年一一月二三日以前は鹿王院領、それ以後新たに天龍寺領になる。

七六七　天龍寺奉行次第

奉行之次第

陽春院 一番　華徳院　南芳院　喜春軒　保祐庵
鹿王院 二番　地蔵院　三秀院　瑞応院　蔵光庵
慈済院 三番　招慶院　維北軒　蒼玉院　永明院
四番　宝篋院　西芳寺　崇恩寺　養清軒
五番　宝寿院　松岩寺　寿寧院　宝泉庵
六番　華蔵院　弘源寺　栖林庵　栖松軒

右

慶長二酉年二月二日

七六八　前田玄以書状案（折紙）　六二五

急度申入候、在々麦年貢之事、田方分三分一、納所可被申付候旨、被仰出候間、当寺領分被遂内検帳を候、則在所ニ可被納置候、右帳面ニ若麦田を隠置候ハヽ、御給人可為越度之旨候間、可被入念候、恐々謹言、

徳善院
玄以(前田)

(慶長二年)卯月十二日

天龍寺
侍者中

○三鬼清一郎「田麦年貢三分一徴収と荒田対策——豊臣政権末期の動向をめぐって——」（『名古屋大学文学部研究論集 史学』一八）参照。

七六九　尾池定安書状写（折紙）

（包紙ウハ書）
「四
尾池清（定安）左衛門尉書状写」

已上

如仰先日者得御意、本望至極存候、仍山林御朱印之儀、即徳善院（前田玄以）仁具申聞候処、被相心得由候、於様子委御使僧江申渡候、恐惶謹言、

尾池清左衛門尉

（慶長二年カ）十一月十九日　判

鹿王院
参
貴報

（貼紙）
「四
天正十五年山林指出民部法印（前田玄以）江出シ候後、尾池清左衛門尉ゟ鹿王院江来候書状之写」

○『鹿王院文書の研究』八八〇号が本文書の正文。

○前田玄以が徳善院を名乗るのは慶長元年以降。

七七〇　天龍寺衆評定書案

就法堂再造定諸奉行之事

一惣奉行
鹿王院
慈済院

出銀者両院江被預之、可有下行、請取者為東堂・西堂衆可被出之事、

一諸奉行
最首座（要初梵最）・延首座（大年周延）・任首座（伊仲周任）・寿首座（周寿）・洪首座（玄英寿洪）・精蔵主（梵精）

此外塔頭・寮舎・行力等惣奉行・諸奉行被相談、相応之用所可被申付事、

□□（惣奉カ）行・諸奉行至其外之衆□（仁）路料之儀、当国之外、上者壱日三分充、同下者弐分充也、当国之内者上下共仁壱日壱分充可有下行事、

仍衆評如件、

慶長三戊戌稔正月廿三日　梵精

陽春院　寿洪（玄英）

慈済院　周寿
鹿王院　周任（伊仲）
妙智院　周延（大年）
真乗院　梵最（要初）

○文禄五年閏七月一三日の大地震による震災復興か。

七七一　天龍寺衆評定書

就法堂再造以評儀定条□（々）

一斛別仁銀子壱文目充、三月九日・十日両日中可被出之、此外入次第遂算用、斛別令支配可被出之事、

一聚銀子者、出世五人等分ニ預之、下行者、以鬮取、限一人之預分、可有下行之、残銀子者、為出世中可被付封、悪銀子幷欠之事者、可為総中之失墜事、

一公儀事者、出世一員・奉行一人相加輪番可被調之、依其様子、出世衆可有列参、但不及出世衆之□（儀カ）者、平僧奉行可有参勤事、

一路料者、当国之中者上下共一日銀子壱分充可有下行之、当国之外者、上者一日銀子三分充、下者銀子弐分充可有下行之事、

一奉行者、掄其仁可被定之、若於無同心者、可被窺徳善院（前田玄以）事、

右議定如件、

慶長三年二月廿六日　維那　周笈（花押）

陽春院　梵晁（智雲）（花押）
慈済院　元彭（菊齢）（花押）
鹿王院　玄佐（為霖）（花押）
妙智院　令彰（三章）（花押）
真乗院　玄湜（梅真）（花押）

○文禄五年閏七月一三日の大地震による震災復興か。

七七二　弘源寺等洋本役請文案

進上申弘源寺山之事

南ハ谷川をかきり、北ハ間中の道をさかふ、ミねごしにハさかいめをすへ置也、下ハ田地をかきり、永代究竟院日

禎僧正へ進上申候、我等一類其外天龍寺衆少も違乱被申候方あらハ我等罷出さはき可申候、此外ニ付而、少も役無之候以後公儀むつかしき事御座候者、其方ゟ御才覚可有之候、但シ此山ニ五升ツヽ、為本役出申候、此方ゟ請取出可申者也、仍為後日如件、

慶長三戊戌年
八月十日　　弘源寺（大叔）
　　　　　　等洋　判

究竟院僧正
進覧之

うつし

○同様の請文が慶長一四年四月一九日付で発給されている。

七七三　前田玄以書下（折紙）

当寺境内公儀毎年上竹之事、自今以後御免之上者、竹木等一切不可掘採・伐採候、縦誰々雖為所望、不可有同心、況令沽却儀於在之者可為曲事、為修理用所之時者、遂案内可被随其者也、

慶長三
九月十八日　　徳善院
　　　　　　　玄以（前田）（花押）

天龍寺
役者中

○前田玄以は同日付にて山城の諸寺社に対し、竹の上納を免除し伐採することを禁ずる文書を発給。

七七四　文書入日記

（端裏書）「慶長十四年入日記」（ママ）

入日記

一（前田玄以）民法嵐山折紙　一通
一民法広沢（葛野郡）堤折紙　一通
一壁書　弐通
一（光元）大野諸塔頭免除折紙　壱通
一諸塔頭無検地処ノ指出共　七通
一嵯峨村（葛野郡）諸百姓訴状　民法自筆ノ書付有之候、　壱通
一崇恩寺出状　壱通
一山田（葛野郡）沙汰人嵐山出状　壱通
一諸塔頭地領判紙　壱巻
一上領下領境目ノ指図并大覚寺殿儀（公）人之一行　弐通
一嵯峨村千百斛之水帳　壱本

一北山村（葛野郡）水帳　壱本
一馬場（乙訓郡）・樋爪両村之水帳　弐本

右

慶長四己亥年林鐘初三日

○記載文書は冒頭から順に、七六三、七六四、七一〇と七一一、七〇八、七二二～七二八、該当なし、七八六、六五六、六七五～七〇四、七二〇と七二一、以下水帳は該当なし。

七七五　天龍寺衆評定書

妙覚寺（日奥）上人之寺屋敷ニ当寺之葬所竹林寺・遮那院并十境之内被相望ニ付而、堅之条々

一就此一儀諸式入目者、以常住物可弁之、米銭無之時者、長老・西堂衆・当寺役者、有加判可有借用、此借物不相済間者、常住止諸下行可返弁之事、

一在大坂・在伏見・在京路料入目、壱日ニ上者銀四分充、下者三分弐リン充可有下行事、

一徳善院（前田玄以）以御馳走、彼屋敷於被移他所者不及是非、万一上義之条、不被及料揀之由被仰渡時者、此連判之衆中令一味同心、公儀可申達之事、

右之条々、不可令違背、若於相違者可蒙本師釈迦如来・当寺開山国師（夢窓疎石）・日本国中大小之神祇之御罪者也、仍衆評如件、

慶長四己亥年七月廿七日

陽春院　梵晁（智雲）（花押）
慈済院　元彭（菊齢）（花押）
鹿王院　玄佐（為霖）（花押）
妙智院　令彰（三章）（花押）
住山　玄湜（梅真）（花押）
松岩寺　周孝（純甫）（花押）
永明院代　全精（花押）
蒼玉院　代宗才（花押）
南芳院　周任（伊仲）（花押）
西芳寺代
喜春軒　承喜（悦叔）（花押）
宝寿院　周延（大年）（花押）
華徳院代　周任（花押）
蔵光庵
養精軒　殊菊（花押）
瑞応院
宝篋院　梵最（要初）（花押）

栖林軒
維北軒
　慶恩（花押）
寿寧院
招慶院
　代周尤（花押）
宝泉庵
　周珎（玉峯）（花押）
地蔵院
　等琦（西斎）（花押）
三秀院代
　宗球（花押）
禅昌院
弘源寺
　等洋（大叔）（花押）
栖松軒
　周堅（花押）
梅陽軒
　承由（花押）
法恩寺
崇恩寺
　慶隆（花押）

雲居庵
　周笈（花押）
三会院
　侍真周弘（済叔）（花押）
臨川寺
保祐庵
　善栄（花押）

七七六　天龍寺衆評定書

妙覚寺（日奥）上人之寺屋敷、当寺境内指図之内被相望ニ付而、堅之条々

一就此一儀諸式入目者、以常住物可弁之、米銭無之時者、長老・西堂衆・当役者、有加判可有借用、此借物不相済間者、常住止諸下行可返弁之事、

一徳善院（前田玄以）以御馳走、彼屋敷於被移他所江者不及是非、万一上義之条、不被及料揀之由、被仰渡候時者、長老・西堂・同大衆不残、可開寺家之事、

一何時茂大衆・老若列参之時者、路料在庄可為自堪忍、此訴詔於長引者、一両人可被残置、其路料造作者、如前之堅状、自常住可有下行、此一会談合之儀者、可付

多分之事、
右之条々、不可令違背、若於相違者、可蒙本師釈迦如来・当寺開山国師（夢窓疎石）・日本国中大小之神祇之御罪者也、仍衆評如件、

慶長四己亥年八月三日

位次不同

陽春院 梵晁（智雲）（花押）
慈済院 元彭（菊齢）（花押）
鹿王院 玄佐（為霖）（花押）
妙智院 令彰（三章）（花押）
真乗院 玄湜（梅真）（花押）

天龍寺維那 梵最（花押）
（要初）周延（花押）
（大年）周孝（花押）
（純甫）慶恩（花押）
善栄（花押）
周尤（花押）
（玄英）寿洪（花押）
（西斎）等琦（花押）
周長（花押）
周筬（花押）
全精（花押）
永忠（花押）
承由（花押）
（済叔）周弘（花押）
（伊仲）周任（花押）
（玉峯）周弥（花押）
周意（花押）
（洞叔）寿仙（花押）
殊菊（花押）
宗精（花押）
正纂（花押）
（悦叔）承喜（花押）
梵啓（花押）
宗球（花押）
（大叔）等洋（花押）

○日奥は文禄元年妙覚寺一九世となる。

七七七　福田家房申状

しやなゐん（遮那院・葛野郡）さう（葬）所まわり之林立毛之事、来月中ニ栄可（吉田）方へかりとらるへきよし可申渡候、若立毛栄可へ不被刈取者、為我等立毛きり取跡者、被任双方御一筆之旨、御寺より可被成御進退候、仍為後日如此候、以上、

慶長四

十月卅日　　福田二郎兵衛
家房（花押）

臨川寺
　御役者中

七七八　天龍寺役者連署山林地子等定書案

（端裏書）
「福二郎兵へ方へ従寺家遣案文」

　嗳之覚

一遮那院上之山之儀者可為有来之事、
一遮那院葬所廻林之立毛栄可（吉田）へ被刈取候、跡者従此方可
進退之事、
一雲居庵分六僧坊田地之廻林之事者、従当年毎年地子銭
弐斗充可有寺納、其時皆済請取可出之事、

右

　　天龍寺役者

慶長四己亥年十月卅日　重精　在判

　　同　等洋（大叔）　同

福田二郎兵衛殿（家房）参

七七九　吉田栄可寄進状

今度しやなゐん（遮那院・葛野郡）さう（葬）所まハり林之事寄進仕候上者、此方
為子孫申分有間敷候、上之山之事者他宗寺屋敷・俗屋敷
におろし申事有間敷候、地子銭之儀も如有来年中壱石相
違有間敷候、仍為後日状如件、

慶長四年
　十月晦日　吉田入道
　　栄可（花押）

臨川寺
　御役者中

七八〇　相国寺承禱書状（折紙）

（後筆）
「舎那院林之作職、吉田栄可寄進状」

（端裏書）
「［　　］」

尊翰拝見候、彼之御検地以来之儀者、面々江可有御訴訟
之由、其由豊光院（西笑承兌）へ可申入候、可為御分別次第候、従五
山之目録出来次第、徳善（前田玄以）へ可有御挙之由候、貴寺ハ格別
ニ候者不及是非候、恐々謹言、

　相国維那

（慶長四年）
十二月朔日　承禱（花押）

天龍
　紀綱禅師

○豊光院は慶長四年建立（『西笑和尚文案』相四三号文書）。
○前田玄以が徳善院と称し、京都の治政に関与するのは慶長五年九月まで。

七八一　徳川家康禁制写

（端裏書）
「御朱印写　慈済院」

禁制

一軍勢甲乙人等濫妨狼藉之事
一放火之事
一田畠作毛刈取事
付竹木剪取事
右、堅令停止訖、若於違犯之輩者、速可処厳科者也、仍下知如件、
慶長五年九月十六日
（徳川家康）
御朱印

七八二　松田政行書状案（折紙）

猶以天龍寺幷塔頭門前迄、至今日一度も御普請ニ罷出候事、無之儀候間、如前々御除可被成候、猶自是可申入候、以上、

永々堤御普請之儀被仰付、御苦労由候、然者天龍寺門前之儀、いつれの御普請にも罷出候事、前後無御座候、今迄有姿御理申入候様ニとの儀候条如此候、如前々御用捨可被成候哉、猶彼寺より可被申入候、恐惶謹言、

松田勝右衛門尉
政行在判
卯月廿一日
雨森才次様
人々御中

○松田政行は、伊藤真昭『京都の寺社と豊臣政権』第二章によれば、前田玄以の下代中筆頭家臣。慶長一一年没。
○次号文書と関連あり。

七八三　雨森才次書状（折紙）

以上

貴札拝見仕候、天龍寺門前之事、従先々仕不出之由承候、則其分可被仰付候、猶面拝之時可申承候、恐々謹言、

（雨森）
雨才次
村（花押）
卯月廿一日
（勝右衛門尉政行）
松田少右様
御報

○前号文書との関連によりここにおく。

七八四　梵得・梵昭・寿廉連署申状

覚

謹申上候崇恩寺之事

一国師(夢窓疎石)以来右之寺之儀者、所職当寺為列中頭一期持ニ輪番所無紛御事候、

一俊都寺令死去之間、位次第ニ被相渡候へと度々申候へ共、留守居隆(慶隆)監寺理屈申不相渡儀、不謂御事候、

一済蔭(周宏)和尚御一札掠取、我物ニ可仕由事、新敷被申候、一向不謂儀候、只今成共時之御住持奉頼一人之御一札蔵取、無隠モ常住所歟、我物ニ可仕其例御座可有候哉、所詮如先規有様ニ聞召被分、被仰付候者列中各々忝可存候、

九月二日　寿廉（花押）
梵昭（花押）
梵得（花押）

拝呈
天龍寺
侍衣禅師

○本書七八五・七八六号文書と関連。本争論は天正一八年以降。
○済蔭周宏は策彦周良の法嗣。天正四年五月六日臨川寺住持（『鹿苑院公文帳』）。

七八五　崇恩寺看坊慶隆申状

覚　天龍寺之下
崇恩寺看坊謹言上

一天龍寺之下、物集女庄(乙訓郡)之内崇恩寺之事、看坊徳都寺(惟馨周徳)以後成都寺(云成)死去之刻、彼庄公文物集女疎入(忠重入道宗入)と申仁、本寺天龍寺へ崇恩寺之看坊可有御移旨雖被申、従天龍寺誰も御うつり無之により、公文疎入方深草(紀伊郡)之宗円と申僧を二三年も留守居ニおかれ候つる事、

一宗円と申者、天龍寺之僧にても無之に在寺いかゝと存、拙僧師にて候円監寺疎入江申理、本寺天龍寺へも相届移被申候、其翌年(天正三年)物集女疎入を長岡兵部大輔殿(細川藤孝)御成敗之刻、同在所之内に御座候故、崇恩寺をも打破、本尊まて勝龍寺(乙訓郡)へ取て参候を円監寺調法いたし買請申候、勿論寺領等長岡殿被成御競望候を、色々御理申折紙給、無別儀候キ、其以後杉原殿(家次)・又小野木殿(重次)西岡御存知之

時も種々令才覚折紙共相調無別儀候、寺之修理等随分
仕、如此上者崇恩寺たいし円監寺者中興にても可有之
と存候事、

一円監寺、対崇恩寺度々に功をなし候筋目にて、去天正
十八寅年天龍寺御住持より拙僧に補任を被下、至今日、
崇恩寺を相守申処ニ、今度被企新儀、列中為私所行、
崇恩寺を可相渡旨被申懸段、一向不能分別候事、

一列中頭より一期持に持来之由、新儀之言上にて御座
候、左様之様子別紙に書立上申事、

右之趣被聞召分、如有来無別儀様に被仰付候由忝可
奉存候、以上、

九月五日　　崇恩寺看坊
慶隆（花押）

天龍寺
御役者御披露

○本書七八四・七八六号文書と関連。
○物集女宗入は、天文年間より天龍寺領物集女庄代官を務める。
○杉原家次、小野木重次は豊臣秀吉代官。

七八六　崇恩寺看坊慶隆申状

天龍寺
列中衆位次

慈済院之 殊光都寺　前後不被移候
妙智院之 云成都寺　二番ニ 崇恩寺へ被移、於彼寺死去、
慈済院ノ 洪舜都寺　前後不被移候
弘源寺之 周沅都寺　前後不被移候
真乗院ノ 周徳都寺（惟馨）　一番仁 崇恩寺被移中此被退了、
等持院ノ 紹盛都寺　前後不被移候、
地蔵院之 寿寅都寺（子建）　前後不被移候、

崇恩寺へ被移候事如右、位も前後仕、又一切茂不被
移衆も有之上者（カ）、列中頭より一期持と被申段新儀之
族と存候、以上、

九月五日　　崇恩寺看坊
慶隆（花押）

天龍寺
御役者御披露

○本書七八四・七八五号文書と関連。

七八七　守明書状

就　御渡海之儀、以維那御礼御申、御扇一本・引合十帖
御進上令披露候、得其意可申旨候、恐惶謹言、
十月十九日　　守明（花押）
天龍寺
尊報

○本紙裏に切封あり。
○御渡海は、秀吉の朝鮮出兵か。

七八八　前田玄以書下（折紙）

嵯我（峨）角蔵拘分山之儀ニ付而、当寺目安も披見候、就其様
躰可承候間、慥存之役者可給候也、
　　　　徳善院
十月廿四日　　玄以（前田）（花押）
天龍寺
役者中

○前田玄以が徳善院を名乗るのは慶長元年以降。

七八九　天龍寺役者周慶書状案（折紙）

徳善院（前田玄以）様御折紙、諸老へ申聞○（候、幸御見廻ニ可被罷下之儀候間、）、頓而可罷下候、恐惶謹
言、（旁可得御意旨候、）
　　　　天龍寺役者
十月廿四日　　周慶
松田勝右衛門尉（政行）殿
御宿所

○前田玄以が徳善院を名乗るのは慶長元年以降。

七九〇　天龍寺建立奉加帳（折本）

（表紙貼紙）「天龍寺建立之御奉加」
　　　　徳善院僧正
　　　　玄以（前田）（花押）
　　　　増田右衛門尉
　　　　長盛（花押）
金子三枚
（以下欠）

○前田玄以が徳善院を名乗るのは慶長元年以降。

七九一　常住幷諸塔頭領目録

常住領　　川東分
八石二斗一升二合内　一石七斗九升二合　常住分
　　　　　　　　　　六石四斗二升　力者給地
五十石二斗六升三合内　四十五石八斗二合　常住分
　　　　　　　　　　四石四斗六升　力者給代内四石一斗三升
　　　　　　　　　　定使給

并五十八石四斗七升五合外六斗南門ニ有之力者弥三郎分
雲居庵領
廿五石三升四合　川東分
一石七斗七升六合　川西分
并廿六石八斗一升
臨川寺領
卅二石二斗六升七合　川東分
一石二斗九升七合　川西分
并卅三石五斗六升四合　外六石三斗門前分
三会院領
卅石三斗二升四合　川東分
十石一斗七升八合　川西分
并四十石五斗二合
華蔵院領
十五石五斗一升一合　川東分
卅二石九斗三升九合六斗二升四合　川西分
并十六石一斗三升五合
妙智院領
七十三石八升六合　川東分

卅二石九斗三升九合　川西分
并百六石二升五合　外一石九斗門前分
西芳寺領
六石一斗四升九合　川東分
七十二石四斗三升八合　川西分
并七十八石五斗八升七合
真乗院領
百一石九斗二升七合　川東分
五十八石六斗八升三合　川西分
并百六十石六斗一升
慈済院領
百八十七石三斗九升四合　川東分
廿三石二斗三升六合　川西分
并二百十石六斗三升
養清軒領
五石一斗九升一合　川東分
二斗九合　川西分
并五石四斗
喜春軒領

十九石六斗六升九合　川東分
七斗九升一合　川西分
　拼廿石四斗六升
　　蔵光庵領
卅一石九斗二合　川東分
卅一石一升三合　川西分
　拼六十二石九斗一升五合内三石四斗六升得都寺分先年常住領ニ入置之分
　　蒼玉院領
十九石九斗八升二合　川東分
廿四石一斗九升七合　川西分
　拼四十四石一斗七升九合
　　永明院領
十一石七斗五合　川東分
十四石一斗七升四合　川西分
　拼廿五石八斗七升九合
　　保祐庵領
八石五斗二升七合　川東分
十石三斗二升八合　川西分
　拼十八石八斗五升五合

　　禅昌院拼永泰院西禅寺領
十石八斗四升　川東分
四斗三升六合　川西分
　拼十一石二斗七升六合
　　鹿王院領
百五十六石五斗五升四合　川東分
八石八斗九升五合　川西分
　拼百六十五石四斗四升九合　外二石四斗門前分
　　瑞応院領
十石九斗二合　川東分
四斗三升八合　川西分
　拼十一石三斗四升
　　陽春軒〻院領
卅四石七斗八升八合　川東分
一石三斗九升九合
　拼卅六石一斗八升七合
　　宝泉庵領
十一石九斗七升九合　川東分
四斗八升二合　川西分

幷十二石四斗六升一合
法恩寺領
九石六斗三升三合　川東分
三斗八升七合　川西分
幷十石二升
三秀院領
四十三石五斗三升六合　川東分
一石七斗五升　川西分
幷四十五石二斗八升六合　外四石七斗六升四合門前分
弘源寺領
九石一斗五合　川東分
一石五斗二升　川西分
幷十石六斗二升五合
維北軒領
廿五石七斗八合　川東分
四石三斗九升三合　川西分
幷卅石一斗一合内二石九斗六升慶監寺分
外九斗五升門前分
弘源寺内
円都寺分

九石六斗八升　川西分迄
崇恩寺領
十六石四斗六升八合　川西分迄
松岩寺領
卅九石三斗五升二合　川東分
一石五斗八升三合　川西分
幷四拾石九斗三升五合
寿寧院領
卅六石四斗九升五合　川東分
十五石九斗一升九合　川西分
幷五十二石四斗一升四合　外六斗門前分
南芳院領
四十石七斗九升四合　川東分
一石六斗四升　川西分
幷四十二石四斗三升四合　外一石門前分
華徳院領
十一石九斗五升　川東分
一石七斗八升　川西分
幷十三石七斗三升　外一石三斗五升門前分

栖松軒并俊都聞分
廿四石二升四合　川東分
九斗六升六合　川西分
并廿四石九斗九升　外五斗南門分
招慶院并天源院領
廿九石七斗六升四合　川東分
五石六斗七升七合　川西分
并卅五石四斗四升一合　外四石八斗五升門前分
宝篋院領
十三石七斗五升六合　川東分
五斗五升三合　川西分
并十四石三斗九合　外四石五斗五升門前分
宝寿院領
七石一升二合　川東分
卅石一斗五升六合　川西分
并卅七石一斗六升八合
地蔵院領
卅一石三斗八升八合　川東分
百廿二石二斗五升六合　川西分
并百五十三石六斗四升四合
栖林庵領
十三石七合　川東分
五斗二升三合　川西分
并十三石五斗三升　外一石三斗七合門前
梅陽軒領
六石四斗三升二合　川東分
二斗五升八合　川西分
并六石六斗九升
寿元分
十六石一斗三升　川東分
六斗四升八合　川西分
并十六石七斗七升八合　外一石二斗南門分
捴都合千七百廿石内（千百六十石　川東分／五百六十石　川西分）
常住領四十五石八斗二合ヲ引テハ
千六百七十四石一斗九升八合　但此帳惣高内一升八合減少也、
右外卅二石二斗七升一合　門前分

○本文書と次号文書は一巻に成巻される。

七九二　川東天龍寺常住并諸塔頭領目録写

(端裏書)(朱筆)「『小切紙』　天龍寺領　川東之分　指出　小切紙写也」

川東　天龍常住幷諸塔頭領目録

一参拾六斛壱斗　　常住領
　此外五斗　門前有之分
　惣合参拾六斛六斗

一四拾五斛六升四合　　臨川寺領
　此外五角〔斛〕(以下同)四斗八升弐合　門前ニ有之分
　惣合五拾角五斗四升六合

一弐拾六角四升　　雲居庵領

一参拾参角七升三合　　三会院領
　此外壱角壱斗　東福寺門前有之、
　惣合参拾四角壱斗七升三合

一七拾弐角五斗六升五合　　妙智院
　(朱筆)「右之内壱角九斗門前ニ有之分詳于判紙」

一廿石四斗六升　　喜春軒

一四拾二角四斗三升四合　　南芳院領
　此外壱角　造路門前ニ有之、
　惣合四拾参角四斗三升四合

一六角参斗九升六合　　西芳寺領

一五拾九角壱斗五升五合　　蔵光庵領

一百五拾四角弐斗四升弐合（六拾弐石八斗卅(ママ)升九合）　　鹿王院領
　此外弐角四斗　天龍門前ニ有之、
　惣合百五拾六角六斗四升弐〔九〕合
　　六十五石二斗四升九合

一弐百拾壱角六斗四升（廿石二斗四升）　　慈済院領
　此外五斗五升　畑山手之分
　惣合弐百拾弐角壱斗九升（廿石七斗九升）

一百拾角捌〔八〕斗七升六合　　真乗院領
　(朱筆)「右之内参角壱斗者歎侍者分」

一参拾五角四斗七升弐合　　松岩寺領
　此外壱角五斗　天龍門前有之分
　惣合参拾六角九斗七升弐合

一参拾七角参升九合　　三秀院領
　此外四角七斗六升四合
　惣合四拾壱角八斗三升三合

一八角弐斗六升六合　　弘源寺領

一参拾壱角九斗弐升五合　　招慶院領

（朱筆）「右之内六角参斗参升者門前屋地子幷山手分」
一拾八角壱斗壱升九合　宝篋院領
（朱筆）「右之内四角六斗此寺敷地之分」
一参拾弐角六斗五升　地蔵院領
一参拾六角壱斗八升七合　陽春軒領
一拾壱角弐斗弐升　瑞応軒領
一九角参斗六升壱合　宝泉庵領
（朱筆）「右之外参角歎侍者分加之、」
一拾角弐升　法恩寺領
一参拾角五斗五升　華徳院領
（朱筆）「右之内壱角参斗五升　天龍門前ニ有之分」
一壱角九斗参升六合　禅昌院領
一五角参斗弐升六合　永泰院領
一四角弐升　西禅寺領
一参拾六角八斗七升六合　寿寧院領
此外六斗　門前ニ有之分
惣合参拾七角四斗七升六合
一七角弐斗六升　宝寿院領
一拾八角参升六合　維北軒領
此外九斗五升　天龍門前ニ有之
惣合拾八角（朱筆）「九斗」○八升六合
一六角六斗五升　梅陽軒領
一拾弐角六斗参升七合　栖林軒領
（朱筆）「右之内参角壱斗七合門前ニ有之分」
捴都合　千百六拾参角五斗弐升壱合
（朱筆）「四角四斗二升一合」
（朱筆）「八拾四石八斗八升壱合」

○塔頭名には一部を除き朱線引きあり。

七九三　天龍寺幷諸塔頭領総高目録

（端裏書）「天龍寺幷諸塔頭領小切紙之算用」
天龍寺幷諸塔頭領捴高之目録
○常住領
参拾六斛六斗　川東之分
七拾斛六斗四升壱合　川西之分
（朱筆）「△」幷百七斛弐斗四升壱合
○雲居庵領

(朱筆)「△」弐拾六斛四升　川東在之、
○臨川寺領
(朱筆)「△」五拾斛五斗四升六合　川東在之、
○三会院領
参拾四石壱斗七升参合　川東在之、
六斛六斗五升　川西在之、
(朱筆)「△」幷四拾斛八斗弐升参合
○南芳院領
四拾参斛四斗参升四合　川東在之、
参斛五斗　川西在之、
(朱筆)「△」幷四拾六斛九斗参升四合
○西芳寺領
六角(斛)参斗九升六合　川東在之、
五拾九斛四斗弐升弐合　川西在之、
(朱筆)「△」幷六拾五斛八斗壱升八合
○松岩寺領
(朱筆)「△」参拾六斛九斗七升弐合　川東在之、
○妙智院領
七拾弐斛五斗六升五合　川東在之、

参拾四斛八斗　川西在之、
(朱筆)「△」幷百七斛参斗六合(升)五合
○三秀院領
(朱筆)「△」四拾壱斛八斗参合　川東在之、
○弘源寺領
八斛弐斗六合　川東在之、
九斛六斗八升　川西在之、
(朱筆)「△」幷拾七斛八斗八升六合
○寿寧院領
参拾七斛四斗七升六合　川東在之、
拾参斛弐斗弐升八合　川西在之、
(朱筆)「△」幷五拾斛七斗四合
○宝寿院領
七斛弐斗六升　川東在之、
参拾斛五斗参升九合　川西在之、
(朱筆)「△」幷参拾七斛七斗九升九合
○宝篋院領
(朱筆)「△」拾八斛壱斗壱升九合　川東在之、
○招慶院領

参拾壱斛九斗弐升五合　川東在之、
四斛四斗八升　川西在之、
（朱筆）「△」幷参拾六斛四斗五合
○永泰院領
（朱筆）「△」五斛参斗弐升六合　川東在之、
○禅昌院領
（朱筆）「△」壱斛九斗参升六合　川東在之、
○西禅寺領
（朱筆）「△」四斛弐升　川東在之、
○蔵光庵領
（朱筆）「△」五拾九斛壱斗五升五合　川東在之、
○華徳院領
参拾斛五斗五升　川東在之、
壱斛参斗　川西在之、
（朱筆）「△」幷参拾壱斛八斗五升
○地蔵院領
参拾弐斛六斗五升　川東在之、
百弐拾斛九斗九升四合　川西在之、
（朱筆）「△」幷百五拾参斛六斗四升四合

○維北軒領
拾八斛九斗八升六合　川東在之、
参斛参斗六升　川西在之、
（朱筆）「△」幷弐拾弐斛参斗四升六合
○栖林軒領
（朱筆）「△」拾弐斛六斗参升七合　川東在之、
○梅陽軒領
（朱筆）「△」六斛六斗五升　川東在之、
○瑞応軒領
（朱筆）「△」拾壱斛弐斗弐升　川東在之、
○法恩寺領
（朱筆）「△」拾斛弐升　川東在之、
○宝泉庵領
（朱筆）「△」拾弐斛四斗六升壱合　川東在之、
○陽春軒領
（朱筆）「△」参拾六斛壱斗八升七合　川東在之、
○喜春軒領
（朱筆）「△」弐拾角（斛）四斗六升　川東在之、
○養清軒領

（朱筆）「△」八斛六斗　川東在之、
○慈済院領
弐拾八斛弐斗　川東在之、
参角（斛）七斗　川西在之、
（朱筆）「△」幷参拾壱斛九斗
○知足院彭首座（菊齢周彭）領
百六拾参斛五斗参升　川東在之、
拾弐斛　川西在之、
（朱筆）「△」幷百七拾五斛五斗参升
○鹿王院領
九拾五斛四升九合　川東在之、
弐斛六斗　川西在之、
（朱筆）「△」幷九拾七斛六斗四升九合
○慶寿院領
（朱筆）「△」七拾斛弐斗　川東在之、
○真乗院領
百拾斛八斗七升六合　川東在之、
五拾四斛五斗八升四合　川西在之、
△幷百六拾五斛四斗六升

捴都合千六百弐拾壱斛七斗六合
紙数八枚　㊞　㊞　㊞

○紙継目裏に、奥に捺された印三顆が捺されている。
○本文書と次号文書は一巻に成巻。

七九四　天龍寺幷諸塔頭領小切紙幷判紙増減書立

本寺幷諸塔頭領東西小切紙幷判紙増減之書立

○常住領
（朱合点、以下同）卅六角（斛、以下同）六斗　小切紙　川東之分
卅六角五斗四升　判紙　同所之分
然則六升　小切紙多之
五拾四角壱斗七升参合　小切紙　西岡（乙訓郡・葛野郡）之分
（朱筆）「拾六角四斗六升八合　崇恩寺分」
五拾四角壱斗六升五合　判紙　同所之分
（朱筆）「幷七拾角六斗四升壱合」
然則八合小切紙多之
（朱筆）「捴合百七斛弐斗四升壱合」
右幷六升八合　小切分多之、

○妙智院領
七拾弐角五斗六升五合　小切紙　川東之分
七拾六角七斗弐升五合　判紙　同所之分
然則四角壱斗六升　判紙多之、
参拾四角八斗　小切紙　西岡之分
(朱筆)「捴合百七角参斗六升五合」
参拾角　判紙　同所之分
然則四角八斗　小切紙多之、
指引而六斗四升小切紙多之、
○南芳院領
四拾参角四斗参升四合　小切紙　川東之分
判紙之分同前　同所之分
参斛五斗　但判紙ニ無之、　西岡之分
(朱筆)「捴合四拾六角九斗参升四合」
然則参角五斗　小切紙多之、
○西芳寺領
六角参斗九升六合　小切紙　川東之分
判紙モ同前　同所之分
五拾九斛四斗弐升弐合　小切紙　西岡之分
(朱筆)「捴合六拾五角八斗壱升八合」
七拾弐角壱斗九升壱合　判紙　同所之分
然則拾弐角七斗六升九合　西岡判紙分多之、
○陽春軒領
参拾六角壱斗八升七合　小切紙　皆東
判紙モ同前　同
○松岩寺領
参拾六角九斗七升弐合　小切紙　皆東
判紙モ同前　同
○華徳院領
参拾角五斗五升　小切紙　川東之分
参拾壱角六斗　判紙　同所之分
然則壱角五升　判紙多之、
壱斛参斗　小切紙　西岡之分
(朱筆)「捴合参拾壱角八斗五升」
判紙モ同前
(朱筆)「○」崇恩寺領　(朱筆)「但此領常住分へ入也、」
拾六角四斗六升八合　小切紙　皆西
判紙モ同前　同

○維北軒領
拾ヿ八斛（朱書）「九斗」○八升六合　小切紙　川東之分
拾八斛七斗六合　判紙　同所之分
然則弐斗八升　小切紙多之、
参ヿ角参斗六升　小切紙　西岡之分
（朱筆）「幷弐拾弐斛参斗四升六合」
判紙モ同前　同
○宝篋院領
拾ヿ八角壱斗壱升九合　小切紙　皆東
拾八角八斗五升九合　判紙　同
然則七斗四升判紙多之、
○雲居庵領
弐ヿ拾六角四升　小切紙　皆東
判紙モ同前　同
○寿寧院領
参ヿ拾七角四斗七升六合　小切紙　川東之分
判紙モ同前
参拾弐角拾ヿ参角弐斗弐升八合小切紙西岡之分
（朱筆）「幷五拾角七斗四合」

判紙モ同前
○宝寿院領
七ヿ角弐斗六升　小切紙　川東之分
判紙モ同前　同
参ヿ拾角五斗参升九合　小切紙　西岡之分
（朱筆）「幷参拾七角四斗九升九合」
弐拾九角九斗八合　判紙　同所之分
然則六斗参升壱合　小切紙多之、
○弘源寺領
八ヿ角弐斗六合　小切紙　川東之分
九角四斗七升壱合　判紙　同所之分
然則壱角弐斗六升五合　判紙多之、
九ヿ角六斗八升　小切紙　西岡之分
（朱筆）「幷拾七角八斗八升六合」
判紙モ同前　同
○三秀院領
四ヿ拾壱角八斗参合　小切紙　皆東
四拾参角四斗七升五合　判紙　同所
然則壱角六斗七升弐合　判紙多之、
○三会院領

〽参拾四角壱斗七升参合　小切紙　川東之分
参拾四角壱斗弐升参合　判紙　同所
然則五升　小切紙多之、
〽六角六斗五升　小切紙　西岡之分
（朱筆）「并四拾角八斗弐升参合」
判紙モ同前　同
○瑞応軒領
〽拾壱角弐斗弐升　小切紙　皆東
拾壱角参斗四升　判紙　同
然則壱斗弐升判紙多之、
○栖林軒領
〽拾弐角六斗参升七合　小切紙　皆東
拾壱角八斗参升七合　判紙　同
然則八斗小切紙多之、
喜春軒領
弐拾角四斗六升　皆東
判紙モ同前　同
○宝泉庵領
（朱筆）「拾弐角四斗六升壱合内参角四斗歟侍者分入之、」

〽九角参斗六升壱合　小切紙　皆東
判紙モ同前　同
○禅昌院領
〽壱角九斗参升六合　小切紙　皆東
判紙モ同前　同
○蔵光庵領
〽五拾九角壱斗五升五合　小切紙　皆東
判紙モ同前　同
○法恩寺領
〽拾角弐升　小切紙　皆東
判紙モ同前　同
○永泰院領
〽五角参斗弐升六合　小切紙　皆東
五角参斗弐升　判紙　同
然則六合小切紙多之、
○西禅寺領
〽四角弐升　小切紙　皆東
判紙モ同前　同
○梅陽軒領

六角六斗五升　小切紙　皆東
六角六斗九升　判紙　同
然則四升判紙多之、
○招慶院領
参拾壱角九斗弐升五合　小切紙　川東分
参拾壱角九斗九升　判紙　同所之分
然則六升五合判紙多之、
四角四斗八升　小切紙　西岡之分
「(朱筆)幷参拾六角四斗五合」
判紙モ同前　同
○地蔵院領
参拾弐角六斗五升　小切紙　川東之分
判紙モ同前　判紙　同所之分
百弐拾角九斗九升四合　小切紙　西岡之分
「(朱筆)幷百五拾参角六斗四升四合」
判紙モ同前　同
○臨川寺領
五拾角五斗四升六合　小切紙　皆東
四拾五角五斗七升四合　判紙　同所之分
然則四角九斗七升弐合小切紙多之、

○塔頭名に朱線引きあり。
○七九一～七九四号文書は七一一号文書と関連するか。

七九五　重書目録

法衣箱江入置書物日記
一御朱印当寺領所々目録
一同当寺門前境内地子以下免除之事
一同散在御改千七百二拾斛御寄附之事
　(前田玄以)徳善院折紙
一当寺門前境内人足諸役・竹木免除之事
一当寺境内諸塔頭門前百姓他郷へ退事
一大工諸職人等棄破之事
一臨川寺・三会院へ藪林寄附之事
　河原(定勝)長右衛門尉折紙
一天龍寺境内人足免除之事
一同境内塔頭敷地廻藪之事　二通
一藪之事ニ付、瓦(尾)池(清左衛門定安)清左へ折紙
　(為霖)玄佐（花押）　(菊齢)元彭（花押）　(智雲)梵晁（花押）
○目録記載の文書は、初めから順に、七〇五・七三一・六七

四・六六九・七五九・七〇九・七五二・七一四・七一二・七一二に該当し、最終文書は現存文書には該当なし。
〇為霖玄佐は慶長五年七月二八日没。

七九六　重書目録

（端裏書）「支証入置目録」

支証入置注文

一綸旨　四通
一大井郷（葛野郡）官符宣　一通
一尊氏（足利）将軍御判之状　二通
一宝篋院（足利義詮）殿様御判　弐通
一鹿苑院（足利義満）殿様御判　一通
一勝定院（足利義持）殿様御判　一通
一細川（勝元）龍安寺殿御判　一通
一慈照院（足利義政）殿様御判　三通
　付　加賀前司・信濃前司判　一通
一恵林院（足利義稙）殿御代御下知之正文　一通
一物集女庄（乙訓郡）之事、公方奉行御下知　壱通
已上

七九七　三会院法身塔舎利数注文（巻子装）

（後補紙）「奉納、
法身塔中
設利羅壱万粒皆（時）
徳亥朔旦立秋日、
　守塔比丘周沢（龍湫）在判
　臨川住持比丘周敦（大義カ）在判
　侍真中穏在判
右龍湫和尚攸（所）親書也、古来雖秘在于三会禅院、依深懇需作寿寧之家什云、
　承応元壬辰年九月晦日
　寿寧末裔梵亨敬書（花押）」
□□塔舎利、自前塔主竺芳和尚請取、真如宝松（喬年）和尚持来、
臨川住持周知（明岩）和尚証明、本壱万粒、今不知其数、
水晶壺壱個付蓋
銅塔壱基
厨子幷鎖子
　文明十二年庚子三月廿五日

守塔比丘中薌（花押）
侍真性金（花押）
臨川住持比丘周知（花押）
真如住持宝松（花押）
文明乙巳（十七年）七月晦日守塔
周鏡（月翁）（花押）

九千六百粒侍真免僧数焉
院主本寺証明之

文明十八年丙午七月十九日　侍真善伊（耕雲）（花押）
守塔比丘智岳（松嶺）（花押）
臨川住持英珍（蘊秀）（花押）

長享戊申七月廿九日　守塔比丘周薫（蘭室カ）（花押）
侍真等樟（花押）

壱万六百七十五顆

延徳庚戌七月七日　侍真等安（心翁）（花押）
延徳辛亥七月三日　守塔比丘景三（横川）（花押）
侍真等樟（花押）

延徳辛亥八月十六日　守塔比丘等階（貫瑞）（花押）
侍真等樟（花押）

明応丙辰閏二月十四日　守塔比丘智岳（花押）
侍真等樟（花押）

明応戊午三月七日　守塔比丘等誠（顕室）（花押）
侍真中啓（東輝）（花押）

同己未三月六日　守塔比丘英珍（花押）
侍真周源

文亀初元八月七日　守塔比丘智岳
侍真等樟（花押）
守塔　等誠（花押）

同二年壬戌九月晦日　侍真慶璀（花押）

永正元年甲子七月晦日　守塔比丘集康（太寧）（花押）
侍真善肯（心印）（花押）

同二年乙丑七月晦日　守塔英珍（花押）
免僧英球（花押）

同拾壱年甲戌正月晦日　守塔慶春（伯始）（花押）
侍真真蕭（天用）（花押）

一万参佰七十六粒此外如微塵者不知其数証明　侍者本寺数之、

永正十一年秋七月七日　守塔比丘妙恵（光甫カ）（花押）
臨川住持梵洪（季範）（花押）

永正十三年秋七月七日　守塔等期(信元)（花押）
侍真周泉（花押）
永正十六年秋七月七日　守塔周芳(祖林)（花押）
侍真梵洪（花押）
大永弐壬午年七月七日　住院三十八箇月　守塔比丘等安(心翁)（花押）
侍真周整(延秀)（花押）
塔主善肯
同十一月晦日
大永六丙戌年秋七月七日　守塔周芳（花押）
侍真等因（花押）
大永八戊子年秋七月七日　守塔周芳（花押）
侍真等因（花押）
享禄二己丑年卯月廿二日　守塔真燾（花押）
侍真寿恩(安叔)（花押）
臨川寺梵及(選才)（花押）
天文二癸巳年七夕　守塔真燾（花押）
臨川住持瑞豊(惟新)（花押）
侍真寿恩（花押）
天文五丙申年七夕　守塔真燾（花押）
侍真周永(元明)（花押）
天文七戊戌年七夕　守塔真燾（花押）
侍真周慶(雲岩)（花押）
天文八己亥年七夕　守塔真燾（花押）
侍真周慶（花押）
天文九年庚子七夕　守塔真燾（花押）
臨川住持承菫(江心)（花押）
天文十辛丑年七夕　守塔真燾（花押）
侍真周慶（花押）
天文壬寅十一年七夕　守塔真燾（花押）
侍真周慶（花押）
天文十三甲辰年七夕　守塔真燾（花押）
侍真寿恩（花押）
天文十四乙巳年七夕　守塔真燾（花押）
侍真景正（花押）
天文十五丙午年七夕　守塔真燾（花押）
侍真寿恩（花押）
天文十七年戊申七夕　守塔真燾（花押）

十六年依乱世闕之、
侍真　寿恩（花押）

天文十九年庚戌七夕　守塔　真熹（花押）
侍真　寿保（花押）

天文二十年辛亥七　守塔周孫（龍叔）（花押）
侍真（亀伯）瑞寿（花押）

天文二十一年壬子七夕　守塔　周孫（花押）
侍真　瑞寿（花押）

天文二十四季乙卯七夕　守塔　承菫（花押）
侍真　瑞寿（花押）

弘治参季丁巳七夕
証明　周良（策彦）（花押）
侍真　瑞寿（花押）
臨川寺　梵康（安室）（花押）

永禄弐年己（カ）未七夕
守塔周孫（花押）
侍真　乾秀（花押）
臨川寺　周良（花押）

永禄三季庚申七夕
守塔　周孫（花押）
侍真　景正（花押）
臨川　等循（如環）（花押）

永禄五年壬戌七夕
守塔周孫
侍真　景正（花押）
臨川　周瑞（雲峰）（花押）

同六年・七年依乱裏欠了、
証明　梵康（花押）

永禄八年乙丑七夕
守塔　周孫（花押）
侍真　景正（花押）
臨川寺　周良（花押）

同九年者依乱裏欠却同十年同前

同十一年戊辰七夕
証明　周良（花押）
侍真　景正（花押）
臨川寺　守厚（心叔）（花押）

元亀二稔辛未七夕
証明　周憲（文盛）（花押）
臨川寺　周良（花押）

天正九稔辛巳七夕
証明　周憲（花押）
証明　周伊（揚清）（花押）
侍真　梵最（要初）（花押）

寛永五稔戊辰七夕
守塔　寿洪（玄英）（花押）

寛永七年庚午七夕

臨川等修(補仲)（花押）
守塔寿洪（花押）
臨川寿仙(洞叔)（花押）
侍真周玗(竹甫)（花押）

寛永拾七庚辰年七夕

本寺
前住等修（花押）
前住
前住
証明寿洪(玄英)（花押）
守塔寿仙（花押）
侍真周令（花押）

正保四丁亥年七月晦日

本寺等修（花押）
前住周紹(隆岳)（花押）
前住
前住元柏（花押）
証明寿仙（花押）
守塔寿洪（花押）

慶安元戊子年七月七日

本寺
前住
前住昌倫(賢渓)（花押）
証明寿仙（花押）
同寿洪（花押）
守塔等修（花押）

○紙継目に松嶺智岳・妙恵・天用真熹の裏花押あり。本書五九九号文書参照。当巻子は箱四にあるが、京都府教育委員会『天龍寺古文書目録』にはもれている。

七九八　寺院古帳之覚

寺院古帳之覚

自
天文八己亥年　米方納下帳　壱冊
慶長四己亥至于慶長拾九甲寅年　臨川寺
年貢帳・納下帳毎年弐冊宛
合参拾弐冊

自慶長四己亥年至于慶長拾九甲寅年　三会院
年貢帳・納下帳毎年弐冊宛
合参拾弐冊

自元和元乙卯年至于元和九癸亥年　臨川寺
年貢帳・納下帳毎年弐冊宛
合拾八冊
自元和元乙卯年至于元和九癸亥年　三会院
年貢帳、納下帳毎年弐冊宛
合拾八冊
自寛永元甲子年至于寛永十九壬午（八辛巳）年　臨川寺
年貢帳・納下帳毎年弐冊宛
合参拾六冊　此内六冊三年分出置之也、
自寛永元甲子年至　寛永十九壬午（八辛巳）年三会院
年貢帳、納下帳毎年弐冊宛
合参拾六冊
此内六冊三年分出置之也
（異筆）「慶安四辛卯八月朔記之
自寛拾八辛巳年至于正保四戊子年
年貢帳・納下帳毎年之寺院分
四冊充入之也、
此外己丑・庚寅分寺院分四冊出置也、」

○表題上部に朱文方印兎図一顆、下部に朱文方印「しんまちミつ井け」一顆、その他朱文方印一顆あり。

七九九　三会院法衣箱入日記（横帳）

（表紙）
「甲」
（第一丁オ）
三会院法衣箱入日記
相伝法衣胡桃形　壱頂
天龍供養法衣金襴　壱頂
相伝法衣代黒紗　壱頂
掛羅一頂黄色 一頂香色　弐頂
坐具一頂紫色 一頂青色　弐頂
複子此外 御掛絡之複子一ケ　新副　弐箇
以上
文明二年
二月廿四日
鹿苑寺
（桃隠）昌源（花押）
鹿王院（実参）周方（花押）
三会院（察堂）洪省（花押）
等持院中香（花押）

右等持院文庫預置之、
同年七月四日重預之、以前御法衣
等持院主梵暇（天祐）（花押）
（第一丁ウ）
首座中茂（花押）
文明乙巳七月晦日
守塔周鏡（月翁）（花押）
長享戊申七月晦日
守塔智岳（松嶺）（花押）
延徳辛亥卯月晦日
守墖（塔）周董（花押）
延徳辛亥八月十六日
守塔景三（横川）（花押）
明応甲寅十月廿五日
守塔等階（冀瑞）（花押）
明応丙辰閏二月十四日
守墖（塔）智岳（花押）
守塔（顕室）等誠（花押）
同戊午三月七日
（第二丁オ）

同己未三月六日
守塔英珍（藍秀）（花押）
文亀初元八月七日
守塔智岳
同二年壬戌九月晦日
守墖（塔）等誠（顕室）（花押）
永正元年甲子七月晦日
守塔集康（太寧）（花押）
同二年乙丑七月晦日
守塔英珍（花押）
同拾壱年甲戌正月晦日
慶春（伯始）（花押）
同十二年乙亥七月晦日
妙恵（光甫）（花押）
同十五年戊寅七月晦日
等期（信元）（花押）
同十六年己卯七月廿六日
周芳（祖林）（花押）
塔主等安（心翁）（花押）
大永弐壬午年七月晦日
住院三十八箇月
塔主（心印）善肯
同十一月晦日
墖（塔）主周芳（花押）
大永六丙戌年七月七日
塔主（天用）真壽（花押）
享禄己丑七月七日
塔主真壽（花押）
天文壬寅十一年七夕
塔主真壽（花押）
天文甲辰十三年七夕
塔主真壽（花押）
天文戊申十七年七夕
塔主真壽（花押）
天文十九庚戌七夕
塔主真壽（花押）

天文廿三甲寅七夕　塔主周孫（龍叔）（花押）

天文廿四乙卯七夕　塔主承董（江心）（花押）

（第二丁ウ）

弘治参季丁巳七夕

証明　周良（策彦）（花押）

侍真　瑞寿（亀伯）（花押）

永禄弐年己未七夕

塔主　周孫（花押）

臨川寺　周良（花押）

永禄三年庚申七夕

塔主　周孫（花押）

臨川寺　等循（如環）（花押）

永禄五年壬戌七夕

塔主　周孫

臨川寺　周瑞（雲峰）（花押）

同六年七年依乱世欠却

（第三丁オ）

永禄八乙丑年七夕

塔主　周孫（花押）

臨川寺　周良（花押）

侍真　景正（花押）

永禄九七夕者依都鄙騒乱不及曬之、

永禄十丁卯七夕

証明　周良（花押）

同　守厚（心叔）（花押）

景正（花押）

永禄十一戊辰七夕

証明　周良（花押）

侍真　景正（花押）

臨川寺　守厚（花押）

（第三丁ウ）

永禄十二季

元亀元年依乱世欠却

元亀二稔辛未七夕

臨川寺　周良（花押）

元亀三年壬申七夕
証明　周良（花押）
臨川寺（維正）等宗（花押）
侍真　景正（花押）

自
天正元年至二年甲戌七夕依騒擾欠了、
（第四丁オ）

天正三乙亥七夕
証明　周良（花押）
臨川寺（揚清）周伊（花押）
侍真　景正（花押）

天正五年丁丑七夕
証明　周良（花押）
臨川寺（文盛）周憲（花押）
侍真　景正（花押）

天正九稔辛巳七夕
証明　周憲（花押）
証明　周伊（花押）
侍真（要初カ）梵最（花押）

（第四丁ウ墨付なし）

（第五丁オ）
目録
一法身舎利　数記録別紙有之、
一同宝塔　付舎利打敷壱枚
一胡桃形法衣
一天龍寺供養法衣
一仏国国師法衣
一掛羅　弐具
一坐具　弐敷
右
天正十九辛卯年
星夕
三会侍真　周求（花押）
本寺（為霖）玄佐（花押）
前住（梅真）玄湜（花押）
前住（三章）令彰（花押）
塔主（有和）寿筠（花押）

（第五丁ウ墨付なし）

（第六丁オ）

目録

一法身舎利　数記録
　　　　　　別紙有之
一同宝塔　付舎利打敷壱枚
一胡桃形法衣
一天龍寺供養法衣
一仏国々師法衣（高峰顕日）
一掛羅　弐具
一坐具　弐敷

右

文禄弐癸巳年
星夕

三会侍真
周求（花押）
本寺
玄彭（菊齢）（花押）
前住
玄湜（梅真）（花押）
塔主
寿筠（有和）（花押）

（第六丁ウ墨付なし）

○以下寛永一七年から寛保三年までの記事があるが略す。
右記のような文書の性格によりここにおく。
○第五・六丁は錯簡であるが、翻刻に際してはこれを改めた。

付録　関連諸塔頭文書

寿寧院文書

東京大学文学部所蔵

一　足利義満御判御教書

寿寧院々主申摂津国（河辺郡）楊津庄事、於仁和寺香隆寺奸訴者、被棄捐畢、早任代々公験并当知行之旨、寺家領掌不可有相違之状如件、

応永七年十一月廿五日

入道准三宮（足利義満）前太政大臣（花押）

二　足利義持御判御教書

嵯峨寿寧院領所々散在田畠屋地等目録在別紙事、早任当知行領掌不可有相違之状如件、

応永廿年十二月十五日

内大臣（足利義持）源朝臣（花押）

三　足利義教御判御教書

嵯峨寿寧院領摂津国（河辺郡）楊津庄幷所々散在田畠屋地等目録在別紙事、早任当知行之旨領掌不可有相違之状如件、

永享四年十二月十四日

左大臣（足利義教）兼右近衛大将源朝臣（花押）

四　足利義政御判御教書

嵯峨寿寧院領摂津国（河辺郡）楊津庄内重久名幷万町堤内諸散在等半済分事、退押妨族所返付也、早如元可全領知状如件、

長禄二年四月廿一日

右近衛大将（足利義政）源朝臣（花押）

五　足利義政御判御教書

天龍寺寿寧院領諸国所々目録在別紙事、所返付寺家也、早如元可令全領知之状如件、

文明十年三月十七日

准三宮（足利義政）（花押）

某院（寿寧院）文書

尼崎市教育委員会所蔵

一　某院（寿寧院）所領目録

（前欠）

壱町弐段　　定田数

　同散田引付

五段　七斗代　此内　二段□（擦消）三段藤三郎　垣内

　分米参斛五斗

弐段　七斗代　尉次郎　下馬野

　分米壱斛四斗

弐段　七斗代　刑部四郎　垣内

　分米壱斛四斗

参段　七斗代　藤三郎　垣内

　分米弐斛壱斗

　已上八斛四斗

　延壱斛陸斗八升　一升別□（一カ）合充、

　員莚付弐斗壱升

　并拾斛弐斗玖升　但無旱風水損、

　藁拾八丸　一段別壱丸半充、

　同所加地子分米

壱斗　乙五郎公当　池尻

壱斗　衛門三郎　南垣内

壱斗　池尻尉殿

陸升六合五勺　妙円子衛門三郎　南垣内

陸升六合五勺　与相　池尻

伍升　池尻彦太郎

伍升　左近四郎　池尻

　已上五斗参升参合

　延八升五合弐勺　一升別一合六勺充、

　并陸斗壱升捌合弐勺

　同所銭済

五百文　加地子□（擦消）浄心取次　夏秋両度弁之、

一　西野殿　貞治五年正月廿六日以直銭五拾貫文買得、

参町　捴田数内

　除

壱段　　　　　井料
　已上
弐町玖段　　　定田
　同散田引付
肆段　七斗代　此内　二段衛門三郎　南垣内　二段清二郎　西野殿
　分米弐斛八斗　藁十円　糠四俵
弐段　五斗代　乗太郎　洞
　分米壱斛　藁五円　糠二俵
壱段　七斗代　玄智　洞
　分米柒斗　藁二円半　糠一俵
壱段　六斗代　玄智　同
　分米陸斗　藁二円半　糠一俵
壱段　五斗五升代　尉三郎　洞
　分米五斗五升　藁二円半　糠一俵
壱段　八斗代　道海　河端《カワハタ》
　分米捌斗
壱段　四斗代　道海　同
　分米四斗　藁五円　糠二俵　二段分
壱段　七斗代　玄智　洞
　分米柒斗
壱段　四斗代　玄智　同
　分米肆斗　藁五円　糠二俵　二段分
弐段　五斗代　尉次郎　池尻《イケノシリ》
　分米壱斛　藁五円　糠二俵
壱段　六斗代　周次　池尻
　分米六斗　藁二円半　糠一俵
弐段　六斗代　周次　同
　分米壱斛弐斗　藁五円　糠二俵
壱段　五斗代　玄智　洞
　分米伍斗　藁二円半　糠一俵
壱段　五斗代　尉三郎　洞
　分米伍斗　藁二円半　糠一俵
弐段　六斗代　尉三郎　同
　分米壱斛弐斗　藁五円　糠二俵
壱段　五斗代　八郎四郎　西埜殿
　分米五斗　藁二円半　糠一俵
壱段　七斗代　周次　池尻
　分米柒斗　藁二円半　糠一俵

壱段　四斗代　　周次　同
分米肆斗　　藁二円半　糠一俵
壱段　五斗代　紺屋浄林　八間在家
分米伍斗　　藁二円半　糠一俵
壱段　七斗代　瓦大工源五
分米柒斗　　藁二円半　糠一俵
壱段　五斗代　周次　池尻
分米五斗　　藁二円半　糠一俵
壱段　四斗代　教善　洞
分米肆斗　　藁二円半　糠一俵
以上田数弐町玖段
分米拾六斛六斗五升
延柒斛六斗伍升八合四勺　一升別四合六勺充、
員莚付四斗壱升六合　斗別弐合五勺充、
幷弐拾四斛柒斗弐升四合四勺　但無旱風水損、
同所銭済
四百文　加地子　（擦消）□浄心取次　夏秋両度弁之、
藁柒拾「弐」（擦消上書）円半　一反別二円半
糠弐拾玖俵　一反一俵

山城州散在田地
一　阿陳都寺位牌田　応永二年六月一日、売主浄了、請人八郎次郎
壱段　作人生田左衛門三郎　（葛野郡）在所四条縄手安養寺内
分米八斗　丹波屋升定、
延壱斗参升八合四勺　一斗別一升七合三勺充、
員莚付玖合六勺　一斗別一合二勺充、
幷玖斗肆升八合
弐段　作人安井蔓巾母　在所仁和寺観音院領内木島太秦《コシマウツマサ》森東（葛野郡）影行名内
分米壱斛四斗　（葛野郡）梅津升定、此内三斗定免、
残定米壱斛壱斗
延肆斗七合　一升別三合七勺充、
員莚付弐升二合　一斗別二合充、
幷壱斛伍斗二升九合
一　昌契都寺位牌田
壱段半　作人源三郎　在所高○田大藤（葛野郡）名内
分米一斛五斗　寺家升定、
員莚付壱升五勺　一斗別七勺充、
已上壱斛五斗壱升五勺

一　中則副寺位牌田　応永元年十月七日、売主尼浄円、松夜叉丸加判、
壱段半　作人生田《イクタ》兵衛三郎　在所四条縄手安養寺内
分米柒斗　炊料升定、
半　作人太郎二郎　在所高田《タカタ》
分米五斗　升同前、
已上壱斛弐斗
員蓰付六合
幷壱斛弐斗六合　炊料升定、一升ハ寺家升ニ六合三勺ニ縮之、

一　如相禅尼位牌田
四段　二斗代　在所寺戸（乙訓郡）小深田　寺戸奥坊取次、
分米八斗　寺家升定、
員蓰付八合
已上八斗八合

一　阿誉庵主位牌田
壱段　四斗代、寺家升定□□（擦消）　在所寺戸《テラト》地蔵堂前　寺戸奥坊取次、
分米四斗
延弐斗
員蓰付四合
已上陸斗四合

一　仲廉庵主　理明大姉　了弥大姉　理通大姉　四人位牌田
勧修寺領内
五段　七斗一升代　在所小栗子《ヲクルス》（宇治郡）　売主迎月庵、阿紋堂主同取次、直銭四十貫五百買之、
分米三斛五斗五升　小栗子升定、
延弐斛弐斗壱合　一升別六合二勺充、
員蓰付玖弁五合八勺五才　一斗別二合七勺充、
已上五斛八斗四升六合八勺五才

一　空妙禅尼位牌田　応永十四年四月廿日昌宗首座寄進、
壱段　作人行僊　在所上野舟原
分米壱斛　升ハ宗首座鼠食、
延参斗壱升五合　一升別三合一勺五才充、
員蓰付弐升参合　一升別弐合三勺充、
已上壱斛参斗三升八合

一　阿善副寺位牌田　応永十四年四月三日昌宗首座寄進、
半　作人行僊　在所上埜《カミノ》（葛野郡）桂庄内

分米五斗鼠食升定、
延壱斗五升七合五勺　一升別三合一勺五才充、
員莚付壱升　一斗別二合充、
已上六斗六升七合五勺
壱段　作人彦七請文在之、　在所十輪寺田西七条　売主浄蓮 衣田社跡
分米五斗参升　十三合升定、最初売券五斗三升其后二斗五升請状別紙在之、
員莚付五合
已上五斗参升五合
幷壱斛弐斗二合五勺
一　(葛野郡)梅津七段田　応永四季二月七日益□□御寄進、
六段　一斛代五升　在所梅津下司名内作人衛門次郎
壱段　斛代　在所同前作人善久子八郎太郎
分米柒斛○梅津升定、
延弐斛捌斗(擦消上書)「肆」参斗升七合　一斗別三升九合充、
員莚付壱斗四升六合　一斗別二合充、
幷拾斛二斗玖升三合　寺家升定、
藁五拾二円　一段別七円半充、
同田分銭済
壱貫五拾文　皆済　一段別百五拾文充、

同所下
百弐拾玖文　本役　一段別拾八文充出之、
已上
一　理安首座位牌田
四段　五斗代、但加地子分　在所近江州矢橋(栗太郡)　自観妙寺取次、
分米弐斛　矢橋升定、妙観寺下用二斛六斗
同田所下
六百文　公事銭　一段別百五十文充、四月出之、
一(異筆)「永享九年沽却」石原庄延貞名幷三郎五郎沽却御○田地 在所紀伊郡
本所　半済北山西園寺殿知行充状分一町五段六十歩 半済斎藤彦衛門入道○知行充状分一町五段六十歩 ○戒名通金
壱町参段　昌璵都寺寄進　蓮覚売分
弐町弐段参百歩　同人寄進　三郎五郎売分
壱段大　有坪南条前、但号后田無本年貢　昌見都寺　応永十一年三月五日寄進
弐段　有坪腰折、　昌宗首座寄進　応永十四年四月廿日
壱段小　分米七斗　新開　応永十一季乙酉始開之、
以上肆町参百歩　一段別一斛二斗代拾合升定、
畠五段内　二段小本河原 二段屋敷 大前蔓屮畠　三郎五郎売分

除
八拾歩　川成三郎五郎売田内　応永八年
壱段　川成三郎五郎売田内　応永十五季
弐段（三郎五郎売分 応永十五年）川成在所西毛河原此内（一段畠ニ 開之、）
壱段小　新開田川成　応永十六年
已上肆段弐百歩
定田参町六段百歩（一段別一斛二斗代 十合升定、）
同散田引付
源五請分四段六拾歩内
壱段小　在所南条前
壱段　在所畠田
壱段参百歩　在所道端
已上分米五斛
刑部四郎請分二段小内
弐段小　在所南条前
已上分米弐斛八斗
兵衛次郎請分五段大四拾五歩内　二段神田
壱段大　南条前
壱段四拾五歩　道端
参段　八段田内　南依之三段下司名西
已上分米六斛玖斗五升　此内一斛一斗二升神田
三郎四郎請分二段半参拾歩
半参拾歩　道端
弐段　古道　蓮覚売分内
已上分米参斛壱斗
兵衛四郎請分一段三百十五歩
参百拾五歩　道端
壱段　堤内
已上分米弐斛弐斗五升
正阿弥請分五段大四拾歩　此内一段神田
弐段小　堤内
参段小四拾歩　腰折
以上分米六斛玖斗参升参合三勺（此内五斗六升 神田分）
宮内太郎請分
弐段　マキエ　蓮覚売分
已上分米弐斛四斗
衛門次郎請分
弐段　堤内

已上分米弐斛四斗
覚円請分
壱段六拾歩　堤内
已上分米壱斛四斗
辰巳殿請分
壱段　堤内
参百歩　土伊ノ内
已上分米弐斛弐斗
道覚請分
壱段　堤内
已上分米壱斛弐斗
道忍請分
壱段　堤内
已上分米壱斛弐斗
南殿請分
参段　マキエ　蓮覚売分
已上分米参斛六斗　此内二斗二升今熊野加地子分出之、
浄光請分
壱段大内　一段下司名堂田 大下司給　河端

已上分米弐斛内　五斗六升神田分 一斗七升二勺下司方 一斗五升四合下司分斎藤方へ出之、
并参町陸段拾歩当作分　此外卅歩不審、
分米肆拾参斛四斗四升　十合升定、
定所下
弐斛肆斗六升　神田分　巨細注脚見上、
弐斗壱升　松尾三宮神楽田、自本所持明院 応永廿三年欠落、本所升参斗定、
壱斛弐斗　本役
五斛八斗壱升　本所季貢本所升八斛三斗定、此内三斛玄弁西堂送之、
壱斗七升二夕　下司方
七斛四斗六升玖合　斎藤方年貢本所升拾斛六斗三升定分加交分庄飾之、
壱斗五升肆合　下司分斎藤方へ出之、
已上拾柒斛四斗七升参合弐勺　十合升定、
此外城南寺祭礼随時出之、分量不定、
残定米弐拾五斛玖斗六升六合八勺　十合升定、
延拾五斛参斗参升五合八勺六才　一斗別五升玖合二勺充、
員莚付一斗八升一合七勺玖才　一斛別七合充、
并四拾一斛四斗八升四合四勺五才　寺家升定、
同所銭済
六百文　西毛河〇〔原川〕成田畠成地子 夏三百文、冬三百文、応永廿四年始納之、

参百五拾文　　茶園地子、自亀渓院弁之、
　已上玖百五拾文
　同銭所下　本所西園寺方分
五百文　　公事銭　二月弁之、
四拾八文　四節供　十二月弁之、
百五拾文　藁拾丸代　同月弁之、
七拾五文　糠五俵代　同月弁之、
六拾文　節木拾把代　同月弁之、
参拾文　蔓艸五把代　同月弁之、
弐拾文　菖蒲代　同月弁之、
拾文　盆供瓜茄子　同月弁之、
麦　四斗六升　本所升定、
　　已上玖百壱文
　斎藤半済分
壱貫八百文　夫銭　十二ヶ月分、一月別百五十文充、
弐百五拾八文　草代　自四月至九月六ヶ月分毎月四十二文充、
百五拾文　藁拾丸代　十二月弁之、
七拾五文　糠五俵代　同月弁之、
参拾文　節木五把代
参拾文　蔓艸五把代
四拾八文　四節供下司分
麦　四斗六升　本所升定、
　已上弐貫参百玖拾六文
四百文　倉付季貢納始時百姓方下行、
　北山本所方夫役日数
二月三十ヶ日　三月五ヶ日　五月十五ヶ日
六月十五ヶ日　七月三十ヶ日　九月三十ヶ日
十月十五ヶ日　十二月三十ヶ日
　以上百七十ヶ日
一　有恒名梵弥庵主寄進　在所賀州天竜寺領横（石川郡）江庄内今永寿院於賀州沽却、
　応永十九年三月初九日寄進状在之、
分米弐拾斛内　加地子得分、除本年貢定、
　除
弐斛　為万雑公事臨時天役定免此外不可有諸役、
　以上

残定米拾八斛

一　阿存都寺位牌田　有坪

一二反　在所四条坊城石樋口自樋口東五段目也、　作人　四条猪熊北頬、自猪熊東

分米　弐斛

（貼紙）「九十歩分米五斗二升六合」

一九十歩　在所同前　作人　四条西洞院北頬、自西洞院西

分米　二斗五升

以上分米二斛二斗五升

延壱斛九斗三升五合　一升別八合六勺充、

員筵付二升二合五勺　一斗別一合充、

并四斛二斗七合五勺

同田銭成

二百廿五文　春成

百十文　藁代　一段別五十文充、

以上三百卅五文

所役

井修理料銭毎年有支配、此外無万雑公事、

（以下、約三折・十四行分空白）

一　散在銭成畠并屋敷地子

一　阿真直歳位牌料　康暦二季三月十五日浄永売券在之、

五百文　作人左衛門四郎　在所生田今里村（葛野郡）有栖川南限大道西限有栖川

一　真魂知客位牌料屋地　明徳三年十一月六日寄進状在之、

四貫四拾六文　在所　四条室町西頬四条以南

壱貫玖百六十三文　在所　同　左右巻屋

已上六貫拾弐文　毎年夏冬二季弁之、口南北四丈二尺、奥東西十六丈

一　如心禅尼石塔地子料所　応永八年十一月十三日梵岌知客寄進状在之、

八百五拾文　田一段加地子　在所山城国乙訓郡西方内飛鳥里三十坪内匊末名　ハせノ東ナハモト　左馬寮作人九条又六

所下

百文　下司使来時出之、

定得七百五拾文

一　道忠禅門位牌料屋地

壱段　在所法華尻、今南芳院下地

地子弐貫弐百文

一　理綏・法如二大姉位牌料屋地

壱段
　地子弐貫弐百文　　在所法華尻　南芳院下地
一　西方寺殿日霊供料銭
五貫文　　自赤松(貞村カ)豆州方毎年弁之、
一　蔵春庵明室大姉位牌料　近江州田根庄(浅井郡)内
　　　　　　　　　　　　　瓜生一色地頭職
　蔵春庵年貢内也、依為切米不可有旱風水損、若至損年、以蔵春庵年貢内可被入立之由、応永廿五年慈聖院評定以衆議被定置之処也、
分米弐拾斛
　瓜生升定、以寺家升延之、則一斗別五升一合二勺充在焉、年貢運上之時入目自国至嵯峨分瓜生升八斗ニ参斗五升充運賃下行之、自国至京分二斗九升、自京至嵯峨分六升充、
一　薬師灯油料
百文　　自清水坂納之、願主有之、
一　摂津国橘御園(川辺郡)楊津庄重久名散在田地
　中克庵主寄進、中克庵主者本為教僧、号専澄阿闍梨、為須弥蔵院主、帰依(龍湫周沢)先師易服入禅、先師名之曰中克、然而以須弥蔵院幷敷地及寺領楊津重久散在田地寄進○於当院云々、
　貞治五年丙午八月十六日寄進状在之、
　貞治六年十月廿日宝篋院殿(足利義詮)(安)案堵御教書在之、
　永和三年八月廿三日鹿苑院殿(足利義満)(安)案堵御教書在之、
　明徳三年六月廿七日官符宣幷御教書在之、
　応永廿年十二月十五日大檀越征夷大将軍(足利義持)捴(安)案堵御教書在之、
　応永廿三年九月廿一日畠山殿一円避状在之、
　此外代々御教書雖済々、抜其萃以載之、

名分
一　貞吉名　　公田一町八反六十歩　分米
　　　　　　　佃一段小分米一石八斗三升六合小斗定
一　国元名　　公田一丁二反半　分米
　　　　　　　佃壱段小分米一石八斗三升六合小斗
一　利包名　　公田一丁三反小分米
　　　　　　　佃壱段小分米一石八斗三升六合小斗
一　則貞名　　公田一町七反分米
　　　　　　　佃壱段小分米一石八斗三升六合小斗
一　末高名　　公田一町六反分米
　　　　　　　佃壱段小分米一石八斗三升六合小斗
一　貞清名　　公田一町四反分米
　　　　　　　佃壱段小分米一石八斗三升六合小斗
一　国遠名　　公田一町四反分米
　　　　　　　佃壱段分米三斗八升五合六勺小斗
　已上　公田十町五段分米
　　　　佃九段分米十壱斛四斗一合六勺
名分御米六拾八斛六斗六升四合二勺六才内
　　　除
拾斛　　　　例損名分計置之、
已上

残定米五拾八斛六斗六升四合二勺六才
納加
玖斛弐斗　別相伝　本斗定
壱斗八升　早刈　同斗
壱斗五升　万斛米　同斗
弐斗八升八合　盆供米　同斗白米一名別四升充、
弐斗　仁王会米　同斗
四斛玖斗五升三合九勺麦大豆代内一斛七斗三升七合二勺麦 三斛二斗一升六合二勺大豆
以上七拾三斛六斗参升六合一勺六才
延玖斛六斗六升八合三勺　斛別一斗三升一合三勺定、
幷八拾参斛参斗四合四勺六才
佃分拾一斛四斗一合六勺　依小斗延之□加納之、
合玖拾四斛七斗六合六才
一下司名田壱町　分米八斛
一別相伝田弐段　分米八斗　在所地蔵堂前
已上八斛八斗
延弐斛壱斗三升八合四勺　斛別二斗四升三合定、
幷拾斛玖斗参升八合四勺
一万町堤内五町七段小　分米弐拾八斛六斗六升六合七勺

一舟免五段　分米二斛五斗
已上参拾壱斛壱斗六升六合七勺
延拾柒斛七斗弐合壱勺　斛別五斗六升八合
幷四拾八斛八斗六升八合八勺
一一色田七段小　分米五斛八斗六升六合七才
一車力免田五段　分米四斛
以上玖斛八斗六升六合七才
延五斛六斗玖升弐合二勺六才　斛別五斗七升七合定、
幷拾五斛五斗五升八合三勺三才
定米都合佰七拾斛七升壱合五勺玖才
定所下
参斗　名分倉付
陸斗弐升七合　堤内政所屋免　国升四斗定、
玖斗四升八合　堤内倉付倉祭　国升六斗定、
以上壱斛八斗七升五合
定残御米百六拾八斛壱斗玖升六合五勺九才延定
年貢運上入日
自尼崎（摂津国川辺郡）至淀（紀伊・久世郡）分運賃　一斛別六升充、
川関賃一ヶ処分　斛別五合充、

自淀至嵯峨分運賃　斛別五升充、
舟中欠米　斛別四升七合、定欠
　油納
四升　国升定、此内　二升神崎観音寺弁、（摂津国川辺郡）
　　　　　　　　　　二升西河八幡田弁、
　銭納分
壱貫文　下司名請料　一段別百文充、
弐貫八百六拾七文　堤内請料　一段別五十文充、
四百参拾二文　神祭代
玖拾六文　盆供料
弐貫四百文　草用途
七百参拾二文　一色七段小請料　一段別百文充、
四貫文　堤内畠地子
壱貫六百玖拾一文　名畠春秋公事物
弐百五十文　畠地子
弐貫参百七十三文　節季用途
五百七拾二文　堤内五月・六月植艸取賃
四貫参百七十二文　堤内交分
五百文　車力免請料　一段別百文充、
百八十文　御忌日用途
六百文　塩鯛代
弐百五拾文　舟免請料　一段別五十文充、
四百文　同所地子
　以上弐拾弐貫七百参拾三文
定下行　百文淀橋賃
　　　　百五十文舟中雑事
一　阿例都聞位牌料
天狗畠　在所摂津国（川辺郡）橘御園内
捴田数玖段六十歩内
　除
三百歩　分米弐斗五升　自本所一円之時、無之云々、
壱段小　川成
小　堤成
　已上弐段半
残定田六段大　分米五斛三斗三升三合二勺一才内
　除
六斗　本役　但依号孫三郎名脇弁之、
　已上
残定米四斛七斗三升三合二勺一才

〇（朱線）同田坪付〇（延参斛八斗八升一合二勺二才 斗別八升二合 重久小斗定、
并八斛六斗一升四合四勺三才

壱段榎町《エノキマチ》　分米八斗
壱段漏《モリ》田　分米八斗
三百参拾歩広町《ヒロマチ》　分米八斗
三百歩河田　分米四斗
壱段漏畠　分米八斗
半河田　分米参斗
壱段漏田　分米八斗
以上

一　播磨国竹万《チクマノ》庄（赤穂郡）栗原村　為（赤松顕則）瑞岩寺殿安峯 赤松越州（持貞カ）御寄進、
捻田数拾四町二段二十代拾八歩 加柏原《カシワハラ》田定、
除
玖段　梵天・八幡・大避《ヲウサケ》　三神宮修理田
六段　大避宮祭礼　十二月一日・同十三日
参段　大山寺免田
壱段　天神宮
壱段　（赤穂郡）大避宮大般若田
弐段　井料免

弐段　番頭給
弐段　公文給
壱段　職仕給
四段弐拾〇五代拾八歩　川成
四段十代　旧荒
弐段　柏原《カシワハラ》田、自釜谷《カマタニ》方押領、
以上三町「七」（擦消上書）段「卅〇五」（擦消上書）代拾八歩
残定田数十町四段「卅五」（貼紙）代内　一段別五代定損、三段廿代無斗増、
分米玖拾壱斛八斗一升五合二勺五才
例所下
七斗五升　倉付
七斗五升　万斛米
五斗六升　大避打下《ヲウサケノウチヲロシ》
以上弐斛六升
残定米八拾玖斛七斗五升五合二勺五才
銭済
拾貫百文　斗増拾町一段分
林三段分
分銭七百五拾文　一段別二百五十文充、

以上拾貫八百五十文

畠

壱町二段廿五代

除

弐段　川成

壱段廿五代（異筆）「応永廿九年本復了、」自安室方、号安室之内、押領、

已上参〔弐〕段廿五代（擦消）

残定畠（擦消上書）「壱町」廿五代

分地子弐斛参〔九〕斗〔一〕八升七合四〔二〕勺　麦・大豆・蕎麦

例所下

麦弐斗　倉付

大豆壱斗　倉付

蕎麦一斗　倉付

以上肆斗

残壱斛玖斗八升七合四勺

銭所下

四百文　高峯相撲《スマウ》料足

百文　天神流鏑《ヤフサメ》

以上五百文

同所散田引付

参段十八歩　作人源性　分米弐斛八斗四升二合

壱段　ナハラノ左近　分米玖斗三升一合

廿五代　源内二郎　分米参斗玖升二合

参段十五代　法舜　分米弐斛玖斗八升玖合

壱段廿代　岳《ヲカノ》三郎大夫　分米壱斛二斗三升五合　無斗増、

壱段廿五代　ヤヲノ三郎大夫　分米一斛四斗二升一合

弐段　九郎大夫　分米壱斛八斗六升二合

弐段廿五代　高山刑部　分米弐斛二斗一升一合

弐段　三郎大夫　分米一斛八斗一升三合

二段　七郎八郎二人　分米一斛八斗一升三合

八段十代　ヤナイノ太郎大夫　分米七斛五斗玖升五合

三段廿五代　治部　分米三斛二斗三升四合

四段四拾五代　源内　分米三斛四斗七升玖合

壱段廿五代　長新大夫　分米一斛三斗七升二合

四段廿五代　別名左近　分米三斛玖斗六升玖合

五段五代十八歩　別名太郎大夫　分米四斛五斗七升八合
壱段　中務　分米八斗八升二合
四段廿代　勢大夫　分米四斛五升八合
三段廿五代　教阿弥　分米三斛一斗三升六合
三段廿五代　二郎大夫　分米三斛八升七合
一段　西願　分米八斗八升二合
玖段三十代　源大夫　分米八斛七斗二升二合
一町一段廿五代　右近　分米玖斛玖斗六升七合
六段十五代十八歩　衛門　分米五斛七斗三升六合
五段四拾五代　十郎大夫　分米五斛二斗五升三合
二段四拾代　治部　分米二斛五斗五升八合
二段　栖掃　分米一斛七斗六升四合
二段四十五代　又五郎　分米二斛五斗五升八合
二段　道法 無斗増　分米一斛五斗六升八合
四拾五代　□郎三郎　分米七斗玖升四合
一段四拾代　法蓮　分米一斛六斗七升六合
以上　田数拾町六段五十四歩 分米玖拾四斛二斗七升七合
右目録者、以昌証都寺、応永廿一季散田帳誌出、

一　(赤松顕則)瑞岩寺殿安峯日霊供料米
五斛
以播磨国神戸《カンヘノ》庄(摂西郡)片島季貢米、毎年、自代
官方請取之、栗原庄(播磨国赤穂郡)主(赤松持貞カ)取次、応永廿二年
八月廿二日越州御寄進、奉行三人連緒(署)奉
書在焉、

一　伝宗西堂屋地
五条高倉東頰、五条以南○奥南北拾二丈五尺○口東西六丈
五尺、地子五貫弐百文(朱筆)「六貫陸百四拾文」一尺別八十文充、
(紙背の指図)

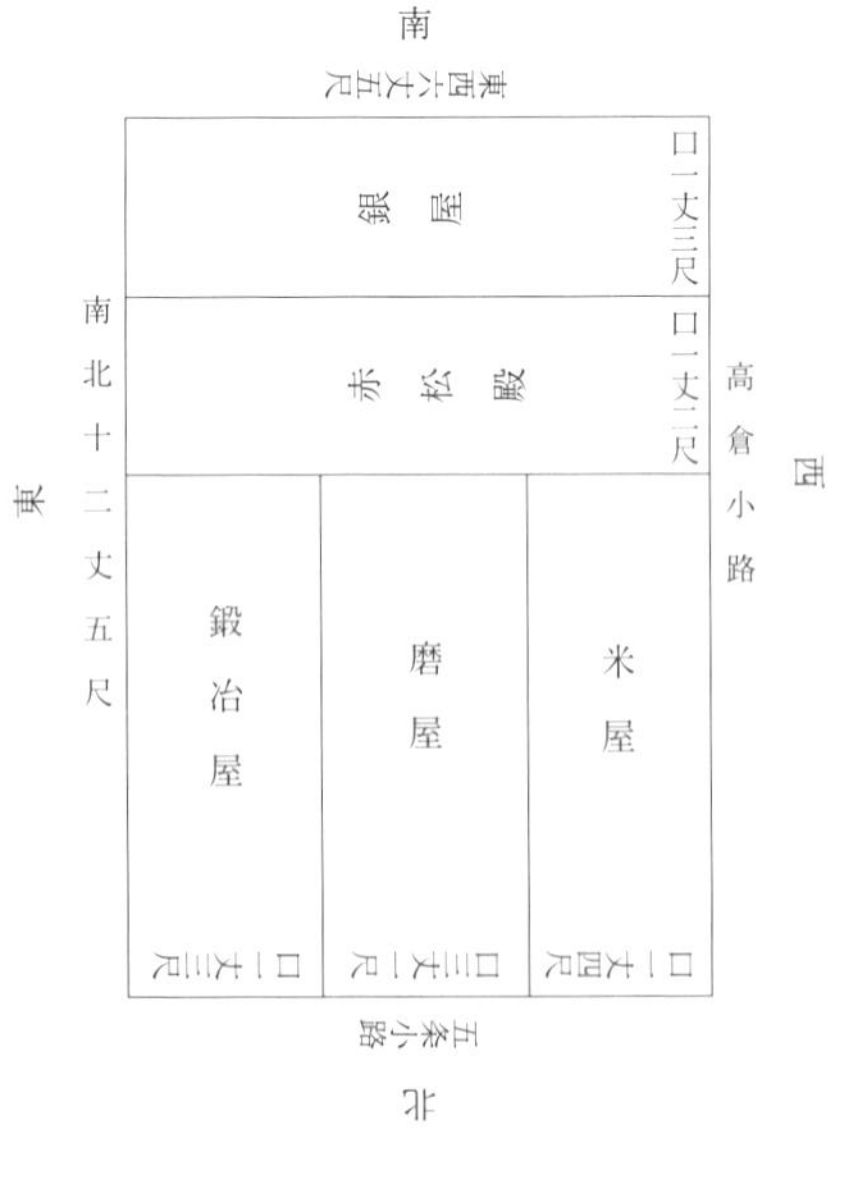

応永二十七庚子稔三月廿日守塔比丘阿珣誌出、

安国阿立（大安）（花押）　侍真周珪（花押）

阿珣（玉庭）（花押）　納所寿悦（花押）

阿訥（玄弁）（花押）　主事昌音（花押）

周潮（春浦）（花押）　阿珉（玉田）（花押）

建仁阿匊（古芳）（花押）　梵岌（花押）

梵樟（惟秀）（花押）　阿緝（千邑）（花押）

慈聖院中淹（在中）（花押）　梵燈（花押）

紙捻計三十一丁

裡判三十箇

（以下、後筆）

一　昌椿都寺寄進田　文安元年甲子十月廿九日

弐段　在所三条坊門紙屋河田

分米壱斛参斗

延并員筵付陸斗壱升柒合五勺　斗別四升七合五勺充、

已上壱斛玖斗壱升七合五勺

（二）□　阿伝都聞寄進田

柒段拾歩　在所下久世（久世郡）

分米参斛陸斗壱合六勺

延并員筵付壱斛参斗参升弐合参勺七才　斗別三升七合充、

已上肆斛玖斗参升参合九勺七才

一　昌椿都寺寄進田

弐段　在所四条坊門紙屋河田

分米弐斛肆斗　無延

員筵付玖升陸合　斗別四合充、

已上弐斛四斗九升陸合

○紙継目の裏に阿珣の朱文方印と花押、末尾の日下「阿珣」に白文朱方印あり。

○楊津庄は龍湫周沢の署判がある康暦二年の「南禅寺慈聖院領諸庄園重書目録」（『早稲田大学荻野研究室収集文書』）に見え、龍湫周沢の塔所慈聖院領であったが、長禄二年の足利義政御判御教書（本書所収寿寧院文書四）には同じく龍湫周沢の塔所である天龍寺寿寧院領として見える。

○本文中の「蔵春庵明室大姉位牌料」の箇所に近江から京、京から嵯峨までの年貢運上入目が記載され、続く「橘御園楊津庄重久名」の年貢運上入目にも尼崎から淀、淀から嵯峨までの運賃が記載されていることから、本文書は嵯峨に所在する天龍寺寿寧院の所領目録と考えられる。

尊経閣文庫所蔵

一　検非違使別当宣

（端裏書）
「一色
（貼紙）『左近将監範氏』
（端裏銘）『□（別）当宣』
」

天龍寺雑掌申、高辻万里小路并綾小路町・四条室町・高辻町・五条町等敷地事、任諸官評定文可令下知給之由、別当（日野資教）殿仰所候也、仍執達如件、

（永徳元年）七月十日　　左近将監範氏

謹上　櫛笥（坂上明胤）大夫判官殿

○紙背中央に坂上明胤の花押あり。

○一色範氏は延文元年引退により、本文書の左近将監範氏は一色範氏とは別人。左近将監範氏は別当の家司と考えられる（橋本初子「中世の検非違使庁関係文書について」、『古文書研究』一六、一九八一年参照）。

二　室町幕府奉行人連署奉書

城州伏見庄（紀伊郡）内瑞祐（保叔）首座跡職事、任伏見殿（貞敦親王）補任之旨、田畠山林資財等可被全領知之由、所被仰下也、仍執達如件、

永禄十一年十月十二日　散　位（松田秀雄）（花押）

左兵衛尉（諏訪俊郷）（花押）

周悦（柏岫）首座

三　室町幕府奉行人連署奉書（折紙）

周悦（柏岫）首座申城州伏見庄（紀伊郡）内瑞祐（保叔）首座跡職事、任伏見殿（貞敦親王）補任之旨、被成御下知訖、早年貢諸公事物等、如先々可沙汰渡周悦代、更不可有遅怠之由、所被仰出之状如件、

永禄十一
十月十二日　秀雄（松田）（花押）

俊郷（諏訪）（花押）

当所名主百姓中

四　文書包紙

（包紙ウハ書）
「永禄十一年七月十二日　信長公御朱印一通

周悦(柏岫)首座　伏見庄(紀伊郡)瑞祐(保叔)首座

天龍寺蔵古状　五通　」

○後年（江戸期）に次号文書など、この前後の文書を包紙にまとめウハ書が記され、「七月」の記載はこの時、「十月」の文字を読み誤ったものと推測される。

五　織田信長朱印状（折紙）

城州伏見庄(紀伊郡)瑞祐(保叔)首座跡職事、任　公方(足利義昭)御下知之旨、田畠山林幷資財等一円ニ全可被領知者也、仍執達如件、

永禄十一

十月十二日　信長(織田)（朱印）

周悦(柏岫)首座

(端貼紙)「信長公御朱印」

六　細川藤孝・明院良政連署書下（折紙）

城州伏見庄(紀伊郡)瑞祐(保叔)首座知行分所々散在年貢諸成物等事、任公方(足利義昭)御下知之旨、対周悦(柏岫)首座速可納所者也、仍状如件、

十月十二日(永禄十一年)

細川兵部大輔

藤孝（花押）

明院

良政（花押）

所々

名主百姓中

七　上野秀政書状（折紙）

城州伏見庄(紀伊郡)瑞祐(保叔)首座跡職事、任　御下知之旨、田畠山林幷資財等、可被全領知事肝要候、恐々謹言、

永禄十一

十月廿七日　上野中務太(ママ)輔

秀政（花押）

周悦(柏岫)首座

八　林秀貞書状（折紙）

伏見庄(紀伊郡)瑞祐(保叔)首座跡職知行分事、任　公方(足利義昭)御下知・信長(織田)折紙之旨、全可有御領知事肝要候、恐々謹言、

十一月五日(永禄十一年)　林佐渡守

秀貞（花押）

周悦(柏岫)首座禅師

床下

九　柴田勝家等連署書状（折紙）

伏見庄(紀伊郡)祐首座(保叔瑞祐)知行分事、被帯　御下知幷信長(織田)折紙之上者、

早年貢諸成物等、対悦首座（柏岫周悦）可納所者也、謹言、

（永禄十一年）十一月五日

柴田修理亮
勝家（花押）

森三左衛門尉
可成（花押）

坂井右近尉
政尚

蜂屋兵庫助
頼隆（花押）

所々
名主百姓中

一〇　室町幕府奉行人連署奉書

城州伏見庄（紀伊郡）瑞祐（保叔）首座跡事、先年於竹園（伏見宮貞敦親王）依洞首座言上、光源院殿（足利義輝）御代被歎申之処、彼庄之儀、一円伏見殿（貞敦親王）為御計之条、不可及御沙汰之旨御申之趣、右筆方被尋下訖、縦雖為進止之地、随事躰、可被経御沙汰之段、古今不珍、爰天文廿壱年八月十五日出帯之御下知有其廉条、於此儀者可為御存知之、若至理非相紛者、直可被聞召之旨、永禄四年閏三月九日意見状炳焉、然重而為竹園彼跡可被存知之段、補任在之条、去年於芥川（摂津国島上郡）其旨被捧請文被成御下知之処、無程洞首座一方向恣掠申理不尽被召籠之、対洞首座被成御下知云々、惣別於請文之咎者、先々有其例者哉、況為伏見殿被仰付之旨、請文無相違之上者、如此之段前代未聞、向後引退如何、猶可被尋下洞首座之段、各評判之条、方々雖相尋、居住之在所無之条、旁以無理所致歟、所詮於祐首座跡職者、任先度奉書之旨、弥可被全領知之由、所被仰下也、仍執達如件、

永禄十二年四月十六日

豊前守（松田頼隆）（花押）

前信濃守（諏訪晴長）（花押）

意足軒（柏岫）
周悦首座

一一　室町幕府奉行人連署奉書（折紙）

意足軒（柏岫）周悦首座申祐（保叔瑞祐）首座跡所々散在寺領等事、任御下知之旨、早々存知候、如先々可致其沙汰彼代之由、所被仰出之状如件、

永禄十二
四月十六日

頼隆（松田）（花押）

晴長（諏訪）（花押）

当所名主百姓中

一二　大津長治・塙正勝連署書状（折紙）

伏見(紀伊郡)悦首座(柏岫周悦)事、信長(織田)度々被出朱印、別而無疎略仁候条、下国之以後、自然非分之儀申懸之族雖在之、弥無別儀様、諸事御馳走所仰候、信長堅被申付候条如此候、恐々謹言、

四月十六日(永禄十二年)　　大津伝十郎
長治（花押）
塙九郎左衛門尉
正勝（花押）

一色式部少輔(藤長)殿
まいる御宿所

一三　大津長治書状（折紙）

悦首座(柏岫周悦)知行分所々散在年貢・諸成物等、帯度々御朱印当知(行脱)之条、如先々可致寺納候、堅被仰出候間、可成其意候、恐々謹言、

九月十四日　　太(ママ)津伝十郎
長治（花押）

悦首座
所々名主百性(姓)中

○前号文書との関連からここにおく。

一四　嶋田秀満書状（折紙）

天龍寺悦首座(柏岫周悦)・同御坊主祐首座(保叔瑞祐)田畠之儀付而、諸借主御折紙被付候、有様之儀可申付候間、理不尽御催促御用捨頼入候、下鳥羽(紀伊郡)たん上等事承候間、少も相紛申間敷候、為其如此、恐々謹言、

十一月廿日　　嶋田但馬守
秀満（花押）

平古(種豊)弥伝次殿
多田(家次)孫介殿
森(豊弘)久右衛門尉殿
御宿所

○嶋田秀満は天正三年四月一日が終見（『織田信長家臣人名辞典』）なのでここにおく。

一五　平古種豊等連署書状（折紙）

以上

天龍寺悦首座(柏岫周悦)・同坊主祐首座(保叔瑞祐)分田畠并祠堂銭等事、被帯御下知・御朱印之上者、任員数急度可令納所之旨、菅屋

長堅（長頼）申付候条可被成其意候、於難渋者譴責使可申付候、
恐々謹言、

十一月十三日

平古弥伝次
種豊（花押）
多田孫介
家次（花押）
森久右衛門尉
豊弘（花押）

所々名主百姓中
同借主惣中

○前号文書との関連からここにおく。

一六　山口秀景書状

（端裏封ウハ書）
（切封）
「─　─　山甚
秀景
猪□（兵カ）様
まいる　御報　」

尚以右之坊主の事、随分才覚仕、自是可申入候、我等ゆミや八幡・あたこ（愛宕）殿も御照覧候へ存候て置候て、かやうに申入にてハ、☒ゝ無之候、承儀候者及承候様ハ馳走可申候、其方ニ存知候者候ハヽ、此方まて可給候、いかにもしのひて在之をハ不存候、さた候ハ、いかゝにて候、可有其心得候、この事弥御しらせ頼存候、切々御内談共被仰聞忝存候、頼事候、非油断候☒☒め御☒☒仕候、今度之御馬☒ニハいまたのりちに者馬に乗候事ハ成ましきかと存候、けいこ（稽古）仕候へハ、むね重き☒間、九月五日いまた御馬☒ニ出申候事ハ如何候と御越も候ハヽ、御取成頼存候、やかて様躰寺へ御☒待かね申候、いまた矢表へも一度も御土産不申候、かしく、

御一書之面一々拝見申候、

一伊賀之者共御成敗儀被　仰出候由、早々其隙（カ）無御座候、此方迄大慶不過是候、上様（織田信長）以御影以来者ゆる〳〵と夜をふせり可申と難有存候、

一彼洞首座と哉らん申者之事承候、毛頭左様之者ハ此地ニハ無御座候かと存候、然共忍て在之も不存候条、随分捜合仕相尋、自是可申入候、様子存候てかやうに申入にてハ無之候、其方へ渕底案内者可有御座候間、居所御尋候て案内者可給候、貴殿御越迄も有間敷候、此地ニさへかけ（影）もかくし（隠）て居申候ハヽ、是非共馳走可申

候、

一羽筑（羽柴秀吉）左右次第ニ御出馬之事心得申候、恐惶謹言、

（天正九年）八月廿七日　（山口）秀景（花押）

（猪子兵介高就）猪兵様

まいる御報

○伊賀攻めの文言から、本文書は天正九年のもの。この年信長は九月三日に戦闘開始している（『信長公記』）。

○山口甚介秀景はのちの玄蕃光弘、猪子高就は本能寺の変で討死、御所での馬揃えは、天正九年二月二八日。

一七　中野一安・加納秀次連署書状（折紙）

先年被加御成敗候洞首座罷出之由候、雖為仏在所、聞出次第ニ可被申付候、万一相拘仁於有之者、可有注進候、為此方可申達候、殊以御朱印明白之上者、少も不可有別儀候、恐々謹言、

七月五日　中野又兵衛尉
一安（花押）
加納又九郎
秀次（花押）

（柏岫周悦）伏見悦首座弟子
（菊齢周彭）彭蔵主床下

○加納秀次は本能寺の変で討死しているので、本書は天正九年以前のもの。

一八　村井吉忠・住田光清連署書状（折紙）

以上

態申候、仍慈済院境内藪柳林等伐採竹木・放飼牛馬之輩、堅可被停止之、若違犯之族者如法度之科料可出之、為其如此候、不可有油断候、恐々謹言、

三月廿四日　村井又兵衛
吉忠（花押）
住田清右衛門尉
光清（花押）

（葛野郡）河端
惣中

○村井・住田は村井貞勝期の所司代下代。よって天正一〇年以前。

一九　石川光政・伊藤秀盛連署書状（折紙）

御寺領所々散在、任　御朱印之旨、御当知行不可有異儀候、全可被成御領知候、恐惶謹言、

（天正十年）十月十九日

石川杢兵衛尉
光政（花押）

伊藤太郎左衛門尉
秀盛（花押）

天龍寺之内
彭蔵主（菊齢周彭）
玉床下

○実相院文書中にも一〇月二四日付両人連署書状有り。それには「天正十年」の押紙あり。

二〇　松田政行・尾池定政連署書状（折紙）

天龍寺之内慈済院之事、先年為上様（織田信長）被仰出候通、玄以（前田）具承届候、則帯彭首座（菊齢周彭）折紙被遣候上者、年貢・地子銭等任先々之旨、速可寺納候、其外祠堂銭之事以算用之上可皆済、両人御取次仕故如此候、少も於無沙汰者可入鑓（譴）責使候、謹言、

（天正十一年）七月廿三日

松田勝右衛門尉
政行（花押）

尾池源七郎
定政（花押）

当院

所々名主百姓
借主
中

○「玄以法印下知状」（『続群書類従』二三輯下）に、玄以が天正一一年七月二二日付で彭蔵主に対し、所領を安堵している。これを受けて出されているので天正一一年と判断する。

○尾池定政と尾池定安は同一人物。

二一　大谷吉継書状（折紙）

先師公事敵（カ）洞首座於太（大）坂雖令直奏候、任御朱印当知之旨、弥可有領知之由被仰出候間、可被成其意候、恐々謹言、

十二月十五日

大谷紀介（吉継）
☒☒（花押）

彭首座（菊齢周彭）まいる
床下

○秀吉朱印状の初見は天正一一年八月晦日。

○大谷吉継は天正一三年七月に刑部となる（『歴名土代』）のでここにおく。

二二　羽柴秀吉袖朱印前田玄以書下（折紙）

（包紙ウハ書）「大閤御朱印前田玄以判形物　一通

前田徳善院玄以僧正判形
御朱印秀吉公」

（朱印）（羽柴秀吉）

慈済院之儀、従其方師匠之時、年来住持之旨承届候条、
今更為門徒申分不謂候間、如有来寺務等不可有相違者也、

天正拾三
　三月　日　　　　玄以（前田）（花押）

慈済院彭（菊齢周彭）首座

二三　松田政行書状（折紙）

慈済院祠堂方切々雖被申越、無沙汰之由候、急度可被遂
算用候、但存分在之者可申越、於此上令油断者、鑓（譴）責使
可申付候条、可成其意候、謹言、

松田勝右衛門尉
政行（花押）

五月十日

当院
所々借主中

慈済院蔵

一　万里小路仲房奉書案

後醍醐天皇御随身之仏舎利分骨一塔、為
御菩提令寄附之、宜資
聖廟之冥福、兼祈
皇家之承平者也、依宣下如件、
観応二年八月十六日　左大弁（万里小路仲房）奉
天龍寺無極（志玄）和尚方丈

○本文書は文言・形態ともに疑問があるが、参考のためここにおく。

二　後村上天皇綸旨（宿紙）

（封紙ウハ書）
「無極和尚　勘解由次官時経奉」
住天龍資聖禅寺、可令紹隆仏法給者
天気如此、仍執達如件、
正平七年三月八日　勘解由次官（平時経）（花押）奉
無極（志玄）和尚

三　崇光上皇諡号勅書写（木額陰刻）

崇光皇帝奎翰
朕切追慕法恩、而去秋特詣三会霊塔、頂戴衣鉢、以伸弟
子儀、于時
無極（志玄）和尚為院主為之、証明臘邵徳高、
先帝問厥世系、実為
順徳天皇四葉之聖裔朕親臨禅床、仰為天龍第二世之住持
国師已逝、恰如一木之支大厦今荐所化宗門又誰頼哉、不
堪喟然、特諡号仏慈禅師、
延文己亥（四年）孟夏十五日

四　空谷明応書状

相国寺都聞方之状令書進候、無異義候ノ条目出度候、近
日以参謁可申入候、恐惶敬白、
四月五日　明応（空谷）

○空谷明応は応永一四年正月一六日示寂によりここにおく。

五　細川晴元奉行人奉書（折紙）

為天龍寺造営、従堺至鳥羽（紀伊郡）、榑一百束運上条、諸事無其
煩可勘過者也、仍執達如件、

天文八
　四月廿日　　　　　　元運（飯尾）（花押）

摂州
河州
城州
　諸役所中

妙智院蔵

一　大内義隆書状

来年渡唐之儀必定候、無余日之間、早々可令下向給候、
猶武任（相良）可申候、慶事期後信候也、恐々謹言、
（天文十五年カ）六月廿日　　義隆（大内）（花押）
周良（策彦）首座禅師

○妙智院文書一～四号文書は関連文書。
○策彦周良は、天文七年遣明副使、天文一六年正使として明に渡る。本書妙智院文書三号文書に「正使」とあるのでこの文書は天文一五年か。

二　大内義隆奉行人連署書状

急度為飛脚宗泉入道被差上候、来渡唐船之事、来春可為
必定候、仍以直書被申候、早々御下向肝要候、御疏事、
是又可有御随身候、年内役者悉至博多可被差下候条、聊
不可有御延引候、随而御出立料百貫文此宗泉可致勘渡候、
慥被請取之、御請取状対此宗泉可被渡遣候、猶々御下向
不可有遅々候、恐々謹言、
（天文十五年カ）八月十日　　武任（相良）（花押）
弘成（花押）
隆輔（花押）
隆満（陶）（花押）
妙智院（策彦周良）
侍者御中

三　大内義隆書状

（封紙ウハ書）「妙智院　義隆」
来年為正使渡唐可目出候、然者年内雖無余日候、下向待
存候、猶安房守（陶隆満）可申候也、恐々謹言、
（天文十五年カ）十月廿六日　　義隆（大内）（花押）
妙智院（策彦周良）

四　大内義隆書状

（封紙ウハ書）「妙智院丈室　義隆」
来春御船渡唐必定候、早々可令下向給候、猶趣者正法寺

可申候、恐々謹言、
（天文十五年カ）十一月十五日　（大内）義隆
（策彦周良）妙智院丈室

五　細川晴元書状

（封紙ウハ書）「長興寺　晴元」
度々為音信沈香幷芙蓉盃到来、喜悦候、猶宇野右衛門尉
可申候、恐々謹言、
卯月十五日　（細川）晴元（花押）
長興寺

○細川晴元は天文二一年一月の足利義輝と三好長慶の和睦に伴い剃髪、三月に若狭に下向。よって本文書の下限は天文二〇年。

六　武田信玄書状

（封紙ウハ書）「妙智院玉床下　信玄」
内々可有御下向之旨候之間相待候処、御延引不審存候、
雖然御病気切々蒴之由、被顕先書候条、承届候、同者正
二両月之間、急度恵林御入院可為本望候、恵林・長興・
継統三ヶ寺共ニ可為御計候、其上於当府小梵宇一所可令
建立候、和尚過半御在寺、可遂閑談心底候、就中有存知
之旨近日令剃髪候、弥早速御発足簡要候、恐々敬白、
（永禄元年）極月十四日　（武田）信玄（花押）
（策彦周良）妙智院
玉床下

○鴨志田智啓「武田信玄呼称の初見文書について」（『戦国史研究』六〇）で、本文書を永禄元年とする。

七　三好長慶書状

（封紙ウハ書）「妙智院　修理大夫　長慶」
貴報
貴札令拝見候、如仰年頭之祝儀珍重存候、近日可令参洛
候条、旁懸御目余条可申述候、恐々謹言、
三月廿三日　（三好）長慶（花押）
（策彦周良）妙智院
貴報

○三好長慶は永禄三年一月二一日から同七年まで修理大夫。
本文書はその期間に発給されたものである。

八　織田信長黒印状（折紙）

「（封紙ウハ書）
妙智院　尊報　　　弾正忠
　　　　　　　　　　信長」

西院（葛野郡）之内院領安弘名事、相違ニ付委細承候、本懐之至候、自今已後為御直務、院納不可有相違候、仍菓子箱・舟皿・室盆贈給候、令拝受候、塗色已下不尋常間、自愛候、度々御懇情大慶候、猶夕庵（武井）可申候、恐惶敬白、

（元亀三年カ）九月十九日　　　信長（織田）（黒印）

妙智院（策彦周良）　尊報

九　武井夕庵・木下秀吉連署書状（折紙）

西院（葛野郡）之内妙智院策彦（周良）東堂御寺領分安弘名之事、殿様（織田信長）ゟ被仰付御寺へ可為御直納之旨、被成御印判上ハ、年貢諸公事物又無不法懈怠、可致其沙汰候、石成（友通）方へも右之分被仰出候間、聊以不可有別条、指出之儀相調候て、妙智院納所へ可渡進候、或者隠田、或上田迄薄地ニ替、恣之族於有之者、可被処厳科候、此旨従両人可申之由候、恐々謹言、

（元亀三年カ）九月廿日　　　夕庵（武井）　爾云（花押）
　　　　　　　　　　木下藤吉郎
　　　　　　　　　　　秀吉（花押）

西院之内妙智院領
百姓（姓）中

一〇　織田信長判物（折紙）

越前・江北之国主（朝倉義景・浅井長政）皆以討果候、就其御尋快然之至候、散近年之鬱憤開隙（陣）候、仍沈香一包贈給候、御懇切候、今月下旬可為上洛之条、以拝顔万端可申述候、猶夕庵（武井）可申候、恐惶敬白、

（天正元年）九月八日　　　弾正忠
　　　　　　　　　　信長（織田）（花押）

妙智院（策彦周良）
　回鱗

一一　村井貞勝・明智光秀連署書状（折紙）

妙智院領西院（葛野郡）内安弘名之事、先年今井請文之田数等無紛

候間、以其筋目御直納之義、不可有別儀候、小作前可被
仰付候、恐惶謹言、

天正元
十二月十六日　村井民部少輔
貞勝（花押）
明智十兵衛尉
光秀（花押）

策彦(周良)東堂様
侍衣閣下

○西院内安弘名は元亀三年カ九月一九日に織田信長が妙智院に直務を伝え（本書妙智院八号文書）、翌二〇日に武井夕庵・木下秀吉が百姓中に布達（同九号文書）。

一二　村井貞勝・明智光秀連署書状（折紙）

西院(葛野郡)之内安弘名之事、任帳面、策彦(周良)和尚へ可納所候、今井申事候所茂、彼帳面之内ニ候之条、無異儀可令寺納候、謹言、

天正元
拾二月十六日　村井
貞勝（花押）
明智
光秀（花押）

西院之内当知
小作中

一三　織田信長黒印状（折紙）

(封紙ウハ書)「等持院　信長」

就在陣音耗(信カ)物一折送給候、遙々芳恵忻然之至候、此面如存分申付候、近日可令帰陣候者、期面謁候也、恐々謹言、

(天正五年)三月十六日　(織田)信長（黒印）

等持院

一四　細川藤賢書状

先日者遠路御下向、殊和漢之儀雖卒爾之様候、申候処、依御同心興行之段尤本望至候、其已後聽而以使者可申入之砌、兎角延引所存之別候、必々上洛刻企参扣、旁可申述候、委細禅昌院可有演説候、恐惶謹言、

十一月十六日　(細川)藤賢（花押）

妙智院(策彦周良)
侍衣閣下

○策彦周良の没年（天正七年）によりここにおく。
○細川藤賢（一五一七～九〇）は尹賢の子。

一五　聖護院道澄書状

猶々五岳衆之四五人之外不可有之候歟、於御請者於
我等可為欣然候、将又雖些少之至、一裹十帖進之候、

其以後者久不能書信非素意候、抑於　禁中近日御聯句千句可被遊由候、然者御人数無之候間、必可有参勤由相心得可申述旨候、但去年も終依不被御請申、自民部卿法印（前田玄以）異見可然候歟と、雖取沙汰候、最前首尾ニ付而、先内証如此候、細々御煩気之通、雖及御理候、然々無御信用相聞候、第一御数寄故、又者梅谷（天保）依老屈不可有参　内由候、然者禅昌（有和寿筠）・慈照（有節瑞保）其外定一両人之外不可有之候間、無異儀御請可然存候、策彦（周良）和尚已来累代参　内、不混自余御名誉候歟、御分別簡要候事候、不宣、

孟夏初八　（聖護院道澄）（花押）

（切封）

妙智院（三章令彰）
硯石　雪

○前田玄以が民部卿法印と号するのは、慶長元年五月まで。
本文書はそれ以前のものと考えられる。

第二部　研究編

天龍寺文書の構成と内容

原田正俊

はじめに

天龍寺は正式には霊亀山天龍資聖禅寺といい、五山の第一位に列せられた臨済禅の名刹である。現在は臨済宗天龍寺派の本山となっている。

天龍寺が開かれた嵯峨の地にはかつて禅宗に縁のある檀林寺があり、嵯峨天皇の皇后橘嘉智子が禅の教えを聞いた場所としても有名である。同地は平安時代より名勝の地としても知られ、清涼寺や法輪寺といった寺院がはやくに開かれていた。鎌倉時代には後嵯峨上皇が亀山殿を造営し、この離宮は後醍醐天皇に伝領された。この時期の嵯峨の様相は「山城国嵯峨亀山殿近辺屋敷図」(1)(天龍寺蔵)に詳しいが、大堰川から清涼寺に向かって朱雀大路が通り、その西には亀山殿の惣門前を南北に走る惣門前路があり、亀山殿、芹河殿、浄金剛院、西禅寺、院近臣の宿所が整然と並ぶ地であった。(2)

鎌倉時代の最末期には、大堰川に面した川端殿の地に後醍醐天皇皇子で早世した世良親王の菩提を弔うため臨川寺が開創され、禅僧である元翁本元が開山となった。臨川寺は建武新政期には、後醍醐天皇によって夢窓疎石を開山とする禅寺に改められた。

臨川寺は夢窓疎石の退隠の場となり、臨川寺三会院を夢窓墳墓の地として開山堂が造られている。夢窓の弟子は数多く、夢窓派（嵯峨門派）を形成し、室町時代の五山の主流派として展開していく。臨川寺は十刹の第一位にも入り、一時期五山に編入された時期もあり、夢窓派結集の禅刹として繁栄した。

暦応二年（一三三九）、後醍醐天皇が吉野で没すると、足利尊氏・直義兄弟はその菩提を弔うための一寺建立を発願し、荒廃していた亀山殿を寺院に改めることとなった。室町幕府の意向を受けた光厳上皇の院宣によって、その造営と開山に夢窓疎石を迎えることが決定された。こうして創建された天龍寺は公家・武家の尊崇と外護を受け、嵯峨の中心として大伽藍を誇ることとなった。

この後、足利義満によって康暦元年（一三七九）興聖寺が嵯峨に開かれ、開山には夢窓の弟子、春屋妙葩が迎えられた。寺号は大福田宝幢寺と改称され大規模な伽藍が造営された。宝幢寺のなかに開山塔として鹿王院が置かれ、春屋門派の結集の地となった。中世末に宝幢寺が衰微すると鹿王院がその文書・宝物を守り現在に至っている。

こうして嵯峨は臨川寺、天龍寺、さらに宝幢寺と大規模な禅寺とそれを取り巻く数多くの禅院が甍を並べる地となった。

本書はこの天龍寺に伝えられた文書を中心に現在寺外の各機関にある天龍寺関係文書と天龍寺塔頭が現蔵する文書を集成したものである。なお、収録した文書は原則、慶長五年（一六〇〇）以前のものとし、一部、中世以来の書き継ぎ文書を収めた。以下、その概要を明らかにしていきたい。

一　天龍寺常住所蔵文書の構成

現在、天龍寺常住（本坊）には鎌倉時代末から大正時代に至る約二五〇〇点の文書が残されている。主要なものは一五の箱に収納され、中・近世の貴重書は巻子に仕立てられている。文書は本寺の天龍寺文書以外に臨川寺・臨川寺三会院・塔頭宝篋院の文書を含んでおり、正確には天龍寺関係文書群が天龍寺常住に伝来している。

臨川寺は先述のような歴史をもち天龍寺とは別個の寺院であるが、夢窓派の拠点でもあり、天龍寺とは関係深かった。室町時代における夢窓の百年忌法会などをみても、天龍寺内におかれた開山塔頭である雲居庵での法会とあわせて臨川寺三会院においての諷経がなされ、天龍寺僧衆はこの間を行き来している[3]。しかし、近世には天龍寺の一塔頭と位置づけられたことにともない、臨川寺文書も天龍寺常住の管轄に入ったと考えられる。現存する文書は巻子装に改められたものも多く、近世後期に整理がなされたとみられ、外題には臨川寺文書に天龍寺蔵と記されたものもある[4]。

宝篋院は足利義詮の院号を冠する寺であるが、もとは善入寺と称していた。善入寺は、「山城国嵯峨諸寺応永鈞命絵図[5]」（天龍寺蔵）では釈迦堂清凉寺の西に門を開く場所に描かれている。善入寺は貞和年間（一三四五～一三五〇）に足利義詮が黙庵周諭を開山として禅寺に改め、宝篋院は義詮の遺骨を納める塔所となった。所蔵文書は当院の衰退によって近世末に天龍寺本坊に移ったと推測される。

これらの天龍寺文書については、一九七八・九年に京都府教育委員会によって国庫補助事業として緊急古文書調査が行われ、京都府教育委員会編『天龍寺古文書目録』が出されている。この目録においては、中世から近代までの文書を一五の箱毎に目録を作成し、さらに江戸時代に作成された天龍寺の公的日記である年中記録の目録を掲載している。

その後、一九八七年から九一年にかけて、京都府立総合資料館によって天龍寺文書の再調査が行われ、目録として『天龍寺古文書目録補遺』『天龍寺古文書目録補遺Ⅱ』『天龍寺古文書目録補遺Ⅲ』が作成されている。江戸時代の指図類、年中記録、遠忌記録、さらに軸装のものを中心に中世文書の目録が追加された。これら、天龍寺所蔵の古文書は写真撮影され、目録とともに京都府立総合資料館で公開されている。

また、天龍寺文書は中世文書を中心に京都大学文学部古文書室、東京大学史料編纂所で影写本が作成され、東京大学史料編纂所では写真帳も公開されて、これまで研究に使われてきた。天龍寺や臨川寺の荘園文書は関係する石川県・兵庫県などの自治体史でも史料編などに一部掲載されている。

本書ではこうした成果をもとに、天龍寺所蔵の文書を中心に塔頭文書と寺外に現存する天龍寺関係文書を集成し、天龍寺・臨川寺を中心とした寺院文書の全体像を示すことを目指した。

塔頭文書としては、慈済院文書、妙智院文書を文書編付録の関連諸塔頭文書に収録した。ただし、現段階で判明しているもので、天龍寺山内の諸塔頭を悉皆調査した成果ではない。

寺外に現存する天龍寺関係文書群としては、①国文学研究資料館所蔵文書（臨川寺文書）、②兵庫県尼崎市教育委員会所蔵文書（臨川寺文書・天龍寺寿寧院文書）、③東京大学文学部所蔵寿寧院文書、④尊経閣文庫所蔵真乗院文書（一部）⑤鹿王院所蔵臨川寺重書案文を収録した。

①国文学研究資料館所蔵文書（臨川寺文書）はこれまでもよく知られているが、(6) 臨川寺文書が新町三井家によって購入され、その後、国文学研究資料館の所蔵となったものである。寛正三年（一四六二）以降の臨川寺文書が残されており、本書には慶長五年（一六〇〇）以前の文書を編年して収録した。天龍寺所蔵文書に正文・案文がある場合は案文などの掲載は省略した。正文・案文の所在は巻末の編年総目録に示している。

②兵庫県尼崎市教育委員会所蔵文書（臨川寺三会院文書・天龍寺寿寧院文書）については、詳細は本書研究編の楞野論文にゆずるが、本文書群には臨川寺三会院文書と天龍寺塔頭寿寧院文書が含まれている。これらの文書は、はやくに寺外に出て新町三井家の購入するところとなり、その後、市場に出て尼崎市教育委員会の所蔵となった。本文書群のうち、臨川寺三会院文書は「三会院重書案文」であり、臨川寺三会院にあった文書一一二点の案文を折本に書き記し

たものである。本書では各文書を編年順に収録した。某院所領目録は天龍寺寿寧院文書に含まれていたものと考えられ、これについては付録の関連諸塔頭文書に収録した。

③東京大学文学部所蔵寿寧院文書、④尊経閣文庫所蔵真乗院文書（一部）については、付録の関連諸塔頭文書に編年順に掲載した。東京大学文学部所蔵寿寧院文書は先述の某院所領目録と関連するものである。④尊経閣文庫所蔵真乗院文書は伝来の過程は明らかではないが、和田家文書を含んでおり、これについては『大阪狭山市史』第二巻史料編古代・中世に翻刻が載せられていることもあり、本書では天龍寺関係のもの二三点を収録した。天龍寺真乗院文書の名称が如何なる理由で付されたかはわからないが、内容的には天龍寺慈済院文書の一部と考えられるものが含まれている。

⑤鹿王院所蔵臨川寺重書案文御教書は、現在、嵯峨鹿王院に所蔵されているが、天龍寺に所蔵されている臨川寺重書案文勅裁・臨川寺重書案文御教書と一揃いのものと考えられる。鹿王院所蔵臨川寺重書案文御教書は既に『鹿王院文書の研究』（思文閣出版、二〇〇〇年）に収録しているが、臨川寺文書の一端ということで本書にも編年順で再録した。鹿王院は天龍寺の北東に位置し、春屋妙葩を中心とした鹿王門派の拠点であった。天龍寺・臨川寺とも関わり深く文書の移動や副本の作成がなされたと考えられる。

以上のような天龍寺に関係する文書群を本書に収録した。今一度整理すれば、第一部文書編には天龍寺所蔵の天龍寺・臨川寺・宝篋院文書、国文学研究資料館所蔵文書（臨川寺文書）、兵庫県尼崎市教育委員会所蔵の臨川寺文書（臨川寺三会院重書案文）、鹿王院所蔵臨川寺重書案文御教書を編年順で収録し、その他の文書群は所蔵者毎に付録の関連諸塔頭文書に収めた。

天龍寺所蔵文書は天龍寺・臨川寺など複数の文書群が含まれていることから、寺外に出た臨川寺文書は近世には天龍寺にあった臨川寺文書と同系統のものとしてこうした構成で掲載した。天龍寺・臨川寺文書が入り交じって編年順で並ぶことになるが、このような経緯を踏まえてのこととして了解していただきたい。

ちなみに夢窓・春屋をはじめとした初期の有力な禅僧への寄進文書や諸職任命文書は個人宛に出されることが多く、その後、関係寺院に分有される場合が多い(7)。

二　天龍寺文書の内容と特色

天龍寺所蔵文書についてその内容と特色についてみていく。研究編において荘園関係、臨川寺の成立、戦国織豊期の天龍寺に関しては各論で詳述されるので、本章では本書利用の便を考えて次節にわたり文書群の概要と特色を示しておく。

一般に天龍寺文書といわれるが、現実には臨川寺文書が多数を占めることがまず注目される。編年順にみていくと鎌倉時代後期から建武新政期には、天龍寺創建以前でもあり後醍醐天皇から臨川寺、夢窓疎石宛の文書がある。後醍醐天皇は建武新政以前に夢窓を南禅寺住持として招き、さらに臨川寺を夢窓に与えその門派が継承する寺として手厚く保護した〈本書文書編一九・二八号、以下番号のみ〉。文書のなかでは臨川寺に対する後醍醐天皇の熱心な外護の様をうかがうことができる。これは室町幕府成立後も継承され、足利尊氏、光厳上皇による保護もみることができる〈三一・三六〉。

荘園としては臨川寺領加賀国大野庄に関わる文書が多く、また臨川寺周辺の大井郷の地を与えられている〈二三・三一・三三〉。光厳上皇はさらに大井郷内の闕所地、臨川寺の西北にあった遮那院ならびに屋地も寄進して〈三八〉、現在の天龍寺の北側も臨川寺の寺領が及んでいた。臨川寺が嵯峨を代表する大規模な寺院として成長していったことがわかる。

事実、貞和三年（一三四七）夢窓の裏書きのある「山城国臨川寺領大井郷界畔絵図」(8)（天龍寺蔵）には大堰川に面して幅五間二層の三門が描かれている。この絵図は天龍寺開創によって臨川寺との境界相論が起こることを防ぐため夢窓が大井郷領有の区分を確認したものである〈七五〉。臨川寺には夢窓が生前に自らの塔所として三会院を構えるが、暦応三年（一三四〇）にははやくも細川和氏によって三会院に河内国橋島庄が寄進されている〈四五〉。

臨川寺および臨川寺三会院は夢窓が生前からその運営に配慮した、門派にとって根本の寺院であり、暦応二年（一三三九）夢窓が定めた「臨川家訓」「三会院遺誡」によって寺の在り方が規定されている。(9) これによれば、臨川寺住持は、三会院塔主と門弟で評議のうえ推挙し、人材がいない場合は他門から招くこともあるとしている。寺僧については夢窓の弟子以外の他門派でもかまわないとしている。ただ、近年の傾向として縁故によって僧衆を無制限に増加させることは寺の衰微のもとであるとして定員を設けるとした。草創期、臨川寺住僧の定員は、沙弥喝食などの掛搭（入門）者は五人、寺内役職者である都寺・首座などの東班西班は一〇人、侍者は四人とされている。この他に僧衆がいたわけであるが、他寺からの移り住む老僧や諸山・十刹・五山の住持経験者が加わることとの規定もあることから、数十人の僧侶が住む寺であったことがわかる。禅院の規則である清規を守り坐禅などの修行の励行を説くが、清規については必ずしも大寺院と同様の儀式法会を行う必要はないとしている。夢窓が自らの理想とする修禅の場を設けようとしていたことがわかる。

臨川寺には禅堂や各役職者が起居する寮舎が設けられ仏殿もあった。ただ、法堂を構える必要はないとしており、昨今は法堂で大がかりな説法を行う力量のあるものは少ないとして、体裁ばかり整えるのではなく、先学のように方丈で法を説けばよいとしている。また、臨川寺内に三会院を建立し弥勒菩薩を安置して、世良親王の菩提を弔うとともに夢窓の塔所と定めている。さらに、臨川寺および末寺の重要文書は紛失することがないように三会院に置くとしている。本書所収の臨川寺文書もこの規定に従い三会院に保管されたことがわかる。

三会院について、院主は臨川寺に起居する夢窓の弟子から選び、守塔侍者と免僧も臨川寺内から選ばれた。院主・

侍者・免僧二人・行者三人・人工三人の計一〇名が定員とされた。三会院の運営と荘園経営については臨川寺長老・門徒の老僧と協議して行い、決して勝手に執り行ってはいけないとしている。三会院はあくまで開山塔として臨川寺のもとに置かれていたことがわかる。

夢窓は三会院の東に枯山水を築き景観を整え、隣地には菜園用の土地を買得している。菜園については「山城国臨川寺領大井郷界畔絵図」をみると臨川寺北側に広い菜園が描かれている。

観応二年(一三五一)四月、夢窓は前年よりの病をおして天龍寺に再住し、後醍醐天皇一三回忌の仏事を終えて退院した。八月二四日には詰めかける僧俗二千五百余人に授戒付衣し、九月三〇日に臨川寺三会院において没した。三会院に土葬して、爪髪を天龍寺雲居庵に納めた(10)。雲居庵は天龍寺における開山塔である。夢窓は臨川寺を自門派の拠点とし、天龍寺は公界寺、官寺として諸門派から住持が出る寺とした。事実、天龍寺には元よりの来日僧で曹洞宗宏智派の東陵永璵が第三世住持として迎えられている。臨川寺と天龍寺の関係と性格の差をここにみることができる(11)。

臨川寺文書についてみていくと、近隣、罧原の寄進文書〈六九〉など所領の順調な増加をうかがうことができる。この後も、足利直義〈九四〉、大高重成〈一〇三〉、諏訪円忠〈一〇五〉、渋川直頼〈一一〇〉、後醍醐天皇息女宣政門院懽子内親王〈一三七〉などが臨川寺三会院に次々と荘園を寄進している。

貞和五年(一三四九)には、臨川寺住持、柳渓契愚の申請によって、大井郷・加賀国大野庄以下の所領について太政官符が出され、伊勢太神宮役夫工米など公役の免除がうたわれている〈七八~八〇〉。同様に臨川寺三会院に対しても太政官符が出された〈八一~八四〉。

この前後、太政官符・官宣旨といった大仰な文書形式で円覚寺・南禅寺・天龍寺・宝幢寺など禅寺に朝廷から数多くの文書が出されるが、これについては別稿で詳しく論じたように公武あげての禅宗寺院の国家的寺院としての認定であった(12)。こうした保護によって臨川寺をはじめ禅寺は安定的な運営を計るのである。

文和二年（一三五三）、足利尊氏は臨川寺を「後醍醐院勅願、夢窓国師寂場、禅宗再興之聖跡、君臣帰依之霊地」とし、夢窓門派が代々継承する寺（門徒寺・徒弟院）ではあるが東福寺が徒弟院であることの例にならい、臨川寺を十刹に准ずるものとして認定した〈一三六〉。先の太政官符を受けての官寺化の動きといえよう。こうして臨川寺は嵯峨の有力な禅院として地歩を固めていった。

天龍寺についてみていくと、天龍寺文書としては天龍寺草創期の文書が意外に少ないことがわかる。暦応二年（一三三九）一〇月五日付、光厳上皇院宣案は、後醍醐天皇の菩提を弔うため亀山殿を仏閣に改めること、夢窓を開山として寺の管領を命じている〈四三〉。この後、貞和二年（一三四六）天龍寺領信濃国四宮庄士貢注文案〈六七〉・同庄田在家目録案〈六八〉がある。次いで観応二年（一三五一）尼性戒寄進状案〈九五・九六〉をみることができる。天龍寺にとって重要な文書としては観応二年八月一六日付、足利尊氏御内書案〈九八〉があり、尊氏が天龍寺を足利家の子孫・一族・家人など末代まで帰依して天龍寺の興隆に尽くすとした置文である。この文書も正文が伝わらず、長禄四年（一四六〇）に足利義政がこの案文に花押をすえて内容が相違ないことを確認している。

観応三年には、足利尊氏は天龍寺領について改動があってはならないとし、丹波国瓦屋庄南北を本寺僧食と足利家追福の所領として寄進している〈一二一〉。

このように天龍寺の初期の動向は文書で追うことはできるものの、文書の正文は残らずほとんどが天龍寺重書目録甲・乙によっていることがわかる。これは天龍寺が火災などで草創期の重書の多くを失っているせいである。

創建時の天龍寺供養などにかかわるものや、夢窓・春屋個人に関係する文書は嵯峨鹿王院に所蔵されており、『鹿王院文書の研究』（思文閣出版、二〇〇〇年）をあわせ参照すると天龍寺の歴史も完全なものとなる。

天龍寺は開創以来度々の火災で伽藍が焼失している。延文三年（一三五八）正月四日、龍山徳見が住持の時にはやくも伽藍の多くを焼失している。開創以来一九年、貞和元年（一三四五）開堂供養以来一三年にしてこの災禍に遭った。

この時、かろうじて開山塔のある雲居庵・後醍醐天皇の廟所である多宝院・亀頂塔・霊庇廟がのこった[13]。等持寺長老であった春屋妙葩が雲居庵主を兼ね、朝廷より造営の大勧進職に任ぜられ〈一三六三・一三六四〉復興にあたり仏殿・三門・方丈を復興している[14]。春屋のもとで義堂周信などが諸国の勧進にあたり、義堂は土佐を担当している。禅僧の勧進活動をみるうえで注目される。

康安元年（一三六一）、今度は臨川寺が焼失して、春屋が住持に迎えられ復興した[15]。

天龍寺は貞治六年（一三六七）に延文三年以来、九年で再び火災に遭い、再度、春屋が大勧進職に任命されて復興にあたり〈一三一五〉、同年八月一〇日春屋は天龍寺に再住して伽藍の再建を進めた[16]。しかし、応安六年（一三七三）九月二八日夜、またもや火災に見舞われている。この時には仏殿・法堂・僧堂・衆寮・東司・山門が焼亡した[17]。

康暦二年（一三八〇）一二月一三日の火災では、東廊および文庫が焼失し、都聞が外出中で鍵をかけていたこともあり、開山以来の公文がみな焼けたとされる。開山塔頭の雲居庵は東垣叢竹を焼いただけでのこった[18]。

この火災によって天龍寺は草創期から康暦二年までの重書を失うことになったのである。火災の記事と「山城国臨川寺領大井郷界畔絵図」を照合すると、建物の配置はわからないものの、天龍寺の法堂や仏殿をめぐる東側の廊下が焼け、その近くに文庫があり焼失したと考えられる。絵図が書かれた貞和三年（一三四七）時の天龍寺は、本坊敷地北側に東（三門側手前）から金剛院、雲居庵と並んでいたが、雲居庵の東垣が焼けたということであるから、金剛院との境が焼けたということで、文庫は両院の境付近にあったと想定される。

康暦二年の火災以降、天龍寺は平穏な日々が続き、応永二三年（一四一六）に将軍足利義持の命で書かれた「山城国嵯峨諸寺応永鈞命絵図」にみるように嵯峨には一五〇余の禅宗の寺庵が建ち並ぶ繁栄をみせた。天龍寺伽藍の様相はこの絵図からはわからないものの、塔頭の配置は変わり、雲居庵に隣接していた金剛院が三門前の道路（大堰川から釈迦堂に続く嵯峨の中心路）を挟み向かい側に出ている。金剛院は光厳上皇の塔所であり重要な塔頭であった。先の康暦二年の火災後、防火上の配慮もあり移転されたとも考えられる。

六七年後、文安四年（一四四七）七月五日、天龍寺は炎上し、七堂西廊が焼亡し、雲居庵はかろうじてのこった。文庫は完全なものでなかったためまたもや文書が皆焼けてしまった[19]。

火災後、天龍寺雑掌は綸旨・院宣・官符・代々御判等が焼失したことを幕府に届け出て、焼失文書がこれまで通り効力があるものとして文安四年八月二八日付で室町幕府管領細川勝元下知状により確認された〈四四九〉。

巻末の編年文書目録をみるとわかるように、文安四年七月以前で正文が現存する天龍寺文書は一六三・一六四・二一三・二一四・二一五・三六四・三九三・四四三のわずか八点である。正文がたくさんあるよう思われるが、実際は臨川寺文書など天龍寺以外のものばかりである。

臨川寺と同様、天龍寺にも南北朝期に官宣旨や太政官符が出されているが、案文しかのこらず貞治三年（一三六四）五月一五日付、官宣旨案〈一七九〉があるだけである、しかし、この文書中にみえるように、これより先、貞和五年（一三四九）七月六日付で太政官符が天龍寺にも出されていたことがわかり、臨川寺の太政官符と同年であることは注目される。これらについては貞治三年の官宣旨案で確認されているので案文が作成されなかったとみられる。

天龍寺金剛院宛の同様の太政官符・官宣旨は応安二年（一三六九）に出され鹿王院文書のなかに伝来している。金剛院は光厳上皇の塔所で春屋妙葩が管領した塔頭でもあり、人に付属して春屋の塔頭である鹿王院にのこされたのである。

この後、天龍寺は応仁文明の乱でも被害を受け、応仁二年（一四六八）九月一六日、天龍寺・臨川寺が焼失[20]、文明一二年（一四八〇）頃になってようやく天龍寺・臨川寺が形の如く取り立てられていたが、諸塔頭の多くは荒野となっていた[21]。

江戸時代にも文化一二年（一八一五）一月五日に大火に遭い、幕末には蛤御門の変に際し長州藩が陣取り、元治元年

（一八六四）七月二〇日に薩摩藩の攻撃を受けて焼亡し、伽藍の中心部と境内南側塔頭が焼け落ちた。

こうした経過もあり、天龍寺文書は案文が多く、臨川寺においても重書案を作成して文書の保管・使用にあたった。次節では本書所収の重書案の特色を検討していく。

三　重書案にみる文書管理

本書所収の天龍寺関係文書のなかには①天龍寺重書目録甲・乙（天龍寺蔵）、②臨川寺三会院重書案（兵庫県尼崎市教育委員会蔵）、③臨川寺重書案文勅裁（天龍寺蔵）、④臨川寺重書案文御教書（天龍寺蔵）、⑤臨川寺重書案文御教書（鹿王院蔵）といった重書目録、重書案と名づけられた案文集がある。各重書案文所収の文書は第一部文書編に編年順に掲載した。しかし、各文書を分散させると、重書案自体に書き込まれた文言が落ちてしまうのと重書案のもつ意味合いや古文書学的な特色がわかりづらくなるので、六〇一頁以下に重書案文の骨子目録を示している。以下、その内容と特色を検討していく。

①天龍寺重書目録甲・乙（天龍寺蔵）は、縦三一・〇×横一六・〇（単位はセンチメートル、以下略）で縦長の折本二冊に重書が写されている。天龍寺重書目録甲には、骨子目録に示したように冒頭に足利義政の花押がすえられており、七四通の文書案が並び、最初の文書は文安四年（一四四七）八月二八日付の室町幕府管領細川勝元下知状案で正文は〈四四九〉である。この文書では先にふれたように文安四年の天龍寺火災以前の重書の効力を確認している。文安四年の火災による文書の消滅がいかに深刻であったかがわかる。

二・三・四通目（以下骨子目録の番号は通目を付けて表示）は文安四年の管領細川勝元下知状案による諸国段銭等の免除、幕府が天龍寺都聞に対して天龍寺領諸国の荘園に段銭を賦課して造営料に充てるよう命じたもの、文安五年の造営材木輸送の過書である。この三通は文安四年の火災後の復興にまず必要な文書で、これらが冒頭に掲げられている。

二通目は〈四四七〉に正文があり、三は〈四四八〉で現在はこの重書案の文書しかないが、重書案作成時、長禄二年（一四五八）の時点では正文があったようで、案文の右肩に「正文在之」の文字がある。当時正文があったものについてはこうした注記が付された。

五～一六通目は、暦応二年（一三三九）一〇月五日付の光厳上皇による天龍寺建立の院宣案からはじまり足利尊氏による寺領への違乱停止の御内書と続き、足利義詮・義満・義教による諸役免除・所領安堵に関する基本的な天龍寺の運営・保護・所領関係文書が並ぶ。

ただし、一五通目に年未詳二月一〇日付、足利義詮御内書案があり、天龍寺雲居庵文書を一見し、校正案をもって正文と同様の効力を確認するとの文書が挿入されている。これについては将軍の歴代からいっても順序がくずれているが、同様の内容をもつ文書が臨川寺に対しても出されており〈一四四〉、天龍寺雲居庵・臨川寺ともに重書案作成が室町幕府によってはやくから認められていたことがわかる。

一七通目以降は、基本的に諸国の荘園毎に文書がまとめられ、全体として編年順になっているわけではない。五三・五五～五七通目は足利義持による役夫工米停止など全体に関わる文書が挿入されている。末尾には管領細川勝元の花押がある。

天龍寺重書目録乙は甲本同様、冒頭に足利義政の花押があり、第一通目は貞治元年（一三六二）の上杉道昌寄進状案からはじまり、基本的に荘園別に配列される。応永二七年（一四二〇）四月一九日付の細川満元による各地への施行・遵行状案が並ぶが、甲本にあった同年四月一七日付の足利義持による天龍寺領に対する段銭以下免除の下知状を受けてのものである。

応永二七年発給の文書がかなり多いが、この年二月九日には嵯峨宝幢寺で盛大な供養が行われている。応永二七年は、応永二三年（一四一六）に起こった上杉禅秀の乱の余波も収束し幕府のもとでのしばしの平穏が実現した時期であり、将軍足利義持は禅宗を熱心に信仰したことでも知られるが、将軍の権勢を誇示するかのように盛大な宝幢寺供養を行った。

宝幢寺供養には、義持が臨席するのみでなく現任の公卿はほとんど出仕という様で、義持の叔父（義満の弟）で禅僧であった廷用宗器を導師に五山十刹の長老が出頭し、数百の随兵が宝幢寺を警護した。称光天皇や後小松上皇も布施を出し、公武あげての盛儀であり、義満の相国寺供養の如しと称された[22]。こうした、義持の手厚い禅宗保護を内外に示す法会の後、宝幢寺は春屋妙葩が開山でもあり、天龍寺とも関係深く、天龍寺側からの働きかけでこうした諸公事停止の文書が一挙に出されたと考えられる。

天龍寺重書目録乙の末尾には、管領細川勝元によってこの甲乙両巻の案文をもって正文に準ずるとの確認がなされている。甲本冒頭の足利義政とあわせて室町幕府による公的な文書効力の保証である。

②臨川寺三会院重書案（兵庫県尼崎市教育委員会蔵）は、縦三〇・〇×横一七・〇の折本である。骨子目録の六一〇頁に示したように冒頭には依田時朝など三名の奉行人が裏封をし、足利義満・義持・義教・義政・義稙の花押が並んでおり、各代に安堵を受けたことがわかる。

第一通目は永徳二年（一三八二）七月一一日付、室町幕府御教書であり、この部分は正文〈二七三〉で以下、三会院の一二ヶ所の荘園目録があり、荘園毎に関わる文書目録と案文が写されている。以下同様に目録・案文と続く。荘園の伝領文書が多く、最古の文書は嘉元元年（一三〇三）一一月二一日付文書で、永徳三年（一三八三）正月二〇日付文書までが収録されている。

文書は必ずしも編年順ではなく、将軍の寄進状など上位の重要文書から配列されている。各文書目録の前には校正した旨が異筆で記され、厳密に案文が作成されたことがわかる。

六二〇頁にあるように臨川寺三会院領の山城国散在田畠幷洛中敷地目録が書き上げられ、寄進者と寄進年月日が記入されている。その後に各地に関する寄進状などが写されており、文書管理の上でもよく整理されたものとなっている。一一一通目では、永徳二年二月二二日付で山城国散在田畠・洛中散在敷地について後円融天皇綸旨案によって総安堵がなされ、一一二通目最後の文書では幕府による施行状が出されている。

重書案の末尾には、永徳二年三月晦日の日付と天龍寺住持春屋妙葩・前南禅龍湫周沢・前南禅清谿通徹・臨川寺住持謙叟周襲が花押をすえている。署判者は夢窓の弟子たちのなかでも門派の中心をなした人物が名を連ねている。

③臨川寺重書案文勅裁（天龍寺蔵）は、縦三一・〇×横一五・四の折本で、公家方から臨川寺に出された文書の案文集である。臨川寺創建期からの重要文書がこれに載せられている。②が臨川寺開山塔三会院のものであることから、本寺臨川寺分は別の重書案が作成されている。

元弘三年（一三三三）七月二三日付、後醍醐天皇綸旨案からはじまり、応安六年（一三七三）閏一〇月一〇日付、後光厳上皇院宣案まで二七通が載せられている。臨川寺の管領にかかわるものから、加賀国大野庄・阿波国富吉庄・若狭国耳西郷半分・近江国榎木庄・駿河国田尻郷などの文書、大井郷領有にかかわるものと諸役免除の文書がある。

末尾には等持院主空谷明応・天龍寺雲居庵主中山中嵩・大光明寺月庭周朗・相国寺崇寿院主無求周伸、臨川寺住持東啓梵晃が連署している。空谷明応が等持院主であったのは応永五年（一三九八）五月一八日から同七年春であることから、[23]この頃作成されたと考えられる。無求が崇寿院主（最初は資寿院）になったのは至徳三年（一三八六）以降である。署判者の肩書きから現住寺院の門派や権限には関係なく夢窓派下の主要な禅僧が連署していることとなる。

④臨川寺重書案文御教書（天龍寺蔵）は、縦三一・〇×横一五・四の折本で、応永一五年（一四〇八）一〇月五日付の足利義持御判御教書案からはじまり、延徳三年（一四九一）九月一七日付、室町幕府奉行人連署奉書案まで四九通が掲載されている。足利義持による臨川寺・三会院に対する諸役免除からはじまり、臨川寺を十刹第二位に列したものなど全体にかかわるものが最初に置かれ、加賀国大野庄など個別荘園毎の文書が続く。

⑤臨川寺重書案文御教書（鹿王院蔵）は、縦三〇・四×横一五・一の折本で、応永一一年（一四〇四）七月二日付、室町幕府御教書案が冒頭に置かれ、臨川寺の重書は容易に庫蔵から出すことができないので、一巻にまとめて案文を作成して今後はこの校正案をもって正文に准じて使用することを認めている。この部分は花押影であり正文は残らず、この重書案全体が写しである可能性もある。

第二通目は建武三年（一三三六）一一月二三日付、足利尊氏御内書案で、臨川寺幷寺領安堵の文書を一見しその効力を認めている。正文は〈四〇〉として現存している。三・四通目は、尊氏・義詮による「准十刹」の寺格認定の文書がある。五通目は文和三年二月一〇日付とされる足利義詮の御内書で、臨川寺文書を一見し、「開山（夢窓）国師遺跡之亀鑑也」としてみだりに出納せず校正案をもって利用するように定めている。校正案には細川頼春が裏封をして返却したことがわかる。この文書の正文は重書案中の案文とは別に伝来している〈一四四〉。但し、文和三年の文言は正文にはなく、細川頼春は正平七年（一三五二）閏二月二〇日に没しているため、これ以前に出されたものと考えられる。足利義詮の代に一度重書案が作成され、さらにその後あらたなこの重書案文が作成されたことがわかる。

一二・一三通目に康暦二年（一三八〇）の臨川寺領内土倉酒屋役免除、臨川寺領諸役免除の文書があり、その後は、加賀国大野庄以下、諸荘園関係文書が続き各荘園毎に分類され、その中での編年順となっている。一番新しい年紀をもつ文書は冒頭の応永一一年（一四〇四）の校正案文を認めた文書である。⑤の重書案作成後これにならい④がまとめられたとみられる。

末尾には③と同様で、等持院主空谷明応・天龍寺雲居庵主中山中嵩・大光明寺月庭周朗・相国寺崇寿院主無求周伸、臨川寺住持東啓梵晃が連署している。③とほぼ同時期の作成と考えられるが、この重書案は所収文書から応永一一年以降の作成となる。(24)

以上みてきたように、天龍寺・臨川寺文書に案文が多い理由が明らかになったとともに、天龍寺関係寺院の文書管理の在り方としても大きな特徴ということができる[25]。

整理すれば重書案（校正案文）は足利義詮の命によって臨川寺・天龍寺雲居庵で作成が行われ、これら重書案は現存しないものの、これを受けて②臨川寺三会院重書案（兵庫県尼崎市教育委員会蔵）、③臨川寺重書案文勅裁（天龍寺蔵）、⑤臨川寺重書案文御教書（鹿王院蔵）、④臨川寺重書案文御教書（天龍寺蔵）が作成された。天龍寺でも、もとの雲居庵の重書案も存在したと考えられるが、文安四年（一四四七）の大火後、①天龍寺重書目録甲・乙（天龍寺蔵）が作られたのである。また、別に天龍寺重書目録甲・乙（尼崎市教育委員会蔵）があるが、これは臨川寺に置かれた副本と考えられる。

おわりに

以上みてきたように天龍寺は度々の火災に見舞われ、正文は焼失してしまい、多くの重要な文書が重書案のなかに残されてきた。これらによって天龍寺の創建期からの歴史をかろうじて追うことができるのである。

臨川寺は天龍寺に比べ正文を数多く残し、重書案をあわせて南北朝時代から織豊期までの様相をかなり詳しくみることができる。こうした多数の文書を保存・管理してきた天龍寺・臨川寺僧の並々ならぬ努力の跡をみることができるのである。

度々の火災のなかをくぐり抜けて今に伝わった文書は貴重であり、朝廷や幕府から出された文書以外にも興味深いものも多い。臨川寺の創建期、諸国の荘園、戦国織豊期の様相を語る文書については、この後に続く各論でも詳しく述べられるので、それ以外の特徴的なものにふれておく。

霊亀山臨川禅寺所々什物帳〈五二二〉は文明一六年（一四八四）から延徳二年（一四九〇）まで書き継がれたものであり、室町時代後期の臨川寺の什物を通じて寺院の様相を知る上で注目される。今に伝わる夢窓の普賢十願文・梵音閣

偈頌の墨蹟[26]などがこの時期に寄進されたものであることがわかり、失われた夢窓賛の仏国国師（高峰顕日）頂相なども
ある。重書案や絵図類は書院に置かれていたことがわかる。
寺中の会計簿にあたるものも国文学研究資料館所蔵文書のなかにいくつか伝来し、明応五年（一四九六）から永正元
年（一五〇四）にかけての臨川寺仏殿・衣鉢閣・山門・韋駄天堂など伽藍造営の経過と費用を知ることができる〈四九
三・五六九・五七一〉。
また、文亀三・四年（一五〇三・四）の臨川寺典座方納下帳〈五八一・五八二〉、天文一五・一八・二一年（一五四六・
四九・五二）の天龍寺米銭納下帳などがのこり、禅寺の運営を検討するうえでも貴重な帳簿類である。夢窓国師二百
年忌の奉加帳・納下帳〈六三二〉は中世末期の遠忌関係史料として重要である。
今回の調査で三会院法衣箱入日記〈七九九〉の記載に注目するなか、天龍寺には開山以来の袈裟が収蔵されている
ことがわかり伝来する五領の袈裟を確認することができた。法衣箱入日記は聖遺物ともいうべき夢窓以来の相伝の袈
裟を文明二年（一四七〇）から江戸時代寛保三年（一七四三）まで数年おきに所在を確認したものである。五領の袈裟
のうち、金襴の九条袈裟（口絵写真）は貞和元年（一三四五）夢窓が天龍寺供養の際にかけた袈裟と考えられ、元時代一
四世紀の制作で将来品とされる。[27]入日記の記載から、応仁の乱の混乱を避け一時期、洛北等持院文庫に袈裟は預けら
れたことがわかる。
入日記の最初に記される「相伝法衣胡桃形」は、天龍寺新住持の入寺式の際、法堂で新住持に渡される袈裟である。
新住持は焼香、法語を唱えた後、この袈裟をかけて法座に登った。[28]まさに伝法の重要な袈裟といえる。
また、春屋の銘がある袈裟は無学祖元（仏光国師）の直綴（衣）と裍をもとに作られたものである。無学祖元―高峰
顕日―夢窓疎石と法系が連なっており、円覚寺開山で渡来僧である無学祖元以来の仏光派の法脈を象徴する宝物が臨
川寺三会院に伝えられたのである。

このように天龍寺・臨川寺関係の文書群は多彩な歴史を伝えるものであり、今後、諸分野からの本書の活用がなされることを期待する。

(1)『日本荘園絵図聚影二　近畿一』(東京大学出版会、一九九二年)。以下絵図類は同書による。
(2)原田正俊「中世の嵯峨と天龍寺」(『講座蓮如』第四巻、平凡社、一九九七年)、この後、山田邦和「中世都市京都の変容」(『中世都市研究』五、新人物往来社、一九九八年)、大村拓生「嵯峨と大堰川交通」(『中世京都首都論』、二〇〇六年、初出は二〇〇四年)がある。また、嵯峨と天龍寺に関する概説書としては奈良本辰也監修・大本山天龍寺編『天龍寺』(東洋文化社、一九七八年)がある。
(3)『臥雲日件録抜尤』宝徳二年九月二九日条。
(4)京都府教育委員会編『天龍寺古文書目録』(一九八〇年)。
(5)註(1)に同じ。
(6)田中浩司「国文学研究資料館史料館所蔵臨川寺文書について」(『古文書研究』第三五号、一九九一年)。
(7)山家浩樹「禅僧への所領寄進―禅院領からみた室町幕府―」(『東京大学史料編纂所研究紀要』第五号、一九九五年)。同氏編『分散した禅院文書群をもちいた情報復元の研究』(東京大学史料編纂所研究成果報告二〇〇九―六、二〇一〇年)、地主智彦「鹿王院領の構成と展開」総論(鹿王院文書研究会編『鹿王院文書の研究』思文閣出版、二〇〇〇年)。
(8)註(1)に同じ。
(9)「夢窓国師語録」巻下之二(『大正新脩大蔵経』第八〇巻、五〇〇～五〇四頁)、原田正俊「中世禅林の法と組織」(『日本中世の禅宗と社会』吉川弘文館、一九九八年)。
(10)「夢窓国師年譜」「夢窓国師塔銘」(『続群書類従』第九輯下)。
(11)玉村竹二『夢窓国師』(平楽寺書店、一九九七年)。
(12)原田正俊「中世仏教再編期としての一四世紀」(『日本史研究』五四〇号、二〇〇七年)、本郷恵子『将軍権力の発見』(講談社、二〇一〇年)。

(13)『空華日用工夫略集』延文三年正月四日条。
(14)「普明国師(春屋妙葩)行業録」(『続群書類従』第九輯下)、『空華日用工夫略集』延文三年正月四日条。
(15)「普明国師(春屋妙葩)行業録」(『続群書類従』第九輯下)。
(16)同右。
(17)『臥雲日件録抜尤』文安四年七月条、『後愚昧記』応安六年紙背文書。
(18)『空華日用工夫略集』康暦二年一二月一三日条。
(19)『臥雲日件録抜尤』文安四年七月一〇日条。
(20)『碧山日録』応仁二年九月一六日条。
(21)『宣胤卿記』文明一二年九月七日条。
(22)『看聞日記』応永二七年二月九日条。
(23)玉村竹二『五山禅僧伝記集成』(思文閣出版、二〇〇三年)。
(24)③の制作年代のところで空谷の等持院主在任期を根拠としたが、兼務などでもう少し長い可能性もある(「常光国師行実」『続群書類従』第九輯下、六九二頁下)。
(25)こうした形式の重書案が高野山金剛三昧院にもあることを別稿「室町幕府と高野山金剛三昧院—禅律系寺院の在り方—」(中尾堯編『中世の寺院体制と社会』吉川弘文館、二〇〇二年)で指摘したが、五山全体の文書管理を含めて今後論じる予定である。
(26)夢窓の墨蹟については加藤正俊編『夢窓国師遺芳』(天龍寺、二〇〇〇年)参照。
(27)京都国立博物館編『高僧と袈裟』京都国立博物館、二〇一〇年、二五七・八頁(山川暁・羽田聡氏解説)。
(28)『鹿苑日録』天正一七年八月晦日条。

天龍寺・臨川寺・善入寺の所領について

地主智彦

はじめに

本書には、天龍寺、臨川寺、善入寺（宝筐院）の三寺の所領に関係する文書が多く収載される。そこで本章では、まず三寺の所領を概述し、次いで各個別所領の概要を述べて本書利用の便としたい。

はじめに各寺の創建年次および開山を記す。天龍寺は暦応二年（一三三九）造寺決定、貞和元年（一三四五）落慶法要執行。開山夢窓疎石。臨川寺は元徳二年（一三三〇）創建、開山元翁本元（高峰顕日法嗣、但し建武二年［一三三五］に夢窓疎石を開山と改める）。最後に善入寺は白河天皇（一〇五三～一一二九）の勅願寺として建立されたことを濫觴とすると伝え、貞治年間（一三六二～六七）に夢窓法嗣の黙庵周諭（一三一八～一三七三）が入寺し、禅宗寺院として再興したという。中興開山黙庵周諭。このように三寺はいずれも嵯峨に所在し、一四世紀第2四半期から第3四半期に創建または再興された夢窓派の臨済宗寺院である。天龍寺・臨川寺はそれぞれ五山・十刹に列せられ、善入寺はのちに宝筐院と改め足利義詮の遺骨塔となるなど幕府の保護を受けた。

また、南北朝時代の天龍寺・臨川寺については、開山塔所領の存在を考慮しなければならない。臨川寺を管領した夢窓疎石は同寺に寿塔三会院を建立し、同寺院の運営については暦応二年三月および五月にそれぞれ『臨川家訓』『三会院遺誡』を定め規範としたが、ここに示された寺院運営法は広く夢窓派に継承された(1)。ここで注目すべきは、三会院塔主は門派の衆議で選任されることなど、開山塔の運営を本寺から半ば独立させている点である。これにより三会院は本寺とは別の所領を有し、開山・檀那の仏事執行を核に門派の拠点としての役割を担うことになる。また、十方住持制がひかれた五山官寺である天龍寺においても夢窓は開山塔雲居庵を建立し、同庵は本寺とは別に所領を有した。同庵塔主は、天龍寺が落慶した貞和元年（一三四五）から長期にわたり春屋妙葩がつとめていることからみて、雲居庵の運営も『三会院遺誡』に準じ、夢窓門派によるものと理解すべきであろう(2)。そこで、本章では本寺と開山塔との所領の別が存在する時代には、その別を明示して記述することとする。ただし、寺勢が衰退するにつれ寺院の規模は縮少し、本寺と開山塔との所領の別はなくなり、後述するように室町時代後期にいたると臨川寺の経営までもが天龍寺と同一の組織によって担われるようになっていく。

さて、五山領については政治史、寺院史、荘園史上からの先行研究がある。五山領の基本性格としては、経済・経営能力に秀でた東班衆が祠堂銭運用を行うとともに、代官請負を担って荘園からの年貢納入につとめ、五山寺院の経済基盤となしたこと(3)、幕府との相互の依存関係が強く「幕府の事実上の直轄領」との性格が示されている(4)。その後個別研究の蓄積が進みつつあるが、とりわけ天龍寺あるいは夢窓門派の所領を総括的に取り上げた研究として、南北朝時代における天龍寺領の寄進状況に焦点をあてた山田徹「天龍寺領の形成(5)」、鹿王院文書研究会『鹿王院文書の研究』、『蔭凉軒日録』の記事を中心に五山領の荘園経営を研究した竹田和夫『五山と中世の社会(6)』がある。

山田は個別荘園の検討を踏まえ天龍寺への所領寄進を以下のとおり大別し、複雑な所領得分の実態を明らかにした。

（ア）足利将軍家からの所領寄進。大半が御家人所領の闕所地で、多くは地頭職に系譜をもつ。

（イ）公武諸勢力からの所領寄進。

①本主得分残存型所領（本役の得分が残存し、それを天龍寺が請負う）…近国に多い。
②本主請負型所領（寄進主体の現地支配と得分は保持されたまま、一部得分を禅宗寺院に寄進）…遠国に多い。

天龍寺への所領寄進の時期については、次のように画期し、

（第一期）創建から夢窓疎石活動期　暦応二年（一三三九）～観応二年（一三五一）

（第二期）春屋妙葩活動期　延文三年（一三五八）～応安四年（一三七一）

（第三期）春屋妙葩活動期（復帰後）　康暦元年（一三七九）～嘉慶元年（一三八七）


夢窓疎石と春屋妙葩活動期を中心に所領が寄進されること、なかでも第一期は山城・丹波・阿波・備後・日向など全国におよぶこと、第二期以降は近国の高収入が見込まれる所領の獲得が増えるとともに、遠国所領経営は困難になることを指摘した。

また、『鹿王院文書の研究』では、夢窓の後継者である春屋妙葩の門派寺院であった宝幢寺・鹿王院を中心とする同門派寺院領が次のように推移することが指摘されている(7)。


（第Ⅰ期）宝幢寺、鹿王院建立前（康暦元年［一三七九］以前）

貞治年間を中心に所領寄進をうけ、これらは個別塔頭に固定化されず春屋妙葩が管領する。

（第Ⅱ期）宝幢寺、鹿王院建立後から春屋妙葩示寂まで（康暦元年～嘉慶二年［一三八八］）

春屋門派の寺院秩序が形成し、春屋が管領所領を門派寺院に分配する。

（第Ⅲ期）春屋妙葩示寂後から室町時代前期（嘉慶二年以降嘉吉の乱まで）

春屋妙葩示寂後は菩提追善を名目とした所領寄進が鹿王院に集積する。また洛中屋地など小所領の寄進・買得が進む。

（第Ⅳ期）嘉吉の乱から応仁・文明の乱まで

在地支配層の押妨、違乱が発生し、遠国所領の不知行化が進行する。

〈第Ⅴ期〉応仁・文明の乱以後

所領支配の困難化。それにより門派塔頭寺院が統廃合し、鹿王院のみ存続する。

春屋妙葩は、夢窓派を主導した前記（第Ⅰ期・第Ⅱ期）には、春屋門派のみならず夢窓派寺院に対する多くの寺領を集積し、寺院の造営、興隆、火災からの復興に並ならぬ手腕を発揮した。その寺院運営、門派運営は、夢窓疎石の手法に多くをならった点から考えれば、天龍寺、臨川寺領の形成と展開過程は、宝幢寺、鹿王院のそれと類似することが想定されよう。(8)

竹田は、五山領の統括にあたった蔭凉職の活動を通じ、五山僧の代官請負（荘主）活動の検討を行い、五山僧は五山領のみならず幕府御料所、公家領、顕密寺院領の代官として活動すること、永享七年（一四三五）から嘉吉元年（一四四一）にかけて既に荘主の違乱行為がみられること、長禄二年（一四五八）の季瓊真蘂再任後、蔭凉職は強固な権限をもって荘園経営の維持を図るが、本所・寺社領の不知行化が進行するなかで荘主の違乱行為はさらに拡大すること、応仁の乱後は、さらなる不知行化の進行のなかで、蔭凉職は五山荘主層を再編成し体制の強化を図り、荘主は在地勢力との提携などを模索し経営の方法は多様性を帯びること、などを指摘した。

本章においても前述の先行研究の論を援用しながら、前記三寺領の形成と展開について叙述をすることとする。なお、鎌倉時代後期から南北朝時代にかけての臨川寺の創建と寺領の形成については本研究編所載の中井論文を、天龍寺・臨川寺の寺辺・近傍所領については玉城論文を参照いただきたい。

一　各寺領の形成と展開――鎌倉時代後期から南北朝時代――

所領全体を概観するために、天龍寺・雲居庵、臨川寺・三会院、善入寺それぞれに所領一覧（本章末表1～3）を作成した。所領形成の過程を追ううえでの便宜のため、各表では寺領となった時代・年次の古いものから順に掲出し、番号、国名、郡名、所領名、現在地比定、寄進者、(寺領として確認できる)時代・年代・備考の順に記載した。さらに前二寺については当該期の所領の全容を示すとみられる寺領目録類、あるいは惣寺領安堵、課役免除の文書上における所領名の記載の有無を示した(詳細は表の凡例を参照)。

(一) 天龍寺・雲居庵領

①天龍寺創建から夢窓疎石示寂まで(暦応二年[一三三九]~観応二年[一三五一]九月三〇日)

暦応二年八月一六日、後醍醐天皇が崩御されたのち、同天皇御菩提に資せんがために、足利尊氏・直義兄弟は夢窓疎石の勧めもあり新寺造営を発願する。光厳上皇の院宣を得て、亀山殿の地を寺地と決定し、翌三年に木作始、翌四年には寺号を暦応資聖禅寺から天龍資聖禅寺と改めた。造寺決定から足かけ七年目の貞和元年(一三四五)に落慶法要が営まれた(天龍寺造営記録『鹿王院文書の研究』三七号文書、以下同書からの引用は「〈鹿三七〉」というように略記する)。

天龍寺の造営は長期に及んだが、造営期間である暦応年間の所領は、日向国国富庄(1、以下表中の番号に対応する)から丹波国弓削庄(5)までの五ヶ所であり、うち備後国三谷西条地頭職(2)、阿波国那賀山庄地頭職(3)、丹波国弓削庄(5)は造営料所と明記される。これらは光厳院が管領した長講堂領である(5)をのぞき、いずれも天龍寺の檀那といえる足利尊氏からの寄進である。夢窓示寂直前まで、天龍寺領はこの五ヶ所にとどまっている。

いっぽう、初期の雲居庵領として、貞和二年以前に夢窓により三会院領から雲居庵領へと移管された上総国伊北庄内佐古田郷(6)がある。(9) 後述するように当該期の三会院はほかに三ヶ所の所領を有したことから、貞和元年に開かれ所領が十分でなかった雲居庵に対し、夢窓が付したものと推定される。『三会院遺誡』のなかで、夢窓は諸忌仏事や自身示寂後の諸仏事を壮大に実施することを禁じているが、それでも自身開山塔の仏事料を集積すべき状況にあったとみえ、夢窓在世の観応二年（一三五一）以前においても三会院を中心に一部雲居庵への仏事料寄進をうけている。雲居庵へは諏訪円忠および斉藤利泰室からの寄進の二ヶ所がある(7・8)。この二件の寄進には次の共通点がある。第一に所領寄進者が夢窓と親交がある武家であって、山田が本主請負型所領と呼ぶところの、自らの所領の一部得分を寄進していることである。第二に夢窓自身が寄進状に裏書を加えて、料足の使途を限定していることである。料足の使途は雲居庵における開山仏事料、寄進者一族の仏事料に定額をさき、余剰を天龍寺、雲居庵各々の常住料としたもので、開山塔雲居庵の運営費を主としたものであった。

夢窓は示寂直前にいたるまで寺院および寺領の保護に神経を注いだ。観応二年（一三五一）八月一六日付足利尊氏自筆御内書案（夢窓疎石侍者宛）〈本書文書編九八号、以下番号のみ〉では、足利家の子孫・一族・家人は末代におよび当寺に帰依し、寺院ならびに寺領等の興隆を抽んずることを書したもので、夢窓は自らが示寂したのちにおいても天龍寺が足利将軍家の保護を受けられるための支証として受給したものであろう。ほぼ同時に近江にいた足利義詮から諏訪円忠を使者として丹波国瓦屋庄(9)の寄進をうけ、夢窓は九月一五日付の置文で同庄を将軍家一族の年忌料・位牌料とすることを定め置いた〈一〇一〉。さらに同年と比定される九月二二日の書状案でも瓦屋南庄・村櫛庄地頭職(8)の寄進状を下されたことを謝している〈一〇二〉。

②夢窓疎石示寂後から春屋妙葩示寂まで（観応二年［一三五一］～嘉慶二年［一三八八］八月一三日）

当該期になると所領寄進の件数が飛躍的に増加する。とくに夢窓の後継者として公武からの帰依をうけた春屋妙葩が夢窓派を主導し、天龍寺を中心に活動する延文三年（一三五八）から応安四年（一四七一）の間に多い(10～20、山田第二期)。

この時期の所領寄進の特徴に造営料所の寄進がある。天龍寺は延文三年（一三五八）、貞治六年（一三六七）に火災にあい、両度ともに春屋妙葩が大勧進となり再興活動を主導し〈一六三・一六四・二一三～二一五〉、同寺は造営料所として、延文三年には尾張国海東庶子跡(10)、貞治六年には阿波国那賀山庄平島郷(20)の寄進をうけた。また、康安元年（一三六一）の若狭耳西郷半分(12)の寄進も、臨川寺火災後の再興を担った春屋が、半分を天龍寺に分与した可能性がある。造営料所は用途を特定した所領であるが、後に一般所領化した荘園があり、(2・3・12・20)など室町時代にかけて所領でありつづけた。

ついで貞治二年（一三六三）から六年にかけて、春屋の天龍寺住持在任中には、皇室・宮家から規模の大きな所領の寄進をうけた。光厳院からの播磨国的部南条郷(17)と五辻宮家からの丹波六人部庄(18)の両所である。とくに後者は、山田が指摘する本主得分残存型で、五辻宮家へ二〇〇貫文の得分を残したが、次に述べる至徳四年（一三八四）の土貢注文〈五一七〉では、米七四四石余、銭九六六貫文余を数え、この注文に載せる全収入の二割を占める重要な所領であった。この注文は一四世紀後期の天龍寺領の全体像を年貢高を含め知りうる貴重な文書である。「天龍寺領土貢注文」と首題を書し所領名と年貢高を列記したもので、至徳四年（一四八七）閏五月二一日の年紀をもち、住持、西堂以下西班、東班僧が連署し、義満が袖判を管領斯波義将が奥判を据えた。天龍寺所蔵原本は応仁の乱で紛失したといい、現在伝わるものは文明七年（一四八五）二月九日に等持寺保管本を書写し、夢窓派住持、役僧が連署し、改めて足利義政が袖判を据えたものである（表1①、以下本文書を引用する場合「至徳四年土貢注文」と略記する）[(10)]。一つ書きされる所領数は三〇ヶ所を数えるが（表1では所領の区分が異なり三四ヶ所となる）、山城、丹波、若狭、近江、播磨という比較的近国が一五ヶ所と半数を、年貢高でみれば七割弱を占め、近国に収入の多い所領が分布することが判明する。

ほかに寺領を通覧できる文書に、年月日未詳天龍寺所領目録〈五六四〉（表1②）がある。本文書は、日向国国富庄を筆頭に所領名のみ三三ヶ所を列記する。至徳三年に寄進された周防国玖珂庄祖生郷(25)が記載されることから同年以降の成立と考えられる。いっぽう、応永二七年の寺領一斉課役免除の文書（表1③）にみえず同年に不知行化しているとみられる日向国国富庄(1)、常陸国佐都庄(39)など遠国の所領が記載されることから、南北朝時代末期から遅くとも室町時代前期頃に作成され、寺領返付のための目録などとして機能したものと考えられる。

以上の寺領の全体像を示す二通の文書をもあわせみると、この時期の寄進になる所領（10～37）のうち、寄進年が判明する所領が一二ヶ所（10～12、14・15、17～20、23～25）、寄進年が判明しない所領が一六ヶ所（13・16・20・22、26～37）を数え、寺領の数、年貢高ともに大幅に拡充が図られたことがわかる。寄進先は、二八ヶ所のうち、雲居庵領と判明する所領は四ヶ所（11・13・14・16）のみであり、天龍寺本寺常住の財政規模が充実した。雲居庵への寄進の減少理由として、開山への寄進は高僧と寄進者との生前の直接的な関係性のうえに行われる側面がみられること、観応二年以降は複数の五山寺院に夢窓の追造塔が造営され、所領寄進の受け皿が増えたことなどが考えられよう。(11)

（二）臨川寺・三会院領

①創建から夢窓疎石示寂まで（元徳二年［一三三〇］～観応二年［一三五一］九月三〇日）

はじめに同寺領の中心を占める世良親王遺領（43～57）をとりあげる。元徳二年九月に世良親王が逝去したのち、その遺命に従い後醍醐天皇は元翁本元に対し世良遺領のなかから三ヶ所（43～45）等を管領させた〈一三・一四〉（表2①）。翌年三月に後醍醐天皇は懽子内親王にあて綸旨を発給し、世良遺領のうち和泉国若松庄（53）以下を管領するべき旨、臨川寺領一〇ヶ所の領主職の当知行を安堵し寺家興行と世良親王の追善料とすべき旨を伝えた〈一五・一六〉。この一〇ヶ所は未詳であるが、①の三ヶ所を含み、後述する②の一八ヶ所（43～57）に含まれるものであろう。元弘元年（一三三一）九月に始まった後伏見上皇院政下において、各方面からの押領をうけた臨川寺領および世良遺領一八ヶ所の目録が正慶元年（一三三二）六月に作成された（表2②）。元弘三年六月に入京した後醍醐天皇は、翌月二三日に夢窓疎石に対し、臨川寺および同寺領六ヶ所（43・44・46・47）を管領させた〈一九・二〇〉（表2③）。建武二年（一三三五）一〇月、後醍醐天皇は夢窓疎石を臨川寺開山となし、同寺を夢窓門派相承寺院とした。この点については、翌年九月北朝もこれを追認し、夢窓に国師号を与え、臨川寺を諸山の第一に位置づけた〈二八〉。いっぽう、尊融（宣政門院懽子内親王）は、自らが管領する世良遺領の回復をはかり、同年九月一八日付で足利尊氏から臨川寺領のうち七ヶ所を安堵されている（表2④、建武三年九月一八日足利尊氏御教書、久我文書）。このなかには和泉国塩穴庄(46)のように③にて臨川寺領として夢窓に付せられた所領も含んでいる。さらに尊融は④にて安堵漏れとなった所領を注進しているが〈五二〉（表2⑤）、この注進状の内容に概ねしたがい、暦応四年（一三四一）九月二三日には光厳上皇が尊融に対し所領六ヶ所を安堵している〈五一〉（表2⑥）。約三ヶ月尊融は回復した六ヶ所の所領のなかから、改めて三ヶ所を三会院に寄進した〈五五〉（表2⑦）。政権および天龍寺、臨川寺の体制の安定をもって世良遺領に関する所領の異動は一段落し、②にて一八ヶ所が確認される世良遺領を起源とする臨川寺領は、暦応四年には四ヶ所に減少した[12]。現地支配は必ずしも順調ではなかったようで、翌五年三月一二日に⑦を安堵する院宣〈五六〉がでたのちも、再々所領安堵文書の発給が確認される〈五七～五九、六四〉。

次に世良遺領以外の所領をみていく。建武政権発足まもない元弘三年（一三三三）に、後醍醐天皇は臨川寺膝下の大井村(58)〈二三〉を、建武二年正月には夢窓疎石と関係の深い二階堂貞藤跡の所領（臨川寺北屋地・甲斐国牧庄[59]）を夢窓に管領させた〈二六・二七〉。北朝政権下になると、建武三年八月に足利尊氏が規模の大きな加賀国大野庄(60・61)を寄進したことにより〈三〇・三一〉、同寺の財政は格段に充実したと考えられ、翌月に諸山第一に位置づけられたことと相俟って、寺の基盤が整備されたものとみられる。

また、元弘三年には成立していた開山塔三会院の所領について触れたい。暦応二年（一三三九）夢窓疎石は『三会院遺誡』を著し、寺領管理、料足用途等についても規則を詳細に定めた。それによれば、上総国伊北庄内佐古田郷(62)・日向国国富庄内南加納(63)を三会院の資縁となすこと、一五貫文を塔主私用、五貫文を侍者衣料となすほかは、塔主寮・侍者寮の公用に用いること、臨川寺常住と三会院との間で資縁が欠乏するときは融通しあうが、通常は本寺と塔頭の異を論ずべきとしている。[13]その後貞和二年〈一三四六〉には、尊融が粟津・橋本御厨(49)・高田勅使田(50)・垣田庄(51)を三会院に寄進し〈五五〉、同院領は暦応三年に寄進された橋嶋庄(64)とあわせ四ヶ所が加わった。いっぽう同年四月には先にみた佐古田郷(62)は雲居庵領、南加納(63)は天龍寺領とされた。[14]このような所領の付け替えは、夢窓疎石の主導によるものである。この後暦応三年から貞和五年にかけて、雲居庵への寄進と同様、武家から三会院へ五件の所領寄進がみられる(64〜68)。その寄進者は細川和氏(64・68)、二階堂成藤(65)一族など天龍寺造営に関与した人物である。(65)の場合をみれば、寄進の名目は「(祖母)浄心ならひに理春かほたいをとふらひ候ハんため」〈七四〉などと自身や親族の追善料となし、得分については「理春かむすめ理仁一こ(期)の程は三ゑいんよりかたのことく御ふちあるへく候」〈七四〉とあり、先の四宮庄(7)の例同様に、本主得分残存型に該当する。

②夢窓疎石示寂後（観応二年〔一三五一〕〜）

観応二年から文和三年〈一三五四〉にかけて「為報開山国師恩徳」〈一〇三〉など夢窓疎石への報恩を記載し行われた、武家から三会院への寄進が四件(69〜72)みられる。寄進者は大高重成、諏訪円忠、渋川直頼、細川清氏と天龍寺造営関係者か夢窓と親交があった人物である。このうち諏訪円忠が寄進した近江国赤野井村幷三宅十二里(70)のみ天龍寺領四宮庄(7)の例に任せ料足の使途を定めているから、三会院仏事料のほかに臨川寺常住料も含んでいたとみられる。注目すべきは、この寄進状〈一〇六〉に裏判を据える三名である。これにより臨川寺・三会院領の管領は、臨川寺住持、三会院塔主に、雲居庵塔主を加えた三職で引き継いだことが知られ、雲居庵塔主春屋妙葩の指導的立場をうかがうことができる。

このほか、文和三年に尊融は自身の追善料所として阿波国富吉庄(48)を臨川寺に、夢窓国師および自身の追善料所として庄内三ヶ村を別途三会院に寄進している〈一三七・一三八〉。ただし、このような武家等から三会院に対する近遠国庄園の所領寄進はこの後ほとんどみられなくなる。先述した雲居庵の例と同じ背景と認められる。ただし、鹿王院の事例と同様に、三会院に対し、自己および両親などの仏事料あるいは開山国師年忌料として洛中・洛外の小所領を寄進する行為は、文和二年一二月の山城国小野郷内田七段寄進の例〈一三四〉以降、断続的に散見される。寄進者は、在家の人間のほかに、「周」「中」「昌」「梵」などを法諱にもった夢窓派の禅僧が多いことは注意すべきであろう。

この時期天龍寺が所領を拡充させたことと対照的に、臨川寺は替地寄進を含んでも新たな所領は六ヶ所（70・73・77〜80）にとどまり、うち二ヶ所（73・78）は造営料所であった。

康安元年（一三六一）臨川寺が火災にあうと、春屋が住持に補任され復興を担うこととなり、幕府から造営料所として若狭国耳西郷半分（73）が寄進された。造営料所として寄進されたが、一五世紀末まで維持された主要所領となる。

南北朝時代は、不安定な政治状況や在地支配構造の変化にともない、所領の異動が大きかったが、貞治四年の課役免除の官宣旨に名がみえる所領（表2⑦）は、臨川寺領二ヶ所（47・73）、三会院領七ヶ所（65・67・68、70〜72、75）が確認される。ただしこのなかに加賀国大野庄に関する文書は残されないので、全所領を表してはいない点に留意する必要がある。この時点で世良遺領は阿波国富吉庄（48）のみしか確認されない。夢窓示寂後の臨川寺は建武から暦応年間の寺勢に陰りがさした様子をうかがえる。

（三）　善入寺領

善入寺は白河天皇（一〇五三〜一一二九）の勅願寺として建立されたことを濫觴とするが、後述するように貞治五年（一三六六）頃に黙庵周諭（一三一八〜一三七三）が入寺し、中興開山となって禅宗寺院として再興されたと考えられる。黙庵は夢窓疎石の法嗣であり、延文三年（一三五八）等持寺に住し、貞治四年（一三六五）には母赤橋登子の死去に際し足利義詮（一三三〇〜一三六七）の帰依をうけた。同六年一二月七日の義詮臨終に際しては春屋妙葩とともにその場に侍した。また、貞治年間に六角氏頼（一三二六〜一三七〇）を檀那として洛中に大慈庵を管領した。応安四年（一三七一）に等持寺に再住し、同六年六月一七日善入寺に示寂した。善入寺はのちに義詮の遺骨を安置し、その院号である宝筐院に寺号を改めた[15]。

このような経緯のなかで、善入寺領として最も早く確認できる所領は近江国奥嶋庄（公文職、87）である。黙庵入寺以前のことになるが、元亨三年（一三二三）八月に忠房親王[16]は善入寺方丈に対し令旨を発給し、寺家興隆ならびに代々菩提料足として同庄を管領させた。同庄は中西姫君の遺領とされ、同遺領は善入寺へ寄進する旨が示されるが、文面からは同庄は元亨三年以前から善入寺に付されていたと読める〈七〉。中西姫君遺領は貞和五年（一三四九）に五ヶ所（87〜91）が善入寺に寄進されることになるが〈七六・八八〉、それ以前に善入寺領として史料上に確認できる所領は奥嶋庄〈八・四四〉、備中国有漢保（88）〈八六〉の二ヶ所である。貞和三年七月、忠房親王（出家し沙弥禅恵）は死去するが、その直前の五月二八日に周護房に対し有漢保と紀伊国東広庄地頭職を寄進した〈七三〉。しかし、有漢保は貞和五年八月に善入寺領とされる〈八六〉点をみれば、周護房は忠房親王家が保持していた同庄における一定の権益を譲与されたものと考えられる。奥嶋庄、有漢保ともに年貢の押領に関し相論となっている点からみても、臨川寺における世良親王遺領と同じく、不安定な政治・社会状況下における家領保全のために、中西親王家は所領の一部得分を善入寺に寄進したものと考えられる。

貞和五年三月二四日に元亨三年の素意に任せて奥嶋庄（87）が〈七六〉、一二月一八日に奥嶋庄を含み、越前国志比庄（89）、備中国草壁庄（90）、周防国多仁庄麻合郷（91）、および嵯峨近郊の嵯峨中西・善入寺高橋茶園・同田畠・春木原以下が善入寺方丈に対し寄進された〈八八〉。この寄進文書の発給主体は中西御息所と称し、中西姫君の母と推定される。家領を管領していた忠房親王の死去に伴い、中西御息所が御教書を発給したと考えられ、中西御息所は忠房親王室、一部所領を相続した周護房は同息になることが、別の史料から明らかとなる[17]。この貞和五年〈七六・八八〉の寄進も、先にみた貞和三年の周護房への寄進同様に忠房親王薨去を契機としたとみるべきであろう。

しかし、この周護房はその後母を殺害した罪により所領を没収された。そのために越前国志比庄領家職(89)は幕府御厨料所に、周防国多仁庄麻合郷(91)・来富郷は三宝院門跡光済の所領となった時期があった。(89)は至徳二年以前に、(91)は応安三年にいたって善入寺領に復している。[18]

次に、黙庵周諭が入寺したと考えられる貞治年間の善入寺再興の様子をみていきたい。貞治五年（一三六六）九月六日付二条良基書状（等持寺住持［黙庵周諭］宛）[19]は、「嵯峨中西寺名善入寺今改観林寺」の寺領等の興行、永代管領を黙庵に安堵した内容である。この文書から、まず善入寺が貞和五年に寄進された「嵯峨中西」に寺地を構えたことが判明する。寺地の移動がなければ、「応永鈞命絵図」（応永三三年［一四二六］）に描かれるように嵯峨朱雀大路の突き当たりの清凉寺の西南に隣接する敷地に位置したこととなる。現在の宝篋院も同地に所在する。観林寺に寺名を変更した点は、同年の別文書に「観林寺領摂津国木工庄」〈一一二〉とあることにも裏づけられるが、結果的にこの改称は継続されず、すでに応安三年（一三七〇）一〇月には善入寺の寺名が使われている。[20]したがって丹後国大内郷(94)を「観林寺造営料所」として十年間寄進する旨の年未詳三月六日付彦良書状〈五五九〉は貞治五年から六年頃の文書と推定される。寄進者の彦良は、先の忠房親王の子であり、周護房とは別に中西親王家領を相続した人物と目される。[21]また、寺領寄附状を春屋妙葩から黙庵周諭に避り進めている点は、当該期天龍寺住持でありながら雲居庵塔主を兼務して嵯峨門派を主導した春屋妙葩が善入寺の運営をも差配し、公家の安堵を経て善入寺領の確定がなされたことを示す。黙庵は足利義詮の帰依をうけていることを考えれば、善入寺の貞治再興は、官寺でないものの公武の保護を背景に寺名をも改称する比較的規模の大きな計画が描かれたものと考えられる。[22]なお、この際に避り進めた寄附状の内容は未詳であるが、先の彦良書状の可能性もあるかも知れない。

また、淡路国委文庄(93)についても彦良伝領の所領とみられ、貞治三年（一三六四）に同家雑掌が在地武士勢力による押妨を訴え、幕府により下地沙汰付けを安堵されている〈一八六〉。この時点で同庄における善入寺の得分の有無は未詳であるが、応永元年（一三九四）には善入寺領となっている〈三一一〉。

南北朝時代における善入寺領は、ほかには摂津国木工庄(92)が確認されるだけであり、同寺領はその大半を中西親王家に伝領された所領に依拠していた。親王家領の保全のために所領を寺院に寄進したという点において、世良親王遺領の多くを領した臨川寺領と共通性が認められる。

（四）小括

以上のように、鎌倉時代後期から南北朝時代にかけての三寺の所領の形成と展開を概観した。この三寺に特徴的なことは、近国・遠国の所領集積が南北朝時代にほぼ限定されることである。ここではその特徴をふまえ、各寺領の形成について以下のとおりまとめてみたい。

臨川寺は、元徳二年（一三三〇）創建当初は世良親王追善という性格を有し、故親王遺領の所領をもって運営されたが、持明院政権下で寺領は押領され所領経営に苦慮した。建武政権下の建武二年（一三三五）夢窓疎石を開山とする禅宗寺院に改められるとともに、同政権の保護のもとに寺領を再編成し新規所領も寄進された。つづく北朝政権下においても厚い保護を受け、世良遺領を再編成するとともに、足利尊氏から加賀国大野庄など規模の大きな一円所領を獲得し、寺基発展の礎を築いた。元弘三年（一三三三）開山塔三会院が開かれると、夢窓在世中の暦応年間から示寂後の文和年間を中心に、夢窓と親交を結んだ武家から三会院への所領寄進が相次いだ。

天龍寺は暦応二年から造営が開始され、草創期の所領は足利尊氏寄進地を主とし、一部光厳院寄進地によって寺領が構成された。貞和元年（一三四五）開山塔雲居庵が開かれると、三会院同様に夢窓と親交のある武家二名から所領寄進をうけたが、寄進所領の用途は開山塔仏事料足を核とし、残余分を本寺と開山塔とに配分することという特徴的なものであった。このような使途の区別は、夢窓が本寺領と開山塔領を区別する姿勢をとったことに基づくとみられ、三会院への所領寄進もこの雲居庵への寄進と同様に使途が定められていた例もみられた。

夢窓は管領寺院への所領支配には官寺であること以上に将軍家の保護を得、公用の使途には寄進状に裏書を加えるなど直接厳密な管理を行った。この点は、示寂直前に足利将軍家の位牌を天龍寺に安置し、丹波国瓦屋庄の年貢を位牌料に定め置いた点に象徴される。また、管領寺院間で寺領の異動を差配した点についても特徴がある。

夢窓示寂後に同派を主導し両寺の運営、所領の獲得に尽力したのは春屋妙葩である。春屋は夢窓の手法を踏襲し、官寺住持をつとめるかたわら雲居庵塔主として夢窓門派を、後には鹿王院塔主として春屋門派の所領を管理した。天龍寺に関しては、同寺に初住した貞治年間に、朝廷・公家から丹波の大規模庄園の寄進をうけたことを始め多数の所領を集積し、同寺は至徳四年（一三八七）には三〇ヶ所を超えるにいたった。いっぽう、臨川寺に関しては、本寺領の所領寄進は低調になり、武家からの所領寄進は延文年間には姿を消し、三会院に対する洛中・洛外の小所領を集積が行われるのみになった。

このように南北朝時代における天龍寺・臨川寺の所領集積は、主として夢窓疎石・春屋妙葩という二人の高僧の活動とそこに帰依する人々、特に足利将軍家、皇室の存在が大きかったということができよう。

しかし、両僧が示寂し室町時代に入ると、両本寺および開山塔への所領寄進は前時代から一変して全くといえるほどにみられなくなる。このことは相国寺が創建され夢窓門派の新拠点となったこと[23]、禅僧の活動拠点が各塔頭に移行し、相対的に本寺に比して新造塔頭が隆盛することも一因にあると考えられる。

いっぽう、夢窓派の一禅院である善入寺の所領は、貞治再興時に寄進された木工庄以外は全て中西親王家領であること、貞治再興後以後に近国・遠国の所領寄進をほとんどうけていないことに特徴がある。

善入寺は、官寺でなく、開山が夢窓法嗣黙庵周諭である、という点で前二寺とは性格が異なるいっぽう、夢窓派禅院となる前に性格の異なる寺院があった点は臨川寺と共通する。

前者の点においては、善入寺中興後に黙庵に対する所領寄進がみられないこと、また黙庵が自ら管領する所領を善入寺に付さなかったことが、夢窓・春屋の例との相違点である。この理由については黙庵の事績の検討をするなかでさらに考察が必要であるが、官寺であり象徴的な門派の精神拠点である天龍寺・臨川寺とは公武の支援規模が異なっていたことはいうまでもない。また、足利義詮の遺骨は、夢窓派寺院では没後まもなく鎌倉黄梅院には分骨されたが、善入寺にはその形跡がない。同人の遺骨塔となった時点、さらには宝篋院と改称した時点における幕府との関係の変化も考える必要があるが、黙庵在世中には善入寺に義詮の遺骨塔という位置づけはなされなかったとみられる。

後者の点においては、所務は家政機関にて行いながらも、公家が所領安定化を目的に一部得分を寺院に寄進したという点、特定の家との結びつきが極めて強かった寺院の性格が途中で変更された点も共通する。ただし、中西親王家が所領安定化のために善入寺を特定した理由については、今後の課題としたい。

二　各寺領の展開――室町時代・戦国時代――

はじめにこの時代の所領の増減についてみていく。三寺ともに共通することは、新規寺領の寄進は、遠国・近国庄園のみならず、洛中・洛外の小所領の寄進についてもほとんどみられなくなるということである。新たに寄進された所領は、天龍寺領としてみえる尾張国賀守郷(41)・丹波国吾雀庄(42)の二ヶ所のみである。臨川寺領では、既所領の替地として新所領が寄進される事例があり、嘉慶元年（一三八七）寄進近江国榎木庄加納(80)→永享三年（一四三一）寄進伊勢国梅戸御厨(81)→長禄二年（一四五八）寄進近江国鯰江庄(82)・押立保(83)、また前記押立保横溝郷→長享元年（一四八七）寄進尾張国上門真庄(85)の例がある。善入寺領では、近国・遠国所領の増加はみられない。

この時代には、在地勢力による所領押領や年貢運送時の濫防を排除し寺家の年貢支配を維持すること、諸課役免除をうけることに対し、再々幕府の安堵文書を受給していることから、本文書群中における応永年間から応仁年間までの文書の大半がこの種の内容になっている。天龍寺惣寺領を対象とした、応永二七年(一四二〇)の所領安堵、守護使入部停止の施行状または遵行状案(表1③)と文安四年(一四四七)の諸課役免除の管領施行状案(表1④)は、当該期における所領の概容をうかがうことができる史料であり、所領名の記載状況を表1に示した。大雑把な把握になるが、記載される所領名は前者は二三ヶ所、後者は二二ヶ所を数える。至徳四年土貢注文の三〇ヶ所、年未詳天龍寺所領目録三三ヶ所と比較すれば、日向国国富庄(1)、相模国成田庄(27)、武蔵国下里郷(29)など遠国所領の名がみえなくなるものの、実効支配の可否はともかくとして、一五世紀前半は南北朝時代以来の所領維持につとめている段階と認められよう。

長禄二年(一四五八)、将軍足利義政は本所寺社領還付政策を実施し、天龍寺領では成羽庄以下五ヶ所〈四七八〉(表1⑤)、三会院領では山城国伏原田地七段以下三ヶ所〈四七五〉、善入寺領は摂津国木工庄〈四七七〉が寺家へ返付されている。さらに文明から延徳年間『蔭凉軒日録』などにより一時的にでも所領支配が行われていたと確認できる所領は、天龍寺領では文明一四年に還付をうけた阿波国那賀山庄(3)、膝下荘園の山城国物集女庄(4)・長井庄(26)、摂津国杭瀬庄(13)、丹波国弓削庄(5)・吾雀庄(42)、播磨国的部南条郡(17)・志染庄(21)、近江国建部庄(30)、臨川寺領では、加賀国大野庄(60・61)、阿波国富吉庄(文明一四年還補)(48)、若狭国耳西郷半分(文明一〇年還補)(73)、近江国赤野井村ほか(70)、同鯰江跡(82〜84)、善入寺領では近江国奥嶋庄(87)・摂津国木工庄(92)・周防国多仁庄(91)が挙げられるのみで、近国所領を主とする状態となった。

つぎに荘園支配の具体相をみていきたい。五山領は各寺院にて庄主を補任し年貢徴収にあたり、時代が下るに従って庄主と現地勢力との関係の結び方が複雑化することが指摘されている(24)。天龍寺、臨川寺では戦国時代から残される「規式」「壁書」「条々」と題する文書のなかに、庄主補任をはじめ荘園経営に関する記事が出現する。これら規式類は、寺院運営規則について、「評定衆」(五六五)と呼ばれる嵯峨夢窓派寺院住持および塔主その他諸役僧が連署して評議結果を記し置いた文書であり、内容によっては鹿苑院や蔭凉軒が証判を据えるものもある[25]〈五六五・五九六〉。残された規式類から、戦国期の天龍寺・臨川寺の運営は、天龍寺住持、臨川寺住持、雲居庵塔主、三会院塔主、その他嵯峨に所在する諸禅院塔主、役僧など、嵯峨門派僧侶（「嵯峨衆」〈五七二〉）で評議を行う体制となっていたことが理解される。『蔭凉軒日録』ではこの評議に参加する僧侶のことを「寺家住持評定衆」と呼び、公方沙汰に関連する場合は壁書案を台覧に供することもあった。

規式中から荘園関連の記事を拾っていく。臨川寺領の勘定に関しては、諸庄園の勘定は古法にしたがい三月中に遂げることとするが（明応三年［一四九四］〈五六五〉）、永正年間に入ると現地支配が困難になっていき、「寺納近年依為少分、寺家欠乏過法」とみえ（永正一三年［一五一六］〈六〇一〉）、永正一五年には、年貢が延引し三月中の勘定ができないことは庄主の怠慢であること、理由がある場合は季節を問わず住持、塔主、諸役者により勘定をとげることと現実的な対応が決定されている〈六〇四〉。庄主職については、大野庄庄主職は今後は評議をもって「寺功輩、器用之仁義」を選任することと決められた（明応七年［一四九八］〈五七二〉）。明応年間に大野庄庄主をつとめた殊全都寺は、現地に下向し政所として年貢の勘定、在地勢力との調整を行っている。大永四年（一五二四）になると、大野庄は在地の番頭・百姓中らが訴状をもって子細を上申し、正月に行うべき庄主補任ができない状態となっている〈六一〇〉。番頭は天文二〇年（一五五一）鹿王院領加賀国松寺村にもみられ、惣の中心的役割を果たす存在と考えられる〈鹿六一五・鹿六一六〉。また上使、寺官の補任銭は寺納高に比例して支払われることも判明する。年貢徴収の使者は行者、力者などの寺官があたっていたようで、阿波国富吉庄の年貢を受取に国に下向した力者が寺納せずに出院してしまった事件について評議を行い、別の力者を下向させるとともに、先の力者を罷免し壁書を作成している（明応三年〈五六六〉）。

天龍寺領に関しては、鹿苑院・蔭凉軒が袖判を加える永正九年（一五一二）の条々が注目される〈五九六〉。収入減少に苦しむなかで発給されたもので、第一条に寺領不知行の在所は調査を行い衆議にはかり、訴訟による寺領回復を目指すことと掲げられる。以降は住持再住の際の小斎等の停止（第二条）、方丈煩費を半分にすること（第三条）、修造司寮居住の仁躰に物集女庄上使と庄主役を兼務させ、免分七石を給付し、職務として催促目録の勘定をとげるとともに、出官以下の諸役を兼務すること（第七条）などとあり、支出削減、職務兼務などの対応策が列記される。先に大野庄庄主をつとめた殊全（都文）が勘師の肩書で署判し、経営、経理に通じた東班衆であると推察される。天龍寺領では、一六世紀中葉まで維持した所領は洛中・洛外の小所領と山城国物集女・長井両庄のみとなった。

いっぽう宝篋院（善入寺）の運営は、嵯峨衆の評議を経るものではなく、門派僧侶により担われた。代官請負の一例として、延徳二年（一四九〇）周防国麻合郷代官職請文がある。ここでは競秀軒秀文（首座）なる僧が敷銭三〇貫文にて五ヶ年という長期契約を結んでいる点が注目される。秀文首座は相国寺大智院（鹿王門派）競秀軒の僧で大内政弘の京都雑掌をつとめていた。[26]このことから在地支配の安定性ゆえ長期契約が可能であったとみられる。年間京着一〇〇貫文、大豆五石、弓一〇張、鑵子二口の寺納を請けている〈五三三〉。

このように戦国時代の天龍寺・臨川寺は所領からの収入が室町時代に比して大幅に減少し、所領運営を含めた寺院運営も「嵯峨衆」に統合された。このことは、両寺常住の財政的・人的縮小をもたらし、本書研究編所収の伊藤論文が指摘する、一六世紀後半の天龍寺領は「諸塔頭領の集まり」という状態を生み出す前提となったのである。

三　個別所領の動向

(1)　天龍寺・雲居庵領

1　日向国国富庄

宮崎・児湯・那珂郡にまたがる広域荘園である当庄は、鎌倉時代は北条氏の所領であったが、後醍醐天皇により足利尊氏に給与された（足利尊氏・直義所領目録「比志嶋家文書」）。後醍醐天皇崩御をうけ、暦応二年（一三三九）一〇月に仏閣（のちの天龍寺）造立の沙汰があると、「元弘朝恩之専一」であることを理由に、当庄が最初の寺領として寄附された。このとき造営奉行である高師直父子知行分の両郷（詳細未詳）がまず最初に寺家に避り進められたものの、当知行の領主の愁訴等により施行は停滞したと記される。さらに造営中の翌年六月、ほかの数ヶ所の荘園とともに、当庄のうち暦応二年寄進地以外の下地についても足利尊氏から寄進されている〈鹿三七〉。天龍寺所領目録写〈五六四〉の筆頭に当庄が記されることは、以上の由緒によるものと考えられる。

至徳四年（一三八七）土貢注文には、庄内鹿野田郷から銭八〇貫文と記される。当庄は九州では唯一の所領となるが、遠国荘園であるために所領経営は順調ではなかったとみられる。応永二六年（一四一九）には、天龍寺を担当する寺家奉行である斎藤基喜から伊東祐立に対し書状を発給し、本庄が遠国のため近年無沙汰であること、とくに庄内鹿野田郷が近年押領されており返渡を請うているが〈三五七〉、その後の荘園経営に関する史料にめぐまれない。

2 備後国三谷西条地頭職

三谷は、広島県東部を南流する芦田川の支流高屋川上流に位置し、東は備中国後月郡高屋村（現岡山県井原市）に接する。広沢惣領家知行の地頭職が闕所化され[27]、暦応寺造営中の暦応三年（一三四〇）四月に足利尊氏から同寺に対し、造営料所として寄進された〈鹿三七〉。寺領支配の状況を明らかにする史料にはめぐまれず、詳細は未詳。永徳元年（一三八一）四月には成羽庄三村信濃守跡(24)を替地として、当職は天龍寺領から離れた〈二六二〉。

3 阿波国那賀山庄地頭職

徳島県南部を東流する那賀川の上流旧木頭村から河口の那賀川町にかけて同川流域の村々からなる広域荘園。河口に位置する平島郷(20)については別に掲載した。

暦応寺造営中の暦応三年（一三四〇）に同寺に寄進された根本所領のひとつで、地頭職が寄進された〈鹿三七〉。だが寄進後の在地支配は混乱したとみられ、翌年幕府は守護細川頼春に対し、河手は停止し山手は天龍寺支配とする旨を命じている〈五四〉。康暦元年（一三七九）には春屋妙葩開山の嵯峨興聖寺（宝幢寺）造営にあたり、庄内の賀茂・和食両郷（現阿南市加茂町・鷲敷町に比定）が寺領として足利義満から春屋妙葩に寄進された〈鹿一八二〉。至徳四年土貢注文には銭三九〇貫文余が計上され、天龍寺にとって主要な所領であったことが知られるとともに、榑代が含まれる点は木材供給地たる特色がみられる。

一五世紀には以下のように支配をめぐる相論が発生したことが知られる。応永三〇年（一四二三）には、山河半分および切流材木支配につき、天龍寺は守護方および桂林寺による押領をとどめ、寺家一円支配を幕府に訴えている。この相論の結果は知られないが、相国寺が仮知行を行っていた時期があること、切流木材には領主識別のための印を木口に付したこと、杉・檜などを供給したことが知られる〈四〇一・四〇二〉。文正元年（一四六六）には、紀州に運送される途中の天龍寺輪蔵・僧堂修理用材木が、紀伊守護代遊佐氏の被官人によって押領される事件が起きた（『蔭凉軒日録』同年七月二〇日条）。

いっぽう、天龍寺は貞治年間から領家職をもつ五辻宮家の年貢収納を請け負ったが、文明一四年（一四八二）に当庄が還付されて以降、五辻宮家への年貢納入が減少しその未進高が二七〇貫文にのぼっていることにつき相論が発生した。天龍寺側は未納の原因は、寺納がないためである旨反論を行ったが、延徳二年（一四九〇）領家五辻宮の直務支配とすることで決着がついた（『蔭凉軒日録』文明一八年六月二六日条、二七日条、延徳二年後土御門天皇綸旨案）。

4　山城国物集女庄（玉城論文参照）

5　丹波国弓削庄地頭職・領家職

京都の北方、大堰川上流域の山間地域に位置し、光厳院が最晩年に隠棲した山国常照寺も隣接する。至徳四年土貢注文によれば、上村、下村のほかさらに北方に位置する由良川流域の智伊村（現南丹市美山町）も庄域であった。長講堂領で北朝の知行下にあったが、暦応三年（一三四〇）、同四年の二回にわたって光厳上皇が院宣を下し、造営料として弓削庄の地頭職、および領家職を天龍寺に寄進した〈鹿三七〉。天龍寺と当庄との間は大堰川水運の利用が可能であり、暦応三年の寄進状写に「為料木採用」とみえるようにとくに用材の供給地であった。しかし、南北朝時代には年貢・料木運搬に際し、丹波国目代が関銭をかけるなどの違乱がたびたび起きている〈一二六、一九九〉。

室町時代中期までは天龍寺が代官支配を行い年貢・公事物を徴収し、禁裏に本役三〇〇貫を納付したとみられるが、次第に年貢高が減少し文明一七年（一四八五）には天龍寺から伏見の大光明寺および蔵光庵に一〇〇貫文ずつ同庄本役を納めてきたものの、近年は寺納分が二五〇貫文であることから、本役の高が相論となった（『蔭凉軒日録』同年一一月二四日条・一二月一六日条）。この相論は長期化し、永正五年（一五〇八）に至っても解決をみていないことが知られる（『実隆公記』同年八月一六日条）。

6・62　上総国伊北庄内佐古田郷

暦応二年（一三三九）五月『三会院遺誡』に同院最初の所領としてみえる。貞和二年（一三四六）四月以前、夢窓は佐古田郷を雲居庵領に移管させている（『三会院遺誡』貞和二年追筆部）。のち、永徳三年（一三八三）には、鎌倉黄梅院の夢窓疎石月忌料として、雲居庵領当郷のうちから毎月三貫文を沙汰すべき旨、雲居庵塔主春屋妙葩により黄梅院主に伝達されている（永徳三年一一月一二日付雲居庵塔主春屋妙葩等連署置文「黄梅院文書」）。この用途の移動は、夢窓を祀る開山塔同士で地理的条件を勘定して融通をしたと考えるが、春屋の指導力のもとに決定されたものと解されよう。

7　信濃国四宮庄

信濃川中流域左岸、善光寺平南部に位置し、庄域が比較的狭く一円的な荘園とされる[28]。当庄は、諏訪円忠が天龍寺造営奉行の功績をもって、地頭職を領有するにいたる。貞和二年（一三四六）の土貢注文案〈六七〉により、当該期の支配の状況が次のとおり判明して興味深い。その内容は同庄北条円明跡の領家職を除いた土貢銭について、普明閣御布施に一一二〇貫文（月一〇貫文）、諏訪円忠年忌御布施に八〇貫文、雲居庵開山御布施料に一〇〇貫文、その他余剰分については、三分の二を本寺〈天龍寺〉、三分の一を雲居庵の各々常住分にあてており、夢窓疎石が証判を加える。寄進者の法要料足、開山塔に対する布施が含まれる点や、常住料足のなかにも開山塔分が区別されることなど、寄進者と開山との強いつながりをうかがうことができる寄進内容となっている。

このの後一五世紀前半には、天龍寺は下地の押領に苦慮していたようで、応永二六年（一四一九）には、北条渡残の下地について天龍寺雑掌への沙汰付けを〈三五六〉、さらに翌年にも押領人を退けることを命じられている〈三八一〉。文安四年（一四四七）の天龍寺領の課役免除、守護使入部停止〈四五八〉が寺領としての最後の所見となる。

8　遠江国村櫛庄地頭職

浜名湖東岸の庄内半島とその基部一帯を故地とする。本庄の初見史料は正中二年（一三二五）三月の最勝光院庄園目録案（「東寺百合文書」ゆ函一）であり、翌三年後醍醐天皇の寄進により最勝光院領は東寺領となり、本家職は東寺、領家職は徳大寺家が保有した。いっぽう高師泰が保有した地頭職は斉藤利泰に移り、利泰没後の観応二年（一三五一）五月一九日、妻の尼性戒は利泰菩提を訪うために当庄地頭職を天龍寺および雲居庵に寄進した〈九五〉。土貢支配については、土貢の内三分の二を寺用分、三分の一は庄主分として利泰子孫に相伝している。寺用分は百貫文を雲居庵寺用〈夢窓疎石仏事料足〉、百貫文を利泰追善年忌・月忌分とし、残余については本寺用途とし、雲居庵への寄進を主とする内容と判明する。また、後代の天龍寺住持および雲居庵塔主が本寄進内容を遵守すべき旨、夢窓は自筆にて裏書を加えている〈九六〉。貞治三年（一三六四）には官宣旨にて諸役免除がなされ〈一七九〉、至徳四年土貢注文では公事銭三〇二貫文余の納入が知られる。

さて、鎌倉時代後期から本家東寺の寺用米は、領家分二〇石、地頭分四〇石ほどであったが、観応以降は地頭分の年貢は未納状態が続き、応安元年（一三六八）閏六月には、東寺雑掌頼憲は、半済を停止し寺家一円知行地とすべき旨を幕府に対し訴えている。しかし、東寺領支配は困難が続き、応永一七年（一四一〇）から永享五年（一四三三）までの二四年間、天龍寺は半済と称し、半額の一〇貫文しか東寺へ収めなかったため相論となっている（「東寺百合文書」サ函四八・五〇）。

天龍寺・雲居庵領は、応永二六年に、地頭職半済和田東方および庄内闕所分の支配が相論となり、天龍寺方に沙汰付けられている〈三五一・三五五・三五八・三五九〉。この後は応永二七年、文安四年の課役免除・所領安堵の文書が残されるものの〈三六八・四五二〉、不知行化していったものと考えられる。(29)

9　丹波国瓦屋庄（北庄・南庄）

亀岡盆地を貫流する大堰川北岸に位置し、現在の亀岡市河原林町付近が故地と考えられる。観応二年（一三五一）九月一五日付夢窓疎石置文案によれば、南庄の料足は、年忌御時打嚫および後代御位牌料に限定すべきとする。加えて坊門殿（義詮）からの寄進であるうえは、将軍家一族の位牌も除くべからざることが書き添えられる〈一〇一〉。この寄進は夢窓示寂の半月前であり、天龍寺に将軍家の檀那寺の性格をもたせようとする夢窓の意図が感じられる。至徳四年土貢注文では、北庄寺納米四〇一石余、公事銭八四貫文余、南庄寺納米五二九石余、公事銭五五貫文余が計上される。北庄内少林寺島（現亀岡市勝林島）、南庄内成時名、南北庄国衙などは南北朝期から戦国期にかけ鹿王院散在所領としてみえ、天龍寺一円領ではなかった。応永二七年（一四二〇）、同二九年、文安四年（一四四七）に課役免除・所領安堵の文書が発給される〈三六七・三九三・四五五〉。その後南庄代官職補任をめぐり、湯川藤右衛門尉長秀が天龍寺と争い、公方沙汰となっている。

10　尾張国海東庶子跡

海東庶子跡は、尾張国海東郡北東部の平野部にあたり、現在のあま市から稲沢市付近に比定される海東庄内に所在したとみられる。観応の擾乱に際し、尾張国海東郡に所在した海東氏の所領が闕所地となり土岐頼重に宛てられた所領と考えられている。(30)延文三年（一三五八）正月一六日天龍寺造営料所として寄進されたが〈一六二ほか〉、土岐頼高による多年の押領がみられたようで、貞治三年（一三六四）天龍寺は東班衆祖泉都管を庄主として下向させ、幕府から下地の打渡命令をうけている。ここでは当地年貢高は「五〇〇貫下地」とある〈一八三・一八七〉。その後もしばらく天龍寺領として存続したとみられ、至徳四年土貢注文に高五三貫文の記載があるが、この文書が最終知見となる。

11　丹後国余部里

若狭湾に面する現在の舞鶴市余部を故地とする。延文三年八月一一日饗庭氏直（一三三五～）により、夢窓国師報恩のため、また足利尊氏の追善・卵塔造料所として雲居庵宛寄進状が作成され、同時に義詮は当時等持寺長老である春屋妙葩に対して、氏直の申請に任せ寄進状を発給した〈鹿八七・八八〉。貞治元年（一三六二）には、洞院実夏が春屋に同里国衙方を寄進しており〈鹿一〇二・一〇三〉、一円的な所領が形成されたとみられる。貞治二年諸役免除の丹後国宛の官宣旨に雲居庵領余部里とあるのはこの饗庭氏直寄進分を指す〈鹿一〇八〉。応安三年（一三七〇）には領家年貢が金剛院領とみえるが（「雲門寺文書」）、細川頼之と対立後に春屋は当地に雲門寺を造立し康暦元年（一三七九）まで滞在した。永徳二年（一三八二）には地頭職半分・領家一円が鹿王院領となり、以後室町時代にかけて同院領として推移する。ただし一五世紀前半の丹後国守護一色義範書状（鹿王院主事禅師宛）〈鹿四三四〉には、「雲居庵並鹿王院領丹州余部里」とある。この書状は契約高六〇貫文の納入について伝達したものである。雲居庵分・鹿王院分の配分は不明であるが、鹿王院分が主であり、雲居庵分とあわせ鹿王院が所領経営を行っていたと推定される。ほかに雲居庵領としての徴証がないため不明であるが、饗庭氏直が寄進した所領は全部か一部かは未詳であるが雲居庵領として継続した可能性がある。

12　若狭国耳西郷半分

若狭国東部を北流する耳川西岸から三方五湖東岸にわたる広域の郷。当郷地頭職は、天龍寺・臨川寺で半分ずつ管領し、播磨国的部南条(17)などと同様の事例となる。臨川寺への地頭職半分寄進は康安元年と判明することに対し、天龍寺への寄進時期は未詳であるが、長井掃門跡地頭職の寄進をうけた春屋妙葩が両寺への分与を差配したとの想定も可能であろう。

天龍寺領としての初出は永徳元年(一三八一)六月に、郷内の新開新田に対する違乱を停止し、天龍寺・臨川寺雑掌の知行を全うすべき旨の幕府御教書案〈二六七〉である。同様に天龍寺・臨川寺が合同で幕府へ訴えている事例としては、康応元年(一三八九)二月、守護方による郷内検断を停止する要求を行い、幕府の安堵を得ている例があるが〈二九四〉、そのほかは各寺別に幕府からの所領保証文書を受給しており、各寺において所領支配を行っていたとみられる。至徳四年土貢注文では米一八三石余の代銭一八三貫文余、および公事銭三八貫文余が納入される。天龍寺領の最終所見は応永二七年、文安四年の幕府発給文書となる〈三六四・四五九〉。

13　摂津国杭瀬庄

康安二年(一三六二)六月一日、当庄の替地として若狭国佐分郷内岡泰名地頭職(14)が足利義詮から雲居庵に寄進された〈一七二〉。そのため南北朝時代から室町時代前期にかけて名がみえない。しかし、一五世紀後半には雲居庵領に復したようであり、文明一四年(一四八二)頃作成とみられる摂津国寺社本所領幷奉公方知行等注文(「蜷川家文書」『大日本古文書』)には「雲居庵領/杭瀬庄/不知行」と記載される。また、永正五年(一五〇八)には雲居庵領に対する細川高国の被官人波多野孫四郎の違乱を停止する奉行人奉書が残される〈五九八〉。

14　若狭国佐分郷岡安名

若狭国西部大飯郡を東流する佐分川流域の北岸に位置する現大飯町岡安村を故地とする。康安二年六月足利義詮から当時臨川寺住持である春屋妙葩に宛て寄進状が作成され、摂津国杭瀬庄の替として道永跡の当郷岡泰名地頭職(除打越分)が雲居庵に寄進された〈一七二〉。当該期に春屋が雲居庵を管領していたことを示す。ほどなく若狭国目代による違乱があるが、幕府により安堵された〈二二二〉。至徳四年土貢注文では米七四石余の代銭七四貫文余と銭一六五貫文余が計上される。(31) 応永二七年、文安四年の諸課役免除等の文書発給をうけ、また長禄二年寺領返付の御判御教書に名が載る〈三六四・四五九・四七八〉。

15　越後国五十公郷保倉保北方

現上越市東南部の浦川原付近、北西流する保倉川流域に所在した。貞治元年（一三六二）六月二七日、五十公郷内保倉保北方を上杉憲顕（一三〇六～六八）は天龍寺に寄進した〈一七三〉。観応の擾乱で直義派であった憲顕は、同年一一月の上野・越後守護還補を目前に控えた状況にあった。応安元年（一三六八）正月、憲顕は上洛し義満の嗣立を祝したが、その後の三月に本寄進に対する幕府の安堵が発給されている〈二一八〉。至徳四年土貢注文には記載がないが、応永二七年および文安四年の課役免除・寺領安堵の幕府発給文書案は残される。〈三七二・四五三〉

16　丹後国宇河庄半分地頭職

丹後半島西部を北西流する宇川流域に比定される荘園。貞治二年（一三六三）諸役免除の丹後国宛の官宣旨に名が載るが〈鹿一〇八〉、その後は史料にあらわれない。

17　播磨国的部南条郷

『和名抄』神崎郡的部郷を継承する中世の郷で、同郷の南部地域をさす。播磨国中央部を南流する市川の中流域、現在の相坂・田野・犬飼・中仁野・広瀬・香呂・中屋付近に比定される。

的部南条は播磨国衙別納の一つで〈応永二〇年長講堂所領目録写「東山御文庫記録」〉、処分には朝廷の承認が必要であった。南北朝時代には北朝に伝領され、禅宗に深く帰依した光厳上皇は、薨去直前の貞治三年（一三六四）六月一五日付で、自身の滅後にこの地を天龍寺に寄附して僧衆の「坐禅者粥飯」料とする旨を、天龍寺住持春屋妙葩に対し伝達した〈一八〇〉、後光厳天皇、崇光上皇はそれぞれ寄進を追認する旨の綸旨、院宣を発給した〈一八一・一八二〉。光厳上皇は同年七月七日隠棲地である山国常照寺にて薨去されたが、同年一一月六日には、崇光上皇が当地の半分を「光厳院殿御塔頭〈金剛院〉料」とする旨の院宣を春屋に対し発給し、同上皇ゆかりの所領がその塔頭を支えることとなった〈一八五〉。天龍寺塔頭金剛院は春屋が管領しており、当郷半分の金剛院領化は春屋の門派運営上の意向に添うものと理解される。さらに春屋は、将軍足利義詮からの安堵も得て〈二〇〇・二〇一〉、的部南条の所領配分を安定化させた。天龍寺分半分については、至徳四年の土貢注文には米代二九五貫文余、公事銭八六貫文余を数えた。室町時代には、応永二七年、文安四年の寺領保護の幕府発給文書が残る〈三七〇・四五一〉。金剛院分半分については文明一〇年（一四七八）に寺家へ返付の御判御教書が発給され〈鹿四六六〉、その後、上使算用状、河成目録など〈鹿四六九～四七一〉が残り、同院領については直務支配が行われたことが判明する。

18　丹波国六人部庄

庄域は、現福知山市東南部、由良川支流である土師川流域〈六人部庄〉と、同市東部および綾部市西部の由良川中流域両岸〈六人部新庄〉に広がる。鎌倉時代には本庄、同新庄ともに大覚寺統に相伝され、のち昭慶門院から後醍醐天皇をへて守良親王〈五辻宮〉に伝わった。

元徳元年（一三二九）、本庄のうち大内・宮・生野三ヶ村と新庄私市村行枝名が熙明親王に譲られている〈海住山寺文書〉。天龍寺領六人部庄は、宮村方三ヶ村、高津方三ヶ村、生野方三ヶ村から構成され〈五一七〉、熙明親王の所領以上の地域におよぶことが知られる。先述したとおり注文に記載される年貢高は大きく、当該期の天龍寺経済を支えた荘園といえる。

天龍寺へは、貞治五年以前に二百貫文の得分を残し五辻親王家祥益蔵主から寄進された。本文書中における初見史料は、貞治五年（一三六六）の春屋妙葩置文案である〈二〇九〉。本置文案にて、妙葩は「後代之塔主」に対し六人部庄等年貢内毎年二万疋を古幢周勝に対し御資縁として懈怠なく沙汰することと定めた。翌年には天龍寺造営のために再住した春屋妙葩以下寺僧・庄主三名が連署し、同庄年貢につき、毎年二百貫文を祥益蔵主に備進する旨の請文を作成している〈二一七〉。また、そこには六人部庄は一度金剛院（光厳院塔所）に寄進されたが、妙葩が武家と申し談じ天龍寺に寄附されたと記される。祥益蔵主が同庄を天龍寺へ寄進した理由は兵部卿親王（熙明親王・貞和四年正月薨去）御菩提のためであり〈二四四〉、古幢周勝は祥益蔵主の子と知られる〈三三九〉。この二百貫文の得分は、古幢周勝から幸宮久世へ（永和三年［一三七七］）〈二四四〉、幸宮久世からその弟下宮宗燦へ（明徳三年［一三九二］）〈三〇七〉、下宮宗燦から南禅寺正眼院へと譲られた（応永一七年［一四一〇］）〈三三八・三三九〉。

19　但馬国鎌田庄

豊岡市を北流する円山川下流にあたり、支流鎌谷川と下ノ宮川の合流点付近に比定される。本文書群に関連文書はないが、永仁六年（一二九八）に相模建長寺造営料所とされ〈鹿一四〉、貞治五年（一三六六）に天龍寺領武蔵国津田郷と相博された〈鹿一三五〉。一般的にはこの時点で天龍寺領となったと考えられるが、当庄はこののち金剛院領、春屋妙葩管領所領、宝幢寺領とその帰属を変える点に着目すれば、天龍寺領であった期間の有無は不明で、むしろ貞治五年当時に天龍寺住持であり、夢窓派を主導した春屋の意向により、春屋妙葩管領所領となったものと推定される。

20　阿波国（那賀山庄）平島郷

徳島県南部を東流し紀伊水道につながる那賀川河口デルタ地帯を故地とする荘園。同川流域の那賀山庄（3）の飛地として港（大字中島付近に比定）の機能を有し、半ば自立する。貞治六年（一三六七）五月一三日の判管周惕・修造坊菅昌能連署請文写（古今消息集[32]）には「阿波国那賀山庄領家方平島・太田両郷」とみえ、同年の火災による天龍寺復興に際し、翌年から十年間平島・太田（阿南市大井町）両郷から年七五貫文を天龍寺造営料として領家方に対し請負っている。両郷は長講堂領であり崇光上皇が伝領したが、同上皇は天龍寺再興を主導した春屋妙葩に帰依していた関係で造営料寄進が行われたと考えられる。至徳四年土貢注文では那賀山庄と別に平島分銭一七一貫四八〇文（米・麦・大豆・公事銭・榑代）が記載される。文安二年（一四四五）に兵庫北関に入港した平島船には「天龍寺五艘過書内」と記載されるものがある（兵庫北関入船納帳）。本文書中に関連文書は少なく、わずかに文安四年の諸課役免除、守護使入部停止の管領施行状案に名がみえるのみである〈四五七〉。

21　播磨国志染保

播磨国東部を流れる加古川支流美嚢川のさらに支流である志染川流域を故地とし、旧志染町一帯に比定される。志深とも書く。

天龍寺領としての同保の初見史料は、播磨国内の天龍寺領への課役賦課を停止した応安六年（一三七三）一二月六日付の播磨国守護奉行人奉書案（「東寺百合文書」ウ函五〇）である。至徳四年土貢注文には一六五貫文余が数えられる。その後、応永二九年に大村一族等の跡の所職を天龍寺雑掌に沙汰付ける旨〈三九四、鹿三五〇〉、応永二七年（一四二〇）、文安四年の寺領保護の幕府発給文書案が残る〈三七〇・四五一〉。その後本文書群に関連文書はみられないが、一五世紀末にも天龍寺代官が現地所領支配を行い、保内四か名のうちに八条遍照心院の得分についても、天龍寺がその徴収にあたっていた（『蔭凉軒日録』長享二年一二月五日条、延徳三年四月一三日条）。

22　播磨国福井庄

播磨国を南流する揖保川左岸に位置する大津茂川流域の平野部に位置する。天龍寺領としての初見史料は志深保(21)と同一であり、至徳四年土貢注文には銭四七貫文余が記載される。応永二七年および文安四年の課役免除・寺領安堵の幕府発給文書案が残る〈三七〇・四五一〉。年未詳であるが、永正頃に活動する赤松則貞が天龍寺納所禅寺に宛てた書状があり、福井庄左方一分公用の事を承ったこと、当年は干損のため年貢納入できなかったこと、百疋を進入ることを申し伝えており、赤松氏と協調し年貢確保に努めている様子がうかがえる〈五六二〉。

23　加賀国横江庄地頭職

加賀国中央部を日本海に注ぐ手取川扇状地の北東部、後述する大野庄（60・61）の南に位置する。応安七年（一三七四）六月一日、当庄地頭職が藤原家明から天龍寺に寄進された。この地頭職は後嵯峨天皇第一皇子で鎌倉幕府六代将軍宗尊親王から譲与され同家が相伝したといい、後嵯峨院および宗尊親王菩提を訪うために天龍寺に寄進すると記す〈二四〇〉。しかし、この寄進に対し異議を唱える者がいたとみられ、永和四年（一三七八）にはこの寄進内容をうけて足利義満から重ねて寄附状が発給され〈二四六〉、さらには翌年にも、義満が寺領を安堵している。またこの文書から、後醍醐天皇の追善塔である天龍寺多宝院に宗尊親王の位牌を追善のために安置したことも判明する〈二五〇〉。至徳四年土貢注文では、米五六七石余の代銭五六七貫文余および銭一二二貫文余が記載される。その後は白山社造営段米・人夫役などを免除した文書〈三五二・三六〇〉、応永二七年、文安四年の課役免除など寺領保護の幕府発給文書案文〈三七五・四六〇〉、長禄二年の不知行地還付の足利義政御判御教書〈四七八〉がある。さらに下って天文二〇年（一五五一）の夢窓疎石二〇〇年忌に際しては、当庄から絹一疋代一貫文を奉加している〈六二二〉。

24 備中国成羽庄

岡山県西部を南流する高梁川の支流成羽川上中流域の山間部を故地とする荘園。永徳元年（一三八一）四月、備後国三谷(2)の替地として当庄三村信濃守跡を天龍寺に寄進する旨の義満寄進状、および施行状、遵行状、打渡状の各案が残る〈二六二～二六四・二六六〉。至徳四年の土貢注文には三一〇貫文余と比較的多額が納められている。しかし、当庄支配をめぐり三村信濃守一統との確執が残っていたとみられ、明徳元年から明徳四年にかけ三村方の違乱を停止する文書が残されている〈二九七・三〇一～三〇六・三〇八〉。明徳三年（一三九二）には三村信濃守は善養寺に立て籠もり寺領を違乱したという。

以後は、応永二七年、文安四年などの課役免除など寺領保護の幕府発給文書案文が伝わり〈三五三・三七三・四六一〉、長禄二年（一四五八）には天龍寺に返付される〈四七八〉。その後、天文二〇年の夢窓疎石二〇〇年忌に際しては、当庄から公用五貫文が進上される〈六二二〉。

25 周防国玖珂庄祖生郷

周防国東南部の島田川上流域に位置する。現岩国市周東町祖生に比定される。至徳三年（一三八六）四月、大内義弘は義詮の代の新恩の地である玖珂庄祖生郷地頭方内土貢二〇〇石を天龍寺六斎沐浴料所として寄進し、同時に義満の寄進状を得た〈二八八・二八九〉。すでに玖珂庄領家職は、応安二年（一三六九）には春屋妙葩が管領していた天龍寺金剛院領となっていること〈鹿一四六〉、永徳三年（一三八三）に大内義弘は当庄に近接する現岩国市に永興寺〈貞治六年に春屋妙葩再興〉を建立し春屋妙葩開山になる嵯峨宝幢寺の末寺となす契状をなしていることから〈鹿六二二〉、天龍寺への寄進の背景には、大内義弘と春屋妙葩との関係を考えたい。

だが、本文書群のなかには当郷に関する文書は少なく、わずかに応永一五年（一四〇八）に前述の土貢を寺家雑掌へ沙汰付けることを守護に命じた幕府御教書案〈三三三〉があるのみである。応永二七年の寺領安堵の文書中にはその名は見いだせず、天龍寺分は退転した可能性も考えられる。金剛院領玖珂庄は、文明一〇年（一四七八）年に寺家に返付すべき旨の御判御教書〈鹿四六六〉がある。

26 山城国長井庄〈玉城論文参照〉

27 相模国成田庄領家職付金子村

酒匂川下流域東岸の小田原市成田、飯泉に比定される。後白河天皇後院領から新日吉社領となり、領家職は大宮院・昭慶門院・世良親王と伝領された大覚寺統の所領であった。正慶元年（一三三二）六月の臨川寺寺領目録〈一七〉に記載され、世良親王は領家職を有し年貢一〇〇貫計の地と知られる。暦応四年（一三四一）に光厳上皇院宣により尊融に安堵されており、その後改めて尊融から天龍寺に寄進されたものと推定されるが、臨川寺領となることが多い世良遺領のなかで唯一天龍寺領となった。至徳四年土貢注文では銭五四貫文が記載される。応永二七年（一四二〇）の課役免除の管領施行状案〈三七四〉が荘園としての最後の史料とみられている。

28　尾張国下飯田郷

現名古屋市北区飯田付近が故地と考えられる。天龍寺領化する経緯は未詳。至徳四年土貢注文に銭一〇〇貫文と記載される。天龍寺領目録〈五六四〉に記載されるほか、応永二七年および文安四年の課役免除・寺領安堵の幕府発給文書案が残るが〈三六八・四五二〉、関連史料にめぐまれない。

29　武蔵国下里郷

現埼玉県中央部に位置する小川盆地の南東部に位置し、比企郡小川町下里が故地と考えられる。同郡内には鹿王院領高坂郷（渋川幸子寄進）も所在する。天龍寺領化する経緯は未詳であるが、至徳四年土貢注文では銭八〇貫文の納入が知られる。天龍寺寺領目録に記載されるほかは応永二七年の課役免除の管領施行状案〈三七四〉に名が載るのみであり、ほかの関連文書は残されていない。

30　近江国建部庄

近江国湖東中央部を北西流して琵琶湖に注ぐ愛知川中流域左岸に位置し、現在の東近江市を故地とする。天龍寺領としての初見は至徳土貢注文であり、建部下庄保司方から銭三二一貫文余が納付される。

同庄内には建部社領、日吉社領なども併存し、室町時代にはしばしば相論が発生した。応永二七年（一四二〇）には地下人が年貢を対桿したことについて相論となり、結果従前とおり日吉社方が天龍寺方を含め地下支配を行うことが確認されている〈三八四〜三八六〉。翌年には建部庄保司方に属する山本郷以下百姓六五名が連署し、年貢納入の確保、私検断の停止、戸開之衆会の停止、日吉方条目の遵守など七ヶ条の起請文を提出した。また文中から建部上下庄において三六人にて構成される集会組織ができていることが判明する〈三八七〉。正長元年（一四二九）にも、建部社神官が山門公人と語らい、天龍寺方庄主を追放する事件を起こしたことについて幕府側から所務を全うするよう命じられている〈四一七〉。長禄二年の不知行地還付の足利義政御判御教書〈四七八〉にも名がみえる。延徳年間には代官職補任をめぐる相論が知られる。延徳三年（一四九一）、青蓮院領の下司職などの経歴をもち在地の人と考えられる陽乗坊が蔭涼軒に対し代官職を競望した。その補任を巡っては天龍寺寺官から異論が出たことから公方沙汰となり、寺家住持評定衆の評議のとおり上意を得たため、等全都聞を庄主とし陽乗坊と代官職の契約を結ぶことで一旦は落着した。しかし、前任代官の石松丸は周珍都寺、等駿都寺などとはかり、同年の年貢を未納したことにより、翌年天龍寺は両都寺の寺役停止の壁書案を台覧に供し、両者の糾明が行われた（『蔭涼軒日録』延徳三年七月六日条から延徳四年八月二九日条）。その後史料を欠き、本件の結末は知り得ないが、庄主は住持と評定衆とで構成される評定により庄主が補任されたこと、現地支配は庄主の下に代官契約を行ったこと、代官職任命には蔭涼軒など関連機関が介在することがあったこと、蔭涼軒は天龍寺と綿密に連絡をとり合意を形成していることなど、当該期天龍寺の荘園経営の一例が知られる。

31　信濃国青沼村

比定地未詳。天龍寺領化した時期は不明であるが、至徳四年土貢注文には銭三八貫文余が計上される。文安四年の課役免除・寺領安堵の幕府発給文書案が残るが〈四五八〉、寺領支配の実情は未詳。

32　越後国富川保（庄）

上越市を北流する関川右岸の平野部に位置する。天龍寺領化した時期は未詳であるが、至徳四年土貢注文には銭七五貫文が計上される。応永二七年および文安四年の課役免除・寺領安堵の幕府発給文書案が残る〈三七一・四五三〉。

33　丹波国豊富庄

庄域は、現在の福知山市西南部を西流する由良川支流和久川の上流域に位置する。嘉元四年昭慶門院領目録に記載されるものの、臨川寺寺領目録〈一七〉にはその名がみえない。天龍寺への寄進の時期、主体は未詳であるが、至徳四年（一三八七）土貢注文に天龍寺領としてみえ寺納米九九石余、銭七九貫文余を数える。応永二八年（一四二一）年の内宮段銭免除の文書案からは同庄は一円寺家進止と記される〈三八九・三九三〉。

34　**備後国岩成庄**

天龍寺領となった経緯は未詳。至徳四年の土貢注文に銭二四〇貫文余が計上される。応永二七年、文安四年の課役免除などの寺領保護の幕府発給文書案〈三六六・四五一〉が伝わるほかは、関連文書が残されず詳細は不明である。

35　**讃岐国柞原庄(郷)**

現丸亀市の主要部分を故地とする。鎌倉時代後期には綾小路家が領家職を有し、その知行は正和三年まで確認できる。天龍寺領となった状況は未詳であるが、至徳四年土貢注文には、原郷と併せ五〇貫文が計上される。嘉慶元年(一三八七)には、地頭職の一部が讃岐守護代細川頼有(細川頼之弟)の有に帰し、引き続き同家が伝領していることが知られ、天龍寺への寄進に細川氏が関係する可能性がある。以後、応永二七年、文安四年の課役免除、使者入部停止等の文書案〈三六九・四五六〉は残るが、支配の実態は明確でない。

36　**讃岐国原郷**

比定地未詳。「原郷二宮」〈四五四〉とあることから、高瀬町二宮(小字原がある)付近を故地とするか。いっぽう鎌倉時代後期には臨川寺領讃岐国二宮庄(45)が知られるが、原郷と二宮庄を隣接地とみれば、世良親王が保有していた得分の一部を天龍寺が引き継いだ可能性が考えられる。天龍寺領原郷は、至徳四年土貢注文には柞原庄(35)とあわせ五〇貫文が数えられることが初見になる。応永二七年、文安四年の課役免除、使者入部停止等の文書案〈三六九・四五四〉は残るが、支配の実態は明確でない。

37　**大豆貝村**

比定地未詳。大豆貝村は至徳四年土貢注文に銭七五貫余の納入が記載されるが、ほかに知るところがない。

38　**能登国能登島東方**　39　**常陸国佐都庄・付東岡田・西岡田**　40　**伊勢国富都(津)御厨**

この三ヶ所は、年未詳天龍寺所領目録〈五六四〉に記載されるほかは、天龍寺領としての史料に恵まれない。特に能登島は所領目録のみである。一方、佐都庄(43)、富都御厨(47)はともに世良遺領であり、尊融に安堵された所領である。あるいは相模国成田庄(27)と同様に天龍寺に寄進されたか。ただし至徳四年土貢注文には記載されず、天龍寺領としての実体はなかったかも知れない。

41 尾張国賀守郷

尾張国海東郡。現在の津島市神守を故地とする。天龍寺領としての実体は未詳であるが、応永二七年、文安四年の課役免除・寺領安堵の幕府発給文書案〈三六八・四五二〉にその名がみえる。

42 丹波国吾雀庄

庄域は現綾部市西部由良川支流である犀川流域の山間部に位置する。吾雀庄西方(現綾部市西方)は、妙法院門跡領としてみえるが、応永五年には領家職半分が北野社へ寄進される(「北野社家日記」明応元年[一四九二]一〇月四日条)など、諸職の分割がみられる。天龍寺所領の初見は時代がくだり文安四年(一四四七)の寺領一斉安堵のなかに「吾雀」とみえることである。享禄二年(一五二九)には吾雀庄西方村奥方分が当知行安堵をうけているが〈六一一〉、関連文書はこの二点のみである。

(2) 臨川寺・三会院領

43 常陸国佐都庄・東岡田郷・西岡田郷・本家職領家職

常陸国北部の久慈川流域の佐都東郡、佐都西郡に広がる荘園。世良親王に伝領された所領で、同親王の没後一月後にあたる元徳二年(一三三〇)一〇月に、後醍醐天皇から元翁本元に対し管領を認めたことが明らかな所領三ヶ所のうちのひとつ。これらは河端旧跡を僧院となし同親王の追善用途とされた〈一三・一四〉。臨川寺寺領目録〈一七〉では、当庄・東岡田郷・西岡田郷は、ともに天王寺入道大納言基嗣卿遺領、青蓮院宮尊助親王、御嵯峨院、大宮院、昭慶門院、世良親王と伝領された大覚寺統所領で、同親王はいずれもその本家・領家職を有したとし、年貢高は順に「二〇〇石計」、「卅貫計」、「百計」とするがいずれも近年は地頭に押領されると記す。元弘三年六月に入京した後醍醐天皇は、その翌月には夢窓疎石に臨川寺を管領させ、本庄を含む六ヶ所の所領を付した〈二〇〉。さらに翌八月には、東岡田郷地頭職（詫間式部大夫跡）も臨川寺に付し、夢窓に管領させた〈二一〉。しかし、建武二年（一三三五）正月には、当庄と西岡田郷の領家職・東岡田郷の地頭・領家職は甲斐国牧庄の替地として臨川寺領から離れた〈二七〉。

44　加賀国富永御厨本家職・領家職　60・61　大野庄領家職・地頭職

現金沢市街を流れる犀川とその南を流れる大野川の河口部の沖積平野に位置し、日本海海運上の要所である宮腰津・大野湊を有する。富永御厨は犀川河口右岸に比定されるが、のち一円所領として成立した臨川寺領大野庄に吸収された。

富永御厨は前述佐都庄同様、元徳二年一〇月に後醍醐天皇から元翁本元に対し管領させたことが明らかな所領三ヶ所のうちのひとつ〈一三・一四〉。臨川寺所領目録では、世良親王は本家・領家職を有し年貢は三六〇貫文余で地頭（北条得宗家）請所であったが、正中年間頃から現地代官の足立、諏訪という代官による押領がなされたという。その後は元弘三年（一三三三）後醍醐天皇から夢窓疎石に対し管領が認められ〈一九〉、すぐに地頭と領家と下地中分し知行すべき旨が伝えられている〈二〇〉。

大野庄については、正中二年、得宗家代官の足立三郎左衛門入道厳阿所進の領家方および地頭方の田数注文があり〈九・一〇〉、総田数二八二段余、分米三〇九六石余、分銭一九七貫余が計上される。領家職は建武政権下に臨川寺領となったが、建武三年（一三三六）八月に足利尊氏によって安堵された〈三〇〉。また、地頭職も同年八月三〇日付で尊氏は夢窓疎石に寄進状を発給し、甲斐国牧庄の替として、後醍醐天皇に近侍した四条隆資跡の地頭職を臨川寺に寄附した〈三一〉。翌月には領家職は光厳上皇からも寺領として安堵され〈三七〉、同庄は一円寺領を形成した。なお、翌年四月、庄内藤江・松村両村は嵯峨正脈庵造営料所とされている〈四一〉。年貢高は、明応四年（一四九五）の算用状に米方本数二七三三石余、銭方本数七三〇貫余とあり〈五六七〉、永徳二年（一三八二）には年貢二一〇〇石を運送していることなど〈二七二〉、臨川寺領随一の規模である。それゆえ本文書群中に当庄関連文書は多く残され、守護勢力や白山・金剣宮神人などによる押領、年貢運送に際する琵琶湖岸山門関所による煩いに対する安堵や諸課役免除の幕府発給文書がたびたび発給されている。

応仁の乱後になっても、庄主が現地に下向し年貢徴収に当たっていた。明応七年（一四九八）には同庄庄主職は評議をもって「器用之仁」を選任することが定められている〈五七二〉。明応四年と明応九年の庄主殊全都寺などが作成し勘定を行った同庄年貢算用状が残り、荘園の実情が判明する〈五六七・五七六〉。

永正一三年（一五一六）には、近年大野庄寺納が減少し、惣百姓中から二〇貫文の立替を受けていることに対する対応について〈六〇一〉、同一五年には年貢納入が延引し、三月中の勘定が不可能な状況下の対応について評議がなされているが〈六〇四〉、これ以後大野庄関連の史料が途絶え、不知行化したと考えられる。

45　**讃岐国二宮庄領家職**

当庄は前述佐都庄同様、元徳二年一〇月に後醍醐天皇から元翁本元に対し管領を認めたことが明らかな所領三ヶ所のうちのひとつ〈一三・一四〉。世良親王にいたる伝領経過は佐都庄と同様の大覚寺統所領であり、昭慶門院領目録案には、大宮院御領として「西御方領二宮」と記載され三位局が知行主であったこと、臨川寺領目録〈一七〉では世良親王は領家職を保有し年貢は二〇〇石計であったことが知られる。しかし、建武政権下の元弘三年に後醍醐天皇から夢窓疎石にあて臨川寺領として管領すべきとされた六ヶ所の所領には入らず、以後も臨川寺領の徴証はない。

46　**和泉国塩穴庄領家職**

現堺市堺区となる旧大鳥郡舳松村、湊村付近に比定される。臨川寺領目録に載る〈一七〉。世良親王にいたる伝領経過は佐都庄と同様の大覚寺統所領で、同親王は領家職を有し、年貢は雑物を加えて一〇〇計と記す。元弘三年六月に入京した後醍醐天皇が、その翌月夢窓疎石に臨川寺を管領させた際に付した所領六ヶ所のうちに数えられるが〈二〇〉、建武政権が崩壊したのちの建武三年（一三三六）九月には、足利尊氏は世良遺領を相伝した尊融に当庄を安堵した。以後当庄と臨川寺の関係はみられない。

47　伊勢国富津御厨本家職

三重県北部を南流する揖斐川右岸に位置し、現桑名市多度町戸津付近に比定される。臨川寺寺領目録に載る〈一七〉。世良親王にいたる伝領経過は佐都庄と同様の大覚寺統所領で、同親王は本家職を有し、年貢は雑物を加えて一〇貫計と記す。元弘三年六月に入京した後醍醐天皇が、その翌月夢窓疎石に臨川寺を管領させた際に付した所領六ヶ所のうちに数えられる〈一九〉。暦応四年九月に尊融に安堵されているが〈五一〉、のちに天龍寺領となったようで一四世紀後半頃の天龍寺寺領目録にその名がみえる。しかし、天龍寺領として確認できるものはこの寺領目録のみで実態は未詳である。

48　阿波国富吉庄領家職

臨川寺領目録に載る〈一七〉。世良親王にいたる伝領経過は佐都庄と同様の大覚寺統所領で、同親王は領家職を有し、年貢は八〇〇計と記す。後醍醐天皇が夢窓疎石に付した所領六ヶ所には数えられないが、建武三年（一三三六）九月には、足利尊氏は世良遺領を相伝した尊融に当庄を安堵した。文和三年（一三五四）正月一三日、尊顗・尊融は臨川寺長老宛の所領寄進状案〈一三八〉、三会院塔主宛の所領寄進状案〈一三七〉の二通を作成し、臨川寺には尊融追善料所として当庄を、三会院には庄内東村・北敷地村・南敷地村の三ヶ村を夢窓国師および尊融追善料所として寄進した。当庄の本家職は保安寺が有していた。同年五月には、阿波国守護の細川頼之はこの寄進の内容を承知し、同五年には同庄領家職の三会院雑掌への沙汰付けを遵行している〈一五一〉。貞治四年には官宣旨にて諸公事が免除されているが、三会院に寄進されたものは三ヶ村の地頭職とわかる〈一九四・一九七〉。その後の史料は少ないが、文明九年（一四七七）および文明一三年に寺領の返付が命じられ〈五〇一・五〇七〉、寺領回復に成功したようであり、文明一九年の寺領目録には、当庄の年貢は臨川寺・三会院の双方の用途となること、臨川寺が庄主を補任していることが知られる〈五二九〉。明応三年（一四九四）七月晦日の富吉庄の年貢徴収に関する衆議では、前年一一月に年貢催促に現地に下向した定智力者というものが、年貢を横領し出院してしまったことについての対応を協議している〈五六六〉。

49　近江国橋本・粟津御厨領家職

琵琶湖南端、瀬田川流出口付近の東岸に橋本、西岸に粟津が位置する。臨川寺寺領目録〈一七〉にその名がみえ、世良親王にいたる伝領経過は佐都庄と同様の大覚寺統所領で、同親王は領家職ともに有し、年貢は橋本・粟津あわせて五〇計であること、現治世下では院宣により支配が滞っていることなどが記される。暦応四年九月に尊融に安堵されるが〈五二〉、まもない同年一二月に尊融からに臨川寺三会院に永代寄進された所領三ヶ所のうちのひとつである〈五五〉。しかし、その後の支配は安定しなかったようで、貞和五年の課役免除〈七七・八一〉に寺領としてあげられたのち、文和三年（一三五四）三月の後光厳天皇綸旨（三会院領安堵）が最終所見となる〈一四六〉。

50　美濃国高田勅使田本家職・領家職

岐阜県東部を西流する土岐川流域を故地とする。臨川寺寺領目録〈一七〉に記載される。世良親王にいたる伝領経過は佐都庄と同様の大覚寺統の所領であり、故親王は本家・領家職ともに有し、年貢はあわせて七〇貫文計であること、現治世下では給主は不明であるが院宣を下されていることなどが記される。その後の臨川寺との関係は未詳であるが、暦応四年（一三四一）九月に光厳上皇院宣をもって、尊融は当所の所領回復に成功する〈五一〉。しかしまもない同年一二月に尊融は再度臨川寺三会院に永代寄進し〈五五〉、翌年三月光厳上皇はその内容を安堵した〈五六〉。

また、当郷に関しては郷内河井村の年貢を地頭方が対捍したことをめぐり、臨川寺と地頭土岐頼貞女との間の相論に対する康永三年一一月一九日付足利直義下知状案〈六四〉が残る。ここでは、当村の下地四名（山野、土民住宅を含む）と浮免田三町余、畠一町余が本所に避進られること、預所が在庄の間は草木採用・牛馬出入などに地頭方の妨げを禁ずること、公家・武家公事、伊勢役夫工米以下の課役は地頭方の沙汰とすること、一円不輸の地として本所が知行すべきこと、など臨川寺側に有利な裁許となっている。また、河井村以外の五ヶ村は地頭が別であることから、同前の趣旨の文書を別に発給した旨が追記され、高田郷が六ヶ村から構成されていたことがわかる。ただし、貞和五年の寺領安堵の文書〈八二〉以降、臨川寺領としての所見はなくなる。いっぽう、古渓寺も当郷に所領を有し（永徳三年一一月寺領目録、「永保寺文書」）、一五世紀中葉にも維持されている（寛正二年［一四六一］二月寺領目録、同文書）。

51　備後国垣田庄領家職

比定地未詳。垣内村（三原市八幡町）付近に比定する説がある。また、「植田」、「埴田」とも記し、『門葉記』所収の高橋宮尊守親王遺領目録にみえる備後国埴田庄と同地とする説もあるが、確証はない。臨川寺寺領目録〈一七〉にその名がみえ、亀山院遺領、昭慶門院、世良親王と伝領した大覚寺統の所領であること、年貢四〇貫文計であること、去年から邦世親王の違乱をうけていると記載される。その後の臨川寺との関係は未詳であるが、暦応四年（一三四一）九月に光厳上皇院宣をもって、尊融は当所の所領回復に成功する〈五一〉。しかしまもない同年一二月に尊融は再度臨川寺三会院に永代寄進し〈五五〉、翌年三月光厳上皇はその内容を安堵した〈五六〉。当庄に関しては以後臨川寺領としての知見はない。

52　大和国波多小北庄領家

臨川寺寺領目録に載る〈一七〉。世良親王にいたる伝領経過は佐都庄と同様の大覚寺統伝領の所領であったこと、世良親王は領家職を有し年貢は五〇計であったこと、去年より春宮康仁親王の押妨をうけていることが知られるが、南北朝時代以降臨川寺領の徴証はない。

53　和泉国若松庄領家職

現堺市南区となる旧大鳥郡上神谷村付近に比定される。臨川寺寺領目録に載る〈一七〉。世良親王にいたる伝領経過は佐都庄と同様の大覚寺統所領であったこと、世良親王は領家職を有し領家一円の地で年貢は三〇〇石計であったこと、「悪党楠兵衛尉（正成）」に押妨され、去年（元弘元年）九月以降は年貢収納が滞っていることなどがうかがわれる。南北朝時代以降に臨川寺領であった徴証はない。

54　近江国朝妻庄十二条郷領家職

近江国坂田郡を琵琶湖に向かい東流する天野川河口部南側に位置する荘園。臨川寺寺領目録〈一七〉にその名がみえ、亀山院遺領、昭慶門院、世良親王と伝領した大覚寺統の所領であること、世良親王は領家職を有し、領主室町三位雅春卿から年貢のうち一〇〇石の寄進をうけていたことが記される。南北朝時代以降に臨川寺領であった徴証はない。

55　美濃国南宮社領家職

南宮社は、美濃国一宮であり、濃尾平野の西端、中山道が関ヶ原の山地に入る手前の現垂井町宮代に位置する。臨川寺寺領目録に「南宮社」と載る〈一七〉。世良親王にいたる伝領経過は佐都庄と同様の大覚寺統伝領の所領であったこと、世良親王は領家職を有し年貢は二〇〇貫文で地頭宇都宮氏の請所となっていたこと、本家は南宮社であることなどが記される。しかし、建武政権後には臨川寺領にはならなかったとみられ、関連文書はない。なお、暦応二年（一三三九）三月二八日には尊融は当社領家得分のうち半分を、古渓寺（のちの永保寺）に寄進したことが知られる（同月二八日尊融書状、「永保寺文書」）。古渓寺は、夢窓疎石と元翁本元が止住した地で歴代は元翁の法系が嗣いでいること、この前日に勅願寺とするべき綸旨が発給されている点からみて、同寺への所領寄進にも北朝、夢窓が関係しているものと考えられる。

56　丹波国葛野庄領家職

古代丹波国葛野郷を庄域とし、加古川上流域にあたり現在の丹波市氷上町西部に比定される。臨川寺寺領目録に載る〈一七〉。世良親王にいたる伝領経過は佐都庄と同様の大覚寺統所領であったこと、世良親王は領家職を有し年貢は二〇〇余であったこと、領家・地頭中分の地であり地頭は荻野五郎入道であること、去年一〇月頃から押領をうけていることなどが記される。ただし、南北朝時代以降に臨川寺領であった徴証はない。

57　紀伊国富安庄領家職

臨川寺寺領目録に載る〈一七〉。昭慶門院から世良親王に伝領された。世良親王は領家職を有し年貢は二〇〇計であること、地頭は陰陽師の豊前前司でここ十余年押妨をつづけること、本家は歓喜寿院であることが記載される。南北朝時代以降に臨川寺領であった徴証はない。

58　山城国大井郷（村）（玉城論文参照）

59　甲斐国牧庄

甲府盆地の東北、現在の塩山市から山梨市付近に比定され、庄内に恵林寺が所在する。牧庄主二階堂貞藤（道蘊）は、夢窓疎石を開山とし、嘉元三年（一三〇五）に浄居寺、元徳二年には恵林寺を開創する（『夢窓国師年譜』）。貞藤は建武元年（一三三四）に没し、翌年後醍醐天皇は綸旨をもって、恵林寺領とした地を除いた牧庄東方の貞藤跡は常陸国佐都庄（43）の替として夢窓疎石が管領する臨川寺に寄附された〈二七〉。さらに翌年、牧庄貞藤跡は加賀国大野庄地頭職（61）の替地として臨川寺領から外れるが〈三〇〉、正平七年（一三五二）には南朝方から、大野庄地頭職の替地として再び貞藤跡が臨川寺に寄進されている〈一一五〉。

60・61　加賀国大野庄領家職・地頭職（44　富永御厨の項を参照）

62　上総国伊北庄内佐古田郷（6　上総国伊北庄佐古田郷の項を参照）

63　日向国国富庄南加納（1　日向国国富庄の項を参照）

64　河内国橘嶋庄光国名

橘島庄は渋川郡のほぼ全域に比定される。嘉元四年（一三〇六）昭慶門院御領目録に記載される。暦応三年（一三四〇）四月一七日、庄内光国名が細川和氏（一二九六～一三四二）から臨川寺三会院に寄進されたが〈四五〉、中絶したため康永二年（一三四三）三月に再度寄進された〈六〇・六一〉。文和三年（一三五四）、細川清氏（～一三六二）は近年不知行を理由として父和氏の素意に任せ、近江国石田郷上方半分(72)を替地として寄付し〈一四一〉、臨川寺領から離れた。

65　美濃国神渕郷栗原村

現七宗町神渕を中心とした一帯に比定される。貞和三年（一三五二）一〇月一五日付で、理春が祖母浄心と自身菩提のために郷内栗原村を三会院に寄進した〈七四〉。理春は、本文書に連署する二階堂成藤（雑所決断所所衆、室町幕府・鎌倉府の政所執事を歴任、康永元年一二月五日の光明天皇勅使および尊氏、直義の参詣の際の供奉衆に名がみえる）の一族と考えられる。娘理仁一期の程は、三会院より扶持あるべしとあって、一部得分を残した寄進と考えられる。また、貞治四年（一三六五）の官宣旨で栗原村地頭職の諸公事を免除されることから〈一九〇〉、理春が三会院に寄進したのは地頭職であろうか。貞治四年以降の関係文書はみられない。

66　美作国讃甘庄

美作国東部、播磨国との境近く、吉野川と宮本川の合流点付近を故地とする。貞和五年（一三四九）諸課役免除の官宣旨〈八三〉に臨川寺塔頭（三会院）領として、「讃甘北庄六分一」としてでてくるのが初出。その後関連文書がみいだせないものの、長禄二年（一四五八）不知行地還付の足利義政御判御教書のなかに名がみえる〈四七五〉。

67　但馬国太田庄

但馬国東部を北流する円山川の上流太田川流域の山間部に所在した荘園。貞和五年（一三四九）九月二四日、足利直義室の本光院殿が太田庄内坂本村を三会院に寄進した〈八七〉。この寄進は地頭職であり、翌年一〇月に尊氏により安堵をうけ、施行、遵行、打渡が行われた〈八九・九〇・九二・九三〉。観応の擾乱の最中である翌二年四月、今度は直義が亡息如意王追善料所として庄内秦守郷を三会院に寄進し〈九四〉、八月に本寄進内容について天龍寺方丈（夢窓疎石）に対し義詮が御内書を遣わし、さらに安堵の御判御教書を発給している〈九七・九九〉。こののち貞治四年の官宣旨にて諸公事免除されるが〈一九五〉、その後の関係文書はみられなくなる。

68　三河国額田郷

貞和五年（一三四九）六月二七日付にて細川和氏の女恵観が比丘尼れんみょう御房、せんかう禅尼菩提のために三会院に当地を寄進した〈八五〉。三年後の観応三年に発給された足利義詮寄進状により、同院領は沙汰人余三太郎跡の給田畠と判明する〈一一三〉。南北朝時代に下地沙汰付〈一三五〉、諸公事免除〈一九二〉の文書が残るものの、以後の支配状況は未詳。

69　尾張国御器所保

御器所保は熱田社の東北五キロメートルほどに位置し、国衙領に系譜をもつ。同保地頭職は得宗家が有していたが、大高重成はこれを継承し、夢窓疎石が示寂した直後の観応二年（一三五一）一〇月六日に、開山国師の恩徳に報いるため、かつ自らの公私願望を祈るために臨川寺三会院に当保を寄進した〈一〇三〉。大高重成は禅律頭人をつとめ、暦応年中の天龍寺造営も担当した人物であり、諏訪円忠同様に夢窓疎石との親交を背景として本寄進が行われたと推測される。翌年には足利尊氏寄進状の発給を得て幕府の保証を得ている〈一一三〉。

延文五年（一三六〇）、重成没後の本保の相続にあたり、子息大高重政に愛智郡御器所保地頭職を、三会院には愛智郡御器所南方の山田御器所別給が与えられる旨、将軍御判御教書が発給された〈一六七〉。この後の所領の所見はなく、寛正二年（一四六一）には相国寺塔頭恵雲院領としてみえるが、経緯は未詳である（『蔭凉軒日録』同年九月一〇日条）。

70 近江国赤野井并三宅十二里

琵琶湖南湖東岸の平野部に所在し、湖岸近くから赤野井・十二里・三宅の順に位置する。天龍寺と所縁の深い諏訪円忠から三会院への寄進地。観応二年（一三五一）一〇月晦日、夢窓疎石示寂後一ヶ月後に、夢窓国師の恩徳に報いること、円忠の現当の願望を祈ることを名目に寄進されたが、庄主の所務は同様に円忠が天龍寺に寄進した信濃国四宮庄(7)の例にならうように指示される〈一〇五〉。とすれば国師年忌料、円忠年忌料のほか、余剰分は臨川寺と三会院各々の常住料に充てられたと推定される。また、四宮庄寄進状に夢窓疎石が裏判を加えた前例を踏襲し、本文書にも臨川寺住持枯木紹栄、三会院主無極志玄に加え、雲居庵塔主春屋妙葩が裏判を加えていて、夢窓示寂後の門派所領の管領体制を窺うことができる〈一〇六〉。この寄進内容は、尊氏から御判御教書を、尊氏（自筆）、義詮から無極志玄宛御内書をもって安堵される〈一〇七～一〇九〉が、寺領支配は難航したようであり、翌年尊氏は義詮に宛て、寄進内容は相違なく「ことさら国師御ゆい跡の事なと、とかくと丶こほりあるましく候」と急ぎ遵行を命じた〈一一八〉。そこで義詮は寺家雑掌への沙汰付けを近江国守護に命じ〈一一八〉、山内定詮は雑掌昌林へ下地を打渡した〈一二〇〉。

貞治四年（一三六五）の官宣旨にて諸公事が免除されるが〈一九五〉、それ以降本文書群には関連史料がみいだせない。くだって、文明一七年（一四八五）には、住持松嶺智岳は蔭凉軒を通じ目安を台覧に供し、守護六角高頼による寺社本所領押領に対抗するために、六角方と守護代伊庭方に奉書および政所執事伊勢貞宗の副状を発給するよう要請した。その後も六角氏の押領は続いたようで延徳三年（一四九一）には一途御成敗がない旨が記される（『蔭凉軒日録』文明一七年九月一一日条、延徳三年一〇月二九日条）。

71　遠江国吉美庄内山郷地頭職

浜名湖西岸、笠子川・坊瀬川の右岸に位置する。観応三年（一三五二）七月五日に渋川直頼（一三三五～一三五六）が庄内内山郷地頭職を臨川寺三会院に寄進し〈一二〇〉、あわせて尊氏の安堵を得た〈一二四〉。渋川氏は足利氏一門で、直頼は義詮正室渋川幸子の弟にあたり、観応擾乱後は尊氏方で活動した。臨川寺領としての所見は貞治四年（一三六五）の官宣旨〈一九五〉が最後になる。なお、文明一七年（一四八六）九月には室町将軍足利義尚は吉美庄庄主職に対する干渉を停止しており、庄主職は常徳院（横川景三）にあった（『蔭凉軒日録』文明一七年九月一九日条ほか）。

72　近江国石田郷上方半分

十二里(70)の東に隣接する。文和三年（一三五四）二月、細川和氏が臨川寺に寄進した河内国橘嶋庄光国名が不知行化しているため、和氏子清氏（～一三六二）が替地として、当郷上方半分地頭職を寄進し、同日付で尊氏により安堵されている〈一四一・一四二〉。翌年二月近江国守護六角義信に対し、三会院雑掌に下地沙汰づけるべき旨施行状が発給されるが〈一四三〉、所領支配の実際は未詳である。貞治四年の官宣旨〈一九五〉で諸公事を免除されることが寺領としての最後の所見となる。

73　若狭国耳西郷半分付日向浦

若狭国東部を北流する耳川西岸から三方五湖東岸にわたる広域の郷。また若狭は古くから裏が発展して独自の支配単位となり特定の荘園と結合する事例が多く、本例もその一例に挙げられる。日向浦は三方五湖のひとつ日向湖の北岸に位置し若狭湾に面する。

当郷地頭職は天龍寺領と臨川寺領と半分に分割され、臨川寺分（長井掃部跡）は康安元年（一三六一）一一月一〇日付で住持春屋妙葩に対し、造営料として寄進された〈一六八・一六九〉。関係文書は、南北朝時代から室町時代中期にかけて在地勢力の所領押領停止や課役免除など寺領安堵の幕府発給文書が多数残るほか、貞治元年（一三六二）の湖上諸関や応安六年（一三七三）若狭東口御服所関の勘過を保証する文書があり、年貢輸送の経路がうかがわれる〈一七五・二三八・二三九〉。文明九年（一四七七）寺領返付の幕府奉行人連署奉書に庄名が載り〈五〇一〉、翌年還補されたとみられる。文明一九年には、同郷から米二〇〇石余・銭二〇貫余が納入されていることが確認できる〈五二九〉。

74 尾張国徳重保

愛知県西部を南流する庄内川支流の五条川中流左岸に位置する。貞治二年（一三六三）八月一八日付足利義詮御教書（醍醐寺文書）により、当保に禁裏料所が置かれた。この際臨川寺三会院に替地が与えられていることから、当保に臨川寺領が所在し、その支配には守護土岐頼康が関与したことが知られる。ただし、本文書群に関連文書はない。

75 丹波国志村郷

比定地未詳。貞治四年（一三六五）二月、三会院領同郷地頭職の諸公事免除丹波国宛官宣旨〈一九一〉に名がみえる。

76 山城国物集女庄有末名・別当名（玉城論文参照）

77 近江国比江郷

近江国南部を西北流し琵琶湖に注ぐ野洲川の河口に近い平野部に位置する。鎌倉時代後期には当郷内に日吉社領が確認できる。応安四年（一三七一）閏三月、室町幕府は当郷地頭職を臨川寺に寄進し〈二一七〉、守護に施行されるが〈二一八〉、同年一一月、闕所として当郷公文職を給付された桐原入道が年貢を譴責したため土民が逃散したという。桐原入道は寺家から追放された後も近隣の悪党らと押領を行い、翌年には桐原入道跡を称する貴志弾正忠が濫防を働くなど、寄進直後の現地支配は混乱した〈二三一〜二三三〉。至徳元年（一三八四）四月二一日には名主太郎左衛門尉住屋に放火し狼藉を働いたことが庄主から注進されるなど、桐原入道による違乱は繰り返し続き、康暦二年（一三八〇）、永徳三年（一三八三）、至徳元年（一三八四）に幕府は守護宛に同人の濫防停止、寺領安堵を命じたことが知られる〈二六一・二七五・二八〇〉。このことが直接の原因かどうかは判然としないが、嘉慶元年（一三八七）一一月に同国坂田郡榎木庄(80)が当郷の替として幕府から寄附されている〈二九一〉。

78　三河国細谷郷

康暦元年(一三七九)四月一四日付足利義満寄進状にて臨川寺造営料所とされたが〈二四八〉、二年後の永徳元年六月一五日に当郷の替として細川正氏が寄進した駿河国田尻郷里南村河原一色地頭職(79)が替として与えられた〈二六八〉。

79　駿河国田尻郷南村河原一色地頭職

永徳元年(一三八一)五月六日付にて細川正氏が亡父清氏追善かつ普賢菩薩結縁のために臨川寺三会院に寄進した〈二六五〉。この地は三河国細谷郷(78)の替とされた〈二六八〉。関連文書では、応永二年と考えられる四月三日付の今川了俊書状があり、これには南村正税の沙汰について請けた旨が記される〈三一二〉。また、応永一一年(一四〇四)、幕府は地方頭人摂津満親に対し、幕府奉公衆大草公弘が知行する田尻郷を臨川寺雑掌が妨害することを退けるよう命ずる事例が知られる(畠山基国奉書、「古文書集」)。

80　近江国榎木庄内加納地頭職

現長浜市榎木、加納に比定される。嘉慶元年(一三八七)一二月に近江国比江郷地頭職の替として同国坂田郡榎木庄加納の佐々木山内源三跡(地頭職)が幕府から臨川寺に寄進され〈二九一〉、翌年八月に守護に対し、同寺雑掌へ沙汰付けすべき旨施行されている〈二九二〉。しかし、寺領支配に関する史料にめぐまれない。永享三年(一四三一)一〇月に、当庄の替地として伊勢国梅戸御厨(81)が臨川寺に寄進され、寺領から離れた〈四二六〉。

81　伊勢国梅戸御厨・大井田御厨

三重県北部を東南流する員弁川中流域左岸に位置し、現在のいなべ市大安町大井田、梅戸に比定される。永享三年(一四三一)一〇月八日近江国坂田郡榎木庄内加納(80)の替として、梅戸御厨が臨川寺に寄進された〈四二六〉。長禄二年(一四五八)四月、足利義政御判御教書により、伊勢国梅戸・大井田御厨の替地として、近江国鯰江高真跡(82・83)

が臨川寺に寄進されたことにより、当御厨は臨川寺領から離れた〈四七九〉。

82　近江国鯰江庄　83　押立保内横溝郷　84　柿御薗

近江国中央部を西北流する愛知川中流域の右岸に鯰江、その北方に押立、鯰江の対岸に柿御薗が所在した。長禄二年四月、足利義政御判御教書により、伊勢国梅戸・大井田御厨(81)の替地として、六角氏被官の鯰江高真跡の鯰江庄所職名田畠と押立保内所々並びに散在本知行地が寄進され、管領施行、守護遵行、守護代下地打渡の文書が残る〈四七九〜四八二〉。いっぽう柿御薗（同中惣追捕使職・同林田屋敷田畑林・法華院分散在田畠）も長禄二年四月七日に寄附をうけたと記載される〈四八六〉。しかし、鯰江氏の違乱が排除できず、押立保内黒柄郷と柿御薗について寺領安堵の奉行人奉書が発給されている〈四八五・四八六〉。文明九年（一四七七）から一〇年にかけて近江国鯰江高真跡は臨川寺に還付され、守護六角高頼に命じられるが〈五〇一・五〇二〉、その実態は未詳。長享元年（一四八七）一二月、第一次六角征伐後に将軍義尚は高頼に押領されていた寺社領返付を行い、押立保横溝郷を除いた鯰江跡を臨川寺に安堵した〈五二六・五二七〉。横溝郷はそもそも二階堂氏知行地であったため（『蔭凉軒日録』寛正五年三月一七日条）、蔭凉軒は近江の二階堂政行の陣所にて寺領について協議を行い、先の由緒により横溝郷を二階堂政行に返付し、臨川寺には替地として六角高頼跡の尾張国上門真庄(85)を寄進することが決している（『蔭凉軒日録』長享元年一〇月二二日条）。現地支配の便宜のためと考えられるが、延徳元年（一四八九）に臨川寺は横溝郷につき幕府に提訴したとみえ、二階堂氏は蔭凉軒に対し、訴訟迷惑の旨嘆願している（『蔭凉軒日録』延徳元年一一月四日条）。所領支配は安定しなかったとみられ、第二次六角征伐後、再度幕府は寺領安堵の奉行人奉書を発給した〈五四〇〜五四二〉。ここで「横溝郷者糺明之間除之」とあるのは二階堂氏との訴訟が継続中であることを示すとみられる。

85　尾張国上門真庄

尾張国北部旧葉栗郡に所在し、真清田社の北方木曽川左岸の平野部に位置し、後白河院政期に長講堂領として成立した荘園。臨川寺領となるのは一五世紀末のことで、長享元年（一四八七）一〇月二二日、近江国押立保の替地として、六角高頼跡が臨川寺に寄進された〈五二三〉。当地は内海氏が三〇〇貫文の年貢を請け負ったことが知られるが（『蔭凉軒日録』長享元年閏一一月三日条）、支配の具体相は史料にめぐまれない。

86　和泉国加守庄

本文書群中には関連文書はみられない。初見は長禄二年であり、以後『蔭凉軒日録』などに守護などとの軋轢のなかで所領支配を行う様子が散見される。文明一六年（一四八四）同庄の本役五千疋は在地勢力とみられる「阿野殿」が代官として請け負っていたが、敵方となったため、応仁・文明の乱以後は三会院が代官を派遣した。しかし、三会院は年貢徴収にあたり在地に借銭をもち、幕府は阿野殿兄弟の猪熊僧正に本役沙汰を命じた。また翌年和泉国守護細川元有が郷内春木・礒上・藤岡三人之跡を押領し、三会院は幕府に訴えている。（『蔭凉軒日録』文明一六年一一月二八日条、文明一七年九月一一日条、一〇月二一日条）。

（３）善入寺領

87　近江国奥嶋庄

現近江八幡市街の北方、琵琶湖に突き出た半島部に位置し、西の湖に面する王浜・白王・円山や奥津島神社が鎮座する島地区を故地とする。鎌倉時代には山門法華堂領、室町時代には山門御廏料所としてもみえ、山門支配下の湖上六ヶ関の一つが所在した。また、百姓結合が強固で弘長二年（一二六二）の百姓一五名連署による置文は惣掟の最古例として知られる。

当庄内に中西親王家に伝領された得分があり、元亨三年（一三二三）に忠房は早世した娘の中西姫君の遺領として改めて善入寺へ寄進し、菩提料足および寺家興隆に充てることを定めおいた〈七〉。貞和三年（一三四七）の忠房没後、同庄は再び善入寺に寄進されている〈七六・八八〉。明徳五年（一三九四）には善入寺は公文職を買得している〈三一〇〉。こののち応永年間から明応年間にかけて善入寺領の安堵に関する文書が散見される〈三一五・三一八・三二三・三二五・四〇六・四七四・四九〇・五一三・五四七・五五三・五五八〉。応永年間と康正年間にみえる庄内円山をめぐる目賀田氏との相論、長禄年間、延徳年間にみえる円山所在の徳雲寺（天龍寺三秀寺末寺）の違乱など断続的に寺領押領がみられたようである。

88　備中国有漢保

現高梁市有漢町、高梁川支流の有漢川流域を故地とする。中西親王家領であったが、貞和三年当保と紀伊国東広庄地頭職が忠房親王から子である周護房に譲られている〈七三〉。ただし、善入寺領有漢保の暦応四年以来の年貢に故障があったとみられ、貞和五年に相論が起こっていることが確認できることから〈八六〉、少なくとも暦応四年には当保の一部は善入寺領となっていたと考えられる。その後周護房領は闕所となるが、ふたたび善入寺領に復したとみられる。

一五世紀には、幕府による寺領安堵の文書がたびたび発給され、永享七年（一四三五）、寛正二年（一四六一）には諸課役免除、使者入部停止の管領施行状・守護遵行状が残される〈四三四・四九二〉。最後の所見は延徳四年（一四九二）のもので、文明九年（一四七七）の寺領安堵の奉書の旨に任せ、所領を寺家雑掌に沙汰付けた守護奉行人奉書である〈五五四〉。

89　越前国志比庄領家職

越前国北部を西流する大河九頭竜川中流域南岸域を故地とする。当庄領家職をもつ中西親王家は、地頭波多野氏に庄務を請負わせていたが、貞和五年（一三四九）に同職を善入寺に寄進した〈八八〉。一度闕所となった後に、至徳二年（一三八五）以前に再び善入寺に寄進された。長禄二年（一四五八）にいたっても、善入寺は地頭波多野入道と契約し領家年貢二〇〇貫文を請負としたこと、この年は水損のため半額納付としたことが知られる(33)（『蔭凉軒日録』同年一一月二日条）。

90　備中国草壁庄東西領家職

備中国南部を東流する小田川流域に所在した荘園。同様に中西親王家に伝領された中西姫君遺領であり、貞和五年当庄東西を善入寺に寄進した〈八八〉。この寄進は東西領家職とみられ、応永一四年（一四〇七）一一月一三日には備中国守護細川頼重は、国代官が東西領家職を一度は半済としたが、父細川満之の菩提のために永代一円去り渡している〈三三二〉。頼重は同一八年に西方安主職永平名を寄進したが〈三四四〉、嘉吉元年（一四四一）には清水左近入道というものが本主と号して乱入したことを停止する旨の、守護書下〈四四〇〉と、守護宛ての管領書状〈四四一〉が残される。一五世紀には、同国有漢保と一括して幕府による寺領安堵の文書がたびたび発給された。当庄に関してはさらに応永二四年の守護遵行状が残される〈三四九・四三四・四九二〉。最後の所見も有漢保と同一文書になる〈五五四〉。

91　周防国多仁庄（麻合郷）

周防国東南部瀬戸内海に面する田布施町を故地とする。同様に中西親王家が伝領した所領。建武三年（一三三五）、光厳上皇院宣にて家領を安堵される。この文書は前欠で庄園名が判読できるのは当庄のみであるが、前記87〜90も記されていたとみるべきであろう〈三九〉。貞和五年に他の所領とともに善入寺に寄進された〈八八〉。周護房の罪科により、周防国多仁庄麻合郷・来富郷は寺領を没官され一時三宝院門跡光済に付されたが、応安三年に寺領に復している。永享一一年の過書が残されるが、このとき「麻合庄」から運送される年貢米は一五〇石であった〈四三九〉。また、延徳二年の代官職請文があり、代官が五ヶ年という長期契約を行っていること、京着銭一〇〇貫文など年貢請負高を知ることができ、遠国所領でありながら、所領支配が継続しているさまをうかがえる〈五三三〉。

92　摂津国木工庄

淀川支流芥川下流の右岸を故地とする。寺領の初見史料は、貞治五年（一三六六）九月一〇日、観林寺領木工庄四ヶ村本郷・安満・津江・勅旨を寺家雑掌に打渡すよう命じた幕府両使打渡状である〈二一二〉。先述したようにこの月には、春屋は黙庵に善入寺再興を一任していることから、当庄は善入寺再興領として寄進されたと考えられる。以後室町時代には寺領安堵、課役免除、寺領還補の文書がたびたび発給される〈三五〇・四二五・四三三・四七七・四九一・四九六〉。当庄は近郊所領のため、一六世紀中葉まで所領として維持される。永正五年（一五〇八）には、幕府により糺明ののち御判が発給され、年貢・諸公事物の厳密沙汰が申しつけられた〈五八六・五八七〉。これをうけ細川高国も諸役安堵、守護使入部停止を命じた〈五八九・五九〇・五九一〉。年貢確保は苦労したようで、同八年には当所政所への年貢一〇〇石の寺納を命じた高国奉行人奉書が残る〈五九五〉。最後の所見になるが、天文一六年（一五四六）正月一一日に摂津国人三宅国村は宝篋院と五年契約で代官職を請負った〈六一九〉。公用銭は七〇石と永正年間の七割に減じているが、ほかの所領が退転するなかで同院にとっては貴重な収入源であったことに違いない。

93　淡路国委文庄

倭文川流域の現南あわじ市、旧町北東部を含む一帯に比定される。貞治三年（一三六四）一一月一三日、岩倉宮宰相中将家（源彦良カ）領委文庄村々に対する船越一族・高倉少将らの乱妨に対し、幕府はその停止を守護に命じた〈一八六〉。源彦良は忠房親王の子であり、当庄も同家他領の例にならって、時期未詳であるが善入寺に寄進されたとみられる。ただし善入寺領の所見は、応永元年（一三九四）被官人押妨をとどめた幕府御教書のみである〈三一一〉。

94　丹後国大内郷

郷域は、現舞鶴市伊佐津川東岸、ならびに同支流池内川流域に比定される。八条院領としてその名がみえ、南北朝時代から室町時代にかけては郷内に六波羅蜜寺領大内庄、東寺領大内庄（吉井庄）、北野社領大内庄の存在が知られる。

先述したとおり、関連文書は当郷を観林寺造営料所として一〇ヶ年寄進した彦良書状〈五五九〉のみである。当郷内に中西親王家の相伝所領が存在したことが知られる。

（1）原田正俊「中世禅林の法と組織――禅宗寺院法と公界の基礎的考察――」（『日本中世の禅宗と社会』吉川弘文館、一九九八年）。
（2）三会院の造立は、元弘三年（一三三三）に「建開山卵塔（中略）因扁三会院」とあることを初見とする（『天龍開山夢窓正覚心宗普済国師年譜』）。雲居庵の造立は、貞和元年（一三四五）九月に春屋妙葩が「命師主雲居庵」された記事（『宝幢開山智覚普明国師行業実録』）を初見とする。その後の夢窓疎石追造塔の造立の経過、および春屋妙葩の雲居庵塔主就任時期については、拙稿「春屋妙葩と鹿王院文書」（科学研究費補助金研究成果報告書『禅宗寺院文書の古文書学的研究――宗教史と史料論のはざま――』研究代表者保立道久、二〇〇五年）参照。
（3）藤岡大拙「禅院内に於ける東班衆について――特に室町幕府の財政に関連して――」（『日本歴史』一四五、吉川弘文館、一九六〇年）。
（4）今谷明『室町幕府解体過程の研究』（岩波書店、一九八五年）。
（5）『ヒストリア』第二〇七号（大阪歴史学会、二〇〇七年）。
（6）同成社、二〇〇七年。
（7）仁木宏・玉城玲子・藤田励夫・西村幸信・拙稿「鹿王院領の構成と展開」（鹿王院文書研究会編『鹿王院文書の研究』思文閣出版、二〇〇〇年）。
（8）註（1）前掲書。
（9）『三会院遺誡』写（「黄梅院文書」『鎌倉市史』史料編第三、一九六八年）のうち貞和二年四月二九日追記分に記される。
（10）山田は註（5）前掲論文で、五山制度と夢窓派寺院の成立期にあたるこの時期、未だ寺領にこうした所属が流動的な側面があったからこそ、春屋の死の前に天龍寺領の全体像を収入額とともに把握する必要があり、関係寺院に保管され、その内容を共有する必要があった旨を指摘している。春屋は自ら管領する所領目録・寺院目録（永徳二年一二月一五日春屋妙葩管領寺院目録、「鹿王院文書」など）に本土貢注文と同様に将軍・管領の証判を求めていることから、本注文も指摘のとおり春屋が作成に関与した可能性が高い。

(11) 禅僧への所領寄進の特質は、山家浩樹「禅僧への所領寄進――禅院領からみた室町幕府――」（『東京大学史料編纂所紀要』第五号、一九九五年）を参照。同論文中に一部（得分）寄進の事例として丹波国六人部庄の例が紹介されている。

(12) 富永御厨は隣接する大野庄と併せて臨川寺領となったので、これを数に含めれば五ヶ所となる。

(13) 「上総国伊北庄内佐古田郷、日向国国富荘内南加納、以此土貢充当院資縁、此内塔主得分宜為三拾貫、為守塔侍者寮炭油及院中細細支具幷修理等、並宜用当院公物也、当院資縁若有闕乏時、宜係常住辨弖、資縁若有餘剰、宜資常住、莫倣尋常而論本寺塔頭之異矣」（『三会院遺誡』）。

(14) 註(9)前掲文書。

(15) 玉村竹二『五山禅僧伝記集成』（思文閣出版、二〇〇三年）。

(16) 忠房親王の系譜は、順徳院―彦仁王（二条良実猶子）―忠房親王―彦良と続く（『本朝皇胤紹運録』『尊卑分脈』）。また、『花押かがみ』五、二七六頁参照。

(17) 至徳二年六月日付波多野通郷陳状案（「東寺百合文書」さ函五七号）に「（前略）而彼□□□（領家職）事、□□□（嵯峨中）西親王家御相伝之間、被譲与彼室之処、御息周護侍者、以被殺害母儀、彼跡被闕所、延文年中被成御厩料処、海老名備中入道預之、多年令知行□（訖カ）、其後御寄進善入寺之間、寺家当知行于今無相違云々、」とある。本文中では、本文書にならい「中西親王家」と表記した。

(18) 応安三年（一三七〇）一〇月一三日付室町幕府執事細川頼之奉書（『大日本史料』第六篇之三二、三一〇頁）。

(19) 『大日本史料』補遺第六篇之三八、三二一頁。

(20) 貞治六年以降の文書で観林寺、善入寺のいずれかの呼称が使われる早い事例は、応安三年（一三七〇）一〇月一三日付室町幕府執事細川頼之奉書（『大日本史料』第六篇之三二、三一〇頁）、次いで応安四年四月二〇日上乗院宮乗朝法親王令旨案〈二一九〉があるが、いずれも善入寺の呼称が使われ、以後観林寺の呼称は史料上にあらわれない。

(21) 註(16)参照。

(22) 貞治六年一二月に足利義詮が死去した際、春屋と黙庵との二名が真っ先に相談をうけ禅宗にて葬儀を執行している（『大日本史料』第六編之二八、五六二頁)。

(23)　今枝愛真『中世禅宗史の研究』(東京大学出版会、一九七〇年)参照。

(24)　竹田註(6)前掲論文。

(25)　註(1)前掲書。

(26)　小林健彦「室町禅林における大名家在京雑掌の活動――相国寺大智院競秀軒の場合――」(中央史学会『中央史学』第一三号、一九九〇年)参照。秀文首座の活動では、蔭凉軒主亀泉集証から高麗への書の起草者について相談をうけたこと、大内政弘から幕府に対し献上された長刀を蔭凉軒に進上したことなどが知られる。(『蔭凉軒日録』延徳二年[一四九〇]一〇月朔日条、二一日条)。

(27)　山田註(5)前掲論文。

(28)　井原今朝男「信濃国」(『講座日本荘園史五　東北・関東・東海地方の荘園』吉川弘文館、一九九〇年)。

(29)　村櫛庄の代官職については、村井章介「東寺領遠江国原田・村櫛両庄の代官請負について」(静岡県『静岡県史研究』第七号、一九九一年)を参照。

(30)　山田註(5)前掲論文。

(31)　同右論文では、二二二号で天龍寺雑掌が申請していること、至徳四年土貢注文に「岡安名半分」とされることから、天龍寺と雲居庵と半分ずつ所管した可能性を指摘する。筆者もその可能性は否定しないが、ここでは保留しておきたい。

(32)　『大日本史料』第六編之二八、一四・一五頁。

(33)　松原信之「越前国志比庄と地頭波多野氏」(福井県地域史研究会『福井県地域史研究』第九号、一九八二年)を参照。

凡例

一、表1天龍寺・雲居庵領、表2臨川寺・三会院領、表3善入寺領の順に掲出した。各寺所領のうち洛中・洛外の散在所領は記載していない。

一、所領の掲載順は寺領となった年次順とし、年次の判明しないものは時代順として、便宜的に番号を与えた。

一、各項目は国、郡、所領名、現在地、寄進者、時代年次、備考とし、表1と表2では、寺領の総体を窺うことが可能な次の史料への記載の有無を注記した。表の項目名は、番号および年次を記したが、参考とした史料は次のとおりである。

表1
①至徳4　至徳四年(一三八四)閏五月二一日　天龍寺土貢注文案〈五一七〉
②目録　(一四世紀後半から一五世紀前半)　天龍寺寺領目録〈五六四〉
③応永27　応永二七年(一四二〇)四月一七日・一九日　室町幕府管領施行状案・守護遵行状案〈三六三～三七六〉
④文安4　文安四年(一四四七)一二月二四日　室町幕府管領施行状案・守護遵行状案〈四五一～四六一〉
⑤長禄2　長禄二年(一四五八)三月一五日　足利義政御判御教書〈四七八〉

右の各文書に所領としての記載があるときに、欄に「○」を付した。

表2
①元徳2　元徳二年(一三三〇)一二月二五日　後醍醐天皇綸旨〈一三・一四〉
②正慶元　正慶元年(一三三二)六月　臨川寺寺領目録〈一七〉
③元弘3　元弘三年(一三三三)　七月二三日　後醍醐天皇綸旨〈二〇〉
④建武3　建武三年(一三三五)九月一八日　足利尊氏御教書〈久我文書〉
⑤建武3　建武三年(一三三五)　世良親王遺領内安堵所々注文案〈五二〉
⑥暦応4　暦応四年(一三四一)　九月二三日　光厳上皇院宣〈五一〉
⑦暦応4　暦応四年(一三四一)一二月一八日　室町准后尊融寄進状案〈五五〉
⑧貞和5　貞和五年(一五四九)　四月二八日　太政官符・太政官符案〈七八～八四〉
⑨貞治4　貞治四年(一三六五)二月二二日・三月二六日　官宣旨案・官宣旨〈一八八～一九八〉
⑩文明9　文明九年(一四七七)一二月二九日　室町幕府奉行人連署奉書〈五〇一〉

右の各文書に所領としての記載があるときに、欄に寄進先、管領者の略称を、「元翁(本元)」「疎石(夢窓)」「尊融」「臨川(寺)」「三会(院)」のように記した。

表1　天龍寺・雲居庵領

番号	国	郡	所領名	現在地	寄進者	時代年次	①至徳4	②目録	③応永27	④文安4	⑤長禄2	備考
1	日向	宮崎・児湯・那珂	国富庄	宮崎市、西都市、児湯郡新富町	足利尊氏	南北朝時代～室町時代(暦応2年寄進)	○	○				庄内南加納は当初三会院領

番号	国	郡	所領名	現在地	寄進者	時代年次	①	②	③	④	⑤	備考
2	備後	安那	三谷西条地頭職	深安郡神辺町	足利尊氏	南北朝時代(暦応3年寄進~永徳元年替地)						造営料所
3	阿波	那賀	那賀山庄地頭職	阿南市・那賀郡那賀川町	足利尊氏	南北朝時代~室町時代~(暦応3年寄進)	○	○	○	○		造営料所
4	山城	乙訓	物集女庄	向日市	(大覚寺統伝領)	南北朝時代~戦国時代(暦応3年寄進)	○	○	○			
5	丹波	桑田	弓削庄地頭職・領家職	京都市右京区京北町・南丹市美山町	光厳上皇	南北朝時代~戦国時代(暦応3・4年寄進)	○	○	○	○		造営料所
6	上総	夷隅	伊北庄内佐古田郷	夷隅郡夷隅町作田村		南北朝時代~(貞和2年以前)						三会院領→雲居庵領→黄梅院領
7	信濃	更級	四宮庄	長野市篠ノ井塩崎・更埴市稲荷山付近	(諏訪円忠)	南北朝時代~室町時代~(貞和2年以前)		○		○		含雲居庵領
8	遠江	敷智	村櫛庄地頭職	浜松市村櫛町ほか	尼性戒(斎藤利泰室)	南北朝時代~室町時代(観応2年寄進)	○	○	○	○		含雲居庵領
9	丹波	桑田	瓦屋庄(北庄・南庄)	亀岡市河原林町	足利義詮	南北朝時代~室町時代~(観応2年寄進)	○	○	○	○		
10	尾張	海東 中島	海東庶子跡	稲沢市・あま市付近	足利義詮	南北朝時代(延文3年寄進)	○	○				造営料所
11	丹後	加佐	余部里	舞鶴市	饗庭氏直・洞院実夏	南北朝時代~室町時代(延文3年・貞治元年寄進)						雲居庵領・金剛院領→鹿王院領

番号	国	郡	所領名	現在地	寄進者	時代年次	①	②	③	④	⑤	備考
12	若狭	三方	耳西郷半分	美浜町・三方町		南北朝時代～室町時代～（康安元年寄進カ）	○	○				半分は臨川寺領
13	摂津	河辺	杭瀬庄	尼崎市		南北朝時代・室町時代・戦国時代（康安2年以前）						雲居庵領
14	若狭	大飯	佐分郷岡安名	大飯町岡安村	足利義詮	南北朝時代～室町時代～（康安2年寄進）	○	○	○	○	○	雲居庵領
15	越後	頸城	五十公郷保倉保北方	上越市	上杉憲顕	南北朝時代～室町時代～（貞治元年寄進）		○	○	○		
16	丹後	竹野	宇河庄半分地頭職	京丹後市		南北朝時代（貞治2年以前）						雲居庵領
17	播磨	神西	的部南条郷	姫路市香寺町付近	光厳上皇	南北朝時代～室町時代～（貞治3年寄進）	○	○	○	○		半分は金剛院領
18	丹波	天田	六人部庄	福知山市・綾部市	五辻宮親王家	南北朝時代～室町時代～（貞治5年以前寄進）	○	○	○	○	○	
19	但馬	城崎	鎌田庄	豊岡市		南北朝時代（貞治5年相博）						鹿王院領
20	阿波	那賀	（那賀山庄）平島郷	那賀郡那賀川町	（崇光上皇カ）	南北朝時代～室町時代～（貞治6年寄進）	○			○		造営料所
21	播磨	美嚢	志染保	三木市		南北朝時代～室町時代～（応安6年以前）	○	○	○			
22	播磨	揖東	福井庄	姫路市・太子町		南北朝時代～室町時代～（応安6年以前）	○	○	○	○		
23	加賀	石川	横江庄地頭職	松任市	藤原家明	南北朝時代～戦国時代（応安7年寄進）	○	○	○	○	○	

番号	国	郡	所領名	現在地	寄進者	時代年次	①	②	③	④	⑤	備考
24	備中	下道(川上)	成羽庄	高梁市	足利義満	南北朝時代～戦国時代(永徳元年寄進)	○	○	○	○	○	
25	周防	玖珂	玖珂庄祖生郷	岩国市周東町	大内義弘	南北朝時代～室町時代～(至徳3年寄進)		○				玖珂庄は金剛院領
26	山城	乙訓	長井庄	長岡京市		南北朝時代～戦国時代(至徳4年以前)	○	○				
27	相模	足下	成田庄付領家職 金子村	小田原市	尊融	南北朝時代～室町時代(至徳4年以前)	○	○	○			臨川寺寺領目録記載、暦応四年尊融に安堵
28	尾張	山田	下飯田郷	名古屋市北区		南北朝時代～室町時代(至徳4年以前)	○	○	○	○		
29	武蔵	比企	下里郷	比企郡小川町		南北朝時代～室町時代(至徳4年以前)	○	○	○			
30	近江	神崎	建部庄	東近江市		南北朝時代～戦国時代(至徳4年以前)	○	○	○		○	
31	信濃	未詳	青沼村	未詳		南北朝時代～室町時代～(至徳4年以前)	○	○		○		
32	越後	頸城	富川保(庄)	上越市		南北朝時代～室町時代～(至徳4年以前)	○	○	○	○		
33	丹波	天田	豊富庄	福知山市	(大覚寺統伝領)	南北朝時代～室町時代～(至徳4年以前)	○	○	○	○		
34	備後	深津	岩成庄	福山市御幸町		南北朝時代～室町時代～(至徳4年以前)	○	○	○	○		
35	讃岐	那珂	柞原庄(郷)	丸亀市柞原町		南北朝時代～室町時代～(至徳4年以前)	○	○	○	○		

番号	国	郡	所領名	現在地	寄進者	時代年次	①	②	③	④	⑤	備考
36	讃岐	三木	原郷	三豊市高瀬町ヵ	大覚寺統伝領所領ヵ	南北朝時代～室町時代～（至徳4年以前）	○	○	○	○		
37	未詳	未詳	大豆貝村			南北朝時代（至徳4年以前）	○					
38	能登	鹿島	能登島東方	能登島町		南北朝時代		○				
39	常陸	久慈	佐都庄東岡田郷・西岡田郷	常陸太田市		南北朝時代		○				臨川寺領
40	伊勢	桑名	富都（津）御厨	桑名市多度町		南北朝時代		○				臨川寺領
41	尾張	海東	賀守郷	津島市神守		室町時代			○	○		
42	丹波	何鹿	吾雀庄	綾部市		室町時代～戦国時代				○		

表2　臨川寺・三会院領

番号	国	郡	所領名	現在地	寄進者	時代	①元徳2	②正慶元	③元弘3	④建武3	⑤建武3	⑥暦応4	⑦暦応4	⑧貞和5	⑨貞治4	⑩文明9	備考
43	常陸	久慈	佐都庄・東岡田郷・西岡田郷・本家職領家職	常陸太田市	世良遺領 尊融	鎌倉時代後期～南北朝時代（元徳2年寄進）（建武2年替地）	元翁	臨川	疎石			尊融					
44	加賀	石川	富永御厨本家職領家職	金沢市	世良遺領	鎌倉時代後期～（元徳2年寄進）	元翁	臨川	疎石								
45	讃岐	三野	二宮庄領家職	三豊市高瀬町	世良遺領	鎌倉時代後期～南北朝時代（元徳2年寄進）	元翁	臨川									

番号	国	郡	所領名	現在地	寄進者	時代	①	②	③	④	⑤	⑥	⑦	⑧	⑨	⑩	備考
46	和泉	大鳥	塩穴庄領家職	堺市堺区	世良遺領 後醍醐天皇	鎌倉時代後期～南北朝時代（建武新政期）		臨川	疎石	尊融							
47	伊勢	桑名	富津御厨本家職	桑名市多度町	世良遺領 尊融	鎌倉時代後期～南北朝時代		臨川	疎石		尊融	尊融					
48	阿波	板野	富吉庄領家職	板野郡藍住町	世良遺領 尊融	鎌倉時代後期～戦国時代		臨川		尊融					臨川	臨川	一部三会院領
49	近江	栗太	橋本・粟津御厨領家職	草津市	世良遺領 尊融	鎌倉時代後期～南北朝時代		臨川			尊融	尊融	三会	三会			三会院領
50	美濃	多芸	高田勅使田本家職・領家職	多治見市高田町	世良遺領 尊融	鎌倉時代後期～南北朝時代		臨川			尊融	尊融	三会	三会			三会院領
51	備後	未勘	垣田庄領家職	未詳	世良遺領 尊融	鎌倉時代後期～南北朝時代		臨川				尊融	三会				三会院領
52	大和	高市	波多小北庄領家職	高市郡高取町	世良遺領	鎌倉時代後期		臨川			尊融						
53	和泉	大鳥	若松庄領家職	堺市南区	世良遺領	鎌倉時代後期		臨川									
54	近江	坂田	朝妻庄十二条郷領家職	米原市	世良遺領	鎌倉時代後期		臨川									
55	美濃	不破	南宮社領家職	不破郡垂井町	世良遺領	鎌倉時代後期		臨川									
56	丹波	氷上	葛野庄領家職	丹波市氷上町	世良遺領	鎌倉時代後期		臨川									
57	紀伊	日高	富安庄領家職	御坊市	世良遺領	鎌倉時代後期		臨川									

番号	国	郡	所領名	現在地	寄進者	時代	①	②	③	④	⑤	⑥	⑦	⑧	⑨	⑩	備考
58	山城	葛野	大井郷(村)	京都市右京区	後醍醐天皇	南北朝時代～(元弘3年)								臨川			
59	甲斐	山梨	牧庄	甲州市	二階堂貞藤跡	南北朝時代(建武2年寄進～建武3年替地)											
60	加賀	石川	大野庄領家職	金沢市	足利尊氏	南北朝時代～戦国時代(建武3年寄進)										臨川	
61	加賀	石川	大野庄地頭職	金沢市	足利尊氏	南北朝時代～戦国時代(建武3年寄進)								臨川			
62	上総	夷隅	伊北庄内佐古田郷	夷隅郡夷隅町		南北朝時代(暦応2年以前～貞和2年以前)											三会院領 雲居庵領
63	日向	宮崎	国富庄内南加納	宮崎市		南北朝時代(暦応2年か～貞和2年以前)											三会院領 天龍寺領
64	河内	渋川	橘嶋庄光国名	八尾市	細川和氏	南北朝時代(暦応3年寄進～文和3年替地)								三会			三会院領
65	美濃	武儀	神淵郷栗原村	七宗町神渕	理春(二階堂成藤一族)	南北朝時代～(貞和3年寄進)									三会		三会院領
66	美作	吉野・英多	讃甘庄	美作市		南北朝時代～室町時代～(貞和5年以前)								三会			三会院領
67	但馬	出石	太田庄	豊岡市但東町	足利直義室	南北朝時代～(貞和5年寄進)									三会		三会院領
68	三河	額田ヵ	額田郷	岡崎市か	恵観(細川和氏女)	南北朝時代～(貞和5年寄進)									三会		三会院領
69	尾張	愛智	御器所保	名古屋市	大高重成	南北朝時代～(観応2年寄進)											三会院領

番号	国	郡	所領名	現在地	寄進者	時代	①	②	③	④	⑤	⑥	⑦	⑧	⑨	⑩	備考
70	近江	野洲	赤野井村幷三宅十二里	守山市	諏訪円忠	南北朝時代〜室町時代〜（観応２年寄進）									三会		臨川寺領 三会院領
71	遠江	敷智	吉美庄内山郷地頭職	湖西市	渋川直頼	南北朝時代〜室町時代（観応３年寄進）									三会		三会院領
72	近江	野洲	石田郷上方半分	守山市	細川清氏	南北朝時代〜（文和３年寄進）									三会		三会院領
73	若狭	三方	耳西郷半分付日向浦	若狭町・美浜町	足利義詮闕所地	南北朝時代〜室町時代〜（康安元年寄進）									臨川	臨川	臨川寺領 天龍寺領
74	尾張	未詳	徳重保	西春日井郡西春町か		南北朝時代（?〜貞治２年替地）											三会院領
75	丹波	未詳	志村郷	未詳		南北朝時代（貞治４年以前）									三会		三会院領
76	山城	乙訓	物集女庄有末名・別当名	向日市物集女	立阿	南北朝時代〜室町時代（応安２年寄進）											三会院領
77	近江	野洲	比江郷	野洲郡中主町比江ほか	細川頼之	南北朝時代（応安４年寄進〜嘉慶元年替地）											
78	三河	渥美	細谷郷	豊橋市細谷町	足利義満	南北朝時代（康暦元年寄進〜永徳元年替地）											造営料所
79	駿河	益頭	田尻郷南村河原一色地頭職	焼津市田尻	細川正氏	南北朝時代〜室町時代（永徳元年寄進）											
80	近江	坂田	榎木庄加納地頭職	長浜市加納	足利義満闕所地	南北朝時代〜室町時代（嘉慶元年寄進〜永享３年替地）											
81	伊勢	員弁	梅戸御厨・大井田御厨	員弁郡大安町		室町時代（永享３年寄進）											

番号	国	郡	所領名	現在地	寄進者	時代	①	②	③	④	⑤	⑥	⑦	⑧	⑨	⑩	備考
82	近江	愛智	鯰江庄	東近江市	御判	室町時代～(長禄2年寄進)										臨川	
83	近江	愛智	押立保内横溝郷	東近江市	御判	室町時代(長禄2年～長享元年)											
84	近江	神崎	柿御薗	東近江市		室町時代～(長禄2年寄進ヵ)											
85	尾張	葉栗	上門真庄	木曽川町		室町時代(長享元年寄進～)											
86	和泉	和泉	加守庄	岸和田市		室町時代中期											

表3 善入寺領

番号	国	郡	所領名	現在地	寄進者	時代
87	近江	蒲生	奥嶋庄	近江八幡市	中西姫君遺領 忠房親王	鎌倉時代後期～戦国時代(元亨3年寄進)
88	備中	賀夜	有漢保	高梁市	中西姫君遺領 忠房親王	南北朝時代～室町時代～(暦応4年以前寄進)
89	越前	吉田	志比庄領家職	吉田郡永平寺町	中西姫君遺領 中西御息所	南北朝時代～室町時代～(貞和5年寄進)
90	備中	小田	草壁庄東西領家職	小田郡矢掛町	中西姫君遺領 中西御息所	南北朝時代～室町時代～(貞和5年寄進)
91	周防	熊毛	多仁庄(麻合郷)	熊毛郡田布施町	中西姫君遺領	南北朝時代～戦国時代～(貞和5年寄進)

番号	国	郡	所領名	現在地	寄進者	時代
92	摂津	島上	木工庄	高槻市		南北朝時代～戦国時代（貞和５年頃）
93	淡路	三原	委文庄	南あわじ市	源彦良カ	南北朝時代?～室町時代（応永元年以前）
94	丹後	加佐	大内郷	舞鶴市	源彦良	南北朝時代（貞治５年頃寄進）

天龍寺・臨川寺の寺辺・近傍所領

玉城玲子

はじめに

本書収録文書にみられる所領については、先に地主論文で天龍寺・臨川寺・善入寺（後の宝篋院）の荘園・所領に関して全容が詳述されているが、ここでは寺辺・近傍の地である山城国内の所領に関して、収録文書から判明する内容を紹介する（なお〈 〉内の漢数字は、本書文書編の文書番号を示す）。

山城国内で、ある程度まとまった所領として認められるのは、天龍寺領物集女庄・長井庄と臨川寺領大井郷の三ヶ所である。そのほかは散在し、また権利が錯綜する小規模な所職がほとんどである。まず最初に、臨川寺境内を含み開創当初からの領域拡張を示す南北朝期の文書を多く伝える葛野郡大井郷を取り上げ、次いで山城国と洛中の散在所領については、関連文書が比較的多い臨川寺領を中心に概観する。最後に、多くの所領が不知行となっていく戦国期に入ってから、むしろ支配の具体的様相がうかがわれるようになる天龍寺領の乙訓郡物集女庄と庄内の崇恩寺、および乙訓郡長井庄について述べる。

一　臨川寺領大井郷

大井の名は、禅院の集中する嵯峨とそれを取り巻く山野の西辺から南辺にかけて流れる大堰川に、古代において秦氏が築いた〝葛野大堰〟にちなむと思われる地名である。もと葛野河と呼ばれたこの川は、大堰がかけられたとされるあたりでは、特に大井（堰）川と呼ばれ、その付近の地が大井の名で呼ばれた。

後醍醐天皇が政治の実権を握ってすぐの元弘三年（一三三三）一〇月七日、近臣北畠親房から芹河殿敷地が臨川寺に寄附され〈二二〉、一〇月一八日には綸旨により、大井村を臨川寺に管領させる〈二三〉。渡月橋は、中世には現在の場所よりもやや上流に架橋され法輪寺橋と呼ばれたが、芹河殿はその橋の北岸東傍に位置する。[1]鎌倉後期の嵯峨に多く営まれた院の御所の跡地の一つで、さらに東にあった河端殿に、後醍醐皇子で早世した世良親王の遺命により臨川寺が建立されると、芹河殿敷地も寺領の一部となった。芹河殿の西向かいには、後嵯峨上皇が造営した亀山殿の敷地があるが、暦応二年（一三三九）以降この地に天龍寺が造営されることになる。建武二年（一三三五）正月には、陰謀に連座し処刑された二階堂貞藤の遺領である臨川寺の北の屋地が、夢窓疎石が住持となった臨川寺に寄附された〈二六〉。鎌倉後期に嵯峨に営まれた院の御所や近親の所領が、禅院に置き換えられていく。

臨川寺領となった大井村は、大井郷と称される。建武三年（一三三六）には大井郷について、大勝院[2]が元弘三年七月二三日付の綸旨を帯び当知行を主張する。いったんは大勝院へ安堵の光厳上皇院宣が下されたが、臨川寺から管領の旨を申し上げると、九月一一日には是非の究明を命じる院宣が出される〈三二〉。同日付の油小路隆蔭書状〈三三〉によれば、大勝院へ当知行安堵したが、臨川寺からの申し入れを受けて院は驚き、現在は大勝院から究明のための使者を召し上げているところなので存知してほしいとの追伸が付く。光厳上皇側は臨川寺に対し、大勝院に安堵の院宣を出したことを慌てて修正するかのようである。前代に嵯峨の活況を生んだ院の御所とその関係寺院に代わって、後醍醐天皇の篤信を受けた夢窓疎石の禅院が台頭していることを物語る。建武三年九月二七日には、加賀国大野庄領家職と共に、大井郷内檀林寺跡領分と則重開発田畠等が、院宣によって臨川寺の領知するところとなった〈三七〉。同年一〇月二九日には、大井郷内で闕所地となっていた遮那院と屋地が臨川寺の管領となる〈三八〉。

周囲の土地を次々と取り込み拡張されていく臨川寺領の範囲を示すのが、貞和三年（一三四七）一一月に制作された「山城国臨川寺領大井郷界畔絵図」（以下「界畔絵図」と略称）である[3]。夢窓疎石による裏書に、臨川寺領と天龍寺や他人の管領地とが紛らわしく、相論がおこっても判然としないことを恐れ、絵図によって定め置いたとあり〈七五〉、臨川寺領の範囲は朱線で囲まれている。臨川寺の境内のみならず、東方の日野家領・広隆寺領、北方の清凉寺釈迦堂領や大覚寺領のあたりにまで、臨川寺領が拡がっていることがわかる。これまでに獲得した北側の檀林寺分のすぐ脇に「惣臨川寺領」と記され、北西に離れた遮那院の周辺も朱線で囲まれている。大井川の北岸に南面して建つ臨川寺境内を中心に、東方・北方・北西へと、管轄地が拡大していくようすが伝わる。「界畔絵図」では、臨川寺領を示す朱線は、大堰川の南岸沿いに引かれ、臨川寺門前にある大きな中洲にも[4]「臨川寺領」と記される。臨川寺と大堰川の関係については、建武元年（一三三四）と推定される四月二四日付綸旨で、法輪橋の上下六町内の殺生禁断が後醍醐天皇から夢窓疎石に対して出されており〈二五〉、これが臨川寺による大堰川支配の始まりを示すとみなされている[5]。

貞和五年（一三四九）には、時の住持、柳渓契愚の申請により、臨川寺のおもな所領への恒例臨時公役を免除する官宣旨と太政官符が出されるが、免除された所領のなかに葛野郡大井郷が含まれる〈七七～七九〉。貞治元年（一三六二）前後から二～三年にわたっては、修学院領大井郷の権利を主張する聖護院宮との間で相論がおこっている〈一七四、二〇三～二〇八〉。臨川寺の知行をおびやかす事態はほかにもおこっていたようで、至徳二年（一三八五）八月二五日には寺辺敷地の管領を認める「足利義満御判御教書」〈二八七〉が発給され、応永一六年（一四〇九）九月六日には「足利義持御判御教書」〈三三七〉によって、薄馬場と号す場所が臨川寺に返付されている。薄馬場は、「界畔絵図」によれば、臨川寺境内の北側を東西に通る「造道」を東へ行き、北上する道の名称である。また応永三四年〈一四二七〉六月一五日には大井郷の領知を全うするようにとの「足利義持御判御教書」〈四一六〉が出され、臨川寺の境内・寺辺の地である大井郷の権利は、代々の室町将軍家によって保証された。管領の公験となる「界畔絵図」は、「大井郷図」の名で臨川寺の開山塔頭である三会院に正文が保管され〈五四九〉、「大井郷官符宣」は重書として厳重に管理されていた〈七九六〉。

　大井郷の絵図をみると、郷内には田畠や菜園が設けられ、道沿いには寺家に仕える在家の民屋が立ち並び、その年貢や屋地子が臨川寺の収入となった。遮那院山本分の年貢や、造道・西門前・中野（臨川寺境内から造道を挟んで北側の寺領）・檀林寺分などの屋地子の、文明末年の書き上げが残る〈五一七・五二九〉。永正一八年〈一五二一〉には、常住の仏餉米を賄うため吉田宗忠から二〇貫文を借用し、その返済ができなかったため、毎年の遮那院山本分年貢銭と中野地子が吉田方へ引き取られ、永く不知行となる事態に陥った。そこで天文八年〈一五三九〉になって、臨川寺寺僧の評議により、遮那院山を吉田与三郎に宛行い、その職銭一〇貫文をもって宗忠方に返弁、山本・中野二ヶ所の貢物を取り戻し寺納させることになった。今後、山本年貢・中野地子・遮那院山など都合五貫五七八文は、造営方として下行し、他用しないことを定め置いている〈六二五〉。戦国期に入ると寺辺である大井郷内の知行すら難しくなり、臨川寺の経営も逼迫していること、しかし衆僧の評議によりその維持を図ろうとし、年貢・地子銭収納の努力が続けられていることがうかがわれる。

　「界畔絵図」では大井郷の範囲に含まれている大堰川の中洲については、永正一三年〈一五一六〉に松尾社との間に相論がおこっている。すなわち「大井河下嶋」について松尾社雑掌が訴えたが、この時は「界畔絵図」と応永三三年〈一四二六〉制作の「山城国嵯峨諸寺応永鈞命絵図」[6]（以下「鈞命絵図」）、御判御教書などを証拠として提出し、奉行二名が差し遣わされた実地調査の結果、臨川寺の権利を認める奉行人奉書が出された〈六〇〇〉。柴草の刈り取りについては「立合」、つまり双方の共用地となり、松尾社側の権利も一部認められた。奉書には「下嶋」に「南限田地北端」の注記が付くが、「釣命絵図」の大堰川南岸をみると、臨川寺の領域を示す朱線は「界畔絵図」と同様に岸のラインに沿って引かれ、さらに朱線の外側にあたる南岸に「松尾領」、そのすぐ横に「南限田地北端」と文字が入っている。奉書の付記は「釣命絵図」の表現に倣い、大堰川面の全部と南岸辺の際まで天龍寺領が及ぶことを強調しているとみられる。ちなみに中洲については、「界畔絵図」と約八〇年後に制作された「釣命絵図」の間には表現の違いがあり、「界畔絵図」では大きな一つの島に描かれているが、「釣命絵図」では中央やや東寄りに斜めに水の流れが入り、中洲が二つに分かれているようにみえる。「大井河下嶋」の表記は、中洲全体ではなく、「釣命絵図」に描かれた下流側の島を指しているのかもしれない。

最後に大井郷内ではないが、嵐山について触れておく。「界畔絵図」と「釣命絵図」の二枚とも、南西隅に法輪寺橋を渡ってすぐの嵐山が描かれているが、ここは中世を通じて天龍寺領の山であった。天龍寺文書のなかには、天正三年（一五七五）四月二〇日付の「山田沙汰人駿河守家祐等連署請文」〈六五六〉があり、嵐山のふもとの山田の住民が木柴を勝手に刈り取ったことに対する詫状が、天龍寺役者宛てに出されている。天龍寺常住の収支細目を書き上げた納下帳の、天文一六年（一五四七）の下行分に「嵐山札木」として三〇文があり〈六一八〉、天龍寺領であることなどを掲出するための板札の費用が支出されている。また天文一八年の納め分として、一五〇文の「嵐山朽木売代」が収入として計上され〈六二一〉、山を用益していることもわかる。嵐山は、天正一五年（一五八七）一二月作成の天龍寺領山指出に記され〈七一七・七一八〉、このあと秀吉の検地を経ても天龍寺の領有が認められた。文禄四年（一五九五）四月には造道と、立石（天龍寺境内の北側）の住人合わせて三六人が、年間三石五斗の山手米納入で嵐山の用益を請け負い〈七五〇〉、木の根を掘り取らないことや薄・茅の刈り方を定めた法度に署名している〈七五一〉(7)。山の利用をめぐる取り決めについては、川を挟んで天龍寺側の亀山と寺内封彊に関して、すでに永禄九年（一五六六）に定められている〈六三九〉。また前田玄以から嵐山についての制札が発給され〈七六三〉、その制札の存在は、慶長四年（一五九九）に豊臣期天龍寺領に関する重要文書を集めた入日記の冒頭に記し置かれた〈七七四〉。

二　臨川寺領山城国散在・洛中敷地

臨川寺領の散在分については、尼崎市教育委員会所蔵の「臨川寺三会院重書案」のなかに、「山城国散在田畠幷洛中敷地目録」があり、どのような所領があったか一覧できる〈重書案文の骨子目録、尼崎市教育委員会所蔵七二〉。この記載内容をまとめたのが表1であり、内容の一部や寄進の目的などは、重書案で目録に続いて書写されている各所領の寄進状本文によって補った。

目録に記載されるのは、夢窓疎石が観応二年（一三五一）九月に示寂した後の、一四世紀後半の寄進による所領が大半を占める。夢窓疎石への報恩のほかに、親族や自身の追善・位牌料所としての寄進が多く、寄進者は出家者、特に女性が目立つ。小規模な散在所領の形成過程がうかがえる。この目録は、三会院領の山城国散在田畠・洛中敷地について安堵を受けるため作成されたと思われる一覧で、永徳二年（一三八二）二月には綸旨〈二七〇〉、翌年正月には管領施行状〈二七四〉が出され、散在田畠・洛中敷地の知行が安堵されている。ただし綸旨・施行状、および目録掲載分の寄進状もあわせて、すべて正文は残っておらず、この重書案にまとめて書写されるのみである。目録には、至徳三年（一三八六）・四年の寄進が追加されるが、追加分の寄進状は案文も残されていない。こうした菩提を弔う目的での個人からの寄進は、この後みられなくなる。

目録に掲載された所領のなかで、葛野郡の萱坊（表1№17）については、松尾社との間で領有をめぐり相論があったことが知られる。萱坊は、大堰川（桂川）の西岸、法輪寺の南東付近に位置する[8]。康暦二年（一三八〇）三月晦日付の寄進状〈二五五〉で、萱坊の屋敷田畠・荒野山林合わせて三段が臨川寺三会院に寄進された。ほぼ百年後の文明一四

表1　臨川寺三会院領山城国散在田畠幷洛中敷地目録(尼崎市教育委員会所蔵臨川寺三会院重書案七二)の内容

No.	所在	場所	種類	段別・丈数	寄進者	寄進状の年月日	寄進の目的など(文書本文によって補う)	文書No.
【散在分】								
1	葛野	伏原	田	三段	比丘尼惣好	貞和二(一三四六)・八・一七	三会院弥勒仏の為	六九
2	葛野	上桂上野(庄)	(下司職内田地)	五段	比丘尼理仁、清兼・氏女両判在之	観応元(一三五〇)・一一・七	二親追善	九一
3	宇治	山科小野郷内	(田)	七段大	常本上座	文和二(一三五三)・一二・二三	亡母比丘尼理仁菩提	一三四
4	葛野	葉室山御霊前	茶園	一所(東西六丈・南北一一丈)	葉室大納言(長光)	文和三(一三五四)・一二・二一		一四八
5	紀伊	九条、号刑部卿	田	一段	祐信	延文三(一三五八)・七・二八	舎弟常本坊幷母理仁大姉菩提	一六六
6	葛野	(嵯峨)松蔭	茶園・田 畠	—	昌能都聞	応安元(一三六八)・九・三〇	十方一切無縁含識毎月晦日諷経・大悲咒一遍料所	二一九
7	乙訓	下久世村内	田 畠	一町九段 五段	俊覚	応安二(一三六九)・六・五	後生菩提	二二〇
8	紀伊	角神田里二六坪内	(田)	二段	中穏首座	応安二(一三六九)・一〇・一	—	二二一
9	乙訓	物集女庄内有末・別当両名	名主得分	—	立阿	応安二(一三六九)・一二・一三	所願成就	二二三
10	乙訓	下久世利弘名	名主得分ヵ	(田畠一町半)	了源	応安三(一三七〇)・二・一三	所願	二二四
11	葛野	生田村内	(畠)	二段半	(比丘尼)しんゐい	応安三(一三七〇)・三・二一	要用有り、五貫文で売却	二二六

12	葛野	(西京)宇多院	田	—	勅施入(後光厳上皇院宣)	応安四(一三七一)・六・九	—	一三〇
13	葛野	椎野一本松(広隆寺領内)	(田)	二段	周階(周皆)上座	応安五(一三七二)・一〇・一〇	菩提の為	一三六
14	葛野	桂東庄内	加地子(米四石一斗)	一町七段二〇歩	昌保庵主	応安五(一三七二)・一〇・一四	(下司能正毎年沙汰)	一三七
15	葛野	大井郷(高田南)西窪	(田)	二段	(武州原嶋惣持住持)比丘尼妙智	永和三(一三七七)・九・一一	妙智一期の後、位牌料所	一四五
16	葛野	野田・小淵	— 畠	九段大 一段	浄善	康暦元(一三七九)・三・七	親父佐竹弥六義氏、戒名了義禅心の為	一四七
17	葛野	萱坊	敷地・山林等	三段	昌詰監寺	康暦二(一三八〇)・三・三〇	比丘尼理空大姉後菩提	一五五
18	葛野	梅津庄内	—	四段余	昌明大徳	至徳四(一三八七)・一・一九	—	—
19		野副	—	二段	祐長、宗時		—	—
【洛中敷地分】								
20	洛中	武者小路町	敷地	口南北三丈一尺・奥東西一四丈八尺	祐信	延文三(一三五八)・七・二八	舎弟常本坊并母理仁大姉菩提	一六六
21	洛中	五条櫛笥	畠	口南北一三丈五尺・奥東西二〇丈四尺五寸	同右	同右	同右	一六六
22	洛中	下北小路室町東角・西角	—	東頬南北一〇丈・中六丈五尺・西頬室町面南北六丈七尺、奥東西六丈四尺・南頬北小路面八丈三尺・北頬八丈三尺	比丘尼理休	貞治二(一三六三)・九・二九	国師(夢窓疎石)一三年仏事助成	一七八

23	洛中	錦小路室町、室町面・錦小路北頬	屋地	口東西五丈・奥南北八丈、口東西三丈分、西ヨリ中他人地アリ	行済庵主(松寿丸)	貞治四(一三六五)・八・九	行済庵主遺命	二〇二
24	洛中	錦小路室町、四条坊門南西頬	屋地	南北四丈一尺・西一四丈	同右	同右	同右	二〇二
25	洛中	錦小路室町、小袖座	屋地	東西三丈五尺五寸・八丈	同右	同右	同右	二〇二
26	洛中	四条室町南西頬	屋地	南北八丈五尺・西二三丈	同右	同右	同右	二〇二
27	洛中	七条烏丸、自七条南、烏丸西頬	屋地	南北五丈四尺五寸・東西二五丈六尺	比丘尼理梵	永和二(一三七六)・七・一一	後生菩提	二四二
28	洛中	錦小路東洞院	屋地	二丈六尺・一五丈	比丘尼真珠	永和二(一三七六)・七・三〇	開山国師(夢窓疎石)報恩・自身入牌	二四三
29	洛中	四条町土屋刀架	―	自東二番目架・一間分二尺	同右	同右	同右	二四三
30	洛中	樋口北・町西頬	屋地	口二丈・奥一三丈	比丘尼理誠	康暦二(一三八〇)・六・七	先師開山国師(夢窓疎石)報恩・祖母菩提	二五七
31	洛中	四条東洞院	―	口二丈八尺八寸・奥九丈	比丘尼理誠	―	―	―
32	洛中	錦小路西洞院	―	東西四丈二尺・南北一九丈八尺	周檀侍者	至徳三(一三八六)・四・一	―	―
33	洛中	四条東洞院高倉	―	北頬中程材木座・口二丈一尺	昌威監寺	―	※2	
34	洛中	綾小路万里小路	―	東頬南角口南北八丈・奥東西一〇丈	等倫西堂	―	―	―

※1　表中の(　)内は、重書案の目録には記述がなく、続いて書写される寄進状の本文から補った内容。寄進の目的などの項も寄進状本文の内容による。

※2　四七五・四七六と関連カ。

年（一四八二）、萱坊の年貢をめぐり、松尾社前社務との間で争いがおこったようで、八月二五日には萱坊の百姓から、三会院領の年貢は一粒たりとも松尾社の方へ出していないという申状が届いている〈五〇八〉。その後、三会院雑掌が幕府に働きかけて、この年一〇月一九日には松尾社務宛てに違乱停止の奉行人奉書が出される〈五〇九〉。しかし問題は収まらず、翌年四月一八日付で松尾前社務に宛てて、再び幕府奉書の文案が作成される〈五一二〉。ところがこの争いは前社務との間のもので、当時の松尾社との間で寄進状をもとに三会院の主張をしたところ、松尾社側は了承し、奉行人奉書の発給ではなく、松尾社権禰宜相賀の名で再度の寄進状を出す形で、三会院の知行を認めた〈五一五〉。松尾社からの寄進状は「当社領内法輪寺下萱坊屋敷田三段……」と始まり、あくまでも萱坊そのものは松尾社領であることが盛り込まれており、幕府奉書案の「三会院雑掌申山城国萱坊屋敷……」とは異なる。相論の当事者間での解決と文書作成のかかわりを考えるうえで興味深い。

萱坊に関する文書の前後には、文明九年（一四七七）一一月に畿内における応仁の乱が一応収束して以後、早くも翌月二九日付の寺領返付を命じる幕府奉行人奉書〈五〇一〉があるように、山城国内はじめ諸国の寺領回復を図ろうとする文書が多くみられ、萱坊の所領一件もその一環であったと考えられる。たとえば文明一五年の四月と一二月には、三会院が領有していた山城国御稲田二反について、紀伊郡石原の在地代官かと思われる石原与四郎に宛て、年貢請取を促進させる幕府奉書案が残る〈五一一・五一三〉。ちなみに応仁二年（一四六八）には合戦により天龍寺・臨川寺は焼けており[9]、焼亡した両寺をはじめ嵯峨中の寺院の跡地では、文明一四年になってもみだりに田畠が作られ、牛馬が放し飼いされている有様であった〈五一〇〉。

文明一八年（一四八六）七月には臨川寺三会院領の洛中屋地目録が作成されている〈五一八〉。高辻西洞院以下一五筆が書き上げられ、表1の洛中敷地分と表記は一致しない部分もあるが、概ね重なっている。同年同月付で、宝篋院領の屋地について、内裏御築地料地口銭を免除する奉書写があり〈五一九〉、臨川寺の屋地目録も地口銭免除を求めるために作成されたとみられる。

翌文明一九年には、臨川寺の寺領全体の目録が作成されている〈五二九〉。断簡で一部しか知れないが、先の文明九年の幕府奉書と合わせ、この時期まで名前がみえる臨川寺の所領は、遠国では加賀大野庄・若狭耳西郷・近江鯰江・阿波富吉と、山城国散在・同屋地等である。断簡には山城国内分として深草地子・油小路地子・宇治衣比須嶋年貢などと、造道・中野・遮那院など寺辺大井郷内の屋地子が書き上げられる。

このうち宇治衣比須嶋は、現在の宇治市槇島町にある蛭子島神社付近にあったと考えられる。付近一帯は、秀吉による伏見城建設に伴う槇島堤築造の以前は、宇治川が巨椋池に注ぐ手前で分岐し、いくつもの中洲（島）を形成していたところという。(10) 文明一九年の寺領目録では五貫文の年貢が、釣月庵より納められることが記される。延徳三年（一四九一）一一月作成の重書目録〈五四九〉にも、「宇治衣比須嶋土貢目録一巻幷末寺釣月庵渡状在之」とあり、釣月庵は臨川寺末寺の禅庵で、年貢納入事務にあたっていたことがわかる。

以上の臨川寺関係のほかに、善入寺、後の宝篋院関係では、嵯峨清凉寺の南西に位置した同寺の境内敷地や門前にあった民屋に居住する力者らに、大覚寺門跡から人足役など課役が懸けられたり、大覚寺雑掌が罪人の住宅を闕所にすることに関して、善入寺・宝篋院側が対抗する文書が複数残されている〈四九三・五七八ほか〉。天龍寺と臨川寺の間でも、天龍寺被官の力者が臨川寺敷地の屋敷に居住する場合、地子のほかには諸公事・諸役免許、検断は両寺評議のうえ、などの取り決めがなされる〈四二八〉。多くの禅院や顕密寺院の所領が入り組む嵯峨の地において、領主支配がどのように展開するか、その一端を知ることのできる文書が残されている。

三　天龍寺領物集女庄・長井庄

物集女庄と長井庄はどちらも山城国乙訓郡に所在し、天龍寺領のなかのまとまった荘園としては、もっとも近くに位置していた。

物集女の地名は、現在は京都府向日市北端の物集女町として残るが、中世物集女庄の庄域は、西方の西山山地に至る京都市西京区の大枝・沓掛までと、さらに北へ延びて、山陰街道よりさらに北側で丹波へ向かう道である唐櫃越付近にまで延び、松尾社領と接する広い範囲に及んでいた[11]。平安末期に荒野開発の史料が残り、鎌倉時代には開発領主の末裔として伊王氏の存在が確認される。伊王氏は後鳥羽上皇に近い一族であり、承久の乱によって後鳥羽上皇が隠岐に流されると、物集女庄の下地は幕府によって没収された。鎌倉中期には、物集女庄内北部の山野が朝廷の実力者であった九条道家に寄進され、さらに後鳥羽上皇の菩提のため庄域の東に接する法華山寺に寄進される。後に西山三鈷寺の僧仁空が南北朝期に遺した置文[12]によれば、物集女庄内に後鳥羽院御影堂があり、宸筆御手印勅書があったといい、物集女庄は後鳥羽上皇にかかわりが深かった。

物集女庄の名は、九条道家の孫にあたる内親王である室町院の所領のなかにもみられる[13]。建武政権成立直後、後醍醐天皇は物集女庄を法華山寺に安堵するが、この頃までには伏見にある大光明寺も物集女庄を領有していた。鎌倉時代の物集女庄については、複数の領主が認められ、幕府による没収もあり、やや複雑な様相を呈していた。

後醍醐天皇が崩御し菩提のため寺院創建が決定した翌年、暦応三年（一三四〇）七月一六日に、物集女庄は足利尊氏の命によって天龍寺領となる。この時、大光明寺には、前月に同じ尊氏から天龍寺に与えられたばかりの日向国国富庄が、代わりに与えられた〈「天龍寺造営記」鹿王院文書三七〉。寺院造営にあたり、遠隔地の荘園に代わって、より確実な収納が見込める物集女という近傍荘園と交換されたのである。しかし、大光明寺領であった時に、法華山寺との間で領有をめぐる係争中であったため、法華山寺は室町幕府に出訴し、替わって領主となった天龍寺との間で交渉した。庄内の貞守・友清両名を天龍寺領にする代わりに、法華山寺南の山野は引き続き領有することで収まり、康永元年（一三四二）に足利直義による裁許下知状が出された[14]。

応安二年（一三六九）一二月一三日には、立阿が相伝知行する物集女庄内有末名・別当名の名主得分が、臨川寺三会院に寄進されている。年貢以下の公事物等はこれまでどおり天龍寺に沙汰し、残りの得分は文書を添えて所願成就の現当として三会院に寄進された〈二一三〉。

至徳四年（一三八七）に作成された天龍寺領土貢注文によれば、物集女庄は寺納米三四一石五斗七升九合・銭二〇貫文で、納米高では全寺領の約六分の一を占める重要荘園であった〈五一六〉。

至徳の注文に、山城国内で物集女庄と並んで登場するのが、寺納米一八石九斗三升と記される長井庄である。長井庄は、現在の長岡京市開田・天神付近にあたる乙訓郡条里の六条長井里に庄名が由来し、その付近に比定される荘園である。鎌倉時代に庄内の田地一町についての売券があり、これが室町時代には西山三鈷寺へ寄進されている。ほかに建武三年（一三三六）に光厳上皇の院宣により認められた仁和寺領もあった[15]。物集女庄に比べると長井庄の天龍寺領は庄内の一部で小規模であるが、ともに近傍庄園として維持されていく。

応永二七年（一四二〇）四月一七日には将軍足利義持により、臨川寺・天龍寺の所領への段銭以下諸役を免除し、守護不入の地として寺用を全うするように命令が出された。これを請けて二日後の一九日付で管領細川満元から各国守護に宛て、国内にある臨川寺・天龍寺所領の諸役を免除する施行状が一斉に出されたなかに、山城国として物集女庄と長井庄がある〈三六四〉。また、年月日未詳であるが南北朝から室町前期の作成とされる[16]「天龍寺所領目録案」には、三三ヶ所の所領名が並び、そのなかに物集女・長井両庄の名がある〈五六四〉。

明応六年（一四九七）一二月には幕府奉行人奉書により、天龍寺領の物集女・長井両庄と諸散在へ、違乱を退け年貢諸公事を沙汰するよう、在地の名主沙汰人等中宛てに命令が出される〈五七〇〉。応仁・文明の乱後の乙訓郡では、細川政元方被官の進出が目立つようになり、在地の侍衆らによる年貢対捍も常態化していた[17]。明応六年の奉書は、こうした状況に対応するために発給されたものである。

戦国期に入ると、天龍寺を含めた嵯峨の夢窓門派全体で評議して寺院経営の規則を定め、寺務経費の倹約、不知行在所の再興などが申し合わされるようになる(18)。そのなかで永正九年（一五一二）七月二四日付の天龍寺条々には、物集女庄についての規程が、特に挙げられている〈五九六〉。修造司寮居住の者が物集女庄の上使・庄主役を兼ね、物集女庄から寺納分があれば毎回七分割し、法堂・方丈・維那寮・修造司寮・人具に七分の一ずつ、常住には七分の二を割き分け、下行することを定めている。不知行の在所が増加していくなかで、物集女庄からは、量はともかく毎年確実に収納があり、その度ごとに各部署へ少しずつでも配分される仕組みにしていることがわかる。永正一三年には加賀国大野庄からの寺納が近年少分で、収納のため力者を現地へ遣わしているが〈六〇二〉、この頃になると前代までのような権利を確認する重書は際だって少なくなり、具体的な糺明や催促、納入の方法について記された文書が多くなる。その対象となる所領は、遠国では大野庄、近くでも寺辺や洛中の小規模な所領に限られるようになり、なかでも物集女庄からの収納に関する史料が目立ってくる。

表2　天龍寺米銭納下帳にみる物集女庄からの収納〈618・621・628〉

（単位：石）

納下帳　納分		天文15(1546)	天文18(1549)	天文21(1552)
物集女庄				
且当納分石高	(A)	36.3965	55.1490	73.5340
銭替分石高	(B)	3.0000	3.9900	26.3000
(分代銭高)		(2.3000)	(1.9000)	(18.6160)
物集女より納欠※1				0.5860
残り　A－B	(C)	33.3965	51.1590	46.6480
延	(D)	3.3390	5.1150	4.6640
幷　C＋D	(E)	36.7355	56.2750※2	(51.3120)
土川年貢	(F)	0.5900	0.9360	0.4040
(土川分)延	(G)	0.1062	0.1680	0.0700
幷　F＋G	(H)	0.6962	1.1040	[0.4740]
都合　E＋H	(I)	37.4317	57.379	[51.7860]

※1　物集女より納める17荷が欠弁として残り石高から引かれている。
※2　実際の合計は、56.274石となる。

　天文一五年（一五四六）・一八年・二一年分の三冊が残る「天龍寺米銭納下帳」〈六一八・六二一・六二八〉は、寺内の収支構造をうかがいうる貴重な史料として知られ、すでに詳細な分析が行われている[19]。天文一五年は七月から翌年六月までのほぼ一年間、あとの二冊は約半年と記載期間に差はあるが、最初に「米方」の「納」分と「下行」、次に「銭方」の「納」と「下行」が記される形式は同じである。この帳簿の米方の納分は、物集女庄からの納入で占められる。銭方の納分は、物集女庄からの納入米の一部を銭に替えたものに、嵐山から岡・物集女にかけて延びる丘陵地からの山手銭、および関係諸塔頭・僧衆からの借銭が加わる。つまり所領としては、ほぼ物集女庄のみからの収納分にかかわる収支帳簿とみることができる。

三冊にみられる物集女庄からの収納状況は、表2のとおりである。いずれも土川からの収納と二本立てで計算される。土川は、物集女から南東に離れた、寺戸や下久世の南に接する場所で、ここに五段分の所領があった。後で紹介する天文期の文書〈六二九〉によれば、物集女庄は本在所と散在分からなり、土川はその散在分の一部と考えられる。物集女庄・土川分それぞれに升の延び分が加えられ、合計が納分として計上される。物集女庄からの米の一部は、時の和市で銭に替えられ、銭方の納分にまわされる。収納量は、天文一五年が低く、二一年にはその約二倍と、変動が激しい。しかしいずれにしても、至徳四年の注文にある寺納米三四一石余と銭二〇貫文には遠く及ばない。

下行分をみると、斎米や仏餉などの仏事用途、建物などの軽微な修繕、維那や納所、行者・力者らへの給米など、寺の日用経費に充てられるほか、当時畿内で激しい抗争を繰り広げていた将軍家や細川氏、三好勢など武家方への礼物代なども支出されている。物集女庄現地との往来が認められる支出としては、まず収納のための経費として、免僧・納所・力者らが催促のため現地へ下向、その入用米が計上される。また物集女から年貢を運搬する人夫賃や、使者への酒代もみられる。代官の今西方・又三郎方へ礼物も出される。さらに物集女から「警固衆」を呼び寄せ、その食米や酒代がある。領主である天龍寺と、戦国期に収納実態がある近傍庄園としての物集女庄との、頻繁な行き来を知ることができる。特に天文二一年の帳簿は支出項目が多く、物集女庄からの収納に必要な経費は二貫八〇〇文近くにのぼる。この年、細川晴元と三好長慶は丹波や洛中で激しく戦っており[20]、その舞台となった宇津や高雄、東山霊山などへ頻りに音信や礼物を遣わしていることも記され、戦乱のなかで寺領経営に努める領主天龍寺の姿をかいまみることができる。

天文期の納下帳には、樽代や礼銭が支出された相手として、物集女孫四郎や同孫九郎など、物集女を名乗る侍衆が現れる。彼らは、物集女を本拠とする武士とみられるが、この時には庄園在地の者としてではなく、細川方や三好方などの使者として在地に関与する武家被官の立場で礼物を受けているとみなされる。[21]天文一九年（一五五〇）の「開山国師二佰年忌奉加帳」〈六三二の一部〉には、夢窓門派の禅僧、周辺寺院・僧侶に次いで、武家として将軍足利義輝・六角定頼とその被官らが続き、最後に物集女孫九郎国光と同姓の源太郎・新・西という、物集女氏一族四名が名を連ねて香資を寄せており注目される。

物集女氏は、天文二四年（一五五五）には天龍寺への年貢納入を請け負う物集女庄代官として現れる。天文一八年頃から京都とその周辺を抑えていた三好長慶から、天龍寺公用として物集女庄から百石の寺納を、物集女太郎左衛門尉が命じられている。文言によれば、以前の取り決めに従わず、同姓の兵衛大夫久勝と何らかの結託をして下地を押領していたところ、本在所と散在分を分割し、本役米を沙汰するようにとの内容である〈六二九〉。この前後とみられる三好長逸書状〈六三〇〉によれば、天龍寺の役者中は物集女庄公用の納入を、三好長慶とその配下の長逸らに働きかけていた。天龍寺は三好方の権力に頼り、物集女氏を代官として、天文一〇年代の実収より多い百石の収納を図ろうとしている。在地には太郎左衛門尉や久勝など、物集女氏一族の複数の家が並立していたようである。同じ頃の文書として、遅れている公用年貢の納入を約する物集女久勝書状〈六三一〉もある。このしばらく後、三好三人衆が京都周辺を支配下に収めた時期の、三好配下の武将である篠原長房の書状〈六四一〉によっても、天龍寺の役者や臨川寺・雲居庵が連名で、物集女庄について三好方に働きかけをしていることがわかる。

同じ時期、長井庄に関しても、天龍寺から三好方への働きかけが行われている。天文一九年（一五五〇）の夢窓疎石二百年忌にかかわって作成された帳面の支出項目には、「就長井庄之儀、三好方扱入目」として九〇〇文が記載される〈六一七・六三二〉。この動きの表れとして、三好長慶が京都周辺を制圧した直後の天文一八年一〇月二〇日付で、長慶配下の松永長頼が長井庄下司職の請文を出し、近年の状況に応じた公用年貢運上を請け負っている〈六二二〉。また天龍寺は、長頼の兄である松永久秀にも、長井庄公用に関する文書を出し、年未詳であるが一一月八日付で久秀から疎略にしない旨の書状を得ている〈六六一〉。これ以後、長井庄については天龍寺のなかに関連文書はみられなくなる。

天正八年(一五八〇)八月付の「織田信長朱印状案」〈六六五〉は、創建以来、近傍の重要荘園として天龍寺を支えた物集女庄について、領知安堵と臨時課役免除を認める内容を持つ最後の文書である。物集女庄のある西岡一帯については、信長が畿内を制圧しつつある段階になってから、新たにその配下となった細川藤孝へ、元亀四年(一五七三)七月に、桂川以西の一職支配が認められており[22]、これによって天龍寺領物集女庄の領知はいったん否定されたとみられる。同じ地域に属する長井庄も同様である。その後、天正八年八月に、藤孝は丹後一国を与えられて宮津に移った。朱印状案は藤孝移封と同年同月付である。次の某書状案〈六六六〉は物集女庄の直務を回復する「御朱印」を得ようとする内容で、仮名書きのため比較は難しいが朱印状案とは似通った筆跡ともみえ、書状に朱印状の案文を添付して発給を申請する準備をしたものかと推察される。朱印状の正文は伝わらないので実際には発給されなかった可能性もあり、文言にあるような天龍寺領としての物集女庄回復が実現したかどうかは疑わしい。

まもなく信長から秀吉へと時代が移ると、山城一国の指出検地が始まり、荘園支配は最終段階を迎える。天龍寺文書は、秀吉による天正検地の実態を伝える豊富な文書群を含み、その全容は後の論考で紹介されるが、ここでは物集女庄に注目する。天正一三年(一五八五)に天龍寺及び諸塔頭それぞれが提出した所領一覧のうち、常住からの指出〈六七五〉のなかに物集女庄公用米として三八石八斗五升、土川にある分として五石が書き上げられる。物集女分は天文一五年の収納量に近く、土川分はそれよりかなり多い。ほかに弘源寺領指出〈六八三〉のなかにある西岡塚原内九石六斗八升、維北軒領指出〈六九五〉の物集女内塚原にある一石六斗、崇恩寺領指出〈六九九〉の物集女・塚原・沓掛・ほか所々にあるものを合わせて一六石四斗六升八合なども、もとは寺納米三四一石余であった物集女庄の一部をなしているると思われる。そしてこれら指出のなかの一筆ずつが、天龍寺領物集女庄の最後の姿であった。

四　物集女庄内の崇恩寺

指出を提出する諸塔頭のうち崇恩寺は、物集女庄内に所在した天龍寺の塔頭で、現在でも向日市物集女町中海道に天龍寺の末寺として存続する。明治一六年（一八八三）頃成立の「乙訓郡寺院明細帳」[23]のなかの崇恩寺から提出された調書では、後醍醐天皇が後鳥羽天皇の菩提を弔うため、元弘年中（一三三一〜一三三四）に創建した元弘寺が始まり、との由緒を記す。その後に廃壊して旧跡となっていた場所に、文明二年（一四七〇）になって夢窓門派の桂林（梵芳）和尚が一宇を建て、師匠である竺雲等連を開山とし、寺名を崇恩寺と改めて再興したという。元禄五年（一六九二）の寺社改[24]にも「文明年中ニ建立、後鳥羽院行宮御旧迹也」と記されており、後鳥羽との所縁は地元で永く伝えられてきた話であった。明治の調書によれば、当時崇恩寺は境内七七四坪のなかに、二間四方の本堂と庫裏・門が建ち、檀徒を持たない寺院であった。

崇恩寺については、おそらく物集女が天龍寺領であったことに関連して設けられた末寺という以上には、これまでほとんど検討されていないが、元弘寺を基とする由緒はあらためて注目される。先に触れた南北朝期の「仁空置文」には、物集女庄内の後鳥羽院御影堂の近くに元弘寺という天台寺院があることが記されており、明治期の記録と直接結びつけるには年代が離れており関連史料に乏しいが、気になる内容である。後鳥羽上皇と天龍寺との関係でいえば、すでに紹介した天文期の天龍寺の納下帳には、毎年二升が「後鳥羽院」の費目で下行されていたことが挙げられる。なかでも天文一八年（一五四九）分は、光厳院・後醍醐天皇・後鳥羽天皇の霊供として各々二升ずつが下行されている。

天龍寺では、光厳・後醍醐両帝と並んで、後鳥羽上皇の供養も営まれていたことがわかる。先に述べたように物集女庄は後鳥羽上皇とかかわりが深く、庄内山野の東隣の峰にある法華山寺は、後鳥羽の菩提を弔うため物集女庄を寄進された寺院である。天龍寺から嵐山・松尾を経て南南東に延びる向日丘陵に沿った山野一帯は、後鳥羽上皇を弔う慰霊の地であり、崇恩寺も前身の元弘寺から引き続き、その重要な構成要素だったのかもしれない。

崇恩寺は、慶長期には天龍寺の奉行を勤める番次に入り〈七六七〉、慶長四年（一五九九）の「天龍寺衆評定書」にも連署している〈七七五〉。崇恩寺として連署した慶隆は、後で触れる文書によれば天正一八年（一五九〇）に崇恩寺看坊（留守居）に補任されており、文禄五年（一五九六）には広沢堤決壊後の普請に天龍寺役者として対応した〈七五八〉。

慶隆は、この看坊職をめぐり、天龍寺の他の衆僧と相論をおこしている。いずれも年未詳であるが関連文書は三通あり、まず九月二日付で梵得・梵昭・寿廉が連名で、天龍寺列中の僧を代表して、慶隆が崇恩寺に留まることに異を唱える〈七八四〉。その主張は、崇恩寺は夢窓国師以来、天龍寺列中頭が一期持に輪番してきたが、俊都寺死去の時、留守居の慶隆が住持一札を掠め取り新儀を主張して渡さないので、先規に戻すべきというものである。これに対し慶隆は、これまでの崇恩寺をめぐる状況を詳述し自らの立場を言上する。慶隆の言い分は、一時、崇恩寺に夢窓門派の僧が入らず他宗の寺になっていたところ、自らの師である円監寺が入寺して寺の修理など調法し中興ともいえる功があり、この筋目により慶隆が天正一八年に天龍寺住持から補任され今日に至るとのことで、相手の主張の方が新儀であると反論している〈七八五〉。証拠として合わせて作成したのが「列中衆位次」を書き上げた申状〈七八六〉で、門派各塔頭の僧侶七名を順に並べ、そのなかで崇恩寺に入寺したのは二名のみで順次も逆であり、列中頭から一期持という状況でないことを示す。相論のその後を伝える文書はみあたらないが、天龍寺と末寺・塔頭とのかかわりを考えるうえで興味深い。また慶隆の申状のなかには、「彼（物集女）庄公文疎入」（物集女忠重、入道して宗入のこと）が崇恩寺の維持に携わっていたこと、宗入が天正三年（一五七五）に、当時勝龍寺城に入り西岡を支配していた細川藤孝方に謀殺された時、崇恩寺本尊が勝龍寺に持ち去られたことなども記されており、織豊期西岡の在地のようすを伝える貴重な史料でもある(25)。

おわりに

以上、天龍寺・臨川寺の寺辺・近傍所領について、本書収録の文書の内容を概観した。天龍寺文書のなかには、所領の権利を確認する重書は多数あるものの、在地の構造など荘園支配の内実がわかるものはあまりみられない。そのなかにあって、戦国期初頭までの加賀国大野庄とならんで、戦国・織豊期の物集女庄は、数ある天龍寺領のなかでも、支配や在地の具体相がうかがえる史料を伝える荘園である。この章で検討した寺辺大野郷、山城国内・洛中の散在所領、近傍の物集女庄・長井庄は、南北朝・室町期に形成・維持されてきた天龍寺・臨川寺領が、戦国期に入り不知行化していくなかで、変容はしても織豊期に至るまで支配が続いた所領であった。

(1) 天龍寺所蔵「山城国嵯峨亀山殿近辺屋敷地指図」(『日本荘園絵図聚影二　近畿一』東京大学出版会、一九九二年所収)。

(2) 原田正俊「中世の嵯峨と天龍寺」(『講座蓮如』第四巻、平凡社、一九九七年)によれば、亀山殿の持仏堂で、天台教学の拠点となった寺院に大多勝院がある。大勝院が、臨川寺開創以前の大井郷知行の由緒を主張しているところから考えて、あるいは関連する寺院ではないかと思われる。同論文では、鎌倉末から室町前期に禅院勢力が伸張し都市的に発展する嵯峨の変遷を、天龍寺所蔵の絵図を対象とし各分野の関連史料を網羅して、歴史的・景観的に復元・考察されている。ここで取り上げる文書の多くも詳細な検討が加えられ、絵図のトレース図も掲載されるので、あわせて参看されたい。

(3) 天龍寺所蔵、前掲註(1)書。

(4) 現在は中ノ島と呼ばれ、中世よりは下流に架けられている渡月橋が中ノ島との間に架かっている。この中洲は、秦氏が大堰の一部として築いた人口の島で、川の流れを本流と用水に二分し、本流に堰堤を設けて水位を高め用水路に多くの水を引き入れるように造られたものという(京都府農林水産部耕地課整備室『嵯峨嵐山一の井堰』、二〇〇六年より)。

（5）前掲註（2）原田氏論文参照。
（6）前掲註（3）に同じ。
（7）嵐山と天龍寺の関係、この法度の内容については、瀬田勝哉『木の語る中世』（朝日選書、二〇〇〇年）のなかで詳しく検討されている。
（8）松尾大社所蔵「山城国松尾社境内図」（前掲註1書所収）には、法輪寺の南東にあたる場所に、寺院境内や屋敷地を示す朱線で円を描いたなかに「萱坊」と記される。松尾社は、萱坊も境内に取り込むようにしてこの絵図を作成している。
（9）本書研究編原田氏論文を参照。
（10）『京都府の地名』（平凡社、一九七九年）宇治市・槇島村の項を参照。
（11）物集女庄については『向日市史　上巻』（一九八三年）のなかで、熱田公氏により、本書収録の天龍寺文書や関係文書が残る九条家文書などにより詳細な検討が加えられている。本章での物集女庄に関する記述は多くその内容による。
（12）「仁空置文」（『続群書類従　第二十八輯下』釋家部所収）。
（13）『角川日本地名大辞典　京都府』（角川書店、一九八二年）物集女荘の項を参照。
（14）九条家文書のなかに案文が存在する。
（15）『長岡京市史　本文編二』（一九九六年）。
（16）本書研究編地主氏論文を参照。
（17）前掲註（11・15）文献、および『向日市史　史料編』（一九八八年）の中世編年史料を参照。たとえば同じ乙訓郡内の所領である東寺領下久世庄の年貢米未進徴符をみると、特に文明一〇年代以降、名字を名乗る侍分の年貢が、毎年恒常的に未進となっている。
（18）前掲註（16）に同じ。
（19）田中浩司「戦国期寺院領主経済の一齣――天龍寺の「納下帳」の分析を中心に――」（『中央大学大学院論究第二二号　文学研究科篇』、一九九〇年）では、天文二一年の納下帳と、同年の「開山国師二百年忌以来納下帳」〈六三二の一部〉を比較、異なった組織の帳簿であることを明らかにされ、前者を納所、後者を常住がそれぞれ管理する帳簿と位置づけられる。ここでは詳しく検討できないが、前者を当時天龍寺で毎年定期的に作成されていた帳簿、後者は開山二〇〇年遠忌に関連して臨時的に作成された帳簿の一部ととらえておきたい。

(20) 福島克彦『畿内・近国の戦国合戦』(吉川弘文館、二〇〇九年)。

(21) 物集女氏については、玉城玲子「城主物集女氏の実像を探る」(『京都乙訓・西岡の戦国時代と物集女城』文理閣、二〇〇五年)参照。

(22) 細川家文書、前掲註(15)文献参照。

(23) 京都府立総合資料館所蔵。

(24) 明和七年(一七七〇)「長野山御吟味書帳」のうち、『向日市史　史料編』(一九八八年)所収。

(25) 向日市文化資料館(図録)『信長・秀吉と西岡』(一九九六年)参照。

世良親王遺領と臨川寺の創建

中井裕子

はじめに

臨川寺は京都嵯峨にある臨済宗の寺院である。後醍醐天皇皇子の世良親王の遺言により、別業の河端殿を禅寺に改めたことが臨川寺の発端である。開山ははじめ元翁本元であったが、建武新政期に夢窓疎石に改められた。

臨川寺のある嵯峨は、京都の衛星都市として、また河川交通の拠点として注目される場所である。天龍寺には中世の嵯峨を描いた絵図が残っており、この絵図の分析を基にした研究が盛んに行われている。それらの研究のなかで、臨川寺についても触れられている。原田正俊氏(1)は臨川寺・天龍寺建立以前である鎌倉末期の様相を描いた「亀山殿近辺指図」と、建立後である貞和三年(一三四七)に作成された「大井郷界畔絵図」との比較で、嵯峨の地域が一変していることを指摘し、臨川寺は単に河端殿の地だけを与えられたのではなく、遮那院一帯や大堰川の中洲なども含んだかなり広い範囲に寺領を持ったと述べている。また山田邦和氏(2)は鎌倉後期の嵯峨を後嵯峨・亀山の離宮である亀山殿を中心とした院政王権都市と位置づけ、亀山殿の別第であった河端殿を禅院としたことは、院政王権都市の終焉宣言であるとし、嵯峨は臨川寺・天龍寺の寺院境内都市に脱皮したと述べる。このように、臨川寺の建立が嵯峨一帯に大きな転換をもたらしたことが指摘されているのであるが、臨川寺についての専論は今のところまだ出されていない。そこで本章では、臨川寺の草創期に焦点を当てる。

臨川寺は近世に至ると、臨川寺の近隣にある天龍寺の塔頭のような存在となり、天龍寺に取り込まれてしまう。そのため、臨川寺関係の文書は現在天龍寺文書に含み込まれた形で残存している。臨川寺文書を活用した研究には、金井静香氏の「中世における皇女女院領の形成と伝領――昭慶門院領を中心に――」(3)がある。鎌倉後期の皇統の分裂によって多くの皇胤が並立するなかで、女院宣下をうけた皇女の所領の領有について考察した研究であるが、研究の題材としてのちに世良親王領となる昭慶門院領を取り扱っており、世良親王に譲与されてからの経緯についても論じている。本章ではこの金井氏の論を踏まえつつ、臨川寺文書をもとに世良親王遺領が臨川寺に伝わった経緯を追い、嵯峨一帯の変容のきっかけとなった臨川寺成立時期を詳細にみていきたい。そして、鎌倉末期から南北朝期にかけての動乱のなかで臨川寺の位置づけがどのように変わったのかを考察していく。

一　世良親王遺領と臨川寺の関係

最初に世良親王について簡単に触れておきたい。世良親王は後醍醐天皇の皇子である。『増鏡』(4)には、世良親王について後醍醐天皇の第二皇子で、母は西園寺実俊女、養母は昭慶門院、乳父は北畠親房であると書かれている。また元徳二年(一三三〇)九月一七日の世良親王の病没の場面(5)では、世良親王が記録所や議定へ参加していたことにも触れている。このことは、当時の公卿である二条道平の日記(6)のなかで、後醍醐天皇が世良親王を議定に参加させたと記述されていることからも裏づけられる。これらのことから、森茂暁氏(7)は、後醍醐天皇は、兄尊良親王よりもすぐれた資質の持ち主である世良親王の将来に大きな期待をかけていたと評価している。しかし世良親王は元徳二年に病を得、九月一七日に死没してしまう。その臨終の際の世良親王の遺言を乳父の北畠親房が書き留めている〈一一〉。この史料

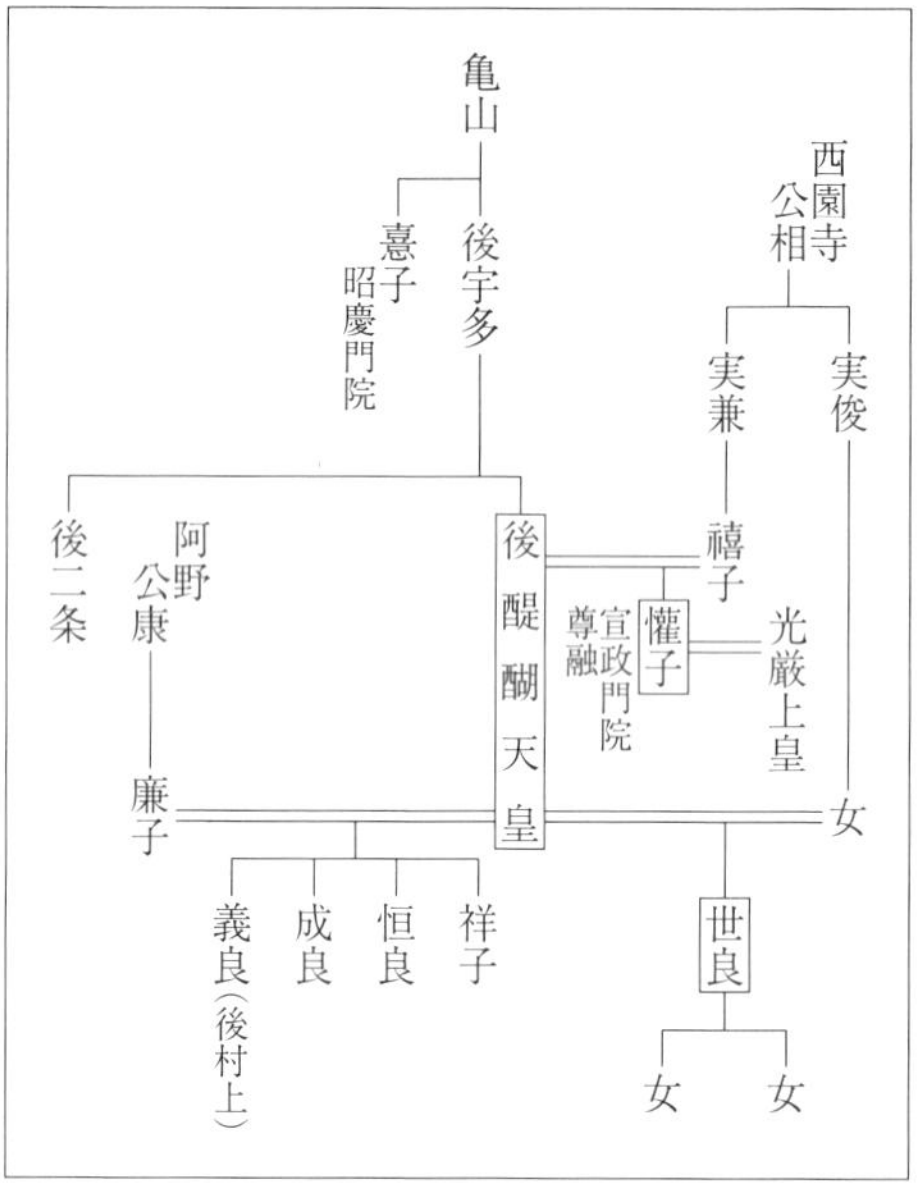

世良親王遺領関係者の系図

は金井氏(8)・森氏(9)も取り上げている有名な史料である。世良の遺言をみると、「京都の西にある河端別業を禅宗寺院に改め、所領等を寄付し、僧侶を居住させて、世俗から離れた住まいで行い澄ます地にするように願いを起こし、去る五月（元徳二年）ごろに元翁本元上人が河端別業に参ったついでに約束させた。この持病はすでに治る見込みなく、今においては力及ばないことである。この趣旨をもって天皇に申入れよ。日頃から思うところはお聞きくださっているので、きっと叶えられないことはないであろう。母である西園寺実俊女が存命の間は、前述の領地等の内の一ヶ所を進めるべきである。また二人の姫宮はともに幼児で、成長したときは必ず仏門に入れ申し上げるべきである。これはまた日頃から考えていたことである。その他の事はそのときそのときでよろしく取り計らうべきである」と書かれている。河端別業を禅宗寺院にするよう世良親王から託された元翁本元は、元徳元年八月一一日から南禅寺の住持をしていた(10)。そのときに世良親王と元翁本元は親交を持った。そして世良親王が元翁本元に帰依し、河端別業を禅宗寺院に改めることを約束させたのである。また世良親王遺命記の末尾には、北畠親房が遺言を書き留めたときの状況が書かれている。そこには後醍醐天皇が世良病没直後に勅使を派遣し、世良の遺領について尋ねたことが記されている。

世良親王の遺言を聞いた後醍醐天皇は、その対処方針を打ち出した〈一一〉。この史料については先行研究で取り上げられていないので、詳しくみてみる。内容は、「世良親王が仰せ置かれた条々を後醍醐天皇がお聞きになられた。

御領などの給主を今決めるべきではない。世良親王の一周忌の間は変更すべきでない。世良親王が生きておられた時、内外の課役の分は、すべて御追善御仏事料足や男女の僧と俗人の扶助に充てるように言っていた。日頃言っていたとおり間違いがないように。遺族はそれぞれ安心し遺領に居るようにと仰せるべきである。世良親王の母である西園寺実俊女の分の事についてであるが、今年については現在知行している人で変更はないそうだ。世良親王の一周忌のあと、母の分の事を決定すべきである。姫宮二人の事については、土御門殿において御遺跡の男女が御儀以下を取り計らうように。河端殿には常時僧侶を居住させて御追善御仏事を執り行うように。将来にわたって永続的な僧堂にすることを禅林寺長老である元翁本元にご相談されて決定されるべきである」と書かれている。この史料は年月日が書かれていないが、その内容から世良親王が没した元徳二年九月一七日から、元翁本元に河端殿を禅宗寺院にするようにという綸旨〈一三〉が出された同年一〇月二五日までのものである。

次に、この史料と、先に挙げた世良の遺言を比較してみる。世良の遺言では「元翁本元を開山として河端別業を禅宗寺院に改めたい」としていた。そして後醍醐天皇の方針は「元翁本元に相談の上、僧堂にすることを決定する」とある。また世良の遺言に「母存命の間は所領一ヶ所を宛がって欲しい」とあるのに対して、「後日、用意するよう決定する」と述べられている。また世良の遺言では二人の姫宮のことも書かれているが、後醍醐天皇の方針でも居住場所や儀式などの世話人を指示している。このように後醍醐天皇は世良親王の遺言に則り、手配することを表明している。そして元徳二年一〇月二五日の「河端殿を禅宗寺院とし、世良親王遺領の一部である讃岐国二宮庄・常陸国佐都庄・加賀国富永御厨等を管領すべし」という元翁本元宛の綸旨〈一三・一四〉で世良親王の遺言が実現されたのである。

以上みてきたように、後醍醐天皇は勅使を遣わし世良親王遺領について尋ね、対処方針では遺領の新しい給主について言及している。昭慶門院領と大覚寺統の惣領である後宇多上皇との関係を論じた金井氏[11]は、「後宇多は大宮院領を含む大覚寺統の王家領すべてを掌握し、そのうちの昭慶門院分を改めて同女院に安堵することにより、大覚寺統の嫡流としての自身の立場を、昭訓・昭慶両門院ひいては公家社会に知らしめようとした」と述べている。世良親王遺領は昭慶門院から譲られた荘園であるため、大覚寺統の王家領の一部である。そして、後宇多上皇は元亨四年（一三二四）に没しているため、この時点での大覚寺統の惣領は後醍醐天皇であった。つまり後醍醐天皇は、大覚寺統の惣領として大覚寺統の王家領である世良親王遺領の差配に乗り出したのである。

そして元徳三年三月二七日に、世良親王の遺領を管領し、遺跡の輩を扶持するようにという内容を内親王に申し入れるように命じた綸旨〈一六〉が出された。その四日前である同月二三日に書状〈一五〉が出されている。この書状には「世良親王の遺領についての書類などをさし上げました。ご管領されて、世良親王の追善などもくれぐれもお取り計らいください。一〇ヶ所は、将来に渡ってずっと寺（臨川寺）に付けようと思うので、今から綸旨に則って実行してください。寺が興行してから次第に寺のことなども取り計ろうと思いますので、現在の知行などは万が一にも相違ないでしょう。すべて寺にもご相談されますように」ということが書かれている。金井氏[12]はこの書状の発給者について、世良親王の生母である西園寺実俊女であると推定している。また二七日の綸旨で「内親王」が世良親王遺領の管領と遺領の輩の扶持を任されていることから、この書状の宛先は綸旨に登場する「内親王」と同一人物であるとする。その根拠として、この「内親王」には、後醍醐天皇の皇女である祥子内親王を充てている。その根拠として、南北朝期に世良親王遺領の一部が保安寺領となることと、『系図纂要』[13]より祥子内親王が保安寺で尼になったことが符合することを挙げている。

この金井氏の論を検証してみたい。金井氏は、この書状の発給者について世良親王遺領の関係文書を差し出して今後の管領と沙汰を依頼していることから西園寺実俊女と推定している。しかし世良親王遺領は、後醍醐天皇が大覚寺統惣領としての立場で差配していた。そのうえ、西園寺実俊女は、本節の最初に挙げた世良親王の遺言で、所領の一部の遺留を願ってもらっていた立場であり、世良親王の没後、遺領の処分について口出しする権限はなかったことがわかる。そのため、西園寺実俊女を書状の発給者とするのは不適当である。では、この書状の発給者として考えられるのは誰であろうか。書状の内容をみると、この書状の発給者は所領を臨川寺に付けたり、臨川寺のことについても沙汰することができる人物であることがわかる。これまでみてきたとおり、世良親王の遺領の差配をしたり、臨川寺の住持を決定していたのは後醍醐天皇である。そのため、この書状の発給者は後醍醐天皇をおいて、ほかにはないのである。

続いて受給者についてであるが、金井氏が受給者に推定した祥子内親王の母は阿野廉子である[14]。阿野廉子には恒良(正中二年［一三二五］生)・成良(嘉暦元年［一三二六］生)・義良(嘉暦三年生)の子供がいるが、これらの兄弟の年齢からすると、この文書が発給された元徳三年(一三三一)段階の祥子内親王は所領の管領や寺の興行を任せられるほどの年齢に達していたのかという疑問が湧く。また建武三年(一三三六)九月一八日付の「足利尊氏院宣施行状」[15]で「准后」が世良親王の遺領の中に含まれる荘園の安堵を伝達されているが、金井氏はこの「准后」が祥子内親王の出家後の姿であったとしている。この「准后」は「世良親王遺領内安堵所々注文案」[16]〈五二〉で、世良親王遺領に属する荘園を相伝したことが記されているので、「准后」と先の史料の「内親王」が同一人物と考えることに異論はない。しかし、この「准后」を祥子内親王とみることについては疑問がある。金井氏は『系図纂要』で「足利尊氏院宣施行状」が出された年に、祥子内親王が准后になっていることを根拠としている。しかし『系図纂要』を見直すと、祥子内親王の准后は延元元年(一三三六)一〇月とあり、「足利尊氏院宣施行状」が出された九月一八日時点ではまだ准后になっていないことになる。祥子内親王が准后になったとされる延元元年一〇月は、足利尊氏の軍を避けて比叡山に避難していた後醍醐天皇が、敗北が必至の情勢となり和睦に応じて京都花山院に入った月で、和睦の証として阿野廉子の所生の恒良親王が皇太子となっている。これと同時に祥子内親王の准后も決められたと考えられるので、九月一八日の史料で登場する准后とは別人である。また、阿野廉子は家格の低い公家の出身で、隠岐に配流された後醍醐天皇と同行したことで、その後活躍したのであり、元弘の変が起こる前の時点で阿野廉子所生の皇女が厚遇されていたとは考えづらい。

では、「内親王」に当てはまるのは誰であろうか。金井氏は「内親王」を祥子内親王と推定した根拠に保安寺で尼になったことを挙げていたが、『系図纂要』[17]によると保安寺で出家した内親王は祥子内親王だけでなく、光厳上皇の妃となった宣政門院懽子内親王も該当する。保安寺の前身は仁和寺河窪殿であるが[18]、『師守記』暦応三年(一三四〇)五月三〇日条に河窪殿で宣政門院が出家したと書かれていることからも『系図纂要』の記事が裏づけられる。懽子内親王は中宮西園寺禧子の子で、正和三年(一三一四)生まれ、元応元年(一三一九)一〇月二八日には一品に叙されているので[19]、懽子内親王の家政機関も整備されており、荘園経営を任せる人物として相応しい人物である。そのため先に挙げた史料の「内親王」は懽子内親王とするのが適当である。

以上のことから、本書一五号文書は後醍醐天皇から娘の懽子内親王へ宛てられた私信として出された書状であったと考えられる。綸旨による正式な命令が出される前に、その内容を書状で内示したのである。これに類する例は他にもみられる。元応二年(一三二〇)四月二六日に坊城定資に宛てて伏見殿と御領等の相伝奉行を認める後伏見上皇院宣が出されたが[20]、それより三日前である二三日に伏見奉行の事を伝える後伏見上皇の書状が出されている[21]。宛所になっている坊城定資は伏見・後伏見に近侍していた人物と評されている[22]。このように、院・天皇の近しい人物に院宣・綸旨を出す場合、書状で前もって知らせることがあった。懽子内親王宛の後醍醐天皇書状も、このような事例の一つと考えることができる。

また、この書状の冒頭に「帥宮遺領の御文書ともまいらせ候」とあることから、世良親王の遺領の書類は、世良親王没後、この書状の発給者である後醍醐天皇が預かっていたことがわかる。そして世良親王遺領関係の書類は大覚寺統の統物領である後醍醐天皇から新給主である懽子内親王に渡されたのである。ここからも、世良親王遺領が大覚寺統の王家領としての性格を有していたことがみてとれる。

後醍醐天皇の書状・綸旨で世良親王遺領から寄付した臨川寺領一〇ヶ所[23]についても内親王に沙汰するように命じているので、これらの所領については臨川寺の管領を懽子内親王が支援する形がとられた。その実態については、先に検討した書状〈一五〉に「御興行ニつきて、したいに寺のことゝもさた候ハんすれは」とあり、その直後の綸旨〈一六〉に「寺家興行幷御追善以下相二談元翁(本元)上人一」と書かれているように、臨川寺興行も懽子内親王が担うべき役割とされていることから、臨川寺はまだ寺としての機能が整っている状態ではなく、寺領を経営する能力がないため、懽子内親王の家政機関で荘園経営し、荘園からの収入の一部を臨川寺に渡す方式であったと考えられる。そして寺の機構が整った段階で荘園経営を臨川寺に移譲しようとしていた。このように臨川寺整備の筋道を立て、その発展段階に応じた対応を指示していることから、鎌倉末期の後醍醐天皇親政下では臨川寺の興行が計画的に推し進められていたのである。こうして後醍醐天皇の差配により、世良親王遺領のうち一〇ヶ所の荘園は臨川寺領となり、臨川寺が寺としての機能を整備するまでは懽子内親王がその経営を助け、その他の世良親王遺領は懽子内親王が引き継ぐことになったのである。

二　持明院統政権下の世良親王遺領と臨川寺

元弘元年(一三三一)、後醍醐天皇が討幕運動に立ち上がり元弘の変が勃発した。その結果はよく知られているように、後醍醐天皇は隠岐に配流され、朝廷の政権は持明院統へ移った。ここでは、持明院統政権になってからの世良親王遺領と臨川寺の動向をみていく。

まず世良親王遺領の管領を任された懽子内親王についてみておきたい。懽子内親王は後醍醐天皇親政下の元徳二年(一三三〇)一二月に斎宮に卜定されていたが、元弘元年八月の後醍醐天皇京出奔に伴い斎宮を止められている[24]。元弘二年三月には後醍醐天皇や尊良親王等の配流など、討幕運動に加担した皇族・公家の処分が幕府の主導のもと本格的に進められた。そして同年四月一〇日に、幕府の使者がもたらした討幕運動参画者の処分の内容を関東申次の西園寺公宗が花園上皇に伝えに来た。花園上皇はその概要を日記に書き留めている。それによると、「先帝（後醍醐天皇）宮々十歳以上可レ遣二城外一、十歳以下可レ被レ預二可レ然人々一云々」[25]と、後醍醐天皇の皇子たちが処分の対象となっていることがわかる。これがそのまま皇女にも適用されたわけではないであろうが、皇女にも何らかの処置が下されたと考えられる。また、処分内容の冒頭に中宮禧子に四ヶ所の御領と御所を進めることが記されている。禧子の処遇も幕府によって決定されたのである。これらのことから後醍醐天皇と禧子との子である懽子内親王も、幕府・持明院統政権の統制下での生活を余儀なくされたと考えられる。

それでは懽子内親王と臨川寺とで管領していた世良親王遺領はどのようになったのであろうか。それが窺える文書が正慶元年（一三三二）六月に出された「大宰帥世良親王遺領臨川寺領等目録注進状案」〈一七〉である。題目に「臨川寺領」ではなく「臨川寺領等」とあるのは世良親王遺領が臨川寺領だけでなく懽子内親王が管領していた分も含まれているためである。しかし、懽子内親王は先に述べた通りの状況で、表立った行動は取れない立場であるため、内親王の名前は伏せて臨川寺の名前で出したのであろう。この文書は、世良親王遺領の一八ヶ所の荘園について、本家・領家・地頭や、その荘園からの年貢の量を記し、押妨を受けているため規定の年貢が受け取れず難儀していることを訴えたものである。その訴えをみると、丹波国葛野庄では「当二御治世一自二去年十月之比一御押妨、被レ付二給主女房南御方一」とあり、元弘元年一〇月ごろより持明院統政権が押妨をして新しい給主に付けたと書かれている。また近江国粟津・橋本御厨でも「去年十月之比、自二御治世一被レ下二院宣給主女房中納言佐一云々」と、同時期から治天である後伏見上皇による押妨があったことを訴えている。同様に和泉国塩穴庄・讃岐国二宮庄・美濃国高田勅旨田が院宣による押妨を受けていると書かれている。ほかにも地頭などからの横領もあったことが記されているが、その上にまた今度の院宣による押妨で困難を極めていると臨川寺領等目録注進状案の総括の部分で主張していることから、やはり持明院統政権による押妨が一番の痛手であった。光厳天皇が即位し、後伏見上皇が院政を敷いたのが元弘元年九月二〇日であるので、持明院統政権が発足した直後に持明院統政権による押妨が始まった。討幕に失敗したことにより、後醍醐天皇が大覚寺統の王家領を掌握し得なくなったとみるや、その荘園の差配を始めたのである。臨川寺領を含む世良親王遺領についても大覚寺統の王家領の一部であったため、持明院統政権は新しい給主に管領させようとしたのである。また臨川寺領等目録注進状案をみると、持明院統政権による押妨が始まった時と同じ時期に、大覚寺統のなかでも後醍醐天皇の兄である後二条天皇の流れをうける皇族による押妨も受けていたことがわかる(26)。後醍醐天皇が力を失ったことで、その管理下の荘園が、持明院統や大覚寺統の後醍醐天皇とは別の派の皇族による争奪の対象となった。この状況に対し、注進状案では、世良親王遺領が世良親王の遺言によって臨川寺に寄付されたことを述べることで、大覚寺統の王家領から切り離された荘園であることを主張した。そして持明院統政権が出した新給主を定めた院宣の撤回を求めたのである。この注進状案の末尾に「委細載二御事書一、先度備進畢」とあることから、この訴訟はこれ以前から起こしているようである。しかし、今回再度の提訴をしていることから、以前の訴えは退けられたのであろう。そのため、今回の訴訟も取り上げられることすらなかった可能性が高い。

この時期、臨川寺にとってさらに不運なことに、世良親王の遺言に基づき後醍醐天皇が臨川寺住持に任命した元翁本元が正慶元年七月四日に没した(27)。しかし、そのあと持明院統政権から臨川寺の住持が決定された形跡はない。このように持明院統政権は臨川寺に対して非常に冷淡であった。それは、臨川寺の位置づけと関連する。臨川寺は世良親王の菩提を弔うために後醍醐天皇が建立したため、大覚寺統に属する寺院とみなされたのである。そのため、持明院統政権から住持を選定されず、寺領の保護も行われなかったのである。

三　建武政権による臨川寺への対応

六波羅探題・鎌倉幕府の滅亡の報をうけて京に戻ってきた後醍醐天皇は、元弘三年六月七日に寺院にむけた所領安堵を開始する[28]。その三日後の同月一〇日には、鎌倉瑞泉寺に居住していた夢窓疎石に上京を促す使者を出した[29]〈一八〉。そして同年七月二三日、召しに応じて上京した夢窓疎石を臨川寺住持とした〈一九〉。

後醍醐天皇と夢窓疎石の関わりは、鎌倉末期の正中二年（一三二五）に南禅寺住持に招請したことに始まる。玉村竹二氏[30]は、夢窓疎石は将来性のある壇越として兼ねてより京都の有力者の外護を望んでいたと思われる節があり、そのため南禅寺住持を引き受けたという。そして夢窓疎石が南禅寺に在住しているときに、後醍醐天皇は夢窓疎石に帰依したのである。さらに夢窓疎石は元翁本元とも関係が深く、両者とも高峰顕日の法嗣で、兄弟弟子の関係であった。玉村氏[31]は、元翁本元について、生涯の相当の部分を夢窓に類似した経歴を辿った。つまり行動を共にしたと考えられ、並々ならぬ因縁を結んだというべきであると指摘している。正中二年に南禅寺に赴任するために夢窓疎石が上洛した際にも、夢窓は美濃の虎渓に立ち寄り、ここに滞留していた元翁本元を伴ったという。このような関係があったため、臨川寺の住持として夢窓疎石に白羽の矢が立ったのである。後醍醐天皇は政務を開始して間もなく臨川寺の住持に夢窓疎石を招く手を打っており、建武政権では他の大寺院と同様に臨川寺が重視されていることがわかる。また夢窓疎石を臨川寺住持に任命したのと同日に、世良親王遺領のうち和泉国塩穴庄・伊勢国富津御厨・常陸国佐都庄・同東岡田郷・同西岡田郷・加賀国富永御厨の六ヶ所を臨川寺領として夢窓疎石に管領を命じた〈二〇〉。世良親王遺領の一部を臨川寺領に充てていることから、鎌倉末期の後醍醐親政期と同様、世良親王遺領を基盤にして臨川寺を盛り立てようとしていることがわかる。ここから、建武新政開始当初も、臨川寺は世良親王の菩提寺としての性格が第一義であったと言える。

このように世良親王遺領を基盤として臨川寺領が構成されたが、その後所領に変化がみられる。元弘三年一〇月七日に北畠親房から以前綸旨で賜わった芹河殿敷地が臨川寺の近辺であるので臨川寺に寄付するという申し入れがあった〈二二〉。大村拓生氏[32]は、鎌倉末期の状況を描いた「嵯峨亀山殿近辺屋敷指図」をもとに、芹河殿跡を含む惣門前路と朱雀大路に挟まれた空間は院の統制のもとにおかれていた宿所空間で、院近臣・女房・近臣僧などで構成された空間であったと述べている。北畠親房も芹河殿跡を宿所として後醍醐天皇から賜わっていたのであろう。この場所を臨川寺に差し出した。同月二八日には臨川寺周辺地である大井村を臨川寺に付け知行を命ずる綸旨が出された〈二三〉。このように、嵯峨の地を臨川寺に集積させていったのである。本章の冒頭で、嵯峨が院政王権都市から寺院境内都市へ脱皮したという山田邦和氏[33]の論を紹介したが、建武新政が始まった年には、既にその萌芽がみられる。

また臨川寺の北隣には二階堂道蘊が居住していた〈二六〉。玉村氏[34]によると、二階堂道蘊は鎌倉の本拠地に南芳庵・瑞泉院を建て夢窓疎石に提供し、二階堂氏が所領を持つ甲斐国牧庄にも夢窓疎石を開山として恵林寺を建立しており、夢窓疎石が官寺に出住しているとき以外は二階堂道蘊の私的な保護を頼っていたという。二階堂道蘊は夢窓疎石の有力檀越であったのである。そして臨川寺の近くには後醍醐天皇が所持する離宮の亀山殿もある。このように臨川寺の周りには、臨川寺住持の夢窓疎石の有力な檀越が取り巻いており、大堰川北岸は臨川寺を中核とした場所になった。建武新政期に嵯峨は寺院を中心とした都市に変貌する方向づけができたのである。

建武元年（一三三四）一二月二八日に、二階堂道蘊は子息の兼藤とともに六条河原で死刑に処せられた[35]。その詳細は不明であるが、『太平記』には「陰謀の企有り[36]」として処刑されたと書かれている。そして翌年正月二五日に臨川寺の北にあった道蘊の屋地と甲斐国牧庄にあった道蘊の所領を臨川寺に付している〈二六・二七〉。ただし甲斐国牧庄は、夢窓が臨川寺住持に任命されたときに臨川寺領とされた荘園のうち常陸国佐都庄・同西岡田・同東岡田の替地として付されたのである。このとき、臨川寺領から外された佐都庄以下の荘園は、暦応四年（一三四一）九月二三日に光厳上皇の院宣により室町准后に安堵されている〈五一〉。室町准后は世良親王遺領を引き継いだ懽子内親王である[37]。つまり、再び懽子内親王のもとへ戻されたのである。臨川寺領とされた他の荘園についても、和泉国塩穴庄は建武三年九月一八日に[38]、伊勢国富津御厨は佐都庄の安堵と同時に懽子内親王に安堵されている〈五一〉。これらの懽子内親王が光厳上皇からうけた安堵について、金井氏[39]は「北朝の安堵によって、後醍醐天皇が建武政権成立前後に臨川寺に与えていた安堵は無効になった」と評している。この評価は妥当であろうか。

もう一つの世良親王遺領から臨川寺領に移った荘園である加賀国富永御厨については、当初保持していた富永御厨本家分・領家分に加え、富永御厨に隣接する大野庄領家分を併合し、大野庄として臨川寺に伝領された[40]。先程、甲斐国牧庄は常陸国佐都庄等の替地として臨川寺に付されたことを確認したが、大野庄領家分が臨川寺に付けられた際に、和泉国塩穴庄と伊勢国富津御厨の替地という条件が付けられた可能性も考えられる。そして臨川寺領から外れた塩穴庄・富津御厨が懽子内親王のもとへ返された可能性もあるのではないであろうか。替地の付与については、後醍醐天皇の外護をうけた大徳寺の場合にもみられ、下総国葛西御厨の替地として播磨国浦上庄地頭職を付されている[41]。この替地の措置は、大徳寺側からの申請であったことが綸旨に記されている[42]。臨川寺の場合も寺側の希望であろう。荘園を管理する立場としては、荘園が諸国に点在するよりも一ヶ所に一円領としてまとまっているほうが管理しやすい。そのため、大野庄に所領を集中させていったのであろう。のちに、甲斐国牧庄も大野庄地頭職との交換を受けている〈三二〉ことからも、臨川寺側が一円領化を希望していたことが窺い知れる。

この結果、世良親王遺領のうち、建武新政期において臨川寺が保持していたのは、大野庄に含み込まれた富永御厨のみとなり、臨川寺領の中に占める世良親王遺領の割合は非常に低くなったのである。そして、臨川寺領から外された荘園を懽子内親王が引き継ぎ、光厳上皇から安堵を受けたと考えられる。

また、建武二年一〇月一一日には臨川寺に宛てた後醍醐天皇の宸翰置文〈一八〉が出されている。この置文には、臨川寺が世良親王の遺跡を寺院にし、寺領を寄付して国家安泰の祈念と世良親王の追福の回向を施してきたと経過を述べたうえで、臨川寺の開山を夢窓疎石とし、臨川寺を夢窓の門葉相続の寺院とすることが書かれている。これにより、臨川寺は単に世良親王の菩提寺という位置づけだけでなく、夢窓疎石の門派を育成する寺院という意味合いが加味された。そのため、開山も夢窓疎石に変更し、その位置付けの変化を明確化したのである。

四　北朝による臨川寺への対応

建武政権の崩壊後、持明院統の光明天皇が即位し、光厳上皇が院政を開始した。朝廷の実権は再び持明院統に移った。この時期の臨川寺への対応を次にみていきたい。

建武三年九月一一日に、建武政権下で臨川寺に付けられた大井郷を安堵した〈三二・三三〉後、同月二七日に大井郷内の檀林寺領分と則重開発田畠等の領知を臨川寺に命じる光厳上皇院宣〈三七〉が出された。それに続き、同年一〇月二九日にも、大井郷内闕所遮那院幷屋地を臨川寺の管領とする院宣〈三八〉が出された。このように北朝になってからも臨川寺周辺地を臨川寺に安堵し、臨川寺周辺地に闕所があった場合も臨川寺領としており、北朝も建武政権と同様、大堰川北岸の地を臨川寺に集約させる方針を採っているのである。このことについて、大村拓生氏(43)も臨川寺は北朝からも保護され、嵯峨内での領主権を拡大していったと評している。では、鎌倉末期の持明院統政権のときには臨川寺に対して保護を加えていなかったが、同じ持明院統政権である北朝で臨川寺の保護政策をとったのはなぜであろうか。

建武三年九月二七日に臨川寺を諸山の随一に列すという光厳上皇院宣〈三六〉が下された。その院宣の追申に、去年一〇月の後醍醐天皇宸翰置文をうけて臨川寺を夢窓疎石の門葉相承の寺院とすることを規定している。後醍醐天皇宸翰置文では、臨川寺の役割として世良親王の追福も併せて書かれていたが、光厳上皇院宣では、その点については一切触れていない。ここでは、世良親王の菩提寺という位置づけが払拭され、夢窓疎石の門葉相承の寺院ということが全面に押し出されている。北朝は、臨川寺を夢窓の門葉相承寺院と位置づけたのである。

　この時期、特定の僧の門葉相承とされた寺院に大徳寺がある。大徳寺は、建武新政が始まった年である元弘三年八月二四日に、宗峰妙超の門流相続の寺院とすべしという後醍醐天皇宸翰置文が出されている(44)。また後醍醐天皇は大徳寺の寺領の拡大をしたり、一円不輸とするよう要求した宗峰の請いをそのまま容れたりするなど、その経済的基盤の確立を図ったと評されている(45)。このように後醍醐天皇は大徳寺の保護に力を入れた。大徳寺に対しての保護は北朝も行っており、持明院統の花園上皇によって建武四年八月二六日に改めて宗峰妙超の門流相続とする旨を書いた宸翰置文が出されている(46)。このように大徳寺も、臨川寺と同様、建武政権下で打ち出された特定の僧の門流相続を北朝から認められ、保護を受けている。ここから、建武政権・北朝を通じて有力僧の門流相承寺院を擁護しようとする姿勢が窺える。玉村氏(47)は、鎌倉幕府の武家は大陸に習い禅寺は十方住持制度を採用すべきという信条を持っていたが、公家は自らの帰依する特定の僧の一流に相続させようという一流相承主義が強固に残存していて、十方住持制度の純粋性が崩れたと評している。しかし、大徳寺や臨川寺を一流相承としたのは公家の従来の思想を禅宗にも適用させた復古的な制度と捉えるのは適当であろうか。大徳寺に与えた後醍醐天皇宸翰置文には、一流相承とする理由について「不㆑是㆓偏狭之情㆒、為㆑重㆓法流㆒」と、私情による贔屓ではなく仏法の流派を重視するためであると書かれている。また花園上皇宸翰置文では「宗派別㆓涇渭㆒之故也」とあり、質の良い宗派と悪い宗派を分けるためとしている。

　鎌倉時代に北条得宗によって禅僧が招聘され、公家社会においても禅宗への関心が高まった。そして禅寺が次々に開創された。それにつれて禅僧も増していったことは、鎌倉後期に日本人僧が頻繁に大陸に渡るようになった(48)ことからも窺える。禅宗は相承の系統を重んじる仏教であるが、禅宗が日本の中で定着してゆくなかで、日本の既存の宗教や文化と結びついて展開していった。そして鎌倉時代より室町時代に移行する時期には多くの宗派が生じた。そのなかには、質が劣ると捉えられるような宗派もあったのであろう。そのため政権によって宗派を厳選する必要性を感じたのである。そこで、一流相承を宸翰置文や院宣・綸旨で認めることによって、その門流に政権からお墨付きを与えた。そして政権が優れた宗派と認定した宗派は、それ以外の雑多な宗派を駆逐すべく他の宗派より繁栄させる必要があるため、政権が積極的に保護をしたのである。この時期は、十方住持制度を基本とする五山官寺のなかに、東福寺・大徳寺など一流相承の寺院が列せられていたが、これも一流相承の寺院を官寺にすることで、その門流にお墨付きを与える効果があったと考えられる。この流れのなかで、臨川寺も諸山の第一に列せられ〈三六〉、夢窓疎石の一流相承の寺院として保護を受けることになったのである。

五　臨川寺三会院の造立

最後に、夢窓疎石の一流相承となってからの臨川寺を概観しておこう。

本章第三節で述べたように、建武新政末期に後醍醐天皇置文が出されたが、それをうけて夢窓疎石は臨川寺の中に開山塔である三会院を造立した。この間の事情については玉村氏の著書(49)で詳細に記されており、それによると、自己の塔所を予め営んで、生身の人格と塔との連想を深め、寂後、塔そのものが自己の門徒の精神的拠所となるように仕向けたという。そして夢窓疎石は、暦応二年（一三三九）五月に、修禅第一の道場とすることや、住持の選任方法などを規定した『臨川家訓』と、三会院の塔主の任務や日々の仏事・忌日の勤行などを規定した『三会院遺誡』を制定した。このように夢窓疎石は臨川寺を自身の教団の本拠とすべく、その経営策を打ち出した。その中で、開山塔である三会院を中心とする体制が確立されたのである。

幕府開創後、すぐに足利尊氏が夢窓疎石に帰依したこともあり、三会院は所領の寄進を多く受けている。暦応三年四月一七日に河内国橘嶋庄を細川和氏から寄進されている〈四五〉のが、その初例である。暦応四年一二月一八日には、出家後「尊融」と名乗っていた懽子内親王が、世良親王遺領であった近江国粟津橋本御厨・美濃国高田勅旨田・備後国垣田庄を寄進した〈五五〉。世良親王遺領は光厳上皇妃となっていた宣政門院懽子内親王の元に集約されていたが、懽子内親王はこの荘園群を持明院統に連なる皇族に伝えるのは本意ではなかったためであろうか、自身や世良親王の関係する寺院に分配して寄付してしまう。臨川寺三会院のほか、元々の臨川寺の開山であった元翁本元ゆかりの寺である美濃国の虎渓寺にも世良親王遺領の一部を寄進している。(50) 後醍醐天皇は延元四年（暦応二［一三三九］）八月一六日に崩御したが、懽子内親王は世良親王遺領の管領を任されたときの後醍醐天皇の書状・綸旨を後醍醐天皇の遺言と受け取り、その内容を尊重したのであろう。その後も文和三年（一三五四）に阿波国富吉庄の一部も臨川寺に寄進しており〈一三七〉、南北朝期の懽子内親王からの寄進によって、臨川寺領のなかに世良親王遺領が多く伝わることになったのである。

幕府関係者からの寄進も相次いだ。貞和五年（一三四九）には足利直義室である本光院から但馬国太田庄内坂本村を〈八七〉、観応二年（一三五一）には、直義から子息如意王の追善料として太田庄内秦守村の寄付を受けている〈九四〉。夢窓疎石は観応二年八月一六日に天龍寺において後醍醐天皇忌の仏事を修した後、天龍寺を退院して臨川寺三会院に隠居した。そして同年九月三〇日に示寂した。その直後に、夢窓の恩徳に報いようと、大高重成が尾張国御器所保を〈一〇三〉、諏訪円忠が近江国赤野井村・三宅一二里を三会院に寄進した〈一〇五〉。翌年も、渋川直頼が遠江国吉美庄内山郷を〈一一〇〉、細川和氏女子が三河国額田郡沙汰人余三太郎跡を寄進する〈一一三〉など、臨川寺三会院の所領は増大した。そして、これらの所領の文書は「三会院重書案」としてまとめられ、大切に保管されたのである。(51)

おわりに

臨川寺は、大覚寺統の皇族である世良親王の遺言に則り、世良親王遺領を基盤として整備が進められたため、鎌倉末期の持明院統政権のときは大覚寺統に属する寺院とみなされ、苦境に立たされた。後醍醐天皇による建武新政が始まると再び世良親王の菩提寺として寺領も付けられ保護された。建武二年一〇月一一日付「後醍醐天皇置文」により、臨川寺の開山を夢窓疎石とし、臨川寺はその一流相承寺院という性格が加わった。折しも、禅宗の宗派が乱立していたため、北朝では、夢窓疎石の門葉相承の寺院として臨川寺の保護を加えた。同じ持明院統政権でも、鎌倉末期と南北朝期では、臨川寺に対する対応が全く異なっているが、それは臨川寺の位置づけが世良親王の菩提寺から夢窓疎石の門葉相承の寺院に変わったためである。そして夢窓疎石も一流相承の綸旨をうけて、臨川寺の経営に力を注いだのである。以上のことから、建武政権下での臨川寺の性格の転換が、その後の臨川寺の繁栄に繋がったと言える。そして、臨川寺は先学が指摘しているように寺院を中核とした都市嵯峨の発展を牽引していったのである。

(1) 原田正俊「中世の嵯峨と天龍寺」(『講座蓮如』四、平凡社、一九九七年)。
(2) 山田邦和A「院政王権都市嵯峨の成立と展開」(『中世の都市と寺院』高志書院、二〇〇五年)、B「中世都市嵯峨の変遷」(『平安京—京都　都市図と都市構造』京都大学学術出版会、二〇〇七年)。
(3) 金井静香『中世公家領の研究』(思文閣出版、一九九九年)に所収。
(4) 『増鏡』「春の別れ」嘉暦二年(一三二七)正月一六日の節会参列の場面。
(5) 『増鏡』「むら時雨」元徳二年(一三三〇)九月一七日。
(6) 「道平公記」嘉暦三年(一三二八)一〇月九日条(小川剛生「『後光明照院関白記(道平公記)』解題・翻刻・人名索引」『国文学研究資料館文献資料部調査研究報告』二二、二〇〇一年に翻刻あり)。
(7) 森茂暁『皇子たちの南北朝』(中央公論社、一九八八年)、二四頁。
(8) 金井氏註(3)前掲書、一九五頁。
(9) 森氏註(7)前掲書、二七頁。
(10) 桜井景雄『南禅寺史』上(法蔵館、一九七七年)、八九頁。

(11) 金井氏註(3)前掲書、一九三頁。
(12) 同右書、一九六頁。
(13) 『系図纂要』第一、三八五頁。
(14) 『大日本史料』六編―一、三四二頁。
(15) 『南北朝遺文』中国四国編　第一巻、四八七号文書。
(16) 金井氏註(3)前掲書、一九九頁。
(17) 註(13)に同じ。
(18) 『国史大辞典』の「比丘尼御所」の項にある「比丘尼御所一覧」を参照。
(19) 「女院小伝」(『群書類従』第五輯)。
(20) 『鎌倉遺文』第三五巻、二七四六四号文書。
(21) 同右書、二七四六一号文書。
(22) 本郷和人氏は、坊城定資について、伏見上皇の伝奏をし、大覚寺統の後宇多院政が開始されてからも後伏見上皇の側近くで、たとえば執権として活動していたと述べている(本郷和人『中世朝廷訴訟の研究』東京大学出版会、一九九五年、二六〇頁)。また白根靖大氏も、坊城定資が後深草院院宣や伏見天皇綸旨の奉者を務めていたことから持明院派とする。(白根靖大『中世の王朝社会と院政』吉川弘文館、二〇〇〇年、三八頁)。
(23) この臨川寺領一〇ヶ所が具体的にどの荘園をさすのかは不明であるが、元徳二年一〇月二五日の綸旨〈一四〉で管領を命じられた荘園を中心としたものであったであろう。
(24) 『系図纂要』第一、三八五頁では、元弘元年八月一三日に懽子内親王の斎宮を止むとあるが、『増鏡』「むら時雨」では、元弘元年八月二〇日に懽子内親王が河原禊をして野宮に入ったこと、同八月二四日の後醍醐天皇京出奔の際に中宮禧子が野宮にいる懽子内親王のもとに身を寄せたことが記されているので、懽子内親王の斎宮退下は後醍醐天皇の京出奔より後であろう。
(25) 『花園天皇宸記』元弘二年四月一〇日条。
(26) 春宮の康仁親王(後二条天皇の孫、邦良親王の子)が大和国波多庄を、式部卿宮邦世親王(後二条天皇の孫、邦良親王の子）が備後国垣田庄を押妨していると訴えている。

(27) 元翁本元の没年は、桜井氏註(10)前掲書、九〇頁と、玉村竹二『五山禅僧伝記集成（新装版）』（思文閣出版、二〇〇三年。初版は一九八三年）の「元翁本元」の項による。ただし、桜井氏は元弘の変後、元翁本元は南禅寺を辞し美濃虎渓に山居し示寂とするが、玉村氏は南禅寺住持現任のまま示寂とし、元翁本元が没したときの状況について見解の相違がある。

(28) 元弘三年六月七日に大徳寺領の安堵が宗峰妙超に出されている（『鎌倉遺文』第四一巻、三二二四一号文書）。同日に後伏見上皇や花園上皇が管領する長講堂領や室町院領半分等を安堵しており（同書、三二二四三・三二二四四号文書）、建武政権が安堵を開始したのはこの日からと考えられる。

(29) この文書には宛所が書かれていないが、案文が現在天龍寺に残っていることと、書状案の端書にこの書状の正文は夢窓疎石が開山となった甲州恵林寺にあると書かれていることから、夢窓に宛てた上洛の催促であったと考えられる。

(30) 玉村竹二『夢窓国師――中世禅林主流の系譜――』（平楽寺書店、一九五八年）、五二頁。

(31) 夢窓疎石と元翁本元の関係については、玉村氏註(27)前掲書の「元翁本元」の項に詳細に記されている。

(32) 大村拓生「嵯峨と大堰川交通」（『中世京都首都論』吉川弘文館、二〇〇六年。初出は二〇〇四年）。芹川殿跡の位置は「嵯峨亀山殿近辺屋敷指図」で確認できる。

(33) 山田氏註(2)前掲Ａ論文。

(34) 玉村氏註(30)前掲書、五三頁。

(35) 『大日本史料』六編―二、一〇三頁。

(36) 『太平記』第一一「金剛山寄手等被ㇾ誅、附佐介貞俊事」。

(37) 懽子内親王は光厳上皇の妃になった後、建武二年（一三三五）二月二日に院号宣下があり宣政門院となる。暦応三年（一三四〇）五月二九日に仁和寺河窪殿で出家した。暦応四年九月二三日の「光厳上皇院宣案」〈五一〉や「世良親王遺領内安堵所々注文」〈五二〉で世良親王の遺領を室町准后が引き継いでいることから、室町准后は懽子内親王である。また出家の場所にちなんで「河窪殿」〈一四七〉とも称されている。そして暦応四年九月二三日の院宣で安堵された荘園の一部を同年一二月一八日に尊融が臨川寺三会院に寄進していること〈五五〉、文和三年（一三五四）正月一三日の「尊融・尊顗連署寄進状案」〈一二七〉を指して、「河窪殿御寄進状案文」と呼んでいること〈一四七〉から、尊融というのが懽子内親王の出家後の名前であることがわかる。
(38)註(15)に同じ。
(39)金井氏註(3)前掲書、一九九頁。
(40)加賀国富永御厨と大野庄の関係については、『講座日本荘園史六　北陸地方の荘園・近畿地方の荘園Ⅰ』(吉川弘文館、一九九三年)、六一頁を参照。富永御厨と大野庄の領有関係の変遷については、本研究編の地主論文を参照。
(41)元弘三年一二月一日付「後醍醐天皇綸旨」(『南北朝遺文』関東編　第一巻、一号文書)。
(42)註(41)前掲文書に「任レ被二申請一」とあり。替地を大徳寺住持宗峰妙超が申請した事情については、竹貫元勝『日本禅宗史研究』(雄山閣出版、一九九三年)、六五頁で述べられている。
(43)大村氏註(32)前掲論文。
(44)『鎌倉遺文』四一巻、三二四九六号文書。
(45)竹貫氏註(42)前掲書、六六頁。
(46)『大日本史料』六編—四、三六四頁。
(47)玉村竹二「五山叢林の十方住持制度に就て」(『日本禅宗史論集』上、思文閣出版、一九七六年。初出は一九四二年)。
(48)村井章介「日元交通と禅律文化」(『南北朝の動乱』吉川弘文館、二〇〇三年)。
(49)玉村氏註(30)前掲書、二五九頁。
(50)暦応二年三月二八日付「尊融書状」(『岐阜県史』史料編　古代・中世一)。
(51)「三会院重書案」の構成や性格については、本研究編の原田論文を参照。

天龍寺塔頭寿寧院の文書と所領

楞野一裕

はじめに

天龍寺では塔頭の乱立を嫌ったとされる開山夢窓疎石の意向により、創建当初は雲居庵と檀那塔多宝院、金剛院の三塔以外の塔頭の造立が禁じられていたといわれているが、(1)二世住持無極志玄の塔所慈済院や春屋妙葩の塔所持地院などを始めとする夢窓派禅僧の寺庵が境内・境外に多数創建されるようになり、豊臣政権期にはその数は三〇以上に及んでいる（「常住幷諸塔頭目録」本書文書編第七九一号文書、以下番号のみ）。これら諸寺庵は当初は寺制上天龍寺の塔頭としては位置づけられていなかったが、事実上は塔頭であり、やがて幕府からも天龍寺の塔頭として認識されるようになる。(2)

創建以来、天龍寺は数度に及ぶ火災に見舞われ、応仁の乱や幕末維新期の兵火を受けたことはよく知られているが、その影響もあってか、寺蔵の文書は決して多いとはいえない。とりわけ正文として伝来している文書は、元々は臨川寺や宝篋院などの塔頭に伝来したものが多く含まれている。これら塔頭文書が天龍寺本坊の所蔵文書として保管されるようになった経緯については明らかではないが、恐らく江戸期以降に寺内で整理が行われ、本坊の所蔵文書として現在に至ったものであろう。

かつては境内外に多数林立していた塔頭であるが、廃絶や合併などでその数は減少し、所蔵文書も多くは散逸していったものと考えられ、現在、尊経閣文庫や東京大学文学部、国文学研究資料館などにその一部が収蔵されている。本書文書編には天龍寺に現蔵の中世文書に加えて付録として関連諸塔頭文書を収録しているが、このうち、尼崎市教育委員会が所蔵する「天龍寺関係文書」のうちに龍湫周澤が天龍寺に設けた塔頭寿寧院の所領に関わる文書を収録しているので、[3] ここでは同文書の概要を紹介し、あわせて若干の考察を加えることとしたい。

一　尼崎市教育委員会所蔵の天龍寺関係文書

本書文書編付録の関連諸塔頭文書に収録している「某院所領目録」〈某院文書一〉は、尼崎市教育委員会が平成八年（一九九六）に「天龍寺関係文書」として取得した文書のうちの一部である。まず「天龍寺関係文書」の概要を示すと次のとおりである。

①「三会院重書案」　折本装　一帖　縦二九・四×横一七・一センチメートル

②「天龍寺重書目録」甲・乙　折本装　二帖　縦二七・三×横一四・九センチメートル

③「某院所領目録」　折本装　一帖　縦三〇・八×横一三・〇センチメートル

①、②は一括して、③は単独でそれぞれ木箱に収納されており、各木箱には蓋の裏に「三井家」ほかの朱印が複数押されている。これら朱印は国文学研究資料館所蔵の「山城国葛野郡天龍寺塔頭臨川寺文書」など、三井文庫からの譲渡文書に押されている蔵書印と一致し、新町三井家の収集史料であることが知られる。[4] 新町三井家は三井家の家祖高利の三男高治に始まり、三井六本家の一家として存続した家で、三井が富商から脱して多角的な経営を展開し財閥を形成していった明治・大正・昭和期には、同家八代高辰（一八四四～一九二二）、九代高堅（一八六七～一九四五）、一〇

代高遂（一八九六～一九八六）が、惣領家北家の当主高棟のもと実業界にその足跡を残しているほか、文化面でも多彩な活動をしている。(5) 木箱は同家で新調されたものであろう。

①は、永徳二年（一三八二）三月晦日付で春屋妙葩、龍湫周澤等が連署している臨川寺三会院重書案で、冒頭に紙背紙継に花押を据えている諏訪康朝等幕府奉行人三名の氏名が書かれ、続いて足利義満、義持、義教、義政、義稙の花押が据えられている。次に、同年七月一一日付で三会院領の寄進状等の正文を寺庫に納め、校正案文をもって正文に准ずべしとした、斯波義将署判の室町幕府御教書〈一七三〉の正文があり、その後に所領別の重書が書き続けられている。全紙にわたって墨書界線が四本引かれており、冒頭の余白部分に「三井家蔵」の朱印が押されている。

②は、文安四年（一四四七）七月五日の火災で紛失した文書にかわって正文とするよう定められた天龍寺重書目録の写本で、全紙にわたって天地に墨書界線が引かれており、①と同じく「三井家蔵」の朱印が押されている。正文は天龍寺に現蔵されており、表紙に「臨川寺所蔵」という墨書があることから臨川寺で保管されていた写本であったとみられる。

③には全紙にわたり縦に六本、横に三本の界線が箆で入れられており、末尾の署名部分を除いて一折五行書きとなっている。冒頭部分は失われているが、所領単位ごとに田畠屋敷等の面積・所在地・年貢等が列記され、比較的大規模な所領では散田引付や下行・所出の明細も記載されている。文末には応永二七年（一四二〇）三月二〇日付で在中中淹ほか一三名が連署している。この署名箇所に続いて、紙数・裏判数の記載があり、その後に文安元年（一四四四）の三筆分の追記分が付されている。紙背の紙継目ごとに塔主の玉庭阿珣の花押と朱印があり、本文に掲載したように、末尾近くの「伝宗西堂屋地」の紙背に該当する箇所には関連する指図が貼り付けられている。

ところで、末尾近くにある紙数・裏判数の記載部分には「帋総計三十一丁　裡判三十箇」とあるが、文末の追記分を除いた現状の紙数は三六紙、裏判は二九個であり、文書に記載された数とは異なっている。文書の記載に間違いな

図１　「某院所領目録」の紙継と裏花押
※裏花押がない紙継の箇所だけを表示、上端のアラビア数字は折数

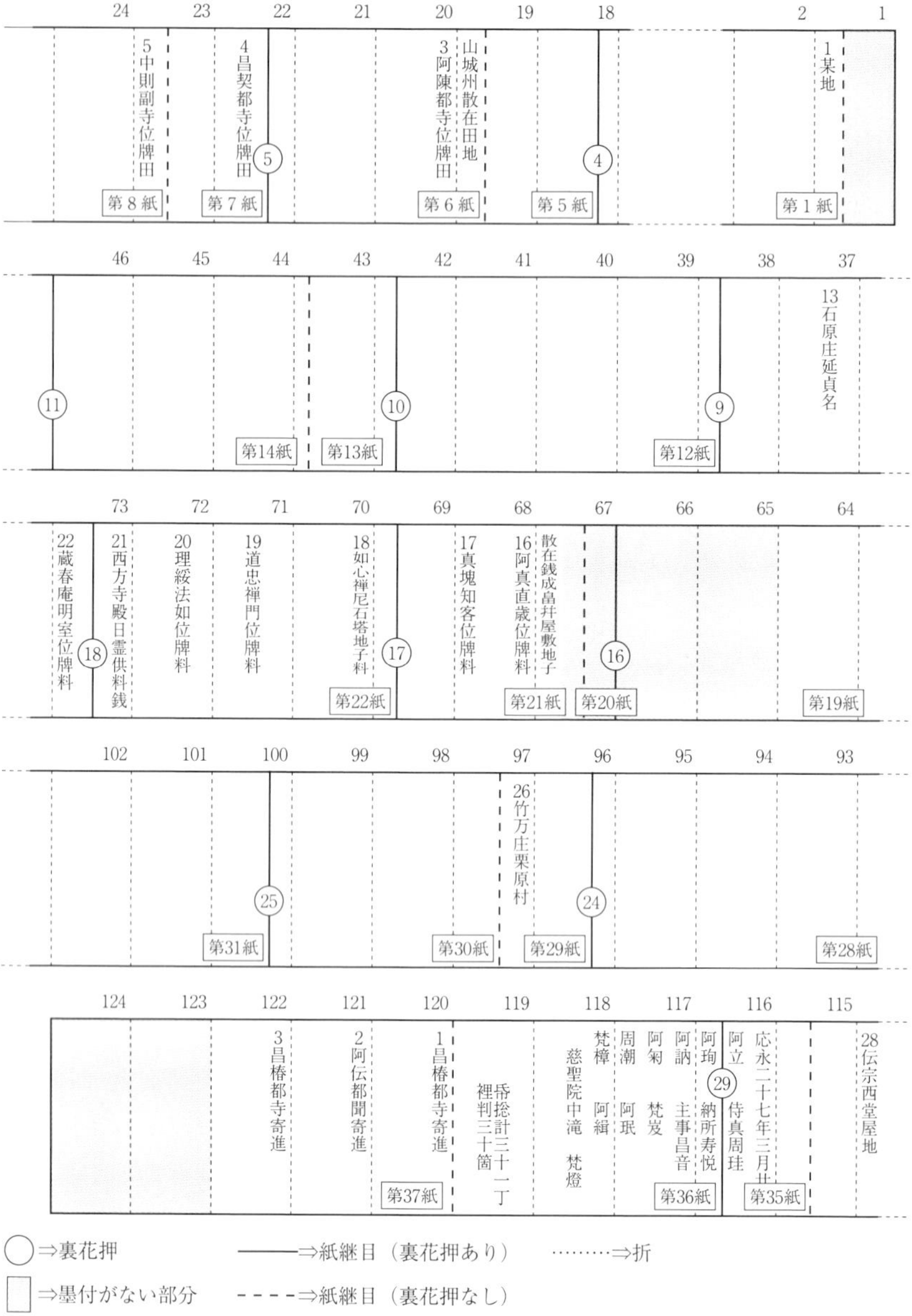

いとすれば、裏判が一つ少ないことから、現在失われている冒頭部分にもう一紙あったと理解するのが妥当であろう。なお、紙数が多くなっていることから、他の文書が混入していることも考えられるが、表装が改められている形跡があり[6]、その際の作業の都合で裁断され、新たに貼り継がれたとも考えられる。

ちなみに紙背の紙継目に花押・朱印を欠いているのは、図1に示しているように、第五・六紙、第七・八紙、第一三・一四紙、第二〇・二一紙、第二九・三〇紙、第三四・三五紙の紙継目の計六ヶ所である。このうち、第一四紙と第二九・三〇紙の紙継部分は連続した内容の部分である[7]。第三四・三五紙の紙継部分は「伝宗西堂屋地」と年月日・署名直前の余白であり、これら三ヶ所は紙継目前後の二紙を貼り合わせるとほぼほかの部分の一紙の幅と一致することから、表装時の都合で裁断された部分と考えることができよう。第二〇・二一紙については「散在銭成畠幷屋敷地子」の直前部分で、墨付がない箇所が続いていることから「余白」とみなされ切除されたのではないだろうか。残る第五・六紙と第七・八紙は、本文では「山城州散在田地」で始まる「阿陳都寺位牌田」一筆と「昌契都寺位牌田」一筆がこれに相当する。この部分は明らかに紙質が異なるため、前述のような表装時の処理である可能性は考えにくい。今のところこの二ヶ所の紙背の紙継目に花押・朱印がない理由は見出せていないが、前後の部分の筆跡は一致しており、中間の第六・七紙の紙背の紙継目に他の部分と同じ花押・朱印があることから、別の文書の混入とは考えられない。錯簡の可能性が考えられるが、内容的にはこの部分にあって特に問題はないと考えられる[8]。

これらの文書が新町三井家の所蔵となったのは、それぞれの木箱に添付されている封書・葉書などから、①、②が昭和七年（一九三二）一二月、③が翌八年（一九三三）二月であったことが知られるが、それ以前の伝来は明らかではない。①は臨川寺塔頭三会院の重書案の正本であり、また、②は題簽に「臨川寺蔵」とあることから、ともに元来は臨川寺で保管されていたものであろう[9]。

二 「某院所領目録」と寿寧院

正文・写本の違いがあるとはいえ、①、②が内容的には既に知られている文書であるのに対して、③はこれまで知られていなかった禅院文書として注目されるが、冒頭を欠いていることもあって、肝心の禅院名が文書中にみられない。そこで、新町三井家が本文書を入手した際の情報どおり「天龍寺文書」として理解できるのかどうかを、記載されている内容から確認していくことにしたい。

本文書には文末の後筆部分の三ヶ所を含めて合計三一ヶ所の所領が列記されているが、このうち、禅院名を考えるうえで手掛かりとなるのが摂津国川辺郡に所在した楊津庄重久名散在田地である。[10]本文書に所載の他の所領とは異なり、当地については記載内容が詳細で、冒頭には元顕密僧で後に禅宗に帰依した中克庵主が寄進したという由緒とともに、貞治五年（一三六六）八月一六日の寄進状以下、足利義詮・義満・義持の安堵御教書などの重書名一覧が付されている。寄進状以外の権利文書のうち年月日が記載されているのは、足利義詮・義満・義持の安堵御教書など五通である。

ところで、楊津庄は康暦二年（一三八〇）段階の南禅寺塔頭慈聖院領の重書目録のうちにもみえ、[11]勅裁三通、代々相承次第六通と寄進状、足利義詮御判御教書以下の文書名が列記されているが、このうち、寄進状と足利義詮御判御教書の年月日は前述の寄進状と義詮の安堵御教書の年月日と一致する。また、永和三年（一三七七）八月二三日の足利義満の安堵御教書も、慈聖院領重書目録にある同年の御判御教書を指すものとみられる。[12]このため、本文書は南禅寺慈聖院の所領目録と考えることができるが、同重書目録では寿寧院敷地に続いて楊津庄など二ヶ所、慈聖院敷地、筑前国植木庄など五ヶ所の順でそれぞれの重書名が記載されていることに留意する必要がある。慈聖院、寿寧院はともに夢窓疎石の弟子龍湫周澤が設けた塔頭であるが、その存命中は慈聖院が塔頭の中心であり、寿寧院に関わる権利文書は一括して慈聖院の管轄下にあったとする指摘を踏まえると、[13]慈聖院領重書目録で寿寧院敷地に続いて記載されている楊津庄など二ヶ所は寿寧院領であったと理解すべきであろう。ちなみに、本文書の文末に花押を据えている僧侶一四名のうち在中中淹ほか九名は龍湫周澤の弟子である。[14]

また、重書名一覧のうちの応永二〇年（一四一三）一二月一五日の「大檀那征夷大将軍捴安堵御判御教書」は東京大学文学部が所蔵する「寿寧院文書」のうちに現存している〈寿寧院文書二〉。「寿寧院文書」にはこのほかに四通の中世文書があり、そのうち長禄二年（一四五八）四月二一日付の足利義政御判御教書〈寿寧院文書四〉は「楊津庄内重久名幷万町堤内諸散在等半済分」を寿寧院に返付するよう命じたもので、本文書にみえる地名記載と一致する。

楊津庄重久名の箇所では年貢運上に関する記載があり、それによれば、積み荷一石当たりの輸送経費として尼崎から淀までの運賃が六升、川関一ヶ所分が五合、淀から嵯峨までの運賃が五升、船中の欠米が四升七合と定められている。楊津庄からの年貢運上に際し、神崎川から淀川・桂川に至る水運が利用されており、その具体的な経費を知ることができる興味深い内容であるが、ここでは到着地が嵯峨となっていることに注目したい。

さらに、楊津庄重久名の二ヶ所前に記載されている蔵春庵明宝大姉位牌料の近江国田根庄内瓜生一色地頭職[15]の年貢運上経費についても、現地から京までと、京から嵯峨までという記載になっており、こちらも到着地は嵯峨であった。

以上の諸点を踏まえると、本文書は嵯峨に所在する禅院の所領目録であり、その禅院とは天龍寺の塔頭寿寧院であると考えることができる。

三　寿寧院とその所領

前節で検討したように、「某院所領目録」は応永二七年（一四二〇）段階の天龍寺塔頭寿寧院領の所領目録であると考えられ、室町幕府の支配体制が最も安定していた時期における五山派寺院の塔頭所領の概要を示す好資料といえる。

表1 「某院所領目録」所載の所領

No.	所領名	所在地		区分	面積 町	面積 段	面積 代	面積 歩	米 石・斗升合勺才	銭 貫	銭 文	備考
1	(某地)加地子分米	山城カ		田	一	二			一〇・二九〇〇〇 〇・六一八二〇		五〇〇	藁一八円
2	西野殿	山城カ		田	三				二四・七二四四〇		四〇〇	藁七二円半、糠二九俵
3	阿陳都寺位牌田	山城	四条縄手安養寺内 仁和寺観音院領内木島・太秦東影行名内	田 田		一 二			〇・九四八〇〇 一・五二九〇〇			
4	昌契都寺位牌田	山城	高田大藤名内	田		一		一八〇	一・五一五〇〇			
5	中則副寺位牌田	山城	四条縄手安養寺内 高田	田		一		一八〇 一八〇	一・二〇六〇〇			
6	如相禅尼位牌田	山城	寺戸小深田	田		四			〇・八〇八〇〇			
7	阿誉庵主位牌田	山城	寺戸地蔵堂前	田		一			〇・六〇四〇〇			
8	仲廉庵主 理明大姉 了珍大姉 位牌田 理通大姉	山城	小栗子	田		五			五・八四六八五			
9	空妙禅尼位牌田	山城	上野舟原	田		一			一・三三八〇〇			
10	阿善副寺位牌田	山城	上埜桂庄内 十輪寺田西七条	田 田		 一		一八〇 	〇・六六七五〇 〇・五三五〇〇			
11	梅津七段田	山城	梅津下司名内	田		七			一〇・二九三〇〇	一	五〇	藁五二円
12	理安首座位牌田	近江	矢橋	田		四						公事銭六〇〇文

13	石原庄延貞名	山城	紀伊郡	田				四一・四八四四五		六〇〇	本所西園寺家・斎藤知行分、各一町五段六〇歩 公事銭他九〇一文 永享九年売却
	新開				一	三				三五〇	
	昌宗首座寄進				二	二	三〇〇				
	昌見都寺寄進					一	二四〇				
	昌璵都寺寄進					二					
	昌璵都寺寄進					一	一二〇				
	三郎五郎沽売田地			畠		五					
14	有恒名梵弥庵主寄進	加賀	横江庄内	田				一八・〇〇〇〇〇			加地子得分
15	阿存都寺位牌田	山城	四条猪熊北頬、猪熊東他	田		二	九〇	四・二〇七五〇		三三六	
16	阿真直歳位牌料	山城	生田今里村有栖川	屋敷						五〇〇	
17	真魂知客位牌料屋地	山城	四条室町西頬四条以南	屋敷					六	一二	南北四丈二尺、東西一六丈
18	如心禅尼石塔地子料所	山城	乙訓郡西方内飛鳥里三十坪内菊末名	地子		一				七五〇	
19	道忠禅門位牌料屋地	山城	法華尻今南芳院下地	屋敷					二	二〇〇	
20	理綏・法如二大姉位牌料屋地	山城	法華尻　南芳院下地	屋敷					二	二〇〇	
21	西方寺殿日霊供料銭			銭					五		赤松豆州方
22	蔵春庵明室大姉位牌料	近江	田根庄内瓜生一色地頭職	米				一二・〇〇〇〇〇			蔵春庵年貢内
23	薬師燈油料	（山城）		銭						一〇〇	清水坂より
24	橘御園楊津庄重久名散在田地名分（公田）	摂津	楊津庄重久名	田	一〇	五		一六八・一九六五九	二二	七一五	年貢運上入目

	名分（佃）					九						
	下司名田				一							
	別相伝田					二						
	万町堤内				五	七		一二〇				
	舟免					五						
	一色田					七		一二〇				
	車力免田					五						
25	阿例都聞位牌料	摂津	橘御園内	田		九		六〇	八・六一四四三			
26	竹万庄栗原村	播磨	竹万庄栗原村	田	一四	二	二〇	一八	八九・二一五二五	一〇	八五〇	赤松越州寄進
				畠	一	二	二五		二・九一七二〇			
27	瑞岩寺安峯日霊供料米	播磨		米					五・〇〇〇〇〇			神戸庄片島年貢米
28	伝宗西堂屋地	山城	五条高倉東頬五条以南	屋敷						六	六四〇	

計　四一〇・五五八三七　六〇　二〇三

1	昌椿都寺寄進田	山城	三条坊門紙屋河田	田		二			一・九一七五〇			文安元年一〇月二九日
2	阿伝都聞寄進田	山城	下久世	田		七		一〇	四・九三三九七			
3	昌椿都寺寄進田	山城	四条坊門紙屋河田	田		二			二・四九六〇〇			

天龍寺現蔵の中世文書のうちには室町期段階の寿寧院に関するものは見出せないが、寺外には当該期の同院関係文書に関わるものが若干存在するので、それらを参照しつつ、本文書に収載されている所領の概要を確認してみよう。

本文書に収録されている所領は、表1のとおり、後筆部分の三ヶ所を含めて三一ヶ所である（以下、所領名に続けて［ ］内に表1のNo.を記載する）。所領の分布は、山城、近江、摂津、播磨と加賀で、全て畿内近国となっている。

このうち、最も多いのは山城で、合計二三ヶ所と全体の三分の二を占める。概ね五段以内の小規模な田地や屋地からなる「位牌田」「位牌料」が大半であり、なかには仲廉庵主他の位牌田［№8］のように四人連名になっているものもある。位牌田・位牌料とあることから、父母親族や自身の没後の菩提を弔うための料所として信徒から寄進された地であると考えられる。

これら位牌田・位牌料以外で比較的規模の大きい所領は石原庄延貞名［№13］である。[16]当地は昌璵都寺ほか数名からの寄進及び購入地など四町余で構成され、別に本所分として西園寺家と斉藤彦左衛門入道通金の知行分が各一町五段六〇歩あった。西園寺家の所領であったことはほかに史料がなく、経緯は不明であり、斎藤通金についても幕府奉行人の斎藤氏の一族である可能性が考えられるが、この時期の幕府奉行人のうちに同一の通称名をもつものはみられず、こちらも詳細は明らかではない。四町余のうち一段小は応永一一年に開発を開始した地であることが注記されており、寿寧院が当地を取得した後に開発が進められたものとみられる。なお、応永一八年（一四一一）三月一七日には同庄内の野里村などが足利義持から宝幢寺に安堵されているが、当地との関わりについては明確ではない。[17]

このほか、前欠部分から続く某地［№1］と「西野殿」［№2］は、「池尻」「河端」[18]などの地名が散見されることから、恐らく天龍寺膝下の嵯峨近郊にあった所領とみられる。前者は面積不明ながら、後者の「西野殿」は総田数三町とあり、ともに比較的まとまった所領といえる。

近江には二ヶ所あり、ともに理安首座［№12］と蔵春庵明室大姉［№22］の位牌田及び位牌料で、このうち後者は田根庄の年貢のうちから一二石を寿寧院に納付することが慈聖院評定の衆議で定められている。龍湫周澤が生前に定めたように、龍湫門下においては慈聖院が筆頭の位置にあり、寿寧院はその管下にあったことを物語っている。

摂津は橘御園内の楊津庄重久名散在田地［№24］と位牌料畠地［№25］の二ヶ所であるが、楊津庄は田数・年貢高ともに記載されている所領中では最大である。前述のように京都と水運でつながっている当地は寿寧院にとって重要な意味をもっていたと考えられる。これも既にふれているとおり、楊津庄は貞治五年（一三六六）に寿寧院に寄進されたもので、その後、歴代の室町将軍の安堵を得ていることから、いかに重視されていたかがうかがわれる。しかしながら、度重なる幕府からの文書発給は、逆に当地の支配を安定的に継続していくことの困難さをも示している。「寿寧院文書」（東京大学文学部所蔵）のうちの応永七年（一四〇〇）一一月二五日付の足利義満御教書〈寿寧院文書一〉は仁和寺・香隆寺の奸訴の棄捐を命じたものであり、この時期には当地の領有をめぐって何らかのトラブルが発生していたもののようである。楊津庄重久名記載箇所の冒頭にある重書名一覧には応永二〇年（一四一三）に足利義持による総安堵〈同前二〉、永享四年には足利義教の安堵〈同前三〉があるが、応永二三年（一四一六）の畠山氏去状があげられているように、畠山氏との間にも問題が発生していたとみられる。長禄二年（一四五八）四月二一日と文明一〇年（一四七八）三月一七日の足利義政御判御教書〈寿寧院文書四・五〉では、いずれも「返付」が命じられており、この段階では当知行が困難になっていたことがうかがわれる。

播磨の竹万庄栗原村と神戸庄片島は[19]、赤松氏支流春日部家の頼則から子の満則へ譲与された所領のうちに竹万庄と神戸庄がみえ、同家領であったが[20]、春日部家の祖である貞範の子顕則の菩提を弔うために寄進されたものであろう。寄進者は「越州」とあることから、顕則の子で、足利義持の近習であった持貞とみられる。赤松春日部家は寿寧院の壇越であったのであろう。

このほか、加賀では天龍寺領横江庄[21]内の加地子得分が寄進され所領となっている［№14］。

以上のように、応永二七年（一四二〇）段階の寿寧院の所領は、山城・近江など京都近郊の小規模な位牌田・位牌料と、摂津・播磨など近国に所在する荘園によって構成されていた。「某院所領目録」に記載されている年貢米を総計すると約四〇〇石で銭は約六〇貫であった。遠隔地の所領に比べて安定的な支配が可能であったことが想像されるが、文中の後筆による追記の内容をみれば、必ずしもそうではなかった面も垣間みられる。

たとえば石原庄延貞名［№13］は京都近郊では数少ないまとまった所領であったが、「永享九年沽却」と追記されており、売却理由や売却先は不明ながら、処分されてしまっている。同地では取得後に開発が進められていたように、近郊地の所領といえども、収入の確保のためには不断の努力が必要であった。竹万庄栗原村［№26］では所領目録作成時点では押領に伴う徐分とされていたものが、応永二九年（一四二二）に本復したため記載が修正されている箇所がある。これも経営努力の成果であろう。さらに、文末には文安元年（一四四四）以降に取得した地が三ヶ所追記されており、面積・収入はわずかではあるが、引き続き土地集積を進めていたことが知られる。

この後、寿寧院については戦国期の文書に散見されるのみで、[22]同院の推移そのものについても史料上、明らかにできることがほとんどない。これらの所領の大半は失われていったものと考えられ、豊臣政権期の寿寧院領所領指出〈六八四〉では嵯峨など葛野郡内の諸所と下京地子などを合わせて五〇石四升と同寮舎福源庵分二石五斗であった。

おわりに

以上、本書に所収している「某院所領目録」〈某院文書一〉を中心に室町前期段階における天龍寺塔頭寿寧院の所領について、不十分ながら考察を加えた。最後に、「某院所領目録」を含む「天龍寺関係文書」（尼崎市教育委員会所蔵）の旧蔵者である三井家による天龍寺文書の収集について触れ、稿を終えることにしたい。

第一節で述べたように、「天龍寺関係文書」は、現在、国文学研究資料館に所蔵されている「臨川寺文書」と同じく、新町三井家が収集した文書である。臨川寺に所蔵されていた文書は一八八七年（明治二〇）に天龍寺在籍僧侶による輪番制に移行した際に天龍寺に移された可能性があるとされ、同館所蔵の「臨川寺文書」には臨川寺の文書以外に本坊の天龍寺や塔頭の文書も含まれている。これら「臨川寺文書」がいつ新町三井家の所蔵に帰したのかは明らかではないが、東京大学史料編纂所による史料採訪が昭和一七年（一九四二）二月に行われているため、遅くともこのころまでに収集されたものである。[23]

「天龍寺関係文書」のうち「三会院重書案」と「天龍寺重書目録」は前述のように昭和七年（一九三二）に新町三井家が収集したものであるが、同七年は三月に三井財閥を率いる三井合名理事長団琢磨が右翼団体の血盟団によって暗殺されるという事件が起きた年で、翌年には惣領家の当主高棟が引退して高公が相続し、三井の新たな舵取り役となった池田成彬の主導のもとで三井一族と事業の分離などを柱とする経営改革が進められていった。このような三井家にとって未曾有の激動の最中にもかかわらず、史料収集が進められていたことは注目すべきことである。三井家の史料収集が一個人による趣味的なものではなかったことを示している。

昭和七年当時の新町家の当主は九代高堅で、一〇代を継承する息子の高遂は惣領家の後継者高公等の若手同族とともに同年八月に三井合名会社調査役に就任している。団琢磨亡き後の体制固めと来るべき世代交代に備えての起用であったとみられ、翌九年には高堅は三井銀行取締役社長を辞任しており、新町家においても変動の時期を迎えていた。

高堅は「聴氷閣」と号し、古地図・地誌類、古文書、拓本などを収集しており、そのコレクションは現在、三井文庫やカリフォルニア大学バークレー校図書館に収蔵されている。この拓本の収集に助力したのが篆刻家河井荃廬で、高堅は彼を京都から東京に呼び寄せ、後には自邸内に住まわせている。河井は高堅の相談相手となるとともに、高堅所用の印判も多く彫っており、その内にはウサギの印があった。[24]「天龍寺関係文書」に押されているウサギ印はこの河井所刻の印とみられる。高堅が生まれた慶応三年が卯年であることからウサギの印が彫られたのであろう。

なお、高堅は、江戸時代には松坂に居住し松坂南家と呼ばれていた松坂三井家から明治一六年（一八八三）に新町家八代高辰の養子となった人物である。「天龍寺関係文書」を昭和七、八年に新町三井家に納めた松坂の古美術商とみられる人物とは、同郷ゆえの取引であったのではないだろうか。

三井家では明治三六年（一九〇三）一〇月に三井家編纂室が創設され、散在する古記録・古文書類の収集と三井家の家史が進められており、惣領家当主高棟と新町家八代高辰が連絡を密にしながら、三井家と関係の深い寺社の史料や遠祖ゆかりの旧跡地調査資料の収集が進められている[25]。新町三井家による「天龍寺関係文書」や「臨川寺文書」の収集はその一環であったとみられるが、なぜ天龍寺に関わる文書が必要であったのか、その理由については明らかではない。

三井家編纂室は大正七年（一九一八）に戸越の三井別邸構内に新築された建物に移転し、名称も三井文庫と改められ、各事業史の編纂などが継続的に進められていく。太平洋戦争中には空襲で収蔵資料が被災したことから山梨県に疎開を行い、資料保全を図っているが、戦後の財閥解体で三井本社が解散となり母体を失った三井文庫はその機能を休止閉鎖することになる。三井文庫の活動再開への動きが始まるのは昭和二八年（一九五三）頃のことで、敗戦からこの間の混乱期にかけて、三井家の事業に関する資料群以外の多くの収蔵資料が流出していった。恐らく「天龍寺関係文書」はこの時期に流出したものであろう。一方、「臨川寺文書」は幸いにも散逸を免れ、三井文庫の土地・建物を利用して設置された文部省史料館（現在の国文学研究資料館）へと引き継がれて現在に至っている[26]。

（１）玉村竹二「五山叢林の塔頭について」（同『日本禅宗史論集』上、思文閣出版、一九八八年。初出は一九四〇年）。

（２）例えば寿寧院の所領に関して室町幕府将軍が発給した文書のうち、応永二〇年（一四一三）の足利義持御判御教書〈寿寧院文書二〉、永享四年（一四三二）の足利義教御判御教書〈同三〉、長禄二年（一四五八）の足利義政御判御教書〈同四〉は、いずれも「嵯峨寿寧院領」とされているのに対して、文明一〇年（一四七八）の足利義政御判御教書〈同五〉では「天龍寺寿寧院領」となっている。これは、室町前期には寿寧院が天龍寺の塔頭として位置づけられていないため、塔頭名に「嵯峨」を冠していたが、室町後期には塔頭として幕府から公認されるようになったことを示している。

（３）「某院所領目録」〈某院文書一〉。本文書は『兵庫県史　史料編　中世九・古代補遺』、『上郡町史　史料編』にそれぞれ翻刻されているが、自治体史の史料編という制約もあり、関係部分が記載されている本文書後半部だけの翻刻となっている。本書文書編には前半部分を含め全文を翻刻している。

（4）「三井文庫旧蔵資料〈袋綴本〉目録　解題」（『史料館所蔵史料目録第七四集　三井文庫旧蔵資料〈袋綴本〉目録』国文学研究資料館史料館編、二〇〇一年九月）。

（5）『三井八郎右衛門高棟伝』（同編纂委員会編、財団法人三井文庫発行、一九八八年）、『三井家文化人名録』（財団法人三井文庫編、二〇〇二年）。

（6）新町三井家蔵となった際に表装が改められたものと推定される。

（7）第一三・一四紙本文は山城国石原庄延貞名等の散田引付部分、第二九・三〇紙は播磨国竹万荘栗原村の冒頭部分に当たる。

（8）欠失している部分がある可能性は否定できないが、文書中にある裏判の数を考えると、大幅な欠失の可能性は低いと思われる。

（9）①、②の木箱には昭和七年（一九三二）一二月一五日付の封書と「天龍寺古文書　三帖／昭和七年一二月　消毒了」と書かれた紙片があり、「昭和七年」の印がおされている。③の木箱には昭和八年（一九三三）二月二五日の消印がある葉書と「天龍寺文書　一帖　首欠／応永年間／昭和八年二月松坂斎藤和風納入」と書かれた紙片が添付されており、「昭和八年」の印がおされている。封書と葉書はいずれも差出人が「伊勢松坂殿町斎藤秀松」、宛先が「三井家表詰所村木北水」となっており、内容もともに送金の謝礼である。経歴は明らかではないが、斉藤秀松（和風）は三井家ゆかりの松坂の古美術商とみられる。ちなみにそれぞれの代金は五〇〇円と二〇〇円であった。

（10）橘御園は摂津国川辺郡内にあった摂関家領荘園で、現在の兵庫県尼崎市から川西市に及ぶ猪名川沿いの広大な地域に散在していた。楊津は「和名抄」所載の川辺郡内の郷名にみえ、猪名川最上流域（現在の兵庫県猪名川町）に比定されているが、荘園名としては安元二年（一一七六）二月日の八条院領目録（「高山寺聖教類裏文書」山科家古文書）のうちにみえ、その後、大覚寺統の所領として伝領された柳津川尻庄が知られる。楊津庄重久名の所在地は橘御園内であることから、猪名川上流の古代の楊津郷の遺称地ではなく、同郷から流れ出る猪名川の河口部にあったことに由来すると考えられる楊津川尻庄の内にあったと解すべきである。具体的な比定地としては現在の尼崎市域の東北部付近と推定される（『兵庫県の地名Ⅰ』平凡社、『角川日本地名大辞典』二八・兵庫県、ほか）。

（11）「南禅寺慈聖院領諸庄園重書目録」（『早稲田大学所蔵荻野研究室収集文書』上　五七六号）。

（12）但し、日付が二二日となっており、一日相違する。
（13）山家浩樹「分散した禅院文書群の個別復元」（『東京大学史料編纂所研究成果報告二〇〇九―六　分散した禅院文書群をもちいた情報復元の研究』、二〇一〇年）。
（14）玉村竹二『五山禅林宗派系図』（思文閣出版、一九八五年）。
（15）浅井郡に所在した荘園『滋賀県の地名』（平凡社）、『角川日本地名大辞典』ほか。
（16）山城国紀伊郡に所在した荘園（『京都市の地名』、平凡社、『角川日本地名大辞典』二六・京都府下巻、ほか）。
（17）応永一八年（一四一一）三月日「宝幢寺領・鹿王院領・諸末寺目録」（『鹿王院文書の研究』三四三号文書）。
（18）いずれも山城国葛野郡内に所在する（前掲註16書、ほか）。
（19）竹万庄栗原村は播磨国赤穂郡に所在し、現在は兵庫県上郡町、神戸庄片島は同国揖保郡に所在し、現在地は兵庫県たつの市である（『兵庫県の地名』Ⅱ、平凡社、『角川日本地名大辞典』二八・兵庫県、ほか）。
（20）応永一六年（一四〇九）九月四日「足利義持御判御教書」（友淵楠麿氏旧蔵「赤松（春日部）文書」『兵庫県史　史料編　中世九・古代補遺』）。
（21）加賀国石川郡に所在した荘園（『石川県の地名』、平凡社、『角川日本地名大辞典』一四・石川県、ほか）。同庄についてはは本研究編の地主論文を参照。
（22）前掲註（13）山家氏論考に寿寧院文書として永正四年（一五〇七）九月九日付の室町幕府奉行人奉書（尊経閣古文書纂　南禅寺慈聖院文書）と天文一一年（一五四二）一二月二〇日付の室町幕府御教書写（諸家文書纂）、天正（文ヵ）一一年一二月一一日付の飯尾元連奉書写（同前）の三通が紹介されているが、いずれもこれまでに取り上げた所領に関わる内容の文書ではない。なお、本研究編の伊藤論文に戦国・織豊期の同院住持について言及されている。
（23）「山城国葛野郡嵯峨天龍寺塔頭臨川寺文書目録　解題」（『史料館所蔵史料目録第六三集　山城国諸家文書目録（その一）』国文学研究資料館史料館編、一九九六年）。
（24）『三井家文化人名録』（財団法人三井文庫編、二〇〇二年）。
（25）前掲註（５）書。
（26）『三井文庫――沿革と利用の手引き――』（財団法人三井文庫編、一九八八年）。

戦国・織豊期の天龍寺諸塔頭について

伊藤真昭

はじめに

天龍寺は応仁の乱で壊滅的打撃を受けた。その後の戦国・織豊期はそうした惨状からの復興と被災の繰り返しであった。天龍寺が最終的に落ち着きを取り戻すのは、天正一三年（一五八五）七月に関白となった豊臣秀吉の登場を待たねばならなかったが、それ以前の戦国期の様子がよくわかっていない。そのような研究状況のなか、天龍寺の会計帳簿の分析から戦国期の経営基盤や寺内組織について検討した田中浩司の研究は貴重な成果である(1)。それによると天龍寺の経済構造としては、①「常住」と「納所」という二つのセクションが存在し、それぞれが独自の経済基盤を持っており、さらにはこれに加えて東班衆の私的な財産も活用されていたこと、②「常住」は公帖銭・年貢・祠堂銭などの財源を持ち、天龍寺全体に関わる大きな仏事を運営し、「納所」等の寺内セクションを統轄していたこと、③「納所」は年貢を財源として日常的仏事を運営し、納所寮・維那寮・行者・力者などを統轄していたこと、④「納所」の財源から幕府など対外勢力との繋がりを維持するために「礼銭」などを支出していたこと、などが指摘されている。

本章では、天龍寺常住のみならず、天龍寺の構成要素である諸塔頭について述べていきたいが、紙幅の関係もあり、基本的な事項として、先ず天龍寺と諸塔頭の歴代住持を確認したい。天龍寺は五山、臨川寺は諸山に列しているが、五山派の場合、名目的な住持任命である坐公文がある。名目的な住持を調べるのであれば『鹿苑院公文帳』[2]を繙けばこと足りるが、ここでは、天龍寺文書および『鹿苑日録』など一次史料から、戦国期に実際就任していたことが確認できる住持を抽出したい。史料の性格上、ピンポイントの確認になってしまうこと、また期間もそれらをつなぎ合わせた推定であり、その期間は他の住持が、管見の限り、確認できないというだけであることをことわっておく。

一　天龍寺・雲居庵と臨川寺・三会院

天龍寺と雲居庵　天龍寺で明応二年（一四九三）以降に確認できる住持は、まず明応八年四月二三日の顕室等誠（正持派）である（表1参照）。彼は翌年正月一四日に鹿苑僧録に「免退之状」を求めているので、これをもって退任したことであろう（『鹿苑日録』）。次に確認できるのは永正九年（一五一二）七月二四日の伯始慶春（霊松派）である（本書文書編五九六号、以下典拠史料は番号のみ）。慶春はここで天龍寺内の取り決めである「定条々事」に「住山」として署判を加えている。その次は永正一五年四月に心翁等安（華蔵派）が確認できる〈六〇四〉が、彼も臨川寺壁書に「天龍寺等安」と署判している。その次に享禄三年（一五三〇）四月に鹿王門中の連署状に署判している天用真燾（集龍派）が確認できる。その後は、天文五年（一五三六）二月二九日に「天龍寺光夫和尚」、翌年三月四日にも「天龍住持光夫和尚」とあることから、この期間は光夫馨恩（寿寧派）が住持であった。その後翌七年二月二六日には再び天用真燾の住持が確認できる（『鹿苑日録』）が、同一七年一二月までは彼以外の住持が確認できない〈六二〇〉。今のところ継続していたと考えているが、そうするとかなりの長期である。

天文一八年一二月・翌一九年一月には江心承董（三秀派）が「天龍寺米銭納下帳」に「住山」として署判している〈六二一〉が、同年三月二日に慈照院で開催された斎には「天龍天用和尚」が出席している（『鹿苑日録』）。しかし同年

表1　天龍寺住持一覧

住　　持	門派	期　　　間	典　　　拠
顕室等誠	正持	明応8・4・23～明応9・正・14	鹿苑日録
伯始慶春	霊松	永正9・7・24	596
心翁等安	華蔵	永正15・4・23	604
天用真纛①	集龍	享禄3・4・6	鹿521
光夫馨恩	壽寧	天文5・2・29～天文6・3・4	鹿苑日録
天用真纛②	集龍	天文7・2・26～天文17・12・吉	鹿苑日録・618・620
江心承董①	三秀	天文18・12・30～天文19・1・16	621・622
天用真纛③	集龍	天文19・3・2	鹿苑日録
江心承董②	三秀	天文19・11・27	624
月臨周泉	鹿王	天正17・7・26	鹿苑日録
梅真周寔	宝光	文禄5・7・30～慶長4・7・27	鹿871・鹿苑日録・775

※1　典拠の「鹿 521」などは、『鹿王院文書の研究』中の文書番号を示す。
※2　人名後の丸囲い数字は複数回就任時の回数を表す。

一一月に江心承董が再び「天龍寺」と署判している〈六二四〉ところをみると、天用の出席が住持としてのものか、江心の代理出席かは意見の分かれるところである。代理出席であれば一〇年余り住持を務めた天用の後任として江心が就任したとみることができるが、天用が再び住持になったとするならば、短期間に天用と江心が交互に住持を務めているということになる。

さて、ここで一次史料からみた在任状況と『鹿苑公文帳』の記載との関連をみておこう。『鹿苑院公文帳』で天龍寺歴代住持の就任月日が記載されているのは江心承董からであるが、それによると彼が天龍寺に入ったのは天文一九年九月一九日となっている。江心の欄には「天龍御寄進廿内」とあり、この公帖が将軍足利義輝から寄進された二〇通の公帖のうちのひとつであることを示している〈六二三〉。『鹿苑日録』でも江心の呼称が「江心和尚」となるのが、天文一九年一〇月三日条を初見とするので、やはり正式に江心が天龍寺住持に就任したのは同年九月一九日となる。天文一八年一二月にはすでに「住山」であった江心は将軍による任命より以前に、天龍寺内で住持として承認されていたことになる。

江心の後任はしばらく不在であったらしい。『鹿苑院公文帳』では龍叔周孫（寿寧派、天文二一年五月二日）、楽甫等億（慈済派、天文二四年九月二六日）、□□河圭（弘治二年一二月）、雪渓等蓀（善入派、弘治三年一一月一五日）と続くが、その次は季龍周興（永仙派、天正九年九月二日）までしばらく間隔が空いている。ほかの史料でもこの時期の住持は確認できない。永禄一二年（一五六九）、妙智院策彦周良（華蔵派）は、当時の天龍寺について「世已淑末、乱日多治日少、以故大抵寺産豪奪、仏供灯明往々絶矣、今茲永禄己巳《（一二年）》八月、住持闕其人、綱維失其職」と記している（「策彦詩集」）。世の乱れにより天龍寺の財産も奪われ、仏前に供える灯明さえもしばしばなくなる有様で、住持もなく紀綱・維那といった役職者もいなかったというのである。『鹿苑院公文帳』の空白期間はこうした状況を物語っている。

その後現存の公帖では文盛周憲（寿寧派、天正一二年二月二五日〈六六八〉、『鹿苑院公文帳』では天正一〇年九月一一日）、済蔭周宏（華蔵派、天正一三年五月二四日〈六七二〉、『鹿苑院公文帳』では天正一三年七月）、月臨周泉（鹿王派、天正一七年七月）、梅真周寔（宝光派、文禄四年一〇月一六日〈七五五〉）と続くが、実際の住持としての活動は梅真しか確認できない。なお、月臨周泉の公帖は天龍寺ではなく、相国寺に二通現存する（「相国寺本坊文書」）[3]。一通は天正三年六月一〇日付足利義昭からのもので、もう一通は天正一七年七月一〇日付豊臣秀吉からのものである。前者は『鹿苑院公文帳』に記載がないが、後者は『鹿苑日録』天正一七年七月二六日条に「昨日月臨和尚天龍入寺」とあるので、住持就任は確かなようだ。このことは『鹿苑院公文帳』記載以外の公帖の存在と織田信長に追放された将軍足利義昭の公帖が持つ意味を考えさせられる。

この月臨周泉は天龍寺の僧ではなく、安芸国妙寿寺住持であった。彼は天正一七年七月一七日、上洛して鹿苑僧録西笑承兌のところに礼に来て、二五日に天龍寺入寺、九月二四日には安芸国に帰国している（『鹿苑日録』）。相国寺には彼の公帖がまとめて八通残されている（表2参照）。そのうち六通が足利義昭発給で、一年余りで諸山景徳寺から五山之上の南禅寺まで駆け上がっている。『鹿苑院公文帳』円覚寺の項に「天正四年台帖於備後拝領」と記載されているように、これらは備後国鞆にいた義昭から直接受けたものと考えられる。しかし秀吉が公帖発給権を握ってから再度天龍寺と南禅寺の公帖を受けたということは、月臨が鹿苑僧録を通さない非公式ルートによって発給された義昭公帖

表2 「相国寺本坊文書」所収月臨周泉公帖一覧

	日付	入寺先	任命者	『鹿苑院公文帳』の記載
1	天正3年2月3日	景徳寺	足利義昭	×
2	天正3年4月2日	円覚寺	足利義昭	○「天正四年台帖於備後拝領」
3	天正3年5月2日	臨川寺	足利義昭	○「天正四年二月三日」
4	天正3年6月10日	天龍寺	足利義昭	×
5	天正4年2月3日	相国寺	足利義昭	×
6	天正4年5月2日	南禅寺	足利義昭	×
7	天正17年7月10日	天龍寺	豊臣秀吉	○
8	天正18年9月2日	南禅寺	豊臣秀吉	○

表3 雲居庵住持一覧

住持	門派	時期	典拠
顕室等誠	正持	明応3・7・28～明応3・7・晦	565・566
松嶺智岳	鹿王	明応7・5・	572
耕雲善伊	善入	明応8・9・22	鹿苑日録
祖林周芳	寿寧	永正9・7・24	596
惟新瑞豊	鹿王・三秀	天文5・4・22～天文6・9・晦	鹿苑日録
寅叔周隆	宝光？	天文8・4・10	鹿苑日録
雪渓等蓀	善入	天文10・4・22	鹿苑日録
江心承董	三秀	天文15・12・晦～ 天文17・12・吉	618・620
策彦周良	華蔵	天文21・12・晦～天正5・9・	628・632・639 ・658・659
如環等循	蔵光	天正15・10・	715
□□周筊	？	慶長4・7・27	775

の効力に疑問を持ち、鹿苑僧録を通す公式ルートで現任命権者である秀吉からの公帖を求め、上洛して実際に天龍寺に入寺して天龍寺前住の地位を得ようとしたのではないだろうか。上洛した際にそれまで持っていた義昭の公帖は不要になったので鹿苑僧録に返却して相国寺に残されたのではないだろうか。ただ秀吉の公帖まで相国寺に残されている理由がよくわからないが、入寺式まで済ませたので月臨にとってそれほど必要なかったのであろうか。

他方、雲居庵住持に就任していることが判明する僧は、表3の通りだが、顕室等誠、松嶺智岳、耕雲善伊、祖林周芳など、さまざまな門派から住持に入っていることがみてとれる。表には反映されていないが、策彦周良は永禄一二年に「再雲居塔主」（『策彦詩集』）といっているので、複数回雲居庵に住していたようである。

臨川寺と三会院　十刹のひとつ臨川寺の歴代も『鹿苑院公文帳』に記載されているが、公帖が発給された順序が記載されているだけで、誰がいつ住持であったかは実際にはよくわからない。そのなかで一次史料から判明する人物は表4の通りである。

また三会院については、「三会院法身塔舎利数注文」〈七九七〉と「三会院法衣箱入日記」〈七九九〉がある。前者は三会院にある舎利の数を年一回、文明一二年（一四八〇）より慶安元年（一六四八）まで継続的に確認し、院主（「守塔」、「塔主」と記載される）と侍真、時折本寺である臨川寺住持が署判したもので、後者は夢窓疎石の伝衣を年一回、文明二年より寛保三年（一七四三）まで、これも同じく院主・侍真、そして時折臨川寺住持が署判している。両史料には「天文十六年依乱世闕之」、「同（永禄）六年七年依乱世欠却」、「永禄九年七夕者依都鄙騒乱不及曬之」、「元亀元年依乱世欠却」、「天正元年至二年甲戌七夕依騒擾欠了」というように当時の混乱した状況のために舎利と法衣の点検ができない様子が記されている。両史料から三会院住持を表5にまとめた。

これらをみると、両寺院の特徴としては、双方とも複数回住持に就任している人物が多数いるということである。臨川寺では策彦周良が三回、三会院では顕室等誠などが二回確認できる。また臨川寺と三会院両方の住持を務めたものも太寧集康など五人確認できる。この場合いずれも臨川寺、三会院の順番になっている。臨川寺について、『鹿苑院公文帳』とこの表を見比べると、臨川寺の公帖を受けてもすぐに住持が確認できない場合が多い。公帖はあくまで個人の格付けが第一義であり、実際の住持は臨川寺公帖を受けているもののなかから選ばれたのであった。

表4　臨川寺住持一覧

人名	門派	期間	典拠
竹岩寿貞	三秀	明応3・7・28～晦	565・566
太寧集康①	集龍？	明応4・12・	567
竹隠中賢	寿寧	明応5・7・12～明応6・7・	569・572
太寧集康②	集龍？	明応9・5・	569
祝江周禧	鹿王	明応9・12・～文亀2・6・晦	576・571
心翁等安	華蔵	文亀3・4・晦～永正元・6・晦	581・582
梵丹	？	永正元・9・晦～永正3・4・	582・585
季範梵洪①	？	永正11・7・7	797
祖林周芳	？	永正13・12・～永正14・6・晦	601・602
季範梵洪②	？	永正14・11・晦～永正15・5・	602
天用真懃	集龍	永正15・6・～大永2・6・晦	609
選才梵及	？	大永2・11・～大永4・正・11	609・610
惟新瑞豊①	三秀・鹿王	大永5・閏11・晦～大永6・7・15	611
選才梵及	寿寧	享禄2・4・22～享禄3・4・6	797・鹿521
惟新瑞豊②	三秀・鹿王	天文2・7・7	797
寅叔周隆	？	天文6・9・晦	鹿苑日録
文楚馨椿	寿寧	天文9・6・26	鹿苑日録
江心承董①	三秀	天文9・7・7～天文9・7・20	797・鹿539
和仲等淳	？	天文9・7・13	鹿苑日録
安仲周劉	？	天文10・3・4	鹿苑日録
江心承董②	三秀	天文10・4・22	鹿苑日録
龍叔周孫	寿寧	天文17・12・吉～天文19・11・27	620・624・625
安室梵康	寿寧	弘治3・4・12～弘治3・7・7	632・797
策彦周良①	華蔵	永禄2・7・7	797
如環等循①	蔵光	永禄3・7・7	797
雲峰周瑞	？	永禄5・7・7	797
策彦周良②	華蔵	永禄8・7・7	797
如環等循②	蔵光	永禄8・7・15～永禄9・3・16	鹿苑日録・639
心叔守厚	鹿王	永禄11・7・7	797
策彦周良③	華蔵	元亀2・7・7	797
維正等宗	正持	元亀3・7・7	797
揚清周伊	集龍	天正3・7・7	797
文盛周憲	寿寧	天正5・7・7	797
為霖周佐①	鹿王	天正17・8・19～天正18・10・23	鹿苑日録・734
亀伯瑞寿	鹿王	天正19・4・13	鹿苑日録
為霖玄佐②	鹿王	天正19・7・7	799
菊齢周彭	慈済	天正20・9・晦～文禄2・7・7	鹿苑日録・799

表５　三会院住持一覧

住持名	門派	在任期間	年数	典拠
蒖瑞等階	霊松	延徳3（1491）8・17〜明応3（1494）・10・25	3	565・797・799
松嶺智岳①	鹿王	明応3・10・26〜明応5・閏2・14	2	797・799
顕室等誠①	正持	明応5・閏2・15〜明応7・3・7	2	569・797・799
藴秀英珎①	正持	明応7・3・8〜明応8・3・6	1	572・797・799
松嶺智岳②	鹿王	明応8・3・7〜文亀元（1501）8・7	2	569・571・797・799
顕室等誠②	正持	文亀元・8・8〜文亀2・9・晦	1	571・797・799
太寧集康	集龍？	文亀2・10・1〜永正元（1504）・7・晦	2	581・797・799
藴秀英珎②	正持	永正元・8・1〜永正2・7・晦	1	582・797・799
伯始慶春	霊松	永正2・8・1〜永正11・正・晦	10	797・799
光甫妙慧	蔵光？	永正11・2・1〜永正12・7・晦	1	599・797・799
信元等期	正持	永正12・8・1〜永正15・7・晦	3	602・797・799
祖林周芳①	寿寧	永正15・8・1〜永正16・7・26	1	603・797・799
心翁等安	華蔵	永正16・7・27〜大永2（1522）・7・晦	3	609・797・799
心印善肯	善入	大永2・8・1〜大永2・11・晦	0	797・799
祖林周芳②	寿寧	大永2・12・1〜大永8・7・7	8	609・610・611・797・799
天用真훌	集龍	大永8・7・8〜天文19（1550）・7・7	23	797・799
龍叔周孫①	寿寧	天文19・7・8〜天文23・7・7	4	797・799
江心承董	三秀	天文23・7・8〜天文24・7・7	1	797
不在か		天文24・8・1〜弘治3（1557）・7・7	2	797・799
龍叔周孫②	寿寧	弘治3・7・8〜永禄8（1565）・7・7	8	797・799
有和寿筠	永泰	〜天正19（1591）・4・13 〜文禄2（1593）・7・7〜	2＋α	鹿苑日録・799

ところで、三会院主心翁等安の場合「住院三十八箇月」とある〈七九七・七九九〉が、これはその前の祖林周芳が署判した日から心翁が署判した月まで数えると三八ヶ月になる。心翁以前には同一人物が署判していないところをみると、この点検は三会院住持を退任する際に実施され、後任住持に引き継がれたものと考えられよう。そのことがいえ

表6　天龍寺・雲居庵・臨川寺・三会院住持順パターン

	住持順	人名
1	三→雲	松嶺智岳
2	雲→臨	策彦周良
3	雲→三→天	顕室等誠
4	雲→天→三	江心承董
5	雲→臨→三	祖林周芳
6	臨→三	太寧集康・龍叔周孫
7	臨→雲	惟新瑞豊・寅叔周隆・如環等循
8	臨→三→天	天用真燾
9	臨→天→三	心翁等安

るのは、両史料とも同日に点検している蓂瑞等階以降になる。しかし永正一一年七月七日に光甫妙恵が舎利の実数を再計量してから「舎利数注文」は七月七日に点検するようになり、法衣の点検と日がずれるようになった。だがそのずれも大永六年に法衣の点検を七月七日に移動することで解消された。つまり以後三会院では七月七日が住職交替日となったのである。

その三会院も祖林周芳以降になると人材不足なのか、在任期間が長くなってくる。それ以前は伯始慶春が約一〇年と長期だが、それを除くと一～三年で交替していたが、祖林周芳が八年、天用真燾が一三年、龍叔周孫が二回合わせて一二年と長期になっていく。天文二四年（一五五五）～弘治三年（一五五七）、永禄八年（一五六五）～天正九年（一五八一）まで点検は実施されるが、署名者の中に住持の名がみえなくなってしまった。その次に確認できるのは天正一九年の有和寿筠であるので、彼が就任する以前には住持不在であった可能性が高い。

最後に、天龍寺・雲居庵・臨川寺・三会院を歴任している人物の履歴を表6にまとめてみた。これをみると実にさまざまなパターンがあったことがわかる。

二　諸塔頭の門派と所属寺院

つづいて諸塔頭の住持である。夢窓疎石の多くの弟子は各門派を形成し、それぞれ拠点となる塔頭があった。天文一九年（一五五〇）は夢窓疎石二〇〇回忌にあたるが、それに向けた奉加帳が作成されている〈六三二〉。そこには門派ごとに寄進額と寄進者がまとめられていて、誰がどこの門派に所属していたか、その門派の拠点寺院が判明する。それによると天龍寺には表7のように一七門派が存在し、合わせて一六七名の僧侶の名がみえる。このうち寿寧院派の真光寺は、近江国蒲生郡浅小井（現近江八幡市）に所在するなど、必ずしも嵯峨近辺にあったわけではない。以下塔頭ごとに判明する住持について述べていく。

多宝院　後醍醐天皇の追善塔で、永享四年（一四三二）には「多宝梵令」の署判がみえる〈四二八〉。明応三年（一四九四）七月に耕雲善伊（善入派〈五六六〉）が、永正九年（一五一二）七月には信元等期（正持庵派〈五九六〉）が住持であったことが確認できる。しかし天文一五年（一五四六）には寺名だけで署判者はみえず〈六一八〉、以後は多宝院の名前がみられない。天正一七年（一五八九）八月に月臨周泉の天龍寺入寺にあたり、華蔵院済蔭周宏の座牌には「但座牌者多宝和尚ト書之」とあるように、この頃には名跡のみで実態がなくなっていたと思われる（『鹿苑日録』天正一七年八月晦日条）。

○集龍院派

集龍院　集龍院派の中心寺院である。永禄九年（一五六六）に揚清周伊が住持であったことが確認できる〈六三九〉が、以後は不明である。

松岩寺　天正一四年六月・七月に揚清周伊が住持として確認できる〈七一〇・七一一〉が、天正一八年一〇月以降はその法嗣、純甫周孝が確認できる〈七三四・七三八・七七五〉。

○三秀院派

三秀院　三秀院派の中心寺院で、江心承董、惟新瑞豊、玉嶺集璉などがこの門派に属する。永禄九年三月時点では、住持は署名しておらず、侍真として玉嶺集璉が署名している〈六三九〉が、その玉嶺は天正一四年になると住持として署判している〈七一〇〉。その後は天正二〇年まで玉嶺の住持が確認できる〈七三八〉が、慶長四年（一五九九）には

表7　天龍寺門派塔頭一覧（〈632〉より作成）

	門派名	所属寺院数		常住	天龍寺文書中に見える塔頭	所属僧侶数
1	集龍院派	集龍院常住	1	1	集龍院・松岩寺	5
2	三秀院派	三秀院常住・実相庵	2	1	三秀院	8
3	寿寧院派	寿寧院常住・南芳院常住・華徳院常住・瑞芳院・慈光院・浅小井真光寺・妙悟寺	6	3	寿寧院・南芳院・華徳院・栖松軒	46
4	慈済院派	慈済院常住・真浄院常住	2	2	慈済院・喜春軒・養清軒・蔵光庵	7
5	蔵光庵派	蔵光庵常住	1	1		19
6	鹿王院派	鹿王院常住・勝光庵・洪恩院・宝幢寺・金剛院・勝智院・法苑寺	7	1	鹿王院・玉芳軒・慶寿院・瑞応院・陽春軒・宝泉庵	11
7	霊松庵派	霊松庵常住・勝鬘院常住	2	2	招慶院・天源院	6
8	華蔵院派	華蔵院常住・性智院常住	2	2	華蔵院・妙智院	9
9	正持庵派	正持庵常住・弘源寺常住	2	2	弘源寺・維北軒	6
10	地蔵院派	地蔵院常住	1	1	地蔵院・延慶軒	8
11	（善入寺派）	宝篋院常住	1	1	宝篋院	2
12	永泰院派	永泰院常住・本源庵	2	1	永泰院・禅昌院・西禅寺・宝厳院	9
13	吉祥庵派	吉祥庵・常照寺	2	0		5
14	宝寿院派	宝寿院常住	0	0	宝寿院・真乗院	10
15	宝光院派	宝光院門中	1	1		3
16	長福寺派	長福寺常住	1	1		10
17	（光勝院派）	光勝院門中	0	0		3
	その他	臨川寺・三会院・雲居庵・西芳寺・崇恩寺	5	0	西芳寺・崇恩寺	
	門派不明		0	0	法恩寺・蒼玉院・保祐庵・宝上院・梅陽軒・龍済軒・永明院・栖林軒・栖松軒	
	合計		38	20		167

※（　）は記載がないので便宜上門派名を付けた。

「代」として宗球が署判している〈七七五〉。

○寿寧院派

寿寧院　寿寧院派の中心寺院で、竹隠中賢―光叔馨恩―安室梵康―如渓梵宥と法系が引き継がれている。天正一四年から二〇年まで住持として寿宥が確認できる〈七一〇・七一一・七三四・七三八〉が、如渓梵宥と同一人物かもしれない。

南芳院　明応八年七月一九日には南芳院の名が確認できる（『鹿苑日録』同日条）が、その後永禄九年三月に住持として選才梵及の弟子、文盛周憲が署判するまでのことは不明である。文盛の住持は天正一四年まで確認でき〈七一一〉、その後は慶長四年まで法嗣伊仲周任の住持が確認できる〈七三四・七三八・七七五〉。

華徳院　天正一四年六月以降、同二〇年正月まで梵集の住持が確認できる〈七一〇・七一一・七三四・七三八〉が、慶長四年七月には「代」として周任が署判している〈七七五〉。

栖松軒　慶長四年七月時点の住持が周堅である〈七七五〉が、それ以外は不明である。門派は、元禄一二年（一六九九）に寿寧院から鹿王院に譲渡されている〈『鹿王院文書目録』ロ―四―五九〉ので、それまでは寿寧院派であったようだ。

○慈済院派・蔵光庵派

慈済院　永禄九年三月に侍真の澄善が署判しているだけで住持のそれはない〈六三九〉が、天正一三年三月には住持として菊齢周彭とその前住柏岫周悦が確認できる〈本書真乗院文書二二、以下真二二と表記する〉、慶長四年八月まで彼が住持のままである〈七一〇・七一一・七二七・七三四・七三八・七五七・七七一・七七五・七七六〉。菊齢も周彭（天正一四年〈七一〇〉）、玄彭（天正二〇年〈七三八〉）、元彭（文禄五年〈七五七〉）と法諱が変わっていく。

喜春軒　天正一四年六月から慶長四年七月まで悦叔承喜の住持が確認できる〈七一〇・七一一・七三八・七七五〉。彼は慈済院派柏岫周悦の弟子である（『五山禅林宗派図』）。

養清軒　天正一四年七月から慶長四年七月まで珠菊の住持が確認できる〈七一一・七三八・七七五〉。天正一三年の指出では慈済院とまとめて提出されている〈七〇二〉。

蔵光庵　天文一九年一二月には等偉の住持が確認できる〈『鹿王院文書の研究』六〇八、以下鹿六〇八と表記する〉が、場所は伏見にあった〈鹿六〇六〉。蔵光庵については『大中院文書』(4)中に、その敷地が秀吉の屋敷地になり、替地を求める七月三日付文書がある〈『大中院文書』一九四〉が、そのなかで如環等循〈史料集では「秀備」となっているが、花押は等循のものと同一〉は、蔵光庵は九七代光明院の院御所を移した皇居であるから寺として成り立つよう松田政行に依頼している。この文書は秀吉が関白になる天正一三年七月以降、如環等循の次代の芳園等桂が確認できる天正一八年一〇月以前ということになる〈七三四〉。嘆願書の冒頭に「伏見蔵光庵」、端裏に「伏見　蔵光庵」とあるから、この時期に伏見にあった蔵光庵は秀吉によって強制的に敷地が没収されてしまったことになる。歎願の結果蔵光庵がどこに移転したかは不明であるが、寺院としては存続しており、芳園の住持が天正二〇年正月まで確認できる〈七三八〉。柏岫周悦は蔵光庵派の一人として奉加帳には記載されており、慈済院と蔵光庵は交流があったようである。なお近世の絵図では臨川寺の東隣に位置している。

○鹿王院派

鹿王院　鹿王院派の中心寺院である。享禄三年（一五三〇）四月に潤仲周瓏が住持として確認できる〈鹿五二一〉。彼は永禄七年一二月三日に鹿王院住持として確認でき〈鹿六七〇〉、永禄八年一二月にはその法嗣心叔守厚の代になっている〈鹿六七一〉。心叔は天正八年八月に譲状を書き、為霖周佐が後を継いだ〈鹿七七五〉。

玉芳軒・慶寿院　天文二年、加賀国にある洪恩院領の還付を巡って玉芳軒主潤仲周瓏に洪恩院主の再住が幕府より認められている〈『鹿苑日録』天文六年三月九日条〉。玉芳軒はこの潤仲周瓏が四一歳の時に建立したものであり、将軍足利義晴御台所の祈願寺であったが、永禄八年五月に御台所が三好三人衆に襲撃され没した後に慶寿院と改称したという〈鹿七七五〉。潤仲周瓏は鹿王院の住持でもあり、これらは全て鹿王院派の寺院である。玉芳軒は天文二一年三月二六日にも潤仲周瓏の住持が確認できる〈六三九〉。慶寿院の初見は永禄九年三月であり〈六三九〉、その時の慶寿院の住持は潤仲の法嗣である心叔守厚である。彼は天正八年八月に譲状を弟子の為霖周佐に与え、慶寿院を譲っている。以後為霖が慶長五年七月まで「当知行」していた〈鹿八八六〉。

瑞応院　瑞応院は潤仲周瓏によって上京に建立され、潤仲没後心叔守厚へ、心叔から周留首座、そして璜首座へと引き継がれた。その後信長による上京焼き討ちのため璜首座は瑞応院を鹿王院内に移設した後立て直すと称して他門の寿寧院に建ててしまった。その後璜首座は寺を出て播州に行き住持が不在となったため、心叔の弟子鹿王院主為霖周佐が松田政行に再び鹿王院の管理下に置くことを歎願している〈鹿八九〇〉。周佐は天正一三年には等佐と称している〈鹿七八八〉ので、時期はそれ以前のことである。鹿王院の管理下に置かれた後は、天正一四年六月に寿璜、天正二〇年正月には永忠の住持が確認できる〈七三八〉。

陽春軒（院）　元亀二年一〇月に梵栄が智雲梵晃への譲状を書いている〈鹿七四一〉が、その端裏書には「陽春開基二代目書物写」とあるので、陽春軒の開基が梵栄、二代目が智雲ということになろう。そのなかで梵栄は、陽春軒は「粟津宝泉庵派中」であると述べている。陽春軒が陽春院となるのは、天正二〇年からで〈七三八〉、その理由は智雲が同年一一月臨川寺公帖を受けたからである（『鹿苑院公文帳』）。七三八号文書では「陽春軒」の「軒」を消して「院」と書き加えているが、その写しには「但後ニ出世有之故院ト改也」と注釈が加えられている〈京都府教育委員会『天龍寺文書目録』一二九四、以下府一二九四と表記する〉。

陽春院は慶長一五年には幕府を巻き込む大きな相論の舞台となっている。その際の鹿王院の主張では、「当院門中ニ先年陽春院・宝泉庵と申寮者立置せ、諸事本院へ可相随契約」であり、「晃西堂を喝食より取立、陽春軒ニしすへ被申時、鹿王院領之内田地幷藪・寺屋敷等譲付被申」れたという〈「鹿王院文書目録」近世B七―一二六〉。陽春軒梵晃に田・

藪等を与えたことは、梵晃の請文が残っていることから事実と思われる〈鹿七六九・七七〇〉。したがってここでは鹿王院の主張を認め、陽春院と宝泉庵を鹿王門中とみなす。

宝泉庵　天正一四年六月以降玉峯周珎が住持として確認できる〈七一〇・七一一・七三八・七七五〉。

○霊松庵派

招慶院　天正一四年六月以降同二〇年正月までは霊松庵派の竹裔紹貞の住持が確認できる〈七一〇・七一一・七二六・七三八〉が、慶長四年七月には「代」として周尤が署判している〈七七五〉。

天源院　天正一四年七月に招受、同一八年に竹裔紹貞が住持として確認できる〈七一一・七三四〉。竹裔は招慶院住持であったが一時的に天源院に移り、同二〇年には再び招慶院に戻っている。

○華蔵院派

華蔵院　華蔵院派の中心寺院であるが、永禄九年三月に侍真の球叔全琇が署判しているだけで住持のそれはない〈六三九〉。住持が確認できるのは天正一七年八月二九日に済蔭周宏の名がみえるだけである（『鹿苑日録』同日条）。済蔭は策彦周良の弟子であり、妙智院は弟弟子の三章令彰が継ぎ、兄弟子済蔭が門派の本寺華蔵院を継いだ。

妙智院　享徳年間（一四五五～一四八三）に竺雲等連によって創建され、二世心翁等安、三世策彦周良、四世三章令彰と引き継がれていった華蔵院派の寺院である。夢窓疎石二〇〇回忌奉加帳に妙智院および策彦の名がないのは、天文一六年から一九年にかけて入明していたためと思われる。策彦は大永三年一月三日に心翁等安が寂したことをうけて、天正七年の示寂まで妙智院に住したと思われるが、確認できるのは『鹿苑日録』天文一二年九月二二日条が初見である。天正一四年六月以降は三章令彰の住持が確認できる〈七一〇・七一一・七三四・七三八・七五七・七七一・七七五・七七六〉。

○正持庵派

弘源寺　永正九年（一五一二）七月に蘊秀英珎が〈五九六〉、永禄九年（一五六六）二月に惟正等宗が〈六三九〉確認できる。その後は天正一七年（一五八九）八月以降大叔等洋が確認できる。弘源寺は正持庵派で蘊秀英珎―信元等期―惟正等宗―大叔等洋と法系が継がれている（『五山禅林宗派図』）ので、信元等期も歴代に入っていた可能性は高い。

維北軒　天正一四年と同二〇年に慶俊が、慶長四年には慶恩が住持として確認できる〈七一一・七三八・七七五〉。慶俊は正持庵派に属している〈六三二〉。

○地蔵院派

地蔵院　嵯峨ではなく、西岡に所在する、地蔵院派の中心寺院である。天正二〇年に済叔周弘と西斎等琦が連署しており〈七三八〉どちらが住持かよくわからない。法系でいえば西斎等琦の方が上である。慶長四年には西斎が住持として署判している〈七七五〉。

延慶軒　天正一四年六月以降同一八年一〇月まで地蔵院派の済叔周弘の住持が確認できる〈七一〇・七一一・七三四〉が、その後は不明である。

○善入寺派

宝篋院　善入寺派の中心寺院である。宝篋院はもと善入寺であった。天文一〇年三月一〇日には雪渓等蓀の住持が確認できる（『鹿苑日録』同日条）。その後は雪渓の法嗣、要初梵最が天正一四年から慶長四年まで確認できる〈七一一・七三四・七三八・七七五〉。

○永泰院派

永泰院　永泰院派の中心寺院である。天正一四年七月に侍真代として賢英寿恩の名が記されているが署判はない〈七一一〉。賢英は有和寿筠の弟子にあたる。

禅昌院　細川政元の菩提寺で上京にあり、上杉本洛中洛外図屛風などにもその姿が描かれている。住持は天正一四年六月以降有和寿筠であるが〈七一〇〉、菊齢周彭の時期もあったようだ（『鹿苑日録』文禄元年四月一九日条）。

西禅寺　住持は不明で、「侍真代」として周元の存在が知られるが署判はしていない〈七一一〉。「常住幷諸塔頭領目録」では「禅昌院幷永泰院・西禅寺」となっている〈七九一〉。

宝厳院　天正一三年の指出では「永泰院之内宝厳院」となっている〈六八九〉が、住持は不明である。

○宝寿院派・宝光院派

宝寿院　永禄九年三月に侍真の周棟が署判しているだけで住持のそれはない〈六三九〉。以後天正一四年七月から慶長四年までは大年周延の住持が確認できる〈七一一・七二四・七三四・七三八・七七五〉。彼は宝光院派に所属していた〈六三二〉ので、両派は近しい関係にあったと思われる。

真乗院　永禄九年三月に梅真周寔が住持として署判して〈六三九〉以後、慶長四年まで彼の住持が確認できる〈七一〇・七一一・七三四・七三八・七五七・七七一・七七六〉。梅真は署判からみると、周寔（永禄九年〈六三九〉）、周湜（天正一四年〈七一〇〉）、玄湜（天正一八年〈七三四〉）と頻繁に法諱を変えていることがうかがえる。梅真は宝光院派に属していた〈六三二〉。

○その他　ここに分類した臨川寺・三会院・雲居庵・西芳寺・崇恩寺の五ヶ寺は特定の門派に属さない寺院と考えられる。

西芳寺　嵯峨ではなく、西岡に所在する。現在通称苔寺として有名なところで、天文六年一〇月三日に子建寿寅が住持として確認できる（『鹿苑日録』同日条）。子建は大慈門派で、鹿苑院侍衣などを務め、その拠点は相国寺にあったが〈鹿七〇四〉、西芳寺の再興勧進を行うなど精力的に活動した（『鹿苑日録』天文一一年六月二五日条）。子建は近くにある地蔵院にも一時期入っていたようである〈七八六〉。その後の住持は不明で、天正二〇年正月に「代」として梵精が署判している〈七二八〉が、慶長四年の「西芳寺代」には誰の署判もない〈七七五〉。これは住持不在が前提となっており、しかも署判する代務者さえもいなかったことを示していよう。

崇恩寺　慶長四年七月に慶隆が住持として確認できる〈七七五〉。崇恩寺の住持は妙智院と真乗院から入ったことがあり〈七八六〉、ひとつの門派には属していなかったようである。後にその所領は常住領に編入される〈七九四〉。

○門派不明

法恩寺　天正一四年七月に宗祐が看坊として署判している〈七一一〉が、以後は不明である。

蒼玉院　住持は不詳で、天正二〇年には善栄〈七三八〉が、慶長四年には宗才〈七七五〉が、「代」として署判している。

保祐庵　慶長四年七月に善栄が住持として確認できる〈七五五〉ので、蒼玉院の後に移ったようである。

宝上院　天正一七年八月に春厳の名が知れるだけである〈七二五〉。

梅陽軒　慶長四年七月に承由の名が知れるだけである〈七七五〉。

龍済軒　天正一四年六月から同一八年一〇月まで宗瑫が住持であったことが確認できる〈七一一・七三四〉が、それ以外は不明である。享保年間には鹿王院の支配下にある（『鹿王院文書目録』ロ―四―九二）が、いつの時点からかは不明である。

永明院　住持は不詳で、天正二〇年には等春〈七三八〉が、慶長四年には全精〈七七五〉が、「代」として署判している。

栖林軒　天正一四年と同二〇年に周瑛が住持として確認できる〈七一一・七三八〉。

三　天龍寺常住および諸塔頭領の変遷

天正一三年（一五八五）一一月二一日、天龍寺を含む京都の諸寺社は豊臣秀吉から領地を宛行われた。指出→検地→

宛行朱印状発給という手順であったが、天龍寺の場合、常住および諸塔頭からの指出が作成されている〈六七五～七〇四〉。その指出に出ている洛外の地名を地図に落としたのが図1「戦国・織豊期天龍寺常住・諸塔頭領分布図」と図2「天龍寺文書からみた戦国・織豊期嵯峨景観推定図」である。この指出と検地を経て、一七二〇石が嵯峨・樋爪村・馬場村・北山村で与えられた〈七〇五〉。このうち嵯峨と北山村は桂川の東側にあるので川東、樋爪村と馬場村は西側にあるので川西と総称されている〈七九一～七九四〉。

これまで各塔頭が独自に集積していたものが、それまで無関係だった北山・馬場・樋爪も含めて与えられることになったということは、これまでの場所で築き上げてきた関係が切断され、新たな場所で新たな関係を一から構築することが余儀なくされたことを意味する。しかしそれ以上に問題なのは、どこにどの塔頭の領地を配分するかということであった。それについて天龍寺では「鬮取」で「地分」をした〈七一〇・七一一〉。その川東・川西別の一覧が表8中の七九一・七九三・七九四である。いずれも年未詳だが、いずれも陽春院ではなく陽春軒となっているところから、天正二〇年前後と考えられる。それらを比較しても、諸塔頭領は一定ではなく、推移していることがみてとれる。

例えば常住領をみてみよう。表8のように、天正一三年検地以前の指出〈六七五〉では、西岡五〇石余、寺辺三八石余の計八八石余であったのが、順序は不明であるが、最終の慶長一九年（一六一四）には一九一石余になる〈府一二二〇〉。天龍寺領一七二〇石は変わっていないので、内部での配分が変わったことになる。常住領は、天正一三年では地蔵院（一九〇石余）、慈済院（一二二石余）、鹿王院（一〇五石）、妙智院（一〇四石余）に続いていたのが、慶長一九年には寺内最大の所領になっているのである。そのことはそのままほかの塔頭領が削減されていることを示している。例えば、時期は不明であるが、崇恩寺領〈七九四〉、「得都寺分」〈七九一〉は常住領に組み込まれたことがわかる。また天正一七年一二月二七日、常宝なる人物の所領も「方丈」、つまり常住に編入されている。時期的にみて天正一七年検地の直後であるので、これを契機として所領の再編があり常住の強化が図られたと思われる(5)。崇恩寺領などもこの時期

図1　戦国・織豊期天龍寺常住・諸塔頭領分布図
※天正13年検地に先立つ指出(675～704)に記載されている地名を地図に落とした。下線は天正13年検地後の所領を示す。

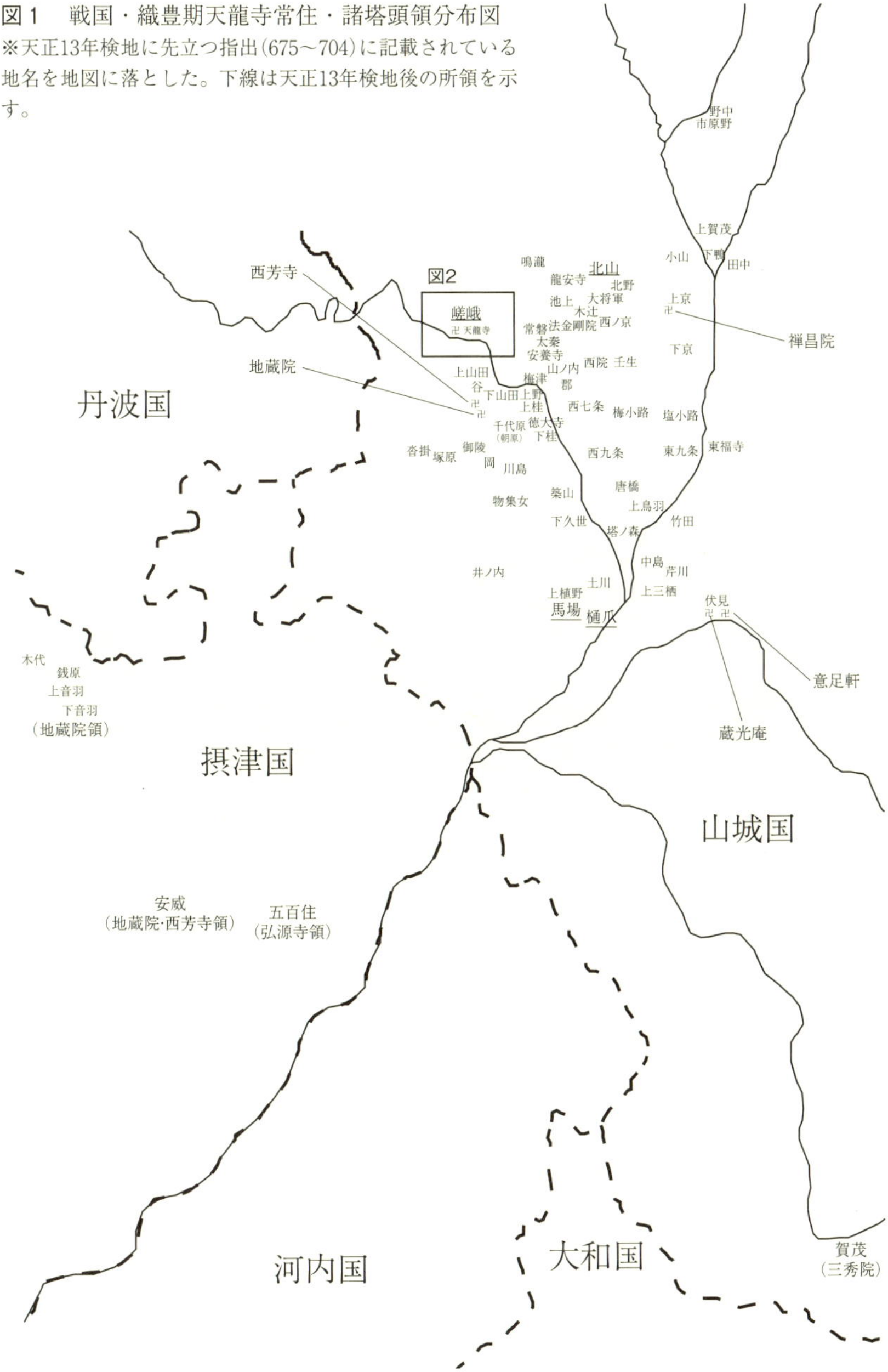

図２　天龍寺文書からみた戦国・織豊期嵯峨景観推定図
※近世の天龍寺周辺絵図（『天龍寺文書目録』、1630年）を基に、山田邦和「中世都市嵯峨の変遷」（金田章裕編『平安京—京都　都市図と都市構造』京都大学学術出版会、2007年）中図７-13を参照して作図

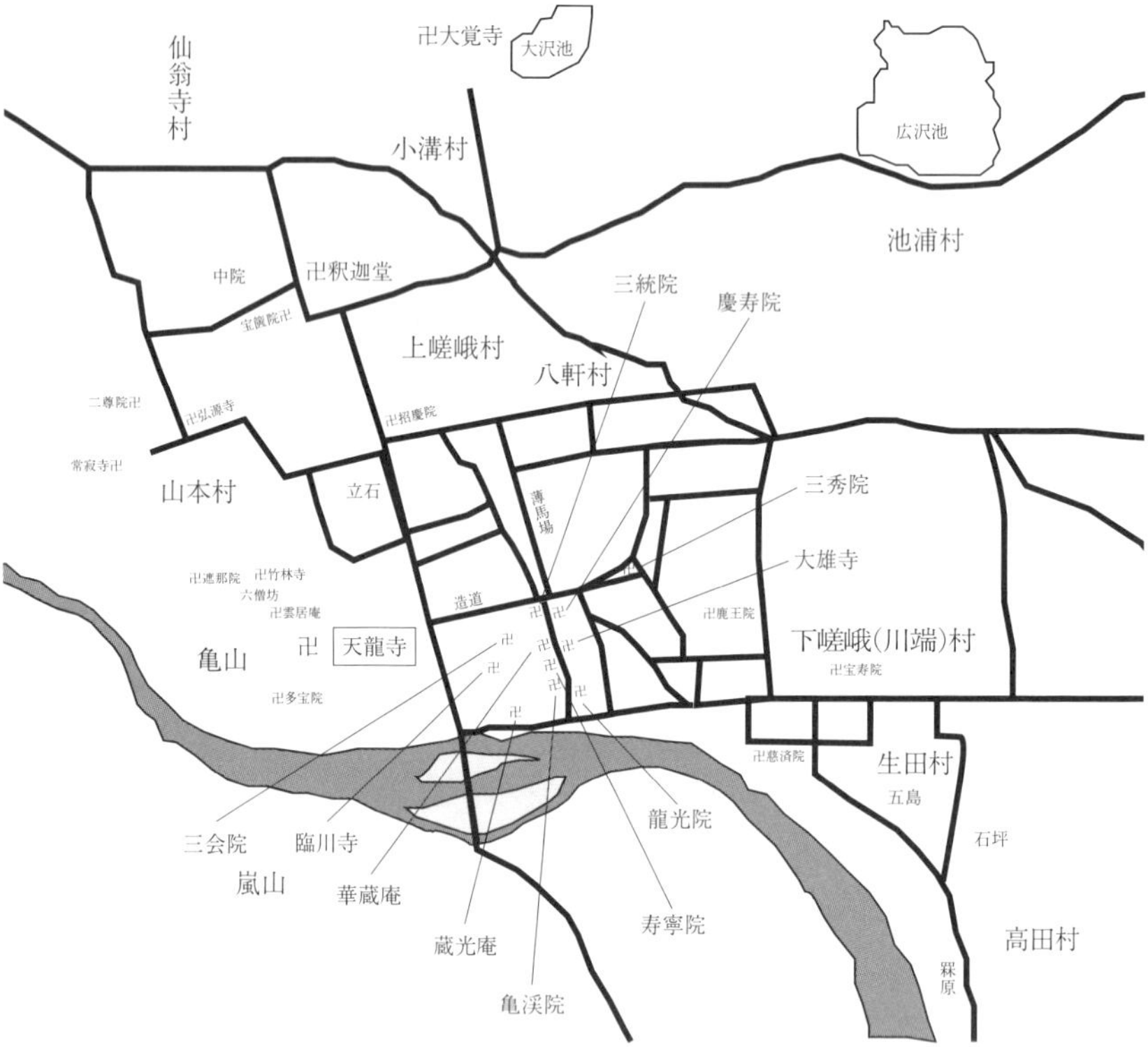

とみてよいだろう。

このように天正一三年、同一七年の検地で、所領の増大という形で常住の機能が強化されていったが、これらが豊臣政権からの外圧の産物であった形跡は確認できず、むしろ寺内の衆議で決定したと考えられる。豊臣政権としては惣寺としての天龍寺に所領を与えたのであって、それを寺内でどのように分配するかまでは干渉しなかった。豊臣秀吉の後を受けた徳川家康も秀吉と同じ石高を追認するが、秀吉と違ったのは、碩学料三〇〇石を設定したことであった。家康は寺院内での学問重視を標榜し、碩学者にはそこから所領を与えようというのである。しかもこれは碩学者一代限りで、その人物の死

表8　常住領変遷

（単位：石）

典拠	675			791			793			794			府1220
年代	天正13			年未詳			年未詳			年未詳			慶長19
	西岡	寺辺	合計	川東	川西	合計	川東	川西	合計	川東	川西	合計※	合計
常住	50.73	38.02	88.75	8.212	50.263	58.475	36.6	70.641	107.241	36.6	54.173	90.773	191.897

※川西に崇恩寺分16.468を加えると70.641、合計107.241となる

後は常住へ返すことになっていた〈府一二一九〉。したがってこれらを合わせると約五〇〇石が広義の常住領といえよう。こうして常住領が強化される一方で、諸塔頭領は削減を余儀なくされた〈府六八〇〉。例えば碩学料が設定された慶長一九年の指出には、地蔵院は記載から消え、慈済院九七石余、鹿王院九六石余、妙智院は九一石余であった〈府一二二〇〉。一〇〇石を超える塔頭は常住ただひとつとなったのである。こうして豊臣政権で天龍寺宛の朱印状が発給されて以来、常住を頂点とする寺内秩序の形成を看取できるであろう。ほかの塔頭よりずば抜けた常住の登場により、塔頭独自の動きは許されなくなり、常住の統制の下、惣寺としての天龍寺が前面に出るようになったのである。

その他塔頭領の様子がわかる史料としては、塔頭文書中の妙智院文書から妙智院領、尊経閣文庫真乗院文書から慈済院領について、所領相論の一端が垣間みられる。真乗院文書は尊経閣文庫で付された文書群名であるが、内容は慈済院のものばかりである。

慈済院は、天正一三年の指出では、表題に「天龍寺之内慈済院幷彭首座領　御朱印あり」とある。つまり慈済院領とは別に菊齢周彭の所領があったことになる。それを示しているのが「真乗院文書」中の慈済院関係史料である。菊齢は天正一三年三月に秀吉の袖朱印によって慈済院住持職が安堵されている〈真二二〉。そこには「従其方師匠之時年来住持」とある。菊齢の師匠は「伏見悦首座弟子彭首座」とあるように〈真一七〉、「伏見」にいた〈真一二〉「意足軒周悦首座」〈真一二〉、すなわち柏岫周悦であった。彼には永禄一一・一二年に「洞首座」と争った、その師匠保叔瑞祐の「跡職」が「伏見庄内」にあった〈真二～真一二〉。それは上洛直後の足利義昭・織田信長の裁定によって菊齢が相続することになった。その際には織田信長の朱印状も発給された〈真五〉。天正

一三年の指出にある「御朱印」とはそのことを指していよう。その菊齢が慈済院の住持となったことで、意足軒領も慈済院領と統合されることになったのであろう。天正一三年指出のなかにある、伏見・竹田・中島・上三栖・芹川所在の慈済院領、計一三二石余は旧意足軒領とみることができよう。七九三でも「知足院彭首座領」として一七五石余が挙げられ、慈済院領はわずか三一石余しかない。しかし徳川期以降は個人名義の所領では把握されなくなり、塔頭である慈済院領として計上されるようになる。

また妙智院文書には、策彦周良が住持をしていた頃の所領について物語っている史料がいくつかある。〈妙八・九・一一・一二〉。それらはいずれも西院内安弘名に関するものである。妙智院は、天正一三年の指出では、西院に三一石余の所領があった。妙智院住持策彦周良は信長と親交があり、信長は策彦からの手紙に「本懐之至」〈妙八〉、「快然之至」〈妙一〇〉、「忻然之至」〈妙一三〉などと喜んでいる。信長は妙智院領西院安弘名について、家臣の武井夕庵などを通じて「妙智院領百性中」に、妙智院への院納と、指出を作成し妙智院納所に提出するように命じている〈妙九〉。これに対して「小作中」は「今井」なる人物が請文を提出したが、それでも直務は完遂できなかったようで、天正元年に再び信長家臣の明智光秀・村井貞勝より「御直納」が命じられている〈妙一一・一二〉。

元亀四年（一五七三）四月、信長が上京を焼き討ちした際、天龍寺では柴田勝家から四月五日、信長軍の「陣執・放火」を禁止する制札を獲得することができた〈六五三〉が、その際多額の出費が必要であった。常住も支出してはいるが、大半は妙智院・真乗院・三秀院・弘源寺・雲居庵・慈済院・松岩寺といった独自の経済基盤をもつ塔頭が支出していた〈六五二〉。こうした諸塔頭の連合体が戦国・織田期の天龍寺であった。

おわりに

これまで天龍寺文書からみた各塔頭の住持の変遷を中心に、天龍寺を構成していた諸塔頭についての基礎的な考察を行ったが、最後に寺内の組織について若干述べておこう。

織田期の天正七年七月、翌年正月までの半年間、輪番で二塔頭が「月評」、つまりその月の評定を行う当番を「鬮」で決めた〈六六四〉。平時には二塔頭が一ヶ月ごとに天龍寺の窓口である常住を担当していたのである。しかし豊臣秀吉から一七二〇石の領地を与えられた後の配分を決めるなど、大事なことは全塔頭の「衆評」で意思決定を行っている〈七一〇・七一一〉。

そして天正二〇年正月の「衆評」で、四人一組が奉行となって常住の寺務を分担することになるなど、大きな機構改革を行っている〈七三八〉。その取り決めは以下のようなものであった。

①天龍寺の奉行四人のうち、一人は毎日常住に詰め、残りの三人は公儀の諸役などを担当し、二月二日から八月二日まで任期とすること。

②常住領以外の諸塔頭・寮舎・行力領は、一石につき五銭を毎年二月二日と八月二日に方丈の奉行に渡すこと。ただし勘定は三ヶ月に一度行うこと。

③ここから奉行が公儀に出費する経費を賄うこと。奉行一回につき食費と光熱費で二石一斗が支給される。旅費についても規程があり、国内での移動には旅費・食費は支給せず、国外の場合のみ食費は一日三二文から四〇文、旅費は距離に応じて支給する。遠方の場合は衆評で決め、不足する場合は諸塔頭などから追加徴収する。

④出銭期日から五日を過ぎれば罰金を徴収すること。

⑤参暇役者が年二回公儀の御礼を一人ずつ勤めること。ただし事情でできない時はほかの参暇が代理すること。

⑤常住領の内検免相の時には、奉行のうち三人が現地へ行き、年貢納入の時には一人が行くこと。勘定は奉行交替の際に行い次の奉行へ引き継ぐこと。

⑥昇進の際に納める官物と渡月橋銭は逐一奉行が請け取り、納帳に記入し、妙智院へ預けておくこと。

⑦参暇が諸家に御礼に行く時は、輪番に行者を一人連れて行くこと。
⑧常住・臨川寺の力者は用事がある時に使ってもよい。その際の食費は一食分その日に支給すること。もし力者が従わない場合は所司代に指示を仰ぐこと。

そして二〇の塔頭が五番に編成されて、半年ごとに交替して、奉行として常住領の管理や天龍寺の対外関係を管掌した。この番編成は文禄三年八月二日・慶長二年二月二日に改訂されている〈七四七・七六七〉。こうして強化された常住を中心に、各塔頭が輪番で奉行を務めることで常住の求心力が維持された。はじめに触れた田中浩司の研究で指摘する納所の機能③・④も、常住に一元化されたようである。こうして豊臣期に、天龍寺の寺内組織は常住を頂点とし、その下に諸塔頭・行力が位置する体制に一本化された。その大きな要因は所領の独自集積が否定され、政権から与えられるようになったことであろう。徳川期には碩学料が設定されたことにより常住の位置づけはさらに強化されることになったのであった。

(1) 田中浩司「戦国期寺院領主経済の一齣――天龍寺の「納下帳」の分析を中心に――」(『論究』二二―一、中央大学文学研究科篇、一九九〇年)。
(2) 今泉淑夫校訂、史料纂集一〇八、一九九七年。
(3) 伊藤真昭・上田純一・原田正俊・秋宗康子編『相国寺蔵　西笑和尚文案　自慶長二年至慶長十二年』(思文閣出版、二〇〇七年)。
(4) 京都市歴史資料館編『大中院文書・永運院文書』(叢書京都の史料九、二〇〇六年)。
(5) 京都府教育委員会編『鹿王院文書目録』B―二二―一―一。鹿王院文書研究会編『鹿王院文書の研究』(思文閣出版、二〇〇〇年)には漏れていた史料である。ほかの遺漏分二点も含めて左に翻刻文を掲げる。

B七―一　惟高妙安書状

(端裏書)「天九子」
鹿王院塔主職事、被斟酌輪番之由堅被仰候間、不及是非候、尤祖忌可参儀候へ共、此方院主も廿日出頭候間、乍自由無
其其儀候、然者焼香之儀、憑度候、近年諸事無案内之儀候間、於自前々之儀者、可憑入候、恐々敬白、
(天文九年)八月十日　　　　妙安(惟高)（花押）
(潤仲周瓏)玉芳軒
　　侍司下
(礼紙封ウワ書)「（墨引き）　　　　広徳軒
　　玉芳軒　侍司下　　　　妙安」

B七—二　潤仲周瓏陽春院林拡張子細言上状

(端裏書)「陽春ノ林ヲ被広候子細」
陽春南堀外十五間南へ可広候、可被成御心得候者也、然共余過分由と(候脱カ)へ共、先用心ニ如此ハヤスヘシ、至寺用ハ何時モ竹木可有御伐之約束、忩別彼在所ハ自最前勝光屋敷、既南堀モ勝光院主河首座相対構堀候、陽春菜園使以宗音・九郎兵衛勝光へ被借、何時も御用時可返申約束ニテ、殊勝光内ヲ通被作候、今又南自前堀十五間、西東之間四十余間在之、西垣も自陽春可仕ト在之、新堀ホル日弘治元乙卯壬十月十六日
本院々主并寺官役者等出一紙一行詞約束也、此時代慶首座ハ盲目公界へも被出頭、其上門中当時被聞召分、天文十年以来三僧河・慶・等被退門中擯出也、自其已来河ハ死去、等ハ一度無参会、慶ハ為盲目間、月忌之時斗ハ玉芳へ被来、天文十一年春、晴元(細川)於芥川(摂津国)城余失面目間、一廻之間斗慶首座一人斗和与検対之在御意見、其後ハ任　公方御下知之旨、寺家之儀可尋モ不可尋モ此方分別次第儀、弘治元年候間、近ハ此分也、
　　　　　　　　周瓏(潤仲)（花押）

B一二—一—一　天龍寺方丈施入石高注文

天龍方丈へ入申分

参石弐斗　　川東有之高
四石壱斗三升　川西有之高
　右幷七石三斗三升
天正十七年十二月廿七日　常宝（花押）
御役者中
　参

重書案文の骨子目録

※本目録は天龍寺文書のうち、天龍寺重書目録　甲・乙、兵庫県尼崎市教育委員会所蔵臨川寺三会院重書案、臨川寺重書案文勅裁・同御教書、鹿王院所蔵臨川寺重書案文御教書の収録状況を示したもので、それぞれの史料ごとにまとめたものである。文書編に収録できない文言を付して、その構成を示している。（　）内の数字は本書文書番号である。

天龍寺重書目録　甲

（表紙）「常住宝蔵
（題簽）『天龍寺重書目録　甲』」
（貼紙）「慈照院殿」（足利義政）
右大将（花押）

一、室町幕府管領細川勝元下知状案（回禄により文書紛失するも相違無し）　文安四年八月二八日（四四九）
二、室町幕府管領細川勝元下知状案（諸国所々段銭等免除）　文安四年八月二三日（四四七）
三、室町幕府御教書案（天龍寺造営料・寺領諸国所々段銭）　文安四年八月二三日（四四八）

四、室町幕府御教書案（造営材木船の勘過）　文安五年六月一九日（四六三）
五、光厳上皇院宣案（亀山殿を仏閣に改む）　暦応二年一〇月五日（四三）
六、足利尊氏御内書案（寺院・寺領の違乱停止）　観応二年八月一六日（九八）
七、夢窓疎石置文案（丹波国瓦屋庄を年忌料所とす）　（観応二年）九月一五日（一〇一）
八、夢窓疎石書状案（丹波国瓦屋庄・尾張国村櫛庄地頭職寄進の礼）　（観応二年カ）九月二二日（一〇二）
九、足利義詮御内書案（天龍寺・雲居庵領等官符宣の直奏）　貞治二年三月一二日（一七六）
一〇、足利義満御判御教書案（役夫工米等課役免除）　応永六年七月二八日（三一六）
一一、足利義満御内書案（天龍寺・雲居庵領安堵）　至徳二年二月二二日（二八二）
一二、足利義満御判御教書案（諸国天龍寺寺領安堵）　至徳二年二月二二日（二八三）
一三、足利義持下知状案（諸公事・守護役等停止）　応永二七年四月一七日（三六二）
一四、足利義教御判御教書案（諸公事・守護役等停止）　永享二年三月八日（四二一）
一五、足利義詮御内書案（校正案文を正文に擬す）　（文和三年カ）二月一〇日（一四五）
一六、室町幕府御教書案（諸国課役免除）　至徳二年五月七日（二八六）
一七、室町幕府執事高師直奉書案（阿波国那賀山庄山河在所）　暦応四年一一月一三日（五四）
一八、天龍寺領信濃国四宮庄土貢注文案　貞和二年六月日（六七）
一九、天龍寺領信濃国四宮庄田在家目録案　貞和二年六月日（六八）
二〇、尼性戒寄進状案（遠江国村櫛庄亡夫遺領）　観応二年五月一九日（九五）
二一、尼性戒寄進状案（遠江国村櫛庄亡夫遺領）　観応二年五月一九日（九六）
二二、官宣旨案（遠江国村櫛庄諸役免除）　貞治三年五月一五日（一七九）

二三、足利尊氏御内書案（丹波国瓦屋庄天龍寺領改動禁止）　観応三年七月一四日（一二一）
二四、足利義詮寄進状案（尾張国海東庄）　延文三年正月一六日（一六二）
二五、室町幕府執事仁木頼章施行状案（尾張国海東庄寄進）　延文三年正月二〇日（一六五）
二六、室町幕府御教書案（尾張国海東庄土岐頼高の押領停止）　貞治三年一〇月一〇日（一八三）
二七、三須忠清・飯尾円耀連署打渡状案（尾張国海東庄）　貞治三年一二月二三日（一八七）
二八、足利義詮御判御教書案（若狭国佐分郷岡安名を雲居庵領とする）　康安二年六月一日（一七二）
二九、室町幕府引付頭人某奉書案（若狭国佐分郷岡安名の違乱停止）　（応安二年）一一月一〇日（二二二）
三〇、室町幕府御教書案（若狭国佐分郷岡安名の沙汰付）　文安四年一二月二一日（四五〇）
三一、後光厳天皇綸旨案（播磨国的部南条郷寄進）　貞治三年六月二九日（一八一）
三二、崇光上皇院宣案（播磨国的部南条郷寄進）　貞治三年六月二九日（一八二）
三三、崇光上皇院宣案（播磨国的部南条郷を光厳院殿塔頭料とする）　貞治三年一一月六日（一八五）
三四、光厳上皇寄進状案（播磨国的部南条郷）　貞治三年六月一五日（一八〇）
三五、足利義詮御判御教書案（播磨国的部南条郷）　貞治四年七月二六日（二〇〇）
三六、足利義詮御判御教書案（播磨国的部南条郷）　貞治四年七月二六日（二〇一）
三七、足利義満御判御教書案（播磨国的部南条郷）　至徳四年七月二九日（二九〇）
三八、藤原家明寄進状案（加賀国横江庄）　応安七年六月一日（二四〇）
三九、足利義満寄進状案（加賀国横江庄）　永和四年七月二日（二四六）
四〇、足利義満御判御教書案（加賀国横江庄安堵）　康暦元年七月二三日（二五〇）
四一、足利義満御判御教書案（周防国玖珂庄寄進）　至徳三年四月一一日（二八八）

四二、大内義弘寄進状案（周防国玖珂庄）　至徳三年四月一七日（二八九）
四三、室町幕府御教書案（周防国玖珂庄の沙汰付）　応永一五年九月二一日（三三三）
四四、室町幕府御教書案（日向国国富庄の沙汰付）　応永二一年五月七日（三一三）
四五、室町幕府御教書案（日向国国富庄の沙汰付）　至徳元年四月二八日（二七七）
四六、室町幕府御教書案（日向国国富庄の沙汰付）　至徳元年四月二八日（二七八）
四七、室町幕府御教書案（日向国国富庄の沙汰付）　至徳元年四月二八日（二七九）
四八、室町幕府御教書案（遠江国村櫛庄地頭職半済の沙汰付）　応永二六年五月二一日（三五一）
四九、遠江国守護斯波義淳遵行状案（遠江国村櫛庄地頭職半済の沙汰付）　応永二六年九月三日（三五五）
五〇、遠江国守護代甲斐祐徳遵行状案（遠江国村櫛庄地頭職半済の沙汰付）　応永二六年九月二七日（三五八）
五一、堀江道賢打渡状案（遠江国村櫛庄）　応永二六年一〇月七日（三五九）
五二、室町幕府御教書案（遠江国村櫛庄地頭職半済の沙汰付）　応永二六年五月二一日（三五一）
五三、室町幕府御教書案（天龍寺・雲居庵領の役夫工米免除）　応永二七年九月二四日（三八三）
五四、足利義持御判御教書案（丹波国六人部庄等名主職一円不輸）　応永二九年八月一〇日（三九三）
五五、足利義持御判御教書案（役夫工米催促停止）　応永二九年閏一〇月一七日（三九九）
五六、足利義持御判御教書案（嵯峨中寺庵領役夫工米）　応永二九年一一月二日（四〇〇）
五七、足利義持御判御教書案（天龍寺造営料木）　応永三二年八月二八日（四〇九）
五八、天龍寺領阿波国那賀山庄雑掌申状案（桂林寺・守護方の押領）　応永三〇年六月日（四〇二）
五九、室町幕府下知状案（諸国所々段銭等免除・守護使不入）　嘉吉二年一二月二六日（四四三）
六〇、室町幕府奉行人連署奉書案（諸国所々造内裏料段銭）　文安元年閏六月二四日（四四五）

六一、丹波国守護代内藤之貞遵行状案（丹波国所々段銭等停止）　文安五年五月一四日（四六二）
六二、天龍寺所領目録案　（年月日未詳）（五六四）
六三、足利義満寄進状案（備中国成羽庄）　永徳元年四月七日（二六二）
六四、室町幕府管領斯波義将施行状案（備中国成羽庄寄進）　永徳元年四月二三日（二六三）
六五、備中国川上郡守護石塔頼房遵行状案（備中国成羽庄の沙汰付）　永徳元年四月二五日（二六四）
六六、上野兵部大輔入道打渡状案（備中国成羽庄）　永徳元年五月二七日（二六六）
六七、室町幕府御教書案（備中国成羽庄の争論）　明徳元年九月一二日（二九七）
六八、室町幕府御教書案（備中国成羽庄の争論）　明徳三年六月七日（三〇一）
六九、備中国守護渋川満頼遵行状案（備中国成羽庄の争論）　明徳三年六月二〇日（三〇二）
七〇、備中国守護代吉見氏康遵行状案（備中国成羽庄の争論）　明徳三年七月二八日（三〇三）
七一、沙弥石浦書状案（備中国成羽庄の争論）　（明徳三年）七月二八日（三〇四）
七二、左衛門尉成行書状案（備中国成羽庄の争論）　（明徳三年）七月二八日（三〇五）
七三、備中国守護代吉見氏康注進状案（備中国成羽庄の争論）　明徳三年七月二九日（三〇六）
七四、室町幕府御教書案（備中国成羽庄の争論）　明徳四年一〇月七日（三〇八）

（奥書）「　（細川勝元）右京大夫（花押）
龍安寺殿」

天龍寺重書目録　乙

（表紙）「常住宝蔵
（題簽）『天龍寺重書目録　乙』」

（貼紙）「慈照院殿」（足利義政）
右大将（花押）

一、上杉道昌寄進状案（越後国保倉保北方）　貞治元年六月二七日（一七三）
二、室町幕府御教書案（越後国保倉保北方寄進）　応安元年三月二六日（二一八）
三、足利義詮御判御教書案（丹波国弓削庄・山国杣率分関賃）　貞治四年四月二九日（一九九）
四、足利義詮御判御教書案（丹波国弓削庄年貢料木）　文和元年一〇月一二日（一二六）
五、春屋妙葩置文案（丹波国六人部庄寄付状等拝納）　貞治五年五月一八日（二〇九）
六、春屋妙葩等請文案（丹波国六人部庄の替地）　貞治六年一〇月三日（二一七）
七、五辻宮祥益所領譲状案（丹波国六人部庄譲状）　永和三年八月一五日（二四四）
八、幸宮久世所領譲状案（丹波国六人部庄譲状）　明徳三年八月二八日（三〇七）
九、下宮宗璨所領譲状案（丹波国六人部庄譲状）　応永一七年二月二五日（三三八）
一〇、丹波国六人部庄本主次第案　応永一七年六月二七日（三三九）
一一、室町幕府御教書案（信濃国四宮庄の沙汰付）　応永二六年九月六日（三五六）
一二、室町幕府御教書案（信濃国四宮庄の沙汰付）　応永二七年八月一五日（三八一）
一三、室町幕府御教書案（加賀国横江庄白山社造営段別米人夫役等停止）　応永二六年六月二日（三五二）
一四、加賀国守護富樫満春遵行状案（加賀国横江庄白山社造営段別米人夫役等停止）　応永二七年二月一五日（三六〇）
一五、室町幕府奉行人奉書案（備中国成羽長講堂段銭免除）　応永二六年七月二八日（三五三）
一六、備中国守護細川頼重奉行人奉書案（備中国成羽長講堂段銭免除）　応永二六年七月二九日（三五四）

一七、室町幕府管領細川満元施行状案（阿波国那賀山庄諸公事等停止）　応永二七年四月一九日（三六五）
一八、室町幕府管領細川満元施行状案（備後国岩成庄諸公事等停止）　応永二七年四月一九日（三六六）
一九、室町幕府管領細川満元施行状案（山城国物集女庄等諸公事等停止）　応永二七年四月一九日（三六四）
二〇、丹波国守護細川満元遵行状案（丹波国六人部庄等諸公事等停止）　応永二七年四月一九日（三六七）
二一、室町幕府管領細川満元施行状案（遠江国村櫛庄等諸公事等停止）　応永二七年四月一九日（三六八）
二二、讃岐国守護細川満元遵行状案（讃岐国原・柞原諸公事等停止）　応永二七年四月一九日（三六九）
二三、室町幕府管領細川満元施行状案（播磨国的部南条郷等諸公事等停止）　応永二七年四月一九日（三七〇）
二四、讃岐国守護細川満元遵行状案（讃岐国原・柞原諸公事等停止）　応永二七年四月一九日（三七一）
二五、室町幕府管領細川満元施行状案（越後国保倉保等諸公事等停止）　応永二七年四月一九日（三七二）
二六、室町幕府管領細川満元施行状案（備中国成羽庄諸公事等停止）　応永二七年四月一九日（三七三）
二七、室町幕府管領細川満元施行状案（相模国成田庄等諸公事等停止）　応永二七年四月一九日（三七四）
二八、室町幕府管領細川満元施行状案（加賀国横江庄諸公事等停止）　応永二七年四月一九日（三七五）
二九、室町幕府奉行人・神宮頭人連署奉書案（丹波国豊富庄段銭）　応永二八年八月二七日（三八九）
三〇、室町幕府奉行人奉書案（小舎人雑色）　応永二七年八月一五日（三八二）
三一、室町幕府御教書案（播磨国志深保大村一族等跡所職）　応永二九年一〇月二六日（三九五）
三二、室町幕府奉行人連署奉書案（播磨国志深保大村一族等跡所職）　応永二九年一〇月九日（三九四）
三三、播磨国守護赤松義則奉行人連署奉書案（播磨国志深保大村一族等跡所職）　（応永二九年）一〇月二七日（三九六）
三四、播磨国守護赤松義則奉行人連署打渡状案（播磨国志深保大村一族等跡所職）　（応永二九年）一〇月二七日（三九七）
三五、室町幕府御教書案（近江国健部庄年貢対捍）　応永二七年一一月二四日（三八四）

五五、室町幕府管領細川勝元施行状案（尾張国飯田郷等諸公事等免除） 文安四年一二月二四日（四五二）
五六、室町幕府管領細川勝元施行状案（越後国富川保等諸公事等免除） 文安四年一二月二四日（四五三）
五七、讃岐国守護細川勝元遵行状案（讃岐国原郷諸公事等免除） 文安四年一二月二四日（四五四）
五八、丹波国守護細川勝元遵行状案（丹波国弓削庄等諸公事等免除） 文安四年一二月二四日（四五五）
五九、讃岐国守護細川勝元遵行状案（讃岐国柞原郷諸公事等免除） 文安四年一二月二四日（四五六）
六〇、室町幕府管領細川勝元施行状案（阿波国吉井等諸公事等免除） 文安四年一二月二四日（四五七）
六一、室町幕府管領細川勝元施行状案（信濃国四宮村等諸公事等免除） 文安四年一二月二四日（四五八）
六二、室町幕府管領細川勝元施行状案（若狭国耳西郷等諸公事等免除） 文安四年一二月二四日（四五九）
六三、室町幕府管領細川勝元施行状案（加賀国横江庄諸公事等免除） 文安四年一二月二四日（四六〇）
六四、室町幕府管領細川勝元施行状案（備中国成羽庄諸公事等免除） 文安四年一二月二四日（四六一）
六五、近江国健部庄保司方百姓等起請文案 応永二八年五月一〇日（三八七）
六六、丹波国六人部庄沙汰人名主百姓等起請文案 応永二七年五月一二日（三七八）
六七、香西常建書状案（丹波国弓削庄長講堂領段銭免除） （年未詳）八月三日（五六一）
六八、斎藤基喜書状案（日向国国富庄・鹿野田郷返付） 応永二六年九月八日（三五七）
六九、室町幕府御教書（天龍寺文書紛失事） 長禄二年七月二〇日（四八三）

※甲乙本ともに継目裏花押あり。

臨川寺三会院重書案（兵庫県尼崎市教育委員会所蔵）

（帙貼紙）「臨川寺重書案文」

（折本外題）「三会院重書案」

諏方神左衛門（康朝）

奉行　与（依）田入道（時朝・元信）　封裏

門真左衛門（周清）

（朱文角印）「三井家蔵」

（貼紙）「御代々御判」

（貼紙）「恵林院殿」（足利義稙）（花押）

（貼紙）「慈照院殿」（足利義政）（花押）

（貼紙）「鹿苑院殿」（足利義満）（花押）

（貼紙）「勝定院殿」（足利義持）（花押）

（貼紙）「普広院殿」（足利義教）（花押）

一、室町幕府御教書（案文を正文に准ず）　永徳二年七月一一日（二七三）

二、臨川寺三会院領目録

臨川寺三会院領惣目御寄進之年記次第記之、

近江国栗津（滋賀郡）橋本御厨

美濃国高田（多芸郡）勅旨田

備後国垣田庄

已上三ヶ所室町准后（尊融）御寄進也、

河内国橘嶋（渋川郡）庄内光国名
但馬国大田（出石郡）庄内坂本・秦守両村
尾張国御器所（愛知郡）保
近江国赤野井（野洲郡）村幷三宅十二里
参河国額田郡沙汰人余三太郎跡給田畠
遠江国吉美（敷智郡）庄内々山郷
美濃国武義（武儀郡）庄神渕郷内栗原村
阿波国富吉（板野郡）庄内東村幷北敷地南敷地
近江国石田（野洲郡）郷上方半分

三、近江国粟津橋本御厨文書目録
（異筆）「校正了」
一┐近江国粟津橋本御厨
一通　御寄進状室町准后（尊融）
一々　院宣如元可有御安堵之由事
一々　同　当院（光厳上皇）御寄附被聞食之由事
一々　同　寺家安堵
一々　同　被止章兼（中原カ）綺之由事
一々　同　重寺家安堵

一々　二条殿　関白家御消息（二条良基）

一々　御系図

一々　宝篋院殿（足利義詮）　武家御教書

四、室町准后尊融寄進状案（近江国粟津橋本御厨等）　暦応四年一一月一八日（五五）

五、光厳上皇院宣案（伊勢国富津御厨等の管領）　暦応四年九月二三日（五一）

六、光厳上皇院宣案（近江国粟津橋本御厨等寄付）　暦応五年三月一二日（五六）

七、光厳上皇院宣案（近江国粟津御厨の知行）　康永元年一一月二〇日（五八）

八、光厳上皇院宣案（近江国橋本御厨濫妨停止）　康永元年一一月二〇日（五九）

九、後光厳天皇綸旨案（近江国粟津橋本御厨の知行）　文和三年三月五日（一四六）

一〇、二条良基書状案（近江国粟津橋本御厨）　文和二年三月五日（一一九）

一一、世良親王遺領内安堵所々注文案（近江国粟津橋本御厨等）　（年月日未詳）（五二）

一二、足利義詮御判御教書案（近江国粟津御厨等押妨停止）　観応三年七月二四日（一一二）

一三、美濃国高田勅旨田文書目録

（異筆）（校正了）「同前」

一美濃国（土岐郡）高田勅旨田

一通　御下知状被付下地於領家方之由事

一四、足利直義下知状案（美濃国高田郷河井村年貢）　康永三年一一月一九日（六四）

一五、備後国垣田庄文書目録
（異筆）（校正了）
「同前」
一ヿ備後国垣田庄
一通　禅律方奉書　任　院宣可致沙汰之由事

一六、室町幕府禅律方頭人大高重成奉書案（備後国垣田庄領家職）　康永元年七月一〇日（五七）

一七、河内国橘島庄内光国名文書目録
（異筆）（校正了）
「同前」
一ヿ河内国橘嶋（渋川郡）庄内光国名
一通　三条殿（足利直義）御寄進状
一々　細川阿波守（和氏）寄進状
一々　同左近将監（元氏）同状

一八、足利直義書状案（河内国橘島庄光国名を三会院に沙汰）　康永二年三月二一日（六〇）

一九、細川和氏寄進状案（河内国橘島庄光国名）　暦応三年四月一七日（四五）

二〇、細川元氏寄進状案（河内国橘島庄光国名）　康永二年三月二三日（六一）

二一、但馬国太田庄坂本・泰守両村文書目録

（異筆）（校正了）「同前」

一但馬国太田（出石郡）庄坂本・泰守両村

一通　本光院殿御寄進状

一々　将軍家（足利尊氏）同

一々　武州（高師直）施行

一々　錦少路殿（足利直義）御寄進状　秦守事

一々　宝篋院（足利義詮）御書　同

一々　同前御教書　重安堵

一々　今川駿河（頼貞）施行

一々　守護代渡状

二二、本光院寄進状案（但馬国太田庄坂本村）　貞和五年九月二四日（八七）

二三、足利尊氏寄進状案（但馬国太田庄）　観応元年一〇月二五日（八九）

二四、室町幕府執事高師直施行状案（但馬国太田庄の沙汰付）　観応元年一〇月二五日（九〇）

二五、足利直義寄進状案（但馬国太田庄泰守村）　観応二年卯月八日（九四）

二六、足利義詮御内書案（但馬国太田庄泰守村の知行）　観応二年八月一五日（九七）

二七、足利義詮御判御教書案（但馬国太田庄安堵）　観応二年八月一七日（九九）

二八、但馬国守護今川頼貞遵行状案（但馬国太田庄）　観応元年一一月一四日（九二）

二九、但馬国守護使請文案（但馬国太田庄の沙汰付）　観応元年一一月一四日（九三）

三〇、尾張国御器所保文書目録

（異筆）（校正了）
「同前」

一尾張国（愛智郡）御器所保

一通　将軍家（足利尊氏）御寄進状

一々　大高伊予（重成）権守寄進状

一々　宝篋院殿（足利義詮）御教書　右馬助（大高）重政割分事

三一、足利尊氏寄進状案（尾張国御器所保）　正平七年二月九日（一一三）

三二、大高重成寄進状案（尾張国御器所保）　観応二年一〇月六日（一〇三）

三三、足利義詮御判御教書案（尾張国御器所保割分安堵）　延文五年一二月一七日（一六七）

三四、近江国赤野井村幷三宅十二里文書目録

（異筆）（校正了）
「同前」

一近江国赤野（野洲郡）井村幷三宅十二里

一通　将軍家（足利尊氏）御寄進状　　　一通　（諏訪）円忠法眼寄進状
一々　将軍家御書　　　一々　（足利義詮）宝篋院殿御書
一々　宝篋院殿御判御施行　　　一々　（山内信詮・定詮）佐々木五郎右衛門尉請文
一々　御下文円忠拝領　　　一々　施行
一々　佐々木佐渡大夫判官（高氏・道誉）請文　　　一々　御下知被止名主等違乱之由事
一々　将軍家御書

三五、足利尊氏寄進状案（近江国赤野井村三宅郷）　観応二年一一月三日（一〇七）
三六、諏訪円忠寄進状案（近江国赤野井村三宅郷）　観応二年一〇月晦日（一〇五）
三七、三会院院主無極志玄等連署裏書案（近江国赤野井村三宅郷）　観応二年一〇月晦日（一〇六）
三八、足利尊氏御内書案（近江国赤野井村三宅郷安堵）　観応二年一一月三日（一〇八）
三九、足利義詮御内書案（近江国赤野井村三宅郷安堵）　観応二年一一月二八日（一〇九）
四〇、足利義詮御判御教書案（近江国赤野井村三宅郷寄進状の施行）　文和元年一二月二七日（一二八）
四一、山内定詮請文案（近江国赤野井村三宅郷の沙汰付）　文和二年五月一五日（一三〇）
四二、足利尊氏下文案（近江国赤野井村三宅郷地頭職宛行）　暦応三年八月一二日（四六）
四三、室町幕府執事高師直施行状案（近江国赤野井村三宅郷の沙汰付）　暦応三年八月一二日（四七）
四四、佐々木秀綱請文案（近江国赤野井村三宅郷の沙汰付）　暦応三年九月三日（四八）
四五、足利直義下知状案（近江国赤野井村三宅郷の押領停止）　暦応四年一〇月一二日（五三）

四六、足利尊氏御内書案（近江国赤野井村三宅郷の遵行）　観応三年六月二七日（一一八）

四七、三河国額田郡沙汰人余三太郎跡給田畠文書目録

（異筆）（校正了）「同前」

一三河国額田郡沙汰人余三太郎跡給田畠

一通　宝篋院殿（足利義詮）御寄進状

一々　二品禅閣（足利貞氏カ）御下文

一々　譲与状　在　二品禅閣御外題

一々　了明（鹿島宗実後家）譲状

一々　恵鑑（細川和氏女）寄進状

一々　禅律方奉書

四八、足利義詮寄進状案（三河国額田郷）　観応三年七月二九日（一一三）

四九、二品禅閣下文案（三河国額田郷宛行）　嘉元元年一一月二一日（二）

五〇、鹿島宗実譲状案（三河国額田郷外題安堵）　正和元年七月一二日（四）

五一、鹿島宗実後家れうみやう譲状案（三河国額田郷）　康永二年五月一〇日（六二）

五二、尼恵鑑寄進状案（三河国額田郷沙汰人余三太郎跡）　貞和五年六月二七日（八五）

五三、室町幕府禅律方頭人大高重成奉書案（三河国額田郷の乱妨停止）　文和二年一二月二四日（一三五）

五四、遠江国吉美庄内々山郷文書目録

（異筆）（校正了）「同前」

一遠江国（敷智郡）吉美庄内々山郷

一通　将軍家（足利尊氏）御寄進状

一々　渋川中務大輔（直頼）寄進状

五五、足利尊氏寄進状案（遠江国吉美庄）　観応三年九月一五日（一二四）

五六、渋川直頼寄進状案（遠江国吉美庄）　観応三年七月五日（一二〇）

五七、美濃国武義庄神渕郷栗原村文書目録

（異筆）（校正了）「同前」

一美濃国（武儀郡）武義庄神渕郷栗原村

一通　寺家安堵御教書

一々　理春比丘尼寄進状

一々　尼浄心譲状

一々　理春譲状

一々　二階堂（成藤）安芸守証明状

一々　禅律方奉書

五八、足利義詮御判御教書案（美濃国武義庄）　文和元年一二月一二日（一二七）

五九、尼理春寄進状案（美濃国武義庄）　貞和三年一〇月二五日（七四）

六〇、尼浄心所領譲状案（美濃国武義庄）　元応元年一一月八日（五）

六一、尼理春譲状案（美濃国武義庄）　康永三年一二月二日（六五）

六二、二階堂成藤書状案（美濃国武義庄譲状紛失）　貞和元年一二月一二日（六六）

六三、室町幕府禅律方頭人大高重成奉書案（美濃国武義庄の沙汰付）　文和二年九月二日（一三二）

六四、阿波国富吉庄内東村幷北敷地南敷地文書目録

（異筆）（校正了）「同前」

一阿波国富吉庄内東村幷北敷地南敷地

一通　室町准后（尊融）御寄進状

一々　施行

一々　細川右馬助（頼之）書状

六五、尊融・尊顕連署寄進状案（阿波国富吉庄を夢窓疎石・尊融追善料所とする）　文和三年正月一三日（一三七）

六六、阿波国守護細川頼之遵行状案（阿波国富吉庄領家職の沙汰付）　文和五年二月七日（一五一）

六七、細川頼之書状案（阿波国富吉庄）　文和三年五月一八日（一四七）

六八、近江国石田郷上方半分文書目録

（異筆）（校正了）「同前」

一 近江国（野洲郡）石田郷上方半分

一通 将軍家（足利尊氏）御寄進状

一々 細川伊与守（清氏）寄進状

一々 施行

六九、足利尊氏寄進状案（近江国石田郷地頭職） 文和三年二月六日（一四二）

七〇、細川清氏寄進状案（近江国石田郷） 文和三年二月六日（一四一）

七一、室町幕府執事仁木頼章施行状案（近江国石田郷寄進） 文和三年二月六日（一四三）

七二、臨川寺三会院領山城国散在田畠幷洛中敷地目録

「（異筆）校正了」

臨川寺三会院領山城国散在田畠幷洛中敷地目録

散在田分年紀次第記之、

参段（葛野郡）伏原田　比丘尼惣好 貞和二 八 十七

伍段（葛野郡）上桂・上野　比丘尼理仁 観応元 十一 七 清兼・氏女両判在之、

漆段大（宇治郡）山階小野郷内　常本上座 文和二 十二 廿三

茶園一所（葛野郡）葉室山御霊前　葉室大納言（長光） 同三 十二 廿一

壱段九条田号刑部卿田屋地一紙寄進也　祐信 延文三 七 廿八

松陰茶園并田畠　昌能都聞　応安元　九　卅
田壱町玖段畠伍段（乙訓郡）下久世村内　俊覚　同二　六　五
弐段角神田里廿六坪内　中穏首座　同年　十　一
（葛野郡）物集女庄内有末別当両名名主得分　立阿　同年　十二　十三
田畠壱町半（乙訓郡）下久世利弘名同前　了源　同三　二　十三
弐段半（葛野郡）生田村内　しんゑい　同年　三　廿一
宇多院田　勅施入　同四　六　九
弐段椎野・一本松　周階上座　同五　十　十
壱町漆段弐拾歩（葛野郡）桂東庄内加地子　昌保庵主　同年　十　十四
弐段（葛野郡）大井郷　西窪　比丘尼妙智永和三　九　十一
玖段大壱段畠　野田　小渕　浄善　康暦元　三　七
参段付萱坊敷地山林等葛野郡内　昌誥監寺　同二　三　卅
四段余　（葛野郡）梅津庄内　昌明大徳　至徳四正拾九日
二段　野副　祐長　宗時　寄進状別紙在之、
（異筆）（校正了）「同前」

洛中敷地分

一所　武者小路町　口南北三丈一尺　奥東西十四丈八尺　祐信延文三　七　廿八

一所　五条櫛笥畠　口南北十三丈五尺　奥東西二十丈四尺五寸　同人同　日

一々　下北小路室町東角 西角　東頬自南至北十丈　但中六丈五尺　西頬室町面自南至北六丈七尺　奥東西六丈四尺　南頬北小路面八丈三尺、北頬、南同　比丘尼理休貞治二　九　廿九

一々　錦小路室町室町面 錦小路北頬　口東西五丈　奥南北八丈　口東西参丈西ヨリ中 他人地アリ奥南北八丈　行済庵主同四　八　九

一々　同所四条坊門南西頬　・南北四丈一尺　・東西十四丈　同人同　日

一々　同所　小袖座　・東西三丈五尺五寸　・八丈　同人同　日

一々　四条室町南西頬　・南北八丈五尺　・東西二十三丈　同人同　日

一々　七条烏丸自七条南 烏丸西頬　南北五丈四尺五寸　東西二十五丈六尺　比丘尼理梵永和二　七　十一

一々　錦少路東洞院　・二丈六尺　・十五丈　比丘尼真珠同年　七　卅

一々　四条町土屋刀架　自東二番目架　一間分弐尺　同人同　日

一々　樋口北町西頬　口二丈　奥十三丈　比丘尼理誠康暦二　六　七

一々　四条東洞院　口二丈八尺八寸奥九丈　同人

一々　錦小路西洞院　東西四丈二尺 南北十九丈八尺　周檀侍者至徳三　四　一
一々　四条東洞院高倉　北頬中程材木座 口二丈一尺　昌威監寺
一々　綾小路万里小路　東頬南角口南北八丈 奥東西十丈也　等倫西堂

七三、尼物好寄進状案（伏原田三段）　貞和二年八月一七日（六九）
七四、清兼・氏女寄進状案（上桂上野庄下司職内田五段）　観応元年一一月七日（九一）
七五、常本寄進状案（南山階小野郷田六段）　文和二年一二月二三日（一三四）
七六、葉室長光寄進状案（葉室山茶園一所）　文和三年一二月二一日（一四八）
七七、昌能寄進状案（嵯峨松陰茶園・田畠）　応安元年九月晦日（二一九）
七八、俊覚寄進状案（下久世村田一町九段他）　応安二年六月五日（二二〇）
七九、中穏寄進状案（紀伊郡角神田里二六坪内田二段）　応安二年一〇月一日（二二一）
八〇、立阿寄進状案（物集女庄有末・別当両名名主得分）　応安二年一二月一三日（二二三）
八一、了源寄進状案（下久世庄利弘名田畠一町半）　応安三年二月一三日（二二四）
八二、比丘尼しんゑい売券案（生田村畠二段半）　応安三年一二月二一日（二二六）
八三、後光厳上皇院宣案（西京宇多院田施入）　応安四年六月九日（二三〇）
八四、室町幕府執事細川頼之奉書案（西京宇多院田寄附の院宣）　応安五年九月六日（二三五）
八五、周皆田地寄進状案（椎野一本松田二段）　応安五年一〇月一〇日（二三六）
八六、昌保寄進状案（桂東庄加地子米四石一斗）　応安五年一〇月一四日（二三七）

八七、妙智寄進状案（大井郷西窪田二段）　永和三年九月一一日（二四五）
八八、浄善寄進状案（野田小渕田畠）　康暦元年三月七日（二四七）
八九、昌誥寄進状案（萱坊屋敷田畠・荒野山林三段）　康暦二年三月晦日（二五五）
九〇、祐信寄進状案（武者小路町・九条田一段・五条櫛笥畠）　延文三年七月二八日（一六六）
九一、理休寄進状案（北小路室町屋地）　貞治二年九月二九日（一七八）
九二、松寿丸寄進状案（錦小路室町・四条室町屋地）　貞治四年八月九日（二〇二）
九三、理梵寄進状案（七条烏丸屋地）　永和二年七月一一日（二四二）
九四、真珠寄進状案（錦小路東洞院・四条町屋地）　永和二年七月晦日（二四三）
九五、理誠寄進状案（樋口町屋地）　康暦二年六月七日（二五七）
九六、足利尊氏御判御教書案（軍勢等違乱停止）　観応三年六月二七日（一一九）
九七、太政官符案（近江国粟津橋本御厨諸役免除）　貞和五年四月二八日（八一）
九八、太政官符案（美濃国高田勅旨田諸役免除）　貞和五年四月二八日（八二）
九九、太政官符案（美作国讃甘北庄六分一諸役免除）　貞和五年四月二八日（八三）
一〇〇、太政官符案（河内国橘島庄光国名諸役免除）　貞和五年四月二八日（八四）
一〇一、足利義詮御判御教書案（臨川寺領勅役免除官符の施行）　延文元年一〇月一二日（一五六）
一〇二、官宣旨案（遠江国吉美庄内山郷諸役免除）　貞治四年二月二二日（一八八）
一〇三、官宣旨案（近江国石田郷上方等諸役免除）　貞治四年二月二二日（一八九）
一〇四、官宣旨案（美濃国神渕郷栗原村諸役免除）　貞治四年二月二二日（一九〇）
一〇五、官宣旨案（丹波国志村郷地頭職諸役免除）　貞治四年二月二二日（一九一）

一〇六、官宣旨案（三河国額田郷諸役免除）　貞治四年二月二二日（一九二）

一〇七、官宣旨案（但馬国太田庄秦守等諸役免除）　貞治四年二月二二日（一九三）

一〇八、官宣旨案（阿波国富吉庄東村等諸役免除）　貞治四年二月二二日（一九四）

一〇九、官宣旨案（三会院領所々諸役免除）　貞治四年二月二二日（一九五）

一一〇、室町幕府御教書案（三会院領諸役免除）　康暦二年六月八日（二五八）

一一一、後円融天皇綸旨案（山城散在田畠・洛中敷地等安堵）　永徳二年二月二二日（二七〇）

一一二、室町幕府管領斯波義将施行状案（山城散在田畠・洛中敷地等安堵の綸旨）　永徳三年正月二〇日（二七四）

（奥書）「永徳二年三月晦日守塔周敦（大義）（花押）

臨川住持比丘　周龔（謙叟）（花押）

前南禅　清谿通徹（花押）

前南禅　龍湫周沢（花押）

天龍寺住持春屋妙葩（花押）

渡辺伊与法名昌敦筆蹟也、　」

臨川寺重書案文勅裁（天龍寺蔵）

（折本表紙）「臨川寺重書案文　勅裁」

一、臨川寺領文書目録

臨川寺領文書目録

山城国散在田畠幷寺辺敷地等
加賀国大野庄（石川郡）　領家地頭
阿波国富吉庄（坂東郡）
若狭国耳西郷半分（三方郡）　地頭職
近江国榎木庄（坂田郡）　地頭職
駿河国田尻郷（益津郡）

二、後醍醐天皇綸旨案（臨川寺管領）　元弘三年七月二三日（一九）
三、後醍醐天皇綸旨案（常陸国東岡田郷地頭職知行）　元弘三年八月七日（二一）
四、北畠親房書状案（山城国臨川寺近辺芹河殿敷地）　元弘三年一〇月七日（二二）
五、後醍醐天皇綸旨案（大井村寄進）　元弘三年一〇月二八日（二三）
六、後醍醐天皇綸旨案（大井河殺生禁断事）　建武元年四月二四日（二五）
七、後醍醐天皇綸旨案（甲斐国牧庄寄付）　建武二年正月二五日（二七）
八、後醍醐天皇綸旨案（二階堂道蘊屋地寄進）　建武二年正月二五日（二六）
九、油小路隆蔭書状案（大井郷をめぐり大勝院との訴訟）　（建武三年）九月一一日（三三）
一〇、光厳上皇院宣案（大井郷をめぐり大勝院との訴訟）　建武三年九月一一日（三二）
一一、後醍醐天皇置文案（臨川寺開山）　建武二年一〇月一一日（二八）
一二、日野資名奉書案（夢窓国師号安堵）　建武三年九月二一日（三五）
一三、光厳上皇院宣案（臨川寺諸山之随一）　建武三年九月二七日（三六）

一四、光厳上皇院宣案（加賀国大野庄・大井郷の管領）　建武三年九月二七日（三七）
一五、光厳上皇院宣案（大井郷闕所遮那院并屋地の管領）　建武三年一〇月二九日（三八）
一六、光厳上皇院宣案（臨川寺近辺散在地の管領）　暦応二年四月二五日（四二）
一七、崇光天皇宣旨伝達状案（大井郷・加賀国大野庄等諸役免除）　貞和五年四月一五日（七七）
一八、太政官符案（大井郷諸役免除）　貞和五年四月二八日（七九）
一九、太政官符案（加賀国大野庄諸役免除）　貞和五年四月二八日（八〇）
二〇、後光厳天皇綸旨案（加賀国大野庄黒田・無量寺村安堵）　延文元年七月二六日（一五二）
二一、後光厳天皇綸旨案（年貢運送）　（延文二年カ）六月七日（一五八）
二二、後光厳天皇綸旨案（加賀国大野庄段米・升米白山金釼宮神人等譴責事）　（延文元年）八月一六日（一五三）
二三、後光厳天皇綸旨案（年貢運送押妨停止）　延文二年一〇月三日（一五九）
二四、官宣旨案（若狭国耳西郷諸役免除）　貞治四年三月二六日（一九六）
二五、官宣旨案（阿波国富吉庄諸役免除）　貞治四年三月二六日（一九七）
二六、後光厳天皇綸旨案（加賀国大野庄年貢運送押妨停止）　貞治五年八月一一日（二一〇）
二七、後光厳上皇院宣案（加賀国大野庄等土貢米勘過）　応安六年閏一〇月一〇日（二三八）

（奥書）
「　　　住持梵晃（東啓）（花押）
崇寿院周伸（無求）（花押）
大光明寺周朗（月庭）（花押）
雲居庵中嵩（中山）（花押）
等持院明応（空谷）（花押）」

臨川寺重書案文御教書（天龍寺蔵）

（折本表紙）「臨川寺重書案文　御教書」

一、足利義持御判御教書案（臨川寺・三会院領諸役免除）　応永一五年一〇月五日（三三四）
二、足利義持御判御教書案（大井村薄馬場返付）　応永一六年九月六日（三三七）
三、足利義持御判御教書案（臨川寺十刹第二）　応永二三年七月四日（三四八）
四、足利義持下知状案（諸国所々諸役停止）　応永二七年四月一七日（三六一）
五、足利義持御判御教書案（大井郷敷地等領知）　応永三四年六月一五日（四一六）
六、足利義持御判御教書案（役夫工米催促停止）　応永二九年閏一〇月一七日（三九八）
七、足利義教御判御教書案（諸国所々寺領安堵）　正長二年八月三〇日（四二〇）
八、足利義教寄進状案（伊勢国梅戸御厨）　永享三年一〇月八日（四二六）
九、足利義教下知状案（諸国所々臨川寺領諸役免除）　永享六年四月一六日（四三〇）
一〇、室町幕府下知状案（諸国所々諸公事等免除）　嘉吉二年一一月一九日（四四二）
一一、足利義政御判御教書案（諸国所々諸公事等免除）　康正二年一〇月九日（四六八）
一二、室町幕府管領細川勝元施行状案（諸国所々諸公事等免除）　康正三年三月六日（四七〇）
一三、足利義政御判御教書案（諸国所々臨川寺領返付）　文明九年一二月二八日（四九九）
一四、室町幕府奉行人連署奉書案（加賀国大野庄等所領返付）　文明九年一二月二九日（五〇一）
一五、室町幕府奉行人連署奉書案（諸国所々段銭等免除）　明応五年閏二月二一日（五六八）
一六、足利義持御判御教書案（加賀国大野庄等役夫工米免除）　応永一七年九月一〇日（三四〇）

一七、足利義持御判御教書案（加賀国大野庄白山段米免除）　応永一七年一二月二六日（三四一）
一八、足利義持下知状案（加賀国大野庄課役等停止）　応永一九年五月四日（三四六）
一九、足利義教御判御教書案（加賀国大野庄諸役免除）　永享六年四月一六日（四三一）
二〇、足利義政御判御教書案（加賀国大野庄諸役免除）　康正二年一〇月九日（四六九）
二一、室町幕府御教書案（加賀国大野庄年貢運送勘過）　応永一一年九月二六日（三二九）
二二、加賀国守護斯波満種遵行状案（加賀国大野庄白山段米催促停止）　応永一八年二月一七日（三四三）
二三、室町幕府管領斯波義教施行状案（加賀国大野庄諸役免除）　応永一五年一〇月一〇日（三三五）
二四、加賀国守護斯波満種遵行状案（加賀国大野庄諸役免除）　応永一五年一一月二〇日（三三六）
二五、室町幕府管領畠山満家施行状案（加賀国大野庄白山段米催促停止）　応永一七年一二月二六日（三四二）
二六、加賀国守護斯波満種遵行状案（加賀国大野庄守護使入部停止）　応永一九年五月三日（三四五）
二七、室町幕府管領細川満元施行状案（加賀国大野庄課役検断等停止）　応永一九年五月一二日（三四七）
二八、室町幕府管領細川満元施行状案（加賀国大野庄諸役停止）　応永二七年四月一九日（三六三）
二九、室町幕府管領細川持之施行状案（加賀国大野庄段銭等免除）　永享六年五月一二日（四三二）
三〇、室町幕府御教書案（加賀国大野庄白山段米催促停止）　文安二年九月二二日（四四六）
三一、室町幕府御教書案（加賀国大野庄諸公事免除）　文安五年八月二八日（四六四）
三二、室町幕府管領畠山政長施行状案（加賀国大野庄諸公事等免除）　寛正五年一二月二五日（四九五）
三三、室町幕府管領細川勝元施行状案（加賀国大野庄諸公事等免除）　康正三年三月六日（四七一）
三四、室町幕府奉行人連署奉書案（加賀国大野庄大野・宮腰返付）　文明六年一一月七日（四九七）
三五、室町幕府奉行人連署奉書案（加賀国大野庄諸公事免除）　文明一〇年六月五日（五〇四）

三六、足利義教御判御教書案（若狭国耳西郷半分地頭職還補）　永享二年八月二八日（四二二）
三七、室町幕府管領斯波義淳施行状案（若狭国耳西郷半分地頭職還補）　永享二年九月二日（四二三）
三八、室町幕府奉行人連署奉書案（阿波国富吉庄の沙汰付）　文明九年一二月二八日（五〇〇）
三九、細川政元奉行人飯尾常連奉書案（阿波国富吉庄還補）　文明一三年一一月三〇日（五〇七）
四〇、足利義政寄進状案（近江国鯰江庄押立保）　長禄二年四月七日（四七九）
四一、足利義政御判御教書案（近江国鯰江庄押立保諸役免除）　長禄三年七月六日（四八七）
四二、室町幕府管領細川勝元施行状案（近江国鯰江庄等所職名田畠等の沙汰付）　長禄二年四月二六日（四八〇）
四三、近江国守護遵行状案（近江国鯰江庄等所職名田畠等の沙汰付）　長禄二年五月一〇日（四八一）
四四、室町幕府奉行人連署奉書案（近江国鯰江庄等田畠の沙汰付）　長禄三年四月一九日（四八六）
四五、室町幕府奉行人連署奉書案（近江国鯰江庄等田畠の沙汰付）　長禄三年四月一九日（四八五）
四六、室町幕府管領細川勝元施行状案（近江国鯰江庄等諸役免除）　長禄三年七月一八日（四八八）
四七、室町幕府奉行人連署奉書案（近江国鯰江庄の沙汰付）　文明一〇年三月三〇日（五〇二）
四八、室町幕府奉行人連署奉書案（近江国鯰江庄安堵）　長享元年九月二六日（五二一）
四九、室町幕府奉行人連署奉書案（近江国鯰江庄安堵）　延徳三年九月一七日（五四一）

臨川寺重書案文御教書（鹿王院蔵）

（外題）「臨川寺重書案文　御教書」

一、室町幕府御教書案（臨川寺重書案を正文に准ず）　応永一一年七月二日（三二八）
二、足利尊氏御内書案（臨川寺幷寺領安堵院宣を一見）　建武三年一一月二三日（四〇）

三、足利尊氏御判御教書案（臨川寺准十刹）　文和二年一二月二六日（一三六）
四、足利義詮御判御教書案（臨川寺准十刹）　文和三年正月二六日（一四〇）
五、足利義詮御内書案（臨川寺文書等校正案返進）　二月一〇日（一四四）
六、足利尊氏禁制案（臨川寺・敷地山林）　文和四年二月日（一四九）
七、足利義詮禁制案（臨川寺・敷地山林）　文和四年二月日（一五〇）
八、足利義詮御判御教書案（臨川寺領勅役免除官符の施行）　延文元年一〇月一二日（一五六）
九、室町幕府引付頭人佐々木道誉奉書案（臨川寺領等課役免除）　延文元年一二月二七日（一五七）
一〇、足利義詮御内書案（臨川寺領官符宣）　貞治二年三月一二日（一七七）
一一、足利義満御判御教書案（臨川寺領寺辺敷地管領）　至徳二年八月二五日（二八七）
一二、室町幕府御教書案（土蔵酒屋課役免除）　康暦二年五月一二日（二五六）
一三、室町幕府御教書案（諸国臨川寺領諸役免除）　康暦二年六月八日（二五九）
一四、足利尊氏御判御教書案（加賀国大野庄領家職濫妨狼藉停止）　建武三年八月二日（三〇）
一五、足利尊氏寄進状案（加賀国大野庄地頭職）　建武三年八月三〇日（三一）
一六、足利尊氏御判御教書案（加賀国大野庄白山神人等乱入停止）　建武三年九月一八日（三四）
一七、足利尊氏御内書案（加賀国大野庄藤江村・松村の管領）　建武四年四月二八日（四一）
一八、室町幕府執事高師直奉書案（加賀国大野庄年貢米運送）　暦応三年九月一一日（四九）
一九、室町幕府執事高師直奉書案（加賀国大野庄年貢米運送違乱停止）　暦応四年二月二六日（五〇）
二〇、室町幕府執事高師直奉書案（加賀国大野庄年貢米運送違乱停止）　貞和三年三月一五日（七二）
二一、室町幕府執事仁木頼章奉書案（加賀国大野庄段米・升米白山金釼宮神人等譴責）　延文元年八月二八日（一五五）

二二、足利義詮御判御教書案（臨川寺領年貢運送等）　延文二年一〇月九日（一六〇）
二三、足利義詮御判御教書案（加賀国大野庄課役停止）　貞治三年一〇月二三日（一八四）
二四、足利義詮御判御教書案（加賀国大野庄年貢押置停止）　貞治五年九月五日（二一一）
二五、足利義詮御判御教書案（加賀国大野庄年貢押置停止）　貞治六年八月二一日（二一六）
二六、室町幕府執事細川頼之奉書案（加賀国大野庄年貢船）　応安五年六月二日（二三四）
二七、室町幕府執事細川頼之奉書案（加賀国大野庄等年貢関所勘過）　応安六年閏一〇月一一日（二三九）
二八、室町幕府執事細川頼之奉書案（加賀国大野庄米運上舟事）　康暦元年閏四月八日（二四九）
二九、室町幕府御教書案（加賀国大野庄臨時役米銭停止）　康暦元年七月二八日（二五一）
三〇、室町幕府御教書案（加賀国大野庄狼藉）　康暦元年九月二一日（二五二）
三一、室町幕府御教書案（若狭国小浜津年貢運送）　康暦元年一二月五日（二五三）
三二、室町幕府御教書案（若狭国小浜津年貢運送）　康暦元年一二月二七日（二五四）
三三、室町幕府御教書案（臨川寺寺米江州運上）　康暦二年一一月二一日（二六〇）
三四、室町幕府御教書案（加賀国大野庄年貢運送）　永徳二年二月二一日（二六九）
三五、室町幕府御教書案（加賀国大野庄年貢運送）　永徳二年四月二七日（二七一）
三六、室町幕府御教書案（加賀国大野庄年貢運送）　永徳二年六月二一日（二七二）
三七、室町幕府御教書案（加賀国大野庄年貢運送）　至徳元年九月二〇日（二八一）
三八、室町幕府御教書案（加賀国大野庄年貢運送）　至徳二年三月二日（二八四）
三九、室町幕府御教書案（加賀国大野庄年貢運送）　至徳二年三月二日（二八五）
四〇、足利義満御判御教書案（加賀国大野庄白山神人等乱入停止）　明徳五年三月二二日（三〇九）

四一、足利義満御判御教書案（加賀国大野庄諸公事等免除）　応永九年二月二三日（三二四）
四二、室町幕府管領畠山基国施行状案（加賀国大野庄守護使不入）　応永一〇年五月二日（三二七）
四三、尊融・尊顕連署所領寄進状案（阿波国富吉庄）　文和三年正月一三日（一三八）
四四、足利義詮寄進状案（若狭国耳西郷半分地頭職）　康安元年一一月一〇日（一六八）
四五、室町幕府引付頭人今川範国奉書案（若狭国耳西郷半分地頭職の沙汰付）　康安元年一一月一四日（一六九）
四六、佐々木道誉・法眼某連署下知状案（若狭国耳西郷年貢運送）　貞治元年一〇月二三日（一七五）
四七、室町幕府御教書案（若狭国耳西郷新田新開）　永徳元年六月一五日（二六七）
四八、室町幕府御教書案（若狭国耳西郷検断）　康応元年二月二八日（二九四）
四九、室町幕府御教書案（若狭国耳西郷地頭職）　康応元年二月二八日（二九五）
五〇、室町幕府御教書案（若狭国耳西郷半分等諸役免除）　応永三年二月一〇日（三一四）
五一、足利義満御判御教書案（若狭国耳西郷半分地頭職返付）　応永七年六月二五日（三一九）
五二、室町幕府管領畠山基国施行状案（若狭国耳西郷地頭職安堵）　応永七年八月二一日（三二〇）
五三、室町幕府御教書案（若狭国耳西郷守護使不入）　応永八年八月二四日（三二一）
五四、室町幕府御教書案（若狭国耳西郷用水違乱停止）　応永一〇年四月一〇日（三二六）
五五、室町幕府執事細川頼之下知状案（近江国比江郷地頭職寄進）　応安四年閏三月一二日（二二七）
五六、足利義満所領寄進状案（近江国榎木庄）　嘉慶元年一二月五日（二九一）
五七、室町幕府管領斯波義将施行状案（近江国榎木庄地頭職）　嘉慶二年八月三〇日（二九二）
五八、足利義満御判御教書案（三河国細谷郷管領）　康暦元年四月一四日（二四八）
五九、細川正氏寄進状案（駿河国田尻郷南村河原一色地頭職）　永徳元年五月六日（二六五）

六〇、足利義満御判御教書案（駿河国田尻郷南村河原一色地頭職寄進）　永徳元年七月二日（二六八）

「（奥書）

住持梵晃（東啓）（花押）

崇寿院周仲（無求）（花押）

大光明寺周朗（月庭）（花押）

雲居庵中嵩（中山）（花押）

等持院明応（空谷）（花押）」

あとがき

天龍寺文書研究会は、約一〇人足らずのメンバーで、二〇〇一年九月から始めた会である。研究会では天龍寺文書の写真版を読み進め、約九年ほどかけて輪読を行い、原本照合をふまえ編集にはここ一年を費やした。

二〇〇〇年二月末に『鹿王院文書の研究』（思文閣出版）を刊行したさい、文書集の刊行と古文書研究の大変さを痛感したにもかかわらず、懲りることなく新たな研究会を発足させたのである。それというのも、鹿王院文書の中には天龍寺にかかわる文書も多く、禅宗史研究、嵯峨の地域史、中世後期の仏教史全体を考えるためにも天龍寺文書を併せて読み解くことが必要であることに気付いたからである。

前書刊行後、鹿王院文書研究会は解散したが、有志の中から、天龍寺文書を読んでいかないかとの話が出て、研究会を組織して少しずつ読み始めた。新たな参加者を募り、また、若い方々も交えて中世史に関して意見交換ができるような気楽な会ができればと思い、始めた次第である。

メンバーの多くは職もあり、行政改革や大学改革の波に呑まれて、なかなか時間が取れず、一、二ヶ月に一度、休日の午後を利用しての細々とした研究会となった。途中、転勤その他の事情で抜ける方もあったが、ともかく約一〇年ほど研究会を継続できたことは僥倖であった。

大学・博物館などにおいても何かと性急な成果が要求される時代であるが、こうした地道で時代にそぐわぬ研究活動も少しは顧みられたいものである。史料を読むおもしろさを、友人たちと共有できることは何よりの喜びである。古文書をめぐって好き勝手なことを言い合う時間は世知辛い昨今、楽しい時間でもあった。もっとも、読み進めているうちは気楽なものであったが、いざ成果物をまとめようとすると結構たいへんで、前書をまとめた時の反省もあり少しは準備をしていたつもりであったが、編集作業は非常に難航した。

編集・校正を進めながら研究編の執筆となったが、あらためて文書を検討すると分からないことも多く、表面的な読解を悔やんだり、慌てて修正したりの連続であった。言い訳にもならないが、こうした研究会ゆえ、温かい目で見ていただき御批正いただければ幸いである。

所蔵者・関係諸機関には閲覧・公開に御許可をいただき、心より御礼申し上げたい。古文書解読はもとより原本調査・編集作業・研究編執筆は、奥付に掲げた研究会メンバー有志で分担した。この他、平常の輪読・原本調査では、貝英幸・河内将芳・高橋大樹・仁木宏・故西村幸信・藤田励夫・芳澤元氏の協力を得た。

長年続いた天龍寺文書研究会のささやかな成果をこの春、ようやく世に問うことが出来、少し安堵する日々である。

二〇一一年三月三日　桃の節供に

原田正俊

◎天龍寺文書研究会◎

代表　原田正俊　関西大学教授＊

池田直子　吹田市立博物館学芸員
伊藤真昭　善隆寺住職・大谷大学非常勤講師＊
楞野一裕　尼崎市教育委員会学芸員＊
齊藤美紗　奈良女子大学大学院博士後期課程
地主智彦　文化庁美術学芸課文化財調査官＊
滝沢幸恵　元吹田市立博物館学芸員
玉城玲子　向日市文化資料館学芸員＊
中井裕子　関西大学大学院博士後期課程＊
野田泰三　京都光華女子大学教授
以上、編集担当者、＊印は研究編執筆者

天龍寺《てんりゅうじ》文書《もんじょ》の研究《けんきゅう》

2011(平成23)年3月31日発行

定価：本体14,000円(税別)

編　者　原田正俊
発行者　田中周二
発行所　株式会社　思文閣出版
〒606-8203 京都市左京区田中関田町2-7
電話 075-751-1781(代表)

印　刷　株式会社　図書印刷　同朋舎
製　本

　ISBN978-4-7842-1571-3　C3021

索　　引

※第１部文書編中の人名・地名を五十音順に配列し、文書番号を付した。
※人名・地名共に主要なものに限定し、地名については天龍寺・臨川寺・嵯峨といった頻出の項目は省略した。

【人　名】

あ

足立十郎　70
阿陳(都寺)　某1
阿伝(都聞)　某1
油小路隆家(左権中将、左中将)　152～154, 158, 159, 164
油小路隆蔭　17, 32, 33
雨森才次　782, 783
阿誉(庵主)　某1
在道(賀茂カ)　571
阿例(都聞)　某1
安位若宮　217
安室梵康(臨川寺侍衣、天龍寺、西堂、寿寧院派、証明)　624, 625, 628, 632, 797
安叔寿恩(臨川寺維那、座元、地蔵院派、三会院侍真)　601, 602, 604, 632, 797

い

家賢(三河守、葛野郡山田沙汰人)　656
家祐(駿河守、葛野郡山田沙汰人)　656
家長(近江国蒲生郡奥嶋庄公文)　8
家長(日野下代)　645
育英承才(天龍寺奉行、景徳寺住持、臨川寺住持)　596～598, 604
惟馨周徳(都寺、宝光院派、崇恩寺看坊)　632, 785, 786
維馨梵桂(鹿苑院)　505
池上善左衛門尉　545
石浦(沙弥)　304
石浦(加賀国石川郡大野庄)　567, 576
石川　312
石川源左衛門尉(久式カ)　554, 556
石川源三(経郷カ)　492
石川光政(李兵衛尉)　真19
石黒方親(孫左衛門)　576
石寺方　652
石塔頼房(右馬頭入道)　263, 264
石野次郎左衛門尉　396
石橋和義(左衛門佐入道、心勝)　169, 171
石原与四郎　511, 513
石部善介(馳走人)　652
惟秀梵樟　某1
伊首座(天龍寺維那)　621
維正等宗(首座、正持庵派、弘源寺、西堂、臨川寺)　632, 639, 753, 799
惟新瑞豊(臨川寺住持、三秀院)　604, 611, 646
伊豆守　35
伊勢貞宗(伊勢守)　520
意撰(首座、永泰院派)　632
一条公有(宰相中将)　17
伊仲周任(南芳院、首座、華徳院代)　734, 738, 757, 770, 775, 776
怡都寺(主事)　611
一色詮範(左京大夫入道)　314, 320～322
一色左京大夫(一色詮範カ)　294, 295
一色範光(修理権大夫入道)　222, 267
一色藤長(式部少輔)　真12
一色義貫(修理大夫)　423, 424
一色義範(左京大夫)　364
一初梵寧(臨川寺住持)　516, 532
伊東祐立(大和守)　357
伊藤秀盛(太郎左衛門尉)　真19
稲熊刑部左衛門尉　135
井上(下司)　415, 571
飯尾家兼　546～548
飯尾円耀(左近入道)　183, 187
飯尾清房(前加賀守)　521, 522, 524～528, 534～536, 541～543, 568, 577
飯尾清藤(加賀守)　382, 385, 386
飯尾之清(加賀守)　485, 486
飯尾之種(肥前守)　485, 486
飯尾之秀(下野守)　600, 607
飯尾貞有(美濃守)　497, 500～502, 504
飯尾貞運(近江守、前近江守)　586～588, 600, 604, 606, 607, 613
飯尾貞連(大和守)　439
飯尾定遥(右馬助)　638
飯尾四郎左衛門(飯尾為貞カ)　389
飯尾為完　593
飯尾為脩(肥前守)　523
飯尾為修(永承)　518, 519
飯尾為種(肥州)　445
飯尾為信(加賀守)　496
飯尾為行(加賀守)　403, 439, 445
飯尾常連　507
飯尾秀兼(細川高国奉行人)　595
飯尾元連(大和守、宗勝)　489, 493, 496, 509, 537～540

こ

さ

新屋(加賀国石川郡大野庄)　576

す

瑞光(蔵主、寿寧院派)　632
瑞叔(座元、慈済院派)　632
瑞重(天龍寺、西堂)　596
瑞満(力者)　576
崇印(権律師)　310
崇明門院(禖子内親王)　17
陶隆満(大内義隆奉行人、安房守)　妙2, 妙3
菅屋長頼(長堅)　真15
杉原家次　785
杉村新八　652
崇光天皇(崇光皇帝)　77, 慈3
洲崎十郎左衛門入道　576
住田光清(清右衛門尉)　真18
角蔵(嵯峨)　788
角倉甚平　740
諏訪　17
諏訪円忠(大進房)　46, 47, 53, 67, 68, 101, 105, 108, 109, 118
諏訪貞通(信濃守、前信濃守)　513, 523, 557, 558, 568
諏訪忠郷(前信濃守)　474
諏訪俊郷(左兵衛尉)　真2, 真3
諏訪長俊(散位、前信濃守)　606, 615
諏訪晴長(沙弥、前信濃守)　638, 真10, 真11
諏訪康朝　273

せ

星岩俊列(等持寺)　428
清谿通徹(天龍寺住持)　214
盛元梵鼎(三会院院主)　410〜413
西斎等琦(地蔵院)　738, 757, 775, 776
清貞秀(和泉守、常通、沙弥)　500〜502, 509〜512
聖祝(臨川寺寺僧)　566
盛首座　617, 632
生首座　632
西笑承兌(兌長老、豊光院)　739, 780
清秀秋(備中守)　584
清秀定　353
清元定　513, 518, 519
清要　131
勢多章相(備前守、大覚寺殿公人)　720, 721
雪渓等蓀(和尚、地蔵院派)　632
雪心允立(首座、霊松庵派)　632
摂津親鑒(導準、刑部大輔入道)　70, 71
摂津親秀(掃部頭)　71
摂津元親　577
摂津能直(加賀国河北・石川郡倉月庄地頭、右近蔵人)　70
善栄(蒼玉院代、保祐庵)　738, 757, 776
先覚周怙(蔵主)　161
禅向(臨川寺維那)　565, 567, 569, 571, 576, 581〜583, 585
選才梵及(臨川寺住持)　609, 610, 646, 797
漸首座　632
暹春(杉生坊)　407
全精(永明院代)　775, 776
禅昌　632
宣政門院(懽子内親王、室町准后、尊融、河窪殿)　16, 51, 52, 55, 56, 137, 138, 147
専澄(阿闍梨、後に中克と改名)　某1
禅弥(蔵主、長福寺派)　632
全統(蔵主、宝光院派)　632
善徳(力者)　618, 621
全得　571, 582
善無畏　387
善祐　628
千邑阿緝　某1
千若　44

そ

宗円(深草)　785
相賀(松尾社権禰宜)　515
宗覚(目代)　199
宗球(三秀院代)　775, 776
宗継(蔵主、侍者、永泰院派)　620, 632
惣好　69
宗佐(首座)　632
宗才(蒼玉院代)　775
宗璨(下宮)　307, 338, 339
宗寿(首座、華蔵院派)　632
宗秀(蔵主、宝光院派)　632

つ

て

と

ま

み

む

吉田与次(招慶院屋敷内百性) 726
吉田与七(招慶院屋敷内百性) 726, 740
吉田与三 652
良平 241
吉見氏康(弾正少弼、守護代) 302, 303, 306
与介(力者衆) 675
与介(天龍寺境内之大工) 750, 751, 760
与田肥後守(奏者) 628
世良親王(大宰帥、都督大王) 11〜17, 28, 52, 55, 58, 64, 78〜84, 549
依田時朝 273

ら

蘭室周薫(三会院守塔) 797

り

理安(首座) 某1
理休 178
理空(比丘尼、西園寺公賢女カ) 255
理春 65, 66, 74, 127
理仁(大姉) 65, 66, 74, 134, 166
理綏(大姉) 某1
理誠(比丘尼) 257
りせう 6
立阿 223
理通(大姉) 某1
理梵(大江氏女) 242
理明(大姉) 某1
隆岳周紹(前住) 797
柳渓契愚(臨川寺住持) 77〜84, 188〜198
龍山徳見(天龍寺長老) 162
龍湫周沢(臨川寺住持、三会院守塔先師) 111, 797, 某1
龍叔周孫(西堂、臨川寺住持、三会院守塔、塔主、寿寧院派) 618, 620, 621, 624, 625, 632, 797, 799
隆蔵主 620, 632
了恩 581, 582
了源 224
了正(臨川寺力者) 567
了珍(大姉) 某1
琳監寺(納所) 617
臨済義玄 28, 78〜84
倫崇(天龍寺) 516

れ

礼節紹筠(蔵主、慈済院派) 632
霊疇 415
れうみやう(鹿島宗実後家) 62, 85
練江紹暉(長福寺) 646

ろ

魯雲等璵(臨川寺維那) 572
六角氏頼(佐々木大夫判官) 72
六角定頼(佐々木霜台) 632
六角高頼(佐々木亀寿丸、佐々木大膳大夫) 474, 480, 502, 522〜525, 527
六角政堯(佐々木四郎) 485, 488
六角満高(佐々木亀寿、佐々木四郎、前備中守) 260, 261, 269, 271, 275, 280, 315, 318
六角義信(佐々木千手) 122, 128, 143

わ

和慶 388

【地　名】

あ

安威(安威庄、摂津国島下郡) 679, 694
青沼村(信濃国埴科郡) 458, 516, 564
赤土新保(加賀国石川郡大野庄) 10
赤土村(加賀国石川郡大野庄) 10, 437, 438, 576
赤土村辻王丸名(加賀国石川郡大野庄) 567, 576
赤土村法師丸名(加賀国石川郡大野庄) 567, 576
赤野井村(近江国野洲郡) 46〜48, 53, 105, 107〜109, 118, 128, 130, 189, 195
安芸垣(葛野郡) 701
秋近新保(加賀国石川郡大野庄) 10
芥川(摂津国島上郡) 真10

す

せ

の

は

ひ

ふ

文書目録

※この目録は、本書『天龍寺文書の研究』本編に収録した799通の文書類について、文書番号の順に配列したものである。枝番号は案文の所在を示す。

※本目録に付した個別目録文書番号のうち、府目録は京都府教育委員会『天龍寺古文書目録』を、補遺は同目録の補遺を示す。重書案文については、重書案文のなかの配列順の番号を示した。

※三会院は三会院重書目録、臨川(勅裁)は臨川寺重書案勅裁(天龍寺蔵)、臨川(御教書)は臨川寺重書案御教書(天龍寺蔵)、臨川(鹿)は臨川寺重書案文御教書(鹿王院蔵)、三会近世は三会院重書案文近世写、天龍寺重書甲・乙は天龍寺重書目録甲・乙、資料館は国文学研究資料館所蔵文書、天龍寺追加はその後の調査で判明したものを示す。

番号	年　月　日	文　書　名	個別目録文書番号
1	文応2・2・12	後嵯峨上皇院宣(宝篋院重書)	府目録194
2	嘉元元・11・21	二品禅閤下文案(三会院重書案)	三会院49
3	延慶3・2・	山城国在庁官人時久注進状案(天龍寺重書目録乙)	天龍寺重書乙93-43
4	正和元・7・12	鹿島宗実譲状案(三会院重書案)	三会院50
5	元応元・11・8	尼浄心所領譲状案(三会院重書案)	三会院60
6	元亨2・11・11	加賀国大野庄示野村一王丸名重書案	府目録615
7	元亨3・8・3	忠房親王令旨(宝篋院重書)	府目録195
8	正中2・7・2	六波羅御教書(宝篋院重書)	府目録130
9	(正中2・9・24)	加賀国大野庄領家方田数注文	府目録720
10	(正中2・9・24)	加賀国大野庄地頭方田数注文	府目録721
11	元徳2・9・17	大宰帥世良親王遺命記案	府目録47
12	(元徳2)	世良親王遺領置文案	府目録53
13	元徳2・10・25	後醍醐天皇綸旨案	府目録48
14	元徳2・10・25	後醍醐天皇綸旨案	府目録49
15	元徳3・3・23	後醍醐天皇書状案	府目録51
16	元徳3・3・27	後醍醐天皇綸旨案	府目録50
17	正慶元・6・	大宰帥世良親王遺領臨川寺領等目録注進状案	府目録52
18	(元弘3)・6・10	後醍醐天皇書状案	天龍寺追加
19-1	元弘3・7・23	後醍醐天皇綸旨(宿紙)	補遺Ⅲ493
19-2	元弘3・7・23	後醍醐天皇綸旨案(臨川寺重書案勅裁)	臨川(勅裁)2
20	元弘3・7・23	後醍醐天皇綸旨(宿紙)	補遺Ⅲ504
21-1	元弘3・8・7	後醍醐天皇綸旨(宿紙)	補遺Ⅲ508
21-2	元弘3・8・7	後醍醐天皇綸旨案(臨川寺重書案勅裁)	臨川(勅裁)3

番号	年　月　日	文　　書　　名	個別目録文書番号
22-1	（元弘３）・10・７	北畠親房書状	京都国立博物館寄託
22-2	元弘３・10・７	北畠親房書状案（臨川寺重書案勅裁）	臨川（勅裁）4
23-1	元弘３・10・28	後醍醐天皇綸旨（宿紙）	補遺Ⅲ502
23-2	元弘３・10・28	後醍醐天皇綸旨案（臨川寺重書案勅裁）	臨川（勅裁）5
24	（元弘３カ）・11・10	後醍醐天皇綸旨（宿紙）	補遺Ⅲ513
25-1	（建武元カ）・４・24	後醍醐天皇綸旨（宿紙）	補遺Ⅲ515
25-2	建武元・４・24	後醍醐天皇綸旨案（臨川寺重書案勅裁）	臨川（勅裁）6
26-1	建武２・正・25	後醍醐天皇綸旨（宿紙）	補遺Ⅲ501
26-2	建武２・正・25	後醍醐天皇綸旨案（臨川寺重書案勅裁）	臨川（勅裁）8
27-1	建武２・正・25	後醍醐天皇綸旨（宿紙）	補遺Ⅲ503
27-2	建武２・正・25	後醍醐天皇綸旨案（臨川寺重書案勅裁）	臨川（勅裁）7
28	建武２・10・11	後醍醐天皇置文案（臨川寺重書案勅裁）	臨川（勅裁）11
29	建武３・６・30	足利尊氏御内書	補遺Ⅲ490
30-1	建武３・８・２	足利尊氏御判御教書	府目録103
30-2	建武３・８・２	足利尊氏御判御教書案（臨川寺重書案文・鹿）	臨川（鹿）14
31-1	建武３・８・30	足利尊氏寄進状	府目録104
31-2	建武３・８・30	足利尊氏御判御教書案（臨川寺重書案文・鹿）	臨川（鹿）15
32	建武３・９・11	光厳上皇院宣案（臨川寺重書案勅裁）	臨川（勅裁）10
33-1	（建武３）・９・11	油小路隆蔭書状	府目録85
33-2	（建武３）・９・11	油小路隆蔭書状案（臨川寺重書案勅裁）	臨川（勅裁）9
34-1	建武３・９・18	足利尊氏御判御教書	府目録105
34-2	建武３・９・18	足利尊氏御判御教書案（臨川寺重書案文・鹿）	臨川（鹿）16
35-1	（建武３）・９・21	日野資名奉書	府目録15
35-2	建武３・９・21	日野資名奉書案（臨川寺重書案勅裁）	臨川（勅裁）12
36-1	建武３・９・27	光厳上皇院宣	府目録16
36-2	建武３・９・27	光厳上皇院宣案（臨川寺重書案勅裁）	臨川（勅裁）13
37-1	建武３・９・27	光厳上皇院宣	府目録19
37-2	建武３・９・27	光厳上皇院宣案（臨川寺重書案勅裁）	臨川（勅裁）14
38-1	建武３・10・29	光厳上皇院宣	府目録17
38-2	建武３・10・29	光厳上皇院宣案（臨川寺重書案勅裁）	臨川（勅裁）15
38-3	建武３・10・29	光厳上皇院宣写（三会院重書近世写）	三会近世15
39	建武３・11・16	光厳上皇院宣（宝篋院文書）	府目録196
40-1	（建武３）・11・23	足利尊氏御内書	府目録106
40-2	建武３・11・23	足利尊氏御内書案（臨川寺重書案文・鹿）	臨川（鹿）2
41	建武４・４・28	足利尊氏御内書案（臨川寺重書案文・鹿）	臨川（鹿）17
42-1	暦応２・４・25	光厳上皇院宣	府目録18
42-2	暦応２・４・25	光厳上皇院宣案（臨川寺重書案勅裁）	臨川（勅裁）16
43	暦応２・10・５	光厳上皇院宣案（天龍寺重書目録甲）	天龍寺重書甲92-5
44	暦応２・12・30	忠房親王令旨（宝篋院文書）	府目録197
45	暦応３・４・17	細川和氏寄進状案（三会院重書案）	三会院19
46	暦応３・８・12	足利尊氏下文案（三会院重書案）	三会院42
47	暦応３・８・12	室町幕府執事高師直施行状案（三会院重書案）	三会院43
48	暦応３・９・３	佐々木秀綱請文案（三会院重書案）	三会院44

番号	年　月　日	文　書　名	個別目録文書番号
49-1	暦応３・９・11	室町幕府執事高師直奉書	府目録54
49-2	暦応３・９・11	室町幕府執事高師直奉書案(臨川寺重書案文・鹿)	臨川(鹿)18
50-1	暦応４・２・26	室町幕府執事高師直奉書	府目録55
50-2	暦応４・２・26	室町幕府執事高師直奉書案(臨川寺重書案文・鹿)	臨川(鹿)19
51	暦応４・９・23	光厳上皇院宣案(三会院重書案)	三会院5
52	(年月日未詳)	世良親王遺領内安堵所々注文案(三会院重書案)	三会院11
53	暦応４・10・21	足利直義下知状案(三会院重書案)	三会院45
54	暦応４・11・13	室町幕府執事高師直奉書案(天龍寺重書目録甲)	天龍寺重書甲92-17
55	暦応４・12・18	室町准后尊融寄進状案(三会院重書案)	三会院4
56	暦応５・３・12	光厳上皇院宣案(三会院重書案)	三会院6
57	康永元・７・10	室町幕府禅律方頭人大高重成奉書案(三会院重書案)	三会院16
58	康永元・11・20	光厳上皇院宣案(三会院重書案)	三会院7
59	康永元・11・20	光厳上皇院宣案(三会院重書案)	三会院8
60	康永２・３・21	足利直義書状案(三会院重書案)	三会院18
61	康永２・３・23	細川元氏寄進状案(三会院重書案)	三会院20
62	康永２・５・10	鹿島宗実後家れうみやう譲状案(三会院重書案)	三会院51
63	(康永２)・11・26	足立三郎左衛門入道厳阿書状案	府目録1
64	康永３・11・19	足利直義下知状案(三会院重書案)	三会院14
65	康永３・12・２	尼理春譲状案(三会院重書案)	三会院61
66	貞和元・12・12	二階堂成藤書状案(三会院重書案)	三会院62
67	貞和２・６・	天龍寺領信濃国四宮庄土貢注文案(天龍寺重書目録甲)	天龍寺重書甲92-18
68	貞和２・６・	天龍寺領信濃国四宮庄田在家目録案(天龍寺重書目録甲)	天龍寺重書甲92-19
69	貞和２・８・17	尼惣好寄進状案(三会院重書案)	三会院73
70	貞和２・閏９・19	足利直義下知状案	府目録20
71	(年月日未詳)	加賀国大野庄雑掌目安状案	府目録719
72-1	貞和３・３・15	室町幕府執事高師直奉書	府目録56
72-2	貞和３・３・15	室町幕府執事高師直奉書案(臨川寺重書案文・鹿)	臨川(鹿)20
73	貞和３・５・28	忠房親王譲状(宝篋院重書)	府目録198
74	貞和３・10・25	尼理春寄進状案(三会院重書案)	三会院59
75-1	貞和３・11・	臨川寺領山城国大井郷界畔絵図裏書	荘園絵図聚成
75-2	貞和３・11・	臨川寺領山城国大井郷界畔絵図裏書写	府目録1274
75-3	貞和３・11・	臨川寺領山城国大井郷界畔絵図裏書写	補遺Ⅲ551
76	貞和４・３・24	中西御息所御教書(宝篋院重書)	府目録199
77-1	(貞和５)・４・15	崇光天皇宣旨伝達状(宿紙)	補遺Ⅲ507
77-2	貞和５・４・15	崇光天皇宣旨伝達状案(臨川寺重書案勅裁)	臨川(勅裁)17
78	貞和５・４・28	太政官符	補遺Ⅲ522

番号	年　月　日	文　書　名	個別目録文書番号
79-1	貞和５・４・28	太政官符案(臨川寺重書案勅裁)	臨川(勅裁)18
79-2	貞和５・４・28	太政官符写	資料館
80-1	貞和５・４・28	太政官符	府目録37
80-2	貞和５・４・28	太政官符案(臨川寺重書案勅裁)	臨川(勅裁)19
81	貞和５・４・28	太政官符案(三会院重書案)	三会院97
82	貞和５・４・28	太政官符案(三会院重書案)	三会院98
83	貞和５・４・28	太政官符案(三会院重書案)	三会院99
84	貞和５・４・28	太政官符案(三会院重書案)	三会院100
85	貞和５・６・27	尼恵鑑寄進状案(三会院重書案)	三会院52
86	貞和５・８・５	治部卿某奉書(宝篋院重書)	府目録200
87	貞和５・９・24	本光院寄進状案(三会院重書案)	三会院22
88	貞和５・12・18	中西御息所御教書(宝篋院重書)	府目録201
89	観応元・10・25	足利尊氏寄進状案(三会院重書案)	三会院23
90	観応元・10・25	室町幕府執事高師直施行状案(三会院重書案)	三会院24
91	観応元・11・７	清兼・氏女寄進状案(三会院重書案)	三会院74
92	観応元・11・14	但馬国守護今川頼貞遵行状案(三会院重書案)	三会院28
93	観応元・11・14	但馬国守護使請文案(三会院重書案)	三会院29
94	観応２・卯・８	足利直義寄進状案(三会院重書案)	三会院25
95	観応２・５・19	尼性戒寄進状案(天龍寺重書目録甲)	天龍寺重書甲92-20
96	観応２・５・19	尼性戒寄進状案(天龍寺重書目録甲)	天龍寺重書甲92-21
97	観応２・８・15	足利義詮御内書案(三会院重書案)	三会院26
98-1	観応２・８・16	足利尊氏御内書案	補遺Ⅲ528
98-2	観応２・８・16	足利尊氏御内書案(天龍寺重書目録甲)	天龍寺重書甲92-6
99	観応２・８・17	足利義詮御判御教書案(三会院重書案)	三会院27
100	観応２・９・８	足利義詮御判御教書	府目録107
101	(観応２)・９・15	夢窓疎石置文案(天龍寺重書目録甲)	天龍寺重書甲92-7
102	(観応２カ)・９・22	夢窓疎石書状案(天龍寺重書目録甲)	天龍寺重書甲92-8
103	観応２・10・６	大高重成寄進状案(三会院重書案)	三会院32
104	観応２・10・20	足利直義寄進状	府目録108
105	観応２・10・晦	諏訪円忠寄進状案(三会院重書案)	三会院36
106	観応２・10・晦	三会院院主無極志玄等連署裏書案(三会院重書案)	三会院37
107	観応２・11・３	足利尊氏寄進状案(三会院重書案)	三会院35
108	観応２・11・３	足利尊氏御内書案(三会院重書案)	三会院38
109	観応２・11・28	足利義詮御内書案(三会院重書案)	三会院39
110-1	(年未詳)・12・13	足利尊氏御判御教書案	府目録589
110-2	(年未詳)・12・13	足利尊氏御判御教書写(三会院重書近世写)	三会近世33
111	(年月日未詳)	夢窓疎石加賀国大野庄相論土代	天龍寺追加1
112	正平６・12・７	後村上天皇綸旨(宿紙)	補遺Ⅲ506
113	正平７・２・９	足利尊氏寄進状案(三会院重書案)	三会院31
114	正平７・２・15	後村上天皇綸旨(宿紙)	補遺Ⅲ509
115	正平７・２・16	後村上天皇綸旨(宿紙)	補遺Ⅲ510
116	正平７・２・16	後村上天皇綸旨(宿紙)	補遺Ⅲ511

番号	年　月　日	文　書　名	個別目録文書番号
117	正平7・2・16	後村上天皇口宣案(宿紙)	補遺Ⅲ512
118	観応3・6・27	足利尊氏御内書案(三会院重書案)	三会院46
119	観応3・6・27	足利尊氏御判御教書案(三会院重書案)	三会院96
120	観応3・7・5	渋川直頼寄進状案(三会院重書案)	三会院56
121	観応3・7・14	足利尊氏御内書案(天龍寺重書目録甲)	天龍寺重書甲92-23
122	観応3・7・24	足利義詮御判御教書案(三会院重書案)	三会院12
123	観応3・7・29	足利義詮寄進状案(三会院重書案)	三会院48
124	観応3・9・15	足利尊氏寄進状案(三会院重書案)	三会院55
125	観応3・9・25	足利義詮御判御教書案	府目録711
126	文和元・10・12	足利義詮御判御教書案(天龍寺重書目録乙)	天龍寺重書乙93-4
127	文和元・12・12	足利義詮御判御教書案(三会院重書案)	三会院58
128	文和元・12・27	足利義詮御判御教書案(三会院重書案)	三会院40
129	文和2・3・5	二条良基書状案(三会院重書案)	三会院10
130	文和2・5・15	山内定詮請文案(三会院重書案)	三会院41
131	文和2・8・5	大方広円覚修多羅了義経巻下奥書(折本)	天龍寺追加3
132	文和2・9・2	室町幕府禅律方頭人大高重成奉書案(三会院重書案)	三会院63
133	文和2・11・15	摂津国木工庄勅旨郷公文職補任状(宝篋院重書)	府目録202
134	文和2・12・23	常本寄進状案(三会院重書案)	三会院75
135	文和2・12・24	室町幕府禅律方頭人大高重成奉書案(三会院重書案)	三会院53
136-1	文和2・12・26	足利尊氏御判御教書	補遺Ⅲ489
136-2	文和2・12・26	足利尊氏御判御教書案(臨川寺重書案文・鹿)	臨川(鹿)3
137	文和3・正・13	尊融・尊頴連署寄進状案(三会院重書案)	三会院65
138	文和3・正・13	尊融・尊頴連署所領寄進状案(臨川寺重書案文・鹿)	臨川(鹿)43
139	文和3・正・23	根本説一切有部毘奈耶雑事巻第四十奥書(折本)	補遺Ⅲ491
140-1	文和3・正・26	足利義詮御判御教書	府目録110
140-2	文和3・正・26	足利義詮御判御教書案(臨川寺重書案文・鹿)	臨川(鹿)4
141	文和3・2・6	細川清氏寄進状案(三会院重書案)	三会院70
142	文和3・2・6	足利尊氏寄進状案(三会院重書案)	三会院69
143	文和3・2・6	室町幕府執事仁木頼章施行状案(三会院重書案)	三会院71
144-1	2・10	足利義詮御内書	府目録112
144-2	2・10	足利義詮御内書案(臨川寺重書案文・鹿)	臨川(鹿)5
145	(文和3カ)・2・10	足利義詮御内書案(天龍寺重書目録甲)	天龍寺重書甲92-15
146	文和3・3・5	後光厳天皇綸旨案(三会院重書案)	三会院9
147	文和3・5・18	細川頼之書状案(三会院重書案)	三会院67
148	文和3・12・21	葉室長光寄進状案(三会院重書案)	三会院76
149-1	文和4・2・	足利尊氏禁制	府目録109
149-2	文和4・2・	足利尊氏禁制案(臨川寺重書案文・鹿)	臨川(鹿)6

番号	年　月　日	文　　書　　名	個別目録文書番号
150-1	文和４・２・	足利義詮禁制	府目録111
150-2	文和４・２・	足利義詮禁制案(臨川寺重書案文・鹿)	臨川(鹿)7
151	文和５・２・７	阿波国守護細川頼之遵行状案(三会院重書案)	三会院66
152-1	延文元・７・26	後光厳天皇綸旨(宿紙)	補遺Ⅲ514
152-2	延文元・７・26	後光厳天皇綸旨案(臨川寺重書案勅裁)	臨川(勅裁)20
153-1	(延文元)・８・16	後光厳天皇綸旨(宿紙)	補遺Ⅲ505
153-2	(延文元)・８・16	後光厳天皇綸旨案(臨川寺重書案勅裁)	臨川(勅裁)22
154	(延文元)・８・18	西園寺実俊御教書	府目録22
155	延文元・８・28	室町幕府執事仁木頼章奉書案(臨川寺重書案文・鹿)	臨川(鹿)21
156-1	延文元・10・12	足利義詮御判御教書	府目録113
156-2	延文元・10・12	足利義詮御判御教書案(臨川寺重書案文・鹿)	臨川(鹿)8
156-3	延文元・10・12	足利義詮御判御教書案(三会院重書案)	三会院101
157	延文元・12・27	室町幕府引付頭人佐々木道誉奉書案(臨川寺重書案文・鹿)	臨川(鹿)9
158-1	(延文２カ)・６・７	後光厳天皇綸旨(宿紙)	補遺Ⅲ492
158-2	(延文２カ)・６・７	後光厳天皇綸旨案(臨川寺重書案勅裁)	臨川(勅裁)21
159	延文２・10・３	後光厳天皇綸旨案(臨川寺重書案勅裁)	臨川(勅裁)23
160	延文２・10・９	足利義詮御判御教書案(臨川寺重書案文・鹿)	臨川(鹿)22
161	(年未詳)・正・11	足利尊氏御判御教書案	府目録710
162	延文３・正・16	足利義詮寄進状案(天龍寺重書目録甲)	天龍寺重書甲92-24
163	(延文３カ)・正・16	後光厳天皇綸旨(宿紙)	補遺Ⅲ517
164	(延文３カ)・正・18	後光厳天皇綸旨(宿紙)	補遺Ⅲ518
165	延文３・正・20	室町幕府執事仁木頼章施行状案(天龍寺重書目録甲)	天龍寺重書甲92-25
166	延文３・７・28	祐信寄進状案(三会院重書案)	三会院90
167	延文５・12・17	足利義詮御判御教書案(三会院重書案)	三会院33
168-1	康安元・11・10	足利義詮寄進状	府目録39
168-2	康安元・11・10	足利義詮寄進状案(臨川寺重書案文・鹿)	臨川(鹿)44
169-1	康安元・11・14	室町幕府引付頭人今川範国施行状	府目録2
169-2	康安元・11・14	室町幕府引付頭人今川範国施行状案(臨川寺重書案文・鹿)	臨川(鹿)45
170	康安２・２・28	吉岡禅棟・国富長俊連署請文	府目録3
171	康安２・３・２	若狭国守護石橋和義請文	府目録4
172	康安２・６・１	足利義詮御判御教書案(天龍寺重書目録甲)	天龍寺重書甲92-28
173	貞治元・６・27	上杉道昌寄進状案(天龍寺重書目録乙)	天龍寺重書乙93-1
174	(貞治元)・９・６	左少弁万里小路嗣房奉書(宿紙)	補遺Ⅲ495
175	貞治元・10・23	佐々木道誉・法眼某連署下知状案(臨川寺重書案文・鹿)	臨川(鹿)46
176	貞治２・３・12	足利義詮御内書案(天龍寺重書目録甲)	天龍寺重書甲92-9
177	貞治２・３・12	足利義詮御内書案(臨川寺重書案文・鹿)	臨川(鹿)10
178	貞治２・９・29	理休寄進状案(三会院重書案)	三会院91

番号	年　月　日	文　書　名	個別目録文書番号
179	貞治3・5・15	官宣旨案(天龍寺重書目録甲)	天龍寺重書甲92-22
180	貞治3・6・15	光厳上皇寄進状案(天龍寺重書目録甲)	天龍寺重書甲92-34
181	貞治3・6・29	後光厳天皇綸旨案(天龍寺重書目録甲)	天龍寺重書甲92-31
182	貞治3・6・29	崇光上皇院宣案(天龍寺重書目録甲)	天龍寺重書甲92-32
183	貞治3・10・10	室町幕府御教書案(天龍寺重書目録甲)	天龍寺重書甲92-26
184	貞治3・10・22	足利義詮御判御教書案(臨川寺重書案文・鹿)	臨川(鹿)23
185	貞治3・11・6	崇光上皇院宣案(天龍寺重書目録甲)	天龍寺重書甲92-33
186	貞治3・11・13	室町幕府引付頭人吉良満貞奉書案(宝篋院重書)	府目録203
187	貞治3・12・23	三須忠清・飯尾円耀連署打渡状案(天龍寺重書目録甲)	天龍寺重書甲92-27
188	貞治4・2・22	官宣旨案(三会院重書案)	三会院102
189	貞治4・2・22	官宣旨案(三会院重書案)	三会院103
190	貞治4・2・22	官宣旨案(三会院重書案)	三会院104
191	貞治4・2・22	官宣旨案(三会院重書案)	三会院105
192	貞治4・2・22	官宣旨案(三会院重書案)	三会院106
193	貞治4・2・22	官宣旨案(三会院重書案)	三会院107
194	貞治4・2・22	官宣旨案(三会院重書案)	三会院108
195	貞治4・2・22	官宣旨案(三会院重書案)	三会院109
196-1	貞治4・3・26	官宣旨	府目録23
196-2	貞治4・3・26	官宣旨案(臨川寺重書案勅裁)	臨川(勅裁)24
197-1	貞治4・3・26	官宣旨	補遺Ⅲ524
197-2	貞治4・3・26	官宣旨案(臨川寺重書案勅裁)	臨川(勅裁)25
198	貞治4・3・26	官宣旨	補遺Ⅲ523
199	貞治4・4・29	足利義詮御判御教書案(天龍寺重書目録乙)	天龍寺重書乙93-3
200	貞治4・7・26	足利義詮御判御教書案(天龍寺重書目録甲)	天龍寺重書甲92-35
201	貞治4・7・26	足利義詮御判御教書案(天龍寺重書目録甲)	天龍寺重書甲92-36
202	貞治4・8・9	松寿丸寄進状案(三会院重書案)	三会院92
203	(年未詳)・7・5	右中弁万里小路嗣房奉書(宿紙)	補遺Ⅲ500
204	(年未詳)・8・20	大蔵卿東坊城長綱奉書(宿紙)	補遺Ⅲ499
205	(年未詳)・9・25	右中弁万里小路嗣房奉書(宿紙)	補遺Ⅲ494
206	(年未詳)・10・1	右中弁万里小路嗣房奉書(宿紙)	補遺Ⅲ496
207	(年未詳)・10・4	右中弁万里小路嗣房奉書(宿紙)	補遺Ⅲ497
208	(年未詳)・10・4	大蔵卿東坊城長綱奉書(宿紙)	補遺Ⅲ498
209	貞治5・5・18	春屋妙葩置文案(天龍寺重書目録乙)	天龍寺重書乙93-5
210	貞治5・8・11	後光厳天皇綸旨案(臨川寺重書案勅裁)	臨川(勅裁)26
211	貞治5・9・5	足利義詮御判御教書案(臨川寺重書案文・鹿)	臨川(鹿)24
212	貞治5・9・10	室町幕府両使連署打渡状(宝篋院重書)	府目録131
213	(貞治6)・4・21	後光厳天皇綸旨(宿紙)	補遺Ⅲ519
214	(年未詳)・4・20	後光厳天皇綸旨(宿紙)	補遺Ⅲ520
215	(貞治6)・4・21	後光厳天皇綸旨(宿紙)	補遺Ⅲ521

番号	年　月　日	文　書　名	個別目録文書番号
216	貞治６・８・21	足利義詮御判御教書案(臨川寺重書案文・鹿)	臨川(鹿)25
217	貞治６・10・３	春屋妙葩等請文案(天龍寺重書目録乙)	天龍寺重書乙93-6
218	応安元・３・26	室町幕府御教書案(天龍寺重書目録乙)	天龍寺重書乙93-2
219	応安元・９・晦	昌能寄進状案(三会院重書案)	三会院77
220	応安２・６・５	俊覚寄進状案(三会院重書案)	三会院78
221	応安２・10・１	中穏寄進状案(三会院重書案)	三会院79
222	(応安)２・11・10	室町幕府引付頭人某奉書案(天龍寺重書目録甲)	天龍寺重書甲92-29
223	応安２・12・13	立阿寄進状案(三会院重書案)	三会院80
224	応安３・２・13	了源寄進状案(三会院重書案)	三会院81
225	応安３・５・20	法印某奉書写(三会院重書近世写)	三会近世44
226	応安３・12・21	比丘尼しんゑい売券案(三会院重書案)	三会院82
227-1	応安４・閏３・12	室町幕府執事細川頼之下知状	府目録57
227-2	応安４・閏３・12	室町幕府執事細川頼之下知状(臨川寺重書案文・鹿)	臨川(鹿)55
228	応安４・４・19	室町幕府執事細川頼之施行状	府目録58
229	応安４・４・20	上乗院宮乗朝法親王令旨(宝篋院重書)	府目録132
230	応安４・６・９	後光厳上皇院宣案(三会院重書案)	三会院83
231	応安４・12・６	室町幕府執事細川頼之奉書	府目録59
232	応安４・12・25	室町幕府執事細川頼之奉書	府目録60
233	応安５・５・29	室町幕府執事細川頼之奉書	府目録61
234	応安５・６・２	室町幕府執事細川頼之奉書案(臨川寺重書案文・鹿)	臨川(鹿)26
235	応安５・９・６	室町幕府執事細川頼之奉書案(三会院重書案)	三会院84
236-1	応安５・10・10	周皆田地寄進状案(三会院重書案)	三会院85
236-2	応安５・10・10	周皆田地寄進状案	府目録717
237	応安５・10・14	昌保寄進状案(三会院重書案)	三会院86
238-1	(応安６)・閏10・10	後光厳上皇院宣	府目録21
238-2	応安６・閏10・10	後光厳上皇院宣案(臨川寺重書案勅裁)	臨川(勅裁)27
239-1	応安６・閏10・11	室町幕府執事細川頼之奉書	府目録62
239-2	応安６・閏10・11	室町幕府執事細川頼之奉書案(臨川寺重書案文・鹿)	臨川(鹿)27
240	応安７・６・１	藤原家明寄進状案(天龍寺重書目録甲)	天龍寺重書甲92-38
241	(年未詳)・６・27	忠房親王令旨(宝篋院重書)	府目録133
242	永和２・７・11	理梵寄進状案(三会院重書案)	三会院93
243	永和２・７・晦	真珠寄進状案(三会院重書案)	三会院94
244	永和３・８・15	五辻宮祥益所領譲状案(天龍寺重書目録乙)	天龍寺重書乙93-7
245	永和３・９・11	妙智寄進状案(三会院重書案)	三会院87
246	永和４・７・２	足利義満寄進状案(天龍寺重書目録甲)	天龍寺重書甲92-39
247	康暦元・３・７	浄善寄進状案(三会院重書案)	三会院88
248-1	康暦元・４・14	足利義満御判御教書	府目録114
248-2	康暦元・４・14	足利義満御判御教書案(臨川寺重書案文・鹿)	臨川(鹿)58

番号	年月日	文書名	個別目録文書番号
249	康暦元・閏4・8	室町幕府執事細川頼之奉書案(臨川寺重書案文・鹿)	臨川(鹿)28
250	康暦元・7・23	足利義満御判御教書案(天龍寺重書目録甲)	天龍寺重書甲92-40
251	康暦元・7・28	室町幕府御教書案(臨川寺重書案文・鹿)	臨川(鹿)29
252	康暦元・9・21	室町幕府御教書案(臨川寺重書案文・鹿)	臨川(鹿)30
253	康暦元・12・5	室町幕府御教書案(臨川寺重書案文・鹿)	臨川(鹿)31
254	康暦元・12・27	室町幕府御教書案(臨川寺重書案文・鹿)	臨川(鹿)32
255	康暦2・3・晦	昌詰寄進状案(三会院重書案)	三会院89
256-1	康暦2・5・12	室町幕府御教書	府目録643
256-2	康暦2・5・12	室町幕府御教書案(臨川寺重書案文・鹿)	臨川(鹿)12
257	康暦2・6・7	理誠寄進状案(三会院重書案)	三会院95
258	康暦2・6・8	室町幕府御教書案(三会院重書案)	三会院110
259	康暦2・6・8	室町幕府御教書案(臨川寺重書案文・鹿)	臨川(鹿)13
260	康暦2・11・21	室町幕府御教書案(臨川寺重書案文・鹿)	臨川(鹿)33
261	康暦2・12・27	室町幕府御教書	府目録63
262	永徳元・4・7	足利義満寄進状案(天龍寺重書目録甲)	天龍寺重書甲92-63
263	永徳元・4・23	室町幕府管領斯波義将施行状案(天龍寺重書目録甲)	天龍寺重書甲92-64
264	永徳元・4・25	備中国川上郡守護石塔頼房遵行状案(天龍寺重書目録甲)	天龍寺重書甲92-65
265-1	永徳元・5・6	細川正氏寄進状	府目録5
265-2	永徳元・5・6	細川正氏寄進状案(臨川寺重書案文・鹿)	臨川(鹿)59
266	永徳元・5・27	上野兵部大輔入道打渡状案(天龍寺重書目録甲)	天龍寺重書甲92-66
267	永徳元・6・15	室町幕府御教書案(臨川寺重書案文・鹿)	臨川(鹿)47
268-1	永徳元・7・2	足利義満御判御教書	府目録40
268-2	永徳元・7・2	足利義満御判御教書案(臨川寺重書案文・鹿)	臨川(鹿)60
269	永徳2・2・21	室町幕府御教書案(臨川寺重書案文・鹿)	臨川(鹿)34
270	永徳2・2・22	後円融天皇綸旨案(三会院重書案)	三会院111
271	永徳2・4・27	室町幕府御教書案(臨川寺重書案文・鹿)	臨川(鹿)35
272	永徳2・6・21	室町幕府御教書案(臨川寺重書案文・鹿)	臨川(鹿)36
273	永徳2・7・11	室町幕府御教書(三会院重書案)	三会院1
274	永徳3・正・20	室町幕府管領斯波義将施行状案(三会院重書案)	三会院112
275	永徳3・5・7	室町幕府御教書	府目録644
276	永徳4・正・11	番匠木屋定条々(木札)	府目録1275
277	至徳元・4・28	室町幕府御教書案(天龍寺重書目録甲)	天龍寺重書甲92-45
278	至徳元・4・28	室町幕府御教書案(天龍寺重書目録甲)	天龍寺重書甲92-46
279	至徳元・4・28	室町幕府御教書案(天龍寺重書目録甲)	天龍寺重書甲92-47
280	至徳元・5・19	室町幕府御教書	府目録645
281	至徳元・9・20	室町幕府御教書案(臨川寺重書案文・鹿)	臨川(鹿)37
282	至徳2・2・22	足利義満御内書案(天龍寺重書目録甲)	天龍寺重書甲92-11
283-1	至徳2・2・22	足利義満御判御教書案	補遺Ⅲ527

番号	年　月　日	文　書　名	個別目録文書番号
283-2	至徳２・２・22	足利義満御判御教書案(天龍寺重書目録甲)	天龍寺重書甲92-12
284	至徳２・３・２	室町幕府御教書案(臨川寺重書案文・鹿)	臨川(鹿)38
285	至徳２・３・２	室町幕府御教書案(臨川寺重書案文・鹿)	臨川(鹿)39
286	至徳２・５・７	室町幕府御教書案(天龍寺重書目録甲)	天龍寺重書甲92-16
287-1	至徳２・８・25	足利義満御判御教書	補遺Ⅲ487
287-2	至徳２・８・25	足利義満御判御教書案(臨川寺重書案文・鹿)	臨川(鹿)11
288	至徳３・４・11	足利義満御判御教書案(天龍寺重書目録甲)	天龍寺重書甲92-41
289	至徳３・４・17	大内義弘寄進状案(天龍寺重書目録甲)	天龍寺重書甲92-42
290	至徳４・７・29	足利義満御判御教書案(天龍寺重書目録甲)	天龍寺重書甲92-37
291	嘉慶元・12・５	足利義満所領寄進状案(臨川寺重書案文・鹿)	臨川(鹿)56
292	嘉慶２・８・30	室町幕府管領斯波義将施行状案(臨川寺重書案文・鹿)	臨川(鹿)57
293	(年月日未詳)	春屋妙葩法衣墨書銘	天龍寺追加7
294	康応元・２・28	室町幕府御教書案(臨川寺重書案文・鹿)	臨川(鹿)48
295	康応元・２・28	室町幕府御教書案(臨川寺重書案文・鹿)	臨川(鹿)49
296	康応２・２・７	足利義満御判御教書案	府目録712
297	明徳元・９・12	室町幕府御教書案(天龍寺重書目録甲)	天龍寺重書甲92-67
298	(年未詳)・３・１	前対馬守某書状	府目録86
299	(年月日未詳)	某天皇女房奉書	補遺Ⅲ525
300	(年月日未詳)	某書状	補遺Ⅲ526
301	明徳３・６・７	室町幕府御教書案(天龍寺重書目録甲)	天龍寺重書甲92-68
302	明徳３・６・20	備中国守護渋川満頼遵行状案(天龍寺重書目録甲)	天龍寺重書甲92-69
303	明徳３・７・28	備中国守護代吉見氏康遵行状案(天龍寺重書目録甲)	天龍寺重書甲92-70
304	(明徳３)・７・28	沙弥石浦書状案(天龍寺重書目録甲)	天龍寺重書甲92-71
305	(明徳３)・７・28	左衛門尉成行書状案(天龍寺重書目録甲)	天龍寺重書甲92-72
306	明徳３・７・29	備中国守護代吉見氏康注進状案(天龍寺重書目録甲)	天龍寺重書甲92-73
307	明徳３・８・28	幸宮久世所領譲状案(天龍寺重書目録乙)	天龍寺重書乙93-8
308	明徳４・10・７	室町幕府御教書案(天龍寺重書目録甲)	天龍寺重書甲92-74
309-1	明徳５・３・22	足利義満御判御教書	府目録115
309-2	明徳５・３・22	足利義満袖判御教書案(臨川寺重書案文・鹿)	臨川(鹿)40
310	明徳５・３・23	玉円田地売券(宝篋院重書)	府目録135
311	応永元・８・25	室町幕府御教書(宝篋院重書)	府目録136
312	(応永２)・４・３	今川了俊書状	府目録84
313	応永２・５・７	室町幕府御教書案(天龍寺重書目録甲)	天龍寺重書甲92-44
314	応永３・２・10	室町幕府御教書案(臨川寺重書案文・鹿)	臨川(鹿)50

番号	年 月 日	文 書 名	個別目録文書番号
315	応永6・2・18	近江国守護六角満高遵行状(宝篋院重書)	府目録137
316	応永6・7・28	足利義満御判御教書案(天龍寺重書目録甲)	天龍寺重書甲92-10
317	応永6・9・28	鳥居小路為長寄進状(宝篋院重書)	府目録138
318	応永7・2・19	近江国守護六角満高書下(折紙)(宝篋院重書)	府目録156
319-1	応永7・6・25	足利義満御判御教書	府目録41
319-2	応永7・6・25	足利義満御判御教書案(臨川寺重書案文・鹿)	臨川(鹿)51
320-1	応永7・8・21	室町幕府管領畠山基国施行状	府目録6
320-2	応永7・8・21	室町幕府管領畠山基国施行状案(臨川寺重書案文・鹿)	臨川(鹿)52
321	応永7・8・22	若狭国守護一色詮範遵行状	府目録7
322	応永8・8・24	室町幕府御教書案(臨川寺重書案文・鹿)	臨川(鹿)53
323	応永8・10・8	室町幕府御教書(宝篋院重書)	府目録140
324-1	応永9・2・23	足利義満御判御教書	府目録116
324-2	応永9・2・23	足利義満御判御教書案(臨川寺重書案文・鹿)	臨川(鹿)41
325	応永9・4・28	近江国守護京極高光遵行状(宝篋院重書)	府目録157
326-1	応永10・4・10	室町幕府御教書	府目録8
326-2	応永10・4・10	室町幕府御教書案(臨川寺重書案文・鹿)	臨川(鹿)54
327	応永10・5・2	室町幕府管領畠山基国施行状案(臨川寺重書案文・鹿)	臨川(鹿)42
328	応永11・7・2	室町幕府御教書案(臨川寺重書案文・鹿)	臨川(鹿)1
329-1	応永11・9・26	室町幕府御教書	府目録9
329-2	応永11・9・26	室町幕府御教書案(臨川寺重書案御教書)	臨川(御教書)21
330	応永12・12・20	備中国守護細川頼重奉行人連署奉書(宝篋院重書)	府目録141
331	応永14・11・13	備中国守護細川頼重半済分去状(宝篋院重書)	府目録204
332	応永15・8・25	足利義持御判御教書案	府目録713
333	応永15・9・22	室町幕府御教書案(天龍寺重書目録甲)	天龍寺重書甲92-43
334-1	応永15・10・5	足利義持御判御教書	府目録117
334-2	応永15・10・5	足利義持御判御教書案(臨川寺重書案御教書)	臨川(御教書)1
335-1	応永15・10・10	室町幕府管領斯波義教施行状	府目録640
335-2	応永15・10・10	室町幕府管領斯波義教施行状案(臨川寺重書案御教書)	臨川(御教書)23
336-1	応永15・11・20	加賀国守護斯波満種遵行状	府目録10
336-2	応永15・11・20	加賀国守護斯波満種遵行状案(臨川寺重書案御教書)	臨川(御教書)24
337-1	応永16・9・6	足利義持御判御教書	府目録118
337-2	応永16・9・6	足利義持御判御教書案(臨川寺重書案御教書)	臨川(御教書)2
338	応永17・2・25	下宮宗璨所領譲状案(天龍寺重書目録乙)	天龍寺重書乙93-9
339	応永17・6・27	丹波国六人部庄本主次第案(天龍寺重書目録乙)	

番号	年　月　日	文　　書　　名	個別目録文書番号
			天龍寺重書乙93-10
340-1	応永17・9・10	足利義持御判御教書	府目録119
340-2	応永17・9・10	足利義持御判御教書案(臨川寺重書案御教書)	臨川(御教書)16
341-1	応永17・12・26	足利義持御判御教書	府目録120
341-2	応永17・12・26	足利義持御判御教書案(臨川寺重書案御教書)	臨川(御教書)17
342-1	応永17・12・26	室町幕府管領畠山満家施行状	府目録11
342-2	応永17・12・26	室町幕府管領畠山満家施行状案(臨川寺重書案御教書)	臨川(御教書)25
343-1	応永18・2・17	加賀国守護斯波満種遵行状	府目録12
343-2	応永18・2・17	加賀国守護斯波満種遵行状案(臨川寺重書案御教書)	臨川(御教書)22
344	応永18・2・27	備中国守護細川頼重寄進状(宝篋院重書)	府目録142
345-1	応永19・5・3	加賀国守護斯波満種遵行状	府目録64
345-2	応永19・5・3	加賀国守護斯波満種遵行状案(臨川寺重書案御教書)	臨川(御教書)26
346-1	応永19・5・4	足利義持下知状	府目録121
346-2	応永19・5・4	足利義持下知状案(臨川寺重書案御教書)	臨川(御教書)18
347-1	応永19・5・12	室町幕府管領細川満元施行状	府目録65
347-2	応永19・5・12	室町幕府管領細川満元施行状案(臨川寺重書案御教書)	臨川(御教書)27
348-1	応永23・7・4	足利義持御判御教書	補遺Ⅲ529
348-2	応永23・7・4	足利義持御判御教書案(臨川寺重書案御教書)	臨川(御教書)3
349	応永24・閏5・24	備中国守護細川頼重遵行状(宝篋院重書)	府目録143
350	応永25・10・27	摂津国守護細川満元書下(宝篋院重書)	府目録144
351-1	応永26・5・21	室町幕府御教書案(天龍寺重書目録甲)	天龍寺重書甲92-48
351-2	応永26・5・21	室町幕府御教書案(天龍寺重書目録甲)	天龍寺重書甲92-52
352	応永26・6・2	室町幕府御教書案(天龍寺重書目録乙)	天龍寺重書乙93-13
353	応永26・7・28	室町幕府奉行人奉書案(天龍寺重書目録乙)	天龍寺重書乙93-15
354	応永26・7・29	備中国守護細川頼重奉行人奉書案(天龍寺重書目録乙)	天龍寺重書乙93-16
355	応永26・9・3	遠江国守護斯波義淳遵行状案(天龍寺重書目録甲)	天龍寺重書甲92-49
356	応永26・9・6	室町幕府御教書案(天龍寺重書目録乙)	天龍寺重書乙93-11
357	応永26・9・8	斎藤基喜書状案(天龍寺重書目録乙)	天龍寺重書乙93-68
358	応永26・9・27	遠江国守護代甲斐祐徳遵行状案(天龍寺重書目録甲)	天龍寺重書甲92-50
359	応永26・10・7	堀江道賢打渡状案(天龍寺重書目録甲)	天龍寺重書甲92-51
360	応永27・2・15	加賀国守護富樫満春遵行状案(天龍寺重書目録乙)	天龍寺重書乙93-14

番号	年　月　日	文　書　名	個別目録文書番号
361-1	応永27・4・17	足利義持下知状	府目録122
361-2	応永27・4・17	足利義持下知状案(臨川寺重書案御教書)	臨川(御教書)4
362	応永27・4・17	足利義持下知状案(天龍寺重書目録甲)	天龍寺重書甲92-13
363-1	応永27・4・19	室町幕府管領細川満元施行状	府目録66
363-2	応永27・4・19	室町幕府管領細川満元施行状案(臨川寺重書案御教書)	臨川(御教書)28
364-1	応永27・4・19	室町幕府管領細川満元施行状案	府目録586
364-2	応永27・4・19	室町幕府管領細川満元施行状案(天龍寺重書目録乙)	天龍寺重書乙93-19
364-3	応永27・4・19	室町幕府管領細川満元施行状写(三会院重書近世写)	三会近世31
365	応永27・4・19	室町幕府管領細川満元施行状案(天龍寺重書目録乙)	天龍寺重書乙93-17
366	応永27・4・19	室町幕府管領細川満元施行状案(天龍寺重書目録乙)	天龍寺重書乙93-18
367	応永27・4・19	丹波国守護細川満元遵行状案(天龍寺重書目録乙)	天龍寺重書乙93-20
368	応永27・4・19	室町幕府管領細川満元施行状案(天龍寺重書目録乙)	天龍寺重書乙93-21
369	応永27・4・19	讃岐国守護細川満元遵行状案(天龍寺重書目録乙)	天龍寺重書乙93-22
370	応永27・4・19	室町幕府管領細川満元施行状案(天龍寺重書目録乙)	天龍寺重書乙93-23
371	応永27・4・19	讃岐国守護細川満元遵行状案(天龍寺重書目録乙)	天龍寺重書乙93-24
372	応永27・4・19	室町幕府管領細川満元施行状案(天龍寺重書目録乙)	天龍寺重書乙93-25
373	応永27・4・19	室町幕府管領細川満元施行状案(天龍寺重書目録乙)	天龍寺重書乙93-26
374	応永27・4・19	室町幕府管領細川満元施行状案(天龍寺重書目録乙)	天龍寺重書乙93-27
375	応永27・4・19	室町幕府管領細川満元施行状案(天龍寺重書目録乙)	天龍寺重書乙93-28
376	応永27・4・19	室町幕府管領細川満元施行状案(天龍寺重書目録乙)	天龍寺重書乙93-49
377	応永27・5・7	阿波国守護細川満久遵行状案(天龍寺重書目録乙)	天龍寺重書乙93-50
378	応永27・5・12	丹波国六人部庄沙汰人名主百姓等起請文案(天龍寺重書目録乙)	天龍寺重書乙93-66
379	応永27・5・26	賀茂定棟日時勘文案(天龍寺重書目録乙)	天龍寺重書乙93-47
380	(応永27)・5・27	周幸書状案(天龍寺重書目録乙)	天龍寺重書乙93-48
381	応永27・8・15	室町幕府御教書案(天龍寺重書目録乙)	天龍寺重書乙93-12

番号	年 月 日	文 書 名	個別目録文書番号
382	応永27・8・15	室町幕府奉行人奉書案(天龍寺重書目録乙)	天龍寺重書乙93-30
383	応永27・9・24	室町幕府御教書案(天龍寺重書目録甲)	天龍寺重書甲92-53
384	応永27・11・24	室町幕府御教書案(天龍寺重書目録乙)	天龍寺重書乙93-35
385	(年未詳)・9・16	室町幕府奉行人飯尾清藤書状案(天龍寺重書目録乙)	天龍寺重書乙93-36
386	(年未詳)・9・18	具宗書状案(天龍寺重書目録乙)	天龍寺重書乙93-37
387	応永28・5・10	近江国健部庄保司方百姓等起請文案(天龍寺重書目録乙)	天龍寺重書乙93-65
388	(応永28)・6・晦	和慶書状(宝篋院重書)	府目録145
389	応永28・8・27	室町幕府奉行人・神宮頭人連署奉書案(天龍寺重書目録乙)	天龍寺重書乙93-29
390	応永29・3・2	室町幕府御教書案(天龍寺重書目録乙)	天龍寺重書乙93-39
391	応永29・3・2	室町幕府御教書案(天龍寺重書目録乙)	天龍寺重書乙93-40
392	応永29・3・22	播磨国守護赤松義則遵行状案(天龍寺重書目録乙)	天龍寺重書乙93-41
393-1	応永29・8・10	足利義持御判御教書	府目録94
393-2	応永29・8・10	足利義持御判御教書案(天龍寺重書目録甲)	天龍寺重書甲92-54
394	応永29・10・9	室町幕府奉行人連署奉書案(天龍寺重書目録乙)	天龍寺重書乙93-32
395	応永29・10・26	室町幕府御教書案(天龍寺重書目録乙)	天龍寺重書乙93-31
396	(応永29)・10・27	播磨国守護赤松義則奉行人連署奉書案(天龍寺重書目録乙)	天龍寺重書乙93-33
397	(応永29)・10・27	播磨国守護赤松義則奉行人連署打渡状案(天龍寺重書目録乙)	天龍寺重書乙93-34
398-1	応永29・閏10・17	足利義持御判御教書	府目録123
398-2	応永29・閏10・17	足利義持御判御教書案(臨川寺重書案御教書)	臨川(御教書)6
399	応永29・閏10・17	足利義持御判御教書案(天龍寺重書目録甲)	天龍寺重書甲92-55
400	応永29・11・2	足利義持御判御教書案(天龍寺重書目録甲)	天龍寺重書甲92-56
401	(応永30)・5・26	成善書状案(天龍寺重書目録乙)	天龍寺重書乙93-51
402	応永30・6・	天龍寺領阿波国那賀山庄雑掌申状案(天龍寺重書目録甲)	天龍寺重書甲92-58
403	応永30・8・28	室町幕府奉行人下知状案(天龍寺重書目録乙)	天龍寺重書乙93-42
404	応永30・9・5	越後国守護上杉房朝奉行人遵行状案(天龍寺重書目録乙)	天龍寺重書乙93-45
405	(年未詳)・9・6	為行請文案(天龍寺重書目録乙)	天龍寺重書乙93-44
406	応永31・6・21	室町幕府御教書(宝篋院重書)	府目録146
407	(年未詳)・4・2	山門使節連署書状(宝篋院重書)	府目録139

番号	年　月　日	文　　書　　名	個別目録文書番号
408	応永31・12・23	加賀国大野庄示野村内一王丸名名主職売券	府目録616
409	応永32・8・28	足利義持御判御教書案(天龍寺重書目録甲)	天龍寺重書甲92-57
410	(応永33)・3・22	三会院盛元梵鼎書状	府目録653
411	応永33・6・2	三会院盛元梵鼎等連署紛失状	府目録617
412	応永33・6・7	昌集書状	府目録654
413	応永33・6・13	加賀国円楽寺雲韶中鏘等連署請文	府目録618
414	応永33・6・20	加賀国大野庄示野村一王丸名名主職俊慶請文	府目録619
415-1	応永33・9・	山城国嵯峨諸寺応永鈞命絵図裏書	荘園絵図聚成
415-2	応永33・9・	山城国嵯峨諸寺応永鈞命絵図裏書写	補遺Ⅲ549
415-3	応永33・9・	山城国嵯峨諸寺応永鈞命絵図裏書写	補遺Ⅲ550
416-1	応永34・6・15	足利義持御判御教書	補遺Ⅲ488
416-2	応永34・6・15	足利義持御判御教書案(臨川寺重書案御教書)	臨川(御教書)5
417	正長元・9・23	室町幕府御教書案(天龍寺重書目録乙)	天龍寺重書乙93-38
418	正長元・9・26	伏見宮貞成親王書状案(天龍寺重書目録乙)	天龍寺重書乙93-52
419	正長元・9・26	伏見宮貞成親王書状案(天龍寺重書目録乙)	天龍寺重書乙93-53
420-1	正長2・8・30	足利義教御判御教書	府目録42
420-2	正長2・8・30	足利義教御判御教書案(臨川寺重書案御教書)	臨川(御教書)7
421	永享2・3・8	足利義教御判御教書案(天龍寺重書目録甲)	天龍寺重書甲92-14
422-1	永享2・8・28	足利義教御判御教書	府目録43
422-2	永享2・8・28	足利義教御判御教書案(臨川寺重書案御教書)	臨川(御教書)36
423-1	永享2・9・2	室町幕府管領斯波義淳施行状	府目録13
423-2	永享2・9・2	室町幕府管領斯波義淳施行状案(臨川寺重書案御教書)	臨川(御教書)37
424	永享2・9・5	若狭国守護一色義貫遵行状	府目録14
425	永享2・閏11・26	摂津国守護細川持之書下(宝篋院重書)	府目録147
426-1	永享3・10・8	足利義教寄進状	府目録124
426-2	永享3・10・8	足利義教寄進状案(臨川寺重書案御教書)	臨川(御教書)8
427	永享4・7・19	足利義教御判御教書案	府目録714
428	永享4・7・26	夢窓門中定書案(天龍寺重書目録乙)	天龍寺重書乙93-46
429	永享4・8・7	足利義教公帖	府目録1030
430-1	永享6・4・16	足利義教下知状	府目録125
430-2	永享6・4・16	足利義教下知状案(臨川寺重書案御教書)	臨川(御教書)9
431-1	永享6・4・16	足利義教御判御教書	府目録126
431-2	永享6・4・16	足利義教御判御教書案(臨川寺重書案御教書)	臨川(御教書)19

番号	年 月 日	文 書 名	個別目録文書番号
432-1	永享6・5・12	室町幕府管領細川持之施行状	府目録67
432-2	永享6・5・12	室町幕府管領細川持之施行状案(臨川寺重書案御教書)	臨川(御教書)29
433	永享7・7・25	摂津国守護細川持之遵行状(宝篋院重書)	府目録148
434	永享7・7・25	室町幕府管領細川持之施行状(宝篋院重書)	府目録149
435	永享7・10・11	加賀国大野庄示野村一王丸名名主職売券	府目録620
436	永享7・10・13	加賀国大野庄示野村一王丸名名主職預主常願請文	府目録621
437	永享9・5・7	茂重加賀国大野庄示野村一王丸名寄進状	府目録622
438	永享9・5・	加賀国大野庄心休禅門寄進状注文	府目録623
439	永享11・2・13	室町幕府奉行人連署過書(宝篋院重書)	府目録158
440	嘉吉元・4・19	備中国守護細川氏久書下(宝篋院重書)	府目録150
441	(嘉吉元)・閏9・12	室町幕府管領細川持之書状(宝篋院重書)	府目録159
442-1	嘉吉2・11・19	室町幕府下知状	府目録24
442-2	嘉吉2・11・19	室町幕府下知状案(臨川寺重書案御教書)	臨川(御教書)10
443-1	嘉吉2・12・26	室町幕府下知状	府目録100
443-2	嘉吉2・12・26	室町幕府下知状案(天龍寺重書目録甲)	天龍寺重書甲92-59
444	嘉吉3・12・21	室町幕府公帖	府目録1032
445	文安元・閏6・24	室町幕府奉行人連署奉書案(天龍寺重書目録甲)	天龍寺重書甲92-60
446-1	文安2・9・22	室町幕府御教書	府目録68
446-2	文安2・9・22	室町幕府御教書案(臨川寺重書案御教書)	臨川(御教書)30
447-1	文安4・8・23	室町幕府管領細川勝元下知状	府目録95
447-2	文安4・8・23	室町幕府管領細川勝元下知状案(天龍寺重書目録甲)	天龍寺重書甲92-2
448	文安4・8・23	室町幕府御教書案(天龍寺重書目録甲)	天龍寺重書甲92-3
449-1	文安4・8・28	室町幕府管領細川勝元下知状	府目録96
449-2	文安4・8・28	室町幕府管領細川勝元下知状案(天龍寺重書目録甲)	天龍寺重書甲92-1
450	文安4・12・21	室町幕府御教書案(天龍寺重書目録甲)	天龍寺重書甲92-30
451-1	文安4・12・24	室町幕府管領細川勝元施行状	府目録25
451-2	文安4・12・24	室町幕府管領細川勝元施行状案(天龍寺重書目録乙)	天龍寺重書乙93-54
452	文安4・12・24	室町幕府管領細川勝元施行状案(天龍寺重書目録乙)	天龍寺重書乙93-55
453	文安4・12・24	室町幕府管領細川勝元施行状案(天龍寺重書目録乙)	天龍寺重書乙93-56
454	文安4・12・24	讃岐国守護細川勝元遵行状案(天龍寺重書目録乙)	天龍寺重書乙93-57
455	文安4・12・24	丹波国守護細川勝元遵行状案(天龍寺重書目録乙)	天龍寺重書乙93-58
456	文安4・12・24	讃岐国守護細川勝元遵行状案(天龍寺重書目録乙)	天龍寺重書乙93-59

番号	年月日	文書名	個別目録文書番号
457	文安4・12・24	室町幕府管領細川勝元施行状案(天龍寺重書目録乙)	天龍寺重書乙93-60
458	文安4・12・24	室町幕府管領細川勝元施行状案(天龍寺重書目録乙)	天龍寺重書乙93-61
459	文安4・12・24	室町幕府管領細川勝元施行状案(天龍寺重書目録乙)	天龍寺重書乙93-62
460	文安4・12・24	室町幕府管領細川勝元施行状案(天龍寺重書目録乙)	天龍寺重書乙93-63
461	文安4・12・24	室町幕府管領細川勝元施行状案(天龍寺重書目録乙)	天龍寺重書乙93-64
462	文安5・5・14	丹波国守護代内藤之貞遵行状案(天龍寺重書目録甲)	天龍寺重書甲92-61
463	文安5・6・19	室町幕府御教書案(天龍寺重書目録甲)	天龍寺重書甲92-4
464-1	文安5・8・28	室町幕府御教書	府目録69
464-2	文安5・8・28	室町幕府御教書案(臨川寺重書案御教書)	臨川(御教書)31
465	文安6・3・22	加賀国守護富樫成春奉行人連署奉書(折紙)	府目録70
466	宝徳2・7・28	室町幕府公帖	府目録1031
467	享徳4・8・4	室町幕府公帖	府目録1033
468-1	康正2・10・9	足利義政御判御教書	府目録127
468-2	康正2・10・9	足利義政御判御教書案	府目録638
468-3	康正2・10・9	足利義政御判御教書案(臨川寺重書案御教書)	臨川(御教書)11
469-1	康正2・10・9	足利義政御判御教書	府目録128
469-2	康正2・10・9	足利義政御判御教書案(臨川寺重書案御教書)	臨川(御教書)20
470-1	康正3・3・6	室町幕府管領細川勝元施行状	府目録26
470-2	康正3・3・6	室町幕府管領細川勝元施行状案(臨川寺重書案御教書)	臨川(御教書)12
471-1	康正3・3・6	室町幕府管領細川勝元施行状	府目録71
471-2	康正3・3・6	室町幕府管領細川勝元施行状案(臨川寺重書案御教書)	臨川(御教書)33
472	康正3・3・27	若狭国守護武田信賢遵行状	府目録27
473	康正3・4・3	加賀国守護代代官吉田長吉遵行状(折紙)	府目録72
474	康正3・8・18	室町幕府奉行人連署奉書(宝篋院重書)	府目録160
475	長禄2・3・10	足利義政御判御教書	府目録44
476	長禄2・3・10	室町幕府管領細川勝元施行状	府目録646
477	長禄2・3・12	室町幕府管領細川勝元施行状(宝篋院重書)	府目録151
478	長禄2・3・15	足利義政御判御教書	府目録97
479-1	長禄2・4・7	足利義政寄進状	府目録45
479-2	長禄2・4・7	足利義政寄進状案(臨川寺重書案御教書)	臨川(御教書)40
480-1	長禄2・4・26	室町幕府管領細川勝元施行状	府目録78
480-2	長禄2・4・26	室町幕府管領細川勝元施行状案(臨川寺重書案御教書)	臨川(御教書)42

番号	年　月　日	文　書　名	個別目録文書番号
481-1	長禄2・5・10	近江国守護遵行状案	府目録74
481-2	長禄2・5・10	近江国守護遵行状案(臨川寺重書案御教書)	臨川(御教書)43
482	長禄2・5・16	目賀田浄慶打渡状案	府目録75
483	長禄2・7・20	室町幕府御教書(天龍寺重書目録乙)	天龍寺重書乙93-69
484	長禄2・10・23	足利義政御判御教書	府目録99
485-1	長禄3・4・19	室町幕府奉行人連署奉書	府目録76
485-2	長禄3・4・19	室町幕府奉行人連署奉書案(臨川寺重書案御教書)	臨川(御教書)45
486-1	長禄3・4・19	室町幕府奉行人連署奉書	府目録77
486-2	長禄3・4・19	室町幕府奉行人連署奉書案(臨川寺重書案御教書)	臨川(御教書)44
487-1	長禄3・7・6	足利義政御判御教書	府目録46
487-2	長禄3・7・6	足利義政御判御教書案(臨川寺重書案御教書)	臨川(御教書)41
488-1	長禄3・7・28	室町幕府管領細川勝元施行状	府目録79
488-2	長禄3・7・28	室町幕府管領細川勝元施行状案(臨川寺重書案御教書)	臨川(御教書)46
489	長禄3・10・2	室町幕府奉行人連署奉書(宝篋院重書)	府目録152
490	長禄4・4・20	足利義政御判御教書	府目録98
491	長禄4・9・26	室町幕府管領細川勝元施行状(宝篋院重書)	府目録153
492	寛正2・3・18	備中国守護細川勝久遵行状(宝篋院重書)	府目録161
493-1	寛正3・4・23	室町幕府奉行人連署奉書写	資料館
493-2	寛正3・4・23	室町幕府奉行人連署奉書写(三会院重書近世写)	三会近世45
494	寛正5・2・25	足利義政御判御教書案	府目録715
495-1	寛正5・12・25	室町幕府管領畠山政長施行状	府目録80
495-2	寛正5・12・25	室町幕府管領畠山政長施行状案(臨川寺重書案御教書)	臨川(御教書)32
496	文明6・6・25	室町幕府奉行人連署奉書(宝篋院重書)	府目録162
497-1	文明6・11・7	室町幕府奉行人連署奉書	府目録641
497-2	文明6・11・7	室町幕府奉行人連署奉書案(臨川寺重書案御教書)	臨川(御教書)34
498	文明9・12・21	足利義政御判御教書	府目録102
499-1	文明9・12・28	足利義政御判御教書	府目録129
499-2	文明9・12・28	足利義政御判御教書案(臨川寺重書案御教書)	臨川(御教書)13
500	文明9・12・28	室町幕府奉行人連署奉書案(臨川寺重書案御教書)	臨川(御教書)38
501-1	文明9・12・29	室町幕府奉行人連署奉書	府目録639
501-2	文明9・12・29	室町幕府奉行人連署奉書案(臨川寺重書案御教書)	臨川(御教書)14
502	文明10・3・30	室町幕府奉行人連署奉書案(臨川寺重書案御教書)	

番号	年　月　日	文　書　名	個別目録文書番号
			臨川(御教書)47
503	文明10・4・14	足利義政御判御教書案	府目録716
504-1	文明10・6・5	室町幕府奉行人連署奉書	府目録642
504-2	文明10・6・5	室町幕府奉行人連署奉書案(臨川寺重書案御教書)	臨川(御教書)35
505	文明12・8・	三会院定条々	府目録402
506	文明13・6・30	足利義政御判御教書	府目録101
507	文明13・11・30	細川政元奉行人飯尾常連奉書案(臨川寺重書案御教書)	臨川(御教書)39
508-1	(文明14)・8・25	萱坊百姓申状(折紙)	府目録571
508-2	(文明14)・8・25	萱坊百姓申状写(三会院重書近世写)	三会近世25
509-1	文明14・10・19	室町幕府奉行人連署奉書(折紙)	府目録566
509-2	文明14・10・19	室町幕府奉行人連署奉書写(三会院重書近世写)	三会近世20
510-1	文明14・12・3	室町幕府奉行人連署奉書	府目録561
510-2	文明14・12・3	室町幕府奉行人連署奉書写(三会院重書近世写)	三会近世14
511-1	文明15・4・18	室町幕府奉行人連署奉書案(折紙)	府目録567
511-2	文明15・4・18	室町幕府奉行人連署奉書写(三会院重書近世写)	三会近世21
512-1	文明15・4・18	室町幕府奉行人連署奉書案(折紙)	府目録568
512-2	文明15・4・18	室町幕府奉行人連署奉書写(三会院重書近世写)	三会近世22
513-1	文明15・12・13	室町幕府奉行人連署奉書案(折紙)	府目録569
513-2	文明15・12・13	室町幕府奉行人連署奉書写(三会院重書近世写)	三会近世23
514	文明16・5・8	請観世音菩薩消伏毒害陀羅尼呪経奥書(折本)	天龍寺追加2
515-1	文明16・5・24	松尾社権禰宜相賀屋敷田等寄進状	府目録570
515-2	文明16・5・24	松尾社権禰宜相賀屋敷田等寄進状写(三会院重書近世写)	三会近世24
516	文明17・2・9	天龍寺領土貢注文案	府目録87
517-1	文明18・3・晦	遮那院領引付	府目録606
517-2	文明18・3・晦	遮那院領引付写(三会院重書近世写)	三会近世40
518	文明18・7・2	臨川寺三会院領洛中屋地目録	府目録1280
519	文明18・7・6	室町幕府奉行人連署奉書写(三会院重書近世写)	三会近世52
520	(年月日未詳)	霊亀山臨川禅寺造営奉加帳(折本)	天龍寺追加5
521-1	長享元・9・26	室町幕府奉行人連署奉書	府目録81
521-2	長享元・9・26	室町幕府奉行人連署奉書案(臨川寺重書案御教書)	臨川(御教書)48
522	長享元・10・20	室町幕府奉行人連署奉書(宝篋院重書)	府目録163
523	長享元・10・22	室町幕府奉行人連署奉書	府目録29
524	長享元・11・26	室町幕府奉行人連署奉書(宝篋院重書)	府目録154

番号	年　月　日	文　　書　　名	個別目録文書番号
525	長享元・11・26	室町幕府奉行人連署奉書(宝篋院重書)	府目録164
526	長享元・12・20	室町幕府奉行人連署奉書(折紙)	府目録28
527	長享元・12・20	室町幕府奉行人連署奉書	府目録82
528	(年未詳)・5・	近江国鯰江跡重書目録案	府目録73
529	(文明19)	寺領目録断簡	府目録390
530	長享2・5・23	近江国守護結城尚隆遵行状(宝篋院重書)	府目録165
531	長享2・6・21	小寺直賢打渡状(宝篋院重書)	府目録166
532	延徳2・3・	霊亀山臨川禅寺所々什物(折本)	天龍寺追加4
533	延徳2・6・9	宝篋院領周防国麻合郷代官職請文(宝篋院重書)	府目録205
534	延徳3・5・12	室町幕府奉行人連署奉書案(折紙)	府目録648
535	延徳3・5・19	室町幕府奉行人連署奉書案(折紙)	府目録649
536	延徳3・5・26	室町幕府奉行人連署奉書案(折紙)	府目録650
537	延徳3・9・16	室町幕府奉行人連署奉書(折紙)(宝篋院重書)	府目録167
538	延徳3・9・16	室町幕府奉行人連署奉書(折紙)(宝篋院重書)	府目録172
539	延徳3・9・16	室町幕府奉行人連署奉書(宝篋院重書)	府目録174
540	延徳3・9・16	室町幕府奉行人連署奉書(折紙)(宝篋院重書)	府目録176
541-1	延徳3・9・17	室町幕府奉行人連署奉書	府目録32
541-2	延徳3・9・17	室町幕府奉行人連署奉書案(臨川寺重書案御教書)	臨川(御教書)49
542	延徳3・9・17	室町幕府奉行人連署奉書(折紙)	府目録31
543	延徳3・9・17	室町幕府奉行人連署奉書(折紙)	府目録30
544	延徳3・9・18	近江国守護代安富元家遵行状(折紙)(宝篋院重書)	府目録173
545	延徳3・9・18	高木直吉遵行状(折紙)(宝篋院重書)	府目録175
546	延徳3・11・20	近江国守護細川政元奉行人奉書(折紙)(宝篋院重書)	府目録168
547	延徳3・11・20	近江国守護細川政元奉行人奉書(折紙)(宝篋院重書)	府目録169
548	延徳3・11・20	近江国守護細川政元奉行人奉書(折紙)(宝篋院重書)	府目録177
549	延徳3・11・	臨川寺重書目録	府目録1281
550	延徳3・12・27	室町幕府奉行人連署奉書(折紙)(宝篋院重書)	府目録170
551	延徳3・12・27	室町幕府奉行人連署奉書(折紙)(宝篋院重書)	府目録171
552	延徳3・12・27	室町幕府奉行人連署奉書(折紙)(宝篋院重書)	府目録178
553	延徳3・12・27	室町幕府奉行人連署奉書(宝篋院重書)	府目録179
554	延徳4・6・1	備中国守護細川勝久奉行人連署奉書(折紙)(宝篋院重書)	府目録180
555	延徳4・6・3	備中国守護細川勝久奉行人連署奉書(折紙)(宝篋院重書)	府目録181
556	延徳4・6・3	備中国守護細川勝久奉行人連署奉書(折紙)(宝篋院重書)	府目録182
557	明応元・11・19	室町幕府奉行人連署奉書(宝篋院重書)	府目録155

番号	年月日	文書名	個別目録文書番号
558	明応元・11・19	室町幕府奉行人連署奉書(折紙)(宝篋院重書)	府目録183
559	(年未詳)・3・6	彦良書状(宝篋院重書)	府目録134
560	(年未詳)・4・8	明王院雄範書状	府目録624
561	(年未詳)・8・3	香西常建書状案(天龍寺重書目録乙)	天龍寺重書乙93-67
562	(年未詳)・12・6	赤松則貞書状	府目録683
563	(年未詳)・12・13	某書状(宝篋院重書)	府目録193
564	(年月日未詳)	天龍寺所領目録案(天龍寺重書目録甲)	天龍寺重書甲92-62
565	明応3・7・28	臨川寺規式	府目録403
566	明応3・7・晦	臨川寺壁書	府目録1284
567	明応4・12・	臨川寺領加賀国大野庄年貢算用状	府目録207
568-1	明応5・閏2・21	室町幕府奉行人連署奉書案	府目録33
568-2	明応5・閏2・21	室町幕府奉行人連署奉書案(臨川寺重書案御教書)	臨川(御教書)15
569	明応5・6・	臨川寺仏殿幷衣鉢閣造営納下帳(竪帳)	資料館
570	明応6・12・19	室町幕府奉行人連署奉書(折紙)	府目録34
571	明応7・正・11	臨川寺山門再興造営帳(竪帳)	資料館
572	明応7・6・	臨川寺条々	府目録404
573	(明応9カ)・9・25	舜怡書状	府目録631
574	(明応9カ)・10・13	加賀国大野庄政所殊全書状	府目録652
575	(明応9カ)・10・16	松岡寺兼祐書状	府目録632
576	明応9・12・	臨川寺領加賀国大野庄年貢算用状	府目録206
577	文亀元・10・7	室町幕府奉行人連署奉書案(折紙)	府目録647
578-1	文亀元・12・8	室町幕府奉行人連署奉書写	資料館
578-2	文亀元・12・8	室町幕府奉行人連署奉書写(三会院重書近世写)	三会近世49
579	文亀元・12・8	室町幕府奉行人連署禁制写(三会院重書近世写)	三会近世50
580	文亀元・12・8	室町幕府奉行人連署奉書写(三会院重書近世写)	三会近世53
581	文亀3・正・	臨川寺典座方納下帳(竪帳)	資料館
582	文亀4・正・	臨川寺典座方納下帳(竪帳)	資料館
583	永正元・9・17	臨川寺禅向等連署文書注文(折紙)	府目録1282
584	永正元・11・7	室町幕府奉行人連署奉書(宝篋院重書)	府目録184
585	永正3・2・	臨川寺造営帳(竪帳)	資料館
586	永正5・8・16	室町幕府奉行人連署奉書(折紙)(宝篋院重書)	府目録186
587	永正5・9・8	室町幕府奉行人連署奉書(折紙)(宝篋院重書)	府目録187
588	永正5・9・29	室町幕府奉行人連署奉書(折紙)	府目録686
589	永正5・10・18	細川高国書下(宝篋院重書)	府目録188
590	永正5・10・18	細川高国奉行人奉書(折紙)(宝篋院重書)	府目録189
591	永正5・10・18	細川高国奉行人奉書(折紙)(宝篋院重書)	府目録190
592	永正6・8・23	足利義稙公帖	府目録964

番号	年　月　日	文　書　名	個別目録文書番号
593	永正６・９・27	室町幕府奉行人連署奉書写	資料館
594	永正８・８・25	大内義興禁制	府目録83
595	永正８・10・２	摂津国守護細川高国奉行人奉書(折紙)(宝篋院重書)	府目録191
596	永正９・７・24	天龍寺条々	府目録405
597	永正11・５・13	足利義稙公帖	府目録1034
598	永正11・５・15	足利義稙公帖	府目録1035
599	永正11・７・７	三会院法身塔舎利数覚	資料館
600-1	永正13・７・28	室町幕府奉行人連署奉書	府目録579
600-2	永正13・７・28	室町幕府奉行人連署奉書案	府目録580
600-3	永正13・７・28	室町幕府奉行人連署奉書写(三会院重書近世写)	三会近世26
601	永正13・12・	臨川寺壁書	府目録1285
602	永正14・６・晦	臨川寺造営帳(竪帳)	資料館
603	永正14・12・	後見代藤五郎申状	府目録671
604	永正15・６・23	臨川寺壁書	府目録1283
605	永正15・９・27	室町幕府奉行人連署奉書(折紙)	府目録718
606-1	永正15・12・19	室町幕府奉行人連署奉書写	資料館
606-2	永正15・12・19	室町幕府奉行人連署奉書写	資料館
606-3	永正15・12・19	室町幕府奉行人連署奉書写(三会院重書近世写)	三会近世47
607	永正16・６・８	室町幕府奉行人連署奉書(折紙)	府目録35
608	永正16・８・12	龍沢庵承玖請文(宝篋院重書)	府目録185
609	大永元・８・	臨川寺造営方納下帳(竪帳)	資料館
610	大永４・正・11	臨川寺壁書	府目録406
611	大永５・９・	臨川寺造営方納下帳(竪帳)	資料館
612	享禄２・10・12	細川晴元奉行人奉書案(折紙)	府目録685
613	(年未詳)・４・９	飯尾貞運書状写(三会院重書近世写)	三会近世46
614	(年未詳)・９・１	野村秀成書状写(三会院重書近世写)	三会近世51
615	天文10・11・20	室町幕府奉行人連署奉書写	府目録1194
616-1	天文11・12・11	細川晴元奉行人奉書(折紙)	府目録612
616-2	天文11・12・11	細川晴元奉行人奉書写(三会院重書近世写)	三会近世43
617	天文13・12・	開山国師真前奉物子母銭帳(竪帳)	資料館
618	天文15・７・	天龍寺米銭納下帳(竪帳)	資料館
619	天文16・正・11	三宅国村請文(宝篋院重書)	府目録192
620	天文17・12・	雲居庵昭堂造営下行帳(竪帳)	資料館
621	天文18・７・	天龍寺米銭納下帳(竪帳)	資料館
622	天文18・10・20	松永長頼請文	府目録687
623	天文18・12・28	雄智請文案	府目録1201
624	天文19・11・27	臨川寺衆評定書	府目録407
625-1	天文19・11・27	臨川寺衆評定書案	府目録587
625-2	天文19・11・27	臨川寺衆評定書写(三会院重書近世写)	三会近世32

番号	年　月　日	文　書　名	個別目録文書番号
626	天文20・4・19	足利義輝公帖	府目録757
627	天文21・3・26	室町幕府奉行人連署奉書案	府目録1203
628	天文21・8・	天龍寺米銭納下帳(竪帳)	資料館
629-1	天文24・5・26	三好長慶判物(折紙)	府目録36
629-2	天文24・5・26	三好長慶判物案	府目録692
630	(天文24)・10・15	三好長逸書状(折紙)	府目録661
631	(年未詳)・9・2	物集女久勝書状(折紙)	府目録700
632	弘治3・4・12	開山国師二百年諱奉加帳(竪帳)	資料館
633	弘治3・9・19	足利義輝公帖	府目録1080
634	弘治3・9・20	足利義輝公帖	府目録1081
635	永禄元・11・	三好長慶禁制写(三会院重書近世写)	三会近世48
636	永禄5・3・4	足利義輝公帖	府目録804
637	永禄5・3・6	足利義輝公帖	府目録805
638	永禄8・12・12	室町幕府奉行人連署奉書写	資料館
639	永禄9・3・16	亀山幷寺内封疆禁制科料定	府目録1286
640	(永禄9)・10・17	篠原長房書状	府目録633
641	(永禄9カ)・11・13	篠原長房書状	府目録698
642	(年未詳)・5・18	正集書状	府目録651
643	(年未詳)・7・10	富松宗治書状(折紙)	府目録628
644	(年未詳)・7・10	堀秀成書状(折紙)	府目録629
645	(年未詳)・8・19	日野下代等連署書状(折紙)	府目録702
646	(年月日未詳)	臨川寺条々	府目録401
647	(永禄11)・11・20	織田信長朱印状写	資料館
648-1	(永禄12カ)・5・14	織田家奉行人連署書状	府目録562
648-2	(永禄12カ)・5・14	織田家奉行人連署書状写(三会院重書近世写)	三会近世16
649-1	(年未詳)・4・2	明智光秀・細川藤孝連署書状(折紙)	府目録552
649-2	(年未詳)・4・2	明智光秀・細川藤孝連署書状写(三会院重書近世写)	三会近世05
650	元亀2・9・23	足利義昭公帖	府目録806
651	元亀2・9・26	足利義昭公帖	府目録807
652	元亀4・4・2	天龍寺入目帳(竪帳)	資料館
653-1	元亀4・4・5	柴田勝家書状(折紙)	府目録584
653-2	元亀4・4・5	柴田勝家書状写(三会院重書近世写)	三会近世28
654	元亀4・4・28	足利義昭公帖	府目録912
655	元亀4・5・3	足利義昭公帖	府目録913
656-1	天正3・4・20	山城国山田沙汰人駿河守家祐等連署請文	府目録602
656-2	天正3・4・20	山城国山田沙汰人駿河守家祐等連署請文写(三会院重書近世写)	三会近世38
657-1	天正3・11・10	織田信長朱印状(折紙)	府目録1171
657-2	天正3・11・10	織田信長朱印状写	資料館
658	天正5・6・	法座銭壁書案	府目録1288
659	天正5・9・10	維那寮壁書	府目録1287
660	天正5・12・1	織田信長朱印状	府目録1153

番号	年　月　日	文　　書　　名	個別目録文書番号
661	(年未詳)・11・8	松永久秀書状(折紙)	府目録660
662	天正6・2・17	足利義昭公帖	府目録933
663	天正6・6・	策彦周良等連署重書注文	府目録672
664	天正7・7・27	天龍寺月評輪次事書	府目録1289
665-1	天正8・8・	織田信長朱印状案	府目録560
665-2	天正8・8・	織田信長朱印状写(三会院重書近世写)	三会近世13
666	(年月日未詳)	天龍寺某書状案	府目録670
667	天正11・11・18	前田玄以書状案(折紙)	府目録1312
668	天正12・3・25	足利義昭公帖	府目録1082
669-1	天正12・12・13	前田玄以書状(折紙)	府目録1222
669-2	天正12・12・13	前田玄以書状写(三会院重書近世写)	三会近世42
669-3	天正12・12・13	前田玄以書状写	資料館
670	天正13・5・24	足利義昭公帖	府目録844
671	天正13・5・24	足利義昭公帖	府目録843
672	天正13・5・24	足利義昭公帖	府目録934
673	天正13・5・24	足利義昭公帖	府目録965
674-1	天正13・11・21	豊臣秀吉朱印状(折紙)	府目録1170
674-2	天正13・11・21	豊臣秀吉朱印状写	府目録1173
674-3	天正13・11・21	豊臣秀吉朱印状写(三会院重書近世写)	三会近世9
675	(天正13カ)	天龍寺常住指出	府目録216
676	(天正13カ)	臨川寺領指出	府目録217
677	(天正13カ)	三会院領指出	府目録218
678	(天正13カ)	南芳院領指出	府目録219
679	(天正13カ)	西芳寺領指出	府目録220
680	(天正13カ)	松岩寺領指出	府目録222
681	(天正13カ)	妙智院領指出	府目録223
682	(天正13カ)	二秀院領指出	府目録224
683	(天正13カ)	弘源寺領指出	府目録225
684	(天正13カ)	寿寧院領指出	府目録227
685	(天正13カ)	宝寿院領指出	府目録228
686	(天正13カ)	宝篋院領指出	府目録231
687	(天正13カ)	招慶院領指出	府目録232
688	(天正13カ)	天源院領指出	府目録234
689	(天正13カ)	宝厳院領指出	府目録235
690	(天正13カ)	禅昌院領指出	府目録236
691	(天正13カ)	西禅寺領指出	府目録237
692	(天正13カ)	永泰院領指出	府目録238
693	(天正13カ)	華徳院領指出	府目録239
694	(天正13カ)	地蔵院領指出	府目録240
695	(天正13カ)	維北軒領指出	府目録241
696	(天正13カ)	栖林軒領指出	府目録242
697	(天正13カ)	梅陽軒領指出	府目録243
698	(天正13カ)	瑞応軒領指出	府目録244

番号	年　月　日	文　　書　　名	個別目録文書番号
699	(天正13カ)	崇恩寺領指出	府目録245
700	(天正13カ)	宝泉庵領指出	府目録246
701	(天正13カ)	陽春軒領指出	府目録247
702	(天正13カ)	慈済院并彭首座領指出	府目録248
703	(天正13カ)	鹿王院領指出	府目録250
704	(天正13カ)	慶寿院領指出	府目録251
705-1	天正13・11・21	豊臣秀吉朱印状	府目録1172
705-2	天正13・11・21	豊臣秀吉朱印状写	府目録1182
705-3	天正13・11・21	豊臣秀吉朱印状写	府目録1290
705-4	天正13・11・21	豊臣秀吉朱印状写	資料館
706	天正13・11・21	豊臣秀吉朱印状	府目録1154
707-1	天正13・11・21	豊臣秀吉朱印状(折紙)	府目録1206
707-2	天正13・11・21	豊臣秀吉朱印状写	府目録1174
708-1	天正13・12・14	大野光元書状(折紙)	府目録556
708-2	天正13・12・14	大野光元書状写(三会院重書近世写)	三会近世10
709-1	天正14・2・19	前田玄以書下(折紙)	府目録585
709-2	天正14・2・19	前田玄以書下写(三会院重書近世写)	三会近世29
710-1	天正14・6・17	天龍寺衆評定書	府目録565
710-2	(天正14・6・17)	天龍寺衆評定書写(三会院重書近世写)	三会近世19
711	天正14・7・21	天龍寺衆評定書	府目録391
712	天正14・12・21	河原定勝書下(折紙)	府目録693
713	天正14・12・23	河原定勝書状(折紙)	府目録694
714-1	(年未詳)・2・13	河原定勝書状(折紙)	府目録553
714-2	(年未詳)・2・13	河原定勝書状写(三会院重書近世写)	三会近世06
715	天正15・8・15	豊臣秀吉公帖	府目録935
716	天正15・10・吉	雲居庵領畠割方定書	府目録684
717	天正15・12・1	天龍寺幷諸塔頭領所々散在山指出案	府目録1347
718	天正15・12・1	天龍寺幷諸塔頭領所々散在山指出案	府目録1291
719	(年未詳)・12・6	天龍寺役者為霖等佐等連署状案	府目録637
720	(年未詳)・12・6	大覚寺坊官連署覚	府目録635
721	(年未詳)・12・6	大覚寺坊官連署書状(折紙)	府目録636
722	天正17・8・5	西芳寺領指出	府目録221
723	天正17・8・5	弘源寺領指出	府目録226
724	天正17・8・5	宝寿院領指出	府目録229
725	天正17・8・5	宝上院領指出	府目録230
726	天正17・8・5	招慶院領指出	府目録233
727	天正17・8・5	慈済院領指出	府目録249
728	天正17・8・5	鹿王院領指出	府目録252
729	天正17・8・13	豊臣秀吉公帖	府目録758
730	天正17・8・21	豊臣秀吉公帖	府目録759
731	天正17・8・24	豊臣秀吉公帖	府目録808
732-1	天正17・12・1	豊臣秀吉朱印状(折紙)	府目録1221
732-2	天正17・12・1	豊臣秀吉朱印状写	資料館

番号	年　月　日	文　書　名	個別目録文書番号
733	天正17・12・1	豊臣秀吉朱印状(折紙)	府目録1156
734	天正18・10・23	天龍寺衆評定書	府目録688
735	天正19・3・26	豊臣秀吉公帖	府目録1036
736	天正19・3・29	豊臣秀吉公帖	府目録1037
737	天正19・9・13	豊臣秀吉朱印状	府目録1155
738-1	天正20・正・19	天龍寺壁書	府目録1292
738-2	天正20・正・19	天龍寺壁書案	府目録1294
739	(天正20)・5・15	木下吉隆書状(折紙)	府目録627
740	天正年中	八幡神楽山山手銭覚	資料館
741-1	文禄元・12・	豊臣秀次朱印状	府目録581
741-2	文禄元・12・	豊臣秀次朱印状写(三会院重書近世写)	三会近世30
742-1	(文禄元)・12・28	前田玄以書状(折紙)	府目録590
742-2	(文禄元)・12・28	前田玄以書状写(三会院重書近世写)	三会近世34
743	文禄2・11・	勝智院旧跡指図	資料館
744	(文禄2)	能守屋敷覚	資料館
745	文禄3・7・5	豊臣秀次公帖	府目録760
746	文禄3・7・15	豊臣秀次公帖	府目録761
747	文禄3・8・2	天龍寺奉行次第	府目録1294
748	文禄3・10・4	天龍寺役者連署請文案	府目録701
749	文禄4・3・1	豊臣秀次公帖	府目録996
750	文禄4・4・16	造路六衛門等連署嵐山山手米請文	府目録603
751-1	文禄4・4・16	嵐山法度条々	府目録604
751-2	文禄4・4・16	嵐山法度条々写(三会院重書近世写)	三会近世39
752-1	文禄4・5・14	前田玄以書下(折紙)	府目録583
752-2	文禄4・5・14	前田玄以書下写(三会院重書近世写)	三会近世27
752-3	文禄4・5・14	前田玄以書下写	資料館
753-1	文禄4・9・29	吉田栄可・清正連署譲状案	資料館
753-2	文禄4・9・29	吉田栄可・清正連署譲状案	資料館
754	文禄4・10・2	豊臣秀吉朱印状(折紙)	府目録1157
755	文禄4・10・16	豊臣秀吉公帖	府目録997
756	文禄5・正・11	弘源寺等洋本役請文案	資料館
757	文禄5・5・8	天龍寺衆僧起請文	府目録211
758	文禄5・5・13	天龍寺役者慶隆定書案	府目録673
759-1	文禄5・8・3	前田玄以書下(折紙)	府目録550
759-2	文禄5・8・3	前田玄以書下写(三会院重書近世写)	三会近世3
760-1	(文禄5カ)・8・11	前田玄以書下(折紙)	府目録593
760-2	(文禄5カ)・8・11	前田玄以書下写(三会院重書近世写)	三会近世35
761-1	(文禄5カ)・8・13	前田玄以書下(折紙)	府目録596
761-2	(文禄5カ)・8・13	前田玄以書下写(三会院重書近世写)	三会近世36
762-1	(文禄5カ)・8・14	尾池定安書状(折紙)	府目録597
762-2	(文禄5カ)・8・14	尾池定安書状写(三会院重書近世写)	三会近世37
763-1	(年未詳)・5・10	前田玄以書下(折紙)	府目録548
763-2	(年未詳)・5・10	前田玄以書下写(三会院重書近世写)	三会近世1

番号	年月日	文書名	個別目録文書番号
764-1	(年未詳)・5・10	前田玄以書下(折紙)	府目録551
764-2	(年未詳)・5・10	前田玄以書下写(三会院重書近世写)	三会近世4
765	(年未詳)・12・20	豊臣秀吉朱印状案	府目録626
766	(年未詳)・12・21	前田玄以書下(折紙)	府目録697
767	慶長2・2・2	天龍寺奉行次第	府目録1294
768	(慶長2)・4・12	前田玄以書状案(折紙)	府目録625
769	(慶長2カ)・11・19	尾池定安書状写(折紙)	府目録1200
770	慶長3・正・23	天龍寺衆評定書案	府目録209
771	慶長3・2・26	天龍寺衆評定書	府目録210
772	慶長3・8・10	弘源寺等洋本役請文案	資料館
773-1	慶長3・9・18	前田玄以書下(折紙)	府目録549
773-2	慶長3・9・18	前田玄以書下写(三会院重書近世写)	三会近世2
774	慶長4・6・3	文書入日記	府目録1293
775	慶長4・7・27	天龍寺衆評定書	府目録690
776	慶長4・8・3	天龍寺衆評定書	府目録689
777-1	慶長4・10・30	福田家房申状	府目録563
777-2	慶長4・10・30	福田家房申状写(三会院重書近世写)	三会近世17
778-1	慶長4・10・30	天龍寺役者連署山林地子等定書案	府目録609
778-2	慶長4・10・30	天龍寺役者連署山林地子等定書写(三会院重書近世写)	三会近世41
779-1	慶長4・10・晦	吉田栄可寄進状	府目録564
779-2	慶長4・10・30	吉田栄可寄進状(三会院重書近世写)	三会近世18
780	(慶長4)・12・1	相国寺承禱書状(折紙)	府目録678
781	慶長5・9・16	徳川家康禁制写	府目録267
782-1	(年未詳)・4・21	松田政行書状案(折紙)	府目録557
782-2	(年未詳)・4・21	松田政行書状写(三会院重書近世写)	三会近世11
783-1	(年未詳)・4・21	雨森才次書状(折紙)	府目録558
783-2	(年未詳)・4・21	雨森才次書状写(三会院重書近世写)	三会近世12
784	(年未詳)・9・2	梵得・梵昭・寿廉連署申状	府目録703
785	(年未詳)・9・5	崇恩寺看坊慶隆申状	府目録704
786	(年未詳)・9・5	崇恩寺看坊慶隆申状	府目録705
787	(年未詳)・10・19	守明書状	府目録630
788-1	(年未詳)・10・24	前田玄以書下(折紙)	府目録555
788-2	(年未詳)・10・24	前田玄以書下写(三会院重書近世写)	三会近世8
789-1	(年未詳)・10・24	天龍寺役者周慶書状案(折紙)	府目録554
789-2	(年未詳)・10・24	天龍寺役者周慶書状写(三会院重書近世写)	三会近世7
790	(年月日未詳)	天龍寺建立奉加帳(折本)	天龍寺追加6
791	(年月日未詳)	常住幷諸塔頭領目録	府目録212
792	(年月日未詳)	川東天龍寺常住幷諸塔頭領目録写	府目録213
793	(年月日未詳)	天龍寺幷諸塔頭領総高目録	府目録214
794	(年月日未詳)	天龍寺幷諸塔頭領小切紙幷判紙増減書立	府目録215
795	(年月日未詳)	重書目録	府目録253
796	(年月日未詳)	重書目録	府目録254

番号	年　月　日	文　　書　　名	個別目録文書番号
797	（近世）	三会院法身塔舎利数注文（巻子装）	番外
798	（近世）	寺院古帳之覚	資料館
799	（近世）	三会院法衣箱入日記（横帳）	府目録1860

所蔵者別目録

※本目録は慶長5年以前の天龍寺文書のうち、国文学研究資料館・兵庫県尼崎市教育委員会・東京大学文学部・妙智院・尊経閣に所蔵されているものを所蔵者ごとにまとめたものである。

※文書名の後に本書文書番号を付した。—は骨子目録に所収。

番号	年　月　日	文　　書　　名	本書文書番号
		国文学研究資料館所蔵文書	
1	寛正３・４・23	室町幕府奉行人連署奉書写(善入寺門前諸役催促停止)	493
2	明応５・６・	臨川寺仏殿幷衣鉢閣造営納下帳(竪帳)	569
3-1	明応７・正・11	臨川寺山門再興造営帳(竪帳)	571
3-2	文亀元・７・	臨川寺山門再興造営方奉加銭之帳(竪帳)	571
3-3	文亀２・７・８	韋駄天堂建立納下帳(竪帳)	571
3-4	文亀２・７・８	山門方(竪帳)	571
3-5	永正元・７・11	山門脇扉造営入目(竪帳)	571
4	文亀元・12・８	室町幕府奉行人連署奉書写(宝篋院敷地内力者家事)	578
5	文亀３・正・	臨川寺典座方納下帳(竪帳)	581
6	文亀４・正・	臨川寺典座方納下帳(竪帳)	582
7	永正３・２・	臨川寺造営帳(竪帳)	585
8	永正６・９・27	室町幕府奉行人連署奉書写(北嵯峨仙翁寺村事)	593
9	永正11・７・７	三会院法身塔舎利数覚	599
10	永正14・６・晦	臨川寺造営帳(竪帳)	602
11	永正15・12・19	室町幕府奉行人連署奉書写(宝篋院敷地門前民屋事)	606
12	永正15・12・19	室町幕府奉行人連署奉書写(宝篋院敷地門前民屋事)	606
13	大永元・８・	臨川寺造営方納下帳(竪帳)	609
14	大永５・９・	臨川寺造営方納下帳(竪帳)	611
15	天文13・12・	開山国師真前奉物子母銭帳(竪帳)	617
16	天文15・７・	天龍寺米銭納下帳(竪帳)	618
17	天文17・12・	雲居庵昭堂造営下行帳(竪帳)	620
18	天文18・７・	天龍寺米銭納下帳(竪帳)	621
19	天文21・８・	天龍寺米銭納下帳(竪帳)	628
20-1	(天文20カ)	開山国師二百年諱奉加帳(竪帳)	632
20-2	天文19・９・	雲居庵昭堂造営帳(竪帳)	632
20-3	弘治３・４・12	開山国師二百年忌以来納下帳(竪帳)	632
21	永禄８・12・12	室町幕府奉行人連署奉書写(宝幢寺等住持職・同寺領等領知)	638
22	(永禄11)・11・20	織田信長朱印状写(西芳寺同泉水再興)	647

番号	年　月　日	文　　書　　名	本書の文書番号
23	元亀４・４・２	天龍寺入目帳(竪帳)	652
24	天正年中	八幡神楽山山手銭覚	740
25	天正３・11・10	織田信長朱印状写(禅昌院領摂津国中嶋)	657
26	天正12・12・13	前田玄以書状写(折紙)(門前境内人足諸役免許)	669
27	天正13・11・21	豊臣秀吉朱印状写(天龍寺領千七百二十石)	674
28	天正17・12・１	豊臣秀吉朱印状写(折紙)(門前境内子人足免許)	732
29	文禄２・11・	勝智院旧跡指図	743
30	(文禄２)	能守屋敷覚	744
31	文禄４・５・14	前田玄以書下写(折紙)(寺院前之馬場掃除幷橋)	752
32	文禄４・９・29	吉田栄可・清正連署譲状案(小倉山宛行)	753
33	文禄４・９・29	吉田栄可・清正連署譲状案(小倉山宛行)	753
34	文禄５・正・11	弘源寺等洋本役請文案(弘源寺山進上)	756
35	慶長３・８・10	弘源寺等洋本役請文案(弘源寺山進上)	772
36	(近世)	寺院古帳之覚	798

兵庫県尼崎市教育委員会所蔵文書

三会院重書案文(1～112)

1	永徳２・７・11	室町幕府御教書(案文を正文に准ず)	273
2	(年月日未詳)	臨川寺三会院領目録	—
3	(年月日未詳)	近江国粟津橋本御厨文書目録	—
4	暦応４・12・18	室町准后尊融寄進状案(近江国粟津橋本御厨等)	55
5	暦応４・９・23	光厳上皇院宣案(伊勢国富津御厨等の管領)	51
6	暦応５・３・12	光厳上皇院宣案(近江国粟津橋本御厨等寄付)	56
7	康永元・11・20	光厳上皇院宣案(近江国粟津御厨の知行)	58
8	康永元・11・20	光厳上皇院宣案(近江国橋本御厨濫妨停止)	59
9	文和３・３・５	後光厳天皇綸旨案(近江国粟津橋本御厨の知行)	146
10	文和２・３・５	二条良基書状案(近江国粟津橋本御厨)	129
11	(年月日未詳)	世良親王遺領内安堵所々注文案(近江他国粟津橋本御厨等)	52
12	観応３・７・24	足利義詮御判御教書案(近江国粟津御厨等押妨停止)	122
13	(年月日未詳)	美濃国高田勅旨田文書目録	—
14	康永３・11・19	足利直義下知状案(美濃国高田郷河井村年貢)	64
15	(年月日未詳)	備後国垣田庄文書目録	—
16	康永元・７・10	室町幕府禅律方頭人大高重成奉書案(備後国垣田庄領家職)	57
17	(年月日未詳)	河内国橘島庄内光国名文書目録	—
18	康永２・３・21	足利直義書状案(河内国橘島庄光国名を三会院に沙汰)	60
19	暦応３・４・17	細川和氏寄進状案(河内国橘島庄光国名)	45
20	康永２・３・23	細川元氏寄進状案(河内国橘島庄光国名)	61
21	(年月日未詳)	但馬国太田庄坂本・泰守両村文書目録	—
22	貞和５・９・24	本光院寄進状案(但馬国太田庄坂本村寄進)	87
23	観応元・10・25	足利尊氏寄進状案(但馬国太田庄)	89
24	観応元・10・25	室町幕府執事高師直施行状案(但馬国太田庄の沙汰付)	90

番号	年　月　日	文　　書　　名	本書の文書番号
25	観応２・卯・８	足利直義寄進状案(但馬国太田庄泰守村)	94
26	観応２・８・15	足利義詮御内書案(但馬国太田庄泰守村の知行)	97
27	観応２・８・17	足利義詮御判御教書案(但馬国太田庄安堵)	99
28	観応元・11・14	但馬国守護今川頼貞遵行状案(但馬国太田庄)	92
29	観応元・11・14	但馬国守護使請文案(但馬国太田庄の沙汰付)	93
30	(年月日未詳)	尾張国御器所保文書目録	—
31	正平７・２・９	足利尊氏寄進状案(尾張国御器所保)	113
32	観応２・10・６	大高重成寄進状案(尾張国御器所保)	103
33	延文５・12・17	足利義詮御判御教書案(尾張国御器所保割分安堵)	167
34	(年月日未詳)	近江国赤野井村并三宅十二里文書目録	—
35	観応２・11・３	足利尊氏寄進状案(近江国赤野井村三宅郷)	107
36	観応２・10・晦	諏訪円忠寄進状案(近江国赤野井村三宅郷)	105
37	観応２・10・晦	三会院院主無極志玄等連署裏書案(近江国赤野井村三宅郷)	106
38	観応２・11・３	足利尊氏御内書案(近江国赤野井村三宅郷安堵)	108
39	観応２・11・28	足利義詮御内書案(近江国赤野井村三宅郷安堵)	109
40	文和元・12・27	足利義詮御判御教書案(近江国赤野井村三宅郷寄進状の施行)	128
41	文和２・５・15	山内定詮請文案(近江国赤野井村三宅郷の沙汰付)	130
42	暦応３・８・12	足利尊氏下文案(近江国赤野井村三宅郷地頭職宛行)	46
43	暦応３・８・12	室町幕府執事高師直施行状案(近江国赤野井村三宅郷の沙汰付)	47
44	暦応３・９・３	佐々木秀綱請文案(近江国赤野井村三宅郷の沙汰付)	48
45	暦応４・10・21	足利直義下知状案(近江国赤野井村三宅郷の押領停止)	53
46	観応３・６・27	足利尊氏御内書案(近江国赤野井村三宅郷の遵行)	118
47	(年月日未詳)	三河国額田郡沙汰人余三太郎跡給田畠文書目録	—
48	観応３・７・29	足利義詮寄進状案(三河国額田郷)	123
49	嘉元元・11・21	二品禅閤下文案(三河国額田郷宛行)	2
50	正和元・７・12	鹿島宗実譲状案(三河国額田郷外題安堵)	4
51	康永２・５・10	鹿島宗実後家れうみやう譲状案(三河国額田郷)	62
52	貞和５・６・27	尼恵鑑寄進状案(三河国額田郷沙汰人余三太郎跡)	85
53	文和２・12・24	室町幕府禅律方頭人大高重成奉書案(三河国額田郷の乱妨停止)	135
54	(年月日未詳)	遠江国吉美庄内々山郷文書目録	—
55	観応３・９・15	足利尊氏寄進状案(遠江国吉美庄)	124
56	観応３・７・５	渋川直頼寄進状案(遠江国吉美庄)	120
57	(年月日未詳)	美濃国武義庄神渕郷栗原村文書目録	—
58	文和元・12・12	足利義詮御判御教書案(美濃国武義庄)	127
59	貞和３・10・25	尼理春寄進状案(美濃国武義庄)	74
60	元応元・11・８	尼浄心所領譲状案(美濃国武義庄)	5
61	康永３・12・２	尼理春譲状案(美濃国武義庄)	65
62	貞和元・12・12	二階堂成藤書状案(美濃国武義庄譲状紛失)	66
63	文和２・９・２	室町幕府禅律方頭人大高重成奉書案(美濃国武義庄の沙汰付)	

番号	年　月　日	文　書　名	本書の文書番号
			132
64	(年月日未詳)	阿波国富吉庄内東村幷北敷地南敷地文書目録	—
65	文和3・正・13	尊融・尊顕連署寄進状案(阿波国富吉庄を夢窓疎石・尊融追善料所とする)	137
66	文和5・2・7	阿波国守護細川頼之遵行状案(阿波国富吉庄領家職の沙汰付)	151
67	文和3・5・18	細川頼之書状案(阿波国富吉庄)	147
68	(年月日未詳)	近江国石田郷上方半分文書目録	—
69	文和3・2・6	足利尊氏寄進状案(近江国石田郷地頭職)	142
70	文和3・2・6	細川清氏寄進状案(近江国石田郷)	141
71	文和3・2・6	室町幕府執事仁木頼章施行状案(近江国石田郷寄進)	143
72	(年月日未詳)	臨川寺三会院領山城国散在田畠幷洛中敷地目録	—
73	貞和2・8・17	尼惣好寄進状案(伏原田3段)	69
74	観応元・11・7	清兼・氏女寄進状案(上桂上野庄下司職内田5段)	91
75	文和2・12・23	常本寄進状案(南山階小野郷田6段)	134
76	文和3・12・21	葉室長光寄進状案(葉室山茶園1所)	148
77	応安元・9・晦	昌能寄進状案(嵯峨松陰茶園・田畠)	219
78	応安2・6・5	俊覚寄進状案(下久世村田1町9段他)	220
79	応安2・10・1	中穏寄進状案(紀伊郡角神田里26坪内田2段)	221
80	応安2・12・13	立阿寄進状案(物集女庄有末・別当両名名主得分)	223
81	応安3・2・13	了源寄進状案(下久世庄利弘名田畠1町半)	224
82	応安3・12・21	比丘尼しんゑい売券案(生田村畠2段半)	226
83	応安4・6・9	後光厳上皇院宣案(西京宇多院田施入)	230
84	応安5・9・6	室町幕府執事細川頼之奉書案(西京宇多院田寄付の院宣)	235
85	応安5・10・10	周皆田地寄進状案(椎野一本松田2段)	236
86	応安5・10・14	昌保寄進状案(桂東庄加地子米4石1斗)	237
87	永和3・9・11	妙智寄進状案(大井郷西窪田2段)	245
88	康暦元・3・7	浄善寄進状案(野田小渕田畠)	247
89	康暦2・3・晦	昌誥寄進状案(萱坊屋敷田畠・荒野山林3段)	255
90	延文3・7・28	祐信寄進状案(武者小路町・九条田1段・五条櫛笥畠)	166
91	貞治2・9・29	理休寄進状案(北小路室町屋地)	178
92	貞治4・8・9	松寿丸寄進状案(錦小路室町・四条室町屋地)	202
93	永和2・7・11	理梵寄進状案(七条烏丸屋地)	242
94	永和2・7・晦	真珠寄進状案(錦小路東洞院・四条町屋地)	243
95	康暦2・6・7	理誠寄進状案(樋口町屋地)	257
96	観応3・6・27	足利尊氏御判御教書案(軍勢等違乱停止)	119
97	貞和5・4・28	太政官符案(近江国粟津橋本御厨諸役免除)	81
98	貞和5・4・28	太政官符案(美濃国高田勅旨田諸役免除)	82
99	貞和5・4・28	太政官符案(美作国讃甘北庄六分一諸役免除)	83
100	貞和5・4・28	太政官符案(河内国橘島庄光国名諸役免除)	84
101	延文元・10・12	足利義詮御判御教書案(臨川寺領勅役免除官符の施行)	156
102	貞治4・2・22	官宣旨案(遠江国吉美庄内山郷諸役免除)	188

番号	年　月　日	文　　書　　名	本書の文書番号
103	貞治4・2・22	官宣旨案(近江国石田郷上方等諸役免除)	189
104	貞治4・2・22	官宣旨案(美濃国神渕郷栗原村諸役免除)	190
105	貞治4・2・22	官宣旨案(丹波国志村郷地頭職諸役免除)	191
106	貞治4・2・22	官宣旨案(三河国額田郷諸役免除)	192
107	貞治4・2・22	官宣旨案(但馬国太田庄秦守等諸役免除)	193
108	貞治4・2・22	官宣旨案(阿波国富吉庄東村等諸役免除)	194
109	貞治4・2・22	官宣旨案(三会院領所々諸役免除)	195
110	康暦2・6・8	室町幕府御教書案(三会院領諸役免除)	258
111	永徳2・2・22	後円融天皇綸旨案(山城散在田畠・洛中敷地等安堵)	270
112	永徳3・正・20	室町幕府管領斯波義将施行状案(山城散在田畠・洛中敷地等安堵の綸旨)	274
113	応永27・3・20	某院(寿寧院)領目録	尼崎1

東京大学文学部所蔵文書

1	応永7・11・5	足利義満御判御教書(摂津国楊津庄の安堵)
2	応永20・12・15	足利義持御判御教書(所々散在田畠屋地等の安堵)
3	永享4・12・14	足利義教御判御教書(摂津国楊津庄・所々散在田畠屋地等の安堵)
4	長禄2・4・21	足利義政御判御教書(摂津国楊津庄内重久名等半済分の押妨停止)
5	文明10・3・17	足利義政御判御教書(寿寧院領諸国所々の返付)

尊経閣文庫所蔵文書

1	(永徳元)・7・10	検非違使別当宣(天龍寺雑掌申高辻万里小路等敷地事)
2	永禄11・10・12	室町幕府奉行人連署奉書(伏見庄内保叔瑞祐跡職の領知)
3	永禄11・10・12	室町幕府奉行人連署奉書(折紙)(伏見庄内保叔瑞祐跡職の年貢納入)
4	永禄11・7・12	文書包紙(伏見庄の織田信長朱印状他)
5	永禄11・10・12	織田信長朱印状(折紙)(伏見庄内保叔瑞祐跡職の領知)
6	永禄11・10・12	細川藤孝・明院良政連署書下(折紙)(伏見庄内保叔瑞祐知行分の年貢納入)
7	永禄11・10・27	上野秀政書状(折紙)(伏見庄内保叔瑞祐跡職の領知)
8	永禄11・11・5	林秀貞書状(折紙)(伏見庄内保叔瑞祐跡職の領知)
9	(永禄11)・11・5	柴田勝家等連署書状(折紙)(伏見庄内保叔瑞祐知行分の年貢納入)
10	永禄12・4・16	室町幕府奉行人連署奉書(伏見庄内保叔瑞祐跡職の領知)
11	永禄12・4・16	室町幕府奉行人連署奉書(折紙)(伏見庄内保叔瑞祐跡職に周悦代を沙汰)
12	(永禄12)・4・16	大津長治・塙正勝連署書状(折紙)(伏見柏岫周悦、諸事御馳走仰付)
13	(年未詳)・9・14	大津長治書状(折紙)(柏岫周悦知行分年貢等寺納)
14	(年未詳)・11・20	嶋田秀満書状(折紙)(柏岫周悦・保叔瑞祐分田畠)
15	(年未詳)・11・13	平古種豊等連署書状(折紙)(柏岫周悦・保叔瑞祐分田畠祠堂

番号	年月日	文書名
		銭等納入)
16	(天正９)・８・27	山口秀景書状(折紙)(洞首座の行方につき)
17	(年未詳)・７・５	中野一安・加納秀次連署書状(折紙)(洞首座罷出)
18	(年未詳)・３・24	村井吉忠・住田光清連署書状(折紙)(慈済院境内薮柳林等伐採停止)
19	(天正10カ)・10・19	石川光政・伊藤秀盛連署書状(折紙)(寺領所々散在の領知)
20	(天正11)・７・23	松田政行・尾池定政連署書状(折紙)(慈済院年貢等寺納)
21	(年未詳)・12・15	大谷吉継書状(折紙)(菊齢周彭への領知)
22	天正13・３・	羽柴秀吉袖朱印前田玄以書下(折紙)(慈済院寺務安堵)
23	(年未詳)・５・10	松田政行書状(折紙)(慈済院祠堂方申し越さる算用)

慈済院文書

番号	年月日	文書名
1	観応2・8・16	万里小路仲房奉書案(後醍醐天皇随身の仏舎利を寄付)
2	正平7・3・8	後村上天皇綸旨(宿紙)(無極志玄を天龍寺住持とす)
3	延文4・4・15	崇光上皇諡号勅書写(木額陰刻)(無極志玄に仏慈禅師号)
4	(年未詳)・4・5	空谷明応書状(相国寺都聞方の状を書進)
5	天文8・4・20	細川晴元奉行人奉書(折紙)(天龍寺造営の榑の勘過)

妙智院文書

番号	年月日	文書名
1	(天文15カ)・６・20	大内義隆書状(策彦周良渡唐必定)
2	(天文15カ)・８・10	大内義隆奉行人連署書状(策彦周良渡唐出立料)
3	(天文15カ)・10・26	大内義隆書状(策彦周良渡唐)
4	(天文15カ)・11・15	大内義隆書状(策彦周良渡唐)
5	(年未詳)・４・15	細川晴元書状(音信の礼)
6	(永禄元)・12・14	武田信玄書状(下向延引・恵林寺入院)
7	(年未詳)・３・23	三好長慶書状(近日参洛面会)
8	(元亀３カ)・９・19	織田信長黒印状(折紙)(西院之内院領安弘名直務)
9	(元亀３カ)・９・20	武井夕庵・木下秀吉連署書状(折紙)(西院之内妙智院領安弘名御寺へ直納)
10	(天正元)・９・８	織田信長判物(折紙)(越前江北之国主討果)
11	天正元・12・16	村井貞勝・明智光秀連署書状(折紙)(西院之内妙智院領安弘名直納)
12	(天正元)・12・16	村井貞勝・明智光秀連署書状(折紙)(西院之内安弘名策彦周良へ納)
13	(天正５)・３・16	織田信長黒印状(折紙)(在陣音信物の礼)
14	(年未詳)・11・16	細川藤賢書状(和漢の儀興行本望)
15	(年未詳)・４・８	聖護院道澄書状(禁中御連句)